東崖子

東崖子

초판 1쇄 인쇄 2012년 3월 28일
초판 1쇄 발행 2012년 4월 04일

지은이 | 장 원 철
펴낸이 | 손 형 국
펴낸곳 | (주)에세이퍼블리싱
출판등록 | 2004. 12. 1(제2011-77호)
주소 | 서울시 금천구 가산동 371-28 우림라이온스밸리 C동 101호
홈페이지 | www.book.co.kr
전화번호 | (02)2026-5777
팩스 | (02)2026-5747

ISBN 978-89-6023-772-8   13150

東^동

환 단 철 학
桓檀哲學의 眞髓
진 수

崖^애

子^자

장 원 철 글

ESSAY

우리는 삼신三神의 자손子孫인 것을
끝없이 잊지 마세!
하늘에 머리 숙여 두 손 모아 기도할 때
삼신三神의 명줄 깊이 새기고,
삼신점三神點을 달고 세상世上에 나와
한번 보아 혈점血點이 없고,
두 번 보아 흉살凶煞이 없고,
세 번 보아 화액禍厄이 없이
부끄럼 없는 삶을 살아간다.

東 崖

| 들어가는 말 |

크도다! 三神의 一體됨이여! 우리 國祖가 멀고도 멀기만 한데 삼가 받든지 어언 이십년이나 지났건만 智才가 거칠고, 拙劣하여 門밖으로 나가야 할 것이 맴돌다가도 되돌아오기를 수 십 차례였는데 이제 世上에 나서게 되어 참으로 多幸이라 여긴다. 불어오는 世波에 한 몸 지키기도 어려운데 物質보다는 淸雅한 精神을 잊지 않고, 名利보다는 高貴한 것을 傳한 先祖들의 偉大한 勞苦를 한시라도 잊지 못하니, 한마디 語句에도 萬年의 恩德이 있고, 戰禍와 自焚排斥으로 부터 지켜내고, 焚書忘史하는 회오리 속에서 秘傳의 册들을 감추어 保存하면서 조각들을 모아 전해주겠다는 하나의 마음에서 옛 큰 어른들이 남기신 저 天符地符, 神誥戒經의 깊은 뜻을 찾아야 할 것이다.

上考해보면 聖祖들이 하늘을 살펴 이치를 세우고, 땅으로는 地界의 끝까지 밝히고, 사람으로 하여금 밝히고, 따르게 하여 心法까지도 능히 통하게 한 그 業績이야 말로 능히 우리 桓檀이 人類의 長者라 할 만 하다. 사람 사는 世上에서 처음으로 글을 처음 만들고, 符都를 세우고, 天地本音의 像을 잡고, 一神降衷으로 在世理化하여 弘益人間하니, 萬民이 알지 못하는 사이에도 이로써 調音하고, 和合한다. 무릇 六教를 包容하고, 天地의 象과 音律, 度量, 術法, 音數, 虛實, 三才, 四象, 五行, 六極, 七星, 八卦, 九星, 干支, 癸亥와 地相과 人象까지 꿰뚫음은 그 만만년의 法術까지 미치게 하였다. 後代에 患을 대비하지 않아 줄어들고는 오히려 제 것은 버리고, 남의 것은 옳다하고, 얻는 것보다 버리는 것이 더 많고, 지키는 것보다 뒷문으로 나가는 것이 더 많고, 전하는 것보다 익히는 것이 적으니, 歲月이 흐르면 어느 것이 옳다고 할 것이며, 무엇으로 後世에 올바르고 壯하고, 마땅하다 할 것인가!

무릇 스스로 지키지 못하면 얼빠진 소리만이 메아리치고, 盜賊이 안방에서 제 자리라고 우기게 되니, 나라에 주인이 없으면 남이 대신하고, 나라의 어른이 없으면 반드시 어지러워져 다툼은 끊이질 않게 되어 男女老少가 제 자리를 지키지 못하게 된다. 훗날 自主富强의 날에도 豫備와 警戒가 없으면 반드시 한 때에 무너져 버리고, 옛 精神을 잇고자 따 무르려 해도 回復하기 어렵게 된다. 한번 기울어진 것은 일으키기가 어렵고, 한번 넘어지면 손잡아 줄 者가 없게 되고, 三神五帝의 恩德은 잊히게 된다. 天符의 뜻은 멀고, 밝은 者의 지혜가 숨으면 國運이 늘 天波하게 되니, 나라의 未來와 民族의 安危가 걱정되는데 어찌 원대함을 어찌 말하겠는가!

註 한글과 漢字를 倂記하였고, 註釋을 달아 理解를 도왔으며, 각 章마다 詩를 揷入하여 聖賢들의 行蹟을 살피고, 表를 한곳으로 모으고, 全章을 要約하여 한눈에 알게 하였다. 또한 한자음 환은 모두 한으로 읽고 쓴다. 이 册은 桓檀古記, 符都誌, 檀奇古史, 神檀實紀, 神檀民事, 檀紀古事를 바탕으로 썼으며 宗教的, 商業的 利用을 一切 禁한다.

| 목 차 |

創 世

천지天地에 오랜 일로 한 신神이
현묘玄妙하게 홀로 화化하여 밝은 빛으로
온 우주를 비춰 밝게 하고,
지극하여 온 누리를 비추었네.
천지天地에 한 몸으로 세 가지로 쓰이고,
지극하기에 현묘玄妙한 도道를 이루어
삼신三神은 오제五帝는 오방五方을 맡고,
오령五靈은 오행五行을 맡고,
북두칠성北斗七星은 명命을 맡고,
구성九聖은 운運을 맡으니,
천지天地가 제자리를 찾는다.

東 崖

1. 천지론 天地論

하늘을 천天이라 하고, 올 곧게 펼쳐지는 것이 지地이고, 마땅한 바가 하늘이고, 바른 길로 움직여 가는 것을 도道라 한다. 삼신三神은 하늘로써 기氣를 삼고, 땅으로써 몸을 삼고, 사람으로 쓰임을 삼는다. 천부경天符經에 이르기를, '하나에서 시작하여 하나로 끝나지 않는다'고 하였으니, 누가 하늘의 도道를 말하겠는가! 하늘의 도道는 잡을 수도 없고, 보이지도 않으며 만질 수도 없고, 말로 표현할 수도 없으니, 길을 억지로 표현하면 도道라 할 수가 있다. 그 하나에서 시작하여 낳아 크게 하여 번성하기도 하고, 숙살肅殺하여 저장하고, 되돌려져 하나로 돌아간다. 하늘은 공평公平하고, 사사로움이 없어 어느 한곳으로 치우침이 없어 가깝거나 친하다고 가까워 하지 않고, 멀다고 미워하지 않고, 화육化育하고도 그 은덕을 되돌려 받으려 하지 않고, 욕되게 하거나 원망한다하여 벌하거나 칭송한다 하여 상을 내리지 않으니, 이것이 하늘이 사람에게 내보이는 공평탕탕公平蕩蕩이다.

무릇 현묘玄妙하면 잴 수 있고, 소박素朴하면 형상形象이 보여 현묘玄妙해지고, 질박質朴하면 하늘이 내보이는 것을 느낄 수 있고, 정성을 다하고서 공경하기를 게으르지 않으면 땅이 보이는 바를 볼 수 있고, 근직勤直하면 보이는 바를 이룰 수 있다. 천지天地에 응하면 다하지 못할 것이 없고, 마땅한 바를 거스르면 이루는 일이 없고, 신神이 내린 바를 거두지 못하면 뿌린 까닭을 모르고, 씨가 뿌려진 바를 모르면 공功을 이루지 못한다. 하늘이 보여준 기본적인 질서는 때가 간干이고, 곳은 지支가 된다. 이러한 연유로 하늘의 수數를 보여준 것이 허실虛實이 나타나면서 사라짐을 보게 되고, 갑자甲子[1]로 때와 곳을 보고, 오행五行[2]으로 만물의 순환하는 움직임을 본다. 대저 하늘을 육방六方[3]을 가리켜 우宇라하고, 예부터 지금까지를 주宙라 하고, 땅의 기氣를 우宇라 하고, 세勢를 주宙라 하고, 사람의 정신을 우宇라 하고, 몸을 주宙라 하니, 이 원리로 만물을 논의하면 지극에 도달한다.

하늘이 허虛를 내자 땅이 실實을 감추고, 하늘이 해를 비추자 땅이 밝아지고, 해가 저물자 땅이 어두워지고, 하늘에 해가 사라지자 땅에 달을 띄운다. 하늘이 칠七을 내자 땅이 팔八을 내고, 하늘이 불을 내자 땅이 물을 머금고, 하늘이 물을 머금자 땅에 불이 솟는다. 하늘에 모양을 내자 땅이 이를 닮고, 하늘이 성性을 내자 땅이 명命을 내고, 하늘이 둥글어지자 땅이 편평해지고, 하늘이 수宿를 내자 땅이 명命을 내고, 하늘이 징험徵驗을 내자 땅이 화복禍福을 나타내고, 하늘이 허실虛實을 내자 땅이 굴신屈伸하고, 하늘이 뼈를 내자 땅이 살을 입히고, 하늘에 바람이 불자 땅이 만물을 일깨우고, 하늘이 절기節氣를 제때 내리자 땅이 때와 곳을 조절하고, 하늘이 열을 내자 땅이 불기운이 가득하고, 하늘이 습해지자 땅이 풍백風伯을 부르고, 땅이 습해지자 하늘이 운사雲師를 부르고, 하늘이 건조해지자 땅이 만물을 억제하고, 하늘이 한기寒氣를 부르자 땅이 만물을 저장한다.

---

1) 갑자甲子: 갑甲은 천간天干, 자子는 지지地支.

2) 오행五行: 수水, 화火, 목木, 금金, 토土.

3) 육방六方: 위, 아래, 전, 후, 좌, 우.

무릇 하늘의 도道를 아는 자者는 신의神意를 얻고, 땅의 도道를 알면 천하天下를 얻는다. 사람의 도道를 얻으면 성인聖人이 되어 하늘이 곧 나이고, 내가 곧 천지의 하나이고, 내가 천지가 곧 나임을 알게 되니, 나를 아는 자者는 천지天地를 미루어 알게 된다. 천지天地와 나 사이에 어찌 간격이 있을 것이고, 사물이 끼어들어 본성을 흐릴 수 없게 되니, 하늘에 있으면 삼신三神이고, 땅에 있으면 삼극지三極地[4]고, 사람의 몸에 있으면 삼용三用[5]이다. 안으로는 사천四賤[6]을 알지 못하고, 궁해도 두려워하지 않고, 양명揚名해도 영화롭게 생각지 않고, 권세에도 어짊을 버리지 않고, 밖으로는 큰 화和를 가슴에 품고, 변화하는 가운데에서도 그 밝은 뜻을 버리지 않고, 권좌權座에도 의로움을 버리지 않고, 가득 차도 기뻐하지 않고, 모자라도 슬퍼하지 않아 정신을 편안히 하고, 몸을 수고롭지 않게 하고, 작은 지혜로써 큰 덕을 제어하지 않게 하고, 사물의 이치를 거스르지 않게 하고, 만물이 생겨난 바를 시비是非하지 않고, 서로 간섭하지 않아 천지天地를 거스르지 않는다.

하늘에는 열개의 권세權勢[7]와 땅에는 열 두 개의 능력[8]과 사람에게는 세 개의 힘[9]과 일곱 개의 명命[10]이 있다. 서로 섞이면 일정하지 않고, 간섭하면 정精을 내리지 못하여 화육化育하지 않고, 뻗지

---

4) 삼극지三極地: 원지圓地, 방지方地, 각지角地.

5) 삼용三用: 일신강충一神降充, 재세이화在世理化, 홍익인간弘益人間.

6) 사천四賤: 귀천貴賤, 부귀富貴, 노일勞逸, 완급緩急.

7) 열 개의 권세權勢: 생식生殖, 식신飾身, 계지啓智, 발능發能, 공검恭儉, 수학修學, 연업鍊業, 성기成己, 개물開物, 평등平等.

8) 열 두 개의 능력: 모성母性, 희생犧牲, 용맹勇猛, 청아淸雅, 변화變化, 지혜智慧, 생식生殖, 순수純粹, 재기才技, 치유治癒, 순종順從, 다산多産.

9) 세 개의 힘: 덕력德力, 혜력慧力, 체력體力.

10) 일곱 개의 명命: 자손만덕子孫萬德, 작란불회作亂不回, 업장원리業障遠離, 희구만득希求萬得, 백장진멸百障盡滅, 업산무궁業産無窮, 수명무진壽命無盡.

않아 의지할 바가 없어진다. 하늘은 둥글기에 평편할 수 있고, 해는 멀기에 태우질 않고, 땅은 넓게 퍼져있기에 사람을 실을 수 있다. 달은 가깝기에 비출 수 있고, 하늘이 해를 낳음에 정精이 있어 알맞게 크게 할 수 있고, 땅이 달을 낳음에 정情이 있어 마땅하게 되니, 색色과 모양과 기氣만으로 하늘을 바라봐서는 안 되고, 명리名利로 추론追論해서는 안되니, 사는 땅이 큰 듯해도 하나의 둥근 세계일뿐이다.

  삼신三神의 권능權能은 빛과 열熱로써 만물을 화육化育케 하고, 삼신三神은 오제五帝에게 명하여 아직 기氣가 있기 전에 먼저 물을 낳게 하여 태수太水[11]로 하여금 북쪽에 있으면서 물을 낳게 하고, 사명司命으로 검은색과 생명生命의 마지막과 사물을 윤택을 맡게 하고, 아직 기機가 있기 전에 불을 낳게 하여 태화太火[12]로 하여금 남쪽에서 사명司命으로 붉은색과 열熱과 빛과 녹이고, 익힘을 맡게 하고, 아직 질質이 있기도 전에 태목太木[13]으로 하여금 동쪽에 있으면서 먼저 나무를 낳게 하고, 사명司命으로 푸른색과 낳아 기름과 지어서 이루는 것을 맡게 하였고, 아직 형形이 있기 전에 금金을 낳아 태금太金[14]으로 하여금 서쪽에 있으면서 흰색과 성숙成熟과 재서 자르는 것을 맡게 하고, 아직 몸이 있기 전에 먼저 흙을 낳아 태토太土[15]로 하여금 가운데 있으면서 노란색과 조화와 씨 뿌림을 맡게 하였다. 지상에 있으면서 오제五帝[16]의 사명使命을 두루 맡게 하는 것을 천하대장군天下大將軍이라 하고, 지하地下에 있으면서 오령五

---

11) 태수太水: 물의 근원적 성질. 한인桓仁의 대길상大吉祥.

12) 태화太火: 불의 근원적 성질. 태호太昊의 대안정大安定.

13) 태목太木: 나무의 근원적 성질. 한웅桓雄의 대광명大光明.

14) 태금太金: 쇠의 근원적 성질. 치우蚩尤의 대희리大喜利.

15) 태토太土: 흙의 근원적 성질. 왕검王儉의 대예락大豫樂.

16) 오제五帝: 오령五靈와 짝지어 허虛의 기운을 주관.

靈[17]의 이름을 맡게 하는 것을 지하여장군地下女將軍이라 한다. 각 오방五方의 대장군大將軍에게는 각각의 사명司命을 주어 북방의 현구 용왕玄龜龍王[18)은 수명을 맡게 하고, 남방의 주오적표朱烏赤熛[19)에게 는 선악을 맡게 하고, 동방의 청룡영산靑龍靈山[20)에는 곡식을 맡게 하고, 서방의 백호병신白虎兵神[21)에는 형벌을 맡게 하고, 중앙中央의 황웅토신黃熊土神[22)은 질병疾病을 맡게 하였다.

삼신三神은 태일太一로써 짝을 찾으니, 삼진三眞[23)과 삼혼三魂[24)과 삼일三一[25)를 찾았다. 또한 영부靈符를 지킬 만한 것을 만드는 것을 고민하다가 뭇 신神에게 물어 사람이라는 것을 만들기로 결정하였 다. 그래서 신神을 가장 닮은 것을 주기로 하고, 태일太一을 영구히 보존할 것을 명한 뒤에 신神이 가지고 있는 가장 중요한 열두 가지[26) 를 주어 그 뜻을 이루었다. 이제 첫 사람을 만들고 보니, 만물에 맞 추어 살리기가 어려움이 있어 그것을 나누고, 서로 의지하게 성性을 주고, 땅에 의거하여 사람으로 하여금 명命을 지키다가 돌아가게 하 고, 정精과 그 할 바를 주어 마침내 온전한 사람이 되게 하였다.

---

17) 오령五靈: 오제五帝와 짝지어 실實의 기운을 주관.

18) 현구용왕玄龜龍王: 북방신물北方神物, 선악善惡을 주관.

19) 주오적표朱烏赤熛: 남방신물南方神物, 수명壽命을 주관.

20) 청룡영산靑龍靈山: 동방신물東方神物, 곡식穀食을 주관.

21) 백호병신白虎兵神: 서방신물西方神物, 형벌刑罰을 주관.

22) 황웅토신皇熊土神: 중앙신물中央神物, 질병疾病을 주관.

23) 삼진三眞: 성性, 명命, 정精.

24) 삼혼三魂: 혼魂, 백魄, 령靈.

25) 삼일三一: 한단철학桓檀哲學의 근간根幹, 삼신일체일체삼용일생이이생삼집일함삼회삼귀 일三神一體一體三用一生二二生三執一숨三會三歸로 '삼신三神은 하나의 몸으로 세 가지 의 작용을 하고, 하나가 둘을 낳고, 둘이 셋을 낳고, 셋은 다시 하나로 돌아가고, 하나에서 셋이 되어 셋이 하나로 돌아간다'는 천지만물天地萬物의 순환원리.

26) 열두 가지: 성명정性命精, 심기신心氣身, 영지의靈智意, 감식촉感息觸.

무릇 천지天地가 하나를 낳고, 둘을 둘은 셋을 낳는 이치로 사람의 정신은 하늘에서 받은 것이고, 육체는 땅에서부터 받고 사람은 천지天地의 기운을 온전히 받는다. 천일天一로써 물을 낳고, 지이地二로써 불을 낳고, 하늘은 물을 머금고, 땅은 불을 머금고, 허虛는 무궤無匱로써 세우고, 실實은 십거十鉅로써 신통神通하여 명命을 내리면서 응하니, 신神을 공경하면 성품性稟이 빛과 밝음으로 통하여 마침내 천하天下가 상像을 이룬다. 씨가 나무에서 떨어져 있어도 나올 곳을 알고, 열매로 땅 속에 묻혀 있어도 싹을 틔울 때를 알고, 번데기는 칠년이 지나면 태態를 벗을 때를 알고, 바른 싹을 틔워 결실을 맺고, 좋은 씨를 만들게 되면 이것으로 전후대前後代의 연결 쇠가 된다.

　삼백육십만三百六十萬의 큰 둘레는 그 몸을 불생불멸不生不滅로 본本을 삼고, 그 쓰임은 무궁무진無窮無盡으로 본本을 삼고, 기氣는 무시무종無始無終으로 본本을 삼아 삼계三界[27]를 널리 감화한다. 그 이치는 눈앞에 보이는 듯하고, 귀에 들리는 듯해도 막상 그 앞에서면 이루 말할 수 없고, 접하면 형언形言의 이치를 말할 수 없고, 현묘玄妙한 이치를 글로 표현하려 해도 모자라고 알지 못하는 사이 만세만민萬世萬民의 저절로 교화가 이루어진다.

　하늘이 정精을 키워 씨를 만들고, 땅이 사람을 낳고, 사람은 사람을 품어 이으니, 하늘은 하나가 되어 원圓이 되는 위緯로 삼고, 땅은 둘이 되는 방方이 되어 경經을 삼고, 사람은 셋이 되어 각角이 되는 경위經緯의 교차가 된다. 달이 해보다 앞서기에 심어 키울 수 있고, 달이 가득 차기에 바닷물이 높아지고, 달이 기울기에 갑각甲殼의 살이 오르고, 해가 있기에 만물이 생장生長의 때를 알 수 있고, 달이

---

27) 삼계三界: 천계天界, 지계地界, 인계人界.

있기에 만물이 색장稸藏의 곳을 알 수 있고, 해가 있기에 피골皮骨의 색色이 바뀌고, 달이 있기에 바다가 오르내리고, 쑥은 사액邪厄을 쫓고, 마늘은 재화災禍를 다스리고, 수수를 심을 땅에 수수 심고, 벼 심을 땅에 벼를 심는다. 봄에는 탁하기에 심을 수 있고, 여름에는 뜨겁기에 키울 수 있고, 가을에는 청정하기에 거둘 수 있고, 겨울에는 춥기에 저장할 수 있고, 해가 달보다 앞서기에 따뜻할 수 있고, 달이 해를 따라 돌기에 별이 드러난다.

무릇 하늘의 도道는 원만하고, 땅의 도道는 정방正方하고, 사람의 도道는 삼각三角하고, 하늘의 도道는 무극無極하고, 땅의 도道는 반극反極하고, 사람의 도道는 태극이다. 하늘의 도道는 하나이고, 땅의 도道는 둘이고, 사람의 도道는 셋이니, 하나가 둘을 낳고, 둘은 셋을 낳고, 셋은 다시 하나로 돌아가 순환하게 되면 삼재三才를 거스르지 않고, 삼철三哲[28]은 삼진三眞[29]과 삼망三妄[30]으로 돌아 삼도三途[31]를 이루니, 이것으로 하늘의 도道는 사람에게 이루어지는 까닭을 알고, 작은 돌멩이에서부터 작열하는 해와 헤아릴 수 없는 별에게도 천지天地가 있음을 애써 알게 되니, 그 도道를 아는 자者 깨우침이라!

---

28) 삼철三哲: 상철上哲, 중철中哲, 하철下哲.

29) 삼진三眞: 성性, 명命, 정精.

30) 삼망三妄: 불식不息, 불산不散, 불축不縮.

31) 삼도三途: 밝, 닭, 앎.

桓 仁

천산天山에서 사시면서 천신天神에게 제祭지내고,
백성이 목숨 알게 하고,
두루 다스려 해독을 없애고,
뭇 무리와 함께 행하니, 따르지 않는 자者가 없고,
조화造化하여 공功을 세워
동서 삼만 리 남북 오 만 리에 펼치니,
백성은 편안하고, 무병장수無病長壽 오래더라!
삼신은덕三神恩德을 잊지 않게 엉덩이 점을 남게 하여
밝은 자者들이 끊이지 않게 하고,
큰 꾀로써 궁窮하지 않게 하고,
밝은 빛 밝혀 묘한 이치는 말없이 이뤄지고,
정한 이치 벗어나지 않아 듣고, 가져다가 서로 닦고,
영대靈臺를 열어 하늘 불 밝히고,
밝은 땅에 나라 열어 끝이 없네!

東 崖

2. 천상론 天象論

삼신 三神의 현신顯身을 천天이라 하고, 현신하는 이치가 드러나 펼쳐지는 것을 상象이라 한다. 성인聖人으로 처음으로 천기天氣를 엿보아 예단豫斷하고, 지기地氣를 살펴 사람을 탐구하여 점단占斷하고, 상象을 잡아 모든 일의 지도리를 살핀다. 천지天地가 생겨남은 일신一神에서 비롯되고, 일신은 일체삼용一體三用하여 삼신三神이라 한다. 천지가 새로이 생겨났을 적에는 아무것도 없었으니, 이것을 천일天一이라 하고, 또 하나가 나타나 지일 地一이라 하고, 또 하나가 나타나 인일人一[1] 이라 한다.

무릇 삼신三神은 아무것도 없는 것에서 생겨나 때와 곳을 낳고, 기氣와 음音과 파波와 색色과 상象과 기틀을 낳았으니, 비로소 천신天神을 낳고, 천신天神은 천일天一을 낳고, 태극太極을 낳고, 삼재三才를 낳고, 사상四象을 낳고, 오행五行[2]을 낳고, 오행五行이 칠성七星[3]을 낳고, 칠성七星이 구궁九宮[4]을 낳고, 구궁九宮이 우주의 이치를

---

1) 인일人: 태일太一.

2) 오행五行: 수水, 화火, 목木, 금金, 토土.

3) 칠성七星: 사두四斗 가운데 대표적인 것이 북두칠성北斗七星으로 명命과 생사복화生死福禍의 영향을 주는 일곱 개의 별이름.

4) 구궁九宮: 일백一白, 이흑二黑, 삼벽三碧, 사록四綠, 오황五黃, 육백六白, 칠적七赤, 팔백八白, 구자九紫.

낳았다. 태극太極[5]이 기氣를 낳고, 기氣는 허실虛實을 낳고, 허실虛實은 사시四時[6]를 낳고, 사시四時는 육극六極[7] 낳고, 육극六極은 팔괘八卦[8]를 낳고, 팔괘八卦는 만물의 이치를 낳았다. 사람의 이치는 간지干支를 낳고, 간지干支는 계해癸亥를 낳았다. 기奇는 좌左로 돌고, 우偶는 우右로 돌고, 하늘에는 경위經緯의 성星[9]이 있고, 땅에는 경위經緯의 선선線[10]이 있고, 사람에게는 경위經緯의 체體[11]가 있고, 하늘에는 오성五星[12]이 있고, 땅에는 오기五紀[13]가 있고, 사람에게는 오욕五慾[14]이 있고, 하늘에는 육부六府[15]가 있고, 땅에는 육기六氣[16]가 있고, 사람에게는 육부六腑[17]가 있다.

하늘에는 사시四時가 있고, 땅에는 사방四方[18]이 있고, 사람에게는 사지四肢[19]가 있고, 하늘에는 칠정七政[20]이 있고, 땅에는 칠기七

---

5) 태극太極: 만물의 최초最初 생성단위生成單位이자 근원인 허실虛實의 상象.

6) 사시四時: 춘春, 하夏, 추秋, 동冬.

7) 육극六極: 사방四方과 상하上下.

8) 팔괘八卦: 건乾, 태兌, 이離, 진辰, 손巽, 감坎, 간艮, 곤坤.

9) 경위經緯의 성星: 경성經星은 고정된 별, 위성緯星은 도는 별.

10) 경위經緯의 선선線: 황극선皇極線.

11) 경위經緯의 체體: 경위經緯의 교차점, 사상물산思想物産.

12) 오성五星: 수성水星, 화성火星, 목성木星, 금성金星, 토성土星.

13) 오기五紀: 세歲, 일日, 월月, 성신星辰, 역수曆數.

14) 오욕五慾: 희喜, 노怒, 애哀, 락樂, 구懼.

15) 육부六府: 자부紫府, 용사부龍師府, 우사부雨師府, 풍백부風伯府, 운사부雲師府, 명천부命天符.

16) 육기六氣: 한寒, 서暑, 조燥, 습濕, 풍風, 화火.

17) 육부六腑: 대장大腸, 소장小腸, 위장胃臟, 삼초三焦, 방광膀胱, 담낭膽囊.

18) 사방四方: 전前, 뒤, 좌左, 우右.

19) 사지四肢: 양팔, 양다리.

20) 칠정七政: 해, 달, 오성五星의 운행.

氣[21]가 있고, 사람에게는 칠정七情[22]이 있고, 하늘에는 구천九天[23]이 있고, 땅에는 구지九地[24]가 있고, 사람에게는 구규九竅[25]가 있고, 하늘에는 십간十干[26]이 있고, 땅에는 십이지十二支[27]가 있고, 사람에게는 육십갑자六十甲子가 있고, 하늘에는 이십팔수二十八宿[28]가 있고, 땅에는 이십사절기二十四節氣[29]가 있고, 사람에게는 이십팔절二十八節[30]이 있고, 하늘에는 삼백육십도三百六十度가 있고, 땅에는 삼백육십일三百六十日이 있고, 사람에게는 삼백육십사三百六十事[31]가 있다.

천지天地를 막연히 앙명昂明하면 사람의 정신을 현혹하게 되고, 자연의 이치를 따르지 않으면 거스름을 당하게 되니, 사람도 자연의 일부이고, 자연 또한 우주의 일부이고, 우주 또한 삼신三神에게서 나온 일부이니, 그 도道를 살피려 하면 끝이 없고, 그 때와 곳을 살피려 해도 끝이 없다. 하늘에는 해와 달과 별이 있고, 땅에는 산과 강과 바다가 있고, 사람에게는 선악호염善惡好厭과 명리집산名利集散이 있다. 하늘의 상象은 원圓이고, 땅의 상象은 방方이고, 사람의 상象은 각角이니, 천지天地의 상象은 귀하고, 땅의 상象은 넓고, 사람의 상象은 오직 귀하고도 넓다. 천지는 온전해도 치우치게 오르내리

---

21) 칠기七氣: 온온溫, 열열熱, 한한寒, 습습濕, 조조燥, 풍풍風, 우우雨.

22) 칠정七情: 밝음, 은은함, 차가움, 뜨거움, 배움, 냉철冷徹, 후덕厚德.

23) 구천九天: 균천鈞天, 창천蒼天, 변천變天, 현천玄天, 유천幽天, 호천昊天, 주천朱天, 염천炎天, 양천陽天.

24) 구지九地: 산지山地, 택지澤地, 장지障地, 풍지風地, 임지林地, 목지木地, 석지石地, 험지險地, 구지丘地.

25) 구규九竅: 입, 두 콧구멍, 두 눈, 두 귀, 소변기, 항문肛門.

26) 십간十干: 계癸부터 갑甲까지.

27) 십이지十二支: 해亥부터 자子까지.

28) 이십팔수二十八宿: 사방칠수四方七宿로 스물여덟개의 별.

29) 이십사절기二十四節氣: 사시육기四時六氣, 스물 네 개의 기운氣運.

30) 이십사절二十四節: 사지칠절四肢七節, 스물여덟개의 절기節氣.

31) 삼백육십육사三百六十六事: 인간사人間事 366가지의 일.

는 바가 있어서 만물은 치우친 부분이 있게 되고, 천지의 귀한 것을 사람이 닮고, 사람 또한 천지간의 귀한 존재가 된다. 하늘은 만물을 낳고, 땅은 화육하고, 사람은 되게 하여 이루고, 해는 허虛의 주인이고, 달은 실實의 주인이고, 사람은 허실虛實의 가운데다. 별들은 경위성經緯星과 항행성恒行星이 있으니, 대저 경성經星은 이십팔수二十八宿고, 위성緯星은 오성五星이고, 항성亢星은 늘 빛나고, 행성行星은 주기적으로 떠돌고, 촘촘히 벌어진 별들도 제 각기의 이름과 명命이 있고, 그 별들을 관장하는 신神들이 있다.

신고神誥에 이르기를, '너희의 땅이 비록 큰듯하나 둥근 작은 누리 일뿐이다'고 하였으니, 오성五星은 다섯이고, 이십팔수二十八宿은 스물여덟개의 별무리이다. 무릇 오성五星 가운데 수성水星은 기氣가 있기 전에 태수太水로 하여금 물을 낳게 하고, 사명司命으로 북쪽에 있으면서 검은색과 생명의 마지막과 사물을 윤택하게 함을 맡고, 사시四時를 바로잡으며 명命을 맡게 하고, 순리와 기근饑饉을 맡는다. 화성火星은 아직 기機가 있기 전에 불을 낳게 하고, 태화太火로 하여금 남쪽에서 위치位置하여 사명司命으로 붉은색과 열熱과 빛과 녹이고, 익힘을 맡고, 선악을 맡고, 병사兵事와 질병과 상사喪事를 맡는다. 목성木星은 아직 질質이 있기 전에 태목太木으로 하여금 동쪽에 있으면서 먼저 나무를 낳게 하고, 사명司命으로 푸른색과 낳아 기름과 지어서 이루는 것을 담당하고, 곡식을 맡고, 먹고 사는 것과 무지無智를 맡는다. 금성金星은 아직 형形이 있기 전에 금金을 낳아 태금太金으로 하여금 서쪽에 있으면서 흰색과 성숙成熟과 재서 자르는 것을 맡고, 형벌을 맡고, 병화兵禍를 맡는다. 토성土星은 아직 몸이 있기 전에 먼저 흙을 낳아 태토太土로 하여금 조절과 화합을 맡고, 가운데 있으면서 노란색과 조화와 씨 뿌림과 병을 맡게 하였다.

신神이 바라는 바는 하나고, 신神이 이루고자 하는 바도 하나이다. 삼신산三神山에서 성인聖人이 그치지 않고 나오는 것도 하나고, 대업大業을 위해 오가五家와 더불어 나라를 만드는 바도 하나고, 만세의 땅을 택하여 천지가 만들어져 허실虛實이 생기는 때도 하나이고, 허실虛實이 끝나는 곳이 없게 하는 것도 하나고, 정신은 근본으로 돌아가게 하는 것도 하나고, 몸이 땅으로 낮추어 돌아가는 바도 하나이다. 그래서 하늘은 청정淸淨하기에 정신을 담을 수 있고, 땅은 평안하기에 몸을 실어 형체를 길러 낼 수 있고, 사람은 허실虛實에 정신과 육체를 담아내 키우니, 무릇 그 하나의 이치로써 물을 만들고, 둘로써 불을 만들어 갈라지고, 셋으로써 나무처럼 태어나 크게 한다.

이십팔수二十八宿은 사위四位를 바르게 지키니, 북방北方³²⁾으로는 거북으로 하여금 지키게 하고, 남방南方³³⁾으로는 주작朱雀으로 하여금 지키게 하고, 동방東方³⁴⁾에 용龍으로 하여금 지키게 하고, 서방西方³⁵⁾으로는 호랑이로 하여금 지키게 하였다. 별은 하늘에 총총히 벌려져 있어 반짝이므로 별을 쳐다보며 하늘에 무늬를 그리고, 하늘이 움직인다 하나 가운데는 움직이지 않고, 땅이 움직인다 하나 가운데는 움직이지 않고, 별이 떠돈다해도 해는 별을 돌고, 해가 뜨겁다 하나 해의 가운데는 타지 않으며, 달이 차갑다 하나 가운데는 얼어있지 않으며, 해가 움직이면 무늬가 생기고, 별은 움직이면 자취가 생기고, 달이 움직이면 차고 비며, 땅이 움직이면 화육化育이 생기고, 사람은 별이 움직여 이루는 자취를 가지고 징험徵驗을 본다.

---

32) 북방北方: 두우여허위실벽斗牛女虛危室壁

33) 남방南方: 정귀유성장익진井鬼柳星張翼軫

34) 동방東方: 각항저방심미기角亢氐房心尾箕

35) 서방西方: 규루이묘필자삼奎婁胃昴畢觜參

커발한

삼인三印받아 신시神市이루니,

삼천단부三千團部 소리 높여 화답하고,

삼사三師로써 삼재三才하고, 오가五家로써 인사人事하니,

삼백예순 여섯 일이 바르다. 자정여정子井女井으로 구분하고,

천지天地의 혜택으로 궁핍을 없애고,

신풍성속神風聖俗의 신성이화神聖理化로써

웅호熊虎를 산애蒜艾로 나누어 다스리고,

삼신숭모三神崇慕하여 신단교화神檀敎化하였으니,

삼신은덕三神恩德은 뼈에 심고, 천지신명天地神明은 살에 섞고,

삼성오제三聖五帝는 피에 섞어 사두칠성四斗七星은 명명命命에 묶어

삼칠지도三七之道는 산천여귀山川如貴하고,

위급구난危急救難은 귀책공휼鬼責公恤하고,

삼사오가三師五家로 화백和白하여 만백성이 본本을 받아

서로 의지하여 맹서하여 원을 세운다.

東崖

3. 시칙론 時則論

하늘이 움직여 때를 만드는 것을 시時라 하고, 움직여 곳을 만드는 것을 칙則이라 한다. 낮이면 해가 뜨고, 밤이면 달이 뜨고, 허기虛氣가 가득 차면 실기實氣가 오고, 실기實氣가 가고나면 허기虛氣가 오는 것은 한 치의 오차도 없고, 바르게 따르면 거스르는 것이 없게 되고, 오가는 것을 굳게 믿으면 벗어나지 않는 믿음을 갖게 되고, 끝없는 때에서 끝없는 곳으로 끝없이 돌고 도는 종시終始를 본本으로 삼고, 오가는 시작과 끝없는 시칙時則으로 믿음의 표表를 삼는다. 아침이 가면 낮이 오고, 낮이 가면 저녁이 오고, 저녁이 가면 밤이 오고, 밤이 가면 새벽이 오니, 무릇 천시天時는 돌고 돌아서 시작과 끝이 있는 것이고, 하루[1]는 돌고 돌아서 제자리로 오고, 해는 돌고 돌아 단旦에 돌아오고, 달은 돌고 돌아 삭朔에 돌아온다.

구물단제丘勿檀帝[2]는 계해癸亥를 갑자甲子로 바꾸어 후천後天의 도道를 세웠다. 무릇 갑자甲子는 돌고 돌아 제자리로 돌아오고, 허실虛實은 차고 빔으로 균均을 삼고, 오행五行은 물고 물림으로 형衡을 삼고, 육극六極은 태수太水로 본本을 삼고, 칠성七星은 명命으로 본本을

---

1) 하루: 스물 네 시간時間, 72각刻, 1,440분分, 86,400초秒.
2) 구물단제丘勿檀帝: 第 44代 檀帝 (檀紀 1910-1939 西紀前 425-396).

삼고, 팔괘八卦는 역易으로 본本을 삼고, 구궁九宮은 뜨고 짐으로 이
룬다. 천상天象은 천지의 움직임으로 본本을 삼고, 시칙時則은 천상天
象의 이치를 본本으로 삼으니, 움직이지 않는 것이 없고, 움직이기만
하는 것도 없으니, 무릇 하늘은 천주평이天周平易를 본本으로 하고,
땅은 지주평탄地周平坦을 본本으로 하고, 사람은 인주이탄人周易坦을
본本으로 한다.

계해癸亥에는 처음 하늘이 열리고, 갑자甲子에는 기운이 건조하면
서 탁濁하고, 병자丙子에는 기운이 건조하면서 차가우며, 무자戊子에
는 습하면서 탁하고, 경자庚子에는 기운이 습하면서 뜨겁고, 임자壬
子에는 맑으면서 차다. 자子에 기氣가 모이고, 오午에는 기氣가 흩어
지고, 낮에 태胎를 열면 낮을 좋아하고, 밤에 태胎를 열면 밤을 좋
아하고, 허기虛氣가 강强한 것은 실기實氣를 좋아하고, 실기實氣가 강
한 것은 허기虛氣를 따르고, 봄에 태어난 것은 봄을 좋아하고, 가을
에 태어난 것은 가을을 좋아하니, 무릇 천도天道를 알려면 일日을
알고, 지도地道를 알려면 월月을 알고, 인도人道를 알려면 성숙星宿을
알아야 한다. 물은 하늘을 본本을 뜨고, 불은 땅을 본本을 삼고, 사
람은 나무를 본本을 삼았으니, 무릇 사람은 하늘은 머리에 이고, 땅
을 밝고 서야 능히 하늘을 우러러 하늘을 대신하고, 땅에 펼쳐 그
마음을 대신하고, 사람에 펼쳐 그 뿌리를 대신하게 되는 것이다.

오일五日을 일후一候로 하고, 삼후三候를 일기一氣라 하고, 육기六氣
를 일계一季라 하고, 십오일十五日을 일기一氣라 하고, 삼기三氣를 일절
一節이라 하고, 이절二節을 일계一季라 하고, 한 달 보름을 팔절八節[3]
이라 한다. 하지夏至에는 실實이 극極에 달하고, 동지冬至에는 허虛가
극極에 달하고, 하지夏至는 60각刻을 넘지 않고, 동지冬至에는 40각刻

---

3) 팔절八節: 사립사분四立四分, 입춘立春, 춘분春分, 입하立夏, 하지夏至, 입추立秋, 추분秋分,
   입동立冬, 동지冬至.

을 넘지 않고, 분分은 기운이 잘라지고, 절節에는 기운이 깊어진다. 동지冬至에는 물이 마르고, 하지夏至에는 불이 마르고, 5월이면 불이 상승上乘하고, 11월이면 물이 젖어들며, 하지夏至는 습하고 동지冬至에는 건조하고, 하지夏至에는 그림자가 길어지며 동지冬至에는 그림자가 짧아지고, 동지冬至에는 허虛가 짙어지며 하지夏至에는 실實이 깊어지고, 여름과 겨울에는 천지天地가 공功을 이루며 가을과 봄에는 사람이 공功을 이루고, 8월과 2월에는 허실虛實의 기운이 같아지며 주야晝夜의 길이가 같아지고, 세歲는 일 년으로 삼백육십오일 반 나절이고, 1년에 4일은 계季가 바뀜으로 단旦을 이루고, 다섯 날씨가 모두 들어있다.

사시四時가 있으니 사유四維가 있고, 사유四維가 있으니 이십사절기二十四節期가 있고, 팔풍八風이 있으니 팔방八方의 바람이 분다. 봄에는 따뜻하고, 여름에는 더우며 가을에는 시원하고, 겨울에는 춥다. 자월子月에는 실實하면서 추워지고, 허虛한 기운이 생기고, 축월丑月에는 실實하면서 매우 춥고, 인월寅月에는 허虛하면서 따뜻한 기운이 생겨나고, 묘월卯月에는 실實하면서 따뜻해지고, 진월辰月에는 허虛하면서 따뜻하고, 사월巳月에는 실實하면서 따갑고, 오월午月에는 허虛한 가운데 실虛의 기운氣運이 생기면서 더워지기 시작하고, 허虛이며 미월未月에는 뜨겁고 실虛하고, 신월申月은 허虛하면서 시원해지고, 유월酉月에는 실虛하면서 서늘해지고, 술월戌月은 허虛하면서 추워지고, 해월亥月은 실虛하면서 차가워진다.

동서는 위緯고, 남북은 경經이고, 동서는 물산物産이 통하고, 남북은 사상思想이 통하고, 동서로 육체肉體가 통하고, 남북으로는 정신이 통하고, 동서로는 지支고, 남북으로는 간干이고, 동서는 춘추분春秋分이고, 남북은 하동지夏冬至고, 동서로는 허실虛實이고, 남북으로는 시비是非다. 허虛는 실實에서 생기고, 실實은 허虛에서 생겨 태극

太極이 여기에서 비롯되니, 태허太虛에서 천일天一이 생기고, 태실太實에서 북두北斗가 생겨 천지天地가 허실虛實의 몫을 나누고, 합쳐 삼신三神에게 의탁하여 하나에서 셋에 돌아오면서 아홉에 다하고, 승乘하여 팔십일八十一로 곧 천부天符가 되고, 태허太虛는 둘이 되고, 팔극八極은 여덟으로 되어 승乘하여 육십사六十四로 곧 만물의 순환하여 지부地符가 되고, 삼신三神은 몸이 셋으로 구궁九宮은 구九이고, 승乘하여 팔십일八十一의 길과 팔八이 승乘하여 육십사六十四의 길과 간지干支의 육십六十으로 천지가 순환하는 길이 되어 비로소 인부人符가 된다.

하늘에 허실虛實이 있어 천지天地의 기운으로 움직이고, 멈추고, 변하여 땅과 산과 바다가 있게 되었으니, 산은 고저高低가 있어 바람을 가둘 수 있고, 물은 광협廣狹이 있어 기운을 가둘 수 있고, 바다는 물을 모으기에 수기水氣를 회전하게 하고, 수화지기水火之氣는 상승과 하강하기에 풍백風伯을 부르고, 나무는 울창하기에 지기地機를 보일 수 있고, 바람은 움직임이 있어 천지지기天地之氣를 거두고 옮기며 우뢰雨雷는 명멸明滅이 있어 천하의 현우賢愚를 밝히고, 땅은 광대하여 뇌공雷公으로 하여금 명암을 알게 한다. 천지의 기운은 일정하여 열熱이 부족하면 열기를 내리고, 열기가 남으면 한기를 내려 거두고, 수기水氣가 부족하면 우사雨師가 비를 내리고, 수기水氣가 남으면 풍백風伯이 내려와 말리고, 화기火氣가 부족하면 목기木氣가 내려 키우고, 화기火氣가 남으면 수기水氣를 내려 거두어 가고, 목기木氣가 부족하면 화기火氣를 내려 키우고, 목기木氣가 남으면 금기金氣를 내려 거두고, 풍백風伯이 불어 거두고, 금기金氣가 부족하면 서리를 내려 보충하고, 금기金氣가 강하면 토기土氣를 내려 돌아가도록 하고, 토기土氣가 강하면 목기木氣를 내려 거둔다. 늦게 가면 부딪히고, 일찍 가면 다투게 되니, 봄에는 교가敎稼하고, 여름에는 장성長盛하게 하고, 가을에는 숙색熟穡하고, 겨울에는 저장貯藏한다.

무릇 하늘은 한 치의 오차도 없이 되돌려지는 틀이 있으니, 종시終始를 본本으로 하고, 땅의 도道는 넓게 펼쳐져 있어 어둡고 밝은 곳에서 집산集散하는 것을 본本으로한다. 사람은 산수山水에 의탁依託하여 널리 퍼져 살면서 삶을 잇는 것이 사람의 도道이니, 이로써 천지의 때와 곳이 하늘에는 이십사절기二十四節氣가 있고, 땅에는 이십사지二十四地[4]가 있고, 사람에게는 이십사절二十四節[5]이 있다. 하늘에는 오성五星과 오관육부五官六府와 이십팔수二十八宿와 구성九星이 있고, 땅에는 오행五行과 오환육주五環六州[6]와 팔풍八風과 구성지九聖地[7]와 이십팔주二十八州[8]가 있고, 사람에게는 오지五指와 오장육부五臟六腑와 팔절八節과 이십팔절二十八節과 구규九竅가 있다.

이실二實은 일허一虛와 함께 이기二氣를 이루고, 이허二虛는 일실一實과 함께 삼기三氣를 이루게 되어 두 기氣가 합하여 오음五音이 되고, 삼기三氣가 더해져 육율六律이 된다. 낮이면 해가 떠오르고, 밤이면 달이 떠오르고, 허기虛氣가 가득하면 실기實氣가 오고, 아침에 기운이 모이고, 오후午後에는 기운이 나누어지고, 저녁에는 기운이 흩어진다. 실기實氣가 가면 허기虛氣가 오고, 허기虛氣가 오면 실기實氣가 가는 이치는 털끝만치의 어긋남이 없는 것으로, 하늘의 지도리이자 만인의 믿음이

---

4) 이십사지二十四地: 명지命地, 성지誠地, 사지死地, 수지壽地, 암지暗地, 순지順地, 역지驛地, 문지文地, 액지厄地, 명지明地, 제지濟地, 성지聖地, 신지神地, 휴지休地, 재지灾地, 름지廩地, 병지病地, 선지善地, 형지刑地, 식지食地, 복지福地, 화지禍地, 현지賢地, 무지武地.

5) 이십사절二十四節: 상강霜降, 입동立冬, 소설小雪, 대설大雪, 동지冬至, 소한小寒, 대한大寒, 입춘立春, 우수雨水, 경칩驚蟄, 춘분春分, 청명淸明, 곡우穀雨, 입하立夏, 소만小滿, 망종芒種, 하지夏至, 소서小暑, 대서大暑, 입추立秋, 처서處暑, 백로白露, 추분秋分, 한로寒露.

6) 오환육주五環六州: 오환五環: 평平, 인印, 서瑞, 상祥, 안安, 육주六州: 일생주日生州, 월생주月生州, 성생주星生州, 월식주月息州, 일식주日息州, 성식주星息州.

7) 구성지九聖地: 생생, 사死, 명命, 본本, 극極, 망亡, 교敎, 명明, 분分.

8) 이십팔주二十八州: 월식月息, 천산天山, 성생星生, 사명司命 천뢰天牢, 현무玄武, 길복吉福, 흑소黑巢, 일생日生, 구진勾陳, 창해滄海, 곡식穀食, 청궁淸宮, 청룡靑龍, 명지命知, 성생星生, 명당明堂, 문예文藝, 복덕福德, 주작朱雀, 일식日息, 월생月生, 백소白巢, 금궤金櫃, 성식星息, 백호白虎, 운해雲海, 옥당玉堂.

되고, 두루 돌아서 처음으로 돌아오고, 잠시라도 기운이 쉬지 않고, 끊임이 없어 천지의 섭리가 조금이라도 흐트러짐이 없으니, 자애慈愛의 마음일지라도 친하거나 멀다하여 구별하고, 벗어나도 끝까지 지켜봐 주고 어려움을 헤아리고, 위급을 도와 의지하게 한다.

천지의 형세形勢 가운데에는 만물이 가장 두려워하는 것은 겨울의 형세形勢[9]이다. 만물이 손상되고, 장속藏束되니, 망가지기를 싫어해도 기름을 거두고, 땅 속으로 들어가게 되는 바를 마땅히 여기게 되니, 금수는 털갈이를 하고, 곤충은 제 거처에 들며 사람은 장작을 팬다. 나무가 겨울에 잎을 열면 반드시 말라죽고, 겨울잠을 자는데 눈 위에 놓으면 꼼짝하지 못하고, 꽃이 봄에 피지 않으면 벌은 꿀을 얻지 못하고, 벼가 여름에 익지 않으면 가을에 쌀을 열 수 없고, 열매가 가을에 튼실하지 않으면 겨울에 저장할 것이 없는 것처럼 형세의 때가 어긋나면 제재制裁가 있게 된다.

삼수三數[10]는 생법성生法成을 몸통으로 하고, 하늘의 근본 수는 일一이고, 땅의 근본 수는 이二고, 사람의 근본 수는 삼三이다. 천수天數[11]와 지수地數[12]의 천지의 수가 서로 응하게 되면 하늘은 삼신三神으로 땅이 삼극三極이 되고, 하늘이 허실虛實하니 땅이 음양陰陽하고, 하늘이 주신主神이니 땅이 지신地神이고, 하늘이 하나이니 땅도 하나고, 하늘이 무극無極하여 땅이 반극伴極이고, 하늘이 천부天符하여 땅이 지부地府고, 하늘이 천부天父하여 땅이 지모地母가 된다. 하늘이 영검靈驗하여 땅이 풍족하고, 하늘이 사계四季하여 땅

---

9) 겨울의 형세形勢: 수기水氣, 빙冰, 설雪, 흑黑, 명命, 사死, 극極, 북北, 한寒, 계의稽疑, 이耳.

10) 삼수三數: 체수體數 3, 6, 9, 성수成數 2, 5, 8, 법수法數 1, 4, 7.

11) 수天數: 일一, 삼三, 오五, 칠七, 구九, 십十, 십오十五, 이십일二十一, 팔십일八十一.

12) 지수地數: 이二, 사四, 육六, 팔八, 십이十二, 십팔十八, 이십사二十四, 이십팔二十八, 육십六十, 육십사六十四.

이 사방四方이고, 하늘이 오행五行하여 땅도 오행五行이다. 하늘에 육기六氣하면 땅이 육합六合이고, 하늘에 칠성七星하면 땅이 칠중지七重地[13]고, 하늘에 팔기八氣하면 땅이 팔풍八風이고, 하늘에 구중천九重天[14]하면 땅이 구궁지九穹地[15]고, 하늘에 십간十干하면 땅에 십이지지十二支地가 있고, 하늘에 이십사절二十四節하면 땅에 이십사절기二十四節氣가 있고, 하늘에 이십팔수二十八宿하면 땅에 이십팔지二十八地가 있고, 하늘에 육십도수六十度數하면 땅에 육십분六十分이 있고, 하늘에 삼백육십도수三百六十度數하면 땅에 삼백육십일三百六十日이 있다. 하늘에 십간十干이 있으면 땅에는 십이지十二支고, 사람에게는 육십간지六十干支고, 하늘에 십이기十二朞하면 땅에 십이절十二節이 있고 사람에게는 십이경락十二經絡이 있다. 또한 하늘에는 이십팔수二十八宿하여 땅에는 이십팔지二十八地하고, 천지지도天地之道로 인간지본人間之本[16]으로 삼는다.

하늘의 도道는 궤 속에 있는 보물과 같고, 땅의 길은 칼집 속의 칼날과 같다. 천지지도天地之道는 높은 것은 깎고, 낮은 것은 높이고, 꺼내어지면 숙살肅殺하고, 들어 있으면 위엄이 있고, 꺼내지 않고 베면 스스로 깨지고, 날이 서지 않으면 벨 수 없고, 남으면 넘치고, 솟으면 갈려 나가고, 숨기면서도 드러내지 않고, 잘라 내면서도 아파하지 않고, 날카로우면서도 무디게 되고, 자루가 없으면 베질

---

13) 칠중지七重地: 생산지生産地, 사상지死傷地, 명지지命智地, 열생지熱生地, 교명지敎命地, 명지지命知地, 휴림지休林地.

14) 구중천九重天: 하늘 속 하늘, 끝없는 하늘, 평편한 하늘, 도는 하늘, 다투는 하늘, 보살피는 하늘, 무서운 하늘, 도와주는 하늘, 믿는 하늘.

15) 구궁지九穹地: 종시지終始地, 허실지虛實地, 신계지神界地, 극성지極性地, 행전지幸轉地, 식화지食貨地, 성명지性命地, 상명지象明地, 무사지巫祀地.

16) 인간지본人間之本: 기력혈혈氣力穴血, 골수근육骨髓筋肉, 장부정정臟腑精情, 혼백의지魂魄意志, 신생화육神生化育, 화복보응禍福報應, 존귀비천尊貴卑賤, 수렴가색收斂稼穡, 신지절부神志節膚, 청탁명암淸濁明暗, 하원하방下圓下方, 성명정령性命精靈, 성신애제誠信愛濟, 체질욕기體質慾氣.

않는다. 큰 덕을 품어 중추中樞를 바로 세우고, 덕으로써 본을 삼지 않고, 스스로 변變을 삼지 않아 욕심을 드러내지 않는다. 무릇 사람 또한 천지天地의 하나를 얻으면 편안해지고, 낮은 곳으로 높은 곳을 알고, 좁은 곳을 끌어 들여 넓은 곳을 알고, 흩어짐으로 모이는 곳을 알고, 어두운 곳에 있으면서도 밝은 곳을 알고, 나지 않음으로 나는 곳을 알고, 섬기는 곳으로 비는 바를 안다. 사람이 살게 되면 태어남이 있고, 하늘이 혼魂이 올라가면 영혼이 분리되고, 백魄이 몸과 떨어지면 명命을 다하게 되어 돌아간다. 오는 때는 같으나 가는 것은 곳은 다르고, 오는 순서는 있으나 가는 때의 차례가 없고, 나오는 때는 같으나 들어가는 곳이 다르고, 사는 때와 죽는 곳이 다르다.

하늘은 늘 움직인다 하나 가운데에는 움직이지 않고, 땅은 움직이지 않는다 하나 가운데는 움직이고, 해 가운데는 물이 있고, 땅 가운데에는 불이 있고, 오성五星 속에 생극生剋이 있고, 오성五星끼리 제화制化가 있는 것은 때와 곳이 순환하는 것이고, 때와 곳이 연절連絶하는 공功이 있게 되면 샘이 맑으면 하류下流도 맑아지고, 산의 조종祖宗이 깨끗해서 혈穴도 깨끗해지고, 조상이 청아淸雅해서 후손도 깨끗해지는 것이다. 본말本末을 깨닫지 못하는 자者는 종시終始의 연절連絶을 알지 못하고, 천지天地의 시칙時則을 깨닫지 못하는 자者는 지리地理의 이법利法을 깨닫지 못하게 되니, 동쪽 산이 무너지자 서쪽의 물줄기가 변하고, 서쪽에 샘을 파자 동쪽의 나무가 마르고, 북쪽에서 징험徵驗을 보이자 남쪽에서 요동하고, 남쪽의 물길이 바뀌자 북쪽의 기氣가 움직인다. 땅이 충실하지 않으면 패이고, 허실虛實이 불분명하면 경계의 선이 사라지고, 땅이 불분명하자 자라남이 들쭉날쭉하고, 산이 충실하지 않으면 골짜기가 비고 산의 형체가 불분명하면 동산童山이 되고, 세勢가 충실하지 않으면 장차 산이 무너지고, 지력地力이 떨어지자 백성이 흩어진다.

현묘玄妙한 시칙時則은 능히 천지에 드러나게 된다. 무릇 하늘이 높으면 허虛가 다스리고, 땅이 낮으면 실實이 다스리고, 하늘이 높고 높으면 실實하고, 땅이 낮고 낮으면 허虛해진다. 실實이 태어나면 허虛로 달려가고, 허虛가 태어나면 실實로 달려가고, 허虛하면 실實을 그리워하고, 실實하면 허虛를 따르려 하고, 늙고 죽는 것은 시절이 주관하고, 생육재색生育裁穡은 변화가 주관한다. 하늘의 기미를 알면 땅의 청정淸靜을 살피게 되고, 능히 허실虛實의 때를 보면 명암의 방각方角을 알고, 현묘玄妙한 가운데 하늘이 있는 것을 보면 미묘微妙한 가운데 땅이 있음을 알게 된다. 맞이할 것은 맞이하고, 보낼 것은 보내고, 맺히면 풀어주고, 남으면 덜어주면 능히 허실虛實의 때와 곳을 보게 된다.

하늘이 정精을 내리면 땅이 형체를 이루고, 사람이 정을 지키면 형체를 키우고, 조상이 뼈를 내리면 부모가 피를 내고, 하늘이 오장을 내리면 땅이 육부六腑를 만든다. 실기實氣가 깊어지면 밭고랑의 물을 가지고 다투고, 허기虛氣가 깊어지면 담을 가지고도 높이를 따지고, 이로움만 깊어지는 천리天理는 사라지고, 지리地利에만 매달리면 미친 듯이 달리고, 허기虛氣가 깊어지면 이루는 공功이 없고, 생각에만 치우치면 경계가 사라지게 되니, 천기天氣로만 지기地氣를 덮을 수 없고, 지기地氣로만 천기天氣를 막을 수는 없다.

천지는 그 시절이 어김없이 오고감이 있게 되어 기다려도 오는 것은 천천히 오고, 바라지 않는데도 가는 것은 재빨리 달아나 버리고, 늦게 가면 다투고, 일찍 가면 잡게 된다. 낮이 오면 밤이 오고, 밤이 가면 낮이 오며 더우면 추워지고, 추우면 더워지고, 봄이 가면 여름이 오고, 여름이 가면 가을이 오고, 가을이 가면 겨울이 오고, 겨울이 가면 봄이 오며 치우치지 않게 적시고, 쬐고, 말리고, 깨우고, 저장하니, 그 때를 아는 자者 마땅한 때와 곳을 놓치지 않는다.

三神歌

삼신산三神山 맑은 물에 머리 풀어 감고,
칠성산七星山 붉은 불에 명줄 끓고 나와
사상四象 들녘에 곡식심어 허실虛實로 배 채우고,
구성산九聖山 푸른 나무에 활줄매고,
선후천先後天 아리령 넘어 밝달에 닿을 적에
삼칠년에 가로 새겨 삼신장손三神長孫 자랑삼아
두 손 곱게 모아 오가는 흔적이 없고,
모아서 나눠도 마침내 삼신三神으로 돌아가는데
앉은 자리 선 자리에 신명神命나고,
즐겁게 화백和白하여 다툼 없고,
믿어 의심없이 본本으로 다함이 없어지는데
삼부三符로 찾아 헤매도 흔적이 없고,
찾을 길이 없어서 막막하기만 한데
하나 둘 셋이 모이고, 흩어져도 가운데 있어서
밝은 하늘 밝은 땅은 밝은 사람만이 함께 살 수 있다.

東崖

4. 삼신론 三神論

위대하고, 현명한 삼신三神의 일체됨이여! 대저 삼신三神은 처음 크게 시작하기 전에 육위六位[1]가 아직 암흑으로 깜깜하여 보이지도 않고, 구분이 되지 않았는데 오로지 한 빛만이 밝게 빛나니, 한 곳에 있으면서 오로지 한 빛으로 온 누리를 비춰 밝게 하고, 몸은 하나지만 쓰임은 세 곳이고, 아득한 제일 높은 곳에 있으면서 온 누리를 가늠하고, 형체를 드러내지 않고도 크나큰 현묘玄妙[2]한 상서祥瑞를 내려 온 누리에 숨을 불어넣고, 만물에 생명의 힘을 주며 씨알로서 이어가게 하였다. 하늘의 신神은 조화造化를 주관하고, 절대지고絕對至高의 권능權能으로 모양이 없음에서 모양이 있음을 만들고, 만물로 하여금 성性을 통하게 하여 일러 천일天一[3]이라 하고, 이를 청진대淸眞大의 체體[4]라 하고, 땅의 신神은 교화敎化를 주관하고, 지선유일至善唯一의 법술法術이 있어 하는 바 없이 만물을 만들고, 스스로 명命을 알게 하니, 일러 지일地一[5]이라

---

1) 육위六位: 위, 아래, 사방四方.

2) 현묘玄妙: 최고最古 유일唯一의 도道. 현묘지도玄妙之道.

3) 천일天一: 천신天神, 유일신唯一神.

4) 청진대淸眞大의 체體: 하늘에서 가장 고귀高貴한 것, 맑음을 본본으로 한다.

5) 삼신오제三神五帝: 삼신三神은 우주창조宇宙創造한 대조신大造神, 오제五帝는 삼신三神을 받드는 신관神官.

하고, 이를 성선대聖善大의 체體[6]라 하고, 사람의 신神은 치화를 주관하니, 최고무상最高無常의 덕상德祥을 가지고 있으면서 말없이 교화하고, 만물로 하여금 정精을 보존하게 하니, 일러 태일太一[7]로 이를 미능대美能大의 체體[8]라 하고, 몸은 하나이나 하는 일은 세 가지로 삼대三大를 더욱 넓혀 삼화三化를 행하니, 곧 삼신三神의 은덕이라 한다.

우주는 삼신三神이 관장하면서도 마땅하게 내리게 되니, 나라에는 오훈五訓이 있어서 국시國是를 온전하게 하고, 민족에게는 족통族通을 잇게 하고, 사람에게는 신의信義가 있어서 마땅함을 알게 한다. 정신을 온전하게 하여 형상形象의 정사正邪를 있게 하고, 나라의 흥망을 밝혀 근본임을 알게 하고, 뭇 백성에게는 사생死生이 있게 하여 상하를 환하게 밝게 하고, 앞에 돌아오는 사물을 제어하게 하여 물상物像을 밝힌다. 조상은 한 근원이고, 덕은 삼신三神에게서 온 것인데 어리석은 후손들은 제 좋아하는 것에만 정신을 팔고도 전의 허물은 생각하지 못하고, 바르게 잇지 못하는 풍습은 갈라지고, 탐내기만 즐겨하여 폐단을 고치지 못하고, 참람僭濫하게 빼앗으면서도 재앙뒤에도 뉘우치지 않는다.

삼신三神이 온 누리를 다스리자 기氣는 드러내지 않아도 쓰임이 있고, 높은 하늘에 있으면서 땅의 신神에게 명命하여 대신하도록 하고, 명命을 주관하지 않아도 인신人神에게 대신하도록 하였다. 대조신大造神을 삼신三神이라 하고, 우주를 하늘의 주재자가 되니, 뜨는 해로 생生을 삼고, 광열光熱로써 의상儀象을 삼고, 살아서 변화로 발전하여

---

6) 성선대聖善大의 체體: 땅에서 가장 고귀한 것, 착함을 본본으로 한다.

7) 태일太一: 만물 가운데 가장 귀중한 것.

8) 미능대美能大의 체體: 사람에서 가장 고귀한 것, 어여쁜 것을 본본으로 한다.

화복보응禍福報應으로 정의正義를 삼으니, 참전參佺의 계戒9)를 지도리로 삼아 탁한 마음을 맑게 하는 근본으로 삼고, 한마음으로 뭉치는 것을 기뻐하고, 안으로 닦으면서 겉으로 겸손하여 백 천년을 쌓는다. 화化를 천변만화千變萬化의 지도리로 삼아 만 년의 치화治化를 이루었으니, 명命만을 맡는 것이 아니라 창조創造의 근원이 삼신三神에 있으며, 영구생명永久生命의 근원이자 하나의 뿌리로 삼는다.

크도다! 삼신三神의 일체됨이여! 삼신三神은 하늘에 있으면서 만물을 만들고, 한인桓仁은 사람을 가르쳐서 의義를 세우고, 현묘玄妙한 가운데 도道를 얻어서 베풀고, 커발한한웅桓雄에게 삼인三印10)을 잇게 하고, 광명光明으로 하여금 세상을 구제하였다. 삼극三極의 도道11)는 대원일大圓一12)로 만물의 근본원리가 되었으니, 곧 천하天下의 구한九桓이 이를 따르며 형체도 없고, 무위無爲하여 말이 없이도 능히 물건을 만들고, 만물을 화육化育하여 그 권능은 어느 누구도 따라 할수가 없는 것으로 가르침을 세워 뜻을 펴는데 그 기치旗幟를 높이 들었다. 밝은 곳에 있는 것을 몸통으로 하고, 무형無形을 틀로 형체로 삼아 유형有形의 변화를 쓰임에 있게 하는 것이다. 일기一氣는 하늘이고, 이기二氣는 땅이고, 삼기三氣는 사람으로 하늘은 높은 곳에서 둥글게 내리고, 땅은 넓게 퍼지고 올리니, 사람은 변화를 밝혀 무형無形을 머리에 이고, 모양이 있는 것을 밟아 꼿꼿이 서서 사람으로 삼신자손三神子孫으로 돌아가 서로 기쁘게 맹서하고, 원

---

9) 참전參佺의 계戒: 참전계경參佺戒經의 삼백예순여섯 가지의 계율.

10) 삼인三印: 천부天符, 지부地符, 인부人符.

11) 삼극三極의 도道: 천지인天地人을 합쳐 모든 것의 순환원리.

12) 대원일大圓一: 우주의 테두리를 360만의 하나의 몸으로 보는 것.

冤[13]을 바로 세우면서 풀고, 화백和白[14]으로 의견을 모아 서로 책임 있는 믿음으로 지키고, 힘을 모아 일을 쉽게 하고, 직업을 나누어 서로 돕고, 남녀의 직분을 나누어 서로 같게 하였다.

삼신三神의 용솟음이여! 거울의 순박淳朴과 빛남으로 만물의 이치를 밝히고, 삶의 즐거움으로 영대靈臺를 틔워 열게 하여 신神의 은 덕으로 복본復本의 힘으로 삼고, 북의 고동鼓動으로 약동과 즐거움의 신명神明을 다하게 하고, 검劍의 권세權勢로써 선악善惡의 맺음을 분명히 하여 비와 구름과 바람이 제 역할을 다한다. 거울의 맑음을 더럽히면서 물욕物慾에 사로잡혀 스스로를 잊는다면 자신의 밭은 놔두고 남의 밭을 부러워하고, 북의 깨달음을 잊으면서 땅의 가르침을 이롭게 하지 못하면 오감五感에 비추는 스스로의 혼백魂魄을 잊어 자취가 사라지고, 검劍으로 정의正義를 이루지 못한다면 스스로의 바르지 못하게 되고, 선善을 버리고 악을 쫓는다면 어느 누구도 삼재三才의 형벌을 피할 수 없으니, 옛날의 임검들은 천제天帝의 아들이라 여겼으니, 스스로를 닦아서 백성에게 은덕을 골고루 미치게 하고, 큰 덕을 베풀어서 널리 이롭게 하는 것을 천하지대본天下之大本으로 삼았으니, 이는 물건의 근본을 버리지 않아 맑고 깨끗하게 세상을 구제하고, 태양앙명太陽昻明을 신神으로 삼고, 땅에서는 사람의 참된 평등과 참된 자유를 누리게하여 참된 사람을 만들고자 하는 이치를 잊지 않게 하는 것이다.

크도다! 삼신三神의 포용包容이여! 삼신三神은 오제五帝[15]와 오령五

---

13) 원冤: 억울함으로 원한을 갖는 것, 단제왕검檀帝王儉이 백성들을 '해원복본解冤復本'의 이치로 삼한三韓을 대통일하고, 치화治化하는 지도를 삼았다.

14) 화백和白: 한국桓國 특유의 이상적 민주주의로 만장일치가 되어야만 비로소 집행하는 것.

15) 오제五帝: 흑제黑帝, 적제赤帝, 청제靑帝, 백제白帝, 황제黃帝.

靈[16]을 맡고, 오제五帝로는 흑제黑帝는 생명生命이 다함을 맡고, 적제赤帝는 열熱과 빛을 맡고, 청제靑帝로 기름을 맡고, 백제百帝는 성숙成熟을 맡고, 황제皇帝는 조화造化를 맡고, 오령五靈으로는 태수太水는 원활하면서 윤택하게 하고, 태화太火는 덥혀 익히고, 태목太木은 지어서 이루고, 태금太金은 맞추어서 자르고, 태토太土는 근원의 첫걸음과 마지막을 주관하게 하였으니, 이로써 오제五帝로써 명령命令하여 나타나게 하고, 오령五靈에게 기르고 이루게 하였다. 옛 법法에 '도道의 대원大原은 삼신三神에서 나온다'고 하였으니, 바른 도道의 주춧돌인 삼신三神으로 일신一神이 내려옴은 사물을 다스림이자 천일天一을 낳는 이치로 성품이 광명光明으로 통하게 하고, 바른 삶을 다스리고자 하고, 지이地二를 낳는 이치되어, 세상世上에 교화敎化를 폄에는 마음을 다스리고자 하고, 인삼人三을 낳는 이치이고, 온 누리를 밝게 비춰 이롭고자 하니, 대저 삼신三神께서 삼계三界를 만든 벼리는 물은 하늘을 본本을 뜨고, 불은 땅을 본本을 떴고, 나무는 사람을 본本을 뜬 것이다.

오호라! 삼신三神의 일체一體여! 능히 사물을 만들고, 삼성三聖에 뜻을 두어 삼한三韓을 만들고, 삼제三帝에 힘을 실어 삼조선三朝鮮을 만들었으니, 일체의 원리는 끝 간 데 없게 하고, 삼륜구서三倫九誓의 행동을 게을리 하지 않게 한다. 삼신三神은 또 다른 말로 상제上帝라 하니, 상제上帝는 천지만물天地萬物을 통치하는 이치의 은덕을 받는 임검은 하늘의 뜻을 땅에 넓게 펴고, 그 보답으로 깨끗한 제물祭物과 제단祭壇을 정결淨潔히 하고, 적절한 납폐納幣를 갖추어 올려 그 용서할 바를 구하고, 기원할 바를 기도하여 남 탓을 나에게 돌리고, 원한은 풀고, 복福을 나누어 나누는 즐거움마저 감사해야 한

---

16) 오령五靈: 태수太水, 태화太火, 태목太木, 태금太金, 태토太土.

다. 삼신三神의 부명符命[17]에 의하면 거스름이 없게 되고, 부명符命 은 하늘이 사람에게 준 선물이자 신탁神託이니, 머리에서 발끝까지 능히 천명天命이 있음을 알게 되고, 그 부명符命으로써 운기運氣를 하면 정기신精氣神[18]이 맑아지게 되고, 아득한 곳에 있어도 삼대三大[19] 와 삼식三識[20]과 삼이三二[21]로써 밝은 영대靈臺에 크게 내린다.

왕검王儉이 이르기를, '백성의 뜻을 물어 만인의 법을 만드니, 이를 천부天符[22]라 할 것이다. 이는 만세 강전講典이자 지극히 존중하여 어느 누구도 이를 어기지 못하리라'고 하였으니, 천부天符를 아는 자 者는 덕德을 베풀고, 그 은덕이 만물을 감싸도 그것이 어디에서 온 지 알지 못하고, 능히 그것을 말하지 않아도 천 마디의 말로도 어지 러워지지 않고, 덜어도 줄지 않고, 보태도 넘치지 않고, 받아도 사양 하지 않고, 주어도 아까워하지 않고, 본성本性이 늘 한결같아 천지天 地가 저절로 조화되어 담담박박淡淡朴朴하고, 소박素朴하여 다툼을 만들지 않아 그 덕의 아름다움을 알게 되는 것이다.

대저 천부유법天符遺法의 백미白眉는 천부경天符經이고, 신고神誥[23] 는 천부天符를 밝힌 것이고, 계경戒經[24]은 일상사의 생활강령生活綱領 으로 이는 구한九桓의 백성의 모두 이를 따른다. 인웅검仁雄儉은 삼

---

17) 부명符命: 사람에게 주어진 명명命命을 부符에 새기는 것.

18) 정기신精氣神: 정精이 모여서 기氣가 되고, 기氣가 모여서 신神이 된다. 삼진三眞을 올바르 게 하는 방법은 호흡법.

19) 삼대三大: 대선大先, 대중大中, 대웅大雄.

20) 삼식三識: 영靈, 지智, 의意.

21) 삼일三二: 셋이 둘로 갈라져서 허실虛實과 함께 나타남으로 육효六爻가 된다.

22) 천부天符: 삼신지도三神之道를 새긴 부符.

23) 신고神誥: 삼일신고三一神誥로 대종교大倧敎의 나철羅喆이 저술著述.

24) 계경戒經: 참전계경參佺戒經, 운초雲樵 계연수桂延壽가 말만 전해 내려오던 것을 檀紀 4232年에 저술.

신三神의 화신化神이자 분신分身이 되어 애오라지 구한九桓의 백성도 모두 삼신三神의 후손이라 하니, 삼성三聖이 돌아간 뒤에 감물단제 甘勿檀帝[25])에 이르러 감물산甘勿山 밑에 삼성사三聖祠를 세우고, 제祭를 지내고 난 뒤에 이르기를, '삼성三聖의 거룩함이 삼신三神과 더불어서 그 공功을 함께 이루고, 무형無形의 삼신三神과 유형有形의 삼성三聖은 다른 것 같으면서도 하나다'고 하였다. 이로써 다르다 함은 그 말과 느낌이 다르더라도 조상祖上으로써의 성인聖人은 옷만 갈아입었을 뿐, 천신天神과 같은 삼성三聖인 것이다.

하늘로부터 밝으면 한桓이 되고, 땅으로 광명光明은 단檀이 되고, 사람으로 하여금 밝히고, 지켜나가면 한韓이 되니, 개천開天으로 하늘을 알게 하면 명命이라 하고, 개지開地로써 만물을 번성하게 하면 밝음이라 하고, 사람을 우뚝 세워 만물의 영장靈長하게 하면 개인開人이라 한다. 사람이 할 수 없는 바를 실천하면 신神이 되고, 사람이 할 수 있는 바를 마땅히 하면 업業이 되고, 이루어지는 복福을 빌면 재齋가 되고, 때가 되어 계戒를 지키게 되면 차례가 생기고, 베풀면 사람에게 주어진 명命을 알게 되고, 금하는 바가 있어 모여들고, 높여주어 마땅히 공경하는 바가 있다. 겸양謙讓을 소홀히 하면 삼신三神이 돌보는 바가 적어지고, 정성을 소홀히 하면 삼신三神이 보여 주는 바가 적게 되고, 믿음이 적으면 삼신三神이 나타내는 바가 적게 되고, 지저분하면 삼신三神이 품는 것이 적게 되고, 자만하면 삼신三神이 답하는 바도 적어진다.

대저 삼신三神이 삼성三聖으로 현신顯身한 것을 살펴보면 한인桓仁은 일칠이육一七二六[26])으로 천하天下를 만들어 움직였고, 한웅桓雄

---

25) 감물단제甘勿檀帝: 제 33대 檀帝 (檀紀 1516-1540 西紀前 819-795)로 현인賢人들을 중용하고, 나라 안의 인충人虫을 없애고, 주周의 조공朝貢을 받음.

26) 일칠이육一七二六: 일一이 한번 변화變化하여 칠七이 되고, 이二가 한번 변화하여 육六이

은 천일생수天一生水[27])와 지이생화地二生火[28])로써 천하를 가르쳤으니, 천하가 모두 교화되었고, 왕검王儉은 원방각圓方角[29])으로써 천하天下를 다스렸으니, 만민萬民이 이를 보고 배우며, 거스름 없이 실천한다. 또한 삼신일체三神一體의 도道는 대원일大圓一[30])의 뜻을 두루 돌아 삼도三途[31])와 삼망三妄[32])을 돌고, 일신一神으로 돌아가 잊지 않고, 능히 알아서 행하고, 삼신三神은 하늘에만 있는 것이 아니라 땅에도 있고, 사람에게도 있으며 만물에 두루 있음을 옛 어르신이 이미 밝힌 바다.

진성眞性은 능히 삼도三途를 돌아 영대靈臺[33])를 열게 되면 능히 하늘과 통하게 되니, 하늘에는 삼극三極[34])이 있고, 땅에는 삼신영지三神靈地[35])가 있고, 사람에게는 삼신영대三神靈臺[36])가 있고, 하늘에는 삼극용三極用[37])이 있고, 땅에는 삼극지三極地[38])가 있고, 사람에게도 삼체三體[39])와 삼전三田[40])이 있다. 삼신三神의 현신顯身은 나반那般으로 나반那般이 죽어 삼신三神으로 돌아가 이로써 영구생명永久生命

되는 것. 한인씨桓仁氏는 아버지의 도道로 천하를 다스리는 이치.

27) 천일생수天一生水: 하늘에서 처음 물이 생기는 이치.

28) 지이생화地二生火: 땅에서 불이 생기는 이치.

29) 원방각圓方角: 왕검王儉이 ○, □, △의 도상圖象으로 천하天下를 다스리는 이치. 홍범弘範에서 이르기를 '삼신일체三神一體의 원리는 이것에서 나왔다'고 하였다.

30) 대원일大圓一: 대우주大宇宙를 하나로 보는 것.

31) 삼도三途: 삼일三一, 삼진三眞, 삼식三識.

32) 삼망三妄: 불식不息, 불산不散, 불축不縮.

33) 영대靈臺: 하늘의 기운氣運이 드나드는 곳.

34) 삼신삼극三神三極: 일신삼용一神三用.

35) 삼신영지三神靈地: 천기天氣가 잘 모이는 곳, 밝고 청결한 곳, 신神이 잘 내리는 곳.

36) 삼신영대三神靈臺: 명문命門, 백회百會, 천주天柱.

37) 삼극용三極用: 천일天一, 지일地一, 인일人一.

38) 삼극지三極地: 하늘에는 삼신三神, 땅에는 삼태백三太白, 사람에는 삼신영대三神靈臺.

39) 삼체三體: 머리, 몸통, 다리.

40) 삼전三田: 상전上田, 중전中田, 하전下田.

의 근본根本이 되고, 삼성三聖[41])은 삼황三皇이 되고, 삼황三皇은 삼화
三化[42])하고, 삼분신三分身하고, 삼일三一[43])로 나뉘어 삼극三極[44])으로
구제하고, 오제五帝의 현신顯身 또한 오제五帝[45])가 되어 백성의 삶을
편안하게 하는 것이다.

사람의 생사生死는 수명壽命에 좌우된다고는 하지만 삼신三神은
그 명命을 직접 재어서 나눠주고, 엉덩이를 때려 반드시 삼신三神의
징표徵表[46])를 주고, 어린아이가 열 살 까지 목숨의 안녕과 위험을
직접 주관한다. 벼 익는 것을 축하하여 업業이라 하고, 산은 군생통
력群生通力으로 장場으로 하고, 강해江海는 군생통산群生通産의 직職
으로 삼고, 집터에는 토주대감土主大監[47])이 터전을 지키고, 집이 세
워지면 성조대군成造大君[48])이라 하고, 해마다 복福을 이루는 신神이
라 하고, 제祭를 올릴 때와 그 날짜를 헤아리려는 것[49])과 부정不淨을
삼가고, 정성껏 재齋를 하고 난 뒤에 그 복福을 구한다. 삼신유속三
神遺俗에는 삼신낭三神囊[50]), 삼신승三神繩[51]), 윷놀이[52]), 고누놀이가

---

41) 삼성三聖: 한인桓仁, 한웅桓雄, 왕검王儉.

42) 삼화三化: 조화造化, 교화教化, 치화治化.

43) 삼일三一: 천일天一, 지일地一, 태일太一.

44) 삼극三極: 한인桓仁 무극無極, 한웅桓雄 반극反極, 왕검王儉 태극太極.

45) 오제五帝: 유인有仁, 태호太皞, 신농神農, 치우蚩尤, 부루扶婁.

46) 삼신三神의 징표徵表: 어린아이 엉덩이에 있는 청반靑斑의 표시를 말한다. 삼신三神이 흑
두청반족黑頭靑斑族에게 태어나자마자 엉덩이에 푸른 점을 남겨 부정한 것이 가까이 하거
나 더러운 것이 섞이지 않도록 하는 표식表式.

47) 토주대감土主大監: 터줏대감은 울타리 안의 땅. 토주土主는 집터를 지키는 신神.

48) 성조대군成造大君: 거주지居住地의 건물建物을 지키는 신神.

49) 날짜를 헤아리려는 것: 이사移徙 할 때, 장 담글 때, 기도할 때, 묘 자리를 쓸 때, 고기잡이 할
때, 진陣을 칠 때, 길을 떠날 때, 혼례 등, 택일 하는 것.

50) 삼신낭三神囊: 삼신주머니.

51) 삼신승三神繩: 검줄. 새끼줄을 세 번 꼬고 다시 세 번 꼬아서 만드는 줄. 아기가 세상에 태
어나면 집 앞에 검줄을 쳐서 삼칠일三七日간 사악한 기氣가 가족이나 방문객에 따라 들어
오는 것을 막는 새끼줄.

있고, 마을을 지키는 수호신守護神은 장승[53]과 벅수[54]고, 악귀를 지키는 것은 서낭[55]이고, 신神이 드나드는 길은 숫대[56]이고, 조상을 지키는 것은 위패位牌고, 선세先世를 지키는 것이 선돌[57]이고, 복을 구하는 것은 진실 된 마음이다.

옛날 삼신三神이 처음 천지天地를 만들고, 사람을 만들었을 때에는 신神과 사람이 별반 다르지 않았으니, 순수하여 신神의 성품性稟과 같았고, 삼명三命은 마땅함을 늘 잃지 않아 삼진三眞으로 하늘의 어여쁨을 벗어나지 않았고, 삼정三精으로 늘 본성本性을 잃지 않았다. 신神과 사람의 관계가 서로 복잡해지고, 사람들은 완급緩急을 알게 되고, 지식을 가지고 꾀를 내고, 힘을 가지고 순서를 겨루고, 작은 재주로만 큰 지혜를 가늠하는 의심이 생겼고, 서화書畵로 형상形象을 그리고, 신神을 의혹하게 되고, 삼계三界를 긋자 신神 또한 사람의 일에 믿음을 심지 않았으니, 이것으로 모든 사람이 그 천명天命을 알지 못하게 되는 까닭이 되었다.

대저 세상의 사람들은 제가 좋아 하는 것은 좇고, 싫어하는 것은

---

52) 윷놀이: 고대古代부터 내려오는 놀이, 오행五行, 팔괘八卦의 이치로 말을 놓고, 좇고 좇으면서 한해의 길흉吉凶을 점占치는 것.

53) 장승: 마을의 입구에 세워 안으로 복福을 새어나가는 것을 막고, 밖으로는 잡신雜神이나 병마病魔를 막는다. 하단下段에 세로로 천하대장군天下大將軍, 지하여장군地下女將軍이라 쓴다.

54) 벅수: 장승과 비슷하나 치우蚩尤, 유명한 장군 또는 신수神獸로도 그린다.

55) 서낭: 일부에서는 선왕仙王이라고도 함, 마을을 들고남에 막돌을 쌓기도 하고, 한쪽 눈을 감고 세 번 외발로 뛰고 세 번 침을 뱉은 뒤에 지나가고, 맹수가 나타나면 돌을 던지기도 한다. 그러나 그 마을이 커지면 정교精巧하게 돌무지를 쌓고 장승과는 별도로 신神에 대한 예의를 올린다. 성황城隍과는 차이가 없음.

56) 숫대: 신간神竿. 들이나 밭에 신神을 안내하는 기물器物. 가리키는 방향으로 세우는 장대로 대개 세 마리의 길조吉鳥를 긴 장대 위에 목각조木刻鳥로 세운다. 옛 수두의 유법遺法이다.

57) 선돌: 아주 오래된 매장埋葬의 형태, 형식形式은 정해지지 않았으나 대개 하방상원下圓上方의 양식이다. 큰 마을에는 지석단支石壇을 세운다. 일석상이석하一石上二石列.

멀리하는 것이 본성本性이라고는 하지만 모든 일에 화복禍福의 그림 자가 문밖에 서있어도 깨닫지 못하고, 사사로이 제 편에만 서서 명 리名利가 아니면 움직이지 않는다. 오제본기五帝本紀[58]에 이르기를, '사물과 사람이 모두 삼신三神에서 나왔으니, 삼신三神으로 한 근원 을 이룬다'고 하였으니, 삼신三神의 뜻은 편벽하지 않아 모든 만물에 빠짐없이 제 명命을 주었고, 만물은 능히 제 생명生命을 지키려 하 고, 나무에는 새와 벌레들이 살고, 땅에는 사람과 짐승이 살고, 물 에는 물고기가 살지만 어느 것이 능히 홀로 살수 없다. 하늘은 만 물을 만드는 조화造化를 내리고, 땅에서는 만물을 생육하는 교화教 化를 내리고, 사람은 만물의 영장靈長으로 약속의 끈을 쥐어 주었으 니, 능히 그 끈을 잡아 삼화三化의 공적을 헤아린다.

삼신三神은 믿지 않는다하여 미워하지 않고, 홀대한다하여 벌을 내리지 않고, 그저 품을 뿐 관여하지 않아 천지만물도 이를 닮아 거스름이 없다. 삼신고제三神古祭의 풍속風俗은 구한九桓이 하나로 뭉쳐 은덕을 잊지 않고, 또한 백성들이 행복하고, 즐거이 하는 의식 儀式 또한 수두에서 나왔으니, 삼신三神의 봉축奉祝을 주관하고, 신 성神聖하게 여겨 죄지은 자者가 들어가도 잡지 않고, 수두 안에 서 면 언제나 그 계戒가 올바로 서고, 나라에 충성하고, 부모에게 효도 하고, 사람에게는 신의信義로 대하고, 전쟁터에서는 용감하고, 뭇 생 명을 소중히 여기니, 수두가 주춧돌이 되어 커진 삼한三韓의 관경 안에서 백성을 기쁘게 하고, 삼신三神이 나를 이끌어 참으로 돌아가 니, 이를 대아大我라 하고, 백성의 복福을 서원誓願하고, 신神을 봉축 奉祝하여 나라를 융성하게 하였다. 일신一神이 만물에 비처럼 내려오 는 것은 물의 이치고, 성품性稟이 광명光明과 통하는 것은 불이 오르 는 이치고, 세상을 교화하여 마음을 다스리는 것은 나무가 크는 이

---

58) 오제본기五帝本紀: 이맥李陌의 삼신오제본기三神五帝本紀로 태백일사太白逸史의 한편.

치고, 계율戒律을 굳게 지키는 것을 쇠의 이치로 삼고, 심어 키워 거두고 저장하는 것은 흙의 이치를 국시國是로 삼아 나라에는 큰 제단祭壇을 세우고, 중간의 시市에는 제단祭壇을 두며 마을에는 작은 단壇과 장승을 두며 집집마다 단지를 두어 소중하게 지킨다.

대조신大造神을 삼신三神이라 하니, 신神에게 바라는 것에 게으름이 없게 하여 족함을 알고, 즐거운 마음속에 늘 품고, 풍속風俗의 의로움을 벗어나지 않고, 하루 세 번의 착한 일[59]과 일곱 번의 복福[60]을 구하여 한해의 즐거움을 얻게 되어 한 번의 삶을 이어가게 하는 것이다. 제사祭祀로 근본의 즐거움을 얻고, 살아 있는 뭇 생명生命에 가까이 다가가고, 천부天符에 근원하여 명命을 다함을 알고, 지부地符에 의탁하여 게으름이 없고, 인부人符에 의존하여 주어진 이름의 쓰임을 다한다. 삼재三才로 천부天符의 고귀함을 잊지 않고, 삼극三極으로 지부地符의 마땅함을 알고, 삼전三轉으로 돌아오는 이치를 알고, 길흉吉凶으로 때을 따지지 않고, 종시終始로써 상대를 가리지 않고, 흥망興亡으로 나라의 국시國是를 가리지 않고, 명리名利만으로 시비是非를 가리지 않고, 편리함으로 세勢를 가리지 않고, 진퇴進退로 전후前後를 가리지 않는다.

을파소乙巴素가 이르기를, '신시이화神市理化의 세상은 백성의 지혜가 열림에 나날이 지극한 다스림을 이루었다. 만세萬世에 걸쳐 바꿀 수 없는 의표儀表가 되어 신神의 계시에 따라 무리를 교화敎化한다. 구한九桓에는 계율戒律이 있으니, 하늘을 대신하여 공功을 행하여 마침내 모두가 스스로 마음을 써서 힘을 모아 공功을 이루어지기 바

---

59) 세 번의 착한 일: 사랑으로 감싸 안는 것, 예의에 벗어나지 않는지 살피는 것, 도리를 다하여 어긋나지 않았는지 살피는 것.

60) 일곱 번의 복福: 노약자를 착한일로 돕는 것, 의로운 일에 최선을 다하는 것, 책무를 다하는 것, 사사로운 욕망을 억제하는 것, 염치를 아는 것, 믿음으로 희망을 갖게 하는 것, 의로움에 삿된 것을 얹지 않는 것.

란다' 고 하였다. 지나간 것은 법이 되고, 뒤에 오는 것은 술術이 되니, 천년에 빛나고 만년에 사라지지 않게 되는 까닭은 상하와 귀천이 따로 없고, 마음속의 신神은 천지天地와 같고, 허실虛實은 신神에게서 나온 것으로 신神 또한 삼재三才와 다를 바가 없다. 크나큰 참된 것은 삼신三神과 통하고, 삼신三神 또한 삼재三才로 화化하였으니, 성性은 통하면 삶이 밝아지고, 명命은 통하면 바르게 되고, 정精은 통하면 풍요롭다. 빛은 온 누리로 퍼져나가 복福으로 내달리고, 명命은 뭇 생명生命의 지도리가 되고, 정精은 뭇 사람의 벼리가 되고, 가르침은 새로워서 배움의 물음이 되고, 슬기로움은 삶을 소중히 하는 까닭이 되니, 잇고 지켜나가 참된 것을 이루면 삼신三神이 즐거워한다.

삼신三神은 일월성신日月星辰의 광명光明으로 내려와 조화造化하고, 삼성三聖이 대신하여 태백太白에서 만민을 교화敎化하고, 신단수神檀樹에 크게 모이게 하여 치화治化하였으니, 삼신산三神山[61]은 삼신三神의 궁宮이 있는 곳으로 그 명命을 의탁하여 거스르지 않고, 살아가는 풍속風俗이 여기에서 나오게 된다. 천지만물天地萬物과 사람이 모두 이를 알지 못하는 사이에 따라 하고, 그 신명神明[62]은 반드시 하늘의 즐거움을 받게 되어 겸양으로 오사五事[63]를 지키며, 예절을 알고, 부끄러움을 알아 능히 아름답고, 거룩한 삼신일체三神一體의 도道를 하늘과 땅을 통하여 이루어낸다.

---

61) 삼신산三神山: 삼신三神이 사는 산. 일부에서는 섬 위에 봉우리가 세 개인 산이라 함. 이를 본떠 고깔을 만듦. 일부 방탄한 자者들이 영주瀛州, 봉래蓬萊, 방장方丈이라 하기도 하고, 신선神仙들의 영초靈草인 불로초가 있다는 말을 만듦.

62) 신명神明: 삼한三韓 특유의 즐거움과 힘. 무아無我에서 빛을 받아 즐거움을 이루는 것.

63) 오사五事: 성실신의誠實信義, 근면공경勤勉恭敬, 효도순종孝道順從, 염치의리廉恥義理, 겸양화목謙讓和睦.

高矢氏

고시씨高矢氏가 때어날 때 울음소리 우렁차고,
농업과 곡마약석穀磨藥石으로 크게 일으키고,
주곡主穀의 명命을 받고,
백성을 먹여 살리는 일을 맡아
돌로 불을 일으키니 장하도다!
불을 쉽게 얻는 방법을 알게 하였고,
먹을 것을 익히고 쇠를 캐고 동銅을 녹이고,
영리하고, 꾀가 많으니 백성을 먹여 살리는 바로
심어나게 하여 거두는 오곡五穀이 풍성하여 열매마다 튼실하고,
심는 씨앗마다 실하지 않은 것이 없으니,
한웅桓雄을 받들어 먹고 살기 편하게 하고,
농부의 본조本祖되니, 어찌 잊으리! 그 큰 덕이여!

東 崖

5. 허실론 虛實論

허실虛實은 본本이 되고, 음양陰陽은 말末이 되고, 대저 하늘의 도道를 허虛라 하고, 땅의 도道를 실實이라 한다. 하늘의 도道는 허술한 것 같아도 순서順序가 있고, 땅의 도道는 어지러워 보여도 질서가 있다. 허실虛實이 서로 순환하면 이를 태극太極이라 하고, 머리를 내밀고 꼬리를 물면서 다투면 상충相衝이라 하고, 서로 끝없이 좇으면 대원大圓이라 하고, 비웠다가 채워지고, 채웠다가 비워지면 차고 빔이라 하고, 맑았다가 탁濁해지고, 탁濁해졌다가 맑아지면 청탁淸濁이라 하고, 올랐다가 내렸다가 숨었다가 드러남을 비잠飛潛이라 하고, 나뉘었다가 모아지고 모아졌다가 나뉘어지면 집산集散이라 하고, 없는 것 같아도 싸여 있는 것을 함체含諦라 하고, 제각각의 할 바가 있어서 하나로 돌아가게 되는 것을 귀본歸本이라 하고, 스스로 나타내지 않아도 착함이 드러나는 것을 귀선歸善이라고 한다.

하늘의 도道는 단순평이單純平易해 보이나 예단豫斷하기 어렵고, 땅의 도道는 광대무변廣大無變해 보이나 예측할 수 없고, 사람의 도道는 복잡다단複雜多端해 보이나 평단評單하기 어렵다. 허실虛實의 도道가 천하天下에 드러냄은 빛과 같아 순간이 아니면 볼 수 없고, 모든 물이 큰 바다로 모여들듯 멀리서 봐도 측량할 수 없다. 보태도 넘치지 않고, 퍼내도 줄지 않는 것을 허실지도虛實之道라 하니,

허虛 속에 실實이 있고, 실實 속에 허虛가 있으니, 대허大虛는 소실小實에서 나오고, 대실大實은 소허小虛에서 나오게 된다. 허실虛實의 대도大道를 변불변變不變으로 바라보면 허실虛實이 교차하는 것을 천지가 허실虛實을 낸 까닭을 알게 되는 것이다. 오로지 스스로의 명리名利로만 바라본다면 대허大虛가 사라지자 인의仁義가 생기고, 대실大實이 가득하자 교졸巧拙이 드러난다. 그 허실虛實에서 생기는 수많은 가지는 한 뿌리에서 생기고, 커다란 수박도 한 씨에서 생겨나니, 근원을 알면 허실虛實이 보이고, 허虛를 알게 되면 지극至極하다 하고, 실實을 알게 되면 지상至常하다고는 하나 그저 정성과 실천으로 그 믿는 바를 좇아도 알 수가 없고, 사람이 느끼는 바만 가지고 나를 우주라 하고, 우주가 나라고 한다 해도 이를 알기가 어렵다.

허실지도虛實之道가 세상에 나타나자 어떤 것은 가득 차 있고, 어떤 것은 비어있으며 어떤 것은 딱딱하고, 어떤 것은 부드러우며 어떤 것은 쌓이고, 어떤 것은 무너져 내리고, 어떤 것은 말라버리고, 어떤 것은 묽고 어떤 것은 성기고, 어떤 것은 강대해지고, 어떤 것은 약소해 지는 것을 알게 되었다. 허虛는 영원하고, 실實은 구원久遠하고, 허虛는 스스로 생기나 뻗어나지는 못하고, 실實은 스스로 낳지 못하니, 눈에 비치는 실實로써 느껴지는 허虛를 좇으면 자유롭지 못하고, 귀에만 들리는 허虛로 실實을 좇게 되면 집착하게 된다. 무릇 헤아릴 수 없는 것은 모자란 것 같고, 극히 미세한 것은 남는 것 같으니, 천하의 모든 일은 허虛한 것에서 비롯되고, 실實한 것에서 완성되고, 허虛한 것은 극極이 없고, 실實한 것도 극極이 없으니, 진실로 실實한 것은 비어있고, 진실로 허虛한 것도 차있다.

허실지도虛實之道를 말하는 자者들은 인의仁義를 말하고, 이彝와 소박素朴을 말하면서 기치旗幟를 높이 들면서 사심私心을 숨기면서

도 마음을 늦추지 않고, 괴로워하면서 허실虛實을 알려한다. 또한 예악禮樂만을 무상無上이라 하고, 인의仁義만을 무고無高라 하고, 반半만 믿어 무추無樞라 하고, 이론만 집착하여 무론無論이라 한다. 허실虛實을 모르는 자者들은 뜻을 내세워 사사로움을 좇고, 허실虛實을 아는 자者들은 알면서도 드러내지 않는다. 물 위를 걷는 자者는 멀리가지 못하고, 뒤로 걷는 자者는 멀어지는 산만 보고, 드러내어 나타내려 하는 자者는 뚜렷하지 않고, 말을 많이 하는 자者는 번거롭기만 하다. 시끄러움의 뿌리는 고요함이 되고, 아름다움의 뿌리는 추하고, 번잡의 뿌리는 편안한 것이고, 가벼움은 무거움의 뿌리가 되니, 잘 달리는 자者는 발자국이 일정하고, 말을 잘하는 자者는 듣기를 편안하게 하고, 행동을 잘하는 자者는 흔적을 남기지 않고, 잘 싸우는 자者는 약자弱者와 싸우지 않고, 장사를 잘하는 자者는 주머니를 쉽게 열게 한다.

하늘은 허虛한 것을 닮게 하고, 땅은 실實한 것을 닮게 한다. 하늘이 만물을 풀어내자 땅이 이를 화육化育하고, 사람이 이를 쓴다. 하늘은 하나에서 비롯하였고, 땅은 둘에서 비롯되었고, 사람은 셋에서 비롯하였으니, 사람은 큰 허실虛實로 천지天地를 뒤바꿀 수 있고, 큰 허실虛實은 사람의 본성本性마저 바꾼다. 저 하늘에 뭇 별이 펼쳐 있어도 허실虛實이 교차交叉하지 않은 것이 없고, 뭉치고 흩어짐에 따라 그 모양이 달라져도 변變하지 않는 천부天符의 법[1]이 있으니, 충실히 허실虛實의 도道를 따른다. 허실오행虛實五行이 신시황부神市黃部에서 나왔다면 육십갑자六十甲子는 옛 한국桓國의 셈법이고, 상고시대上古時代의 열두 파派[2]가 조화造化하였고, 중고시대

---

1) 천부天符의 법: 대원일大圓一의 무형無形의 표징表徵을 세운 법. 종시終始의 무극無極의 법.

2) 상고시대上古時代의 열두 파派: 현전玄田, 의명宜命, 무험巫驗, 의상儀象, 부주符呪, 공완功完, 선도仙圖, 적선積善, 기련氣練, 상서祥瑞, 영통靈通, 천부天符.

中古時代의 아홉 개 파派[3]가 교화敎化 하였고, 하고시대下古時代의
세 개 파派[4]가 치화治化하였다. 세 시대時代 모두 삼사三師[5]를 두
어 분권分權하였고, 오가五家에게 각각의 일을[6] 두어 나라를 안
정하였고, 구한九桓 또한 마땅히 따랐으니, 천하天下가 편안하였
던 것이다.

허虛하려면 지혜로워지려 하고, 실實하려면 명리名利를 가늠하려
한다. 참되면 앞을 틔워지고 헛되면 뒤에서 밀지 않고, 참되면 앞
에서 끌어주고 헛되면 뒤에서 밀지 않고, 천지天地는 나를 위해 이
利를 주지 않고 나는 천지天地를 이롭게 하지 않는다. 어진 것을 바
라보고 예禮에 향하게 하고, 의로운 것을 좇아 슬기로운 것을 살피
고, 믿음으로 모여들어 복福을 구하게 되는 것이니, 천지天地는 사
람을 만들면서 잘못된 것을 원하지 않고, 내가 살아가면서 천지가
어긋나는 것을 바라지 않는다.

천하天下에는 변하지 않는 이치가 있으니, 삼신三神이 만물을 위
해 복福을 내리지 않고, 천지天地는 명리名利를 베풀고도 바라자고
행하지는 않고, 천명天命을 이을 때는 뜻을 거스르지 않고, 성인聖
人은 천지天地를 위해 애를 쓰지 않고, 오제五帝는 삼화三化를 거스
르지 않으면서 따르고, 천지天地는 공功을 이루고도 자랑을 삼지
않았으니, 하늘의 도道는 흘러갈 뿐, 사람을 위해 머물지 않고, 땅
의 도道는 머무를 뿐, 사람을 위해 흘러가지 않고, 사람의 도道는
사람의 바른 길을 걸으면서 지키게 할 뿐, 길복吉福을 애써 구하지

---

3) 중고시대中古時代의 아홉 개 파派: 지부地符, 지상地相, 현전玄田, 무공武功, 선도仙圖, 역상易相,
   점복占卜, 극명極命, 신명神明.

4) 하고시대下古時代의 세 개 파派: 부주符呪, 인부人符, 무험巫驗.

5) 삼사三師: 우사雨師 입법立法, 운사雲師 사법司法, 풍백風伯 행정行政.

6) 오가五家의 일: 다산多産, 치유治癒, 질서秩序, 지혜知慧, 구원救援.

않는다. 허실虛實이 중첩만 하면 매듭을 짓지 못하고, 허실虛實을 분리하면 허우적거리게 되고, 허실虛實의 지경이 흐려지면 삿된 것을 막지 못한다.

아래가 타야 위도 내리고, 가까우면 물러서고, 멀면 다가오니, 삼가 경계하여 견실堅實하게 붙좇으면 공功은 이루어지고, 모자란 것은 서로 보충하고, 밖의 유혹에 안의 주인이 흔들리지 않고, 작게 탐하다가 크게 잃지 않고, 끊임없으면 드러나지 않고, 초조에서 벗어나면 변불변變不變을 구분하게 되고, 진실하면 오래 지킬 수 있고, 항산恒産하면 계획을 세우게 되고, 항심恒心하면 멀리 내다 볼 수 있고, 마음의 미혹迷惑을 없애 의덕義德을 쌓고, 어려울 때를 생각하여 남을 돕게 되는데, 잘되는 것만 가지고 따져서 실패失敗하고, 악자惡者 옆에서 마음을 졸이고, 내달려서 벽에 부딪히고, 갑자기 일어나 엎어지고, 곤궁한 줄 몰라 요행을 바라고, 고집만으로 협력하라고 한다.

박제상朴堤上이 이르기를, '무릇 해가 동쪽을 따라 서쪽으로 향하는 것만 알고, 서쪽으로 도는 것은 모른다. 그 연유는 눈이 너무 밝기 때문이니, 지금 밤에 눈을 감고 해를 따른다면 반드시 서쪽에서 동쪽으로 움직일 것이다'고 하였다. 이로 볼 때 허실虛實의 도道는 천지지음天地之音을 통해 만들어 지고, 크게 변화하는 정情에서 움직임을 살피고, 척도尺度에 따라 다른 세력과 만나게 되어 재본다. 이름 없는 것에서 생겨나 바탕이 있으면 밝혀지게 되고, 형세形勢에 조짐이 생기면 스스로 성性이 나오고, 교졸巧拙은 명命에 따라 밖으로 드러나면 밝은 것은 그림자를 짙게 하고, 어두운 것은 밝은 것을 크게 하고, 큰 형상은 작은 것을 돋보이게 하고, 작은 형상은 큰 것을 돋보이게 한다. 그래서 허실虛實을 알려 하는 자者는 작은 것을 살피고, 허실虛實을 도모하는 자者는 작은 것으로 나눠 쓴다.

옛날 머리를 풀어 헤치고, 돌무지에 앉아 그저 하늘의 징험徵驗과 땅의 변화를 살피는 것만으로도 말없이 그 기운으로 천하天下를 다스리는 때가 있었는데 이를 대허실大虛實의 세상이라 한다. 능能히 그 덕德이 광대하여 한계가 없는 것 같고, 모양이 일정하지 않아 막 만들어진 것 같고, 굴곡이 심하여 형상形象이 없는 것 같고, 질박質朴하여 재료材

料를 알 수가 없고, 겉으로 보면 비었는지 알 수가 없고, 안에서 보아도 그 형상을 알 수가 없고, 급한 일이 닥쳐도 그 움직임이 없고, 위험해도 서두르는 것이 없으나 한번 움직이면 빠르기가 번개보다 빠르고, 천둥보다 소리가 크고, 폭포수보다 크게 쏟아져 내린다.

신고神誥에서 이르기를, '하늘은 형체와 질質이 없으며, 처음과 끝이 없고, 위아래 사방四方이 없으며 겉은 휑하고, 속은 텅 비어 있으며 싸지 않은 것이 없고, 존재하지 않은 곳이 없다. 일신一神이 불어 싸게 하고, 해의 따스함으로 불어 쪼이니, 천하 만물이 기고, 날고, 변하여 심어나는 것들이 번성繁盛하게 되었다'고 하였으니, 부도符都의 법法[7]은 천부天符의 이치로써 밝혀 높고 낮음과 많고 적음, 끌어냄과 밀침으로 그 순서를 정하고, 질서를 바로 잡는다. 화禍를 피하려고 때를 기다려 은현자중隱現自重한다 해도 숨기만 할 수는 없고, 아침에 행한 일을 저녁에도 한결같은 마음이면 항심恒心이 생긴다. 화禍가 생기는 원인[8]을 피하지 못하면 때와 곳이 가

---

7) 부도符都의 법法: 해원복본解冤復本.

8) 화禍가 생기는 원인: 천지天地를 가지고 시비是非하는 것, 나아가나 물러설 줄 모르는 것, 가진 것으로 나눌 줄 모르는 것, 올라가도 내려설 줄 모르는 것, 주지 못하면서 얻으려고만 하는 것, 사는 것은 알아도 죽을 줄을 모르는 것, 구차하게 구하면서 천한 줄 모르는 것, 큰 것은 보지 못하면서 작은 것만 보는 것, 앞서면서 미혹迷惑하는 것, 뒤쳐지면서 의심하는 것, 먼 곳을 볼 줄은 모르고 가까이만 보는 것, 바른 것은 행동하지 않고 그른 것만 바라보는 것, 즐거움만 따라 슬퍼할 것을 살피지 못하는 것, 근심은 해도 대비할 줄은 모르는 것.

리지 않고 찾아오고, 그 원인을 밝히고 같은 잘못을 두 번하지 않으면 밝은 결과[9]가 나타나게 된다.

무릇 화禍에 닥치면 악惡은 드러내고, 선善을 품으면서 겸손하면 만족이 생기고, 바르면서 겸양하면 즐거움이 생기고, 신실慎實하면 나아감이 생기고, 경솔하면 제재를 받고, 번민하면 잡음雜音이 생기게 된다. 허실虛實의 도道가 극에 달하면 화禍가 생기는데 이 때에는 천지天地에 기운이 가득해져 좌우 또한 극極으로 치닫게 되니, 중추中樞를 바로잡아 간난을 극복하여 스스로 새롭게 하고, 썩는 것은 도려내야 그 화禍를 면하게 된다. 바른 길을 따라가면 길을 잃지 않고, 밖에서 바라보아 안을 성찰省察하고, 엄숙하게 지켜보아 바른 술법術法을 정하고, 나눠지는 원인을 살피면 잘못을 반복하지 않고, 허영虛榮으로 실상實象을 알고, 허식虛飾으로 허상虛象을 보고, 의혹을 살펴 확실한 선을 그으면 누구나 알 수 있는 바른 것을 세운다. 화禍는 작은 것부터 생겨나고, 큰일은 방심에서 일어나고, 밖은 거창巨創한데 속은 비었고, 겉은 건실한데 속은 썩어 있으니, 바뀌지 않는 한 신념信念으로 밝은 뜻에 맞는다면 회복돼 믿음을 의심하지 말고, 옳은 일이라면 후회하지 않아야 한다.

옛 커발한한웅桓雄이 처음 하늘을 열어 조제朝祭[10]에 공진貢進하고, 만물을 통하게 함으로서 서로 치우치는 것을 막았던 까닭은 한

---

9) 밝은 결과: 충실해지면 움직이는 것, 잉태孕胎하면 태어나는 것, 새벽에 일어나 부지런히 일을 하고 날 저물면 때에 맞춰 쉬는 것, 양육하면서 인내하는 것, 포용하여 명리名利을 얻는 것, 강건剛健하면서 의로운 것, 가득 차면 비우고 비면 채우는 것, 어리석으면 깨우치고 미욱未旭한 것을 알고 노력하는 것, 때를 기다리려면 자중하는 것, 작은 것도 쉽게 오지 않음을 알고 뭇 생명을 소중히 여기는 것, 부딪히면 물러나 바로 세우는 것, 필요하면 스스로 샘을 파는 것, 치우치지 않게 무리를 통솔하는 것, 친밀하게 따르면서 돕는 것, 소망을 정성으로 이루는 것, 실천하여 거스르지 않는 것. 살얼음을 밟듯이 조심하면서 서로 도와 조화調和를 이루는 것, 사람끼리 양보하여 돈독하게 하는 것, 협동하여 성대하게 하여 복福이 돌아오게 하는 것.

10) 조제朝祭: 조선제朝鮮祭로 하늘의 천신天神에게 기도하고, 만물에 감사하는 제사.

쪽으로만 치우치지 않게 하여 백성들의 삶을 크고, 편안하게 하고, 땅을 번성하게 하여 편애偏愛하지 않게 하여 온 누리를 이롭게 하는 까닭이었다. 뒤에 왕검王儉이 만고萬古의 진리를 받들어 삼한三韓과 조선朝鮮의 국시國是로 삼았다. 그러나 세월이 흘러 도道가 쇠해지자 그 유래를 알지 못하고, 사사로운 명리名利만을 추구하여 이치가 사라져 버려 이미 오래 된 것으로 따돌려졌고, 시비是非에서 명리名利를 구하는 까닭이다.

무릇 허실虛實의 되돌림은 중추中樞를 바로 잡아 그 적중的中을 세워야 하는데도 산천山川의 복福을 명리名利로 바꾸어 허실虛實의 근원으로 되돌리지 못하고, 스스로를 갈고 닦아야만 마땅히 몫을 얻게 되는 이치를 잊었기 때문이다. 하늘에는 허실虛實이 있어 천지天地의 기운이 움직여 변하고, 그쳐 멈춘 뒤에 산은 높낮이가 있어 바람을 가둘 수 있게 되고, 물은 광협廣狹이 있어 기운을 가둘 수 있게 되고, 나무는 우거짐이 있어 지기地機를 보존할 수 있게 되고, 바람은 움직임이 있어 천기天氣를 거둘 수 있게 되고, 우뢰는 명멸明滅이 있어 천지天地의 현우賢愚를 밝힐 수 있게 되고, 땅은 광대하여 명암明暗을 알 수 있게 된다.

허실虛實이 바르게 펼쳐지려면 허실虛實이 서로 좇는 바를 알고, 허虛를 좇으면 허虛하게 되고, 실實을 좇으면 실實하게 되는 이치를 잊지 않아야 한다. 지혜가 있되 잊을 줄 알아야 하고, 재능을 덜어내되 채워야 하고, 그릇이 넘치되 비울 줄 알아야 하고, 날카롭되 날을 숨길 줄 알아야 하고, 견고하되 틈을 메울 줄 알아야 하고, 차있되 그릇을 키울 줄 알아야 하고, 조용하되 한 번의 움직일 때와 곳을 알아야 하고, 갈 곳을 알되 한곳의 멈출 때를 알아야 하고, 쉬운 일에는 어려운 매듭이 있는 것을 알아야 하고, 어려운 일에는 쉬운 가닥이 있는 것을 알아야 하고, 깊이 슬퍼하면 웃음이 나오는 것을 알아야 하고, 심하게 기뻐하면 슬픔이 생기는 것을 알아야 한다. 옛날 헌원軒轅은 삿된 술법術法에만 집착하여 치우천왕蚩尤天王에게 벌罰을 받았고, 당요唐堯[11]는 천수天數[12]를 모르면서 개나 양羊을 기르고, 사사로이 삼묘三苗를 내몰았기에 유호씨有戶氏에게 내몰렸고, 하우夏禹는 그 땅을 차지하여 독단獨壇을 세우고, 그 단壇에 앉아 스스로 제왕帝王이라 했기에 순舜과 함께 망하였으니, 이는 허실虛實의 도道를 모르고, 나름대로 해석하여 이치를 사사로이 바꾸었기 때문이다.

민심을 교란하여 세상을 어지럽히고, 말은 그럴듯해도 행동은 같지 않고, 약속은 하되 지키지 못하고, 의리義理를 내세워 모략謀略만을 일삼는 것은 허실虛實을 명리名利에 빙자하는 이유다. 바른 허실虛實이 있다면 억지로 허실虛實을 구하지 않아 밝은 진주에는 티끌이 묻지 않고, 커다란 솥에는 파리가 덤비지 못하고, 어버이의 제사祭祀에는 복福을 구하지 않고, 아이를 위해 위험한 물건을 사지 않는 것과 같다. 무릇 예부터 존귀한 자者는 공도公道를 함부로 행하지 않고, 무상無上하다고 하는 자者는 사사로이 기쁨을 드러내지 않았으니, 성왕聖王은 넓은 땅을 차지해도 권모權謀를 가지지 않기에 공평公平하였다. 오직 삿된 명리名利를 허실虛實로 누르고, 참된 허실虛實의 이치를 거스르지 않고, 사리에 닿는 행동으로 집착하는 마음을 버리고, 깨끗한 이름만 일어나게 하고, 바른 도道가 아니면 행동하지 않으니, 헛된 허실虛實의 명리名利를 사라지게 하였다.

천지天地의 이치에 맞게 따르는 자者만이 바른 허실虛實을 행동

---

11) 당요唐堯: 제요도당帝堯陶唐으로 지나支那의 유가儒家에서 성인聖人으로 추앙하는 인물, 단제왕검檀帝王儉보다 24년 앞서 일어남.
12) 천수天數: 1, 4, 7로 수數는 일정하게 머무르지 않고, 돌고 돎.

하는 자者가 된다. 그러나 허실虛實에만 매달리면 칭찬이 생기고, 허실虛實을 나누기만 하면 비방이 늘어나고, 허실虛實의 은덕만을 칭송만 하면 반드시 원한이 생겨나고, 이로우려고만 하면 반드시 해로움이 생겨나고, 편 하려고만 하면 위험危險이 숨어 있고, 애써 복福만을 구하려고만 하면 반드시 화禍가 생겨나는 까닭이 된다. 오직 필요치 않는 명리名利를 구하지 않아야 해가 없으니, 어린아이가 할아버지의 수염을 흔들고, 미친 자者가 방망이를 휘두르고, 빈 배가 내 배에 부딪혀도 밀어 내기만 하는 이유는 허실虛實의 무심無心에서 오기 때문이다.

허실虛實의 도道는 하나에서 나와서 만萬으로 흩어졌다가 다시 하나로 돌아간다. 무릇 이름만을 알리려 하면 허虛한 것이고, 칭찬을 받으려 애써 행하면 실實한 것이고, 애써 선善으로 꾸미려 하면 허虛한 것이고, 애써 이利만을 취하려 하면 실實한 것이고, 애써 복福을 구하려 하면 허虛한 것이고, 애써 낙樂을 구하려는 것은 실實하려고 하기 때문이다. 허실虛實의 통함을 얻는 것은 뭉치고, 엉킨 것을 뚫어 주고, 허실虛實이 그대로 머무르지 않게 하여 만물에 앞서지 않고, 생겨나는 근본根本만을 지켜 나가면서 사물에 비추고, 나를 생각하여 현혹되지 않게 한다. 허실虛實은 아득하지만 그 누구에 의해서 움직여 지혜로운 자者라도 이를 말하질 못하고, 먼듯하지만 보이지 않는 손길은 교언자巧言者의 말로도 형용하지 못하니, 허실虛實의 성명性命을 잃는 까닭은 처음의 소박素朴과 간절한 마음을 잊기 때문이고, 본말本末을 잊어 명목名目을 세우고, 허실虛實로 소지小智를 세워 알리려 하기 때문이다.

옛날에는 허실虛實을 썼으나 지금은 음양陰陽을 사용한다. 허실虛實이 본本이면 음양陰陽은 말末이고, 허실虛實이 간干이면 음양陰陽은 지支다. 세상世上의 기운은 허실지도虛實之道를 벗어나지 않으니, 허실虛實을 조화調和하는 것이 바로 중추中樞다. 만물이 춘분春分에 나타났다가 추분秋分에 사라지는 것은 허실虛實의 법을 잘 따르게 되는 것이고, 순조롭게 움직여 나가는 것은 거스르지 않는 것이니, 허실虛實은 사상四象으로 나뉘고, 사상四象은 팔괘八卦로 나누어졌고, 허실虛實은 서로 맞서고, 서로 모자란 것을 채워 주면서 서로 있게 한다. 허虛속에 양陽이 있고, 실實속에 음陰이 있다.

허실虛實이 서로 다투게 되면 서로 간섭하여 누르려 하고, 서로 자리를 맞바꾸어 실實이 허虛가 되기도 하고, 허虛가 실實이 되기도 한다. 불 가운데 물이 있고, 물 가운데 불이 있다는 것은 겨울에는 만물이 스스로 허虛로 돌아가고, 여름에는 만물이 스스로 실實로 돌아가는 것은 허실이 서로 극極에 있는 것이고, 재빠른 천둥소리가 돌을 깨뜨리는 것은 허실虛實이 서로 부딪히는 소리이고, 허실虛實이 서로 조화하는 것은 허虛는 차갑고, 실實은 뜨거운 성질로 서로 만나면 만물이 생겨나는 까닭이 되고, 실實이 많고, 허虛가 적으면 허실虛實의 변화가 적게 되고, 허虛가 많고, 실實이 적으면 허실虛實이 요동을 치게 된다. 그러므로 허실虛實의 중추中樞를 잡아야 조화가 이루어지는 것이니, 돌고 돌아오는 것은 시칙時則에 조금도 어긋나지 않는다.

강한 것과 강한 것 그리고 약한 것과 약한 것끼리는 서로 부딪히고, 강한 것과 약한 것, 약한 것과 강한 것과 약한 것이 조화되면 삼명三命이 보존되는 것이다. 허실虛實이 서로 앞서려는 것은 천지天地의 기운은 몫을 나누어서 허실虛實을 만들었고, 실實은 허虛에서 생기고, 허虛는 실實에서 생기고, 허虛는 실實을 좇고, 실實은 허虛를 좇는 이치이기 때문이다. 허실虛實은 사유四維를 통하여 팔상八象을 만들고, 팔상八象은 만물이 생성되는 이치가 드러난 것이다. 낮에는 허虛의 움직임이 화려華麗하고, 밤에는 실實의 움직임은 적연寂然하고, 허기虛氣가 이기면 낮은 길며 밤은 짧고, 실기實氣가 이기면 낮은 짧고 밤은 길어지고, 허虛의 기운이 노怒하면 바람이 되고, 실實의 기운이 노하면 비가 되고, 허虛의 기운氣運이 격하면 번개가 되고, 실實의 기운이 어지러우면 안개가 되고, 허虛의 기운이 이기면 비와 이슬이 되고, 실實의 기운이 이기면 눈과 서리가 되고, 하늘의 기운氣運은 혼魂이 되고, 땅의 기운은 백魄이 되고, 혼魂은 허虛고, 백魄은 실實이 되고, 하지夏至는 실實이 허虛를 이기고, 동지冬至는 허虛가 실實을 올라선다.

하늘은 처음 허虛한 것에서 시작하여 실實한 것으로 갔다가 다시 허虛한 것으로 돌아가는 것을 본本으로 삼고, 땅은 처음 실實한 것에서 시작하여 허虛한 것으로 갔다가 다시 실實한 것으로 돌아가는 것을 본本으로 한다. 천지天地가 갈라져 사람이 생겨나고, 성인聖人이 생겨나 음音과 역易과 수數를 밝혀 사람이 살아가는 마땅함을 알게 하였는데 스스로 허虛한 것을 기르지 못하고, 스스로 실實한 것은 낳지 못한다면 허실虛實이 치우쳐 약해지게 된다. 이러한 까닭으로 산은 무너지면서 물에 잠기고, 바람에 날리면서 함몰하고, 나무나 풀도 없으면서 한발旱魃이 심하고, 습하면서 추운 곳이나 더우면서 건조한 곳은 뭇 목숨이 의지하려 하지 않으니, 그 가운데에 터를 잡아 사는 것에는 기풍氣風13)을 벗어나지 않고, 오성五星14)과 오관五觀15)의 생사출멸生死出滅을 벗어나려 하지 않는다. 천

---

13) 기풍氣風: 수기水氣가 침범하여 수질水疾과 수해병水害病, 화기火氣가 침범侵犯하여 화병火病과 화기병火氣病, 풍기風氣가 침범하여 풍기병風氣病과 유행병流行病, 목기木氣가 침범하여 목액木厄과 목기병木氣病, 금기金氣가 침범하여 금화金禍와 금기병金氣病, 토기土氣가 침범하여 토액土厄, 풍토병風土病과 동토병動土病, 북풍北風은 수기水氣, 남풍南風은 화기火氣, 동풍東風은 목기木氣, 서풍西風은 금기金氣.

14) 오성五星: 수성水星은 복수福壽, 화성火星은 무복武福, 목성木星은 문현文賢, 금성金星은 관수官秀, 토성土星은 녹존祿尊.

15) 오관五觀: 현구玄龜는 북쪽의 목숨, 주작朱鵲은 남쪽의 선악善惡, 창룡蒼龍은 동쪽의 곡식穀食, 백호白虎는 서쪽의 형벌刑罰, 황웅黃雄은 가운데의 병병.

지天地의 기운을 온전히 받았다면 능히 번영해야 하고, 기운이 눈에 보이면 좇는 바가 분명해지고, 좇는 바가 확실하면 허탄하지 않게 되는 것이다.

한웅桓雄이 허실지도虛實之道를 세우자 천하天下가 이를 따랐고, 태호씨太皞氏가 허실虛實로써 팔괘八卦를 긋자 역易이 생겨났고, 자부씨紫府氏가 오행五行을 밝히자 순환을 알게 되었으니, 그 몸통은 원圓이고, 쓰임은 방方으로, 모양이 없음으로 실實을 안고, 모양 있음으로 허虛를 알아 그것으로 변화를 알게 되고, 자부씨紫府氏가 오행칠력五行七曆의 도道를 세우자 그 몸통은 실實이 되고, 그 쓰임은 허虛가 되어 그것으로 하늘의 서징瑞徵을 알게 되었다. 하늘은 커다란 허虛의 원圓으로 그 몸통이 없으나 스물여덟개의 별을 체体로 하고, 땅은 실實의 방方으로 스물여덟 땅의 쓰임으로 천화만변千化萬變하고, 사람은 스물여덟개의 직職으로 삶의 명命을 잇게 한다. 여기에서 비롯된 이름을 가지게 되어 힘을 갖게 되고, 힘을 가져 반드시 허실虛實의 수數를 갖게 되고, 수數로써 유무형有無形에서 형체形體를 갖고, 유무한有無限을 구별하여 형체形體가 분명해지고, 시한時限을 갖게 되어 허실虛實에 충실하게 된다. 무릇 허실虛實의 도道를 아는 자者는 거스르지 않게 된다.

紫府

태어나면서 영민英敏하고, 약관弱冠에 도道를 얻어
해와 달을 측정하여 오행五行의 수리數理 따져
칠정운천七政運天하여 청구靑丘의 대풍산大風山에 노닐 적에
지혜보고知慧寶庫인 삼청궁三淸宮에서 책력冊曆을 만들고,
삼 백 육십 날 다섯 시간 사십팔 분 사십 육초다.
칠정구성七政九星 수리數理 따져 진단구변震檀九變하고,
오행칠정五行七政을 따져서 홍범弘範을 만들자
만세萬歲의 길잡이가 되고,
만고萬古의 대현인大賢人이 되어 한웅桓雄의 스승이 되고,
교화敎化로써 뜻을 펴고, 치화治化로써 기치旗幟를 높이 드니,
그 공덕功德은 만세萬世에 변치 않네!

東 崖

6. 오행론 五行論

성인聖人이 오행五行을 밝히자 만인萬人에게 행운幸運이 되고, 천하天下의 오행五行은 오성五星에서 가져오고, 천지天地의 오행五行[1]은 삼신三神에게서 나와 칠성七星으로 돌아든다. 옛날에는 오행五幸을 썼지만 지금은 오행五行[2]을 쓴다. 하늘에는 허기虛氣가 오제五帝가 되고, 실기實氣가 오령五靈이 된다. 땅의 기운은 오행五行이고, 그 변화의 기운이 움직임이 되어 물이 있은 뒤에 불이 나타나고, 불이 있고 난 뒤에 나무가 나타나고, 나무가 있은 뒤에 쇠가 나타나고, 쇠가 나타난 뒤에 흙이 나타나고, 흙이 나타난 뒤에 물이 나타나니, 이를 천지天地의 오행五行이라 한다. 물이 있어서 나무가 있고, 나무가 있어서 불이 있고, 불이 있어서 흙이 있고, 흙이 있어서 쇠가 있으니, 이것을 세상世上에서는 오행五行의 이치라고 한다.

천지天地의 도道가 운기運氣하고, 조화調和하면 화和가 된다. 만물이 춘분春分에 나타났다가 추분秋分에 사라지면 오행五行을 잘 따르는 것이고, 수화水火의 기기氣가 동지冬至와 하지夏至에 극에 달하면 시칙時則에 어김이 없다. 오행五行은 서로 회전하여 서로 만나면

---

1) 오행五行: 신神이 내린 다섯 가지 기운氣運 또는 행운幸運.
2) 오행五行: 수水, 화火, 목木, 금金, 토土.

조화를 이루고, 만나서 부딪히고, 오행五行이 서로 화합하면 제화制化가 적고, 서로 다투면 요동을 쳐도 중추中樞를 잡아야 비로소 조화가 이루어진다. 오행五行이 번갈아 사시四時를 돌면 어긋나지 않고, 아득하지만 보이지 않게 움직여 지혜로운 자者라도 이를 막질 못하고, 의언懿言으로도 형용하지 못한다. 또한 홍범弘範에 본本을 두면 오위五位[3]가 바르게 되고, 오행五行이 바르면 제 자리를 찾게 되고, 오관五官[4]이 올바르면 오사五事[5]가 순조롭다. 좌우左右로 치우치지 않고, 전후상하가 비로소 하나가 되면 사유四維[6]가 뭉치고, 사성四姓이 제 할 바를 다하여 거스르지 않고, 착함이 내일까지 이어져 천하天下의 공의公義가 하나의 믿음으로 그 뜻이 바르게 되어 돌아온다.

오방신五方神[7]으로 태극太極을 수호守護하게 하고, 하늘에서 오행五行을 엿보고, 땅에서 팔풍八風를 얻어 뭇 백성에게 두루 나눠 준다. 백성들은 순후淳厚하고, 적절하여 거스르지 않아 일기日氣까지 부드러워졌다. 왕검王儉이 원圓을 그리고, 오행五行으로 국시國是로 삼아 만천하가 이를 따랐지만 오행五行의 규범規範이 어긋나고, 전하는 바가 혼란해지자 길가의 풀 한 포기와 산의 끝자락에 붙어 있는 바위도 제 자리를 지키기가 어려워졌고, 깊은 굴에 사는 벌레

---

3) 오위五位: 물은 아래로 흐르고 짠 것, 불은 위로 타오르며 타오르고 쓴 것. 나무는 곧게 자라고 신 것, 쇠는 자르고 매운 것, 흙은 만물을 품고 내놓고 단 것.

4) 오관五官: 눈, 코, 귀, 입, 감각感覺.

5) 오사五事: 목숨, 선악善惡, 곡식穀食, 형벌刑罰, 질병疾病.

6) 사유四維: 북北, 동東, 남南, 서西.

7) 오방신五方神: 북쪽에는 한인씨桓仁氏가 현무玄武로 화化하고, 대길상大吉祥을 이루고 현묘진원玄妙眞元하여 소류蘇留로써 목숨을 맡는 것. 남쪽에는 태호씨太皞氏가 주작朱雀으로 화化하고, 성광보명盛光普命하여 원정元精을 이루어 대안정大安定으로써 선악善惡을 맡는 것. 동쪽에 한웅씨桓雄氏가 청룡靑龍으로 화化하여 대광명大光明을 이루고 동인호생同仁好生하니 태평太平하고, 곡식을 맡는 것. 서쪽으로 치우씨蚩尤氏가 백호白虎로 화化하여 대희리大喜利를 이루고, 청정견허淸淨堅虛하고, 구화鉤和를 이루어 형벌을 맡는 것, 가운데에는 왕검씨王儉氏가 황웅黃熊으로 화化하고, 대예락大豫樂을 이루고 중상유구中常悠久하여 안덕安德을 이루어 질병을 맡는 것.

도 제 집으로 돌아가 숨는 이치도 밝히기가 어렵게 되었다. 성인聖人이 죽자 까마귀가 나타나고, 오행五行이 흩어지자 고리가 끊어지고, 맑은 물이 흐르자 시궁 물에 빠지고, 이론彝論이 죽자 명분名分이 남고, 진리가 죽자 궤론詭論이 설치고, 사람이 죽자 공덕功德이 남고, 예禮가 죽자 허례虛禮가 생기고, 인仁이 죽자 허무虛無가 생기고, 지智가 죽자 허식虛飾이 남고, 신信이 죽자 허탄虛誕이 생기고, 의義가 죽자 허영虛榮이 생긴다.

옛날에는 한웅桓雄이 하늘을 관찰하고, 그 운행을 읽고, 땅을 살펴 도道를 밝혀 허실虛實을 알게 하였고, 오행五行을 알게 하자 천변만화千變萬化가 몸에 있는 것을 알게 되었다. 사람의 지혜는 오각五覺에만 의존하여 눈에 비쳐도 알지 못하는 것은 눈이 너무 밝기 때문이고, 귀에 들리는 소리가 견허堅虛한지 알 수 없는 것은 귀가 너무 밝기 때문이고, 코에 맡긴 냄새로 진위의 정도를 알 수 없는 것은 코가 냄새를 잘 맡기 때문이고, 음식이 입에 들어와도 오미五味의 이해를 알 수 없는 것은 맛을 너무 잘 보기 때문이고, 느껴지는 감각으로 허실虛實의 균형을 알 수 없는 것은 너무 잘 느끼기 때문이다.

오기五氣는 생명生命에는 없어서는 안 되지만 변하면 혼백魂魄이 가라앉고, 육체는 떠오르게 된다. 수기水氣는 생장生長에 없어서는 안 되지만 변하면 육체는 거르지 못하고, 혼백魂魄은 떠돌게 된다. 화기火氣는 만물의 성장에 없어서는 안 되지만 변하면 육체는 상승上昇하고, 혼백魂魄은 생명이 타오른다. 목기木氣는 만물의 성장에 없어서는 안 되지만 변하면 육체가 엉기고 혼백魂魄이 뒤틀린다. 금기金氣가 만물의 성숙成熟에 없어서는 안 되지만 변하면 육체가 잘라지고, 혼백魂魄이 분리되어 흩어진다. 토기土氣가 만물의 장속藏束에 없어서는 안 되지만 변하면 육체가 때를 맞추지 못하고, 혼백魂魄이 틔지 못해 돌아오지 못한다.

하늘에는 마땅한 오위五位가 있으니, 북방의 끝은 소류素留의 하늘로 흑제黑帝가 다스리고, 현무玄武가 보좌하고, 대길상大吉祥의 땅으로 한인桓仁이 다스리고, 저가豬加가 보좌하고, 목숨을 맡고, 겸손하여 다투지 않고, 즐거워 할 줄 알고, 현묘진원玄妙眞元하면 시끄럽지가 않고, 시작하여 끝까지 지키려 하지 않고, 불사수不死水가 있다. 남방의 끝은 원정元精의 하늘로 적제赤帝가 다스리고, 주작朱雀이 보좌하고, 태호씨太皓氏가 다스리며 양가羊加가 보좌하고, 대안정大安定의 땅으로 근면하여 태만하지 말아야 하고, 배우게 하여 법을 원활히 사용하게 하고, 예의禮儀를 숭상崇尙하게 하여야 하고, 도술道術이 처음 생긴 곳으로 성광보명聖光報命하고, 가득 차서 더 이상 들어 갈 곳이 없으며 만고萬皷가 있다. 동방의 끝은 태평太平의 하늘로 청제靑帝가 다스리고, 청룡靑龍이 보좌하고, 궁한 것을 열게 하고, 많이 심어 들어나게 하고, 의로움을 권장하여야 하고, 신교神敎가 처음 생긴 곳으로 해원복본解寃復本으로 동인호생同仁好生하여야 세상이 깨끗해지고, 잘 키우나 시비是非가 끝이 없으니 급한 것은 돌아가고, 뭉친 것은 풀고 강한 것은 배제하여야 하고, 한웅桓雄이 다스리는 땅으로 우가牛加가 보좌하고, 대광명大光明의 땅으로 신단수神檀樹가 있다. 서방의 끝은 구화鉤和의 하늘로 백제白帝가 다스리고, 백호白虎가 보좌하고, 대희리大喜利의 땅으로 치우蚩尤가 다스리고, 마가馬加가 보좌補佐하고, 겸손하여 다투지 않으나 간사奸邪에 유의하여 도적을 방비하고, 법에 순응하나 청정견허淸淨堅虛하지 않으면 다툼으로 남아나질 않고, 옥벽鈺碧의 거울이 있다. 가운데의 끝은 안덕安德의 하늘로 황제黃帝가 다스리고, 황웅黃熊이 보좌하고, 대예락大豫樂의 땅으로 왕검王儉이 다스리고, 구가狗加가 보좌하고, 고종명考終命하면 중상유구中常悠久로 서로 믿음으로 신뢰하고, 성실하여 서로 속이지 않으며 공평무사公平無私하여 치우치지 않게 되어 스스로 얽매이지 않고, 금척金尺이 있다. 오행五行이 상호작용相好作用[8]으로 서로 맞물려서 이치를 만들고 서로 이기고 서로 지며 서로 역할을 대신하고, 서로 돕고 서로 상관하지 않고, 서로 바꾸는 것이 오행五行의 이치이다.

천지天地가 사람에게는 오위五位[9]로 본本을 삼게 하고, 오순五順[10]으로 주어 신는 바를 거스르지 않는다. 산에 가면 겸손해지고, 바다에 가면 너그러워지고, 숲에서는 생각이 많아지고, 불 옆에서는 순順해지고, 물 옆에서는 생각이 깊어진다. 이러한 연유로 지자智者는 물을 좋아하고, 의자義者는 들을 좋아하고, 신자信者는 신神을 좋아하고, 인자仁者는 산을 좋아하고, 예자禮者는 사祠를 좋아한다. 지자智者는 밝음이 온 누리에 퍼져나가는 것을 좋아하고, 의자義者는 밝혀 펴는 것을 좋아하고, 신자信者는 믿음으로 모여 닦는 것을 좋아하고, 인자仁者는 겸허謙虛히 받아들이는 것을 좋아하고, 예자禮者는 절차를 밝히는 것을 좋아한다. 인자仁者는 덕德으로써 표標를 삼고, 의자義者는 용勇으로써 시是를 삼고, 예자禮者는 절節로써 준準을 삼고, 지자智者는 식識으로써 의義를 삼고, 신자信者는 명明으로써 규規를 삼는다.

성인聖人이 오기五氣를 가져오자 오행五行이 되고, 오행五行으로 순환循環하자 오기五紀가 되니, 오기五紀로 오상五常삼고, 오상五常으로 오귀五鬼[11]삼고, 오귀五鬼로 귀책鬼責삼는다. 성리性理로 오성

---

8) 상호작용相好作用: 상생相生, 상극相剋, 상보相補, 상쇄相殺, 상승相乘, 상삭相削.

9) 오위五位: 바르게 태어나는 것, 올바로 배우는 것, 순리의 행동하는 것, 좋은 배우자를 만나 행복하게 사는 것, 명命을 다하여 죽는 것.

10) 오순五順: 순생順生, 순학順學, 순혼順昏, 순행順行, 순사順死.

11) 오귀五鬼: 수귀水鬼, 화귀火鬼, 목귀木鬼, 금귀金鬼, 토귀土鬼.

五性¹²⁾삼고, 오징五徵¹³⁾으로 오기五紀¹⁴⁾삼고, 오가五家로 오훈五訓 삼고, 오신물五神物¹⁵⁾로 오호五號¹⁶⁾하고, 오좌五佐¹⁷⁾로 오사五事의 본本을 삼고, 오지五地¹⁸⁾로 오수五數¹⁹⁾의 쓰임으로 삼고, 사람은 오복五福²⁰⁾으로 몸을 삼고, 오병五病으로 오장五臟을 보호하고, 오순五順으로 오술五術²¹⁾삼고, 오생五生²²⁾과 오사五死²³⁾를 삼는다. 무릇 오행五行의 기氣가 적으면 순환하기가 버겁고, 수기水氣가 적으면 윤택하지 못하여 인색吝嗇하고, 화기火氣가 적으면 뜨거운 열정이 없어 싸늘하고, 목기木氣가 적으면 융통融通하지 못하고, 금기金氣가 적으면 단속하지 못하고, 토기土氣가 적으면 만물이 모이질 않는다.

수기水氣가 많으면 다재다능多才多能하고, 화기火氣가 많으면 명랑다지明朗多智하고, 목기木氣가 많으면 학덕청정學德淸淨하고, 금기金氣가 많으면 명철예단明哲銳斷하고, 토기土氣가 많으면 담대다기膽大多技하다. 수기水氣가 강하면 주위周圍를 침울沈鬱케 하고, 화

---

12) 오성五性: 수성水性, 화성火性, 목성木性, 금성金性, 토성土性.

13) 오징五徵: 대길상大吉祥, 대안정大安定, 대광명大光明, 대희리大喜利, 대예락大豫樂.

14) 오기五紀: 해, 달, 년年, 성진星辰, 역수曆數.

15) 오신물五神物: 현무玄武, 주작朱雀, 청룡靑龍, 백호白虎, 황웅黃雄.

16) 오호五號: 현묘진원玄妙眞元, 성광보명盛光普命, 동인호생同仁好生, 청정견허淸淨堅虛, 중상유구中常悠久.

17) 오좌五佐: 한인桓仁, 태호太晧, 한웅桓雄, 치우蚩尤, 왕검王儉.

18) 오지五地: 수지水地, 화지火地, 목지木地, 금지金地, 토지土地.

19) 오수五數: 천일지육天一地六, 천이지칠天二地七, 천삼지팔天三地八, 천사지구天四地九, 천오지십天五地十.

20) 오복五福: 수壽, 복福, 강령康寧, 유호덕攸好德, 고종명考終命.

21) 오술五術: 복卜, 무巫, 역易, 부符, 점占.

22) 오생五生: 물은 마땅히 흐르는 것, 불은 마땅히 타야하는 것, 나무는 마땅히 자라야 하는 것, 쇠는 마땅히 잘라야 하는 것, 흙은 마땅히 품는 것.

23) 오사五死: 물은 막혀 가둬지는 것, 불은 식어 재가 되는 것, 나무는 크지 않아 막히는 것, 쇠는 무뎌 자르지 못하는 것, 흙은 단단하여 심지도 키우지도 못하는 것.

기火氣가 강하면 주위를 태우고, 목기木氣가 강하면 주위에 굴신屈伸하게 되고, 금기金氣가 강하면 사람이 따르지 않고, 토기土氣가 강하면 주위로 사기邪氣가 몰려든다. 오기五氣가 인사人事에 들어가면 수기水氣가 중요하고, 일의 키움에는 화기火氣가 중요하고, 사람의 기름에는 목기木氣가 중요하고, 행동의 바로잡는 데에는 금기金氣가 중요하고, 사람을 사귐에는 토기土氣가 중요하다.

오행五行은 오색五色을 낳고, 오색五色은 오미五味를 낳고, 오미五味는 오취五臭를 낳고, 오취五臭는 오청五聽을 낳고, 오청五聽은 오각五覺을 낳고, 오각五覺은 오사五事를 낳는다. 오행五行이 근본根本을 크게 넘게 되면 오색五色은 눈을 멀게 하고, 오청五聽은 귀를 먹게 하고, 오미五味는 입맛을 없애고, 오취五臭는 코를 막히게 하고, 오각五覺은 감각感覺을 잃게 한다. 무행無行에서 오행五行이 생겼다면 오미五味는 무미無味에서 생기고, 무색無色은 오색五色에서 생기고, 무성無聲은 오성五聲에서 생기고, 오취五臭는 무취無臭에서 생긴다. 오행지기五行之氣가 하나로 돌아오지 않게 되어 오미五味가 변하면 맛을 볼 수가 없고, 오성五聲이 변하면 모든 소리를 들을 수는 없고, 오색五色이 변하면 그 색깔을 모두 볼 수는 없고, 오취五臭가 변형하면 모두 맡을 수가 없다고 해도 가운데에는 중추中樞가 있어 소리는 궁음宮音이 되고, 색色은 황색黃色이고, 맛은 감미甘味이고, 냄새는 향香이 있음을 능히 안다.

오행五行으로 심신心身을 괴롭히는 것이 있는데 세상에는 눈을 팔아서 마음의 색깔을 칠하고, 귀를 즐겁게 하여 스스로를 칭찬하고, 코를 수고롭지 않게 하여 입맛을 즐겁게 하고, 입맛을 위하여 앞서려 다투게 되고, 감각을 일정하게 다스리지 못해 오감五感을 괴롭힌다. 입이 즐거우면 심心이 괴롭고, 귀가 즐거우면 신腎이 괴롭고, 눈이 즐거우면 폐肺가 괴롭고, 코가 즐거우면 간肝이 괴롭고,

감각이 즐거우면 위胃가 괴롭다. 천지자연天地自然 또한 때와 곳을 거스르지 않게 온전하게 주어지니, 때와 곳에 따라 서로 돕게 하여 거스르지 않게 해야 한다. 봄에 나는 식물植物은 간肝을 치유하고, 여름에 나는 식물植物은 심장心腸을 치유하고, 가을에 나는 식물植物은 폐肺를 치유하고, 겨울에 나는 식물植物은 신장腎臟을 북돋는다. 사계四季에 맞는 고기는 오장五臟을 북돋고, 사계四季에 맞는 과일은 육부六腑를 키우고, 사람이 스스로 치유하면 순환을 거스르지 않게 되어 상생相生의 복福을 누리나 모르면서 따라 가면 오행상극五行相剋의 화禍를 입는다.

오행五行이 극에 달한다는 것은 첫째 수水로 샘의 근원을 파헤쳐서 물이 마르게 하고, 개울을 뒤덮어서 메우고, 둑을 파서 쌓고, 물을 끌어다가 정원의 연못에 대고, 물을 퍼 올려서 폭포를 만들고, 가둔 물을 때로는 빙빙 돌게 하고, 때로는 솟구치게 하고, 물을 가두어 수영하고, 너른 곳에 속에 물고기를 키우고, 자라와 메기를 넣고, 배를 깎아 물에 띄우고, 낚시로 위안을 삼고, 술을 마시며 노래를 흥얼거리는 것을 물의 극極이라 한다. 둘째 화火는 달이고, 볶고, 지지고, 굽고, 끓이고, 데치고, 졸여 오미五味를 변하게 하고, 숲에 불을 질러 짐승과 새를 내쫓고, 논에 불을 크게 내서 곤충을 죽이고, 나무를 태워 좋은 숯을 만들고, 풀을 태워서 재를 만들고, 오색五色의 빛을 밤새 밝히고, 하릴없이 장작을 태워 하늘을 연기로 덮고, 까닭 없이 태워 없애는 것을 불의 극極이라 한다. 셋째 목木은 재목材木들을 골라서 겹겹이 쌓고, 무늬를 새겨 넣고, 교묘하게 잇대어 서로 포개고, 호랑이와 용龍과 귀신鬼神을 새기고, 누각을 높여 새들을 불러 모으고, 현란眩亂한 색色으로 칠하고, 소용돌이치게 하고, 때로는 잡고 늘려대고, 살아 있는 나무처럼 만들고, 까닭 없이 불을 질러 숲을 태우고, 불을 놓아 어두운 하늘을 밝게 하고, 까닭 없이 나무가 베임을 당하는 것을 나무의 극極이라 한다.

넷째 금金으로는 쇠를 끓여 주물鑄物로 교묘하고, 기이한 모양의 형상을 만들고, 휘황찬란輝煌燦爛한 빛깔을 내고, 정밀한 장식을 붙이고, 부조浮彫를 넣어 마치 살아 움직이는 것처럼 보이고, 살상을 하기 위해 날카롭게 갈고, 자랑하려고 정鼎을 만들고, 수시로 날카로움으로 자르는 것을 쇠의 극이라 한다. 다섯째 토土로는 흙을 다져서 성城을 쌓고, 서까래와 지붕에 진흙을 잔뜩 바르고, 멀쩡한 집을 허물고, 길이 아닌 곳에 길을 뚫고, 흙을 메우며 살 수 없는 곳에 집을 짓고, 다니지 못하는 곳에 길을 내고, 건널 수 없는 곳에 다리를 놓고, 땅을 헤집고 굴을 뚫고, 신상神像을 만들어서 머리를 조아리고, 눈이 즐겁게 흙을 빚고, 거름을 많이 주어 땅을 미치게 하고, 다 큰 작물을 뽑아서 버리는 것을 흙의 극이라 한다.

오행五行으로 오덕五德[24]을 삼고, 오행五行으로 오적五賊으로 삼고, 하늘의 공功으로 천덕天德삼고, 땅의 공功으로 지덕地德을 삼고, 사람의 공功으로써 인덕人德을 삼고, 천지天地의 베풂을 삼재三才의 공덕功德[25]을 삼는다. 쇠가 나무를 이긴다 하여 도끼로 숲 전체를 벨 수는 없고, 흙이 물을 이긴다 하여 한줌의 흙으로 강물을 막을 수 없고, 물이 불을 이긴다하여 한 바가지의 물로 집의 불을 끌 수 없고, 나무가 흙을 이긴다 하여 한 줌의 흙에 나무를 심지 못하고, 불이 쇠를 이긴다 하나의 작은 불씨로는 쇠를 녹일 수가 없다. 지금 세상에는 물로 만물을 씻어대고, 불로 만물을 끓이고, 나무로 만물을 희롱하고, 쇠로 만물의 척도로 삼고, 흙을 쌓아 다져댄다. 그러나 오행五行은 순환하고, 차례가 있어 거스를 수 없는 것이니, 하나를 잃으면 오행五行의 화禍는 멀지 않다.

---

24) 오덕五德: 천덕天德, 지덕地德, 인덕人德, 공덕功德, 업덕業德.

25) 삼재三才의 공덕功德 : 천공덕天功德: 공평公平, 회전回轉, 적시適時, 보원普圓, 신명神命.
　　지공덕地功德 : 성업盛業, 명리命利, 인내忍耐, 신명神明, 산육産育.
　　인공덕人功德 : 활인活人, 적선積善, 지명知命, 명교明敎, 제장除障.

무릇 천하天下의 술법術法이 많다 해도 오행五行의 술법術法이 기묘奇妙하니, 그 끝이 천변만화千變萬化의 기틀이 된다. 오태五太로써 오행五行의 원원源源을 삼고, 음양陰陽으로 삼재三才의 이리理를 삼고, 삼재三才로써 오행五行의 배배配가 되고, 생극제화生剋制化는 궁극窮極의 표표標가 되어 중화中和로써 만상萬象의 화화化를 얻게 되고, 그 쓰임으로 만물의 이치를 삼는다. 차면 기울고, 모자라면 채워지고, 근묘화실根苗花實은 오행五行의 대대代가 되고, 왕상휴수旺相休囚는 오행五行의 변變이 되고, 길흉화복吉凶禍福은 오행五行의 변변辯이 되고, 요수장단夭壽長短은 오행五行의 단단端이 된다.

크도다. 오행五行의 마땅함이여! 천명天命은 사시四時로 몸을 밝히고, 지명地命은 오행五行으로 쓰임을 밝히고, 천지天地의 명명命은 인명人命으로 하여금 천지天地의 기틀을 밝히는 것이니, 오행五行을 종宗으로 삼아 생극제화生剋制化로 그 단旦을 세우고, 일日로써 곡직曲直으로 하여금 한열寒熱의 후후候로 삼고, 월月로써 차고 비는 현묘玄妙한 도도道를 삼는다. 대개 구가九家 가운데에서 오행五行의 술법術法에는 화和가 있고, 간지干支의 술법術法에는 오행五行의 단端이 있고, 성쇠盛衰로써 오행五行의 강약强弱을 논하고, 희기喜忌로써 오행五行의 고저高低를 나눈다. 만물이 그 시생始生하는 바가 기틀에 있으니, 생성소멸生成消滅로 회생回生하는 만상萬象을 잡고, 숙살肅殺로 종시終始의 끝을 잡는다. 오행五行이 거스르지 않으면 천지天地의 공공功이 있고, 오행五行이 삼재三才를 거스르지 않는다면 마땅한 것을 얻게 되고, 오행五行이 육기六氣를 거스르지 않으면 시공時空의 선후를 알게 되고, 오행五行이 팔상八象을 거스르지 않으면 천지天地의 도수度數를 얻는다.

그릇은 넘치지 않게 해야 하고, 욕慾은 폐해弊害를 넘지 않게 해야 한다. 명命은 이리理로써 밝혀야 하고, 운運은 의로움의 기치旗幟

를 세워야 하고, 선善으로써 의義를 거스르지 않는다면 근원의 마땅함이 있게 된다. 무릇 일월日月은 근원곡직遠近曲直에 있는 것이지 길흉화복吉凶禍福에 있는 것이 아니요, 천명天命은 사시四時로써 몸을 밝히고, 지명地命은 오행五行으로 쓰임을 드러내는 것이니, 천지天地는 비로소 인명人命의 기틀로 만상萬象의 으뜸이 되는 것이다. 대개 오행五行의 치우침은 점복占卜의 길흉화복吉凶禍福으로만 삼게 되고, 허실虛實의 차고 빔으로 길흉吉凶의 점사占辭로 삼게 되는 것이니, 중화中和로써 치우치는 것을 막고, 중추中樞로써 정正의 고枯를 막아야 하니, 명리공명名利公明에만 치우치지 않게 하여 오행五行의 구애拘碍에서 벗어나야 한다.

蚩尤

덕과 슬기와 용맹이 신神과 같고,
술법術法으로 강산이 뒤바꾸고,
천술天術로써 잡귀 좇고,
천법天法으로 맹수 내모니,
천하제일의 천웅天雄이라!
동두철액銅頭鐵額으로 수구필벌狩寇必罰하고,
호풍환우呼風喚雨하고, 벌사천공伐邪天功하여
무조병주武祖兵主하고, 도술비조道術鼻祖되니,
구한보본九桓報本하여 자오지한웅慈烏支桓雄일세!

東崖

7. 시비론 是非論

천하天下에 옳은 것을 시是라 하고, 그른 것을 비非라 한다. 시是는 비非의 본本이 되고, 비非는 시是의 본本이 된다. 무릇 세상의 시비是非는 일정하지 않아 세상에서 옳다고 하는 바는 시是라 여기고, 틀리다고 여기면 비非라 여긴다. 처음부터 맞거나 틀리지는 않는데도 마음속에 맞추려는 생각에서 이해의 크기를 따져 마땅히 여기게 되고, 나에게는 옳고, 남은 그르다 하면서도 스스로 맞거나 틀리거나를 구한다. 나에게 거스른다 하여 세상에서는 틀린 것은 아니요, 나에게 맞다 하여 세상에 맞는 것은 아니니, 진실 된 시비是非는 옳은 것도 없고, 틀린 것도 없어 흘러가는 지혜를 하나로 묶고, 작은 명리名利를 버려 시비是非를 없애면 마침내 벗어난다. 다툼은 시비是非에서 일어나 어리석은 싸움으로 끝나고, 보옥寶玉이 귀한 줄은 알아도 스스로의 목을 억누르는 밧줄인줄 모르고, 이름을 드날리는 것을 값어치 있다 여겨도 스스로의 목뒤를 노리는 칼날인줄 모른다.

옛날 귀하게 여기던 것이 지금은 귀하게 여기지 않고, 어제의 진실이라 여기던 것이 지금은 부끄러운 것이 되고, 오늘의 허虛가 내일의 실實이 되고, 오늘의 진언眞言이 내일은 잠언潛言이 되고, 어제의 부끄러움이 내일은 자랑이 된다. 나라의 국시國是가 흔들리면 말이 많아지고, 기괴奇怪한 풍습風習이 생겨나면 충실한 자者가 오

히려 막힌다. 시비是非가 뒤섞이면 선악善惡이 사라지는데, 성현聖
賢의 공功은 칭송하되 과過는 말 하지 않고, 망자亡者의 덕德은 말하
되 졸拙은 말하지 않으니, 시비是非 공功을 삼지 않고, 사私로써 걸
러 듣지 않아야 한다. 곧은 자는 비非를 들으려 하지 않고, 비뚠 자
者는 시是를 들으면 웃어넘기고, 악한 자者는 시비是非의 근원을 들
으면 이해를 셈하고, 착한 자者는 시비是非의 결과를 들으면 반드
시 선악을 구분하려 하고, 미련한 자者는 억지를 부리면서 방황하
고, 부자富者가 갖고 싶은 게 많으면 억울해진다.

　허虛는 무궤無櫃를 만들고, 실實은 십거十鉅를 만든다. 하늘에는
기틀이 있고, 땅에는 모양이 있으니, 내 몸에서 기틀과 모습을 보
고, 만물에는 주관이 있으니, 나의 기氣에서 주관을 본다. 어지럽고
탁하면 감춰져 보이지 않고, 숨기면서 기웃거리면 음흉해 지고, 간
악奸惡하면 심사가 일정하지 않고, 때 없는 죽음에 다다르게 된다.
곳 없는 삶을 구하지 못하고, 삶에 다다라 죽음의 때를 알지 못한
다. 좌우가 서로 다투면 의심하고, 상하가 반목反目하면 되는 일이
없고, 하늘의 때를 놓치면 절節을 맞추지 못하고, 땅의 넓이를 모르
면 이로움을 취할 수 없고, 사람의 화합이 없으면 되는 일이 없게
된다.

　성현聖賢들이 밝힌 시비是非의 벼리는 부유하면 자랑하지 말고,
가난하면 탐하지 말고, 배움이 적으면 비난하지 말고, 한심하다
고 꾸짖지 말고, 무리지어 떼쓰지 말고, 지혜가 있다고 변하게 하
지 말고, 억울하다고 욕하지 말고, 힘 있다고 능멸하지 말고, 불
순不順하다면 구제하지 말고, 터주에 축수祝壽하지 말고, 갈길 없
는 영혼에 축원하지 말고, 가버린 뒤에 뒤쫓지 않고, 온 것을 내
치지 않고, 성盛한 것을 막지 않고, 쇠한 것을 권하지 않고, 죽은
것을 키우지 않고, 크는 것을 누르지 말고, 가득 차면 쏟아 내고,

비워지면 채워준다.

본기本紀[1]에 이르기를 '옛날에 한인桓仁이 계시나니, 하늘에서 내리시어 천산天山[2]에 머물면서 천신天神에게 제祭를 지내시고, 백성에게는 명命을 정하시고, 만사萬事를 두루 다스리시어 해충과 짐승의 독毒을 없애고, 무리와 더불어 행하시니, 원한이나 반역하는 일이 없었다. 친하다 멀리하지 않고, 위아래를 차별을 두지 않았고, 노소의 일을 구분을 짓고, 남녀의 일에 순서를 두지 않았고, 질병을 없애고, 원한을 풀어 주어 어긋남이 없게 하고, 계통을 바로 세워 순리로써 조화하게 함이니, 천하天下의 대본大本이 여기에서 시작되었다'고 하였다. 천지天地의 시비是非는 하늘과 땅을 나누어 시비是非할 수 없고, 하늘은 땅이 하는 일에 시비是非할 수 없고, 땅은 하늘을 시비是非할 수 없으니, 세상世上에서 시비是非를 하지 말아야 할 것은 천지天地의 일[3]과 허실虛實의 일[4]과 때와 곳의 일[5]과 성인聖人의 일[6]은 논하여 시비是非할 수 없다.

시비是非는 허실虛實의 차고 빔에서 생겨나 허실虛實로 돌아드니, 천하天下의 큰 시비是非는 들어도 알 수 없고, 보려고 해도 볼 수 없다. 허실虛實이 처음 징조徵兆를 보이자 세상의 시비是非가 생겼고, 땅이 처음 시비是非를 보이자 사람에게 오행五行의 시비是非가 생겼고, 성인聖人이 만물의 시비是非를 보이자 만인이 서로 시비是非를 논하면서 다툰다. 드높은 하늘도 사람의 머리위에 있고, 드넓은

---

1) 본기本紀: 삼신오제본기三神五帝本紀, 태백일사太白逸史, 이맥李貊 저술著述.

2) 천산天山: 천산산맥天山山脈.

3) 천지天地의 일: 천지天地의 마땅한 일을 구하는 것.

4) 허실虛實의 일: 천지天地의 기운으로 상생相生을 보완하는 것.

5) 때와 곳의 일: 천지天地의 때와 곳으로 드러내고, 감추고 이루어가는 것.

6) 성인聖人의 일: 천지天地의 일을 합당한 이치로 만인을 삼화三化하는 것.

땅도 사람의 발아래에 있으니, 사람이 없으면 천지天地는 소용이 없고, 천지에 사람이 없으면 천지가 있는지도 모르고, 천지의 시비是非는 함부로 할 수 없는데도 헛되이 사람만이 천지를 시비是非한다.

　무릇 천지간天地間에는 허실虛實이 있고, 나라에는 국시國是가 있고, 백성에게는 공론公論이 있으며, 사람에게는 시비是非가 있으니, 천지天地의 허실虛實이 흔들리면 천지天地가 요동하고, 국시國是가 흔들리면 나라가 위태롭고, 공론公論이 흔들리면 민심이 흉흉해지고, 시비是非가 흔들리면 사람이 위태로워진다. 이러한 연유로 천하의 대세가 기울면 성인聖人일지라도 일으켜 세우기가 어렵게 되니, 용렬한 자者는 뒤를 경계하지 않아 감당하지 못하고, 말썽이 많아지면 현인賢人일지라도 입을 다물고, 험자險者는 어지러워지면 설쳐대고, 간악奸惡한 자者는 난亂이 일자 즐거이 날뛴다.

　옛날의 제왕帝王들은 궁宮을 높게 짓지 않았고, 진기珍奇한 것과 화려한 것을 몸에 두르지 않았고, 겨울에는 옷을 두껍게 입지 않았고, 여름에는 옷을 얇게 입지 않되 헤지면 기워 입고, 음식飮食은 간결하되 세 가지를 넘지 않았고, 화초를 기르되 열 종種을 넘지 않았으며, 연못도 함부로 파지 않고, 말은 암수 한 마리씩만 기르고, 사냥은 조용한 날을 잡되 번식기는 피했고, 즐거운 것도 하루를 넘기지 않았으며, 백성이 편하지 않으면 즐거움을 그치고 함께 근심하였다. 대개 백성들은 힘써 업業을 구하기 나름이고, 애증愛憎은 마음먹기 나름이고, 직職을 넓혀 득실을 따지는 바는 판단하기 나름이니, 정곡正曲과 취사取捨는 이해利害로 연유한다. 현명賢明한 자者가 아니면 명리名利를 따지지 않고, 이름을 소중히 하는 자者가 아니면 그 값어치를 재지 않고, 마음속으로 반叛하는 마음을 가진 자者는 보는 것을 가려보고, 듣기 좋은 것만 듣는 자者는 입에 맞는 말만하고, 함부로 행하는 자者는 마음을 이기려 하지 않는다. 책무責務를 가지고 시비是非를 하면 독毒이 화살처럼 날아들고, 시비是非를 위한 시비是非는 아물지 않는 상처傷處가 되고, 시비是非만 하려고만 하는 자者는 혈기血氣를 가늠하지 않고, 시비是非의 종시終始를 모르는 자者는 성정性情이 사나운 중추中樞를 넘나든다.

한 번의 명리名利에 물든 자者들은 시비是非의 손잡이만 잡으려 하고, 세상이 어지럽기만 바라는 자者는 제 목숨을 제물祭物의 벼리로 삼으려 하고, 뒤에서 조종하는 자者들은 세상의 억울함을 몰아 시비是非의 자루로 삼으려 한다. 우매愚昧한 자者는 귀가 따가우면 마음을 닫고, 탐욕스런 자者는 입에 맞으면 종시終始를 따지지 않고, 가벼운 자者는 경망하게 움직여 화액禍厄이 들어오게 하고, 시비是非를 구분하지 못하는 자者는 허탄한 약속만을 하고, 덜렁대는 자者는 헤아리지 않아 다급한 일이 많아진다.

크나큰 시비是非를 없애는 것은 성인聖人이기 때문이고, 화복禍福을 드러내는 것은 역자易者이기 때문이고, 진실眞實을 추박追迫하는 것은 의자義者이기 때문이고, 결과만을 얻으려 하는 것은 지자知者이기 때문이고, 악자惡者가 문 앞에 와도 반갑게 맞는 것은 인자仁者이기 때문이고, 내 노고가 큰데도 이웃을 돌보는 것은 선자善者이기 때문이고, 폐해弊害가 큰 줄 알면서 어려움을 돕는 것은 효자孝子이기 때문이고, 막혀있어도 길을 뚫고 나가는 것은 용자勇者이기 때문이고, 욕망慾望을 의지가 넘을 수 있는 것은 명자明者이기 때문이고, 머나먼 줄 알면서 궁구窮究하여 밝혀내는 것은 지자智者이기 때문이고, 이미 하늘에서 이루어졌는데도 땅으로 넓히는 것은 현자賢者이기 까닭이니, 패자霸者가 피하지 못하는 열 가지[7]

---

7) 패자霸者가 피하지 못하는 열 가지: 욕망에 사로잡혀 땅을 거스르는 것, 악행惡行을 하면서도 비방하는 것, 오행五行의 성질을 거스르는 것, 힘만으로 재주를 삼는 것, 계획만 수정하는 것, 때와 곳

와 암자暗者가 열두 가지[8]를 끊지 못하는 까닭이 여기에 있다.

　암군暗君과 간흉奸凶이 나타나 세상을 시비是非에서 구한다고 부르짖게 되면 밝은 자者는 멀리 떨어져 조용히 지내게 되고, 어리석은 자者들은 오히려 구원救援의 신神으로 받들고, 뒷골목의 자者들이 큰 길로 뛰어 나와 설치고, 각종 병폐病弊들이 드러나 나락奈落으로 빠져 들게 되고, 시비是非를 가지고 수시로 바꾸어 나라가 시끄럽기만 하고, 시비是非의 기준이 불분명하다. 하나의 시비是非도 열개의 변언變言을 만들기만 하고, 세상에 간악奸惡이 가득해져 어지러운 자者들이 세勢를 이루게 되고, 잔혹한 자者들이 길을 메우게 되어 시비是非의 길은 막히고, 죄罪가 많은 자者들이 설쳐대서 어둡고 긴 굴속으로 들어간다.

　무릇 시비是非를 가리는 것은 시是를 시是라 하고, 비非를 비非라 하지 않으면 시시비비是是非非를 다툼의 본本으로 삼게 되는데 성정性情마져 흔들리면 시비是非가 불분명해지고, 사무종四無終[9]에만 얽매어 순역順逆을 그르치게 된다. 천지天地는 스스로 자랑하지 않고, 만물에 두루 혜택이 있어서 치우치지 않고, 순서가 없어도 어긋남이 없고, 부딪히지 않게 되어 분란이 없고, 현명한 군주君主는 천지天地를 본本을 받아 스스로 소유所有하지 않고, 순박淳朴 백성은 비록 많이 알지 못해도 어리석지 않아 쓸모없는 공론空論을 만

─────────────

을 천지天地가 허락하지 않는 것, 사사로이 이목耳目을 막는 것, 어두운 가운데 멀리 나아가려만 하는 것, 강제로 합치면서 누르려고만 하는 것, 잘못된 것을 덮으려고만 하는 것.

8) 암자暗者가 끊지 못하는 열두 가지: 편안한 것만 찾다가 흉재凶災를 불러들이는 것, 정사正邪의 구분 없이 뒤만 따라다니는 것, 종류의 선별이 안 되는 것, 때때로 마음을 풀어 방만한 것, 알지 못하면서 알려고 하지 않는 것, 사악肆惡한 마음을 숨기고 착한 척만 하는 것, 슬기롭지 못하면서 핑계만 대는 것, 명리名利만으로 세상의 척도로 삼는 것, 때와 곳에 따라 언행이 뒤바뀌는 것, 공론空論만으로 가치의 기준을 삼는 것, 멀리 내다보지 못하면서 코앞만 바라보는 것, 어긋난 자者들과 몰려다니는 것, 착한 일을 빙자하여 기만하는 것.

9) 사무종四無終: 경중輕重, 완급緩急, 선후先後, 연절連絶.

들지 않는다. 천하天下의 시비是非를 가려서 공평公平하고자 하고, 천지天地는 신기神機라 가벼이 볼 수 없고, 천하天下는 신기神器라 함부로 담을 수 없고, 사람은 신물神物이라 어긋나게 쓸 수 없으니, 내가 천하에 몸을 싣고, 천지가 나를 쓰려고 내보냈는데 세상은 탕탕蕩蕩하기만 하고, 인심은 평탄平坦하기만 하다.

세상世上에 옳고 그른 것이 불분명하면 오늘은 옳고, 내일은 그르다고 하고, 오늘은 비난하고, 내일은 칭찬하고, 오늘은 기뻐하고, 내일은 슬퍼하고, 오늘은 찬성하고, 내일에는 반대하게 된다. 그러나 마땅히 사람으로서 지키는 바가 마음속에 있으면 행실이 돈독敦篤해지고, 꺼리는 바가 있으면 삼가면 시비是非가 도타워진다. 그러나 시비是非가 얇아지면 사사로운 것만 찾게 되어 앞뒤가 달라지고, 마음이 흔들리면 귀가 열리지 않아 마땅하지 않고, 뒤섞이면 길을 잃어 갈 바를 모르고, 심신에 교묘하게 숨기면 거짓된 꾀에도 흔들린다.

크게 바른 것은 그른 것 같고, 크게 그른 것은 옳은 것 같아 적은 자者들이 옳다 하면 멀리 내다 볼 수 없고, 다수의 자者들이 그르다 하는 것은 장구하지 않고, 그른 자者들이 억울해 하면 바른 자者들에게는 경계할 것이 되고, 바른 자者들이 움직이면 그른 자者들에게는 명리名利가 없고, 그른 자者들이 즐겨하는 바를 바른 자者들은 행동할 수 없고, 바른 자者들이 권장하는 것은 그른 자者들은 지키기가 어렵다. 나누자고 하는 자者들은 숨기는 욕심이 있고, 합치자고 하는 자者들은 욕심을 셈하여 드러내고, 바르게 지키는 자者들은 오래 견딜 수 있고, 난폭한 자者들은 수시로 달라지고, 굳건히 지키기만 하면 할 수 있는 일이 없다. 싫어하는 바가 있으면 계戒를 세우고, 좋아하는 바가 있으면 익益만을 세우고, 모이는 바가 있으면 이利를 도모하고, 흩어지는 바가 있으면 계計가 있고, 모으려고 하는 바가 있으면 유遺가 있고, 행하는 바가 있으면 적積이 있고, 가까이 하면 세勢가 있고, 멀리 떨어지면 친親이 없다.

시비是非가 서로 교차한다는 것은 말이 많으면 이루지 못하면서 움직임이 번잡하기만 하고, 부富하면 근심이 많지만 빈貧하면 수고가 많아지고, 길吉하면 즐거워하지만 흉凶하면 슬퍼하고, 이利가 많으면 모여들지만 해害가 많으면 흩어지고, 이어지면 꼬리를 물지만 끊어지면 머리가 나타나고, 허虛하면 채워 넣지만 실實하면 덜어내고, 복福이 있으면 기도하지만 액厄이 있으면 침을 뱉고, 누르면 배반하지만 찌르면 상傷하게 되고, 내치면 놀라지만 반목하면 떠돌게 되고, 지키지 않으면 떠나지만 감싸주지 않으면 싫어하고, 날카로우면 비틀어지지만 떠돌면 모이지 않게 되고, 낡으면 헤지게 되지만 새롭게 만들면 어지럽고, 찢기면 휘날리게 되지만 기울면 돌아오게 되고, 패敗하면 복종하지만 이기면 공功이 생기고, 단정하지 않으면 음란하지만 공손하면 올라가게 되게 되고, 물이 차오르면 떠서 썩게 되지만 불이 타면 사라지게 되고, 물으면 답하지만 모르면 찾아 묻게 되고, 좁으면 막히지만 넓으면 밝은 것이 줄어들게 되고, 많이 기울면 쏟아지게 되지만 부딪히면 소용돌이 치게 되고, 올라서면 내려다보지만 내려오면 오르려고만 하고, 종種이 많으면 씨가 많이 생기지만 류類가 많으면 갈래가 많아지고, 나누면 합쳐지려 하지만 합쳐지면 나누어지려고 하는 것이다

단제여을檀帝餘乙[10)]이 이르기를, '수壽하면 인욕人慾이 생기고, 부富하면 중원衆怨을 받으며, 다남多男하면 사람의 허물을 받으니, 도道가 세상에 있으면 백성과 즐기고, 무도無道하다 여기면 수도양식修道良識하여 천궁天宮에 이른다'고 하였으니, 스스로의 생명生命은

---

10) 단제여을檀帝餘乙: 제17대 檀帝 (檀紀 783-851, 西紀前 1552-1484).

소중히 여겨도 생명의 근원을 몰라 허물을 뒤집어쓴다. 욕망을 절제할 줄 알면 시비是非의 근원은 사라지고, 누구나 바라는 바를 알면 시비是非의 기준이 분명해지게 된다. 하늘이 정신을 주고, 땅이 몸을 화육化育하지만 욕망을 통제하지 않으면 천지天地의 화禍가 드러나고, 삶의 근원을 살피지 않으면 액厄이 쌓여 되돌아온다. 대개 사람은 권세가 없으면 한탄하고, 재물이 없음을 분개하고, 유산遺産이 없음을 슬퍼하고, 배움이 없음을 서러워하고, 지식이 없음을 괴로워하고, 변화에 적응하지 못하면 포기하고, 어리석으면 지혜를 쓸쓸히 여기고, 힘이 없음을 개탄慨嘆하지만 시비是非의 정사正邪는 이것에 있지 않다.

도해단제道奚檀帝[11]가 이르기를, '하늘은 깊고 고요한 것에 큰 뜻이 있어 온 누리에 막힘없이 가득하여 모든 일은 오로지 참된 것에서 비롯되고, 땅은 화기和氣를 가득 품고, 큰 뜻에 화답하여 어느 곳이나 막힘없이 드러나니, 모든 일은 오로지 부지런히 힘쓰는 것에서 비롯되고, 사람은 살펴 앎에 큰 뜻에 화기和氣를 가득 품고 일어나 모든 일은 돕고 모이는 바가 있으니, 일신一神이 내려와 성性을 통하고, 밝음으로 세상을 비추어 온 누리의 사람을 이롭게 한다'고 하였으니, 삼재三才의 도道는 멀기만 하고, 홍익弘益의 도道는 높기만 하다. 마음의 중추中樞를 잃고 바른 자者가 없고, 중심中心을 잃어서 일을 마치는 자者가 드물다. 마땅히 군주된 자者는 의로워야 하고, 부모된 자者는 자애로워야 하고, 백성 된 자者는 충성되어야 하고, 벗은 서로 믿고 의지하여야 하고, 대통大統은 존중되어야 한다.

시비是非가 엇갈리면 쓸모없이 무리를 지어 론論에 모여들고, 보잘 것 없는 자者들이 파派를 만들고, 하찮은 화상畵像들이 시비是非

---

11) 도해단제道奚檀帝: 第 11代 檀帝 (檀紀 444-501 西紀前 1891-1834)

로 세勢로 더하고, 부질없는 인간들이 종宗에 뭉쳐 믿음을 가늠하려 한다. 하늘에서 사람의 명리名利를 얻으려 하고, 땅에서 사람의 이치를 덮으려 하고, 사람에게서 하늘의 명리名利를 찾으려 하고, 사람에게서 땅의 이치를 찾으려 하고, 땅에서 하늘의 이치를 찾으려 하면 크게 엇갈린다. 방方이 원圓을 덮지 못하고, 땅이 하늘을 덮지 못하고, 각角이 방方을 이지 못하고, 방方이 각角을 깊이 숨기지 못하고, 원圓이 각角을 붙잡아 두지 못하고, 각角이 원圓을 밟지 못하고, 사람이 해를 가릴 수는 없고, 해가 하늘을 덮지 못하고, 하늘이 땅을 이지 못하고, 땅이 하늘을 밟지 못한다. 천하天下의 시비是非는 하늘에서 상서祥瑞를 구하고, 땅에서 복福을 구해도 흥망성쇠興亡盛衰는 함부로 논論하지 못하고, 흉악凶惡한 것을 제거하여 간적奸賊에게 빌미를 주지 말아야 하고, 현인賢人들의 말을 귀담아 들어 흉포凶暴를 막아야 하고, 공功을 세우려고 몸을 지키는 것도 나라에 명리名利가 되고, 세상의 안녕을 구하는 것도 시비是非로부터 몸을 지키는 것이다.

만물에는 장점이 없는 것이 없고, 버릴 물건은 없고, 취하지 못할 자者가 없으니, 장점을 얻으면 키우지 못할 것이 없고, 단점을 버리면 하지 못할 것이 없고, 취하지 못해 아쉬울 까닭이 없고, 알지 못해도 괴로워 할 이유가 없게 된다. 마음을 안정되어 듣는 바도 합당해지고, 보는 바가 바르게 되어 천하天下의 시비是非가 나에게 돌아와 시비是非에서 벗어난다. 잘못된 그릇에 값지게 담는 것처럼 어긋난 일은 없는데 세상의 모든 악惡은 넘치는 배움에서 화禍가 생겨나고, 악惡인지도 모르면서 배우면 능히 큰일을 저지르고, 세상의 모든 선善은 이롭게 하는 것에서 생겨나니, 선善을 배우면 능히 큰일을 이루어 낸다. 시비是非의 어긋남이 있다는 것은 세상의 모든 자者들은 승勝은 배우려 하나 패敗는 알려 하지 않고, 이利는 가지려 하나 려慮는 알려 하지 않고, 더하는 것은 빠르나 나누지 않으려 하고, 직職은 어쩔 수 없어 하나 책責은 애써 손 사례를 치고, 이利는 밝으나 손損은 어둡고, 명命은 알려 하나 액厄의 이유를 알지 못하니, 귀와 눈이 시비是非하여 정신과 마음을 구속되고, 거짓과 집착과 요행은 한 바구니에 담겨진다.

석륵상石勒祥[12)]이 이르기를, '대개 일을 따라 정확히 하는 것을 권權이라 하고, 일에 처하여 합의合議하는 바를 의義라 하니, 권權으로써 변화에 대응하고, 의義로써 일을 제어하여 백성과 나라가 평이平易에 이르게 된다. 도道에 이르지 못하면 시비是非가 생기고, 함께하지 못하는 바를 이해라 한다. 급하게 물으면 일을 제어하는데 옳은 것이 상傷할 것이니, 시비是非로써 이해를 물으면 흐르지 않게 된다. 시비是非로써 주된 뜻을 삼아 득실을 따지지 않는다면 이에 변화하는 것에서 권權에 도달하여 권權은 규정된 것이 없고, 중추中樞를 얻음이 쉽지 않고, 의義를 제재할 수 없어 가운데를 골라 합의하면 시是와 의義가 한가운데 있게 된다. 권權과 의義를 알고, 권의權義를 얻는다면 급중急重한 것이 완경緩經한 것보다 앞선다'고 하였다. 중추中樞가 없는 자者와는 일을 시작할 수는 있어도 마칠 수는 없고, 스스로의 명리名利에만 치우치는 자者와는 시비是非를 논論할 수는 있어도 가릴 수는 없고, 불분명한 자者와는 밤새워 말을 해도 매듭이 없고, 생각을 다른 자者와는 갈림길에서 갈라지고, 포용이 없는 자者와는 삶이 다르고, 용납하지 않는 자者와는 같은 꿈을 꿀 수 없다.

시비是非가 형세와 다툰다 하는 것은 사람의 형태는 같아도 성정性情이 다르고, 장부臟腑는 같아도 기질氣質은 다르니, 현명賢明과 우매愚昧가 배운 것에 기인하지 않고, 교활과 어눌한 것이 태어나

---

12) 석륵상石勒祥: 제 28대 해모단제奚牟檀帝때의 현상賢相.

는 것에 연유하지 않고, 존귀尊貴와 빈한貧寒은 정사正邪에 상관하지 않으니, 지혜는 남으로부터 구할 수가 없고, 현철賢哲은 타고 나지 않고, 지혜가 모자라면 뒤에서 욕을 하고, 경험이 모자라면 화를 낸다. 계戒를 세우는 바는 약속을 지키고자 함인데 오히려 지켜야 할 것은 지키지 않고, 지킬 수 없는 것으로 지켜야 한다고 속이고, 앞에서 길을 파고 뒤에서 메우며 따라가고, 앞에서 무리를 모으고 뒤에서 이利를 채운다. 지킬 능력이 없는 자者는 말만 앞세우고, 입으로만 수긍首肯하는 자者는 숨기는 까닭이 있고, 오닉五匿[13]으로 다툼의 근원이 되게 하고, 내가 옳으면 남은 그르다고 여기고, 내 몫은 작고 남의 것은 크다고 여기고, 내가 하면 바른 것이고 남이 하면 그르다고 여기는 것은 시비是非의 빌미가 생기는 까닭이 된다.

스스로 시비是非에서 벗어나려면 스스로 올바르게 한 뒤에 남을 가르치고, 스스로의 길을 버리지 않은 뒤에 손가락으로 가리키고, 스스로 지킬 수 있는 뒤에 남을 지켜 내야하고, 스스로 나쁜 버릇을 고친 뒤에 알려 줄 수 있고, 스스로 작은 것을 잘 키운 뒤에 큰 것을 바라야 한다. 큰 것에만 집착하는 병폐를 없앤 뒤에 낡고 헤진 것을 혁파革罷할 수 있고, 빈천한 것을 견뎌낸 뒤에 부유한 것을 받아들일 수 있고, 착한 것을 실천한 뒤에 악한 것을 내몰 수 있고, 어려움을 극복克 뒤에 스스로의 길을 열고, 손해를 본 뒤에 명리名利를 가늠할 수 있고, 착한 것을 길게 한 뒤에 악한 끝이 짧음을 알 수 있고, 일시적인 것을 겪은 뒤에 긴 것을 볼 수 있다.

성인聖人의 뼈는 지탱만 할 뿐, 도적의 명命을 빼앗지 않고, 성인聖人의 피는 땅을 적실 뿐, 악인惡人의 발걸음을 멈추게 하지 않고,

---

13) 오닉五匿: 곡직曲直, 완급緩急, 강유剛柔, 대소大小, 이해利害.

성인聖人의 살은 형체만 만들 뿐, 간적奸賊의 입을 막지는 않고, 현인賢人의 말은 길게 조음調音할 뿐, 간흉奸凶의 입을 막지는 않고, 의인義人의 뜻은 의기義氣가 퍼지는 것을 기뻐 할 뿐, 자랑스러워하지는 않고, 명인明人의 마음은 그 명命만을 밝힐 뿐, 재어주지 않고, 선인善人의 정성은 나눠 주려 할 뿐, 받으려 하지 않는다. 무릇 천기天氣는 하늘에서 내릴 뿐, 명命에는 관여하지 않고, 지기地氣는 피워오를 뿐, 명리名利에는 관여하지 않고, 인기人氣는 사람사이에 머물다가 모일뿐, 의선義善에는 관여하지 않는다.

선善으로써 땅을 넓히지 않으면 착함이 사라지고, 도道로 하늘을 넓히지 않으면 이름을 드높이지 못하고, 악惡도 하늘이 알기 전에 그치면 그 벌罰이 잊히고, 흉凶도 땅이 알기 전에 없애면 땅이 상서祥瑞를 올리고, 네 가지의 죄罪[14]도 저지르기 전에 그치면 몸을 지킬 수 있고, 징조徵兆에 길흉吉凶을 엿보지 않으면 화禍를 그치게 되고, 정貞하면서 연連하게 되면 간奸이 사라진다. 금禁한 것을 급히 서두르기만 하고, 할 수 없는 일을 떠맡기만 하고, 공公을 따르지 않고 사私만을 경영經營하려 하고, 본本을 잊어 말末의 폐해弊害를 가벼이 여기고, 밝은 것보다는 어두운 것만 바라보고, 처음에 급하여 뒤를 생각하지 않는다.

대개 은혜에서 원한이 생기고, 간악奸惡은 가르침에서 나와 사치한 것에서 드러나고, 평범하지 않은 것에서 질능質能이 생기고, 말을 교묘하게 감추는 것에서 숨겨 들어가고, 정사正邪에서 시비是非의 근원이 생긴다. 능히 옳은 길일지라도 내리막도 손해라 생각되면 가지 못하고, 그른 일이라도 명리名利라 생각되면 절벽에서

---

14) 네 가지의 죄罪: 천지天地의 공功을 가로채는 것, 삼륜三倫을 파괴하는 것, 만물의 명命을 강제로 빼앗는 것, 남을 모함하여 위해危害하는 것.

도 뛰어 내리고, 십삼논폐十三論弊[15])로서 시비是非를 위한 시비是非
한다. 바른 말만 한다고 좋은 자者들이 아니요, 곧은 행동을 한다
고 옳은 자者가 아니요, 천하天下를 시비是非만 잘한다고 선자善者
가 아니요, 비평批評만 잘한다고 의자義者가 아니니, 드러내는 척만
하면 숨기는 바가 크게 되고, 잔다란 것으로 시비是非하면 골이 깊
어지고, 선비의 이름만으로 시비是非하면 청렴하지 않고, 스스로를
시비是非하면 의심하게 하고, 가르치는 것으로만 시비是非하면 큰
스승이 되질 않고, 이기려고만 하고, 신神을 시비是非하면 승자勝者
가 되지 않고, 영리한 것으로 시비是非하면 간악奸惡하기만 하다.

　성인聖人은 큰 시비是非로써 정사正邪를 논論하지 않고도 크게 생
각하고, 멀리 바라보는 까닭으로 크나큰 공功은 여기에 있으니, 대
개 글로 흥하면 글의 시비是非에서 벗어나지 못하고, 입만으로 떠
들면 화禍가 제 귀로 들어가는 것을 알기 때문이다. 흉포한 자者라
도 제 명命을 다하면 말이 착해지고, 간악奸惡한 자者라도 제 꾀에
넘어지면 당황하고, 멀리서 바라보는 자者는 세밀하지 않고, 가까
이 보는 자者는 멀리 볼 수 없고, 들은 것만으로 본 것처럼 말을 하
고, 잠시 머물면서도 긴 밤을 말하고, 헐뜯으면서 닮게 되고, 좋은
것을 보고도 칭찬하지 못하고, 잘되는 것을 보면서 배 아파하고,
시비是非에 시비是非를 더하고도 감사할 줄 모른다.

　세상世上에서 시비是非를 가릴 수 없는 자者들은 때를 놓쳐 재능
才能을 내다 버리고, 제 능력을 헤아리지 못해 곳을 잃고, 제 명리名

---

15) 십삼논폐十三論弊: 이해利害로써 진퇴進退를 논하는 것, 보옥寶玉으로 존비尊卑를 논論하는 것,
득실得失로써 상하上下를 논하는 것, 소인小人이 현인賢人을 논하는 것, 간자奸者가 성인聖人의
이언彛言을 논하는 것, 요행僥倖으로써 진위眞僞를 논하는 것, 난폭亂暴하면서 화해和解를 논하
는 것, 음란淫亂하면서 정간貞姦을 논하는 것, 사악肆惡한 자자가 선善을 논하는 것, 법을 지키지
않으면서 법을 논하는 것, 포악暴惡하면서 덕덕德을 논하는 것, 명리名利를 숨기면서 명분名分을 논
하는 것, 완악頑惡하면서 이치만을 따지는 것.

利만을 위해 바른 것도 용서하지 않고, 대의大義를 버리면서 소리小
利만을 외치고, 먼 것을 버리면서 가까운 것에만 집착하고, 좁은 뜻
만으로 바른 것을 받아들이지 않으니, 그래서 패역悖逆[16]하여 정론
正論을 가벼이 여기는 자者들과는 시비是非를 논論할 수 없다. 진실
로 큰 시비是非는 옳고, 그른 것을 따지지 않고, 진실로 큰 바름은
곡직曲直이 없고, 진실로 큰 옳음은 시비是非의 근원마저 없애니,
무릇 시비是非에서 벗어나는 것이 올바름을 지킬 줄 아는 자者가
시비是非에서 벗어난다.

---

16) 패역悖逆: 어리석어 가리는 것이 없는 것, 삐뚠 자者가 아이들을 가르치는 것, 폭력을 일삼으면서
스스로 억울해 하는 것, 모두의 것이라 하면서도 뒤로는 협박하는 것, 질시하며 반목하고도 융화
하지 않는 것, 힘써 노력하지 않으면서 불평不平 하는 것, 흔한 것은 버리면서 귀한 것만 붙좇는 것,
부끄러움을 숨기면서 억울함만을 읊조리는 것, 헛된 자者들이 패역悖逆한 시비是非를 일삼는 것,
교묘하게 어리석은 자者를 이용하여 뭉치게 하는 것, 그릇이 삐뚤어져 배움이 찌그러져 있는 것,
무위도식無爲徒食하면서 기회만을 엿보는 것, 인품이 낮으면서 책임을 다하지 않는 것, 저급低
級하면서 됨됨이가 되지 않는 것, 제 허물은 탓하지 않으면서 남 탓만 하는 것, 스스로 겪지 않으
면서 남을 내모는 것, 피폐疲弊하면서 남을 끌어 들이는 것, 일을 하지 않으면서 무리를 모아 선동
하는 것, 없는 것을 가장假裝하여 빈자貧者를 충동하는 것, 헛된 논리로 부질없이 재물을 낭비하
는 것, 신神의 이름을 팔아 치부置簿하는 것, 제 액화厄禍를 시비是非로 푸는 것, 제 명命을 온전
히 하지 않으면서 시비是非만을 노리는 것, 제 뜻만을 고집하면서 그릇된 것을 채우는 것, 사람을
상傷하면서 스스로의 자랑으로 여기는 것.

王儉

태어남이 신神과 같고, 지극하여 신묘神妙하고,
거룩한 법法을 이어가니, 숭보崇報의 예禮를 잊지 않아
영웅英雄스런 자태姿態는 천하天下의 호걸豪傑이고,
천부天符를 강강講하자 바다처럼 모이고,
사해四海 이십팔주二十八州를 두루 돌아오자 구름처럼 따르고,
철옹鐵甕같은 단군관경檀君管境
눈부신 신단수神檀樹에서 제위帝位에 오르니,
웅상雄常으로 모여들고, 천단天壇으로 보본報本하고,
지단地壇으로 보위保衛하니, 천제天帝나라 부강하고,
조선朝鮮의 법法을 드날려
푸른 하늘, 푸른 산, 푸른 강물에 고깔모자를 쓰고,
사뿐사뿐 걸어가니, 큰 생각 바른 말투 세세손손 이어가고,
착한말씀 옳은 행동 억만년 이어가니,
명산대천名山大川 고루 퍼져 만세에도 변치 않네.

東 崖

8. 성인론 聖人論

천지天地를 대신하여 현신顯身하였으니, 성聖이라 하고, 비록 사람의 몸을 빌렸으나 만인을 구제하고, 정신은 늘 우주를 노닐고, 사람의 일에는 관여하지 않고도 늘 삼체三體[1] 속에 있으면서 뭇 사람을 올바름에서 벗어나지 않게 한다. 성인聖人이 처음 이 땅에 오자 만민이 이를 따랐고, 백성의 노고를 크게 헤아려 기물器物을 많이 만들어서 살기 좋게 하고, 거스름 없는 이치가 정해지고 나자 열 명의 성인聖人과 열두 명의 현인賢人들이 끊임없이 나타나 그 삼체三體로써 천지天地의 공功을 대신하여 이루었으니, 마땅함으로 다스리자 마침내 믿고 따르는 사람 사는 세상이 되었다. 성인聖人이 다스리는 세상에서는 백성 된 자者가 굶주리면 음식을 만들지 않았고, 추위에 떠는 자者가 있으면 털옷을 입지 않았고, 억울한 자者가 있으면 잠을 자지 않고, 그 원한을 들었다. 천하의 현인賢人이 나타나자 의론議論은 끊이질 않고, 죄자罪者의 이유를 물어 형刑을 감減하였고, 오상五常에 밝은 자者가 있으면 몸소 따라 그것을 따라 했고, 나라 안에 풍년이 들고, 의식이 풍부해야 비로소 함께 즐거움을 나누었다.

성인聖人은 하늘의 움직임을 보고, 땅을 살펴서 화복禍福의 드나

---

1) 삼체三體: 뼈, 살, 피.

닮을 보고, 또한 끊어지고 이어지며 나타났다 사라지고, 뛰다가도 엎어지고 올라가다 떨어지더라도 하나의 중추中樞를 잡아 나아갈 때와 곳을 기다린다. 세상의 현인賢人 가운데 어떤 자者는 세상에 나아가 자신의 의지를 펼치고, 어떤 자者는 숨어 드러내지 않는데 성인聖人과 현인賢人이 추구하는 것은 같아 보여도 언행言行과 때와 곳이 달라 공박公拍할 수는 있으나 그 오묘奧妙한 도道는 알 수 없고, 숨어있는 이치의 깊은 뜻을 성인聖人은 행하지만 범인凡人은 알기 어렵다. 끝없는 은혜를 받아 위로는 삼신三神의 뜻을 받아 홍익弘益의 뜻을 펴고, 아래로는 세상 사람들의 원冤을 풀고, 거짓과 망령妄靈됨이 사라져서 하는 바가 없이 보여도 절로 다스려 지고, 말없이 다스려 풍속風俗은 날로 새로워진다.

성인聖人의 풍습風習에는 서로 범하지 않고, 서로 굴복하는 일이 없어 남을 위하여 위급을 구제하였고, 입는 것과 먹는 것이 한곳으로 치우치지 않게 하고, 계급을 없애 평등하게 하고, 남녀의 하는 일을 구분하지 않고, 노인은 공양하고, 어린이와 아녀자는 보호하였다. 또한 나라 안에 의로운 자者가 있으면 귀히 여기고, 큰 공功이 있으면 기리고, 뜻이 나누어지면 화백和白으로 의견을 모으고, 서로 책임지는 것을 믿음으로 하고, 감당하기 어려운 일은 힘을 모아 쉽게 하고, 직분을 나누고, 스스로의 직업에 충실하게 하여 먹고 노는 자者들이 없도록 하고, 늙은이와 어린아이도 즐거움을 함께 하여 책무를 돈독敦篤히 하고, 스스로의 명리名利를 위하여 결정을 구하지 않고, 다투는 일이 없어 사람들을 급히 몰아 놀라는 일이 없다.

옛날 성현聖賢들은 허실虛實로 합일合一을 세웠고, 삼재三才로 마땅한 일을 나누었고, 사상四象으로 허실虛實의 물상物象을 세웠고, 오행五行으로 순환의 도道를 바로 세웠고, 육기六氣로 명철明哲의 도道를 세웠고, 칠성七星으로 명命을 바로 세웠고, 팔상八象으로 돌아가는 바퀴를 만들고, 하늘의 둥근 바를 보아 숟가락을 만들었고, 땅의 허실虛實을 보아 숟가락을 만들었고, 천기天氣를 살펴 밥 짓는 법法을 세웠고, 화기火氣를 살펴 아궁이를 만들고, 수화水火로써 솥을 만들고, 화수火水로 시루를 만들고, 지기地氣로 뜸을 들이게 하고, 지화地火로 구들을 만들고, 천수天水로 지붕을 만들고, 우사雨師로 비를 살펴 때와 곳을 맞추고, 운사雲師로 징험徵驗을 살펴 때와 곳을 펼치고, 풍백風伯으로 바람의 때와 곳을 벗어나지 않게 하고, 상원하방上圓下方으로 보본報本하고, 하원상방下圓上方으로 수레를 만들고, 상용하척上龍下昜으로 중변中變의 역易을 만들었다.

옛날에 머리를 산발하여 목에 감고, 천하天下의 왕王이라 하면서 추앙받은 인물이 있었다. 잘못을 범해도 형벌을 가하지 않고, 백성에게 나누어 주기만할 뿐 빼앗지 않고, 천하天下의 만민들이 모두 모여 그의 덕과 어짊을 기리고, 허실虛實이 화평和平하여 비도 제때에 오고, 햇볕도 알맞게 내려 쬐어 곡식도 알맞게 익고, 어그러지는 일이 없어 만물이 스스로 번성하여 다투지 않아도 그 은덕에 감화되었다. 옛날에는 산과 들에는 길이 없었고, 못에는 배도 다리도 없어 짐승들은 무리를 이루고 나무와 풀들이 자란 곳에는 짐승의 무리들이 있었고, 새들은 둥지를 틀고 짐승들도 그들의 거처를 옮기지 않고, 사람을 봐도 도망치거나 해치려 하지 않았고, 길을 가되 한없이 편안하고, 사물을 보면 그저 담담할 뿐이었다. 백성들이 강가에도 살고, 굴에도 살고, 나무 위에도 살고, 때로는 땅에 굴을 파고 살게 되었는데 겨울에는 서리와 눈을 피하지 못하였고, 여름에는 모기와 더위를 이기지 못하였다. 그러자 성인聖人이 흙을 쌓고, 나무로 집을 짓고, 방의 구들을 놓고, 마루를 놓아 더위와 추위를 이기게 하였고, 보습을 깎아 밭을 갈고, 도끼를 만들어 나무를 베고, 배를 만들고 물을 퍼서 고생을 덜게 하였고, 수레를 만들고,

우물을 파고, 가축을 길러 노고를 헤아렸어도 아직도 백성들은 수고로움은 이루 말할 수 없었다. 늘 궁구窮究하는 성인聖人이 그치지 않고 나타나 편리한 물건을 많이 만들고, 교화敎化의 끈을 놓지 않았으니, 뭇 사람의 생활을 풍요롭게 하였다.

변變을 구하면서 화化를 지켜보던 단제檀帝 왕검王儉이 이르기를, '부모는 공경하여야 하고, 처자식妻子息들은 보호 양육하여야 하고, 형제를 사랑하고, 노인을 공경하고, 어리고 약한 자者에게는 은혜를 베풀어야 하고, 우리 백성들은 서로 믿어야 한다'고 하였으니, 사뭇 다스림의 기풍氣風이 여느 것과는 다르다. 성인聖人에게서 말미암음을 도道라 하고, 그 행위를 사事라 하니, 근원적인 것은 바꿀 수는 없지만 일은 바꿀 수가 있고, 성인聖人에게서 베풀어진 진리는 변하지 않지만 키우는 것은 바꿀 수가 있으니, 법을 알맞게 고치면서 풍속을 새롭게 하여 육리六利²⁾를 소용에 맞게 만들어 바꾸고, 변화하게 하였다.

성인聖人은 어지러운 마음을 이기나 뭇사람은 욕심을 섬기고, 성인聖人은 정기正氣³⁾를 행하나 뭇사람은 이기利氣⁴⁾를 행한다. 이러한 연유로 뭇 사람은 기쁨과 노여움으로 후환을 불문하고, 작은 명리名利에도 천하天下의 원수처럼 할퀴고, 성색聲色으로 눈과 귀를 소중하게 여기고, 이해의 욕망에 마음마저 담근다. 성인聖人이 욕欲을 줄이면서 색色을 폐廢하는 이유는 법法을 만들자 제재를 당하고, 령令을 만들자 억울한 자者만 죄를 피하지 못하고, 예禮를 만들자 미욱한 자者만 벌을 받는 까닭이기 때문이다. 그래서 법의 제재

---

2) 육리六利: 제도制度, 의복衣服, 기계器械, 도구道具, 법률法律, 도량度量.

3) 정기正氣: 안으로는 천성天性이 편안하고, 밖으로는 의기意氣가 합당하고, 이를 따라 움직이며 사물에 얽매이지 않은 것.

4) 이기利氣: 이로운 기운만을 좇아 따라다니는 것.

를 받는 백성과는 멀리 있는 곳을 바라 볼 수 없고, 령令에 속박을 당하는 자者와는 자유를 말할 수 없고, 예禮에 구속 되는 자者와는 변화에 적응할 수가 없다. 변화의 징후徵候를 본 뒤에야 그 결과를 살필 수 있고, 그 성쇠盛 기운에 조짐이 나타나야 이를 헤아리게 되니, 그 근원의 이치를 따지는데 어리석은 왕王은 나라의 세勢가 커지고도 포악을 그치지 못하고, 포악한 왕王은 한해의 풍년으로도 거만하니, 이것으로도 멸망의 구렁텅이에 빠진다.

　미욱未旭한 자者라도 징후徵候는 알지 못해도 수壽를 헤아려 명리名利를 가늠하고, 탐욕스런 자者라도 명命을 줄이진 않고, 용자勇者라도 깊은 물에는 뛰어들지 않고, 광자狂者라도 불에 뛰어들지는 않는다. 무릇 시비지도是非之道를 알게 되면 때에 따라 변화에 응하여 효자가 어버이를 섬김에 얼굴빛을 부드럽게 하고, 몸을 굽혀 허리띠를 받들어 무릎으로 기어 삼가 받들지만 물에 빠지면 머리채를 부여잡아 구해내는 것과 같고, 성인聖人과 현인賢人이 서로 만나 무릎을 굽혀 천하天下의 경중을 논하지만 성인聖人도 위급할 때는 발로 가슴을 차서 살려내는 것과 같다.

　성인聖人의 도道는 뭇 사람들과는 사뭇 달라 일의 옳고 그름을 굽혔다가 펴고, 떴다가 가라앉는 것처럼 일정하게 두지 않고, 때에 따라 그 움직임에 몸을 내맡기고, 박달나무처럼 굳세고 단단하고, 강인하다. 성인聖人의 일에는 네 가지 일[5]이 있어 이 일을 공완功完하면 천하天下도 편안해지고, 범인凡人은 네 가지의 일[6]이 있어 안

---

5) 성인聖人의 네 가지 일: 일을 행동으로 할 수는 있지만 말할 수는 없는 것, 행동할 수는 없지만 말할 수는 있는 것, 하기는 쉬우나 때와 곳이 맞지 않아 이룰 수 없는 것, 하기도 어렵고 이루기가 어려운 것.
6) 범인凡人의 네 가지의 일: 행한 뒤에 이치를 깨닫는 것, 바른지 그른지 알 수 없을 때에 바른 것을 징표徵表로 삼는 것, 기묘적절奇妙適切하여 폐단弊端이 생기는 바를 경계하는 것, 생각지도 못하는 바를 이루어 만세萬世에 공덕功德이 있는 것.

녕에 이른다. 영화를 즐거워하지 않고, 곤궁을 슬퍼하지 않고, 맞지 않아도 개의하지 않고, 드러내지 않고도 나타내고 함께 있어도 알지 못하고, 옆에 살아도 알지 못한다. 허실虛實과 강약과 동정動靜에 따라 공功을 세우고, 사물을 움직여 되돌아오는 것을 헤아리고, 그 변화를 살펴 교화敎化하여 감응토록 하니, 욕망과 성색性色은 서로 해치면서도 나란히 할 수 없어 하나가 성해지면 반드시 다른 하나가 폐해가 된다.

무릇 성인지도聖人之道는 한 사람의 완전함을 요구하지는 않고, 치우치면서까지 사물을 끌어다 붙이지 않고, 그 중추中樞를 바로 잡아 넘치거나 모자라지 않고, 스스로 방정方正하게 하여 허물을 헐뜯지 않고, 청렴淸廉하면서 바르게 살뿐 비방하지 않고, 문文과 무武를 가지고도 부딪치지 않게 하고, 함부로 꾸짖지 않고, 스스로 닦기를 즐긴다. 물건은 비슷하면 헷갈리고, 모양이 닮으면 눈에 어른거린다. 어리석은 자者가 어진 듯해도 어질지는 않고, 완악頑惡한 자者는 의로운 것 같아도 의롭지 않고, 용렬한 자者가 용勇한 것 같아도 용勇하지 않고, 점잖은 척하는 자者가 현명해 보여도 슬기롭지 못하고, 완고한 자者가 잘 지키는 것 같아도 복잡하다.

성인聖人은 천심天心을 품고, 지덕地德을 융화하여 지혜와 말과 행동을 풀어 감춘다. 그래서 성인聖人만이 훗날을 기약하여 현묘玄妙의 뜻을 감추고서 때를 기다리기 까닭이니, 비록 세상에 나왔다 하나 때가 맞지 않으면 곁에 있어도 알아보기가 어렵고, 만년에 한 번 나올까 말까 해도 이름을 알리려 하지 않고, 죽어서도 어진 것이 드러나지 않게 한다. 삶은 끝이 있지만 천지天地는 끝이 없고, 삶을 따르면 끝이 있지만 천지를 따르는 것은 끝이 없고, 나이는 셀 수는 있지만 천지天地의 나이를 세는 데는 모자라고, 냇물의 수량은 헤아릴 수 있지만 바다의 양量을 세는 데는 모자란다. 성인聖

人은 스스로 구원하고 나서 만인을 구했으니, 백성이 좋아하는 바를 따라 간사함을 금하고, 백성이 싫어하는 바를 따라 마땅히 따르도록 하였으니, 착한 것을 권하고, 장구長久한 계책計策으로 따르게 하고, 한 사람의 의인義人을 위하여 상을 내려 천하가 의로운 일을 따르게 한다.

편협偏狹한 생각을 가진 자者들 중에는 엷은 지식에 묶이고, 현묘玄妙를 교묘하게 비난하고, 공적功績의 허물만으로 자랑삼고, 경전經典에 없는 글은 진실이 아니라고 하는 자者들도 있고, 경문經文에 얽매어 바른 길마저 져버리는 자者들도 있다. 비록 성인聖人이라 할지라도 그들이 사는 세상에 태어나 배우면서 살 수는 없고, 그들이 말한 것을 들어서 고쳐 줄 수는 없으니, 그저 글이나 말을 전해 들어도 스스로 구하지 못한다. 세상世上의 사士이 팔제八濟[7]한다 하면서도 사사로이 숨겨 뒀던 명리名利를 드러내 나름대로 해석하여 종파宗派만을 만든다. 무릇 대사大事는 작은 것부터 모이고, 대업大業은 작은 일부터 시작하고, 드높은 산도 작은 티끌에서 시작하고, 드넓은 바다도 한 방울의 물에서 시작하고, 가벼운 승낙은 이룰 수가 없고, 쉽게 시작하여 끝맺음이 어렵다.

성인聖人은 시작하기 전에 어려워하고, 만 가지의 일을 고려하여 마침내 무난하게 마지막에 이른다. 적절한 상을 주어 허비虛費를 막고, 벌을 주어 넘치는 일이 없게 하고, 다스림은 간단하면서도 어려우니, 그 본本을 잊지 않게 하고, 사사로움을 없애면서 온 누리에 넘치게 하는 것이다. 일의 가운데 있지 않고, 지혜의 표본標本이

---

7) 팔제八濟의 폐해弊害: 약물藥物로 구제한다는 것, 영혼을 구원하여 영생을 얻는다는 것, 획기적인 제도를 만들어서 천국天國을 논하는 것, 몸을 개조하여 새롭게 만든다고 하는 것, 세속의 인연을 끊고 정진한다 하는 것, 말이나 글만 좇아 모두 믿는 것, 병을 치료하여 생명을 연장한다는 것, 남이 알지 못하는 것만을 좇아 방탄放誕한 것만을 구하는 것.

되지 않고, 무형無形에 숨기고도 자취를 남기지 않고, 복福을 구해도 주지 않고, 마음은 평정平靜하면서 의지意志가 평이平易하여 정신을 안으로 지키고, 몸은 밖으로의 현혹에서 벗어나고, 갈림길에서도 늘 가운데에 서 있고, 치우치지 않아도 구석까지 밝히고, 전부 굽어도 홀로 곧음을 지키고, 스스로의 명리名利를 위하여 흔들리지 않고, 시작도 끝도 없는 때를 자신만을 위해 맞추지 않고, 천리天理는 천칙天則에 따라 맞추고, 천행天行에 곳을 어긋나지 않게 하고, 책으로 전하는 묘한 이치만으로도 스스로 깨닫게 한다.

사물에 능통한 자者에게 사물로는 현혹하지 못하고, 언사言辭를 살피는 자者에게 말로 설득할 수 없고, 모양을 살피는 자者에게 모습을 바꿔 속일 수는 없다. 하늘이 해와 달과 별을 풀어 드러내지 않고, 땅은 허실虛實과 사시四時를 조화해도 나타내지 않고, 마음을 뒤로 하여 몸이 앞서고, 밖에 서서 몸을 보존하고, 안으로는 마음을 잘 다스려 사사로움이 없고, 일을 이루게 하여 삶을 길게 잇고, 사정을 보아 넉넉함을 구하지 않는다. 천하天下를 얻어도 그 본성本性을 이지러지지 않게 하고, 천하天下를 소유하거나 소유하지 않아도 별반 다를 것이 없고, 인사人事로써 천리天理를 어지럽히지 않고, 욕심 때문에 오감五感을 흐트러뜨리지 않음을 벼리로 삼아 어긋나지 않음을 즐거워하니, 근본根本을 닦아 마지막을 화려하지 않게 하고, 교묘한 앎을 버려 유위有爲의 번잡煩雜마저 버린다.

무릇 성인聖人은 성性을 잊어 명命을 알고, 명命을 잊어 정精을 알고, 정精을 잊어 마침내 성性을 안다. 소박素朴으로 그 허실지상虛實之象의 종시終始를 보고, 말末을 밝혀 본本을 알고, 신神을 품어 천지天地가 가벼운 것을 알고, 삶과 죽음의 근원을 밝혀 천지天地의 양육을 보고, 뭇 사람에게서 천지天地의 본음本音[8])을 듣고, 천지의 변화에만 몸을 내맡기지 않고, 어지럽게 하는 것을 제거하면서 근본을 흐트러뜨리지 않는다. 다스리지 않아도 분별하고, 부딪혀도 움직이지 않고, 반짝이는 빛으로 만물을 꿰뚫고, 한 번의 변화를 하나의 과정으로 깨끗하게 본다. 밥은 생명을 이어갈 정도로만 먹고, 의복은 몸을 가릴 정도로만 하고, 이목耳目은 입에 부합符合하고, 마음속에 늘 화기和氣가 돌게 하여 누구라도 마음을 닮으려 한다. 머나먼 길을 가도 뜻은 흔들리지 않고, 험악한 산에서도 막힘이 없고, 끝맺음을 바르게 하여 뒤탈을 줄이고, 삶을 구속하여 어려움을 스스로 불러들이지 않고, 굽히거나 우러르지 않아도 그 뜻을 충분히 알리고, 구애받을 것이 없어 언제나 그 마음은 깨끗하고, 재물을 보아도 귀히 여기지 않는다.

　신화인神化人든, 인화신人化神든 신神과 사람을 바르게 연결하면 신神은 사람을 믿고, 미워하는 일이 없게 된다. 또한 사람은 신神을 저주呪詛하는 일이 없도록 하고, 신神을 시험하지 않게 하고, 길흉화복吉凶禍福으로 착함을 알리고, 정성스럽게 찾으면 신神은 멀지 않은 곳에서 다가온다. 악惡을 응징하여 다가올 의義를 밝히고, 마땅히 그 대代를 잇게 하여 삼계三界가 끊어지지 않게 한다. 현묘玄妙한 도道로써 세상을 구제하게 되면 시장 속에서도 능히 시장市場의 도道를 바로 잡고, 악한 무리의 속에서도 악惡을 선善으로 바꾸고, 멀리 보이지 않아도 능히 감화感化하고, 하나로써 만화萬化를 되돌려 길을 잃고서 헤매도 오직 한 길을 가리키고, 경계하는 바가 있게 하여 스스로 닦게 하고, 반성하게 하여 부끄러움을 알게 하고, 스스로 화액禍厄을 부르지 않게 하고, 입을 열면 세상의 이치가 바로 서고, 입을 닫으면 세상의 행실이 드러나고, 이적異積과 기이

---

8) 본음本音: 천지본음天地本音.

奇異기이를 드러내지 않아도 깊이 새겨 잊지 않게 하고, 강산江山에 노닐면서도 신神과 사람이 하나 되게 한다.

세상世上의 현인賢人 가운데에는 세상에 나아가 스스로의 의지를 펼치다가, 은거隱居하면서 드러내지 않고, 변화가 있으면 그것에 맞추어 바로 잡아 나간다. 언행을 공박公拍할 수는 있어도 그 도道는 알 수 없고, 만물의 변화를 구할 수는 있으나 이치를 알 수는 없다. 하늘에서 오행五行을 엿보아 세상에 베풀어 평온할 수 있고, 때가 기묘적절奇妙適切하여 두루 편안해지고, 넘치지 않게 하여 교만하지 않고, 모자라지 않게 하여 궁핍하지 않고, 하늘의 마음과 땅의 몸을 담아 종시終始의 미묘微妙함을 꿰뚫는다. 천지天地의 위대偉大함이 생사生死라면 성인聖人의 위대偉大함은 올바름을 밝혀 한 치의 오차를 없애는 것이다. 하늘의 간干과 땅의 지支로 사람에게 간지干支가 있음을 알게 하고, 변불변變不變으로 천지天地와 뜻을 통하게 하고, 온 누리에 복福이 넘쳐흐르게 하여 기쁘게 한다.

성인聖人이 하늘을 보고, 땅을 살펴서 화복禍福의 드나듦을 보고, 끊어졌다 이어지고, 나타났다 사라지고, 엎어졌다 뒤집어지고, 오르고 떨어지는 것을 하나의 중추中樞로 바로 잡아 허실虛實의 시비是非를 알게 하고, 신神의 존재를 바로 알려 계통系統을 알게 되고, 천문지리天文地理의 이로움을 알게 하여 사람으로서 할 바를 알게 되었다. 한웅씨桓雄氏가 개천開天하자 신시神市가 열리고, 유인씨有仁氏[9]가 삼계三界를 긋자 악신惡神이 사람을 괴롭히지 않게 되고, 태호씨太皓氏[10]가 역易을 만들자 밝게 되었고, 신농씨神農氏[11]가 약

---

9) 유인씨有仁氏: 상고시대上古時代 삼계三界를 나누고, 명계冥界를 나눈 성인聖人.

10) 태호씨太皓氏: 제5대 태우의한웅太虞儀桓雄(桓紀 386-479)의 여덟 번째 동생, 우가출신牛加出身, 괘도掛圖를 그려 한역桓易을 이치화 함.

11) 신농씨神農氏: 고시씨高矢氏의 후손後孫으로 소전少典의 아들. 의약醫藥의 신神.

초약草의 한열寒熱과 독성을 알리자 의약醫藥이 크게 일어났고, 자부씨紫府氏[12)가 천문지리天文地理와 오행五行을 만들자 이치를 알게 되고, 치우씨蚩尤氏가 병법과 무기를 만들자 사악한 자者들과 잡귀들이 숨고, 신지씨神誌氏[13)가 글자를 만들자 사람의 뜻을 나타내고, 고시씨高矢氏[14)가 농법農法을 만들자 비로소 먹고사는 바의 계획이 생겼다. 왕검씨王儉氏가 구한九桓을 삼한三韓으로 통일하자 육십사민六十四民이 한데 뭉쳤고, 부루씨扶婁氏가 치산治山하자 홍수洪水를 대비했고, 부우씨扶虞氏가 제천단祭天壇을 만들자 비로소 천지제의天地祭儀가 생겼고, 부소씨扶蘇氏가 집을 만들자 온열한습溫熱寒濕에서 벗어나고, 구들을 만들자 풍토병에서 벗어났다. 부소씨扶蘇氏가 부싯돌을 만들자 불을 쉽게 얻었고, 신우씨神佑氏가 오륜五倫을 만들자 부끄러움을 알게 되었고, 해월씨海月氏가 공구工具를 만들자 일하는 바의 규격이 생겼고, 나을씨那乙氏가 곡마약석穀磨藥石하자 의약醫藥이 생겼고, 운목씨雲牧氏가 이십사절기二十四節氣를 만들자 때를 알게 되었고, 마옥씨磨玉氏가 유용한 물건을 만들자 일을 쉽게 하고, 팽오씨彭吳氏가 치수治水하자 둑과 저수지가 생겼고, 열제烈帝가 옛 땅을 회복하자 다물多勿이 생겼으니, 무릇 삼성오제三聖五帝[15) 또한 제 각각의 일을 하여 만인을 편안하게 하였다.

천부경天符經에 이르기를, '만왕만래부동본萬往萬來不同本'라고 하였으니, 시작은 하나이나 끝은 만 갈래가 되도 그 본本은 하나이

---

12) 자부씨紫府氏: 사와라한웅斯瓦羅桓雄 때의 대현인大賢人, 오행五行, 칠요七曜의 수리數理를 밝힘.

13) 신지씨神誌氏: 커발한한웅桓雄의 문서文書의 출납관직명出納官職名, 녹도문鹿圖文의 창시자創始者.

14) 고시씨高矢氏: 커발한한웅桓雄의 농업農業, 수렵狩獵, 어렵漁獵의 관직명, 또는 성씨姓氏.

15) 삼성오제三聖五帝: 삼황三聖 한인桓仁氏, 한웅桓雄氏, 단제왕검檀帝王儉氏, 오제五帝 태호씨太暭氏, 신농씨神農氏, 치우씨蚩尤氏, 유인씨有仁氏, 부루씨扶婁氏.

니, 천지天地에서 홀연히 왔다가 천하天下에 베풀다가 가고, 이룸으로 하나로 돌아가게 하고, 믿음으로 뭉치게 하여 하나의 본本으로 되돌릴 수 있다. 성인聖人이 다스리던 시절에는 삼복자三卜者[16]들이 함부로 예언이나 참언讖言하지 않았고, 성심성의를 다하여 만민의 성정性情을 헤아려 기복祈福만을 구하지 않았고, 삼계三界에 걸쳐 길흉화복吉凶禍福으로 미혹迷惑되는 번잡이 없었다. 성인聖人이 세상에 나와 길게 조음調音하여 인세를 편안하게 하였으니, 큰 빛으로 인도하여 길을 잃지 않게 하고, 욕망을 절제하게 하여 시비是非를 사라지게 하고, 천성天性을 보호하여 되돌아가게 함으로써 그 몫을 다하게 하고, 현묘玄妙한 천리天理로는 선세先世의 지혜를 잊지 않게 하고, 세속世俗의 오염을 없애 팔종八宗[17]을 쓰게 하되, 육염六厭[18]은 피하고, 신묘神妙한 책략策略으로 밝고 깨끗한 것만 골라 쓴다.

성인聖人이 다스리는 시대가 가자 그 은덕과 혜택을 받으면서도 잊어서 아직 알지 못하는 자者들을 우롱愚弄하고, 우매愚昧한 자者들의 순서를 뒤바꿔 어지럽히고, 지극했던 세상을 표방標榜하나 이름만을 빌려 왔을 뿐, 바른 것은 없어져 버리고, 명리名利만을 노릴 뿐 백성을 위하는 마음은 사라져 버리고, 백성을 속이는 술수術數만 많아 질 뿐 신神에게 가탁假託하고, 서로 다투어 해치는 마음은 은밀하게 잔인해졌다. 한인씨桓仁氏는 조화造化의 이치로 성통광명性通光明을 보였고, 한웅씨桓雄氏는 홍익인간弘益人間의 이치로 교화敎化를 하였고, 왕검씨王儉氏는 재세이화在世理化의 이치로 치화治化를 하였고, 태호씨太昊氏는 팔괘八卦로 하늘의 이치를 보였고, 신농씨神農氏는 창자가 끊어짐으로 사람이 먹을 바와 의약을 알렸고,

---

16) 삼복자三卜者: 술사術士, 복사卜士, 무복자巫卜者

17) 팔종八宗: 허실虛實, 종시終始, 본말本末, 경중輕重, 완급緩急, 정사正邪, 진퇴進退, 안위安危.

18) 육염六厭: 고저高低, 존비尊卑, 현매賢妹, 이해利害, 득실得失, 유무위有無爲.

치우씨蚩尤氏는 술법術法과 무기武써 사악肆惡한 자者를 징벌懲罰하는 것을 보였고, 유인씨有仁氏는 삼계三界를 긋고, 불을 만듦으로 생활을 윤택하게 하였고, 부루씨扶婁氏는 치산치수治山治水의 요결要訣을 보였으니, 이것이 옛 성속聖俗의 요체要諦이자 만고의 진리가 된다. 한 사람의 마음에 성인聖人을 기리는 밝은 마음은 그러기에 늘 온전하여 밝달을 이루기 위해 모이고, 자취로써 닮으려는 착한 마음은 만세에 걸쳐 잇는다.

扶 婁

어질면서 다복多福하고, 두루 살펴 예禮를 다하고,
상벌 또한 바르니, 치우치지 않고,
업산業産을 권장하자 융성해지고,
소련小連, 대련大連이 중신重臣되자 효孝가 본本이 되고,
수정자水精子로 금간옥첩金簡玉牒을 펼쳐
황구黃寇를 건졌으니, 치산치수治山治水 본本이로세!
업신業神되어 온전하게 하고, 밭 나누어 이랑을 긋고
되와 저울 같게 하여 속이는 자者가 없게 하고,
머리 땋아 푸른 옷 푸름으로 창성하고,
사람의 도道는 한 점點되고, 두 점 간의 직선으로
또한 하나의 도道가 되어 중추中樞로써 바른 것을 잃지 않으니,
신조신전神祖神殿을 바로 세워 잊지 않음이 날로 새롭다.
지혜로워 물길 열고, 인자仁者하여 산길 열고,
대도大道로써 개인開人하니, 자손들 어렵지 않게 하고,
한결같아 변치 않고,
설레는 마음 볕 같아 오시는 길 멀지 않아
은덕으로 모였으니, 갚을 길은 멀고도 험하네!

東 崖

9. 인간론 人間論

삼재三才의 도道를 온전하게 잇는 사람을 인人이라 하고, 모여 살며 천부지재天負地載의 도道로 살아가는 것을 간間이라 한다. 처음 시작할 적에 어느 곳에서 온지 알 수 없고, 삼체三體[1]로 나누어도 그 근본은 다하지 않아 머리는 하늘을 닮아 하나이고, 몸은 땅을 닮아 둘로 나누고, 다리는 사람의 셋을 닮았다. 셋으로 나누어도 몸이 하나 되어 하나를 나누어 열로 펼쳐도 그 근본은 하나로 머리가 좌우로 갈려도 하나이고, 몸이 상하로 나뉘어도 하나이고, 수족이 좌우로 나뉘어도 하나이고, 제각기 짝을 지워 일곱이 되고, 여덟이 되고, 아홉이 됨은 몸이 되고, 마침내 운명이 된다. 삼전三田[2]과 사지四肢[3]에 기氣가 두루 퍼지면 순환하여 묘하게 드러나 만 번을 오고 가도 근본은 변하지 않고, 마음속에 태양을 우러르는 것과 같이 하늘과 땅이 하나가 되어 하나로써 끝까지 가도 하나에서 끝나지 않는다.

해에는 세발의 까마귀가 있고, 달에는 두꺼비가 있으니, 해와 달이 운행을 잃으면 그것에 먹히고, 비와 바람이 제때 불지 않으면

---

1) 삼체三體: 머리, 몸통, 다리.

2) 삼전三田: 상전上田, 중전中田, 하전下田.

3) 사지四肢: 양팔과 양다리.

재앙이 생기고, 오성五星[4]이 운행을 잘못되면 때를 잃고, 오행五行이 뒤틀리면 균형이 무너져 버려 때와 곳이 뒤집힌다. 몸과 정신은 기지氣志로 명命을 유지하게 하고, 마땅함에 따라 언행을 시비是非를 삼으면 적절하지 않게 되고, 머무를 곳에 없으면 서로 간섭干게 되어 방황하게 된다. 몸이 간섭받게 되면 기氣와 정精의 순환이 일정하지 않아 병이 들고, 정신이 간섭받으면 단속하지 못하여 미쳐 버리고, 기지氣志가 간섭받으면 기氣가 허虛해져 의식을 잃게 되니, 온전하지 못하게 된다. 삼용三用[5]을 얻은 자者는 천수天壽를 누리게 되고, 천하天下를 바라보는 눈이 새로워져 마음속을 깨끗이 닦아 큰 지혜를 얻을 수 있다. 그러므로 보는 것이 원대하지 않으면 함께 논할 수가 없고, 지혜가 없는 자者와는 지극한 것을 말 할 수 없으니, 사람은 하늘을 머리에 이고, 땅을 두발로 굳게 밟아 곳곳이 서서 세상을 바라보면 맑은 하늘은 거울처럼 이치를 명확하게 알게 하고, 땅은 방울소리처럼 변화를 보여주게 되어 마음을 검劍과 같이 이치와 변화를 헤치면서 나간다면 기氣의 흐름이 한 눈에 들어와 천성天性이 곧 하나의 도道에서 나와 하나로 돌아가는 것을 알 수 있다.

이른바 눈이 밝다고 해도 두 사물을 동시에 바라볼 수 없고, 귀가 밝다고 해도 두 가지를 동시에 듣는 것이 아니요, 생각이 밝다고 해도 두 가지 생각을 동시에 하는 것이 아니니, 두 가지의 행동은 한 가지라도 성공할 수 없고, 두 가지의 마음은 하나만을 따라갈 수 없다. 사람의 오장육부五臟六腑는 서로 하는 일은 다르지만 생명을 위한다는 점에서는 무엇보다 우선하고, 오장五臟과 육부六腑가 유쾌하다고 즐겨하면 금하는 바가 생기고, 이루어진 형체를

---

4) 오성五星: 수성水星, 화성火星, 목성木星, 금성金星, 토성土星.

5) 삼용三用: 덕德, 혜慧, 력力의 쓰임.

손상하면 회복하기가 어렵고, 사물에 거스르면서 혹사酷使하면 고통에서 벗어나지 못하고, 돌아갈 바가 바르지 않으면 슬퍼하게 되고, 너무 화를 내면 실實을 깨뜨리고, 너무 기뻐하면 허虛를 무너뜨리고, 너무 상심傷心하면 정신의 안쪽이 꺼져버려 오장五臟이 상傷하고, 크게 두려워하면 밖이 무너져버리고, 마음속에 큰 슬픔이 있으면 구속하는 걸림돌이 된다.

　사람의 이목耳目은 정신의 문으로 그 정신을 잘 다스리는 자者는 이목耳目의 드나듦에 구애받지 않고, 구비口鼻는 심성心性의 창문으로 명리名利를 잘 다스리면 화복禍福을 헤아리고, 기지氣志는 형체의 심부름꾼으로 기지를 잘 다스리면 형체를 잘 보살핀다. 명리名利만을 탐하는 자者는 화복禍福을 구분하지 못하여 심신이 늘 어지럽고, 정신이 산만하면 이목耳目의 즐거움만을 따라 형체의 심부름꾼이 되고, 성색聲色으로 구비口鼻의 즐거움만을 따르면 정신의 노예가 되고, 극도로 정신을 소모하면 밖으로 달려 형체를 가벼이 여기게 되고, 기氣가 산만하면 정신을 놓아 버리고, 육체의 함부로 굴리면 정신은 잘게 부서지고, 형체를 쉽게 분리하면 정신을 담을 그릇마저 깨지게 한다. 마음은 정신의 주인이고, 정신은 마음의 보물이고, 정신은 형체의 주인이고, 형체는 육체의 관문으로 정신은 때때로 쉬지 않으면 넋이 나가고, 육체는 때때로 쉬지 않으면 정신마저 쓰러져 버린다.

　사람의 천성天性은 소년기에는 무엇인가에 미쳐 있으면서 배워야 하고, 청년기에는 씨를 심을 밭을 구하고, 심어서 키워야 하고, 장년기에는 거두어 먹여 살려야 하고, 노년기에는 저장하고, 나누어 먹는 즐거움만을 따른다. 어려서는 발에 의지하고, 늙어서는 손에 의지하고, 어려서는 부모에게 의지하고, 젊어서는 배우자에게 의지하고, 늙어서는 자식에게 의지한다. 십대에는 수기水氣가 강하고, 이십대에는 화기火氣가 강하고, 삼십대에는 목기木氣가 강하고, 사십대에는 금기金氣가 강하고, 오십대에는 토기土氣가 강해진다. 십대에는 발끝과 손끝에 의지하고, 이십대에는 손발에 의지하고, 삼십대에는 넓적다리에 의지하고, 사십대에는 배에 의지하고, 오십대에는 가슴에 의지하고, 육십 대에는 입에 의지하고, 칠십대에는 귀에 의지한다. 태어나면 울음이 아름답고, 십대에는 용모가 아름답고, 이십대에는 용기가 아름답고, 삼십대에는 힘이 아름답고, 사십대에는 어깨가 아름답고, 오십대에는 등이 아름답고, 육십 대에는 주름이 아름답고, 칠십대에는 귀가 아름답고, 팔십대에는 어짊이 아름답고, 죽을 때에는 말이 아름답다. 사람이 먹고 사는 바에 십년이 넘으면 반드시 밝아지는 바가 있고, 이십년이 넘으면 반드시 달하는 바가 있고, 삼십년을 넘으면 반드시 통하는 바가 있다.

사람이 태어난 이전의 때를 따진다면 무궁無窮하고, 죽은 뒤의 때를 따진다면 무진無盡하고, 우주의 광대한 것을 따진다면 무시無始하고, 사람의 미소微小한 것을 따진다면 우주의 무종無終한 것을 미루어 알게 된다. 사람의 수명은 세상에 나오면서 '응애'하는 소리와 함께 숨을 쉬면서 삶이 되고, 죽을 때의 소리로 '꽥'하는 소리와 함께 숨을 거두면 죽음이라 한다. 하루살이가 거북이가 사는 백년이 짧다고 여기면 웃음거리가 되고, 학이 조개를 보면서 더럽다고 여기면 어이없는 일이라 하고, 막무가내이면서 삶의 뜻을 말하면 말할 가치조차 없게 된다. 무릇 사람이 육실六失[6]하면 살아도 사는 것이 아니요, 죽어도 죽은 것이 아니니 의식意 불명해 의지가 없어진다. 무릇 사람의 길을 걷는 바는 좋아한다고 더하지 못하고, 모두 싫어해도 비켜 갈 수 있는 것도 아니니, 하늘이 정精을 내리

6) 육실六失: 오색五色으로 눈을 어지럽히는 것, 오성五聲이 귀를 어지럽히는 것, 오취五臭가 코를 막아 냄새를 맡지 못하는 것, 오미五味가 입맛을 더럽혀 그 맛을 잃게 하는 것, 마음의 기틀이 막혀 본성本性마저 흔들리는 것, 혈혈穴과 기氣가 막혀 본성本性을 잃게 되는 것.

고, 땅이 몸에 실어 천지지도天地之道를 펼쳐도 명命을 알고, 최선을 다한다면 반드시 도움이 되는 길잡이가 되고, 제 역할을 다하면 마땅하다고 할 수 있다.

세상世上에서 십인十人의 지혜를 넘으면 달인達人이라 하고, 백인百人을 넘으면 지인至人이라 하고, 천인千人을 넘으면 현인賢人이라 하고, 만인萬人을 넘으면 신인神人이라 하고, 모든 자者를 구제하면 성인聖人이라 한다. 교자巧者는 잘 헤아리고, 지자智者는 잘 대비하고, 현자賢者는 막힘이 없고, 인자仁者는 적敵이 없고, 용자勇者는 속임이 없고, 신자信者는 스스로 믿고 의자義者는 공평무사公平無私하고, 예자禮者는 화를 내지 않는다. 무술武術을 좋아한다고 협자俠者가 아니요, 문학을 좋아한다고 문인文人이 아니요, 방술方術을 좋아한다고 도사道士가 아니요, 법술法術을 좋아한다고 법사法師가 아니요, 음악을 좋아한다고 악사樂士가 아니요, 맛을 낸다고 요리사料理師가 아니요, 이론을 좋아한다고 박사博士가 아니다.

농인農人은 힘을 남기는 것이 없어야 하고, 사인士人은 몰래 행동을 해서는 안 되고, 관인官人은 법을 어기지 말고, 상인商人은 게으름이 없어야 한다. 목수木手는 곡척曲尺으로 헛된 수고를 줄이고, 공인工人은 기技로 필요한 것을 만들고, 상인商人은 형衡으로써 모자람이 없도록 하고, 학인學人은 직直으로써 세속世俗에 굽히지 않고, 의자醫者는 인仁으로써 끝까지 들어야 하고, 농자農者는 게으르지 않아야 업業을 온전히 지킬 수 있다. 훌륭한 목수는 나무를 깎지 않고, 훌륭한 어부는 물고기의 길을 거스르지 않고, 훌륭한 농부農夫는 때를 놓치지 않고, 훌륭한 목부牧夫는 잃어버리는 가축이 없다.

무릇 직職을 바르게 지킨다고 하는 것은 의자醫者는 병을 고치는 것이 아니라 병이 낫도록 돕는 것이고, 교자教者는 공부工夫를 가르치는 것이 아니라 공부를 돕는 것이고, 무자巫者는 신神만을 부르는 것이 아니라 알맞은 신神을 부르도록 돕는 것이고, 점자占者는 모든 일을 맞추는 것이 아니라 좋은 길을 가도록 돕는 것이다. 추위에는 얼지 않게 대비해야 하고, 더위에 더위를 먹지 않게 대비해야 하고, 때에 못미처 따지 못하면 익어서 떨어져 버리고, 이미 땄는데 상傷하면 근심이 생긴다. 물산物産의 작용은 쓰임이고, 쓰임으로 인하여 통하게 되고, 통하면 반드시 이름을 갖게 되고, 이름을 가지면 힘이 생기고, 힘이 생기면 뭉치고 흩어져 순환된다. 훌륭한 장사꾼은 주머니를 읽고, 훌륭한 백정白丁은 결을 잘 세우고, 훌륭한 의자義者는 함부로 나서서 싸우지 않는 것은 업業에 거스름이 없기 때문이니, 깎아 내는 것은 크게 하고, 파내는 것은 작게 하여 힘을 낭비하지 않고, 모양의 결은 거스르지 않고 타고난 본성은 바꾸지 않는다.

비올 것 같으면 우산장수가 뛰고, 더운 날에는 얼음장수가 뛰고, 어부漁夫는 강으로 뛰고, 목부牧夫는 우리로 뛰고, 농부農夫는 논밭으로 뛰고, 군인軍人은 전쟁터로 뛰고, 상인商人은 가게로 뛰고, 학생은 학교로 뛰는 것은 제각기 급한 곳이 있기 때문이다. 업業이 삶을 잇는 바는 농부는 한 해를 수고해야 금전이 생기고, 장인匠人은 저녁이 돼야 금전이 생기고, 공인工人은 수시로 금전이 생기고, 인부人夫는 한 달이 지나야 금전이 생기고, 농사는 근면하고, 힘이 강해야 하고, 상인商人은 용감하고, 날래야 하고, 장인匠人은 민첩하고, 강건해야 하고, 인부人夫는 마음이 일정한 재주가 있다. 건장한 자者는 농업을 하고, 총명한 자者는 학업學業을 하고, 민첩한 자者는 상업商業을 하고, 손재주가 있는 자者는 공업工業을 하는 것이다. 또한 때를 잃지 않는다고 하는 것은 농업農業에는 때를 잃지 말고, 상업商業은 탐욕에 빠지지 말아야 하고, 공업工業에는 편리를 궁구窮究해야 하고, 학업學業은 이치를 통탈通達해야 하고, 농업은 업산業山에 재능이 있어야 하는 것은 모두 마땅함으로 업業을 지켜야 하는 까닭이다.

명命이 정精을 지키게 되면 능히 지키는 것을 알게 된다. 종기는 째면 아프지만 빨리 낫고, 극약劇藥은 몸에 해롭지만 아픔을 없애고, 독약毒藥은 위험하지만 때때로 병을 낫게 하고, 보약補藥도 과하면 명命이 줄고, 신약神藥도 과하면 숨이 끊어지고, 오감五感이 과하면 천성天性마저 해치게 된다. 모든 증상症狀에는 원인이 있게 마련이니, 졸리다가 잠을 자면 피곤함이 사라지고, 목마르다 물을 마시면 갈증이 없어지고, 배고프다가 밥을 먹으면 허기가 사라진다. 교묘히 스스로를 속이는 것에서 벗어나고, 정신을 쉬게 하면 소모하지 않게 되고, 현란眩亂한 곳에서 눈을 떼면 현혹眩惑되지 않게 되고, 애끓는 소리를 벗어나면 마음의 끌림이 없어지게 된다.

앉아서는 사물의 움직임을 관찰하고, 서서는 세상을 두루 이롭게 하는 생각을 하고, 밖으로는 만물과 동화同和되고, 안으로는 성정性情을 잃지 않고, 순간 깨달아도 모르는 것처럼 움직임이 없고, 총명하면서도 송곳의 끝을 내놓지 않고, 화려하게 향유享有해도 소박素朴을 잃지 않는다. 걸으면서 해로운 것을 없애고, 만물이 가진 본성에 맞추어 허실虛實로 돌아가게 한다. 밥을 먹어 생명生命의 불꽃이 꺼지지 않을 정도로만 하고, 옷을 입어서 추위를 면하게 하고, 천하天下를 가벼이 보아 연연하여 살지 않고, 일하여 흘리는 땀을 소중히 하고, 즐거움을 가득 머금어 화기和氣를 내어 어긋남이 없게 하면 능히 성명을 잃지 않게 된다.

사람의 지혜는 천하의 큰 도道를 담아내는 그릇으로 지혜가 없으면 삶은 미물과 다를 바가 없고, 지혜의 끈은 심신心身의 보따리를 묶어 마음을 여닫는 매듭이 된다. 더위를 먹은 자者에게 차디찬 얼음을 먹이고, 물에 빠진 자者에게 돌을 던져주는 주면 반드시 원성을 듣고, 어린아이가 어른을 욕하고, 미친 자者를 크게 벌하지 못하는 것은 해치려는 마음이 없기 때문이고, 주인이 없는 배를 욕하지 않은 것은 배가 허실虛實의 마땅함을 잃었기 때문이다.

적敵에게 말을 빌려주고, 창을 거꾸로 들어 겨누게 하면 이보다 흉한 일은 없고, 적賊을 도와 칼을 만들면 이보다 가증스런 일은 없다. 믿게 하여 뒤에서 목덜미를 노리는 것처럼 참람僭濫한 일은 없고, 잔악殘惡한 자者들에게 칼자루를 쥐어주고, 음흉한 자者에게 경세經世의 열쇠를 주고, 재물에 눈이 먼 자者에게 헛된 돈을 쥐어주고, 흉포한 자者에게 선심善心을 베풀고, 흉포한 자者에게 권세를 쥐어주어 간흉奸凶을 키우면 이보다 허실虛實을 어지럽히는 방법은 없다. 사악肆惡한 자者는 좋은 말로 잘못을 덮는데 쓰고, 간악奸惡한 자者는 선행善行으로 악을 덮고, 흉포한 자者는 좋은 일로 삿된 것을 위안을 삼기에 상서祥瑞마저 사라지게 된다.

현인賢人은 구현법九賢法[7]으로 알 수 있고, 사람을 시험하는 방법[8]으로 정도正度를 보고, 사람을 평하는 방법[9]으로 시험해본다.

---

7) 구현법九賢法: 가까이 하여 겸손을 보는 것, 멀리에서 신용을 보는 것, 갑자기 물어 그 답변을 듣는 것, 난亂을 말하여 용맹을 보는 것, 술에 함께 취해 태도를 보는 것, 색色을 붙여 행태를 보는 것, 재물로 청렴을 보는 것, 글로 학문을 보는 것, 물어서 언재言才를 보는 것, 그의 아내가 절개를 지키는지 살피는 것.

8) 사람을 시험하는 방법: 사람을 기쁘게 하여 절조節操가 있는지 시험해보는 것, 즐겁게 하여 정도를 벗어나는지 보는 것, 화나게 하여 절제가 있는지 두렵게 하여 용기를 갖는지 보는 것, 슬프게 하여 인격人格이 있는 보는 것, 곤경에 빠트리고 고통을 주어 의지가 있는지를 판단하는 것, 예우하는 자者를 관찰하여 현명을 보는 것, 추천하는 자者를 보고서 존귀한 자者인지를 판단하는 것, 봉양하는 자者를 관찰하여 부유한 정도를 살피는 것, 언행이 일치하는지를 보는 것.

9) 인물을 평하는 방법: 일곱 가지: 인仁, 의義, 부富, 천賤, 궁窮, 곤困, 급急, 어진 자者는 그 말과 행동이 같은지를 보는 것, 의로운 자者는 남의 위급을 듣고 달려가는지를 보는 것, 부자富者이면 빈자貧者에게 베푸는 방법과 정도를 보는 것, 천한 자者는 그가 어떠한 일을 하는가 보다는 어떻게

사람의 명命은 이갑자二甲子를 넘지 않아 늘리기 보다는 줄지 않게 하고, 지나친 오미五味[10]를 피해야 하고, 오과五過[11]로 정신을 괴롭히지 않아야 하고, 팔피八避[12]로 몸에 해를 입는 것을 막아야 하고, 밥은 팔반八飯[13]으로 형체를 보존하는 본本을 삼는다. 상賞을 잘 주는 자者는 비용을 적게 들어 여러 사람에게 권장하고, 벌罰을 잘 주는 자者는 형형刑을 줄여 간사奸邪함을 막고, 잘 베푸는 자者는 스스로 궁색窮塞해도 고루 돌아가도록 나누고, 잘 취하는 자者는 많이 거둬도 원망을 사지 않게 한다.

정신을 기운이 누르게 되면 술에 취한 자者는 큰 강을 개울처럼 여기고, 길을 가로 건너는 자者는 괜찮다고 여기고, 사고를 당하려는 자者는 큰 길도 작은 길로 여기게 된다. 이로움이 명命을 누르면 화살이 빗발쳐도 파리처럼 여기게 되고, 용기가 죽음을 누르면 천하도 가벼이 여기게 된다. 마음에 근심이 있는 자者는 비단 이불과 진미도 즐겁지 않으나 근심이 풀리면서 걱정이 없어지면 한 그릇의 죽이라도 달고, 거적 데기에 누워도 즐겁다. 삶이 버겁기만 하면 마음이 깨끗하지 못하지 못한 것이고, 작은 것에 족함이 없으면 마음속에서 욕망이 떠나보내지 못한 것이다. 사람의 욕심慾心은 버릴 곳이 없는데 넘치게 가지면 조금 덜 가진 것만 못하고, 찌르기만 하면 무딘 것만 못하고, 길지 못하면 짧은 것만 못하고, 간교

하는가를 보는 것, 궁자窮者는 그가 받지 않는 것을 보는 것, 곤고한 자者는 찾는 때와 곳을 살피는 것, 급한 자者는 그 분수를 지키게 하여 완급을 헤아리는 것.

10) 오미五味: 짠 것, 쓴 것, 신 것, 매운 것, 단 것.

11) 오과五過: 지나치게 기뻐하고, 놀라고, 걱정하고, 슬퍼하고, 두려워하는 것.

12) 팔피八避: 차가운 것, 뜨거운 것, 건조한 것, 습한 것, 바람이 심한 것, 폭우暴雨, 안개가 심한 것, 천둥과 번개가 심하게 치는 것.

13) 팔반八飯: 맛있게 먹고 남기지 않는 것, 먹을 만큼 덜어 먹는 것, 밥 때를 맞추는 것, 배부르거나 지나치게 굶주리지 않는 것, 토하거나 체할 정도로 먹지 않는 것, 싫어하는 음식이라도 고루 먹는 것, 음식을 만드는 사람에게 늘 감사하게 여기는 것, 먹는 것으로 장난치지 않는 것.

奸巧하기만 하면 단둔短鈍한 것만 못하고, 부귀하고도 교만하기만 하면 청빈淸貧한 것만 못하고, 업業을 명리名利로만 따지면 때를 알아서 물러나는 것만 못하고, 허실虛實로 견백堅白을 알고, 첫 마음을 마지막까지 가져가려면 하늘이 높은 것을 알아야 하고, 땅이 넓은 것을 알게 되면 오르막은 내리막이 되고, 성盛하면 장차 쇠해지고, 위세威勢가 드높으면 해害도 크다는 것을 알아야 한다.

하늘은 커다란 공물貢物을 바라면서 정精을 주지 않았고, 땅이 되돌림이 크게 하려고 품지 않았고, 명命을 어기라고 낳지는 않았다. 성인聖人은 해원解冤으로 복본復本을 베풀었는데 다투는 바를 그치지 않으면 원한의 굴레에서 벗어나지 못하고, 화합하지 않으면 복본復本이 가지런해지지 않는다. 천성天性은 곧 사람의 마음이 되고, 인심人또한 곧 만물의 기틀이 되어 하늘이 내비치면 땅이 드러내고, 사람이 온전히 이루어 낸다. 심신心身은 하늘로부터 처음에는 온전히 받았으나 열네 가지[14]의 허실虛實에 따라 드러나게 되니, 어떤 자者는 신명神明해지고, 어떤 자者는 미쳐버리는 것은 그 정신의 주인主人이면서도 스스로 제한을 받기 때문이고, 정신이 이지러지는 것은 오직 조식보정調息補精하여 성통광명性通光明해야만 맑게 된다.

물이 맑으면 평편하고, 고요하면 맑아지고, 형상形象이 나타나 숨김이 없으니, 큰물은 공정公正할 수 있다. 냇물이 다하면 골짜기가 텅 비고, 언덕이 가파르면 연못이 메워지고, 산이 벌거벗으면 골짜기도 낮아지고, 산이 깊으면 해도 빨리 진다. 천성天性 또한 하늘을 본本으로 삼아 나를 담고 있는데 기꺼이 그릇을 깨려하고, 흙탕물 속에서도 본연本然으로 돌아가지 않으려 한다. 정신은 연못

---

14) 열네 가지: 구口, 비鼻, 이耳, 목目, 한寒, 서暑, 호好, 악惡, 애哀, 락樂, 생生 사死, 강強, 약弱.

과도 같아 고요하게 하면 맑아지고, 맑으면 지혜로워지고, 몸은 영혼靈魂을 담는 그릇으로 업業을 짓고도 굳이 외면하려 한다. 사람은 각기 그 재주와 능력能力이 달라서 작은 일을 맡겨도 버거운 자者가 있고, 백가지의 일로도 가벼운 자者가 있다. 큰일을 살피되 작은 일부터 마무리하면 세상에 어려운 일이란 없어지게 되니, 노래기는 발이 많지만 서로 해치지 않고, 치아와 혀는 강유剛柔가 달라도 서로 해치지 않는 것과 같다. 조그마한 시비是非를 가지고 착한 것을 덮을 수는 없고, 의인義人의 작은 잘못을 가지고 의롭지 못하다 비난하고, 가인佳人의 몸에 점을 가지고 아름답지 못하다 하고, 현인賢人의 티끌을 가지고 슬기롭지 못하다고 하면 허실虛實의 견백堅白을 모르면서 가벼이 여기는 것이다. 불혹不惑은 만물에 미혹迷惑되지 않고, 지혜를 깨끗이 하면 만물을 밝게 보아 연추姸醜가 보이게 된다. 스스로의 분별이 있기 전에 이미 그 유혹에 끌려 다니지 않고, 겹겹이 쳐 놓은 발을 거두고, 사물에서 마음을 비우면 가리는 것이 없어져 금옥金玉처럼 빛나게 된다.

중추中樞의 이치는 돌고 돌아도 혼란에 휩싸이지 않아 호오好惡를 드러내지 않고, 사사로이 본성本性을 가지고 괴롭게 하지 않고, 부지런히 배우고 가르치도록 권장하고, 기르면 마침내 마땅한 그릇을 얻게 된다. 큰 그릇은 재질才質조차도 구하기가 어려우니, 마음을 크게 하되, 작은 일에 세심한 정성과 노력과 좋은 재료와 시간이 필요하다. 천하를 담을만한 인재는 백년에 한 번도 나오기 어렵고, 성인聖人은 천년에 한번 나올까 말까하여 지극한 허실虛實로 다스리는 세상에서 복록福祿을 함께 누리기가 어렵다.

사람이 처음 살게 된 때에는 길도 없고, 집도 없었으나 때를 더하여 사람의 수도 불고, 불을 피우고, 우물을 만들고, 길을 내고, 말을 하고, 글을 만들어 익히고, 곳을 더하여 차츰 경작을 하자 사람의 잘살고 못사는 잣대가 되었다. 작은 것을 가지고 다투게 되고, 지자智者와 암자暗者가 꾀를 다투고, 현자賢者와 매자昧者가 역할을 나누고, 재자才者와 매자買者가 재능의 순서를 드러냈다. 여기에서 감독하는 책무責務가 생기고, 가치에 따라 척도尺度를 매기고, 가지려는 욕심이 생겨났으니, 시기하고, 배척하고, 총명과 지식으로 다투고, 두 개를 하나씩 나누려고 하지 않고, 더 갖지 못하도록 훼방하고, 중재仲裁하지 않으면 끝 간 데 없이 다투게 되어 산을 들어 옮기고, 물길을 거꾸로 돌려도 다투는 바를 그치지 않는다.

명命을 다하지 못하게 되면 제때 죽지 못하게 되고, 살려도 마땅히 살지 못하고, 삶을 그르치게 되면서 삶의 마땅함을 모르게 되고, 목숨의 몫을 모르면서 함부로 다루고, 이름의 쓰임을 모르면서 제 몫을 하려고만 한다. 무릇 세상에 온 까닭을 잃으면 끝없는 삶의 이어짐을 끊게 되고, 온 누리에 명리名利가 없으면 성현聖賢도 제 힘을 다하지 못하고, 스스로 태워 밝히지 못하면서 밝히려고만 하고, 모여지는 무리에서 순수함을 찾지 못한다. 물이 흐려지는 까닭은 휘젓는 자者가 있고, 열매가 떨어지는 까닭은 나무를 흔드는 자者가 있고, 등이 가려우면 긁기 마련이다. 삿대가 땅에 닿자 물의 깊이를 안다고 할 수는 없고, 산의 정상이 보인다고 높이를 알았다고 하면 어리석게 된다. 불을 밝혀 배로 고기를 잡고, 밤에 애써 횃불을 들고 고기를 잡는 자者는 잡는 것은 다르지만 고기를 잡는 것은 같고, 낚시꾼이 미끼를 고르는 것은 식성 때문이고, 사냥감이 다니는 길에 사냥꾼이 있고, 보옥寶玉은 진흙 속에 있는 것이고, 독 조각이 비단 방석 위에 있으면 앉지 않으려 하는 것과 같다.

성명性命이 바르지 못하면 광자狂者를 성인聖人도 어쩔 수 없고, 막무가내인 자者는 현인賢人도 말릴 수가 없고, 고집스런 자者는 부모도 막질 못하고, 완악頑惡한 자者는 스승도 깨우칠 수 없다. 그러나 의로운 자者는 벗도 말릴 수가 없고, 착한 자者는 하늘도 이지러지게 하지 못하고, 부지런한 자者는 땅도 돕지 않을 수 없으니, 이 또한 성명性命이 바른 것이다. 성명性命이 정精을 마땅하게 되면 밥은 배고픈 자者가 먹어야 하고, 공부는 해야 할 자者가 해야 하고, 잠은 졸린 자者가 자야하고, 꿈은 영험靈驗한 자者가 꿔야 하고, 희망은 부지런 한 자者가 가져야 하고, 물건은 필요한 자者가 써야 하고, 보옥은 지녀야 할 자者가 지녀야 한다. 그러나 물건이 남는 자者는 작란만 하고, 보옥이 남는 자者는 장난감으로 쓰고, 막연히 바라는 자者는 눈만 깜빡이고, 잠이 오지 않는 자者는 무늬만 세고, 배부른 자者는 밥알만 세고, 공부工夫하기 싫은 자者는 글자만 세고, 희망이 없는 자者는 남 탓만 한다.

업業이 마땅한 것을 잃게 되면 반드시 성명性命을 잃게 되니, 가르치기만 잘한다고 스승이 아니요, 죽기 살기로만 한다고 용勇이 아니요, 먹고만 산다고 식생이 아니요, 머리만 좋다고 지혜로운 것이 아니요, 재주가 많다고 장匠이 아니요, 꿈만 꾼다고 업業이 아니요, 법만 안다고 율사律士가 아니요, 학문만 한다고 박사博士가 아니요, 병만 고친다고 의자義者가 아니요, 이적異蹟만 잘한다고 기奇가 아니요, 아끼기만 한다고 검소儉素한 것이 아니요, 일만 잘한다고 직職이 아니요, 주기만 잘한다고 선善이 아니요, 바라만 본다고 덕德이 아니요, 나서기만 잘한다고 의義가 아니요, 집만 크다고 주住가 아니요, 공부만 잘한다고 학學이 아니요, 가르치기만 잘한다고 교敎가 아니요, 뭉쳐서 소리만 지른다고 용勇이 아니요, 제 명리名利만 챙긴다고 이利가 아니요, 제 이름만 외쳐댄다고 명名이 아니요, 제 목소리만 질러댄다고 의義가 아니요, 잘 먹는다고 식食이 아니요, 바른 글을 쓴다고 옳은 자者는 아니요, 주석註釋을 잘한다고 학자學者가 아니요, 비평批評만 잘한다고 문인文人이 아니요, 현명하다고 의자義者는 아니요, 글을 잘 짓는다고 정자貞者가 아니요,

바른 말만 잘한다고 사관史官이 아니요, 청렴淸廉하다고 정자正者가 아니다.

해가 뜨면 밝아지고, 달이 차면 기운다. 공론公論이 바르면 훈훈해지고, 창고가 가득하면 돕게 되고, 불꽃이 거세면 재가 많아지고, 악행은 종種을 알 수 없고, 기운이 차면 힘이 모아지고, 힘이 생기면 이을 수 있고, 일정하게 잇게 되면 장구한 계획을 세울 수 있고, 장구長久한 계획은 원대해 질 수 있고, 원대해지면 화합하여 삶이 즐거워진다. 태어나면 죽음으로 가고, 죽음이 가까워지면 태어남을 기약하니, 젊어서 괴로우면 늙어도 후회가 없고, 늙어서도 시비是非를 구분하지 못하면 능욕凌辱을 당하고, 늙어 가면 지나간 것을 되새기고, 어리면 나이를 흉내 내고, 용렬하면 혈기血氣로 쉽게 움직이고, 나이가 많으면 명리名利가 아니면 움직이지 않고, 성인聖人이 하는 말은 같으나 오래되면 백가지로 나뉘고, 뿌리는 같다고 해도 가지에 앉은 새는 다르고, 혼란한 틈에는 말과 행동이 달라져 지론支論만을 만든다. 만인萬人이 말하는 바는 같으나 한 가지는 빠져있고, 한 가지로도 만인이 말하는 바가 달라지고, 바삐 움직이는 것은 기다리는 때를 만난 것이고, 분주하게 움직이며 두리번거리는 것은 쉴 곳을 찾는 것이고, 웅크리고 있는 것은 뜻을 펼 때를 기다리기 때문이다.

옛날에는 삶을 숭상崇尙하고도, 업業으로서 명命을 더럽히지 않았다. 먹을 것을 명命을 이어갈 정도로만 하고, 입는 바는 몸을 가릴 정도로만 하고, 추위도 겹겹이 입지 않았고, 더위도 벗고 다니지 않았고, 잠자리는 편안했고, 발을 뻗어 안락하고, 이불은 발과 배만 덮으면 족하다고 여겼다. 나아가 구하지 않았고, 구차하게 빌리지도 않고, 적절함을 벗어나지 않았고, 배가 불러도 주머니에 감추지 않았고, 배가 고파도 훔쳐 빼앗지 않았고, 근심하여 마음을 상하게 하지 않았고, 두려워하여 미치지 않았고, 즐거움으로 마음을 들끓게 하지 않았고, 탐하여 눈을 상하게 하지 않았고, 작은 명리名利로 비아냥거리지 않았고, 꼬투리로 손발을 수고롭게 하지 않았고, 더럽다고 서로 구속하지 않았고, 죽음으로 삶을 속박하지 않았고, 손발로 삶을 곤고하게 하지 않았고, 명리名利를 다투기 위해 불의不義로 양보하지 않았고, 그른 것으로 삿된 것을 끌어들이지 않았고, 마음을 바쁘게 하여 공사公私를 흩뜨리지 않았고, 하지 말아야 할 것을 하지 않고, 해야 할일을 미루지 않았고, 어기지 말아야 할 것을 어기지 않았고, 길에 재물이 있어도 줍지 않았던 것은 소박素朴한 세상이었기 때문이다.

행복은 마음속의 중추中樞에 있는데도 사류四類[15]의 삶으로 이어가 때와 곳의 명리名利를 얻고도 천지天地의 은덕을 가벼이 보고, 조상祖上이 준 이름의 마땅함을 모르고, 제 명命이 곧 천지天地의 명命인데도 마땅함을 모르면서 살아간다. 살아서 형체를 가진 고귀한 존재이지만 죽어서는 한 줌의 뼈가 되는 형상에 지나지 않는데도 일 년을 한 순간에 지나지 않는다고 여기고, 애타면서 한 순간을 하루 같이 여긴다.

난세亂世에 태어나 덕을 품고, 도道를 이루는 세상을 위하여 밤낮으로 노력하는 현자賢者가 있는가 하면 한 마디의 말도 남지 못하고, 눈을 감는 자者도 있다. 현인賢人들이 세상을 바로 잡아가는 때를 보지도 듣지도 못하고, 죽는 자者들도 헤아릴 수가 없을 만큼 많은데 하물며 성인聖人이 다스리는 세상에서 더불어 사는 즐거움

---

15) 사류四類: 잗다랗게 사는 것과 부유하게 사는 것을 비교하는 것, 주어진 명命을 받아들여 행복하게 사는 것과 수 만 금金을 명命과 바꾸어 살려하는 것, 하루하루를 명命줄에 기대어 사는 것과 한 시간의 명命을 더 없는 것을 모르는 것, 고통스럽게 하루를 겨우 사는 것과 한 시간의 명命을 덜어 주는 것.

을 모르다가 죽어야 이루어진 줄 알게 되니, 천지天地를 이어받은 삼신오제三神五帝의 공功은 오히려 사람의 공업功業으로 돌리고, 천하가 완성되는 때를 맞이 하더라도 때와 곳에 따라 차이가 있게 되고, 천하가 그 때와 곳을 맞게 한 뒤, 오행육정五行六政과 오좌육가五佐六家 또한 제 할 일을 다 한다면 천하天下의 덕이 반드시 바로 선다.

무릇 친한 것은 스스로보다 더 친親한 것은 없고, 가까운 것은 동류同類보다 가까워지려는 것은 없다. 여러 사람이 말을 하면 높은 산이 생기기도 하고, 넓은 바다가 생기기도 하고, 살아나기도 하고, 죽기도 하는 것은 마땅한 곳이 사라졌기 때문이고, 기이한 바위가 산 위에 있으면 감탄하지만 밭 위에 있으면 반드시 정으로 깨고, 점은 입가에 있으면 아름답지만 입술 위에 있으면 더러워 보이고, 보조개가 볼에 있으면 보기 좋지만 이마 위에 있으면 추해 보이는 바는 마땅한 곳을 잃었기 때문이다. 남을 원망하는 것은 스스로를 책망하는 것보다 못하고, 남에게 구하는 것은 스스로에게 구하는 것 보다 못하고, 남에게 나를 믿도록 하는 것보다 스스로를 믿는 것보다 못하고, 남이 나를 알아주지 않는다고 근심하는 것보다 스스로를 믿는 것보다 못하다.

사람에게는 하늘이 오직五職[16]을 내렸으나 세월이 흘러 흙과 물을 다루고, 쇠와 물을 섞고, 심지어는 불과 쇠와 흙을 같이 다루어 팔변八變[17]하는 자者까지 생겨났다. 하늘이 하는 것을 알고, 땅이 하는 바를 알면 사람의 할 일을 아는 것이고, 하늘이 하는 바를 알고 땅이 하는 바를 모르면 변화에 적응하지 못하는 것이고, 하늘

---

16) 오직五職: 물을 다루는 자者, 불을 다루는 자者, 나무를 다루는 자者, 쇠를 다루는 자者, 흙을 다루는 자者.
17) 팔변八變: 바꾸고, 섞고, 나누고, 더하고, 깎고, 덧붙이고, 빛나고, 녹이는 것.

이 하는 바를 모르고 땅이 하는 바를 알면 변화는 알지만 사람다운 근본을 모르는 것이고, 하늘도 모르고 땅도 모른다면 사람의 마땅함을 잃게 되는 것이고, 하늘은 알고 사람이 모른다면 세속의 어지러움을 알 수 없는 것이고, 땅이 알고 사람을 모른다면 변화만 따를 뿐, 이루는 바를 모르는 것이다. 모든 자者가 바라는 바는 하나인데도 하나에 만족하지 못하면서 숨기고, 모든 자者가 싫어하는 바도 하나뿐인데도 하나를 채우지 못해 아쉬워하니, 귀로 손해를 속셈하고, 눈으로 명리名利를 재고, 코로 명리名利를 셈하고, 입으로 삼키려고만 하는 것은 마땅한 바를 모르기 때문이다.

천지天地의 징험徵驗에 따르고, 세상에서 허실虛實의 명정命精에 따른다고 하는 것은 내년에 굶지 않으려면 올해 최선을 다해야 하고, 내일 쓸 것을 오늘 모으지 않으면 내일에 바빠지고, 노년에 괴롭지 않으려면 초년에 준비해야 하고, 노년에 정신이 건강하려면 초년에 몸을 잘 간수하여야 하고, 저녁에 밥을 먹으려면 아침부터 일을 해야 한다. 모든 일을 완성하려면 돕는 자者가 있어야 하고, 열매가 튼실하려면 뿌리가 단단해야 하고, 지혜가 풍부지려면 지식보다 행하여 얻는 것이 많아야 한다. 뺏는 자者는 빼앗기는 자者의 말을 듣지 않고, 하기 싫은 일을 하면 후환은 끊이질 않고, 하기 좋은 일만 하면 뒤처리의 일이 많아지고 법을 지키지 않는 자者들은 법의 시비是非가 끊이질 않고, 뜻이 강한 자者는 무리한 일을 많이 벌여 구설口舌이 많아진다.

심신心身에서 허실虛實이 다툰다고 하는 것은 몸을 소중히 여기지 않는 자者는 병에 시달리고, 생각이 자주 바뀌는 자者는 놀랄 일이 생기고, 방심하는 자者는 허점의 빌미를 주고, 요행을 바라는 자者는 안이 썩는 줄 모르고, 욕망이 많은 자者는 신神을 애타게 찾고, 헤아림이 모자라는 자者는 끝에서 다시 세고, 세심한 자者는 스스로에게 묻고도 의심하고, 다급한 자者는 발부터 움직이고, 생각이 모자라는 자者는 허虛를 찔리고, 주제가 명확하지 않은 자者는 설명이 길어지고, 깊이 감추는 자者는 스스로도 생각이 짧아진다.

사람이 사는 근거는 하늘을 머리에 이고, 땅을 두 발로 꼭 밟고 곧게 선다. 눈으로 세상의 미혹迷惑한 점들을 보면서 이를 바로세우고, 오감五感을 바로 세워서 불의不義를 고치고, 불순한 것을 순順하게 하고, 미흡未洽을 헤아리고, 무도無道에서 돌아오게 하고, 아직 몰랐던 것을 알게 하고, 부족한 것은 채우고, 남는 것은 나눠주고, 위로는 봉양하고, 아래로는 양육하고, 머리를 숙이고, 뒤꿈치를 들어 살피고, 약해 보여도 깔보지 않고, 강해 보여도 굽히지 않고, 용기로 앞으로 나아가고, 겸의謙意로 사양하고, 우로는 비켜나고, 좌로는 물러난다. 비록 그 살기가 바쁘고 멀어도 삶은 모두 동일하고, 같은 때를 만나 숨을 쉬면서 더불어 살아가는 까닭으로 단지 그 선후연단先後演端에 있을 뿐이지, 길흉화복吉凶禍福에 있는 것은 아니어서 사람이 바라는 오보五寶[18]는 누구나 탐내지만 탐내지 않는 곳에 도道가 숨어 있다.

사람의 몸은 하늘과 땅에 열려져 있다고 하는 것은 머리가 둥글어 하늘을 닮았고, 발바닥이 네모나 땅을 닮았기 때문이다. 천지天地에는 허실虛實, 삼극三極, 사시四時, 오행五行, 육기六氣, 칠성七星, 팔극八極, 구궁九宮, 십간十干, 십이지절十二支節, 이십팔수二十八宿, 삼백육십일三百六十日이 있고, 사람에게는 음양陰陽, 삼초三焦, 사지四肢, 오장五臟, 육부六腑, 칠정七情, 팔정八政, 구운九運, 십간十干, 십이지절十二支切, 이십팔혈二十八穴, 삼백육십절三百六十節이 있다. 또

---

18) 오보五寶: 기름진 음식, 좋은 옷, 큰 집, 많은 보화, 높은 자리.

한 오운육기五運六氣[19]가 있으니, 담膽은 구름이 되고, 허파는 기氣가 되고, 지라는 우레가 되고, 신장腎臟은 비가 되며 혈기血氣는 바람과 비가 되고, 피부皮膚는 표토表土가 되고, 나무는 털과 수염이 된다. 하늘에는 사계四季이 되고, 땅에는 사극四極이 있고, 사람에게는 사지四肢가 있으며, 하늘에는 구천九天[20]이 있고, 땅에는 구궁지九穹地[21]가 있고, 사람에게는 구혈九穴[22]이 있고, 하늘에는 십이지절十二支節이 있고, 땅에는 십이지十二地가 있고, 사람에게는 십이절十二節이 있고, 하늘에는 삼백육십도三百六十度가 있고, 땅에는 삼백육십일三百六十日이 있고, 사람에게는 삼백육십절三百六十節이 있고 하늘에는 오행五行이 있고, 땅에는 오행五幸이 있으며 사람에게는 오지五指가 있다.

하늘에는 기틀이 있어 내 마음의 기틀을 볼 수 있고, 땅에는 모양이 있어 내 몸에서 모양을 보고, 사물에는 주재하는 것이 있으니, 내 몸에서 기氣의 주관을 본다. 어두운 생각은 하늘을 날아다니는 용龍과 같고, 해害하는 마음은 썩은 줄과 같고, 삼감이 없는 허점은 칼끝을 부르고, 흘러가는 명命은 깊은 바다를 건너는 배와 같고, 의혹하는 마음은 높은 산과 같고, 혼잡한 마음은 하늘을 날아다는 새와 같고, 썩은 정신은 마구 달리는 말과 같다. 대저 사람에게 너무 많은 것을 알리면 오히려 꾀를 내고, 너무 많은 자유를 주면 해이해져 정도正道가 사라지고, 너무 많은 평등을 주면 선악

---

19) 오운육기五運六氣: 하늘의 오운五運: 천天, 명命, 성性, 시始, 종終, 땅의 오운五運: 수水, 화火, 목木, 금金, 토土, 사람의 오운五運: 희喜, 노怒, 애哀, 락樂, 욕慾, 하늘의 육기六氣: 허虛, 실實, 풍風, 우雨, 회晦, 명明, 땅의 육기六氣: 한寒, 서暑, 조燥, 습濕, 건乾, 한寒, 사람의 육기六氣: 희喜, 노怒, 애哀, 락樂, 호好, 염厭.

20) 구천九天: 끝없는 하늘, 평편한 하늘, 하늘 속 하늘, 돌고 도는 하늘, 다투는 하늘, 보살피는 하늘, 무서운 하늘, 믿는 하늘, 돕는 하늘.

21) 구궁지九穹地: 종시終始, 허실虛實, 신계神界, 명지命知, 극성極性, 행전幸轉, 식화食貨, 교화敎化, 상명象明, 무사巫祀.

22) 구혈九穴: 구규九竅.

호염善惡好厭이 흐려지고, 너무 많은 이기利器를 주면 책무가 없어지고, 너무 큰 개물開物을 주면 흔해져 천히 여기고, 너무 많은 성기成己를 주면 치열熾烈해져서 여유가 사라지고, 너무 큰 계도를 하면 중추中樞가 흩어지고, 너무 큰 깨달음을 주면 혼백魂魄마저 지친다. 치우蚩尤처럼 병법兵法에 능하지 못하고, 유위자有爲子[23]처럼 지혜가 많지 않고, 단제檀帝처럼 만인을 다스릴 수는 없고, 소련少連과 대련大連[24]처럼 효孝가 깊지 않더라도 천 번에 한번이라도 따라 해봐야 하는 것이 상도常道이다.

구규九竅[25] 가운데 눈은 거울과 같아 잘 닦아야만 잘 보이듯이 호오好惡가 드나드는 문이니, 너무 잘 보면 더러운 것이 흐려지게 하고, 귀는 창과 같아 잘 여닫아야 청탁淸濁이 드나드는 문이니, 너무 열어 놓으면 오히려 사기邪氣가 드나들게 되고, 코는 기기氣가 드나드는 관문이니, 너무 열면 오히려 코가 막히어 머리가 산란散亂해지고, 입은 오장육부五臟六腑의 관문이자 기기氣의 문이니, 출입이 잦으면 몸을 상傷하게 되고, 명문命門은 명命이 드나드는 곳이니, 막히면 명命이 줄어들고, 많이 열리면 정신이 어긋나고, 백회百會는 만기萬氣가 모여드는 곳이니, 막히면 생각이 줄고 많이 열리면 열이 올라와 미치게 되니, 항문肛門은 수곡水穀의 찌꺼기가 나아가는 문이니, 너무 열면 기운이 흘러 나가고, 너무 닫으면 몸속의 기운이 썩게 되고, 소변기小便器는 몸의 정기精氣와 수기水氣가 드나드는 곳이니, 막히면 신장腎臟과 방광膀胱에 때가 끼니, 너무 가둬두면 안 되고, 머리카락은 머리의 문으로 천기天氣가 들어오는 곳이니, 너무 드나들면 하얗게 세고, 정기精氣를 소진하면 원기元氣가 깎이게 되고, 얼굴은 정신의 문으로 인기人氣가 드나드는 곳이니,

---

23) 유위자有爲子: 조선朝鮮 최고의 현인賢人.

24) 소련少連과 대련大連: 제 2대 부루단제檀帝扶婁의 중신.

25) 구규九竅: 양 눈, 양 콧구멍, 양 귀, 입, 생식기, 항문.

너무 열면 정신이 쇠잔衰殘해지고, 마음이 뒤바뀐다.

무릇 삼정三正[26]은 뿌리가 하나이나 능히 그것을 구분하여 서로가 긴밀하게 하여 돕지 못한다면 어지러워진다. 악한 자者가 잘 사는 것 같고, 착한 자者가 살기 어려워 보이고, 속이는 자者는 부富를 쌓아 가는 것 같고, 속는 자者는 빈貧하게 되는 것 같고, 어두운 그림자는 형체를 드러내는 것 같고, 밝은 모습은 자취마저 사라지는 것처럼 보여도 이는 일시적이니, 착하면서 속이지 않는 밝은 모습은 능히 그 가치가 만 배가 밝아져 하루가 다르게 나타나고, 악하면 어두운 모습은 만 배씩 깎여 형체의 선線이 사그라져 버리게 되니, 어찌 스스로를 속여 가며 형체를 지키고자 하겠는가!

홍익弘益의 중추中樞는 온 누리를 두루 이롭게 하라는 만세의 이치가 되어 애오라지 참다운 사람의 표상表象이 된다. 무릇 삼재三才가 합일合一이 되면 반드시 그 뜻을 세상에 펼쳐지는데 단제檀帝가 이르기를, '능히 그 중추中樞를 바로잡음이라'고 하였다. 만물에는 중추中樞가 있고, 사람 또한 중추中樞이 있어야 하니, 중추中樞를 잘 잡으면 능히 나락奈落에 떨어져도 살고, 사지死地에서도 살아나올 수 있데 된다. 큰일을 꾀하여 이루고, 난관에 부딪혀도 굳건히 일어나고, 좁은 문도 비집고 들어가고, 큰 산과 큰 바다를 건너서도 반드시 그 뜻을 이룬다.

재능은 바구니와 같아 쓸모없는 것을 담으면 온 누리에 명리名利가 없고, 귀한 것을 담으면 온 누리에 유익하게 된다. 재능이 작은 것이 큰 것을 거느리면 반드시 어지럽고, 작은 자者가 큰 자者를 거느리면 운신運身하기가 어렵고, 윗사람이 재주가 많으면 아랫사람

---

26) 삼정三正: 성性, 명命, 정精.

은 속이려 들고, 윗사람이 완고하면 아랫사람은 몸 둘 바를 모르고, 윗사람이 요구하는 것이 많으면 아랫사람은 다툰다. 본本이 내세우면 말末은 속셈하고, 일을 많이 간섭하게 되면 반드시 그 모양이 바뀐다. 스스로의 단점에 남의 장점을 갖는다면 세상에 우뚝 서고, 스스로의 장점은 버리고 남의 장점을 갖는다면 나약해지고, 스스로의 장점을 갖고 남의 단점을 버리면 그대로고, 나의 장점은 버리고 남의 단점을 더한다면 가히 망한다. 그래서 재능의 쓰임은 여건에 있는 것이 아니라 바구니에 있다.

피를 아름답게 가꾸고, 잡초에 거름을 듬뿍 주면 장차 농사는 크게 망치게 되고, 악을 품고 가르치게 되면 천하天下에 악기惡氣가 가득하게 되고, 형체만을 지키면 복福이라 여겨도 정신은 이지러진다. 뭇 사람은 명리名利를 중시하지만 청렴한 자者는 명성名聲을 중시하고, 현명한 자者는 행실을 중시하고, 신성神性한 자者는 정신을 중시하고, 소박素朴한 자者는 간결을 중시하고, 순수한 자者는 청결을 중시한다. 그래서 성현聖賢은 소박素朴과 순수純粹를 함께 지녀서 몸을 엎드려 함부로 드러내지 않고, 그 입을 함부로 여는 것이 아니라 세상世上의 도道가 바르게 펼쳐지지 않음을 안타까워하고, 천하天下가 어지러울 때에 언행을 삼가고, 마땅한 곳으로 흘러가는 것을 지켜보다가 궁극窮極의 경지境地에 스스로 노닌다.

지위地位가 높은 자者는 잗다란 일을 해서는 안 되고, 지위가 낮은 자者가 큰일을 해서는 안 되고, 큰 뜻을 가진 자者는 작은 일에 개의하지 않아야 하고, 작은 일에 연연하면 큰 뜻을 품을 수 없게 되고, 제 몸을 다지면 편안해지고, 제 정신을 닦으면 맑아지게 되고, 게으르면 구차해지고, 말을 많이 하면 뜻이 다른 말이 나온다. 말을 적게 하면 행동을 믿을 수 있고, 일이 번거로우면 명리名利가 적고, 간단하면 명리名利가 크게 된다. 행동이 가벼운 자者는 움직이려고만 하고, 행동이 무거운 자者는 쉽게 움직이지 않고, 탐욕이 많은 자者는 직업을 지키지 못하고, 깨끗한 자者는 남의 재물을 노리지 못하고, 믿음이 깊은 자者는 반드시 지키고, 넓은 땅을 가진 자者는 생각이 깊고, 법을 지키는 자者는 행동에 제약을 받고, 수월하면 맡기기가 쉽고, 어려우면 맡기는 것이 많아지고, 남으면 위를 의혹하고, 모자라면 아래를 의심하고, 명리名利가 얕으면 아래를 의심하고, 허실이 약하면 불화하고, 좌는 우를 질타하고, 우는 좌를 경멸하고, 무武는 문文을 무시하고, 문文은 무武를 억누르게 된다.

　말을 잘하는 자者는 말을 하지 않고, 점占을 잘 치는 자者는 점占을 치지 않고, 돈을 잘 모으는 자者는 잘 쓰고, 남을 잘 쓰는 자者는 험담險談을 하지 않고, 몸이 강건한 자者는 스스로를 믿고, 잘 먹는 자者는 많이 먹지 않고, 잘 참는 자者는 조급하지 않고, 잘 아는 자者는 법에 숨기고, 잘 숨는 자者는 무리에 숨고, 잘 모르는 자者는 태연히 저지르고, 잘 사는 자者는 산해山海 속에 살고, 스스로에게 묻는 자者는 시장 속에 살고, 욕심이 많은 자者는 사당祠堂을 찾고, 욕망이 헛갈리는 자者는 굴속으로 들어간다.

　명리名利가 권세權勢를 타면 언행이 사람을 뒤덮게 된다. 백정白丁이 권세를 얻으면 소 잡는 말만 하고, 천賤한 자者가 권세를 얻으면 졸렬拙劣한 말만 하고, 어그러진 자者가 자리의 권세를 얻으면 해괴駭怪한 소리만 하고, 부모 없는 자者가 권세를 잡으면 허탄虛誕한 소리만 하고, 근본이 없는 자者가 권세를 잡으면 허망虛妄한 소리만 하고, 간흉奸凶이 권세를 잡으면 제 배만 불리고, 간악奸惡한 자者가 권세를 잡으면 몰래하는 일이 많고, 졸렬한 자者가 권세를 잡으면 꼬투리만 잡고, 근본이 없는 자者들이 권세를 잡으면 능멸凌蔑하려 대들고, 잡배雜輩들이 권세를 잡으면 나라를 분열시키고, 창부倡夫들이 권세를 잡으면 십색十色으로 몰아가고, 제재가 없는 자者가 권세를 잡으면 책임 없는 행동을 하고, 업신여기기만 하는 자者가 권세를 잡으면 만인萬人을 괴롭게 하고, 고집만 센 자者가 권세를 잡으면 옳은 말을 듣지 않고, 헛된 자者가 권세를 잡으면 백성을 희롱만 하고, 못된 자者가 권세를 잡으면 사람 같지 않은 언행을 서슴지 않고, 간적奸賊이 권세를 잡으면 뒤에서 조종만 한다.

천지天地는 하늘의 길이자 천지天地의 공도公道고, 천행天行은 하늘이 공평公平하고자 하고, 천심天心으로 하늘이 그 뜻을 드러낸다. 세상에서 도道를 닦고 믿는 자者들이 올바르지 않으면서 그 믿는 바와 그 행하는 바가 바르다는 것을 들어 보지 못했으니, 사람의 눈이 밝아도 천지天地를 보질 못하고, 사람의 귀로 지도地道의 변화하는 것을 듣질 못하고, 사람의 입으로는 천지를 말하기가 어렵다. 천지지도天地之道의 정변定變은 사람의 생각으로는 알기가 어렵다. 하나로 시작하여 하나로 되돌아온다는 것을 안다면 세상의 일 또한 능히 알기가 쉽다. 사람은 종류가 틀리고, 같은 류類끼리 단급段給을 가리고, 같은 종자種子끼리 모이고, 같은 급級끼리 뭉치고, 같은 종자種子끼리 결실을 내고, 같은 류類에서 호오好惡를 나누려 하는 것은 온 누리에 원한과 은혜가 여기에서 비롯된다. 생명生命보다 중요한 것은 없고, 건강보다 더 귀한 것 없는데도 강건剛健할 때는 모르다가 병약해지면 깨닫게 되고, 재물이 많을 때는 깨닫지 못하다가 빈한해지면 느끼게 되고, 높다란 자리에 있다가 떨어져 나가면 자리의 높이를 알게 되니, 무릇 생명과 건강과 재물은 늘이는 것보다 줄어드는 것을 막아야 하고, 자리에서 선善만을 행해야 뒤탈이 없게 된다.

삼계三界의 조상祖上은 어제고, 나는 지금이고, 자식은 내일이다.

선인先人의 가르침은 뿌리가 되고, 부모의 가르침은 줄기가 되고, 스승의 가르침은 내일의 열매가 되고, 어제는 뿌리이고, 지금은 잎이자 줄기이고, 내일은 과실이 된다. 뿌리의 은덕은 줄기와 잎이 무성하게 하면 줄기가 굵게 되고, 잎이 많아지고, 숲이 우거지면 새들이 모이게 되고, 꽃이 만개滿開하면 과실도 풍성해지니, 뿌리의 은덕으로 새로운 씨가 자라난다. 몸에 병病이 들면 오과五過[27]와 오충五充[28]과 칠정七情[29]이 원인이 되어 병이 드나들게 되고, 정신에 병이 들면 귀신鬼神에 연유한 것이니, 점복占卜과 기도祈禱로는 치료하지 못하고, 귀책鬼責만으로 혼백魂魄을 치유치 못하게 되니, 이때에는 스스로 닦아 기운을 순환하면 병을 치유하지는 못하더라도 나빠지는 되는 것은 막을 수 있다.

무릇 오사五事를 섬기는 자者들은 나날이 닦아야 하고, 통찰通察하면서 반성해야 하니, 나오는 말이 아름다우면 기색氣色이 아름답고, 형체가 아름다우면 그림자도 아름답고, 목소리를 아름다우면 메아리도 아름답게 된다. 바른 일을 하는 자者는 끝맺음이 아름답고, 중추中樞를 잘 잡는 자者는 치우치지 않고, 옳은 일을 많이 하면 쌓여서 훌륭해지고, 치우치게 않게 되면 결과도 마땅해져 천하가 다스려 지는 바는 나 하나부터 천하까지 이어지게 된다. 가진 자者가 없는 자者를 능멸하고, 없는 자者가 가진 자者를 시기하니, 가지면 뺏긴다고 여기고, 없으면 마음만으로 나눈다고 여긴다. 죽기를 각오하지 않으면 가난에서 벗어나기 힘들고, 몇 배의 힘을 쏟

---

27) 오과五過: 물을 과하게 써서 부족한 것, 불을 과하게 태워 공기를 오염시키는 것, 나무를 과하게 심어 숲이 우거지는 것, 쇠를 과하게 써서 날이 무뎌지는 것, 흙을 과하게 써서 지력地力을 없애는 것.

28) 오충五充: 물을 걸러 깨끗하게 하는 것, 불을 제 때 지펴 온도를 알맞게 하는 것, 나무를 제 때 심고 가꿔 재목으로 키우는 것, 쇠를 제때 캐어 알맞게 갈고 재단裁斷하는 것, 흙을 제 때 뒤집어 품고 키워 알맞은 지력地力을 유지하는 것.

29) 칠정七情: 밝음, 은은함, 차가움, 뜨거움, 배움, 냉철冷徹, 후덕厚德.

지 않으면 지키기는 어렵다. 그래서 성실하게 얻은 재물이면 희생의 대가로 존중해야 하고, 현명하여 얻은 수양은 노력의 대가로 존중하여야 하고, 어진 것은 인내의 대가로 받들어 따라 해야 한다.

모든 부자富者가 부정하게 돈을 벌지 않고, 모든 가난한 자者가 청검淸儉하여 가난하지 않다. 하늘이 부자를 내는 까닭은 만인에게 골고루 나누어 주고자 하고, 땅이 빈자貧者를 내는 까닭은 근면하고, 성실을 보여주기 위한 것이고, 사람 사이에서 빈자와 부자를 나오는 까닭은 헛되이 오는 것이 없음을 알려 주고, 근골筋骨을 수고롭게 하여 헛되이 살지 않게 하고, 같은 직職을 주는 것은 뭇 무리가 서로 도우면서 살게 하고자 하는 것이다. 땅이 가난한 자者를 내는 것은 땅을 살펴 곳을 잊지 않게 하고, 같은 때를 주어 현명과 성실을 지켜보는 것이고, 같은 때를 주어 근면과 검약을 지켜보는 것이고, 같은 삶을 주어 사람됨과 착함을 시험하는 것이고, 같은 업業을 주어 서로 의지하게 하는 것이다. 스스로의 덕德을 행하지 않는 자者는 밖에서 뺏으러 오는 것을 대비해도 안으로의 도적은 살피지 않고, 도리를 다하지 않는 자者는 밖에서 들어오는 바를 살피지 못하면서 삶을 밝히려고만 한다. 그래서 하늘은 근골筋骨을 수고롭게 하고, 정신을 흩트려 수양하게 한다.

마음속에 의심이 가득한 자者는 갈라진 나뭇가지처럼 두 마음으로 말을 하고, 진실하지 않은 마음으로 말하는 자者는 반드시 듣는 자者가 그 말을 의심하게 하고, 천박한 자者의 말은 열 가지 중에 하나만 맞고, 입이 가벼우면서 불순不純한 자者는 반드시 한 말을 계속 반복한다. 남을 비방만 하는 자者는 스스로를 드러내려 하지 않고, 질투하는 자者는 은근히 비유하여 말을 하고, 신념信念이 없는 자者는 앞뒤가 다르고, 지조가 없는 자者의 말은 이 빠진 사기그릇처럼 거끌거린다. 대체로 사람은 근심하는 것에서 벗어나면 즐거워하고, 몸에 병病이 생긴다면 슬퍼하고, 마음이 병드는 것은 알아차리지 못한다. 뭇 사람들은 병은 거리껴도 병이 들게 하는 것이 부귀이고, 사람을 가장 이롭게 하는 것이 바로 괴로움인줄 모르니, 화복禍福은 스스로 같은 문을 드나들고, 이해는 다른 몸이나 그림자처럼 따라 다니고, 상액祥厄은 꿈에서 옷을 바꿔 입고, 착한 것은 스스로 보다 먼 것이 없고, 악한 것은 스스로보다 가까운 것은 없으니, 맛을 모르면서 셈을 하고, 멋을 모르면서 탐하기만 한다.

태어난 것은 죽음의 원인이 되고, 죽는 것은 태어난 것의 원인이 된다. 가능한 것은 불가능한 것의 원인이 되고, 불가능한 것은 가능한 것의 결과가 되고, 옳은 것은 틀린 것의 원인이 되고, 맞는 것은 그른 것의 결과가 된다. 이것이 저것이고, 저것이 이것으로 천하天下의 시비是非와 정사正邪는 하나의 뿌리이니, 바랄 수 없는 것을 행하라 하지 말고, 과도한 것을 요구하지 말고, 빼앗을 수 있다고 하지 말고, 경쟁시키면서 다투지 말라고 하지 말고, 그릇에 넘치도록 능력을 키우라고 하지 말고, 말꼬리를 끌면서 욕심을 숨기지 말라고 하지 않아야 한다. 길은 하나 밖에 없는 것이 아니요, 사람도 한 사람밖에 없는 것도 아니니, 바르게 고르면 버릴 것이 생기고, 명찰明察하면 벗어나는 바가 적게 된다.

개울이 깊으면 빠지기 쉽고, 산이 높으면 길을 찾기가 어려우니, 사람에게는 맞는 재능이 있고, 능히 감당할 형체가 있어서 헤아릴 만큼 주고받을 수 있는 것이다. 사람의 몸과 마음에 천하의 시비를 담으려하면 작은 그릇에 폭포수를 담고, 잉어를 찻잔 속에 담그는 것과 같아 마땅함을 잃게 되고, 하늘에 떠 있는 집과 같아 좌우에서 조금이라도 흔들면 요동을 치고, 잔물결에도 뒤집어진다. 하늘이 사람을 낳지만 기르지는 않고, 땅이 기르지만 낳지는 않으니 즐거워하고, 혐오하면서 꺼리는 바는 태어날 때부터 가진 것이고, 이루려 하는 바는 하늘도 이를 어쩔 수는 없다. 처음 태어나면 어미의 젖을 빨다가 벌거숭이에 강보에 싸여 있어서 사물에 대한 호오好惡가 없고, 순수한 기氣의 영험靈驗과 삼신三神의 보호를 받으나 날이 갈수록 지능이 생기면서 애증愛憎이 생기고, 정욕情慾이 생기면서 눈에 보이는 것만 좋아하게 되고, 맛있는 것만 먹으려 하고, 듣기 좋은 소리만 들으려 하고, 악취惡臭는 피하고, 거칠고 투박한 것을 멀리하고, 차갑고 따가운 것을 피하려 한다. 그러나 나이를 먹어 가면 전후좌우를 재고, 욕심이 늘어나며 정신이 산만해지고, 욕망에 심신을 맡기게 되면서부터 그 명命이 짧아지고, 마침내 귀신에게 제 몸을 맡기게 된다.

하늘의 본질과 삶의 본질本 차이가 없으나 천지天地가 곧 나이고, 나가 곧 천지天地이니, 애오라지 시작이 나이고, 나가 곧 천지天地의 대시大始이자 대종大終이 된다. 종시終始의 주체도 나가 되고, 지도리의 주체도 나가 되고, 펼치는 바도 나이니, 나 있음에 우주가 있고, 우주가 있음에 나가 있으니, 이것이 내가 이 세상에 온 이유이다. 말은 입에서 상대의 귀에 들어가기 전에 멈출 수가 없고, 일은 하기보다 마치는 것이 어렵고, 삶은 일생을 사는 것보다는 하루를 사는 것이 더 고달프다.

산은 작은 돌멩이 하나에 무너지고, 둑은 작은 구멍으로 터지고, 집은 작은 불씨로 타버리고, 큰 재앙災殃은 작은 실수에서 시작되고, 손톱 밑의 가시는 손가락을 썩게 할 수 있고, 작은 꾀로써 큰일을 하면 이루기가 어렵고, 작은 거짓으로 일을 꾸미면 언행이 크게 달라지고, 작은 악惡은 큰 악惡이 되고, 작은 거짓은 큰 후환이 된다. 곰의 하는 짓이 즐겁다고 종鐘을 부수어 목에 방울을 채우고, 새의 깃이 아름답다고 금조롱金鳥籠에 가두고, 호랑이의 가죽이 보기 좋다고 옥玉으로 된 우리에 넣고, 물고기의 움직임이 좋다고 수정水晶으로 된 어항에라도 넣으려 하는 것은 사람의 마음은 즐거울지 몰라도 생기生氣를 잃게 되어 본성本性마저 해친다. 그래서 알면서 모른다고 하는 것은 지혜이고, 모르면서 안다고 하는 것은 병이고, 알면서 안다 하면 솔직한 것이고, 모르면서 모른다 하면 신실愼實한 것이고, 아는 그대로 전하면 폐해弊害가 적어지는 것이고, 모르면서 아는 것으로 하면 본성本性에 화액禍厄을 불러들이는 것이다.

사람의 몸은 변불변變不變의 이치를 벗어나지 못하고, 그 형체는 변하지 않아도 그것을 지탱하기 위해 끊임없이 변화하고, 편한 쪽으로만 움직이려 한다. 육체六體[30]는 모두 좌우의 형태는 같으나 쓰임은 달라서 머리와 이목구비가 다르고, 수족이 다르기에 사용四用[31]을 할 수가 있다. 사람의 첫소리는 세상에 알리고자 하고, 마지막 소리는 말 한마디 남기면서 하나로 돌아가는 것으로 본다면 본성本性에 가까워지고, 그 삶 또한 충실하게 되고자 하는 것이니, 하나에서 열까지 하나씩 세어보고, 열에서 하나까지 빠짐없이 나를 지킨다면 능히 그 길을 잃지 않게 되는 것이니, 이를 깨닫는 자者만이 지혜와 진리를 전하게 된다.

---

30) 육체六體: 코, 눈, 귀, 머리, 팔, 다리.
31) 사용四用: 듣는 것, 맡는 것, 잡는 것, 걷는 것.

解 慕 漱

우리 성조聖祖를 나라 열고,
대통大統을 이어 나가시니,
덕德이 넓어 누리에 비추고,
영자英姿한 눈 사물을 꿰뚫고,
용광검龍光劍 오룡거五龍車 타고,
은하수銀河水를 건너니,
천왕랑天王郎의 까마귀 떼는 다리 되어
부여夫餘에 내리셨네.
연호법煙戶法으로 백성을 헤아리고,
공양모태公養母胎로 아기 함께 기르고,
부여백성夫餘百姓은 모두 따라 하나 되고,
구려句麗에 올라 맥脈을 전하니,
고구려가 이어 받네!

東 崖

10. 명리론 名利論

천지天地에 나타나 이름을 갖는 것을 명名이라 하고, 이름으로 마땅하게 쓰이는 것이 이利다. 무릇 흘러가는 진리를 이름으로 건져 묶어 명리名利라 한다. 성인聖人의 언적言跡만을 세상에 남겨 전하고, 범인凡人이라도 대도大道를 말하되, 행하는 때와 곳이 달라 제때 쓰지 못하여 흘러가기만 한다. 무릇 흘러가는 강물 위에 천하天下의 고귀한 상자가 흘러가 이를 건져 들여다보고, 부러지지 않게 단段으로 묶어 단속하면 명리名利의 도道가 되니, 이를 행하는 자者는 가벼이 여기지 못한다.

의義는 사람의 대본大本으로 의로우면 공公이 앞서고, 불의不義하면 사사롭고, 의로움이 없는 세상世上에는 허탄虛誕한 공론空論만이 가득해져 의인義人이 오히려 어리석어진다. 의자義者는 늘 외로워 보이지만 공의公義는 늘 잊지 않고, 정직하면서 구차하지 않으면 후환에서 벗어나니, 하늘의 복록福祿이 하루가 다르게 쌓여 후대後代까지 이어지는 것을 알게 된다. 삶을 소중히 여기면 이利를 속여 스스로를 해치지 않고, 절節을 굽히지 않아 때때로 변하지 않고, 올바른 의義를 바로 세워 스스로를 굽혀 얻지 않고, 신信으로 스스로를 속이면서 위안을 삼지 않는다. 인仁을 펼쳐 이유 없이 받지 않고, 염廉을 세워 후환을 면하고, 예禮를 세워 사양하고, 남을 밟으면서 까지 명리名利를 탐하지는 않는 까닭은 의義를 바로세우는 벼리가 된다.

빈자貧者는 베옷을 입고, 새끼로 허리띠를 삼아 한 주걱의 밥과
한 그릇의 물을 마시고도 더위를 버티고, 먹을 것이 없어 한사발의
죽만을 먹고, 옷이 헤어져 다리 속으로 찬바람이 들어와 뼈와 살이
얼어붙으며 곁불을 쬐고도 추위를 견뎌내어 그 본성本性만은 지켜
낸다. 근심謹心은 심신心身에 있고, 기근饑饉은 빈부貧富에 있고, 허
기진 배를 움켜잡고, 곁불을 쬐고도 그 본성을 잃지 않아 기묘한
재주만으로 눈물을 흘리게 하는 자者와는 비교할 수 없다. 입으로
만 사곡邪曲을 얻어 한 세대에 걸쳐 잘 사는 것이 처세處世라 여기
고, 혼백魂魄을 팔아서라도 명리名利가 아니면 지킬 수 없다고 하
고, 재물이 아니면 나를 키울 수 없다고 하면서 위안을 삼는다. 그
래도 본성을 잃지 않는다면 하늘은 잊지 않고 날로 복福을 쌓아가
고, 땅은 선善을 쌓도록 도와주니, 천지天地의 공평公平한 심판은
한 번에 들이닥치고, 벌罰은 하루가 다르게 적어지고, 반가운 복록
은 잊지 않고 찾아온다.

움직임은 일의 조짐에 응하고, 변화는 말을 거울삼고, 말은 변화
에 징험徵驗하고, 변은 때에 달라지고 화化는 곳에 따라 생긴다. 때
를 아는 자者는 늘 유념하여 삼가 조심하고, 곳을 아는 자者는 삼가
서 화액禍厄을 피한다. 참다운 스승은 지식만을 심지 않고도 그 삶
을 배우게 하고, 참다운 부모는 자식으로 자랑삼지 않고도 남을 즐
겁게 하고, 참다운 군주는 구하지 않고도 나라를 이롭게 하니, 현
상懸象을 만드는 것은 큰 것에서 생겨나고, 큰 구멍은 업신여기면
서부터 생겨나고, 사물은 성해지면서 쇠해지고, 즐거움이 다하면
슬퍼지고, 해는 중천中天에 기울고, 달은 가득 차면서 찌그러들고,
밀물은 밀려오면서 썰물이 되고, 비구름은 짙어지면서 비가 내리
고, 비가 그치게 되면 갠다.

제방의 둑은 개미가 파고, 물고기는 물이 탁해지면 떠오르고, 쥐가 집을 옮겨가면 큰물이 지고, 북은 비워져서 울리고, 거울은 모양을 감추지 않아 형상이 나타나고, 날카로운 칼은 칼집에 감추기에 벨 수가 있고, 화살은 보이지 않기에 꽂힌다. 장사꾼이 여러 일을 벌이면 욕심만 많아져 가난해지고, 어부가 그물을 여기저기에 쳐 놓으면 고기를 못 잡고, 목동이 여러 동물을 몰면 놓치는 것이 많고, 물이 갈래가 많으면 마르고, 나뭇가지가 많으면 가지가 부러지고, 한 가지에 마음을 쏟지 않으면 끝맺음이 줄어든다. 남이 나를 흉보면 남을 원망하지만 거울이 나의 아름다움을 보여주면 거울은 훌륭하다고 여기고, 친구가 흉을 보면 듣고 있지만 원수가 칭찬을 하면 원한이 더욱 깊어지게 되는 것은 명리名利에 얽매이기 때문이다.

상사上士의 도道는 전쟁터에서 얻고, 중사中士의 도道는 시장에서 얻고, 하사下士의 도道는 산에서 얻는다. 때와 곳을 가리지 않고 찾으려고 하는 도道는 가장 가까운 곳에 깃들어져 있고, 하늘의 도道를 얻으려는 자者는 하늘에서 얻고, 길에서 도道를 얻으려는 자者는 길에서 얻고, 시장에서 도道를 얻으려는 자者는 시장에서 얻는다. 바르게 얻으려는 곳과 때를 얻지 못한다면 종시終始의 때와 곳을 가늠하지 못하게 된다. 구도求道하려 산사山寺를 찾는 것은 고금古今에 걸쳐 달라지지 않는데 만약 도道가 눈에 보이면 범인凡人도 찾아다니지는 않게 된다. 시작이 간단하면 끝이 어렵고, 시작이 어려우면 끝이 쉽고, 준비가 많으면 일이 수월하고, 즐거움에서 시작하면 슬픔으로 끝나고 어지러이 시작하면 반드시 끝은 조화를 이룬다. 낮은 곳에 있은 뒤에 높은 곳을 알고, 높은 곳에 올라간 뒤에 위험한 줄 알고, 어두운 곳에 있은 뒤에 빛의 고마움을 알고, 꼼짝 못한 뒤에 움직임의 즐거움을 알고, 말을 하지 않은 뒤에 비로소 시끄러움을 안다.

기운 것은 넘어지기 쉽고, 기댄 것은 밀어젖히기가 쉽고, 먼 것은 돕기가 쉽고, 젖은 것은 비 맞추기가 쉽고, 가까운 사이는 돕기가 어렵고, 젖은 것은 태우기가 어렵고, 큰 것은 적게 하기가 어렵고, 작은 것은 나누기가 어렵다. 커다란 솥의 국물은 한 숟갈로 알 수 있고, 숯을 걸어 놓아 건습乾濕을 알 수 있고, 바닷물의 맛은 손가락 하나면 알 수 있고, 계곡의 시원한 물은 발가락 하나면 충분하고, 밝은 달빛은 먼 곳을 바라볼 수 없고, 가까운 별 빛은 책을 볼 수는 없는 것은 미루어 형세形勢를 능히 아는 것이다. 안개가 심하면 가까워도 보질 못하고, 그림에 털을 그리려고 애쓰면 모양을 잃어버리고, 활을 과녁만을 겨누면 활의 방향을 잊어버리고, 바둑알을 한 개 놓는 것으로는 형세形勢를 알 수 없다. 근심은 내일에 걱정하고, 즐거움은 능히 헤아려 나누고, 때를 맞추지 못하면 근심하고, 곳에 맞춰 수고를 헤아리고, 괴로움은 덜어내는 것은 형세形勢를 살피는 것이고, 밤에는 손을 내저으며 걸어가고, 물을 건너려면 옷을 머리에 이고서 건너가고, 사막에서 물 한 모금이면 목숨을 구하고, 물에 빠진 자者에게 새끼줄을 건네는 것은 형세形勢의 즐거움이다.

재물에 목마른 자者에게 황금을 건네면 흡족하게 하는 것은 형세形勢의 필요를 맞추는 것이고, 여름의 부채를 겨울에도 흔들고, 솜옷을 여름까지 입고 있다면 변화에 적응이 안 되는 것이고, 산의 나무는 날마다 푸르지 않지만 어느덧 푸르고, 숫돌은 날마다 닳지는 않지만 어느덧 닳아져 있어 보이지 않게 움직이는 것은 형세形勢의 변화를 따르는 것이 된다. 형세形勢에 맞게 해로움을 없애려면 연못에 물고기를 기르는 자者는 수달을 쫓아야 하고, 우리에 가축을 키우는 자者는 여우를 내몰아야 하고, 어항에 물고기를 놓아서 기르는 자者는 고양이를 쫓아야 한다.

천지天地의 공도公道를 막는다면 이보다 더 큰 액厄은 없고, 무고無辜한 피를 빨아 한 명의 배를 채운다면 이보다 더 큰 해가 없으며 천하의 재물을 거두어들여 한 명의 욕심만을 채운다면 이보다 더 큰 화禍는 없다. 옛날 치우제蚩尤帝가 헌원軒轅을 벌伐한 것은 백성들을 급히 내몰았기 때문이고, 유호씨有戶氏가 요순우堯舜禹인 삼대三代의 왕王들을 내친 것은 사사로이 백성들의 허리를 휘게 만들었기 때문에 이를 토벌討伐하여 만민에게서 해로운 것을 제거하는 이유였으니, 하늘에 죄를 차곡하게 쌓는 것은 강자가 약자를 능멸하고, 꾀가 있는 자者가 어리석은 자者를 발로 걷어차 엎어지게 하는 것이다.

천지天地의 벌罰이 기다리고 있는 것은 그물을 쳐서 몽땅 잡아버리고, 함정을 깊게 파고, 올무를 수없이 놓아 그 씨를 말리고, 깊은 상처는 아물지 않았는데 궁지에 몰아넣고, 이유 없이 사람을 걷어차서 원한과 갈등이 새어나오는 까닭이 된다. 작은 명리名利만으로 원수를 삼고, 은혜를 원한으로 갚는다면 천하를 어지럽게 되는 벼리가 되어 핏자국이 마르기 전에 칼을 들고서 모여들고, 새벽이 오기 전에 활을 꺼내 드는 것이니, 허물을 들춰내어 깎아 내리고, 토끼가 죽기 전에 올가미를 놓고, 죄罪가 하늘에 닿지 않았는데 이미 다른 죄를 공모共謀하고, 머리를 박고 우는 곳을 알리는 것과 같이 삼징三徵[1]을 면할 길이 없어지게 된다.

착한 자者는 원한이 있어도 스스로 풀지 못하고, 바른 자者는 위급을 당하면 스스로 구제하지 못하고, 의로운 자者는 법을 넘지 못하고, 밝은 자者는 남의 어려움을 뿌리치지 못해 떠맡고, 곧은 자者는 목에 칼날이 들어와도 굽히지 않고, 바른 자者는 눈앞에 명리名

---

1) 삼징三徵: 천망天網, 지궤地櫃, 인벌人罰.

利로 속이지 않고, 의로운 자者는 값진 것이라도 굴하지 않는다. 약속은 천하天下의 대본大本이다. 그런데도 사람끼리 약속을 해도 하늘이 그 약속約束을 깨는 것을 천패天敗[2]라 하고, 땅이 그 약속을 깨는 것을 지패地敗[3]라 하니, 큰 약속은 하늘에 맡기고, 작은 약속은 사람에 맡겨야 한다. 직업職業의 대본大本은 농사이다. 부지런히 하지 않아 때를 잃어 재앙을 만나는 농재農災[4]는 하늘이 모두 용서하지 않는다. 북은 소리를 울려도 스스로 듣지 않고, 거울은 스스로 모습을 비추지 않고, 칼은 날카로워도 스스로 베지 않고, 거문고는 손가락이 없으면 스스로 울지 않고, 피리는 입 바람이 없으면 스스로 불지 않는다.

무릇 참는 데에는 삼인三忍[5]이 있다. 원인이 있어서 참는 것은 결단력이 부족한 것이고, 억지로 참는 것은 결단을 위해 참는 것이고, 너그럽게 참는 것은 결단이 바로 서 있기 때문에 참는 것이다. 앞뒷집에 불이 나면 가운데 집이 성할 리 없고, 세 명 가운데 두 명이 우기면 세 명 모두 잘못된 길을 가게 되고, 공도公道를 훔쳐가면 도둑을 위해 큰 보물을 지킨 꼴이 된다. 허실虛實에 의한다는 것은 말을 하는 자者는 아는 만큼 말하고, 듣는 자者는 아는 만큼 듣고, 재는 자者는 보는 만큼 재고, 살피는 자者는 보는 만큼 잣대를 가져다 댄다. 앎이 많으면 행동하기가 어려워지고, 경박輕薄하면 수족이 가벼워지고, 교활하면서 속이는 말을 하면 미혹迷惑하려 하는 것이고, 의심이 많은 자者가 귀를 세우면 의혹하는 것이다.

2) 천패天敗: 천기天氣가 어긋나는 것, 삼사三師가 서로 다투는 것, 때를 흔들어 순서順序가 바뀌는 것.

3) 지패地敗: 지기地氣가 어긋나는 것, 풍수해風水害가 들이 닥치는 것, 풍백風伯과 우사雨師와 뇌공雷公과 용신龍神이 서로 다투는 것.

4) 농재農災: 심어도 크지 않는 것, 씨앗이 바르지 않는 것, 키워도 크지 않는 것, 커도 거둘 수 없는 것, 거둬도 저장할 것이 없는 것, 저장해도 좋은 씨가 되지 않는 것.

5) 삼인三忍: 어떠한 원인이 생겨서 참는 것, 억지로 참는 것, 마음을 잘 다스려 참는 것.

산이 깊어지면 골짜기가 깊어지고, 하늘이 높아지면 땅과 멀어지고, 가혹한 법은 개구멍을 만들고, 단단한 갑옷은 날카로운 창創을 부르고, 견고한 자물쇠는 섬세한 열쇠를 부르고, 넘치는 욕심은 화액禍厄만을 부르고, 작은 명리名利의 다툼은 궁색窮塞해진다. 허실虛實을 무작정 따라 가다가는 해를 입는다는 것은 헤엄을 잘 치는 자者는 물에 빠져 죽고, 사냥을 잘하는 자者는 사냥터에서 죽고, 말을 잘 타는 자者는 말에서 떨어지고, 글에 놀아나는 자者는 글로 허망虛妄해지고, 삐뚤게 가르치는 자者는 삐뚠 것에만 얽매이니, 마침내 좋아하는 바에서 스스로 해害를 입는다. 즐거움으로 실實한 것만 좇으면 산란해지고, 슬픔으로 허虛한 것만 따르면 재액災厄이 따르고, 작은 명리名利에도 책무責務를 다하지 않으면 변고變故가 있게 된다.

존귀한 권세權勢와 도타운 명리名利는 사람이 탐하는 바고, 괴로움과 수고는 꺼리는 바가 된다. 뭇 사람이 탐하는 것을 피하고, 남들이 꺼리는 것을 좇는다면 허실虛實의 복福을 알 수 있고, 갖는 것과 갖지 않는 것에서 허실虛實의 화禍를 알게 된다. 그래서 활을 잘쏘는 자者는 화살을 만들지 않고, 말을 잘 타는 자者는 말을 기르지 않고, 수영水泳에 능한 자者는 물을 거스르지 않는다. 각기 좋아하는 것을 현명하다 여기고, 나은 자者를 천거하지 못하고, 스스로와 똑같은 자者를 구하여 사귀게 된다. 매자昧者를 현명하다 하면 슬기로움을 모르는 것이고, 현자賢者를 어리석다고 하면 어리석음을 모르는 것이고, 착한 것을 말하면서 악을 행하는 것은 간악奸惡한 것이고, 명리名利를 말하면서 의롭지 못한 것은 어두운 것이다. 어리석으면 낮에도 동서를 구분하지 못하고, 수레를 몰면서도 진퇴를 모르고, 북두北斗를 보고도 동서를 헷갈리고, 대낮에도 수레의 경중輕重을 모르게 된다.

현자賢者 한 명이 매자昧者 만 명을 움직이고, 매자昧者 만 명이 현자賢明 한 명의 생각을 따라가고, 간악奸惡한 자者 한명이 만 명을 우롱愚弄하고, 한명의 의인義人이 만 명에게 본本을 보인다. 사해四海 밖의 일은 문물文物을 보면 알 수 있고, 전하는 자者의 말이 있어서 물정을 알게 되니, 바로듣기에 들어서 말미암음을 알게 되는 것이다. 먼 곳을 가려면 가까운 곳에 뜻을 두고, 큰 것을 다스리려면 작은 것부터 지켜야 하고, 먼 곳은 망령妄靈되이 바라보지 않아야하고, 먼 곳에 귀를 기울이려면 어지러운 소리를 듣지 말아야 한다. 교만한 자者에게는 진실한 자者가 없고, 말만 많은 자者에게는 신용이 없으니, 낮은 물에는 큰 고기가 살지 않고, 뿌리가 얕은 나무는 가지가 크지 않고, 조산祖山이 짧으면 기氣가 약하다. 베풂이 크면 후해져 돌아오고, 책망責望이 크게 쌓이면 후환도 커져 돌아오고, 적게 베풀고도 큰 보답을 바랄 수는 없고, 게으름을 쌓으면서 우환憂이 없기를 바랄 수는 없다.

천하天下에 귀한 것을 사만四萬6)이라 여겨도 정精에 의한다면 만권萬權의 위태로움을 알고, 명命에 의한다면 만금萬金도 부족한 것을 알고, 성性에 의한다면 만세萬歲의 지루함을 알고, 덕德에 의한다면 만식萬識의 수고를 안다. 현명한 자者는 구차하게 얻지 않고, 신명神明한 자者는 함부로 얻지 않고, 어진 자者는 욕심을 불태워 얻지 않고, 의로운 자者는 굽혀 구걸하지 않고, 정직한 자者는 애써 속이지 않으며, 성실한 자者는 쉽게 바꾸지 않는다. 천하에서 귀한 것을 얻으려면 바르지 않으면 얻지 말고, 어긋난 말은 듣고도 버려야 하고, 공功이 없으면 받지 않아야 하고, 바르지 않으면서 과過가 몸에 부딪히고, 어긋나면 휘몰아치는 회오리와 같고, 죽음을 넘나드는 창칼의 끝과는 비교가 되지 않게 되니, 욕심을 부려 망하지

---

6) 사만四萬: 만권萬權, 만금萬金, 만세萬歲, 만식萬識.

않는 자者가 없고, 욕망을 탐하여 뒤집어지지 않는 자者를 본 적이 없다.

화복禍福의 변화는 예측하기가 어려워 화禍가 복福이 되고, 복福이 화禍가 되기도 한다. 그 변화는 이를 데 없어 복福이 되는 것처럼 보여도 실제로는 화禍가 닥치고, 혹 화禍가 닥치는 것처럼 보여도 사리事理에 맞기도, 어긋나기도 하고 한다. 숲을 불살라 사냥을 하면 짐승을 많이 잡을 수 있고, 물을 가두어 약藥을 풀면 물고기를 많이 잡지만 물고기가 사라진다. 속이기는 한 번은 할 수 있어도 두 번은 속일 수가 없고, 한 번의 즐거움으로 두 번의 부당한 명리名利를 취할 수 없고, 사냥 하는 자者는 명리名利지만 사냥감은 목숨을 걸게 되고, 속이는 자者는 이익利益지만 속는 자者는 손해를 보고, 시끄러운 자者는 명리名利지만 듣는 자者는 화를 내게 되고, 백 명이 찻잔의 물로 불을 끄는 것보다 한 명이 독 안의 물로 뿌리는 편이 낫고, 짐수레는 두 명이 끌면 되지만 빈 수레라도 다섯 명이 끌면 도리어 늦는다.

공기가 나쁘면 사람이 재채기하고, 물이 더러우면 물고기는 떠오른다. 공기가 나쁘다고 물로 갈 수는 없고, 물이 나쁘다고 땅으로 갈 수 없으니, 근본根本에서 떠나서는 살 수 없다. 날이 많다고 해도 달보다는 클 수가 없고, 달이 길다 해도 해보다는 클 수는 없고, 생각이 크다 해도 머리보다 클 수는 없고, 배가 크다 해도 바다보다 클 수는 없다. 정正을 버리고 변을 얻으려 하고, 의義를 버리면서 사詐를 얻으려 하면 불구덩이에서 헤엄치는 것이 낫고, 나를 비방하는 자者를 따라다니면 흙구덩이를 파고 눕는 것이 낫고, 스스로를 자랑만 하는 자者에게 뽐내는 것은 기름을 안고 불로 뛰어드는 것이 낫다.

무릇 세상의 사람들이 명리名利라고 여기는 열네 가지 폐해弊害[7]는 명리名利를 어긋나게 하고, 마땅함을 버리면 몸을 둘 곳이 없어진다. 폐해 때문에 농부가 잡초를 없애려고 논을 태울 수는 없고, 자라를 잡으려고 연못의 물을 전부 뺄 수는 없고, 쥐를 잡으려고 집을 들어낼 수는 없고, 충치를 빼려고 치아齒牙를 모두 뽑을 수는 없고, 그물 한 눈으로 고기를 잡을 수는 없고, 방패 하나로 날아오는 화살을 모두 막을 수는 없고, 도적 때문에 궤櫃를 없앨 수 없는 것은 작은 해로움 때문에 큰 이利를 버릴 수 없는 않는 까닭이다. 칼은 깎고 자르는데 써도 모든 나무를 벨 수는 없고, 도끼로 생선을 다듬을 수 없다. 사람이 태胎로 들어가지 못하고, 새를 알로 되돌리지 못하고, 옷을 입고는 목욕할 수 없고, 비를 맞으며 옷을 빨수는 없고, 약한 불은 모여들게 하지만 강한 불은 물러나게 하고, 돌 하나가 굴러 오면 피하지만 돌들이 굴러 오면 도망을 가는 것은 해害가 커져 이利를 누르기 때문이다.

　쉽게 엎어지는 것은 쉽게 일어나고, 쉽게 이루어진 것은 지키기가 어렵고, 먼 것은 돕기가 쉽고, 쉽게 시작한 것은 쉽게 끝나지 않는다. 유추類推를 잘하면 사람의 첫마디에 알게 되고, 바닷물의 맛은 손가락 하나로 충분하고, 계곡의 물은 발가락 하나로 알게 되고, 배가 앞뒤로 흔들리면 급해도 타지 않고, 나무가 흔들리면 베기를 꺼려하고, 산꼭대기가 까마득하면 오르려 하지 않고, 파도가 크면 바다에 나가지 않는다. 명命을 유추類推하기 어렵다는 것은 손톱 밑의 가시로도 목숨이 위태롭고, 독화살을 맞아도 살 수가 있

---

7) 열네 가지 폐해弊害: 길이 아닌 곳에 길을 만드는 것, 사람이 살 곳이 못되는 곳에 집을 짓는 것, 척박한 땅에 농토農土를 만들면서 수를 세는 것, 수시로 산천계곡을 갈라 지경을 만드는 것, 백성들을 수로 나누어 편을 가르는 것, 분수를 모르고 높고 넓게만 하는 것, 죄罪를 짓고도 벌罰을 애써 피하는 것, 길을 온전히 가지 않는 것, 금하는 바를 교묘히 어기는 것, 현자賢者와 장로長老의 말을 듣지 않는 것, 막무가내로 일을 벌이고도 책임을 피하는 것, 형편에 맞추어 본분을 지키지 않는 것, 경계를 긋고 벗어나지 않는 것, 업장業障을 만드는 것.

고, 여름에 서리가 내리고, 겨울에도 비가 내린다. 유추類推에 통하면 선후좌우先後左右를 알게 되고, 통하면 한 번의 수명壽命으로 고금古今의 의론議論을 알고, 하나의 의지意志로 성현聖賢의 글로 만년의 지혜를 한데 모으고, 변화로 중추中樞를 볼 수 있다.

강직剛直한 자者는 곧기에 빈한貧寒하고, 현자賢者는 지혜가 있기에 시기猜忌를 당하고, 곧은 자者는 바른 말을 하기에 인심을 얻지 못하고, 미인은 아름답기에 버림받고, 청렴한 자者는 깨끗하기에 의혹을 받고, 진실 된 자者는 말이 없기에 의심을 받는다. 진실 된 큰 즐거움은 즐거움이 많지 않고, 진실 된 소리는 시끄럽기만 하지 않고, 진실 된 용勇은 싸우려고만 하지 않고, 진실 된 도끼는 나무만 베지 않고, 진실 된 큰물은 흐르려고만 하지 않고, 진실 된 흙은 숨기려고만 하지 않고, 진실 된 나무는 크려고만 하지 않고, 진실 된 불은 태우려고만 하지 않고, 진실 된 쇠는 빛나려고만 하는 것은 아니다.

하늘이 만드는 것은 세歲와 사시절후四時節侯이고, 땅이 만드는 것은 강산해곡江山海谷과 초목토석草木土石이고, 사람은 술법術法과 제도制度와 기물器物을 만든다. 하늘과 땅이 준 것은 본本이고, 사람은 말末을 만든다. 말末이 본本을 고치려면 뒤집어지고, 말末이 본本보다 커지면 꼬리가 몸통을 흔들게 된다. 사람이 아는 바를 천지만물天地萬物에 비한다면 반드시 보잘 것 없고, 변화하는 것으로 보면 오히려 미미해진다. 하늘의 때는 사람보다 길고, 땅의 곳은 사람보다 넓고, 하늘은 사람보다 오래되고, 땅은 사람보다 변화가 심하니, 때를 타고 곳의 이로움을 얻어야 크게 마땅하나 명리名利로써 만들어낸 이십사폐二十四弊[8]가 있다.

---

8) 이십사폐二十四弊: 말만 그럴듯하여 주위를 현혹眩惑하는 것, 원한을 푼다 하여 선동하는 것, 무리를 모아 애꿎은 자者를 추켜세워 시끄럽게 하는 것, 근본이 어긋나 언행이 뒤틀린 것,

편안하면서 한가로이 노니는 곳에 함정이 있고, 웃으면서 말하는 가운데 칼이 있고, 사치하면 공론公論이 사라지고, 기강紀綱이 흩어지면 사세邪勢가 날뛰게 되니, 마침내 나라에 열이 모이면 인심이 흩어지고, 백이 모이면 시끄러워지고, 천이 모이면 공론公論이 분열되고, 만이 모이면 나라가 기울고, 십만이 모이면 천하가 뒤집어진다. 도당徒黨을 만들면서 입을 모아 외치는 까닭은 명리名利를 도모하려 하는 것이다. 그래서 광야廣野에서 도道를 구하려는 자者가 없고, 이름을 얻으면서 명命을 버리는 자者가 없으니, 반드시 이利를 얻고자 하는 자者는 사람에게서 먼저 구한다.

작은 곳에 뜻을 두면 큰 것을 잊고, 큰 것에 뜻을 두면 작은 것을 잊고, 과녁만 쳐다보면 바람을 잊게 되고, 찌만 쳐다보면 물결을 잊게 된다. 그래서 불을 피우고, 말을 하고, 글자를 만들고, 이기고, 뒤지는 다툼이 모두 명리名利에서 비롯된다. 앞서려고만 하는 마음에 부딪히고 나면 원망을 하고, 원망이 깊어지면 원한을 갖는다. 남을 원망하기보다 나를 원망하는 것이 낫고, 남에게 구하는 것보다는 나에게서 구하는 것이 낫고, 남이 내 이름을 부르기를 기다리는 것보다 스스로 부르는 것이 낫다. 높히는 칭찬은 스스로 만족하고자 하고, 명리名利는 구하기 나름이고, 애증愛憎은 마음먹기 나름이고, 정사正邪는 선택하기 따름이니, 대비하면 급해질 일이 없고, 방비가 있으면 당황하지 않고, 인내하고 견디면 길상吉祥이 따르고, 온갖 복福이 스스로 다가와 화복禍福이 뒤바뀌게 된다.

조석다변朝夕多變하는 것, 난폭하고 잔인한 것, 사람을 사상死傷하게 하는 것, 질투가 심해 이간離間만 하는 것, 스스로에게 유리하도록 정正을 버리고 무리를 짓는 것, 엉뚱한 옛글을 가져와 스스로의 글로 왜곡하는 것, 남의 공功을 가로채는 것, 남의 명예를 가져다 제 이름에 붙이는 것, 괴이怪異한 행동으로 불행하게 하는 것, 스스로의 죄를 남에게 덮어씌우는 것, 쓸모없는 공사를 일으켜 부고府庫를 낭비하는 것, 가르쳐야 하는 자者들이 학교를 버리는 것, 쏠려 다니며 헛소리 하는 것, 배움과 가르침이 어긋난 것, 명리名利를 숨겨 세상에 동정을 구하는 것, 근면하지 않으면서 바라는 것, 사치와 허영에만 밝은 것, 적敵을 흠모欽慕하는 것, 사사로이 죄를 키우면서도 죄를 끊지 않는 것, 쓸모없는 붕당朋黨을 키워 공론空論만을 일삼는 것.

은밀한 행동과 귓속의 말은 누구에게도 들키지 않는다고 여기게 되고, 비밀을 말하지 말라고 하는 것은 멀리 퍼지기를 바라는 것이다.

해를 손바닥으로 가리면 스스로만을 속이게 되니, 천신天神의 눈은 번개와도 같아 털끝만치도 속일 수 없고, 지신地神의 귀는 천둥과도 같아 귀를 구부려 막지 못하니, 눈과 귀를 속이면 정신을 현혹眩惑하게 된다. 시서詩書에 능하다고 적賊을 부수지는 못하고, 부귀한 자者라도 대현大賢을 능멸凌蔑하질 못한다. 작은 지킴이라도 굳건하게 하고, 믿을 바가 한 줌도 있다면 편안한 가운데 밖을 제어할 수 있게 된다. 한 번을 올바르고 세우고, 두 번의 곧은 일을 하고서 큰 뜻을 세우면 만방萬邦이 나를 따르게 되고, 위태로움을 새겨 늘 경계하고, 교만한 마음을 거울로 삼는다면 병화病禍와 재앙災殃이 엄습하지 못한다.

유리하게 이간離間하면서도 무리를 짓고, 명리名利를 위해 사물에 덤벼드는 것은 소리 없는 도적盜賊을 부르고, 마을 어귀에 산적山賊이 기다리고, 밤에 간적奸賊처럼 스며든다. 어리석으면서 방탕하면 몸을 잃어버리는 빌미가 되고, 간악하고도 허탄하면 정신마저 손상되어 보이지 않는 좀벌레가 비집고 들어가고, 천지天地도 그를 버리게 된다. 거짓을 세워 좋아하는 것만을 따르면 육부六腑[9]를 짓밟게 되고, 구규九竅를 막으면서 즐기기를 그치지 않으면 사사四司[10]는 무너져 내리고, 재액災厄이 삶터를 파괴하고, 마땅한 것을 막으면 손바닥으로 얼굴을 가리고, 때와 곳이 없이 화마禍魔가 뿔을 세우고 달려든다.

---

9) 육부六腑: 삼초三焦, 대장大腸, 소장小腸, 담낭膽囊, 방광膀胱, 위胃.

10) 사사四司: 중추中樞, 업산業産, 정명精命, 신명神明.

문득 정신이 올바르게 깨달아지면 기운이 맑아지고, 마음이 온전해지면 몸도 편안해진다. 물음이 바르면 답도 올바르게 되고, 잠이 온전하면 꿈도 좋아지고, 순간의 깨달음을 놓치지 않는다. 종鐘은 두드려야 소리가 나고, 질문도 있어야 대답이 나오고, 바르게 묻는 답으로 명리名利를 삼을 수가 있게 되니, 순간마다 지나가는 끝을 잡게 된다. 농사를 배우려면 게으르지 말고, 장사를 배우려면 능히 마음을 넉넉하게 가져야 하고, 공부 하려면 뜻이 정성스러운지 살피고, 정사正邪의 분별을 하려면 사악한 것이 끼어들지 않게 한다. 지나간 길은 따라가지 않고, 애써 감춘 것은 들추지 않으니, 지나간 흔적을 따라가면 가기는 쉬워도 남기질 못하고, 애써 감춘 것을 들추면 더러운 것만 나오게 된다.

신명神明에 통하게 되면 하늘과 정명定命[11]이 통하고, 땅과 변명變命[12]이 통하고, 사람과 정변명定變命[13]이 통하게 되면 천지天地에 삼통三通[14]이 바르게 선다. 얕은 명리名利로 마음이 흐려지면 처음의 뜻은 달라지고, 얕은 생각에 뜻이 굽혀지면 이룰 수가 없고, 모르는 것을 알아내지 않으면 나아지지 않고, 한 마디를 실천하지 못하면 믿음은 곧 사라지고 만다. 괴로움과 고통을 인내하고, 힘써 일하여 천지天地의 명령을 온전히 따르면 가히 올바르다 하고, 천성天性을 보호하여 뜻을 기르게 되고, 착한 일에 게으르지 않으면 아름다워지니, 진실 된 심신心身이 오늘 사라져도 부끄럽지 않게 된다. 안과 밖의 형체形體에 상응相應하지 않으면 작게 붙여지고, 둘러싼 바가 크게 되면 안팎의 형체가 다르게 되고, 육체의 향락만을 밝히면 육체의 노예가 되고, 육체가 온전하지 않으면서 정신만

---

11) 정명定命: 명命이 정해졌다고 여기는 것.

12) 변명變命: 명命이 변한다고 여기는 것.

13) 정변명定變命: 명命이 정해지기도 하고, 변하기도 한다고 여기는 것.

14) 삼통三通: 천지인天地人을 일관되게 통하는 것.

을 추구하면 정신의 하인이 된다. 지혜가 부족하면 거짓말을 하고, 중추中樞가 부족하면 기울어지고, 재물이 부족하면 훔치고, 인내가 부족하면 포악해진다.

하늘에서 순간 열렸다 닫히는 생사生死와 명리名利의 문은 보이질 않는다. 그러나 하늘의 명命에 따라 생을 이어가 미물도 목숨을 지키는 데에는 몸과 마음을 다하고, 삶을 걱정하고도 애써서 행복을 지키지 않으면 그 명命 또한 사라지게 된다. 부유한 자者가 대업大業을 일으키지 못하고, 왕이 된 자者가 천하를 움직이지 못하고, 학자學者가 큰 학문을 이루지 못하고, 요리사가 진미를 만들지 못하고, 집을 짓는 자者는 제 살 집은 세우지 않으니, 명命을 알게 되면 직職을 통해 업業을 다하게 된다.

마서자麻西子[15]가 미주美酒를 구하여 달문단제達門檀帝[16]에게 헌상하자 맛본 뒤에 물리친 뒤에 이르기를, '이는 광약狂藥으로 이로써 폐폐廢할 자者가 많다'고 하였다. 또한 어느 날 서쪽의 한 자者가 와서 천리마千里馬를 바쳤다. 이를 본 뒤 경계하면서 이르기를, '이유 없이 헌상獻上하는 것은 반드시 바라는 바가 있어 이를 받는다면 사방에서 기이한 것을 바침으로써 그 신하까지도 기이奇異한 것을 탐하게 되니, 반드시 어지러워진다'하고 물리쳤다. 또한 어느 날 크게 차린 밥상을 보고, 이를 물리치며 '한 그릇의 밥과 국도 내 앞에 오는 것은 쉽지 않고, 한 가닥의 실과 한 톨의 곡식도 가난할 때를 생각하고, 그 수고를 잊지 말 것이니, 무릇 근검과 절약은 나라의 대본大本이고, 능히 모든 자者가 이를 힘써 행하여야 한다'고 하였다. 천하의 임검은 기이奇異한 것과 탐하는 것과 이유 없이 받

---

15) 마서자麻西子: 제 6대 달문단제達門檀帝때의 현인賢人.

16) 달문단제達門檀帝: 제 6대 檀帝 (檀紀 252-288 西紀前 2083-2047)

지 않는 바는 죄를 짓는 바탕이 되는 것이니, 기이奇異한 것을 좋아
하면 따라하는 자者들이 많아지고, 까닭 없이 받으면 열배의 명리
名利를 주어야 하고, 사치와 방종은 민심을 해치는 지름길이고, 광
약狂藥은 미치게 하여 심신을 썩게 한다.

　천하의 이언彝言과 가언嘉言일지라도 말할 수는 있어도 행하는
자者는 많지 않다. 만 명의 자者들이 입으로 나라를 걱정하는 것은
명리名利에 본本을 삼고 있는 것인데 울분을 토로하는 자者들은 명
리名利만을 셈 하고, 나서서 떠드는 언행은 무엇인가 얻고자하는
것이고, 백성을 선동하고도 앞뒤가 다른 자者가 있고, 오늘은 옳고
내일은 그르다고 하고, 어제는 진리이나 오늘은 폐륜廢倫이라 하
니, 이러한 자者들은 천하의 이치로도 교화敎化하지 못하고, 내일
의 이치로도 치화治化하지는 못한다. 세상에 가장 허탄한 일은 사
사로이 무리를 모으는 것이다. 스스로 정통이라 하고, 명리名利만
을 궁구窮究하여 패거리를 지어 능멸凌蔑하려 하고, 중오하는 것도
모자라 질시하고, 정사正邪로 세상의 의혹을 끌어다가 뭉쳐 바른
다. 전하는 자者가 옳지 않으면 듣는 자者는 헷갈리고, 듣는 자者가
바로 전하지 않으면 더욱 미혹해지고, 삐뚠 그릇에 좋은 것을 담고
서 억울한 것으로 무리를 지어 떼거리를 쓰게 되면 세상에 큰 화禍
가 된다.

　삼신三神의 은덕을 아는 자者가 적고, 천부天符의 유법遺法을 전
하는 자者가 적고, 단제檀帝의 유법을 지키는 자者 또한 적다. 도道
는 삼가 닦는 자者들은 도리를 힘써 밝혀야하고, 분별이 분명해야
구속이 없어지게 되고, 복락福樂은 치우지 않아야 융성을 함께 누
리게 되고, 큰 재주는 바르게 전해져야 화액禍厄을 짊어지지 않고,
꿈은 함께 꿔야 외롭게 누림이 없다. 일정한 도道라고 하면서 억지
를 부리고, 바뀌지 않는 천지의 도道를 애써 바꾼다고 아우성친다.

입으로만 떠들면 이루어지지 않는 일을 하게 되고, 속이려고만 하면 뒤탈만 생기고, 힘으로만 하면 될 일도 까탈이 생기고, 중추中樞가 없으면 일마다 미움만 생기고, 악을 품고 일을 하면 근심이 생기게 된다. 천하天下의 공의公義가 죽자 궤론詭論이 나타나고, 천하天下의 명의名義가 사라지자 의습義習이 모습을 감추었고, 천신天神과 지신地神이 세상의 바른길을 어렵게 하자 오히려 인신人神이 세상을 가득 메웠다.

　명리名利의 유추類推를 알게 되면 세상에 태어나면서 부터 장차 죽음을 알고, 물건이 만들어지면 장차 쓰일 것을 알고, 길을 가면 장차 다다를 줄 알고, 비가 오면 장차 개일 줄 알고, 기름이 다하면 장차 꺼질 줄 알고, 가득 차게 되면 장차 비워질 줄 알고, 좌左로 굽으면 장차 우右로 굽을 줄 알고, 위로 오르면 장차 아래로 내릴 줄 안다. 사람의 지식은 한 세대를 지키기가 어렵지만 큰 지혜는 만대萬代가 지나도 사라지지 않게 되어 남의 것을 취하려면 내 것을 주어야 하고, 싸움에서 이기려면 적敵을 가볍게 보지 말고, 심신이 편안하려면 선후先後를 알아야 하고, 거취가 분명하려면 진퇴進退를 살펴야한다.

　이치를 깨달으려고 산으로 돌아드는 것은 스스로 깨우치지 못하기 때문이고, 염세厭世하여 사당祠堂을 드나드는 것은 욕심이 채워지지 않았기 때문이고, 스스로 마음을 비우지 못하는 것은 덜려고 하지 않기 때문이고, 깨우치지 못하면서 계도하려는 것은 일으켜 세우지 않으면서 넘어뜨리는 것과 같다. 꿈을 꾸는 자者가 의혹을 품으면 해몽解夢이 생기고, 점占을 보는 자者가 점사占辭를 흩뜨리면 미혹迷惑이 생기고, 길을 가는 자者가 헛갈리면 이정표里程標가 세워지고, 세상에 전하려는 자者가 길을 잃으면 의혹이 앞서고, 공부 하는 자者가 답이 없으면 스승이 있어야 하고, 계획이 어긋난 자者는 절차를 살피고, 욕심을 채우려는 자者는 산사山寺를 찾고, 길을 잃은 자者는 수어水魚를 찾고, 지친 자者는 돌아가 쉴 곳을 찾는다.

삼신三神은 만물을 제 쓰임을 위해 만든 것으로, 사람은 만물의 영장이라고는 하지만 다른 사물을 업신여기지 않아야 하니, 만물은 치우치게 받았을 뿐이고, 사람만이 온전히 받았을 뿐이다. 이러한 연유로 사람은 심신을 위해 사물을 애써 구하려하지 않아야 하고, 먹을 것은 하루치에 두고, 입을 것은 한열寒熱과 사기邪氣를 가리면 되고, 집은 우설풍상雨雪風霜만 가리면 된다. 명리名利의 우열을 다투면 종전宗全이 다르다고 배척하고, 신神이 다르다고 멸시蔑視하고, 한 글자를 더 안다고 우등하다 여기고, 궁색하다고 격이 낮다고 여겨서는 안 된다. 값진 말보다는 한술의 밥을 더 중요하다 여기고, 땀 흘리는 수고보다는 속셈을 귀히 여기고, 천하에 의덕義德을 갖춘 자者라도 재물을 나눌 때 셈을 하고, 선공善功을 말할 때에는 주변을 살피니, 수를 세는 바는 공평公平을 기하고자 하고, 살피는 바는 거리낌을 없애기 하기 때문이다.

나라가 존속하려면 바른 공론公論이 맑아야 이어지고, 망하는 집은 도리가 막혀서 흩어진다. 공론이 사라지면 섬김이 작아지고, 남을 생각지 않으면 등을 돌리게 되는데 이는 교활한 토끼를 모두 잡으면 사냥개가 산으로 올라가고, 물고기를 다 잡으면 그물에 불 놓고, 줄을 잇는 것은 깊은 우물물을 푸지 못한 것이고, 그릇을 넓히는 것은 큰 물건을 담으려고 하는 것이다. 담이 무너지면 안 무너진 것만 못하고, 담이 무너지면 무너지는 집에 깔려 죽는 것보다는 낮지만 거짓으로 거짓을 응대하고, 속임수로 속이려는 것은 기름을 지고 불로 뛰어들고, 물동이를 안고 강물에 뛰어드는 것과 같아 미친 말이라도 스스로 바위에 부딪히지 않고, 미친개라도 스스로 바닷물에 뛰어들지는 않는다.

일세의 수명으로 고금의 의론懿論을 살피고, 일신一身의 의지로 성현聖賢의 지혜를 읽고, 한 해의 계획으로 장계長計를 살피고, 하루의 마음가짐으로 백년의 일을 꾀하고, 재능이 없음을 아쉬움으로 삼고, 변화를 살펴 근본을 잡고, 뜻을 바로 세워 바라는 바를 적게 해야 한다. 책은 말에서 나와 글로 쓰인 것이고, 말은 때에 따라 생기는 것이지만 행하는 곳이 없으면 뜻을 잃게 되니, 고난은 겪어야만 교훈이 남고, 지혜를 다해야 능숙해진다. 아침 해로써 신神의 경건함을 잊지 않고, 신성神聖한 땅의 음식과 공기로 하루를 이어가는 삶을 감사하게 여기고, 삶의 의미를 내 탓으로 여기고, 의미마저 없으면 바른 길을 걷는지를 짚어 봐야 한다. 다투려면 강자와 다투어야만 하고, 주어진 힘으로 억누르려 하지 않고, 재주로 능욕하지 말고, 재물로 능멸하지 말고, 작은 꾀로 큰 지혜를 가늠하지 말고, 용기가 없는 것을 부끄러워하고, 부르지 않는 곳에는 가지 말고, 부른 곳에서는 그 곳의 법을 따르고, 장로長老를 우롱하지 말고, 허탄한 자者들 사이에 끼지 말고, 책무責가 없는 말에는 귀를 기울이지 말고, 어른 앞에 가로지르지 않는 것이 명리名利에 마디가 있는 까닭이다. 사람으로 태어난 것만으로도 감사하게 여기고, 온전한 육신을 받은 것을 감사하게 여겨야 하고, 주어진 명命과 살아가야 할 업業을 마땅하게 여기는 것이 올바른 명리名利에 다가가는 지름길이다.

나라와 민족과 조상을 가진 것을 자랑스러워해야 한다. 나라에는 주권主權이 있고, 그 민족의 어른들이 최선의 길을 택해 지금에 이르렀고, 선조先祖들도 책무를 다해 지켰으니, 또한 앞날에도 지키면서 발전시켜 나가야 할 의무가 있게 된다. 이 땅의 공기와 물과 산과 땅의 은혜가 심신을 길렀으니, 그 뒤를 따라 마땅히 길러내어 전해 줄 책무責務가 있다. 제 자유로만 권리를 착각하지 말고, 주어진 것에도 만족하지 못하면서 핑계만을 그치지 않으면 오히려 가엾어 진다. 대지大地는 만물이 생출회귀生出回歸하는 본本으로 더럽히지 않아야 하니, 땅은 영원히 준 것이 아니요, 맡겨진 것으로 죄를 땅에 쌓지 않아야 한다. 천지天地에 순응한다고 미개하다 여기지 말고, 신神의 모양을 본떠 우상偶像을 만들지 말고, 육체와 정신과 영혼은 신神에 대한 무한의 가치이고, 말로 한 약속은 천하의 가장 귀중한 보물로 여기고, 행은 천하의 소중한 업業이 되니, 언행은 본本이 하나이므로 소중한 책무가 되는 것이다.

천하天下의 마땅함은 오귀五貴[17]로 본本을 삼는데 벗어나게 되면 안타까운 일 네 가지[18]가 있고, 한심한 일 여덟 가지[19]가 있다. 선대先代의 은혜를 모르면 후대後代의 보은報恩이 없고, 어지러운 풍습風習을 핑계로 올바른 것마저 덮어 버리고, 삐뚤어진 씨는 아름다운 결실이 나지 않고, 말만 아름다울 뿐, 행동은 바르지 않으면서 생각만 바른 척 할 뿐 언제나 어긋난다. 스스로 정신을 지키지 않으면 다른 하나가 들어와 지키게 되고, 스스로 몸을 지키지 못한다면 또 다른 하나가 그 몸을 지키게 되고, 전하는 자者가 올바르지

---

17) 오귀五貴: 물은 만물의 근본이 되는 노고를 헤아리지 않고도 스스로 공功을 삼지 않고, 광대해진 뒤에 돌아가는 것, 불은 타올라 만물을 따뜻하게 한 뒤에 재로 돌아가는 것, 나무는 만물을 키우는 공功이 있어도 성장하게 한 뒤에 뿌리로 돌아가는 것, 쇠는 만물을 성숙成熟의 공功이 있어도 연결連絡하게 한 뒤에 녹으로 돌아가는 것, 흙은 만물을 숨기고 드러내어 키우는 공功을 삼지 않고, 광명光明하게 한 뒤에 흙으로 돌아가는 것.

18) 안타까운 일 네 가지: 열심히 일하는 자者가 빈한해져 오히려 가난해지는 것. 아까운 재목이 요절夭折하거나 재능을 썩히는 것, 노인과 어린이가 갈 곳이 없고, 먹을 것이 없는 것, 사람을 다치거나 상하게 만드는 것.

19) 한심한 일 여덟 가지: 놀고먹는 자者들이 오히려 밥그릇을 한탄하는 것, 소박素朴을 잃어 사치와 낭비로 음식과 옷을 내버리는 것, 떼를 지어 시비是非의 중추中樞를 잃는 것, 대의大義를 버리고 소의小義를 내세워 목소리를 키우는 것, 포악한 자者들이 말을 바꾸고 속이는 것, 사사로운 명리名利만이 세상에 가득하여 어지러운 풍습이 만연하는 것, 한 명에 의해 수많은 목숨을 잃는 것, 사악邪惡한 자者가 속이면서 믿음을 저버리는 것.

않으면 반드시 바른 것이 사라져 버린다. 무릇 하나가 열개로 나뉘어졌다고는 해도 다시 하나로 합쳐지니, 하나의 명리名利가 백 개의 표表가 되는데 이를 지키려고 애쓰지 않으면 편한 데로만 가게 되고, 삼가지 않으면 괴롭게 되어 명命 또한 편해지지 않는다. 이를 아는 자者는 명리名利의 단段으로 묶어 소중히 간직하면서 흔들리지 않게 된다.

高 雛 牟

말 잘 타고 활 잘 쓰니, 주몽朱蒙이라 하고,
부여왕夫餘王의 사위되니, 구려句麗에 우뚝 섰네.
하늘을 대신하고, 정精이 지극至極하고,
땅을 대신하여 명철明哲하고,
덕德이 융성隆盛하고,
마음 비워 지혜智慧가 새롭고,
신神을 위해 성성性을 열고,
백성 위해 법法을 세우고,
신시개물神市開物로 공功을 쌓고,
삶을 위해 가르치니,
동명성제東明聖帝가 되어 구려句麗를 모으고,
오가五家로써 오부五部를 삼으니,
단제檀帝의 현신顯身이라!

東 崖

11. 종전론 宗全論

하늘의 도道가 펼쳐지는 것을 종宗이라 하고, 온 누리에 바르게 퍼져나가는 것을 전全이라 한다. 종宗은 잇는 바는 조상祖上으로 본本으로 삼고, 땅의 도道가 드러내는 것을 전全이라 하고, 잇는 바를 부모를 본本으로 삼고, 사람의 도道가 이루어지는 것을 선善을 본本으로 하고, 그 가꾸는 바를 종전宗全의 본本으로 삼는다. 처음 하늘이 열리자 일신一神이 세 몸의 신神이 되어 세 개의 세상을 만들었으니, 하나의 신神은 하늘에 있고, 다른 한 신神은 땅에 있으며 다른 한 신神은 사람에게 있어 삼재三才를 거스르지 않고, 사위四衛를 마땅하게 여겨 섬기는 바가 달라도 반드시 일신一神으로 돌아간다. 세 신神을 둥글게 모으면 오방신五方神과 칠성신七星神이 되고, 만 번을 굴려도 근본은 변하지 않으니, 태양太陽을 믿는 마음처럼 믿음에도 빛이 있어서 항상恒常 가운데에 있으면 마음이 곧 삼신三神이 되어 끝이 없게 된다.

천부경天符經은 옛 법法을 팔십일자八十一字로 나타내 보여 천부天符의 요체要諦가 되고, 사상四象의 성소聖所가 되어 삼신三神은 사상四象과 오행五行의 근원이자, 천하만세天下萬世의 요추要樞가 된다. 쉬운 듯해도 어렵고, 어렵게만 보여도 쉽고, 순서를 바꾸어도 변함이 없고, 천지天地로 드러내어 숭상하게 하고, 뜻을 밝혀 온전히 이루며 되돌림의 이치를 밝히었으니, 만경萬經의 으뜸이자 홍익

弘益의 대본大本이 되었다. 신고神誥는 커발한[1]이 신구神龜의 뜻을 읽고, 천부天符의 해법解法이 되었고, 계경戒經은 삼백예순여섯의 경락經絡이 되니, 만인萬人의 강령綱領이자, 인부人符의 주춧돌이자 치화治化의 대본大本이 되고, 삼황내문三皇內文[2]은 인체人體의 대본大本이 되었다. 한국桓國에는 오훈五訓[3]이 있고, 신시神市에는 오사五事가 있고, 삼한三韓에는 오계五戒가 있고, 조선朝鮮에는 오행육정五行六政이 있고, 부여夫餘에는 구서九誓가 있고, 칠정운천七政運天[4]은 자부선인紫府仙人이 저술著述하고, 오행五行은 창기소蒼其蘇[5]가 저술하고, 육십갑자六十甲子는 소도蘇塗에서 저술하고, 한역桓易은 우사부雨師部에서 저술하고, 팔괘八卦는 태호씨太皡氏가 저술하고, 음양陰陽은 여와女媧[6]가 저술하고, 구궁九宮[7]은 유호씨有戶氏[8]가 저술하였다.

천지天地가 하나로 아직 나누어지지 않고, 혼돈의 상태를 유지한 채 물체가 생기기 전의 상태를 천일天一이라 한다. 만물이 천일天一에서 나왔으나 그 만들어진 바에 따라 각기 갈라지고, 쓰임 또한 달라지니, 지일地一이라 하고, 소박素朴한 천일天一과 지일地一을 받들어 마침내 태극太極이 나타났으니, 만상萬象은 사람을 머금고, 버금으로 인일人一을 품는다. 하늘이 하나로 청정하고, 땅이 하나로

---

1) 커발한: 초대初代 한웅桓雄 (桓紀元年-93년, 西紀前3897-3804)

2) 삼황내문三聖內文: 황제중경黃帝中徑의 별칭. 신시神市의 황부黃部에서 저술.

3) 오훈五訓: 성신불위誠信不僞, 경근불태敬謹不怠, 효순불위孝順不違, 염의불음廉意不淫, 겸화불투謙和不鬪.

4) 칠정운천七政運天: 제일천일第一天日, 제이천월第二天月, 제삼第三천수天水, 제사천화第四天火, 제오천목第五天木, 제육천금第六天金, 제칠천토第七天土.

5) 창기소蒼其蘇: 자부씨紫府氏의 오행설五行說을 밝히고, 오행五行의 부가이론附加理論을 만듦.

6) 여와女媧: 태호씨太皡氏의 여동생, 서방으로 나아가 땅의 여신女神으로 추앙받음.

7) 구궁九宮: 일日, 월月, 수水, 화火, 목木, 금金, 토土, 虛허, 실實.

8) 유호씨有戶氏: 우순虞舜의 아비, 하우夏禹를 혁파革破하고, 동남쪽으로 이주함.

안녕하고, 사람이 하나를 얻어 성현聖賢이 되었다. 천지天地의 기운이 청정하면 만물이 스스로 돌아오고, 땅이 청정하면 만화萬化하고, 사람이 청정하면 만인이 따르고, 하늘이 소박素朴하면 마땅히 따르게 되는 것을 알고, 땅이 소박하면 하늘에 합당해지고, 사람이 소박하면 천지에 거스름이 없고, 하늘에 있으면 허실虛實이 되고, 땅에 있으면 음양陰陽이 되고, 사람에 있으면 견백堅白이 된다.

나라에 현묘玄妙한 도道가 있으니, 유래가 매우 깊어 증리證理하기가 쉽지 않고, 모든 종전宗全이 한桓에서 나와 전해졌으나 갈래를 벗어나지 못하고, 뿌리를 흔드는 것처럼 되었다. 현묘玄妙한 도道가 바르게 전해졌다면 혼탁하지는 않았을 것이고, 종전宗全이 온전히 전해졌다면 추하게 되돌아오지는 않았을 것이고, 아름다운 뜻이 전해졌다면 후손이 조상을 욕보이지 못했을 것이니, 경전經典에 의탁하고, 성스러움에 의거하여 말은 바르게 보일지 몰라도 그 연유한 바를 모르게 되었지만 돌아온 것을 개선하면 만년의 약속이 된다.

단제왕검檀帝王儉은 원圓의 이치[9]로 치화治化하여 창생오교蒼生五教로 삼재三才의 이치를 마땅하게 가르쳤다. 현묘玄妙하고도 깊고, 간단하면서도 만법을 포용하여 어리석거나 마음이 삐뚤어 진 자者들도 마음을 돌리고, 삼한三韓에 머무르기를 기꺼워하였다. 신인神人이 시월상달 하늘에 제祭를 지낸 뒤 북을 치고, 거울로써 밝게 비추고, 검劍으로써 호위하니, 노래하면서 무리지어 환무環舞하고, 신神을 섬김을 기뻐하고, 한 해의 추수를 감사하였다. 나라에서 지내는 제祭를 대제시大祭市[10]라 하고, 삼한三韓에서 지내는 제

---

9) 원圓의 이치: 대원일大圓一로 하늘의 이치를 둥근 원圓으로 보고, 한인桓仁이 나라를 세우고 만물을 창제한 삼재三才의 근본원리.

10) 대제시大祭市: 나라에서 주관하는 제사, 대시大市.

祭를 중제시中祭市[11]라 하고, 마을에서 지내는 제祭를 소제시小祭市[12]라 하는데 능히 한 해의 농사와 다음 한해의 무사無事를 기꺼워하고, 희생犧牲과 제물祭物로 근본에 감사한다. 왕검단제王儉檀帝는 사해四海의 스물여덟 나라를 두루 돌아보고, 각 나라가 천부天符의 이치에 맞추도록 하자 기꺼이 뒤를 따랐다. 구한九桓을 합치고 난 뒤, 삼한三韓으로 나누고, 나라에는 소도蘇塗를 두고, 각 읍邑마다는 서낭당을 두고, 마을마다 돌무덤을 두어 백성들을 지키게 하였다. 삼랑三郎[13]을 두어 종지宗旨를 지키게 하고, 그 의식으로 종문宗門을 세워 이를 지키게 하였다. 옛날에는 사람이 죽으면 동네를 벗어나는 일이 없어 이를 한 곳에 모아 매장하고서 이를 지석支石이라 하였고, 여기에 뭇 무리가 제祭를 지내는 풍습風習이 생기자 단壇을 세워서 이를 지석단支石壇[14]이라 하였다. 또한 큰 산 위에 단壇 세우는 것을 천단天壇[15]이라 하고, 산 밑에는 나무를 둥그렇게 심어 흙을 돌아 세우는 것을 신단神壇[16]이라 하였다.

단제부루檀帝扶婁[17]는 다복多福하고, 재주가 많았는데 창수태자蒼水太子 때에 대홍수로 삼한三韓이 물에 잠기자 오행치수법五行治水法[18]으로 치수治水하였다. 이때의 홍수로 천하가 물로 모두 덮였

---

11) 중제시中祭市: 지역마다 열리는 오일 장터.

12) 소제시小祭市: 민간에서는 종단宗團에서 지내는 것을 종제宗祭, 마을에서 지내는 것을 향제鄉祭, 가정에서 지내는 것을 가제家祭라 한다.

13) 삼랑三郎: 업랑業郎은 업業을 주관하는 것, 원랑遠郎은 먼 거리까지 나아감을 주관하는 것, 백랑伯郎은 자리를 지키면서 주관하는 것.

14) 지석단支石壇: 이립일석二立一石, 고인돌.

15) 천단天壇: 하방상원下方上圓, 차봉신단次峰神壇.

16) 신단神壇: 신명神明이 잘 깃드는 곳에 단壇을 설치한 것.

17) 단제부루檀帝扶婁: 제 2대 단제檀帝 (檀紀 94-153 西紀前 240-2182)

18) 오행치수법五行治水法: 각 지역마다 땅을 오행五行으로 나누고, 상생상극相生相剋으로 수극토水剋土의 이치로 물길을 터서 다스리는 이치.

는데 지나支那의 백성들이 물에 빠져 허우적거리자 유호씨有戶氏의 아들 순舜이 천제天帝에게 구해 줄 것을 구걸하니, 불쌍히 여겨 회계산會稽山에서 제족諸族을 모이게 하였다. 도산왕塗山王과 우순虞舜과 하우夏禹등 수많은 자者들이 몰려드니, 창수사자蒼水使者인 부루태자扶婁太子가 천부天符의 이치를 강강講講하면서 신침神針[19]과 금척金尺[20]등을 전하여 마침내 치수治水를 이루게 하였다. 제위帝位에 올라 신국神國을 다스리면서 주곡主穀을 제일로 삼아 애오라지 앉아서는 농사일과 서서는 하늘의 기운을 살피고, 누워서는 땅의 기운을 살펴 천하天下의 백성들을 돌보자 스스로 감화되었고, 두루 평안하여 뭇 무리들이 다투어 살기를 원하였다. 단제檀帝가 돌아가자 집집마다 단을 세우고, 흙으로 그릇을 만들어서 곡식을 담아 단 위에 놓아두고, 짚을 엮어 덮고, 농사짓는 업業을 감사하고, 이를 기려 주머니 속이나 단지 속에 쌀을 넣는 것으로 그 은덕의 보답으로 부루단지扶婁壇地[21]라 하였다.

세간지자世間之者 가운데에는 위급한 자者들이 있다. 학문만을 일삼으면서도 선례先例만을 따라 업業을 세습하고, 전적典籍에만 의거依據하여 말만 만들어내고, 이것이 아니면 세상이 지탱하지 못한다고 떠든다. 네모난 자루를 둥근 구멍에 맞춰지지 않고, 둥근 자루는 네모진 구멍에 헐겁고, 곧은 것을 굽은 것으로 할 수는 없고, 그른 것을 곧은 것으로 할 수는 없으니, 정의라고 외치지만 움직이지 않고, 움직이면서 말만 내뱉는다. 몇 년을 짜내도 답을 구하지 못하면서도 세상이 어지럽다고만 하고, 스스로의 어지러움을 고칠 줄 몰라 종업宗業마저 해친다.

---

19) 신침神針: 조선朝鮮의 삼보중 하나, 건축물이나 사람의 명命까지 잴 수 있는 자.

20) 금척金尺: 조선朝鮮의 삼보三寶 가운데 하나, 수심과 높이를 잴 수 있는 자.

21) 부루단지扶婁壇地: 단제부루檀帝扶婁를 기리는 것. 밥하기 전 한줌을 덜었다가 단지에 모아 시월 상달에 이 곡식으로 떡을 만들거나 비상시 식량으로 사용함. 업주가리業主嘉利라고도 함.

태양은 빛이 나오는 자리로 삼신三神이 주재한다. 빛을 얻어 생장하고, 하는 바가 없는 듯해도 알게 모르게 따르게 되는 까닭에 동틀 때에 동산에 올라 뜨는 해를 바라보며 경배하고, 저녁에는 해가 지는 강가로 나아가 달이 뜨는 것을 맞아 그 삶을 밝힌다. 한인桓仁이 태어나 다섯 가지의 기氣로 사물을 만들고, 다섯 가지의 가르침으로 깨우치고, 다섯 가지의 상서祥瑞로 다스리고, 한웅桓雄을 보좌하는 오가五加의 무리들도 마음의 빛을 얻어 세상을 살아가는 데에 즐거움을 얻게 하였다. 스스로 화합하고, 모여들어 승평昇平하게 하여 하나로 돌아오게 하였다. 무릇 나라의 근본은 백성이고, 백성의 근본은 먹고 사는 것이고, 먹고 사는 것의 근본은 백성에게 있으니, 백성인 한 사람으로 또한 나라가 유지되는 원리가 되고, 임검 또한 하늘의 기운을 얻고, 땅의 은덕을 입고, 백성의 인력에 유지하여 부명符命[22]에 응한다면 반드시 현묘玄妙한 이치가 다시 선다.

　신시神市의 유법遺法은 전全으로써 계戒를 닦아 사람을 가르쳐서 하늘을 기리는 것이고, 전全이라 함은 사람이 스스로 완전해지는 바를 좇아 능히 그 성품性稟을 통하는 것이다. 선仙으로써 법法을 만들고, 사람으로 하여금 근본根本을 알게 함은 주어진 명命을 알아 선善을 넓히고자 한다. 나라에는 삼사三師가 있고, 모든 마을에는 삼로三老가 있으니, 누구나 이들에게 물어 합당한 의견을 들은 뒤에야 움직인다. 또한 나라 안에는 오가五加가 있어 하늘의 오기五氣를 바르게 따르기에 오주五主[23]가 있고, 하늘에는 육정六正[24]이 있어 육기六氣를 따르고, 하늘에는 칠기七氣를 따르기에 칠인七

---

22) 부명符命: 삼재三才로써 다스리는 권능.

23) 오주五主: 천주天主로 삼신三神, 지주地主로 한인桓仁, 교주敎主로 한웅桓雄, 병주兵主로 치우蚩尤, 정주政主로 왕검王儉.

24) 육정六正: 현좌賢佐, 충신忠臣, 의사義士, 양장良將, 용졸勇卒, 덕우德友.

人[25)]이 있고, 한국桓國에는 오훈五訓[26)]이 있고, 신시神市에는 오사五事가 있고, 단제국檀帝國에는 오가五加가 있고, 신시神市에는 천부삼인天符三印이 있고, 칠회신력七回神曆[27)]과 오행五行이 있으니, 나라의 창생교화蒼生敎化가 있고, 자부선인紫府仙人이 삼황내문三皇內文을 지어 올리니, 책력冊曆과 옥책玉冊은 삼한三韓의 지도리가 되었고, 또한 삼거종三鉅宗이 있음으로써 나라를 지탱하는 종물宗物이 되었다.

대저 환桓은 군셈이고, 한韓은 지키고, 환桓은 큰 샘이고, 한韓은 해가 되니, 개천開天은 여기에서 비롯되었다. 한인桓仁과 한웅桓雄의 옛 법法은 삼신三神의 가르침을 펴서 근본을 잊지 않도록 하는 것이다. 천하의 대본大本은 중추中樞로 나라에는 십이지十二智[28)]와 사물에는 중일中一이 있으니, 이것을 잃으면 성취하지 못하고, 사물이 중심中心을 잃으면 뒤죽박죽되고, 또한 나라가 중추中樞를 잃으면 변란이 생기니, 중추中樞의 대본大本을 소중하게 간직하면 마땅히 나라의 법도法道가 바로 서고, 만인도 이를 마땅하게 따른다면 나라가 저절로 다스려 진다. 효孝의 대본大本은 소련少連과 대련大連[29)]으로 비록 단제檀帝의 대신大臣으로 녹祿을 먹더라도 의리와 순서를 명확히 하고, 나라 안을 승평升平하게 돌보다가 부모가 돌아가자 사흘을 태만하지 않고, 삼년을 근심하는 것을 어여삐 여겨

---

25) 칠인七人: 현인賢人, 양인養人, 량인良人, 범인凡人, 극인剋人, 우인愚人, 반인叛人.

26) 오훈五訓: 주병主病, 주형主刑, 주곡主穀, 주선악主善惡, 주명主命.

27) 칠회신력七回神曆: 첫째 날에는 천신天神, 둘째 날에는 월신月神, 셋째 날에는 수신水神, 넷째 날에는 화신火神, 다섯째 날에는 목신木神, 여섯째 날에는 금신金神, 일곱째 날에는 토신土神에게 감사感謝하고, 기도祈禱하는 것.

28) 십이지十二智: 식신飾身, 공검恭儉, 수학修學, 연업鍊業, 계지啓智, 발능發能, 홍익弘益, 성기成己, 자유自由, 개물開物, 평등平等, 다물多勿.

29) 소련少連과 대련大連: 부루단제扶婁檀帝 때의 중신, 효孝가 깊어 단제檀帝가 이를 기려 삼년상三年喪을 치루는 본본本이 된 것.

부루단제扶婁檀帝가 이들을 고향으로 돌아가 살도록 하였다.

만물은 삼신三神에게서 나와 오행五行으로 돌고, 삼사三師는 사상四象을 맡고, 오성五星은 칠성七星을 관장하여 둥글게 좌선左旋하고, 삼사三師는 사상四象을 관장하여 각角이 지게 우선右旋하고, 저가猪加는 앞장서고, 양가羊家는 뒤를 따르고, 마가馬家는 왼쪽을 보좌하고, 우가牛家가 오른쪽을 보좌하고, 구가狗家는 삼사三師와 함께 가운데를 호위護衛하며 나아간다. 도술道術의 시작은 치우씨蚩尤氏로 바람을 부르고, 귀신鬼神을 부르고, 불과 물을 다스렸고, 음양술陰陽術은 여와女媧가 음양합일陰陽合一로 조종祖宗이 되었고, 오행술五行術은 창기소蒼其蘇가 작술作術하고, 오성五星의 수리數理를 살폈고, 팔괘술八卦術은 태호씨太皓氏가 육십사괘六十四卦의 수리數理를 만들고, 초혼술招魂術은 유인씨有仁氏가 무가巫家의 조종祖宗이 되었다.

종전宗全의 본보기인 제천단祭天壇은 강화江華 마니산摩尼山에 있으니, 오화五花의 형상形象이자 합장合掌한 끝이다. 왕검王儉이 배달신倍達臣을 불러 이르기를, '이제 구한九桓을 통합統合하여 삼한三韓으로 하였다. 그대는 하경下京[30]으로 나아가서 적당한 곳을 골라서 그곳에 삼신三神에게 제祭를 지낼 수 있는 단壇을 만들어라'고 명命하자 배달倍達 아뢰기를, '선제先帝이신 한웅桓雄께서 두루 순수하심에 마침 하경下京을 지나가셨다 합니다. 사냥을 마치고, 배를 타고 돌아오시던 터였는데 잠시 배를 멈추고, 산의 형세를 둘러보고, 이르길 저 곳에 단을 만들어 삼신三神에게 제祭를 지냄이 어떠한가 물으시니, 이에 오가五家들이 모두 합당하다 하였다 합니다. 그곳은 태백太白의 중단전中丹田으로 가히 그 역할을 오천년은

---

30) 하경下京: 지금의 평안북도平安北道 평양.

수행 할 수 있다 합니다'고 아뢰니, 이에 단제檀帝가 배달신倍達臣에게 이르기를, '나의 네 아들 중에 부우扶虞와 부소扶蘇와 부여扶餘와 함께 일을 감당하게 하라'고 명하였다. 혈구穴口[31]에 도착한 배달신倍達神은 곧 주위의 산세山勢를 살피고, 지기地氣와 지형地形을 살폈다. 그리고 가장 높은 산위로 올라서 주위를 보니, 마치 세 발을 가진 솥 모양이고, 다섯 산봉우리는 제단을 보호하기에 충분하고, 오행五行의 상호작용을 보완하는 완벽한 곳이기도 하고, 천하의 요새要塞로 유사시에는 피난처가 될 곳을 정하였다. 강남江南의 장정 팔천 명들을 모아 각각의 일들을 나누어주고, 세 왕자들과 함께 혈구穴口에 성城을 축조하였다. 그야말로 신시神市의 옛 법에 따라 하방상원下方上圓의 이치로 사방 아홉 자로 정방正方으로 하고, 위로는 둥그렇게 여섯 자로 만들었으니, 선세의 깊은 뜻은 만세에 걸쳐 이어졌다고 하겠다.

종전宗全의 십오폐풍十五弊風[32]과 십폐습十悖習[33]은 세월이 지나도 사라지지 않는다. 나라가 망하는 기풍氣風은 모두 여기에서 나와 악惡을 드러내어 길을 막아 방해하고, 잔인하고도 교활하고, 게으르고도 핑계는 그치지 않는다. 옛것을 귀하게 여기지 않으면 지금의 것을 흔하다 여기게 되고, 전해진 것을 귀하게 간직하지 않으면 내일에는 지금의 것을 귀하게 여기지 않는다. 백성들의 교화教

---

31) 혈구穴口: 지금의 강화도 강화포구江華浦口.

32) 십오폐풍十五弊風: 복서卜筮의 길흉吉凶을 살피는 것, 구갑龜甲을 구하려고 거북이를 잡는 것, 방생放生을 위하여 자라를 잡는 것, 이유 없는 돈을 요구하면서 바치는 것, 귀신에게 아첨하려고 논밭을 파는 것, 종당宗黨을 만들어 무리를 짓는 것, 사대가 심하고 패배에 젖어 있는 것, 소국이 대국의 종전宗全을 욕하면서도 따라하는 것, 죄 없는 자者를 가두고 바른 행동하는 자者를 손가락질하는 것, 선善을 행하는 자者를 내치는 것, 악惡이 선善 위로 올라가서 뒤집어지게 하는 것, 간사한 자者이 활개를 치고 밤거리를 누비는 것, 포악한 자者들이 무기를 들고 사용처를 찾는 것, 쓸모없이 무리를 지어 몰려다니는 것, 종전宗全의 편을 가르면서 무리를 지어 다른 종전宗全을 핍박하는 것.

33) 십폐습十悖習: 무상신無上神, 무상교無上敎, 무상전無上典, 무상인無上人, 무상훈無上訓, 무상계無上戒, 무상혜無上慧, 무상복無上福, 무상전無上錢, 무상선無上善.

化는 책무責務를 다하게 하여 서로의 간섭이 적어지게 하고, 위선僞
善을 뒤집어쓰지 않게 하여 의義에서 벗어나지 않게 하고, 종사宗師
가 굴레를 벗어나지 않게 하고, 종훈宗訓을 귀중하게 여겨 종전宗
全을 지켜나가게 되면 나라를 다스리는 근본원리가 모두 이곳에
서 나오게 되어 천하가 상서祥瑞로워지고, 백악百岳이 영험靈驗하
게 된다.

　제천祭天의 뜻은 믿는 바를 하나로 하고, 하나를 섬김에 정성을
다하게 하여 만민이 서로 삼신三神의 후손으로 하나 되는 것을 증
명하고, 온 누리를 이롭게 하라는 명을 받들고, 근본으로 돌아가고
자 한다. 은혜가 퍼져 나라에 큰 제단祭壇을 세우고, 마을에 제단祭
壇을 두고, 각각의 가정에는 제사의 마땅함을 지킨다. 제사祭祀의
이치는 근본으로 돌아가고자 하는 것이니, 모든 자者가 죽으면 혼
魂은 오르고, 백魄은 내리게 되니, 정기精氣는 흩어지나 소멸되지는
않아 후손이 정성과 공경하는 마음이 없다면 옛 선조를 생각하는
마음 또한 없어지게 된다. 기리는 마음이 없으면 하늘이 열어주지
않고, 감사하는 마음이 없으면 땅이 돕지를 않는다. 정성精誠이 없
으면 제사를 지내지 말아야 하고, 정성이 있으면 마음의 선線을 따
라 마땅히 정精이 내리고, 몸을 따라 기氣가 올라가고, 머리로 하늘
을 우러르고, 이미 흩어진 혼백魂魄을 생각하는 것이고, 의식에는
없더라도 혼백魂魄이 합일하게 된다. 심신이 모든 근본을 기리게
되면 아득한 곳에서 온 것을 알게 되고, 부모나 선조先祖 또한 이
땅에 온 이유를 알게 되고, 행적과 즐겨했던 바를 기려 신령神靈과
영령靈靈이 감응하여 강림한다.

　아갑단제阿甲檀帝[34]가 이르기를, '신神은 음양陰陽과 이기二氣를

---

34) 아갑단제阿甲檀帝: 번한番韓의 제 54대 단군檀君 (檀紀 1671-1686 西紀前 663-648)

초월한 존재이니, 사람의 성품性稟에 의뢰한 뒤에는 나타나지는 않는다. 우주 안에 진실 된 신神이 있고, 사람의 몸 안에는 생명이 있어 생명은 영혼의 빛이고, 우주의 안으로 흘러서 매양 물건과 생명生命의 이치에 따라서 나타나 진실한 우주의 신神도 영원불멸永遠不滅인 것이다. 사람의 영대靈臺로 신神이 내릴 때와 신神과 영령英靈이 하나 될 때에 정성껏 원함에 비로소 감응하는 바이다'고 하였으니, 고래古來의 종전宗全이 영혼의 구원을 못 받았고, 지금은 구원을 더 받았다 할 수 없고, 복잡한 종전宗全이 온전한 기도보다 낫다고 할 수 없고, 복잡한 경전이 한마디 말보다 깨달음이 크다고 할 수 없고, 순수한 신도가 종사宗師보다 믿음이 적다고 할 수 없고, 술법이 다르다고 미신이라 할 수 없다.

천지天地를 지키는 신神은 삼신三神이고, 동네를 지키는 것은 천하대장군天下大將軍과 지하여장군地下女將軍이고, 마을을 지키는 것은 서낭당과 장승이고, 집을 지키는 것은 솟대와 신주神柱다. 일월성신日月星辰의 종전宗全은 칠성七星이고, 사두성四斗星35)이 맡게 하였다. 세상에는 믿는 바가 크면 이루는 바도 크고, 종전宗全의 도리에도 어긋나지 않는다. 해마다 시월상달이면 하늘에 제祭를 지냄에 부여扶餘는 영고迎鼓라 하고, 춤을 추면서 노래하고, 음악을 연주하였고, 예맥濊貊은 무천舞天이라 하며, 시월상달에 하늘에 제祭를 지내면서 밤낮으로 노래를 부르고, 마한馬韓은 천군天君이라 하였고, 고구려高句麗는 동맹東盟이라 하고, 삼월과 시월에 크게 모여 제祭를 지내고, 백제百濟는 교천郊天이라 하여 사월에 모여 제祭를 지내고, 고려高麗는 연등燃燈36)이라 하였다. 하늘을 믿는 민족이 열이고, 땅을 믿는 민족이 열둘이고, 사람을 믿는 민족이 육십이

---

35) 사두성四斗星: 북두北斗는 명命, 목숨, 생사生死. 동두東斗는 생장, 교학教學. 남두南斗 성장盛壯, 도덕. 서두西斗는 질액疾厄.

36) 연등燃燈: 천주天主, 지주地主, 병주兵主, 양주陽主, 음주陰主, 월주月主, 일주日主, 사시주四時主.

다. 하늘이 열 면이고, 땅은 열 두면이고, 사람은 육십 면이다. 천신天神이 이로써 사람을 널리 퍼지게 하였고, 지신地神이 모든 자者들을 실어 기르고, 인신人神 또한 멀리 퍼트려 번성하게 하는 까닭이다.

세상에는 종전宗全으로 다투고, 사투四鬪[37]로써 다툼을 그치지 않는 것도 믿는 바가 다르다고 여기는 것이고, 하나의 종전宗全에 만민이 따르게 할 수 는 있어도 만 개의 종전宗全도 한사람을 온전히 믿지 못하게 하여 하나의 종전宗全도 만년동안 온전하지 않고, 만년의 종전宗全도 한 사람을 온전하게 하지는 못한다. 종단宗團을 만드는 바는 명리名利를 모으고자 하고, 명리名利를 위하여 종전宗全을 넘나들고, 순수하지 않은 종단은 세勢만 탓하고, 폐해가 극에 달하면 화액禍厄을 면하지 못한다. 태고太古에는 천신天神을 믿었고, 중고中古에는 지신地神을 믿었고, 하고下古에는 인신人神을 믿었다.

신神을 믿음에 인신화人神化든, 신인화神人化든, 온전하게 사람을 믿게 하면 기쁨이 절로 나고, 사람이 신神을 정성껏 섬긴다면 종전宗全이 온전해짐을 안다. 크게 믿어 의심이 없으면 미혹迷惑이 없어지고, 스스로의 마음을 크게 열어 신神에 의탁依託하게 되면 갈 바가 명확해진다. 천신天神을 잘못 믿으면 정탐情貪이 생기고, 지신地神을 잘못 믿으면 허욕虛慾이 생기고, 인신人神을 잘못 믿으면 육욕肉慾이 생기게 되니, 그 까닭은 옳은 것을 구하는 것과 구하여 옳지 않은 것의 차이뿐이다. 신인神人이 이르는 바는 만인이 다투어 따르고, 현묘玄妙한 이치는 끝 간 데 없고, 종지宗指의 묘妙는 알기가

---

37) 사투四鬪: 명암明暗, 신구新舊, 전후, 상하.

어려워도 색불루단제索弗婁檀帝[38)]가 구서九誓[39)]하고, 신교神敎 또한 오지五指[40)]로서 하나에서 출발하여 뭇 백성에게 갔다가 되돌아왔다.

대변경大辯經[41)]에 이른다. '신시씨神市氏는 전全으로써 계戒를 닦아 사람을 가르치고, 하늘에 제祭를 지내어 사람이 스스로 완전해짐을 쫓아 능히 성품性稟으로 통하고 이로써 참된 것을 이루어지고, 청구씨靑丘氏[42)]는 선仙으로써 술법 삼아 관경管境으로 다스림의 귀함을 알게 하니, 선仙이란 사람이 산에서 내려온 바를 알게 하여 명命을 알게 하여 땅을 넓히고, 조선씨朝鮮氏는 종宗으로써 왕을 세우고, 전典으로써 사람들을 가르쳐서 화화禍를 모두의 책임으로 나누게 하는 것이니, 이른바 종宗이란 사람이 스스로 근본이라는 여겨 정신을 지키고, 아름다운 것을 이루게 하는 것이다. 그러므로 전全은 허虛하면서 하늘에 근본을 두고, 선仙은 실實하고, 밝으면서 땅에 근본을 두고, 종宗은 허실虛實을 바로 세워 사람에게 근본을 두는 것이다'고 하였으니, 종전선宗全仙[43)]이 이루어지는 것을 하나로 말하는 것으로 종宗은 곧고 바른 것이 보물이고, 선仙은 바르게 닦는 것이 지켜내고, 전全은 곧고 바른 것이 전해지고, 천하天下의 보물을 지키고 나가야 한다. 그래서 한桓은 군세어 천부天符를 지켜내고, 한韓은 크게 보위保衛하는 것이니, 큰 샘을 지키는 것이 신시개천神市開天의 큰 뜻이다.

---

38) 색불루단제索佛婁檀帝: 第22代 단제檀帝 (檀紀 1050-1098, 西紀前 1285-1237)

39) 구서九誓: 효자순례孝慈順禮, 우목인서友睦仁恕, 신실성근信實誠勤, 충의기절忠義氣節, 손양공근遜讓恭謹, 명지달견明知達見, 용담무협勇膽武俠, 겸직결청兼直潔淸, 정의공리正義公理.

40) 오지五指: 청아淸雅하고, 깨끗한 것, 허실虛實의 도道를 말하는 것, 부모에게 효도하는 것, 악한 일은 삼가고, 착한 일을 권하는 것, 조상의 신神과 나라의 신神까지 잘 모시는 것.

41) 대변경大辯經: 고려시대까지 전한 역사책, 지금은 전하지 않음.

42) 청구씨靑丘氏: 고시씨高矢氏, 신지씨神智氏, 치우씨蚩尤氏의 후손들.

43) 종선전仙全: 전불성통全祓性通, 선법지명仙法知命, 종립명선宗立明善.

신시神市의 유법遺法은 종宗으로써 계戒를 닦고, 사람을 가르쳐서 하늘을 기리고, 전全으로써 사람을 온전히 알고자 하여 능히 그 성품性稟을 통하여 술법術法을 만들고, 사람에게 명命을 알게 하여 애오라지 그 명命으로써 선善을 넓힌다. 조선朝鮮은 종宗으로써 왕을 세우고, 만인萬人에게 복福을 키워 서로의 기쁨으로 알고, 공동共同으로 화禍를 책임지게 하여 괴로움을 나누고, 근본 된 정신을 지키고, 종宗의 하늘의 밝음으로 성性과 통하게 하고, 전全으로써 땅의 관경管境을 온전하게 지켜 세상에 나온 까닭을 알게 하고, 선善을 근본으로 삼아 사람으로 하여금 온 누리를 이롭게 하여 이름의 마땅함을 알게 한다.

성인聖人이 구원하는 하려 해도 뭇 사람은 따르는 열네 가지[44]를 벗어나지 못한다. 경經을 외우고, 전典을 익히고, 하루 종일 머리를 조아리고, 원하는 것을 모아 손끝으로 빌고, 무릎을 굽혔다가 펴고, 허리를 숙였다가 펴기를 수천 번을 하고, 머리를 바닥에 부딪치고, 형형색색으로 치장하여 신神을 부르는데도 마음만큼 바라는 신神은 돌아오지 않고, 모두 바쳐도 구하는 것을 모두 얻지 못한다. 그러나 자손의 융성을 어느 누가 마다하겠는가마는 어짊을 살피고, 의義로 세상의 의리를 알고, 슬기로 어려움을 넘어서고, 신神으로써 믿음을 지키고, 예禮로써 삶을 지켜도 그 만큼은 된다.

신神이 깃드는 산은 명산名山이고, 신神이 찾아드는 것은 솟대고, 잡신雜神을 끊는 것은 소금이고, 사기邪氣를 물리치는 것은 쑥과 마늘이고, 잡귀雜鬼를 쫓는 것은 장승이고, 귀신鬼神이 깃드는 나무

---

44) 따르는 열네 가지: 만신萬神, 종단宗團, 의약醫藥, 사상思想, 허실虛實, 삼재三才, 사상四象, 오행五行, 술법術法, 귀신鬼神, 육체肉體, 영혼靈魂, 교자敎者, 명리名利.

45)는 신목神木이고, 귀신鬼神이 깃드는 땅46)은 명지冥地고, 신神을 부르는 것은 무자巫者고, 신神에게 묻는 것은 술자術者이다. 삼신三神은 삼신산三神山 위에 있는 천궁天宮에서 산다. 천궁은 네 기둥이 받치고 있고, 북쪽으로는 흑의수제黑衣水帝가 살고, 남쪽으로는 적의염제赤衣炎帝가 살고, 동쪽으로는 청의목제靑衣木帝가 살고, 서쪽으로는 백의금제白衣金帝가 살고, 북쪽으로는 영수靈樹가 크고, 남쪽으로는 영초靈草가 크고, 동쪽으로는 영근靈根이 크고, 서쪽으로는 영지靈芝가 큰다.

단제檀帝가 맑은 기운의 영대靈臺에 앉아 내려다보니, 허실虛實이 때에 맞지 않고, 오행五行이 질서가 없고, 사물이 어지럽고, 수고와 괴로움이 많아 안타깝게 생각하였다. 그래서 조음調音하여 삿된 것을 멀리 가게 하였으니, 비로소 고요하고, 안정하여 막힘이 없고, 사물이 바르게 운행되고, 삿된 것이 돌아와 물러가고, 어두웠던 곳의 구름은 사라지고, 안개는 걷혀 따사로운 바람과 나른한 햇볕에 슬펐던 마음이 사라지고, 괴로운 것이 기쁘게 되고, 원망마저 사라졌다. 이로써 사람들은 스스로 한桓이라 부르기를 자랑스럽게 생각하였고, 널리 사람들을 세상의 이치에 맞게 살아가는 것을 즐겁게 생각하게 되었고, 서로 도와 이끌어 주기를 기쁨으로 여기게 되었고, 법이 없어도 스스로 지키고, 부끄러운 일을 꺼려하게 되었다.

하늘의 뜻을 따르지 않으면 신의神意는 내리지 않고, 땅의 뜻을 따르지 않으면 요덕妖德에 사로잡히고, 사람의 길을 걷지 않으면 복福이 따르지 않고, 삿된 종전宗全은 화禍만 부르고, 안일은 쪼들

---

45) 귀신鬼神이 깃드는 나무: 버드나무, 단풍나무, 측백나무, 상수리나무, 버드나무, 복숭아나무, 오동나무, 싸리나무.

46) 귀신鬼神이 깃드는 땅: 습지濕地, 격지隔地, 극지極地, 사지死地, 궁지窮地, 명지冥地.

리게 하고, 게으름은 피폐疲弊를 부르고, 이유 없는 재물은 손재損財를 부르고, 땀 흘리지 않은 수고는 재앙災殃을 부르고, 끊임없는 질시는 증오를 부르고, 반목反目은 화액禍厄을 가까이 하게 되고, 폐해弊害의 종전宗全만으로는 온전할 수 없으니, 삶의 업業에는 업신業神이 있고, 업신業神은 업책業嘖을 부르는 까닭이 되어 업業으로 보본報本으로 삼고, 선업善業으로 세상을 밝히고, 업業을 행하면서 서로를 돕고, 직職이 생긴 까닭을 바로 알아 천하에 몸을 실어 바른 것을 듣고, 올바로 행하여야 직액職厄을 제거하여 심신의 화禍를 벗는다.

힘써 농사를 짓지 않으면 거두기에 욕심을 내지 못하고, 애써 배우지 않으면 나아갈 계획이 서지 않는다. 그러나 마음이 풍부하면 욕심을 부리지 않게 되고, 구하는 것이 넉넉하면 다투지 않게 되는 까닭이니, 직업이 없으면 무능해지고, 큰 것만 찾아 충실하지 않으면 방탕해지고, 일정한 수확이 없으면 계획이 없어지고, 마음을 다스리지 못하면 엉뚱한 곳에 힘을 쏟고, 거두는 것이 없으면 나아가지 않는다. 제祭를 잘 지내면서 종전宗全의 뜻을 잘 안다 해도 착한 자者가 아니고, 형상을 잘 모시면서 종전宗典만 잘 읽는다고 신神이 기꺼워하지 않고, 제祭만 잘 지낸다고 신神이 예뻐하지는 않는다. 정성이 없으면 겉치레일 뿐이고, 종전宗典에만 얽매이면 뭇 삶을 알지 못하고, 바른 종전宗全은 듣기는 쉬우나 행하기가 어렵고, 뜻은 있다 해도 정사正邪를 구하기가 어렵고, 두텁기 만한 절차는 차례만 알고, 정성만 있다고 하면 방향을 잊고, 정성스럽게 준비만 하면 행하는 바를 잊는다.

하늘이 징조徵兆를 내리자 땅이 받아들이고, 땅이 받아들여 인세人世에 내어놓자 사람의 종전宗全은 문을 닫고서 그물코를 센다. 하늘의 공평公平을 알면 집착하지 않게 되고, 지리地利를 알면 나누게 될 줄 알게 되고, 천지天地의 도道를 알면 마땅함을 알게 된다. 간난과 고초는 이루려는 몫이 되고, 엉기기는 것은 썩는 바의 대가이니, 다투어 이루려면 계획이 있어야 하고, 열 번에 세 번은 내놓는 것을 잊고, 마땅한 것을 얻지 못해 새것만을 구하고자 하고, 바른 것이 없으면서 명리名利에만 집착하고, 쉬운 일만 하려 하여 괴로움이 늘어 가고, 남을 위해 하는 것처럼 일을 드러내고, 정성을 다하지 않고도 복福을 누리려 하고, 어진 것을 버려 믿음이 적어지고, 사사로이 꾀만을 내어 스스로 구속된다.

삼재三才를 잊으면서 사상四象으로만 나누려 하고, 오행五行을 짓밟으면서 칠성七星을 타려 하고, 팔괘八卦를 돌리지 않으면서 구궁九宮의 마땅함을 취하려 하고, 십간十干을 땅에 놓으면서 십이지十二支를 하늘에 올리려 하는 것은 종전宗全의 허실虛實을 모르는 것이다. 귀신鬼神은 사람을 이기지 못하고, 술법術法은 역易을 이기지 못하고, 방方은 원圓을 이기지 못하고, 지地는 천天을 덮지 못하고, 육체는 정신을 앞서지 못하고, 천하天下가 천상天上을 거스르지 못한다. 만인이 부러워하는 귀한 자者가 죽으면 해골을 광야에 장사를 지내는데 귀신을 명당 위에 올려놓고 제사를 지내는 이치로 육체는 근본으로 돌아갔어도 정신이 죽지 않는 것을 귀하게 여기는 것이고, 사람이 천하여 죽으면 마침내 육신을 땅에 되돌리고도 정신을 또한 귀하게 여기지 않게 된다.

옛날 한국桓國에는 무여율법無餘律法[47]이 있고, 신시神市에는 계

---

47) 무여율법無餘律法: 통명무여일감通名無餘一憾, 보흡무여일장普洽無餘一障, 사혹무여세상邪惑無餘世上, 죄과무여지상罪過無餘地上.

경戒經[48]이고, 자부紫府가 구변진단九變震檀[49]을 기록하자 손감巽坎의 효시嚆矢가 되고, 색불루단제索弗婁檀帝가 여덟 가지를 금하는 법[50]을 만들자 뒤에 금법禁法이 생겨나고, 구한九桓에서 종전宗全[51]으로 맡은 바를 나누게 되니, 직책이 아니면 권한을 따지게 되었고, 오가五家의 종전宗全도 여기에서 비롯되었다. 삼한三韓은 홍범弘範[52]으로 팔도八道[53]를 본本을 받았고, 부여扶餘는 오상五常의 계戒로써 스스로 삼가는 바를 귀하게 여기고, 구려句麗는 오정五正[54]으로 종전宗全의 본本을 세웠고, 무가巫家는 육명六命[55]으로 종전宗全을 삼는다.

사물事物과 사람은 삼신三神에게서 나와 공功을 이루어 돌아가고, 천궁天宮으로 돌아들어 만 가지의 선악善惡을 분별分別받고, 하나로 돌아간다. 위로는 삼신三神의 뜻을 알고, 아래로는 뜻을 한데 모아 어울리면 이를 보고, 들어 가슴에 새겨서 젊어서는 보고, 듣고, 행行하고, 늙으면 아름다운 뜻을 새겨 알리고 전해야 한다. 아

---

48) 계경戒經: 참전계경參佺戒經, 성신애제화복보응禍福報應誠信愛濟의 삼백육십육사 三百六十六事.

49) 구변진단九變震檀: 한단桓壇이 아홉 번 변하는 것, 백회百會, 두정頭頂, 미간眉間, 단전上丹田, 양 안兩眼, 양비兩鼻, 인중人仲, 명문命門, 심장心腸.

50) 여덟 가지를 금하는 법: 남을 죽이면 반드시 죽이는 것, 남을 다치게 하면 곡식으로 배상하는 것, 남의 것을 훔치면 그 집의 노비가 되가 되는 것, 소도蘇塗를 훼손하면 잡아 가두는 것, 예의를 잃으면 군대에 징집徵集되는 것, 근면하지 않으면 군軍에 복무하게 하는 것, 음란한 자者는 때리는 것, 사기 치는 자者는 훈방訓放하되 뉘우치면 세상에 알리지는 않는 것.

51) 오가五家: 우가牛加 곡곡穀, 마가馬加 명명命, 구가狗加 형형刑, 저가豬加는 병병病, 양가羊加 선악善惡.

52) 홍범弘範: 오행五行, 오사五事, 팔정八政, 오기五紀, 황극皇極, 삼덕三德, 계의稽疑, 서징庶徵, 오복五福, 육극六極.

53) 팔도八道: 도道, 덕德, 인仁, 지智, 의義, 예禮, 신信, 용勇.

54) 오정五正: 경근敬謹하여 태만하지 않는 것, 효순孝順하여 속이지 않는 것, 염의廉義하여 음란하지 않는 것, 겸화謙和하여 다투지 않는 것, 의명宜明하여 어기지 않는 것.

55) 육명六命: 자손만덕子孫萬德, 장난원리障亂遠離, 업장소제業障掃除, 백장소멸百障消滅, 복덕구족福德具足, 수명장원壽命長遠.

름다운 것은 권하고, 의로운 것은 즐거워하고, 복福은 높이고, 명리名利는 넓히며 괴로운 것은 나누고, 즐거움으로 서로의 삶을 밝히고, 한곳에 모여 살되 서로 침범하지 않고, 산천山川을 존중하여 더럽히지 말고, 위급하면 힘을 모아야 하고, 사사로움만 앞세우지 말고, 명리名利에만 치우쳐 술법術法을 버리지 않아야 한다. 물러서면 어깨를 마주칠 일이 없고, 양보하면 손해라고 여기지 않고, 간악奸惡한 자者라도 근본의 훼손은 원하지 않고, 탐욕스러워도 제 이름을 더럽히는 것을 싫어하고, 패역悖逆해도 제 부모를 욕하면 화를 낸다.

하늘에 있으면 삼신三神이고, 땅에 있으면 삼보三寶[56]고, 사람에게 있으면 삼진三眞[57]이다. 종전宗全의 대본大本은 스스로 힘써 행하고, 근본根本을 잊지 않고자 하는 것이니, 오불종五不從[58]을 참다운 사람이 모를 리는 없고, 마땅한 자者가 사람의 도리를 잊을 리가 없고, 한사람의 종전宗全으로 만인을 온전히 따르게 할 수는 없고, 만인의 종전宗全으로 한 사람을 따르게 할 수는 없다. 삼보三寶의 거종鉅宗[59]을 이은 뜻은 삼재三才를 통하여 삼정三正[60]의 숨은 뜻을 찾아 삼전三田을 단련하면 삼신三神이 기뻐하고, 기뻐함과 노여워함이 천지天地에 쌓이고, 즐거워하고, 슬퍼함이 천지에 가득하더라도 한쪽으로 쏠리는 것만은 경계해야 한다. 천지天 가득한 기운이 제자리로 돌아가 허실虛實이 번갈아 드러나자 하늘의 종전宗全은 둥글게 되고, 땅의 종전宗全은 네모나게 되고, 사람의 종전宗

---

56) 삼보三寶: 천부天符, 금척金尺, 신침神針.

57) 삼진三眞: 성性, 명命, 정精.

58) 불종不從: 부유해지려 하는 것, 사사로이 복만을 위한 것, 인륜人倫을 무시하는 것, 천지天地의 뜻을 거스르는 것, 무고誣告하여 해치려는 것.

59) 거종鉅宗: 검劍, 경鏡, 고鼓.

60) 삼정三正: 천天, 지地, 인人.

全은 세모나게 되었다. 성性은 하늘에서 받고, 명命은 땅에서 받고, 정精은 사람에게서 받는다. 대업大業을 이루는 자者는 하늘의 허기虛氣를 받고, 대업大業의 명리名利를 누리는 자者는 땅의 실기實氣를 받고, 전승하여 성인聖人의 대명大命을 잇는다.

습한 곳에 살면 습해지고, 건조한 땅에 살면 건조해지니, 종전宗全 또한 행하는 바에 따라 다르다. 옛 삼성三聖의 신명神明한 덕으로 천하天下가 감화하고, 하늘의 명命을 받아 천부天符의 인印을 받아 신성神聖한 일이 끊이지 않았고, 사람마저 신화神化되고, 신인神人이 때마다 나타나 진실로 어긋나지 않았고, 혼돈된 것이 정리되어 문명文明이 돌아오게 하였는데 천지개벽天地開闢해도 어지러운 때가 있어서 세상이 사라진듯해도 만법萬法이 나갔다가 되돌아오고, 시간이 부족할 뿐 정성이 부족하지는 않았다. 겸양謙讓이 없으면 신神의 즐거움이 없고, 정성精誠이 부족하면 드러내지 않고, 종전宗全이 바르게 이어지지 않으면 풍속風俗마저 흩어져 신명神明은 온전히 내리지 않으니, 신단수神檀樹는 천하의 중심이 되고, 삼신三神이 드나드는 신문神門 사이에서 근본에 보답하고, 섬김에 게으르지 않는다면 종전宗全의 근본은 사라지지 않는다.

세상世上에는 신神에게 의탁依託하는 것을 보면 제사祭祀로 복락福樂만을 구하고자 하고, 제祭를 지내는 것이 애오라지 귀신에게 절만 하고, 보이지 않는 돌아간 것을 안타깝게 여기지 않고, 길흉화복吉凶禍福을 신神에게 비는 것을 미신迷信으로 여기고, 막연히 기복치성祈福致誠을 잡신雜神으로 여기고, 근원을 몰라 스스로의 어리석음을 치유하지 못하고, 스스로의 지혜를 발견하지 못한다. 요령饒鈴을 흔들고, 주문을 외우기만 하고, 칼을 휘두르기만 하고, 손뼉을 치면서 노래를 부르면서 춤을 추고, 하늘과 땅을 번갈아 가며 쳐다보고, 알 수 없는 것에 기도를 하고, 무릎이 닳도록 허리를 굽혔다가 펴면서 손이 닳도록 비벼대고, 신神 앞에서 갈구한다고 기도를 하면서 노래를 부르고, 계명戒命을 신神의 계시라 하면서 정성의 성패만을 말하고, 재물의 다소多少를 논하면서 신神의 이름만을 팔아대니, 종주宗主의 뜻이 처음에는 그렇지 않았는데도 말류가 되자 차이가 커지게 되었으니, 신神은 작은 정성으로도 움직였으나 말류末流가 되자 응하는 바도 적게 되었다.

알 수 없는 것을 알지 못하는 것은 때가 이른 것이고, 받을 수 없는 것을 받는 것은 사람이 다른 것이니, 말 할 수 없는 것을 말하지 않는 것은 때가 아니기 때문이다. 흔들리는 세상에서는 바른 종전宗全이 아니면 중추中樞를 바로잡기가 어렵고, 아름다운 종전宗全이 아니면 지킬 수가 없고, 큰 종전宗全이 조용해지고, 작은 종전宗全도 지켜나가지 못한다. 세상이 흔들린다고 해도 종전宗全은 흔들리지 말아야 하니, 후세에 아름답게 전하여 하나의 진실을 얻는다면 두려움은 사라지게 된다. 인세人世의 표상表象이 되고, 광대하여 품고, 부드러우면서도 강하다. 공평公平하여 치우치지 않고, 어긋남이 없어 물러서도 손해가 없고, 견실하여 빠뜨리지 않고, 번거롭지 않게 미리 보이고, 종전宗全이 다르다고 배척하지 않아 억지로 믿게 하지 않고, 경전經典으로 다투지 않으면서 미리 전할 것은 전하고, 종사宗師 스스로 어지럽히지 않게 하고, 살아서는 옛것을 잊지 않게 하여 죽어서는 만족하면서 도움을 그치지 않으니, 비록 피는 물로 돌아가고, 살은 흙으로 돌아가고, 뼈는 자손으로 남긴다고 하더라도 마침내 정신은 본향本鄉으로 마땅히 돌아간다. 이를 아는 자者가 바른 종전宗全을 알게 된다.

九桓歌

햇빛이 깃드는 밝은 땅에서 빛을 얻고,
신단수神檀樹 밑에서 스스로 밝아지니,
가르침 받아 구한九桓 되고,
밝은 사람끼리 모여 살면서 즐겁게 되고,
멀리 있어도 그 마음 잊지 말고,
가까이 있어도 다툼이 없으니,
커발한의 참된 덕이로세!
구한九桓이 모여 거스름이 없으니, 어긋남이 없고,
착한 마음 있으니, 해침이 없고, 밝은 땅에 모여 살고,
더러운 땅에 살지 않으니, 하늘땅사람이 모두 밝다.
하나 되어 뭉쳐 기울지 않고, 부끄럽고 의로움이 있으니,
음란하지 않고, 물러섬이 없으니, 믿음으로 등을 돌림이 없고,
나아가서는 힘을 다하고,
들어서는 섬기기를 다하네!

東 崖

12. 정사론 政事論

정사 政事의 대본大本은 백성의 편안함에 있고, 다스림의 근본은 밝음에 있다. 정政은 온 누리를 밝게 살피는 것이고, 사事는 살피는 것을 온 누리에 펼치는 것이다. 처음 세상世上을 만듦에 하나에서 시작됨을 알 수 없고, 세 개로 쪼개어 나누어도 삼신三神에게 돌아가니, 하늘이 대신하여 한웅桓雄을 보내어 구한九桓의 땅에 신시神市를 이루고, 사람이 모여들어 나라가 생겼으니, 홍익弘益의 기치旗幟아래 구한九桓의 백성들이 한데 뭉치고, 비로소 왕검王儉이 삼조선三朝鮮을 세우자 만나라가 천지天地를 따르고, 뭇 나라들이 둥글게 모여 하나를 이루고, 또한 수 없이 써도 근본은 변함이 없으니, 사람이 태양을 바라보는 것처럼 섬기면 천지가 근본으로 돌아가 끝이 없다.

성인聖人의 정사政事는 천하를 맡아 민심을 자유로이 풀어주어 스스로가 교화教化를 이루게 하니, 세상에는 오치五治[61]가 있고, 바르게 풍속을 고치게 하고, 그들 속의 삿된 마음을 없애 모두 한 마음으로 나아가게 하고, 겸양하여 정중하게 하고, 마음을 밝혀 서로 이끌어 주고, 초목도 거리낌 없이 자라고, 기후도 순조로워 만물이 나란히 그 본성本性을 잃지 않아 마침내 하나로 돌아가는데 모자

---

61) 오치五治: 성인聖人의 정사政事, 현군賢君의 정사政事, 패왕霸王의 정사政事, 패왕悖王의 정사政事, 폭군暴君의 정사政事.

람이 없었다. 삼성오제三聖五帝의 시절에는 '나'를 잊게 하고, 누가 나가 누구인지 모르게 하여 '내가 누구 인가'를 묻게 하고, '나'라는 말조차 잊게 하였으니, 지극한 세상이 되자 상인商人도 가게를 꾸리는데 편안하였고, 농인農人도 수고에 만족하고, 공인工人도 기예技藝에 차이가 없고, 대부大夫도 하는 일에 만족하여 분란이 없었다.

정사政事의 초석礎石은 백성을 편안하게 하는 것이고, 정사政事의 펼쳐짐은 백성을 편안하게 하면서 쓰임을 풍부하게 하는 것이다. 쓰임을 풍부하게 하려면 때를 놓치지 않게 하는 것이고, 곳을 놓치지 않게 일을 줄여주는 것이고, 일이 줄여 욕망을 절제하게 하고, 욕망을 절제하여 뭇 사람들의 원寃을 풀고, 조상에게 제를 올리게 하고, 제祭를 올려 천성天性으로 돌아가게 하고, 천성天性으로 돌아가 근본을 잊지 않게 하여 그 근본의 마땅함을 버리지 않게 하는 것이다. 애오라지 먹고 사는 바의 수고를 덜고, 착한 자者를 보호하고, 간악奸惡한 자者들이 무리를 지어 힘없는 자者들을 우롱하는 것을 막고, 업業을 세워 능히 재능을 크게 하고, 큰 계획을 세워 일정하게 하고, 작은 계획을 세워 희망으로 갖도록 하는 것이다. 정사政事의 요체要諦는 백성을 편안히 하고, 근본을 살피게 하는 짬을 주어 천하天下를 소유할 수 있는 자者는 반드시 나라를 지켜내고, 나라를 소유할 수 있는 자者는 가정을 잃지 않고, 집을 잘 다스릴 줄 아는 자者는 그 몸을 잃지 않고, 몸을 잘 다스리는 자者는 마음을 잃지 않으며 마음을 잃지 않은 자者는 천성天性을 잃지 않아 천성天性을 잃지 않는 자者가 곧 천하를 얻게 된다.

현군賢君은 문文과 무武가 교대하게 하여 서로 공평公平하게 쓰이게 한다. 장구한 계책에는 높낮이를 없애어 스스럼 없이 듣고, 나라 안의 지혜를 모아 뭇사람들이 괴롭기 전에 스스로 먼저 행하고,

비천卑賤한 자者라도 의롭고 옳으면 천인의 목숨을 버려서도 그것을 행하게 하고, 하늘에 맹세하면서 땅에 결의하였더라도 그 말이 틀리면 행하지 않는다. 무릇 현군賢君은 스스로의 재주에만 맡기지를 않아 만인이 따라하여 몸을 수고롭지 않아도 만 리 밖에서도 몰려들게 되고, 사형에 처해지는 자者가 있어도 슬퍼하지 않고, 작은 상도 사사로이 주지 않았으니, 이것으로 사형을 받는 자者까지도 죄를 짓는 부끄러움을 알게 되고, 상을 받지 않아도 스스로의 착한 일을 알게 되었다. 때때로 의인義人이 나타나 의행義行하고, 공인工人이 대술大術을 펴서 업業에 힘쓰고, 재능을 다하여 업산業産을 충실하게 하여 속이는 바를 적게 하고, 직책職責에 책무責務를 다하게 하고, 사사로운 경영이 어렵게 하고, 중지衆智를 모아 두루 평안케 하고, 스스로의 재주보다 큰 지혜를 따르고, 편한 말은 내치면서 쓴 말을 가슴에 새기고, 명리名利와 의행懿行의 공과功過를 드러내고, 백성들의 수고와 아픔을 헤아리고, 치평治平 속의 난亂을 경계한다.

세상世上에 왕이라고 말하는 자者들이 있다. 패왕霸王은 임검의 현명이 안팎으로 나타나지 않고, 지혜와 힘의 세력이 번갈아 가며 다투고, 용맹으로 적敵을 이겨 승리를 하고, 외세外勢의 힘을 빌려 재주를 얻어내고, 자기보다 못한 자者는 이기고, 같은 자者와 힘과 기세氣勢를 다투고, 자기보다 강한 자者에는 굽히고, 섣부른 책략策略만을 도모하고, 의義를 핑계 삼아 군사軍士를 일으키고, 불의不義만을 꾸짖어 관경을 폐廢하고, 애꿎은 땅에 침범하여 영토를 넓히고, 희생을 강요하여 성城을 공격하고, 도성都城에 불을 질러 왕王을 끌어내고, 왕王의 자리에 현인賢人을 앉히고도 공功은 나타나지 않는 것은 스스로만을 위해 백성과 군인이 상했기 때문이다. 패왕悖王은 궁궐 안에서는 호사豪奢하여 음악淫樂이 쉬지 않고, 웃음소리가 담 밖으로 그치질 않고, 밤을 지새우며 노랫소리가 그득하고, 부고府庫를 위해 세리稅吏들만 바쁘고, 의자義者의 희생은 아랑 곳하지 않고, 백성을 속이기에 급급하고, 아침과 저녁의 정령政令이 다르고, 얕은 꾀와 간사奸邪한 말만 일삼아 백성을 그물질하고, 급하게 하여 가혹하게 살피고, 영신佞臣으로 하여금 백성을 볶아대고, 아랫사람은 윗사람을 흉보면서 쓸데없는 계획을 하고, 수시로 직책을 만들어 간악奸惡한 자者를 앉히고, 사행射倖을 권장하고, 천금千金을 미끼로 민심을 꿴다. 폭군暴君은 단 한 명을 위해 사사로이 자리를 만들고, 재능이 없어도 마음에 들면 자리에 앉히고, 부富를 소유하고도 백성으로부터 강탈하고, 스스로의 잘못을 백성의 책무責務로 돌리고, 급하게 몰아가기만 할 뿐 도수度數의 제어가 되지 않고, 한두 명에게 권세權勢의 칼자루를 맡겨 휘두르게 하고, 무리를 모아 공론空論을 만들고, 중추中樞를 잃어 정사政事의 기준이 없애 책임을 다하지 않고, 죽어 마땅한 자者들을 앞세우고, 피폐疲弊한 것을 뒤에서 조종하고, 자리에만 연연하여 부끄러운 줄을 모르고, 악법惡法을 만들고서 징구만 하고, 함부로 일을 벌여 나라에 분탕糞湯하고, 장구한 계책을 버리고도 백성을 사지死地로 내몬다. 범군凡君은 군인軍人들에게는 문文을 권하고, 학인學人들에게는 무武를 권장하고, 예禮로 삶을 번잡하게 하고, 금金만을 떠들어 오히려 쫓기게 하고, 배움에만 매달려 자손들이 번성하지 않게 하고, 허망한 법을 만들어 변론辯論만을 일삼아 하고, 주육酒肉으로 날이 새게 하고, 야릇한 음악淫樂으로 귀를 간질이고, 앞뒤가 다른 허탄虛誕한 말만 하고, 귀신鬼神들을 홀대하게 하여 심성心性을 빼앗고, 품성稟性마저 무너뜨려 정신을 흩트리고, 생업生業을 쉬게 하여 가산을 탕진하게 하고, 깊은 우물과 높은 담으로 민심을 소진하고, 넓은 집과 아름다운 정원으로 능히 마음을 흔들고, 풍습을 바꾸어 나라의 우환마저 숨긴다.

인의仁義가 밝은 것이 없으면 밝은 것이 사라지고, 도덕道德에는 힘쓰지 않아 존속하는 근원은 사라지고, 문文이 무武를 비난하자 무武는 문文을 의심하고, 무武가 문文을 능멸凌蔑하자 문文이 무武를 기만하고, 쓰임을 알지 못하여 다투기를 그치지 않고, 오직 한 방향이 아니라 반대의 두 방향으로 가고자 한다. 현자賢者가 지혜의 끈을 풀지 않고, 용감한 자者가 목숨을 내놓지 않고, 박학한 체하면서도 변폐辯弊만을 늘어놓고, 탄식하는 소리가 하늘에 닿고, 척박한 땅에서 목 놓아 슬픈 듯 노래하고, 이름을 드날리려고 깃발을 흔들고, 이름을 던지고도 마땅함을 버리고, 허황된 마음을 들뜨게 하여 눈을 가려버린다.

소나벌蘇奈伐[1]이 이르기를, '대저 천하天下를 다스림에는 어진 이를 얻음을 으뜸으로 하고, 풍속風俗을 바르게 하고, 재정을 넉넉하게 하고, 병력兵力을 강하게 하는 것은 매우 긴요한 일로 그 문무文武를 함께 쓰는 일은 나라를 오랫동안 보존하는 방법이다. 나라가 비록 크다 하여 싸움을 즐기면 반드시 망하고, 함부로 전쟁을 일으키면 반드시 위태롭게 되니, 옛 성조聖祖께서 천하를 태평하게 하는 길은 은혜와 위엄을 베푸는 일이라 하였다. 간적奸賊을 죽여 천하를 편안케 하면 죽이는 것이 마땅하고, 나라를 정벌征伐하여 평안하려면 반드시 쳐야한다. 그러나 문文만으로 다스려 은혜를 베풀면 썩은 고기에 파리가 모여들듯 하여 구더기가 생기고, 무武만으로 정사政事를 하면 위엄만 내세워서 찬 서리가 땅을 덮어 정사政事의 기능이 굳어서 활력이 사라지는 것과 같다'고 하였으니, 무릇 정사政事를 펼침에는 영신佞臣과 간신奸臣은 번갈아 나타나서는 스스로 충현忠賢이라 하고, 폐론斃論을 세상의 공功을 삼아 우자愚者를 능멸凌蔑하고, 죄를 지으면서 들키지 않는다고 여기고, 벌을 피하면서 선善을 일으킨다 하고, 책무를 다하지 않으면서도 일정

---

1) 소나벌蘇奈伐: 第 4代 오사구단제烏斯丘檀帝 때의 상장上將.

한 것만을 바란다.

정사政事의 술법術法[2]은 백성들이 먹을 것이 풍부하고, 여유로 워져 민심이 안정되는 것을 본本으로 삼는다. 법을 강하게 써도 술術은 부드럽게 하고, 정령政令을 때와 곳에 맞추어 내리고, 세 가지의 위험[3]을 피하고, 오졸五拙劣[4]을 넘어 열 가지 망하는 것[5]을 거울삼아 삼대업三大業[6]을 이루면서 만민을 편안하게 해야 한다. 백성은 현명하여 적게 배우고도 암군暗君보다는 낫고, 조금 알아 어리석어도 우매愚昧한 군주君主보다 낫고, 많이 알아도 공론公論을 말하기 어렵고, 아는 바가 없어도 어리석은 대신大臣보다 대론大論을 말할 수가 있고, 나이가 적어도 바른 경험은 소군小君보다 낫다. 나라를 위한다는 마음은 군주나 백성이나 모두 같고, 나라가 번영해야 한다는 마음은 모두 같지만 백가지 가운데 한 가지라도 숨기는 것이 있고, 바르게 이룬다고 말하면서도 속으로는 한 가지 걱정에 속을 태운다.

---

2) 술법術法: 지키는 것, 강한 것, 유연한 것, 속이는 것, 가리는 것, 숨기는 것, 기다리는 것, 회전하는 것, 내리는 것, 모른 체 하는 것, 숙이는 것, 비교시키는 것, 키우는 것, 저장하는 것, 휘두르는 것, 알리는 것.

3) 세 가지 위험: 분수를 잊으면서 높은 지위를 차지하는 것, 공功이 없으면서 실권을 쥐는 것, 지위를 이용하면서 권세權勢를 쥐는 것.

4) 오졸五拙: 사사로이 사용할 목적으로 조세租稅를 걷는 것, 신하가 무능하면서 봉록 이외의 것을 트집 잡아 걷는 것, 사치와 교만을 번갈아 권장하고, 백성을 피폐疲弊하게 하는 것, 명命을 내려도 령令이 서질 않는 것, 세勢를 이루어 떠드는 자者들에게 재물을 내리는 것.

5) 십망十妄: 때 맞춰 흔들리는 자者가 중추中樞를 바로 잡지 못하는 것, 일 안 하는 자者가 일하는 자者를 능멸凌蔑하는 것, 옳은 일을 하는 자者를 그른 일을 하는 자者가 비웃는 것, 작은 일을 하는 자者가 무거운 일을 하는 자者를 시기하는 것, 지위가 높은 자者가 지위가 낮은 자者를 희롱하는 것, 재물이 많은 자者가 재물이 없는 자者를 멸시하는 것, 좌우로 굽은 자者가 곧은 자者를 능멸凌蔑하는 것, 쓸모없는 것에 힘을 쏟아 하는 일을 소홀히 하는 것, 재물로만 가치를 매겨 사치와 낭비가 극에 달하는 것, 쓸모없이 무리지어 사사로이 명리名利에 급급해 하는 것.

6) 삼대업三大業: 만인을 위해 바르게 행하는 것, 사사로움이 없이 책임을 다하는 것, 바른 공론公論을 따르는 것.

망국亡國의 유민遺民에게 나라 없는 바를 물으면 애달프다 하고, 난亂을 피해 고향을 떠난 자者는 눈물만 흘리고, 설움을 당해 본 자者만이 나라가 있음을 감사하고, 망국 속에도 고향이 있음에 힘을 싣는다. 백성이 편한 것만 따르면 어려움에 처하게 되고, 즐거워하는 것만 따르면 극에 달하게 되고, 바라는 대로만 채워주면 어지러워지고, 억울함만 들어주면 술법術法에 얽매이고, 자유로운 것만 따르면 쉽게 살려고 하니, 민심은 한 번 어긋나면 바로잡기 어렵고, 흩어지면 모으기 어렵고, 바른 것이 없으면 어지러워진다. 백성이 흔들리는데 나라가 온전할 리가 없고, 나라가 흔들리는데 백성이 도망갈 궁리를 안 할 리가 없고, 한치 앞을 보지 못하면서 십년을 내다 볼 리가 없고, 한 곳도 바로 펴지 못하면서 백리의 일도 다스릴 리가 없다.

　옛날 삼성오제三聖五帝의 정사政事는 온 누리를 이롭게 하고자 하는 것을 큰 명제命題로 삼았으니, 한인桓仁은 천신天神의 도道로 큰 하늘로 삼고, 처음 나라를 열어 머리는 장식하지 않고, 소머리에 앉아 정사政事를 돌보아 천하에 떨친 것은 오직 하나의 정사政事를 한 것이다. 한웅桓雄은 지신地神의 도道로 땅의 이로움으로 삼고, 만인을 먹여 살렸으니, 둘의 정사政事를 한 것이고, 단제檀帝는 곧 천군天君[7]으로 사람으로 삼고, 하늘에 제사祭祀를 주재하고, 삼재三才를 하나로 모이게 하고, 근본을 잊지 않게 하였으니, 셋의 정사政事를 편 것이다. 이로써 밝음을 한桓이라 하고, 땅으로 천부天符를 보위保衛하는 것을 한韓이라 하고, 상서祥瑞의 빛을 단檀이라 하고, 사람으로 이루게 하여 조선朝鮮이라 한다.

───────────────

7)감군監君: 땅을 크게 지키면서 포악한 것과 도적에게서 백성을 지키고 다스리는 자者.

발리發理[8]가 서효사誓效詞에서 이르기를, '아침 해를 먼저 받는 땅에 삼신三神께서 이를 밝혀 세상에 임하였고, 한님께서 먼저 드러내시어 덕德을 심으시고, 넓고 깊게 하시고자 하니, 뭇 신神들이 한웅桓雄을 추천하여 비로소 개천開天하여 비로소 땅에 임하였고, 치우蚩尤가 세상의 중심中心에 우뚝 서 명성을 떨치니, 만세술법萬世術法의 조종祖宗이고, 왕검王儉이 대명大命받아 구한九桓이 이를 따라 조선朝鮮으로 모였다'고 하였다. 가난을 구제하면 은덕이 남겨지고, 궁핍을 보충해주면 공功이 이루어지고, 포악을 금하면 침략을 막고, 정직과 의로움으로 천하天下의 제도가 본보기가 되면 정사政事가 바로 선다.

홍운성洪雲性[9]이 이른다. '이치를 굽히지 않는 자者는 직신直臣이고, 위세威勢를 두려워하여 굽혀서 복종하는 척하는 자者는 영신佞臣이고, 임검은 근원이고, 신하는 흘러가는 물이 되니, 근원이 흐리면 흘러가는 것이 맑기를 구하질 못한다. 임검이 성인聖人이 되어야 신하가 바른 법이다'고 하였다. 대개 임검의 자리에 있으면서 팔착八錯[10]을 버리지 않으면 영신佞臣과 간신奸臣을 키우는 조건이 되고, 함부로 떠벌리는 열한가지의 말[11]과 함부로 펼치는 열 가지

---

8) 발리發理: 第6代 달문達門檀帝 때 신지神智, 서효사誓效詞를 지음.

9) 홍운성洪雲性: 第25代 솔나단제率那檀帝때 삼랑三郞.

10) 팔착八錯: 사람을 얻기가 어려워도 쓰기 쉽다고 판단하는 것, 천하天下의 공론公論과 천지天地의 움직임이 두 손에 있다고 착각하는 것, 스스로의 뜻을 알아주리라는 막연하게 생각하는 것, 공업功業을 이루면 오래 간다고 얄팍하게 생각하는 것, 어리석어 가르쳐야 한다고 엉뚱하게 생각하는 것, 내적內賊이 지켜 주리라는 어리석게 생각하는 것, 신하가 현신賢臣이자 충신忠臣이라고 생각하는 것, 백성은 온순하여 군주를 물지 않는다고 생각하는 것.

11) 열한 가지의 말: 할 수 없는 것을 할 수 있다고 말하지 말 것, 굽은 것을 펼 수 있다고 말하지 말 것, 그른 것을 바르다고 하지 말 것, 말이 안 되는 것을 말이 된다고 하지 말 것, 없는 것을 있다고 하지 말 것, 나눌 수 없는 것을 나눈다고 말하지 말 것, 줄 수 없는 것을 준다고 하지 말 것, 잘하지 못하는 것을 잘한다고 하지 말 것, 간악奸惡한 것을 착하다고 하지 말 것, 사치와 나태를 여유롭다고 하지 말 것, 지금 어려운데 내일 괜찮아 진다고 하지 말 것.

행동[12]을 조심하지 않으면 백성이 흉보는 벼리가 되고, 한가지의 잘못으로도 흉보는 지도리가 된다. 한 가지의 능한 것이 없더라도 성공하는 것은 사람의 어짊을 잘 이용한 것이고, 열 가지의 능한 것이 많아도 실패하는 것은 스스로의 재주만을 믿는 까닭이 되니, 나라는 한 사람의 것이 아니라 뭇 사람의 것인데도 사사로이 차지하려 다투기를 그치지 않는다.

군신君臣이 서로의 허물을 자기 탓으로 다투어 돌리고, 공功을 굽혀 가벼이 돌리는 것은 나라의 보물이고, 아름다운 정사政事가 의로운 것을 만들고, 얄팍한 술법에만 숨기지 않아서 치우치지 않고, 계책이 원대한 것이라면 현자를 죽여서도 바르게 하고, 장구한 것이라면 왕王을 폐위廢位해서라도 바로 세워야 한다. 간흉도 잘못이 없다 하고, 영신佞臣도 나라를 위한다 하고, 간신奸臣도 종사宗嗣를 거스르지 않는다 하고, 변설辨說하는 자者도 미래를 위한다 하니, 무릇 정사政事는 속이지 않는 덕이 있어야 하고, 번잡하지 않은 예禮가 있어야 하고, 어두운 부분을 끄집어내는 명明이 있어야 하고, 어지러움을 사전에 살피는 찰察이 있어야 하고, 더러운 것을 깨끗하게 하는 인仁이 있어야 하고, 정체를 푸는 혜慧가 있어야 하고, 보이지 못하는 부분을 보아야 하는 안眼이 있어야 하고, 탁한 것을 깨끗하게 해야 하는 의義가 있어야 하고, 어두운 곳을 밝히는 광光이 있어야 하고, 간흉의 음모를 닫게 하는 강剛이 있어야 하고, 천하를 어울리게 하는 수 있는 조調가 있어야 하고, 사사로움에서 자유롭게 하는 공公이 있어야 하고, 만인을 짊어질 신信이 있어야 하고, 천지가 돕는 명命이 있어야 하고, 세勢에서 벗어나게 하는 용勇

---

12) 열 가지 행동: 술법術法에만 의존하여 함부로 움직이는 것, 백성이 요구하는 것을 전부를 들어주는 것, 자유와 평등만을 지나치게 풀어주어 기강紀綱이 없어지는 것, 삼가는 것이 없으면서 기분대로 행동하는 것, 약속을 하고도 지키지 않는 것, 법을 지키지 않아 마땅함을 버리는 것, 눈치만 살피면서 옳고 그름이 없는 것, 곧지 않아 우왕좌왕하는 것, 나라 안의 사기肆氣를 방치하는 것, 장구한 계책없이 일을 마무리 하는 것.

이 있어야 하고, 삿된 것과 어려움을 비켜가는 운運이 있어야 한다.

　나라의 왕王이 국법을 자주 고치고, 신하의 할 일을 자주 바꾸면 백성들도 호오好惡의 심성心性이 들쭉날쭉하게 되어 풍습風習마저 변한다. 모두 제 갈 길만을 버리고, 책무責務를 벗어나려고만 하면 사유四維가 흔들려 정사正邪를 구분할 수 없게 되고, 하나를 잃게 되면 끝내는 모든 것을 잃게 되니, 임검된 자者가 열세 가지[13]를 빠짐없이 살피면 백성을 제어할 수 있고, 신하의 할 일을 늘 살펴 새나가는 것을 막아야 한다. 사람의 자그마한 잘못만을 가지고 그 장점을 덮는다면 성인聖人과 현군賢君은 없게 되고, 큰 공功과 큰 행동에 소선小善이라도 보태지 않으면 성현聖賢을 잃게 되고, 큰 덕德을 모으지 않으면 성인聖人의 일을 잊고, 큰 지혜를 따르지 않으면 현인賢人을 잃어버린다. 사람에게 후덕厚德이 있으면 작은 절개節槪는 묻지 않고, 크게 칭찬할 것이 있으면 자그마한 허물은 묻지 않으니, 좁은 개울에 큰 고기가 살지 못하고, 제비집에 수리가 살지 못하고, 큰 산에서는 여우가 왕王이 되지 못하는 까닭이다.

　성군聖君이 모든 일을 하는 것이 아니라 바른 원리로 제어하고, 정사正邪로써 활성活性하고, 변화의 중추中樞를 지도리삼아 다스림을 펼쳐나간다. 깎고, 다듬고, 잘라내고, 둥글고, 모나고, 길고, 짧게만 하는 것이 아니라 그 덕德을 스며들게 하여 누구의 덕인지 모

---

13) 열세가지: 지지知知, 지지知智, 용용勇, 인仁, 신신信, 의의義, 예예禮, 형형刑, 법법法, 경경經, 학학學, 문문文, 무무武. 임검된 자者가 지지知知만을 가지고 때를 거스르면 곤궁 해지는 것, 지지知智만 가지고 다스리면 지혜로운 척만 하여 술법術法이 피폐疲弊해지는 것, 용용勇만을 가지고 다스리면 스스로의 힘만을 믿는 것, 인仁만을 가지고 다스리면 새장 속처럼 시끄러워 국시國是가 어지러워지는 것, 신신信만을 가지고 다스리면 간신奸臣들이 날뛰는 것, 의의義만을 가지고 다스리면 의의義는 생기나 굳어버리는 것, 예예禮만을 가지고 다스리면 소모하여 거덜 나는 것, 형형刑을 좋아하면 공功이 있는 자는 숨고, 강하게 다스리면 무고無辜한 자者의 원성이 끊이질 않는 것, 법법만을 가지고 다스리면 교묘히 어기고, 궁리만 하여 신용을 잃게 되는 것, 임검이 경경經만을 가지고 다스리면 재물만으로 아귀다툼이 생겨나는 것, 학학學만을 가지고 다스리면 하는 일이 없이 시끄럽기만 한 것, 문문文만을 가지고 다스리면 말만 많고, 병약해지는 것, 무무武는 강인하나 작은 실수를 반복하는 것.

르게 하고, 다툴 필요가 없이 제 할일만 마땅하게 여기도록 한다면 천하의 모든 일들이 순조로워진다. 그러나 왕王이 된 자者가 근원을 알지 못하면서 만인 위에 서려고만 하면 이보다 더 큰 화禍는 없고, 말만 많으면 더 큰 간악奸惡은 없고, 책임을 소홀하면 이 보다 더 큰 재앙災殃은 없다. 안이安易한 정사政事만을 일삼으면 나라가 위태로워지고, 행동은 틀림이 없는데 급히 명예만을 기다리면 사나워지니, 옛 성군聖君 모두 정사政事를 살피기 위해 삼로三老와 오가五家를 둔 것은 아름다운 지혜를 구하자 한 것이고, 흉포한 자者들이 방자한 짓을 하지 못하게 한 것이고, 덕德으로 명리名利에만 치우치는 것을 막고자 한 것이고, 오가五家의 지혜를 써서 기울어지지 않게 한 것이고, 언행이 어긋나지 않게 하여 나라 안에 전해져 책임을 감당할 수 있게 한 것과 관리들이 백성들의 피를 빼는 것을 방지하고자 한 것이다.

정사政事가 오의五宜[14]를 잃으면 시끄럽기만 하고, 거슬러 끝맺음이 없게 되고, 음모만을 불러오고, 원칙은 사라지게 된다. 요행僥倖은 나라를 흔들리게 하는 빌미가 되고, 사치는 검약을 비웃게 되고, 방종放縱은 책무를 짓밟아서 기강紀綱이 쓰러진다. 임검이 공로가 없는 자者에게 상을 줄 수는 없고, 임검이 덕이 없는데 의인義人이 그 목숨을 버리지는 못하고, 임검이 의義가 없으면서 마땅히 따라 올 것이라는 막연한 생각은 미친개에게 팔을 들이밀고, 가을이 오기 전에 거두려는 것과 같다. 무릇 나라에 금하는 제도가 많으면 백성은 가난해지고, 문명의 이기利器가 많아지면 백성은 길을 자주 잃게 되고, 기술을 많이 가지면 기물奇物을 많이 만들고, 법령法令이 가혹하면 도둑이 많아지고, 금기禁忌를 심하게 하면 숨기는 일

---

14)정사政事의 오의五宜: 나라의 외교外交를 크게 일으켜 물산物産을 크게 하는 것, 나라의 도道를 바로 세워 사악邪惡을 몰아내는 것, 간신奸臣과 현인賢人을 구분하여 제대로 앉게 하는 것, 풍속風俗을 새롭게 하는 것, 백성의 주머니를 무겁게 보는 것.

이 많아지고, 제도를 자주 바꾸면 교란되고, 민심을 가늠하지 않으면 헤집는 자者가 많아지고, 간적奸賊들에게 칼자루를 쥐어주면 큰 칼로 털을 나누는 형상이 되니, 이는 옛 성왕聖王들이 가장 경계하였던 것이다.

천하天下를 다스리는 본本은 소유가 아니라 천지가 잠시 맡기는 것이다. 마땅히 책무를 맡은 자者는 주어진 도리를 다해야 하고, 감추어진 때와 곳을 찾아 인재를 양성하고, 대들보에게 믿고 맡기고, 설마 하는 내적內賊들과 언제 있을지 모르는 침략에 대비해야 한다. 무릇 천하天下는 신기神器와 신기神機와 신기神基로 나라의 군주가 자신보다 못한 자者를 요직에 앉히고, 재덕才德이 없는 자者가 자리만 차지하면 운기運氣하지 못해 막히게 되어 썩게 된다. 악인惡人이 칼자루를 쥐게 되면 해괴해지고, 횡포한 자者가 자리를 얻으면 억울한 일이 많아진다. 백성들은 천하를 다스리는 자者에게 생명과 안녕을 맡겼는데 사사로이 외적이 침략하고, 안으로는 도적떼가 들끓고, 나라의 주권을 빼앗기고, 나라 없는 피난민이 되어 떠돈다면 이보다 더 참람僭濫한 일도 없다.

어지러운 나라에는 공功이 없어도 가깝다는 이유로 상賞을 주고, 간흉奸凶이 설쳐대는 나라는 세勢만 잡으려고 잡배雜輩들만 모아서 제 명리名利만 키우고, 지혜가 적은데도 자랑하면서 수고로 허덕이고, 의자義者들이 이유 없이 희생되고, 암군暗君의 이목을 가려 음모를 꾸미고, 무리를 지어 제 말만 앞세우고, 허론虛論을 등에 업어 변명만을 지껄이고, 허황虛荒되면서 가장된 변설辯舌로 오관五官을 가리고, 명命을 내려 교묘하게 바꾸고, 예외를 두어 빠져 나가 잇속만을 채우게 된다. 지혜로운 자者는 눈을 감아 버리고, 착한 자者들은 설자리가 적어지고, 대신大臣은 알력軋轢의 기회로 삼고, 간신奸臣은 세력을 믿고 설쳐대고, 군인軍人들은 경계의 틈을 만들고, 세리들이 설쳐대 백성들은 산으로 세상을 등지게 되니, 이쯤 되면 나라는 있기는 있어도 있으나마나한 나라라고 일컫는다.

　귀한 것은 스스로 귀하다 하지 않고, 허물을 명경明鏡에 비추어 들추지 않고, 허실虛實에 의거하여 공과功過를 드러내지 못하면 뭇사람들은 도道를 갈구하지 않고, 덕德을 머금지 않고, 화和로 구제되고 않고, 사사로운 뜻만 넘치게 되고, 도道의 가지만을 탐닉할 뿐 거스르기만 한다. 허실虛實의 권세權勢로 오행五行과 구천九天의 법에 기대어 만인의 마음을 사로잡으려 하고, 순박淳朴한 마음을 버려 소박素朴마저 지우고, 잡된 것으로 바른 것처럼 속이고, 교활하게 감추어 어린 자者들의 이목耳目만을 사로잡으려고 하고, 삿된 말로 시장으로 끌고 가고, 명리名利로 뭉쳐 도당徒黨을 만들어 시비是非를 다투고, 각자의 앎을 문명文明이라 하면서 성인聖人을 의심하게 하여 가탁假託하게 하고, 허언虛言으로 백성들을 협박하여 미혹迷惑하게 하고, 부끄럽게도 사양하는 일마저 사라졌다.

　시비是非를 다투던 자者들이 학문을 만들어 덕德을 끌어다가 본성本性을 줄이고, 본말本末의 이치를 바꾸어 명리名利를 세우고, 스스로 닦지도 않으면서 이름만을 드날리려고만 한다. 비록 천하에 명리名利가 없고, 큰 것은 작은 것에 희생하게 하고, 삼정三正[15]의 이치를 소박素朴한 눈으로 바라보지 않게 되어 세상은 세상의 것이 되지 않고, 천하는 천하로 돌아가지 않게 하고, 오히려 근본으로 돌아가는 것마저도 방해하려고만 한다. 세상에는 구제하는 것이 없다고는 하지만 세상이 잘 다스려지면 어리석은 자者라도 홀로 다스릴 수가 있고, 혼탁해지면 지혜로운 자者라도 다스릴 수는 없게 되니, 잘 다스려지는 것은 나 홀로 하는 것이 아니라 세상에

---

15) 삼정三正: 성性, 명命, 정精.

달려 있게 된다.

대현자大賢者 고수노高叟老[16]가 이르기를, '정사政事는 치민治民의 도道이니, 하나의 정부政府 아래에도 지방地方의 원願이 다르고, 사람의 문명이 야매夜昧를 따라 같지 않으니, 일률적으로 다스리기가 어렵다. 이를테면 젖이 아니면 어린아이를 키우지 못하고, 밥이 아니면 건강한 자者의 배를 부르게 하지 못하고, 고기가 아니면 노인의 기력을 회복하지 못하고, 약藥이 아니면 병자病者를 치료하지 못하는 바이니, 나라마다 합당한 정사政事가 골고루 퍼지게 하는 것이 정사政事의 요결要訣이다'고 하였다. 무릇 정사政事의 요체要諦는 삼재三才를 거스르지 않는 것이니, 하늘은 땅을 낳고, 땅은 만물을 낳고, 만물은 사람을 낳고, 사람은 몸을 낳고, 몸은 정신을 낳고, 정신은 삶을 낳고, 삶은 민심을 낳으니, 민심이 곧 하늘이자 땅이 되는 이치가 되니, 천지를 거스르면 곧 정사政事도 거스르게 된다. 팔정八政[17]의 풍속風俗을 새롭게 하면 화합化合이 생기고, 비록 우인愚人일지라도 그 뜻을 이루게 되니, 임검에게 잘못된 것을 간하는 것은 벌을 잊어서이고, 남이 버릇없어도 양보하는 것은 지위를 잊는 것이고, 남의 원조를 사양하는 것은 미천微賤을 잊은 것이고, 남의 부족한 것을 가슴 아파하는 것은 가난을 잊어서이고, 위태로운 것을 보고, 제 목숨을 가벼이 여기는 것은 생명을 잊은 것이다.

삼성三聖의 시대에는 백성의 마음이 곧 임검의 마음이었고, 그 마음으로 곧 임검이 나라에 있는 것조차 잊었다. 성왕聖王이 덕德

---

16) 고수노高叟老: 第17代 여을단제余乙檀帝 때에 현인賢人, 정법원론政法原論 저술.
17) 팔정八政: 가난을 구제하는 것, 부족한 것을 메우는 것, 아픈 곳을 어루만지는 것, 화액禍厄을 제거하는 것, 난亂을 정벌征伐하는 것, 재해災害를 없애는 것, 정의正義가 늘 사라지지 않게 하는 것, 도적을 없애는 것.

올 펴서 세상을 구제하는 것은 하늘의 해처럼 따뜻하게 하고, 밝은 것으로 땅의 이利를 따르게 하고, 사람으로서 천지天地를 대신하게 하고도 보답을 바라지 않는 까닭이다. 성군聖君에게 백성은 순수純粹함 그대로 이지만, 현군賢君은 그 백성을 부유하게 하고, 패군霸君은 백성을 수고롭게 하고, 패군悖君은 백성의 등껍질을 뜯고, 폭군暴君은 백성을 피폐疲弊하게 한다. 백성을 보살피려면 하늘과 같이 하여 한 치의 오차도 없게 하고, 땅과 같이 하여 방方의 어두운 곳을 밝히고, 민생民生의 신심愼心을 헤집는 자者를 골라내고, 사치와 허영을 없애고, 근면과 성실을 권하고, 소명昭命을 소중히 하여 생업生業을 잇게 한다.

한문거韓文渠[18]가 말하기를, '오체五體[19]는 치국평천하治國平天下의 기구器具입니다. 도道는 사람이 밟는 것으로 만물로 하여금 이를 알지 못하게 하고, 덕德은 사람을 얻되 마지막에는 스스로 얻음을 말하고, 인仁은 사람끼리 친한 바로 측은한 마음이 생겨야 성숙成熟하는 바를 알게 하고, 의義라는 것은 사람이 마땅히 알 것을 알게 하여 공업功業을 알게 하여 상과 벌이 있어야 하고, 예禮는 사람이 실천하는 바이니, 지킬 것은 지키고 버릴 것은 버리면 인륜人倫을 이루는 바이니, 지키면 질서가 이루어지는 것입니다. 그러나 도道가 없어지자 인仁이 일어나고, 인仁이 없어지자 의義가 나타나고, 의義가 없어지자 예禮가 생기고, 예禮가 없어지자 마침내 다른 도道가 나타나게 됩니다. 도道라는 것도 사시四時처럼 변하여 시대가 변하는 것처럼 법률도 따라 달라져야 합니다. 법은 백성을 다스리는 빌미가 되니, 법法에는 믿음이 없으면 쓰임이 없어지게 됩니다. 그러므로 나라를 다스리는 요령[20]의 제일은 사람의 뜻을 구해야

---

18) 한문거韓文渠: 번한番韓 이벌단군伊伐檀君(檀紀1408-1434 西紀前 900-836)때의 현인賢人.

19) 오체五體: 도道, 덕德, 인仁, 의義, 예禮.

20) 다스리는 요령要領: 입법立法은 바르게 법을 만드는 것, 사법司法은 믿음으로 하는 것, 행정行

하고, 화禍는 윤리가 없는 것에서 시작하여 흥한 것은 막고, 악惡을 버려 넘치는 바를 억제 해야 한다. 술術의 넘치는 것을 막는 것은 패역悖逆이 파고드는 것을 막는 것이고, 색色을 막는 것은 더러움을 없애면서 의심을 적게 하고, 싫어함을 적게 하는 것은 착오가 없게 하는 것과 같고, 학문學文을 넓히는 것은 의문의 씨앗을 줄이고, 행동을 넓게 하여, 말을 좁게 함은 스스로를 닦는 바이니, 삼가 공경하고, 겸손하면서 절약하게 되면 오래 지속되기 때문입니다. 깊고 널리 생각하면 궁한 것이 없어지고 어짊을 가까이 하면 한쪽으로 기울어 몰리는 자者들이 생기지 않게 하고, 엎어지고 넘어지는 것을 막고자 하고, 간사한 것을 멀리하고, 속임수를 배척하면 난亂을 끝내고자 하고, 옛 것을 쌓아서 새것을 알게 하면 이치를 깨달아 변하는 것을 베풀고, 권세權勢를 이루는 것은 맺힌 것을 풀어주고, 재주에 맡기면서 능한 것을 부려 물건을 낭비하지 않게 하는 것입니다. 옛날 성제명왕聖帝明王은 겸손하면서도 뒤에 폐백幣帛으로 어진 자者를 널리 부르고, 한번 밥을 먹으면서 세 번을 일어나고, 한 번 목욕에 세 번의 터럭을 잡으니, 누가 감화되지 않겠습니까? 그러므로 옛 사람들이 죽을 힘을 다해 이룬 것을 지금의 사람들이 가벼이 볼 수 없을 것이고, 옛 사람들이 지킨 것을 지금의 자者들이 줄어들게 해서는 안 되는 것입니다. 귀를 열고, 입을 막아 충간忠諫의 길을 트게 하옵소서!'고 하였으니, 참으로 옳은 말이다.

나라를 다스리려면 세 가지를 근본[21]하고, 삼재三才[22]를 따르고,

政은 바르게 집행하는, 묘책은 짧게 하는 것, 즐거움은 착한 것으로 돌아가는 것, 신神은 지성으로 섬기는 것, 정사政事로 백성을 부유하게 하는 것, 화禍를 밝히는 것, 형세形勢를 높였다가 낮게 하는 것, 적敵을 이기는 것, 군대軍隊를 강하게 하는 것, 복잡하게 하지 않는 것, 마땅함을 버리지 않는 것, 깨끗하게 하는 것.

21) 세 가지의 근본根本: 천시天時, 지리地利, 인화人和.

22) 삼재三才: 천天, 지地, 인人.

사지四支23)를 얻어 근원의 도상圖象24)을 벗어나지 않게 하고, 원圓처럼 높이되 돌고 돌아 제자리로 돌아오게 하고, 방方으로 넓히되 어두움을 밝게 하고, 각角처럼 하늘을 이고, 땅을 밟고 서서 마땅함을 알게 한다. 옛것만을 고집하여 뒤로 떨어지지 않고, 이때를 운전하여 모가 지지 않으며, 이곳의 합당한 것으로 삿됨을 과감히 버린다. 위대하다고 하는 것은 드러나지 않아 같아 보이지만 결국 드러나고, 방대한 것은 복잡한 것 같지만 실마리는 하나고, 광대한 것은 넓어 보이지만 가까운 한 곳에서 시작된다. 시대와 사람이 맞지 않기에 옛것을 가져다가 지금에 쓰기에는 껄끄럽고, 성군聖君의 정사政事를 흉내만 내면 다급해져 제어하기가 어렵기 때문이다.

신인神人의 덕德이 널리 퍼지자 참된 가르침이 행해지고, 세상의 일이 비로소 순탄해지면 현능賢能한 자者가 벼슬에 있고, 노인은 공공公共으로 돌보고, 도적도 의義로써 돌아와 복종하고, 간흉姦凶도 간사姦邪를 닫으면서 감화되고, 간악奸惡한 자者는 소송訴訟을 그치고, 흉포한 자者도 지식의 음모를 닫게 한다. 망하는 정사政事를 하는 자者는 비록 나라가 커도 망하고, 흥하는 정사政事를 하는 자者는 비록 작아도 반드시 흥하고, 아래를 배불리면 성해지는 시초가 되고, 아래에서 많이 거두면 쇠해지는 징조徵兆가 된다. 그래서 정사政事하는 자者가 좌로 굽으면 우가 싫어하고, 위로만 친한 것만 쓰면 아래가 욕을 하고, 앞서서 가려하면 뒤가 욕을 하고, 앞뒤의 생각이 없으면 뒤처지고, 허황虛荒되면 앞날이 불투명해지고, 사사로움만을 경영하면 공공公共의 일은 사라지는 것을 알아야 한다. 형벌로는 풍습을 새롭게 하지 못하고, 살육으로는 간사를 막지 못하고, 법만으로는 빠져나가는 자者를 제재하지 못하고, 가혹

---

23) 사지四支: 북동北冬은 왕王, 하남夏南으로는 제帝, 동춘東春은 군君, 서추西秋는 황皇.

24) 근원根源의 도상圖象: 원圓, 방方, 각角.

하면 어지러움을 막지 못하고, 기교가 많으면 거짓을 추궁하지 못하고, 일을 많이 하면 하나로 모이기가 어렵고, 고민을 많이 하면 우왕좌왕하고, 요구가 많으면 다툼을 그치지 못한다.

색불루단제索弗婁檀帝[25])가 삼조선三朝鮮을 삼한三韓으로 바꾸자 풍속風俗은 순박淳朴해져 도타워지고, 공동의 일에는 힘을 모아 공덕公德이 밝아졌고, 선업善業을 권하고, 예의로써 허물을 바로잡고, 자애로운 기운이 나라 안에 가득하게 되어 삼한三韓이 하나로 돌아왔다. 고수노高叟老가 이르기를, '나라의 정사政事는 백성을 다스림이니, 비록 한 정부政府에 아래에 있으나 원근遠近에 따라 서로 다르고, 백성의 문맹과는 다르지 아니하니, 일률적으로 다스리기 어렵습니다. 유아乳兒는 젖이 아니면 키우지 아니하고, 건장한 자者는 밥이 아니면 배부르지 아니하고, 노인은 고기가 아니면 영양이 부족하고, 병든 자者는 약藥이 아니면 치료하기 어려우니, 사람마다 정도에 맞는 합당한 정사政事를 하여야 하고, 거기에 백성을 교도하고, 법으로 먼저 가르치는 징치懲治를 기본으로 하여 가르치지 않으면서 징치하는 것은 능히 백성을 그물질하는 것으로 교도의 방법으로 항상 의식을 풍족히 하고, 그 뒤 예의를 가르치고, 법法으로써 지도하면 서로 도와 순리대로 물이 흐르듯 아래로 흐르게 하면 산에 도둑이 없고, 길에 흘린 물건을 줍지 아니합니다. 백성을 기르는 다스리려면 백성들이 항시 얻는 바를 끊이질 않게 해야 합니다. 항심恒心이 없으면 사기와 도둑질에 임하게 될 것이니, 배가 고플 때에 먹지 못하고, 살이 차가운데 옷을 얻지 못하면 비록 그 애비라도 자식을 보호하지 못할 것입니다. 옛 말에 창고에 곡식이 충분하여야 예절을 알고, 의식이 풍족하여야 영욕榮辱을 안다고 하였습니다. 그래서 옛날 성제명왕聖帝明王은 심어 나는 것으

---

25) 색불루단제索弗婁檀帝: 第22代檀帝(檀紀 1050-1098, 西紀前 1285-1237)

로 부유하게 하였고, 백성에게 세금을 감해주고, 돈을 빌러주고, 예금하게 하고, 병역兵役을 지게 하는 것은 나라를 위한 것이 아니라 백성을 위한 것입니다. 백성들의 기쁨을 주는 것은 벌에게 꿀을 주는 것처럼 하면 날마다 그 업業으로 나아가니, 상賞을 주지 않고도 백성들을 권하는 것이 됩니다'고 하였으니, 천하 만세의 본보기가 될 말이다. 임검이 많이 가졌다고 비난해서는 안 되고, 스스로 가지지 않았다하여 구하지 않고, 사사로이 법을 만들었다가 없애서는 안 되고, 백성에게 금禁하는 것을 스스로이 행해서는 안 되고, 죽을 자者는 반드시 죽이고, 억울한 자者는 반드시 살려내야 하고, 살아있을 때에는 부족함이 없도록 하고, 죽어서는 시체를 버리지 않고, 나라를 위해 죽은 자者는 반드시 기려야 하고, 적敵에게 충성하는 자者는 반드시 색출索出하여 추방해야 하고, 지위를 이용하여 시끄럽게 하는 자者는 내동댕이쳐야 하고, 무리 짓는 간적奸賊들은 반드시 죽여야 하고, 사심私心만 많은 군주는 자리에서 내쳐야 한다.

구을단제丘乙檀帝[26])가 밭과 들에 메뚜기가 그득하다 하여 직접 나가보니, 가히 메뚜기 떼가 들판을 가득 메우고 있어 이를 본 단제檀帝가 직접 한 마리를 잡아 삼키면서 삼신三神께 제祭를 올리면서 알리자 수일 만에 사라졌다. 참된 군주君主는 맛있는 음식은 나누어 먹고, 천하에 귀한 술이 있으면 강에 부어 나누어 마시고, 직접 밭을 갈고, 밥을 손수 짓고, 음식은 평이하게 먹으면서 의복은 직접 길쌈질하고, 금은金銀으로 장식하지 않고, 고아孤兒나 중병重病의 사람을 찾아가 함께 아픔을 나누고, 훌륭한 뜻이 있는 현인에게 듣고, 삼가 실천하고, 절의節義와 기개氣凱가 높은 자者에게는 합당한 자리를 주고, 간악奸惡한 자者에게는 그 죄를 반드시 묻고,

---

26) 구을단제丘乙檀帝: 第5代 檀帝 (檀紀 236-252, 西紀前 2099-2083)

밥 짓는 연기를 보고 일정해야 비로소 잠자리에 든다.

정사政事의 요체要諦는 백성이니, 무릇 백성 위에 임검이 서면 반드시 원한을 갖게 되고, 나란히 하면 공론公論이 분분해지고, 아래에 선다면 가히 살기 좋은 세상이 된다. 민심을 헤아려 공功을 이루고, 공功을 이루면 민심은 평온해지고, 죄를 짓는다는 것이 백성에게만 있는 것도 아니요, 군주君主에게만 있는 것도 아니나 그 죄를 임검된 자者가 스스로 괴로워하면 백성들은 살기 편해지고, 임검이 책임을 지지 않으려 하면 백성들은 살기가 어렵게 되고, 임검이 괴로움이 많다면 민심은 한 마음으로 반드시 되돌아온다.

흘달단제屹達檀帝[27]가 이르기를, '평안에 위태로움을 잊지 말고, 즐거울 때에 슬픔을 잊지 말고, 사람이 먼 훗날 생각이 없으면 뒤에 궁핍해지고, 한 그릇의 국과 한 그릇의 밥도 나에게 오기가 쉽지 않아 한 가닥의 실과 한 톨의 곡식도 가난함을 생각하라! 근검과 절약은 나라가 부유해지는 근본으로 이것으로 만인이 일치단결하라'고 하였으니, 백성은 열 한가지의 부정不貞[28]한 것으로 다스려서는 안 된다. 옛적에 구년의 대홍수가 있어도 곡식이 쌓이고, 민원이 적더니, 지금은 구년九年의 풍년이어도 곡식이 줄어들고, 민원이 가득한 까닭은 세금을 과도하게 걷고, 헛된 역사役事를 크게 일으키고, 편의만으로 토목공사를 자주 행하고, 급하지도 않은 공무公務를 서두르고, 세상의 재물이 마르게 한 까닭이다.

---

27) 단제檀帝 흘달屹達: 第 13代 檀帝 (檀紀 553-614, 西紀前 1782-1721)
28) 열 한가지의 부정不貞: 변론辯論으로 가르치지 말 것, 신실慎實한 공功을 나누려고 설득하지 말 것, 작은 재주로 크게 보이지 말 것, 피폐疲弊한 것을 꾸짖지 말 것, 셀 수 없는 것으로 미혹迷惑하지 말 것, 죄 지은 바를 노여워하지 말 것, 배우지 못한 바를 멸시하지 말 것, 호악好惡으로 의심하지 말 것, 돈만을 밝혀 미치게 하지 말 것, 미워하는 바로 현혹眩惑하지 말 것, 잴 수 없는 것으로 무현誣眩하지 말 것.

무릇 나라의 흥망이 재물에 있지 않고, 백성의 고통에 있으니, 부유하고, 여력이 있은 뒤에 비로소 거두어 들여야 한다. 장구한 계획 없이 때마다 술책術策을 바꾸면 교사驕奢와 화액禍厄이 생기고, 고통을 능히 헤아리지 못하면 부자父子가 길에서 만나고, 부역賦役의 끝은 머나먼 나라의 일이 되고, 횡액橫厄이 내부에 있음을 알지 못하고도 징치懲治만을 강요하면 천하에서 가장 우스운 일이다. 옛말에 '장차 흥할 정사政事는 흥하고, 망할 정사政事는 망한다'고 하였으니, 나라가 크다 해도 망하지 못할 리 없고, 나라가 작다 하나 큰 나라에 대적하지 못하리란 까닭은 없다.

장일병張一炳[29)]이 이르기를, '임검이 천하天下를 다스림은 하늘을 본本받음이다. 하늘의 도道는 사시를 운행하여 봄여름에 생장하고, 가을겨울에 숙살肅殺하여 기운을 열고 닫음으로 조화를 베푼다. 옛적 삼성오제三聖五帝는 능히 이를 본本을 받아 은택과 인덕으로 봄과 여름을 본本을 받았고, 법령과 형벌은 가을과 겨울을 본本을 받았습니다. 한번 느슨하고, 한번 당겨서 정확하고, 치밀하게 하고, 강하게 닫고 살며시 열어서 팔정八政[30)]을 거스르지 않아 비로소 이루어집니다. 서로의 삶만을 도모하면 끝없는 삶을 추구하고, 법과 형벌만 따르면 네 계절이 흔들려서 조화가 되지 않습니다. 나라를 사람의 몸에 비유하면 임검은 머리고, 신하는 손과 발이고, 백성은 몸통이니, 평소에 몸과 마음이 편하면 손발이 나태해지나 급한 일을 당하면 손발이 민첩해집니다. 이로 볼 때 천하의 모든 일은 잘못과 실수는 안일安逸한 것에서 생기고, 맑고 깨끗한 것은 밝음에서 생기는 것이니, 위로는 하늘의 때를 본本을 받고, 아래로는 땅의 이로움을 살피고, 가운데로는 사람의 일을 살펴서

---

29) 장일병張一炳: 번한番韓 第 46代 다두단군多斗檀君 때 철인哲人.

30) 팔정八政: 개開, 폐閉, 정精, 밀密, 강剛, 유柔, 완緩, 급急.

안일한 것을 근심하여 청정한 것으로써 급한 것과 급하지 않은 것을 알아야 합니다. 완급緩急을 알지 못하면 충성스런 말과 아름다운 술책도 반드시 정사政事를 돕지 못하고, 앞과 뒤가 엇갈리면 경세經世의 이론이나 재치 있는 모략도 효과가 없게 됩니다. 무릇 왕도王道는 인仁으로써 근본을 삼아 능히 천하天下를 다스림에 여유가 없고, 일어남에 시간이 걸리고, 패도覇道는 이로움만으로 근본을 삼으니, 급속하게 일어나 다스림에 쫓기게 되어 왕도王道는 유약하여 망하고, 패도覇道는 강폭해서 망합니다. 대개 하늘의 운수運數가 옛날과 지금이 다르듯이 나라의 정사政事도 이와 같아 왕도王道와 패도覇道는 서로 다르다하나 중추中樞를 지키면 능히 본보기가 됩니다. 문文과 무武를 아우르는 것은 장구한 대책이나 입과 혀로만 따르고, 올바름을 따른다 해도 그 행하는 바가 없으면 경거망동에 불과하고, 종당從黨을 모아 좋아하는 바가 같다하여 모여 떠들고 마시면도 오직 관작官爵의 계급만을 말하고, 인재의 어짊과 어리석은 것은 논하지 않고, 오로지 득실만을 논합니다. 나라를 비웃고, 궁窮한 것을 빙자하다가 우연히 직분을 얻으면 공公을 빙자하여 사私를 경영하고, 명예를 핑계대고 말만 화합하는 척합니다. 염치가 없어지면 사치한 풍습風習과 주색酒色만을 좇고, 장대長大한 뜻을 차버리고, 오로지 사람을 홀리는 데에만 전념합니다. 하늘의 창고는 비고 땅의 뜻은 사라져 버리고, 사람의 재물만을 노리게 됩니다. 우리 열성단제列聖檀帝는 하늘에 응하고, 사람을 순리에 응하게 하고, 개국開國이래 깊은 연못에 임하듯 얇은 얼음을 밟듯, 큰 덕과 지혜로써 정사政事에 임하였으니, 대개 세상의 자者들은 나라의 역사가 깊다하나 기억하질 못하고, 맹목적으로 다른 문화만을 신봉하는 바가 커서 믿는 것으로만 위안삼아 나라의 환란이 여기에서 비롯되는 줄 몰라 나라를 걱정함이 없으면 나라에 활기活氣가 없어지고, 뒤에 따르는 권속眷屬들이 영광된 업적業績이 무색無色하게 하였으니, 성조聖朝들의 개국開國의 뜻은 한 번의 개국이 만년의 약속이 도는 것입니다. 그래서 하늘의 뜻을 물어 복된 땅에 열어 이를 받들어야 합니다'고 하였다. 을밀乙密[31]이 뜻을 받들어 홍익弘益으로 의표儀表로 삼고, 다물多勿로써 표징表徵하니, 나라를 일으킴에 말없이 행하였고, 효충孝忠로 한데 모여 인의仁義로써 뜻을 모아 굳세게 나아갈 때 하늘아래 나라로 지경을 삼으니, 아름다운 풍속이 여기에서 생겨나자 나라의 명성이 그윽해졌고, 나라 안의 홍취興趣가 사뭇 새로워졌다.

임검 된 자者가 백성을 잠시 기뻐하게 하려고만 하면 오망五亡[32]이 있게 되어 이중 한 가지가 있으면 기울고, 두 가지가 있으면 어지러움이 그치질 않고, 세 가지가 있으면 반드시 그 나라는 난亂을 피하지 못하고, 네 가지가 있으면 내적內賊이 가득해지고, 다섯 가지가 있으면 반드시 망한다. 지혜로운 자者는 미리 알아도 입을 다물고, 똑똑한 자者들은 망할 것을 미리 알고서 피하고, 어리석은 자者는 망하는 것조차 모르고, 사사로운 자者는 망하는 까닭을 모르고, 간악奸惡한 자者는 망하는 순간까지 속인다.

왕검단제王儉檀帝가 조서詔書를 내려 이르기를, '평안함에 위태로움을 잊지 말고, 즐거움으로 슬퍼함을 잊지 말아라! 사람이 먼 훗날의 생각이 없으면 뒤에 궁핍이 생기니, 머지않아 닥쳐올 재난災難을 극복해야 하고, 편안한 자者는 교만방자해지기 쉽고, 불편하여 고생이 심하면 화和로 모이고, 편안한 곳에서 방만放漫이 못된 버릇이 되고, 불편한 곳에서 아름다운 버릇이 생긴다'고 하였으니, 다스림에는 뭇사람을 구제하고, 명리名利는 구하되 욕심은 없게 하

---

31) 을밀乙密: 고구려高句麗 第 22代 안장제安藏帝때의 위의선인瑋衣仙人, 을소씨乙素氏의 손자.

32) 오망五亡: 재물을 뿌리고 가까운 세력만을 모아 힘을 실어 사사로이 명리名利를 구하는 것, 먹이를 던져주면서 선동하는 것, 자리에 걸맞지 않은 자者들이 호가호위狐假虎威하는 것, 나라의 창고를 들춰내어 비게 하는 것, 백성들이 사치하면서 방탕하고, 도적이 만연하는 것을 막지 않는 것.

고, 마음은 차분히 갖되 음흉한 생각을 버리도록 한 것이다. 또한 '사람은 거울을 보면 그 연추妍醜가 드러나고, 군주君主의 정사政事를 보면 그 군주君主의 치란治亂이 드러나고, 거울로 형체形體와 정사政事를 보기 전에 이미 사람과 군주君主가 드러난다'고 하였다. 이에 마한馬韓의 웅백다熊百多[33)]가 아뢰기를, '거룩할 손 그 말이여! 성주聖主는 능히 백성의 뜻에 따름으로써 그 길이 넓어지고, 무능한 자者는 독선獨善을 즐기게 되나 능히 그 좁은 곳이라도 반성에 게으름이 없을 것입니다'고 하였으니, 복福은 스스로 닦아 마땅히 나눌 줄 알고, 제천祭天으로 백성들 서로 공경하게 하고, 공업功業에 힘써 널리 이롭게 하고, 나를 비워서 근본으로 돌아가게 한다. 수천 년부터 비롯된 거짓으로 천하天 뒤집어지게 하면서도 하류下類의 정사政事를 일삼아 입으로는 성주聖主의 정사政事를 표방하나 사사로운 명리名利는 뒤로 숨기고, 공평公平에 의탁依託하는 척하고, 탐욕스럽고 포악하면서 앞뒤가 서로 맞지 않고, 책임은 게을리하면서 큰 죄와 사술邪術을 뒤로 숨기고, 백성을 선동하여 적敵을 만들어 주고, 명리名利에는 줏대가 없는 쥐처럼 돌아다니고, 이름에는 미친 말처럼 쏘다니고, 정사正邪를 모르면서도 돼지처럼 먹기만 한다.

불은 타오르지만 재가 많으면 불이 꺼지고, 물은 아래로 흐르지만 막히면 고여 썩게 되고, 나무는 잘 자라지만 울창하면 작은 나무가 크질 않고, 쇠는 단단하지만 뭉쳐 있으면 쓸모가 없어지고, 흙은 만물을 소생하고 숨기지만 갈아엎으면 바탕이 되질 않는다. 구려句麗의 고국천왕故國川王[34)]이 국정을 쇄신하고자 인재를 천거하라고 명命을 내리자 압록鴨綠의 서쪽 좌물촌左勿村에 사는 을파

---

33) 웅백다熊百多: 마한馬韓 第 1代 단군檀君 (檀紀 54-98, 西紀前 2280-2236)

34) 고국천왕故國川王: 고구려高句麗 第 9代 제왕帝王 (檀紀 2513-2531 西紀 179-197)

소乙巴素[35)]를 천거하였다. 임검이 처음 본 자리에서 국상國相으로 삼으면서 이르기를, '국상國相을 따르지 않는 자者는 족속族屬을 죽이리라'고 하였다. 이에 '때를 만나지 못하면 숨어 살고, 때를 만나 일하는 것을 선비에게 있는 일이다. 임검에게 나를 후히 대접하는 것을 어찌 내가 다시 숨어 살까?'고 하고는 지성으로 나라를 봉사하자 정사政事와 교육과 상벌이 쇄신되었다. 또한 선인仙人의 도道를 따르는 젊은이들을 모아 계戒를 지키고, 신神을 위하는 일을 맡기고, 무예를 조의선인皁衣仙人[36)]이 가르치게 하여 나라에 몸을 바쳤으니, 아름다운 풍속을 드러내 백성에게 본本이 되고, 백성을 위하여 존재하니, 비록 촌로村老라도 때를 잃지 않고, 힘을 실어 비로소 거듭났으니, 모두가 힘을 써서 한곳으로 모은 뒤에 공功이 이루어지길 바란다.

큰 숲에 새가 살고, 물이 깊으면 물고기가 모이고, 산이 깊으면 맹수가 모여들고, 밭이 크면 사람이 모여들 듯 나라가 크면 영웅호걸英雄豪傑 또한 모여들었으니, 고구려高句麗가 대국大國이 되는 까닭이 여기에서 비롯됐다. 을파소乙巴素가 이르기를, '신시개천神市開天의 세상은 백성의 열림에 따라서 날로 지극한 다스림이 이르렀다. 만세에 걸쳐서 바꾸지 않는 것이 있으니, 하늘을 대신하여 공功을 이룬다'고 하였으니, 한 나라를 짊어진 자者는 책무가 무거워서 경거망동은 물론 망사실언妄思失言해서도 안 되고, 함부로 무리를 지어서도 안 되고, 호악을 내비쳐서도 안 되니, 이는 어느 한 명이 살아가는 천하가 아니기 때문이다. 군주君主로써 나라를 망치는 자者는 쓸모없는 일에 심신을 지치게 하고, 어리석은 자者는 바른 길마저 버리고, 흉포한 자者는 유능을 무능으로 바꾸고, 허탄한

---

35) 을파소乙巴素: 고구려高句麗 第 9代 고국천제故國川帝때의 대현상大賢相.

36) 조의선인皁衣仙人: 검은 옷을 입은 선인, 위의선인瑋衣仙人이라고도 하지만 조의선인과는 급의 차이가 있지만 같다고 봄.

자者는 옳은 것으로 가장假裝하고, 혼란한 자者는 부고府庫에만 들러붙고, 사사로운 장난의 주인이 되고, 도적을 모아 수장首將이 되어 나라 안의 재물을 마르게 하고, 토목土木을 크게 일으켜 나라 안을 곳곳이 파헤치고, 떠나가는 민심은 뒷전으로 하고, 명리名利에만 매달려 백성을 괴롭히고, 국시國是가 흔들리는데도 십인십색十人十色이 되어 떠들기만 하고, 근본을 지키지 않아 술법術法이 엉망이 되니, 이러한 자者가 임검이 되면 사악邪惡을 대신하는 세상이라고 한다.

강주문姜周文[37)]이 이르기를, '옛날 팽우彭虞[38)]가 산을 파고, 물을 다스림에 백성의 원망이 없는 것은 만인이 공평公平하기 때문이고, 아름다운 궁실宮室을 만듦에 원성이 자자한 것은 사사로움으로 사람을 취했기 때문이고, 그 차이는 성군聖君은 온 누리를 이롭게 하고, 폭군暴君은 스스로를 이롭게 하였기 때문이다. 사람을 이롭게 하기 위해 삼가 듣기를 겸하면 듣지 못 할 바가 없고, 스스로를 이롭게 하면 편벽하게 들어 원근遠近의 구분이 없어져 정사正邪가 불분명해져 남이 모르게 행하면 스스로 욕되고, 스스로를 모르게 하면 만인을 욕되게 할 것이다'고 하였으니, 성인聖人의 정사政事는 천년에 한 번 있지 않고, 마땅하게 보좌하는 자者도 백년에 한 번 나타날까 말까 하다. 근본이 올 바르면 힘을 헛되이 하지 않게 하고, 식음食飮에만 치중하지 않게 하여 모든 자者가 스스로 깨우치도록 하고, 각자의 명리名利에만 집착하지 않게 하고, 알 수 없는 이론에는 빠지지 않게 한다. 나라가 강해지면 군대도 강해지고, 궁핍하면 내적內敵이 준동하고, 나라가 흥하려면 반드시 상서祥瑞로운 일이 생기고, 장차 망하려면 요망한 것이 생기고, 살피지 않

37) 강주문姜周文: 第26代 추로단제鄒魯檀帝 때 현인.
38) 팽우彭虞: 단제왕검檀帝王儉 때에 치수治水의 관직명.

으면 화복禍福이 앞에 와도 모르고, 천지조화天地調和의 징조徵兆가 보이지 않는다. 나라가 흥하려면 오래 걸리고, 망하는 것은 잠깐이고, 넘어지면 일으켜 세우기 어렵고, 일으켜 세우면 넘어뜨리기 쉽고, 큰 정사政事의 벼리는 만년이 지나도 변함이 없고, 구년九年 흉년에도 남는 것이 있고, 작은 정사政事는 하루가 지나도 드러나고, 구년九年의 풍년에도 모자라게 된다. 앞장서서 끌면 뒤에서 지키면서 따르고, 위에서 옳은 것을 권하면 아래에서 바르게 따르고, 오른쪽에서 산을 깎으면 왼쪽에서 바다를 메우고, 남자를 배우게 하면 여자는 깨우치게 하고, 남자가 지면 여자는 이고 따라 간다.

　정사政事를 한다는 자者들의 말은 반드시 임검에게 의탁依託한다 하고, 옛날보다 더욱 훌륭하게 만든다고 하고, 풍속風俗을 급격히 변화하여 큰 바람과 큰 칼을 휘둘러 수만리의 바다를 메우고, 수천척의 산을 깎을 기세로 덤벼 번잡한 일만 만들고, 미성未成의 기대를 크게 하여 마침내 꿈 꾼 것을 이루지도 못한다. 속이는 자者와는 한때도 함께 하기가 어렵고, 생각이 다른 자者와는 한곳도 갈 수는 없고, 광포한 자者와는 용기를 말할 수 없다. 백성의 마음은 하늘을 닮아 평등해지기를 바라고, 땅의 마음을 닮아 끝이 보이지 않아도 달려가고, 하나의 명리名利로도 불구덩이로 뛰어 들고, 하나의 공평公平을 잃어 간교奸巧하고, 심신心身을 불태우고도 바람을 다하지 못하고, 불변不變하는 하늘의 때를 가지고 시비是非하는 자者와는 섞이지 못하고, 곳에 따라 기만하는 자者와는 같이 서있을 수 없고, 사람으로 핑계만 대는 자者와는 시비是非를 논하지 못하고, 속이면서 장난하는 자者와는 한 때와 곳이라도 숨 쉬어서는 안 되니, 밝은 빛도 이런 자者들에게는 어두워지고, 밝은 땅도 이런 자者들에게는 피폐하게 되고, 밝은 사람도 이런 자者들에게는 끝이 좋지 않게 된다.

황노명黃老明[39]이 해모단제奚牟檀帝[40]에게 아뢰기를, '임검된 자者는 시작은 잘하고, 끝을 잘하는 자者는 적으니 어찌 얻기는 쉽고, 지키기는 어렵지 아니 하겠습니까? 대개 근심하면 정성을 다하여 사람을 사랑하고, 안일安佚하면 물건을 가벼이 여깁니다. 사람을 사랑하면 비록 원수라도 같은 마음이 되고, 물건을 가벼이 여기면 친척이라도 헤어지고, 위엄으로 다스리면 겉으로는 쫓으나 마음속은 쫓지 않습니다. 사람의 왕王으로써 욕심이 일어나면 족함을 알고, 정도正道가 지나침을 보면 그치는 것을 알고, 위험하면 겸손을 생각하고, 가득 차 넘치면 줄어드는 것을 알고, 욕망이 넘치면 끊어짐을 생각하고, 안락安樂하면 음탕해지는 것을 알고, 삿된 것을 보면 바름을 생각하고, 형벌을 행하면 노하는 것을 알아야 합니다'고 하였다. 경국經國의 재주가 없으면 먼 날을 기약하지 못하고, 힘과 정성이 있어도 실패를 면하지 못하고, 작은 공功이 있어도 사도邪道로는 끝이 보이고, 작게 이룬 것을 의심하면 크나큰 것은 맡길 수가 없고, 작은 풀도 키우지 못하면 큰 나무의 그림자도 의혹하고, 지붕 위에 앉아서도 서까래가 불에 타는 것을 모르게 된다.

왕검단제王儉檀帝가 이르기를, '사람이 거울을 보고, 곱고 미운 것이 절로 나타나듯 정사政事도 임검이 거울을 보면 치란治亂의 정사政事가 드러난다. 성주聖主와 암군暗君이 드러나고, 백성의 뜻을 물어 공법公法을 만들고, 이를 천부天符라 할지니, 법행法行을 어기는 자者가 없을 것이다'고 하였다. 삼사오가三師五家들이 이를 받들어 행하자 나라 안의 풍습風習이 사뭇 달라져 부모에게 효도하고, 처자妻子는 양육하고, 형제를 사랑하고, 장로는 공경하고, 노약자는

---

39) 황노명黃老明: 第 27代 두밀단제斗密檀帝의 태자태부太子太傅 이자 국태사.
40) 해모단제奚牟檀帝: 第 28代 檀帝 (檀紀 1364-1392 西紀前 971-943).

은혜를 베풀어 땅위의 것들을 평등하게 하고, 사람은 능력을 다하여 마땅히 할 일에 최선을 다해야 한다. 성군聖君이 나타나자 하늘도 사시四時를 순조롭게 하고, 땅이 이로움을 주자 지리地利가 날로 새로워져 천하天下를 밝히게 되니, 치우천왕蚩尤天王도 신시神市의 제도를 고쳐 의義를 세우고, 능히 하늘에 제사를 지내 삶을 알게 하고, 땅을 열어 삶을 도모하고, 사람을 발탁하여 삶을 숭상崇尙하고, 사물의 원리를 빠짐없이 살펴 그 덕이 미치지 않는 곳이 없었다. 안으로는 병사兵士를 기르고, 밖으로는 세상의 변화를 살펴서 한 번의 소리를 지르자 천지가 고개를 숙이고, 두 번 소리를 지르자 천하天下의 삿된 것들이 숨고, 세 번의 소리를 지르자 천하의 모든 자者들이 기세氣勢에 눌려 복종하였다.

나라가 망한다고 하는 것은 왕도王道가 쇠퇴하여 덕德이 백성에게 미치지 못하게 된다. 나라가 망해가는 것조차 관심이 없고, 오로지 사사로움만을 경영하여 도적으로 일어나 약탈만을 일삼고, 힘써서 칼 휘두르는 자者만이 만인위에 서고, 공인公人들은 돈만을 찾아 헤매고도 몸만 사리게 되니, 불쌍한 백성들은 애오라지 먹고 사는 것에만 쫓기게 된다. 성왕명제聖王明帝의 법제法制와 술법術法은 지금은 잊히고, 삼갔던 일들을 지금에는 가리지 않고, 편리만 추구하여 화禍가 있었던 것을 지금은 복福이 있다 하고, 세대에 걸쳐 바뀌자 따랐던 백성들은 뼈를 산에 묻고, 억울하게 죽은 자者만이 공론公論을 지킨다.

임검은 늘 통찰通察하여 사사로이 법을 어기지 말고, 쓸모없는 죄인罪人들을 키워 나라의 국시國是를 흔들리게 하지 말고, 열 가지의 죄[41]를 짓지 말고, 사사로이 법을 어기지 않도록 해야 한다. 황

---

41) 열 가지의 죄: 과도한 세금으로 부고府庫가 넘쳐나는 것, 먹고사는 바에 대책을 세우지 않는 것, 멀리 내다보지 않고 감정에만 휩싸이는 것, 붕당朋黨을 만들어 헛된 공론空論만을 만드는 것, 백

극을黃克乙[42])이 이르기를, '사람이 반드시 스스로 뉘우친 뒤에 다른 사람도 뉘우치기를 바라듯이 정법政法을 개혁하고, 국명國命을 새롭게 할지니, 옛 법이 좋다하여 지금은 시행하지 못하고, 도덕道德만으로도 백성을 계도하지 못한다'고 하였으니, 나라의 종사宗嗣를 보존하려면 인의仁義가 우선인데 정正을 버리면서 사詐를 숭상崇尙하면 간적奸賊의 지도리가 되고, 허위虛僞를 숨기면서 명命을 거스르면 운단명절運短命折하고, 거꾸로 얻어서 바로 다스리면 잠깐은 꿰매도 장구하지 않고, 편안히 얻어서 거꾸로 다스리면 화액禍厄이 몰려든다. 백성은 안락을 오래 누리면 환란患亂을 알지 못하고, 문약文弱에 빠지면 용맹에 힘쓰지 않고, 문명文明이 퇴보하면 문화가 절멸絶滅하고, 경박輕薄하면 음모가 그치질 않고, 소수小數의 명리名利를 얻고자 하면 참화慘禍가 생기고, 교만방자驕慢放恣를 부추기면 어이없는 일들이 벌어지고, 명리名利만을 취하면 나라가 흔들리게 하는 것은 그 나라의 뿌리마저 흔드는 것이다. 나무가 오래되면 벌레가 생기고, 썩은 물에 구더기가 생기고, 민습民習에는 폐단弊端이 생겨 바꾸기가 어렵고, 민풍民風에 괴습怪習이 범하면 어지럽고, 마魔가 오래되면 요물妖物이 나타나고, 환락歡樂에만 치우치면 기둥과 서까래가 썩으니, 인심은 반드시 명찰明察하지 않으면 큰 화禍가 된다.

교활狡猾한 자者는 적국敵國을 흠모欽慕하는 뜻을 숨기고, 혼란한 틈을 타서 겉모양만 바꾸고, 애비가 하던 말을 바꾸어 자식이 훑고, 삐뚤어진 채 썩어도 바닥이 뒤집히기만을 바라고, 마땅한 죽

성을 급하게 몰아 삶을 버리게 하는 것, 외적外敵을 불러들이고 내적內賊을 키우는 것, 허탄虛誕한 공론空論이 나라 안의 국시國是를 흔드는 것, 허황虛荒한 것으로 잠시 속이는 것, 헛된 말로 갈팡질팡하고 책임을 지지 않는 것, 법을 스스로 어기면서 공功을 내세우는 것, 일꾼을 제자리에 앉히지 않는 것.

42) 황극을黃克乙: 第16代 위나단제尉那檀帝 때 수상首相.

음에 이르는 자者들도 억울하다고 하고, 정사正邪를 숨기면서 앞세워 선동하고, 좋지 않은 씨를 퍼뜨리고도 책임이 없다하고, 덩달아 날뛰면서 선악善惡의 부끄러운 줄 모른다. 정사政事에 관심이 없는 자者들이 없고, 한 마디 거들지 못하는 바가 없어 권력에 모여드나 탁견卓見은 사라지고, 만인을 즐겁게는 해도 한 사람만을 즐겁게 할 수는 없어 성인聖人의 밑에는 우민愚民이 없고, 현군賢君의 밑에는 몽매夢昧한 신하가 없고, 명왕明王의 밑에는 어두운 곳이 없으니, 나라의 문제가 아니라 만민 위에 선 자者가 말썽이 되고, 백성의 마음에만 있는 것이 아니라 백성이 살아가는 공평公平에 있는 것이니, 삶을 평안하게 하는 것이 곧 정사政事의 대본大本이 된다.

三 韓 歌

끝없는 삼신三神의 은혜는 구한九桓으로 나뉘고,
구한九桓의 공功은 삼신三神으로 돌아가니,
만년의 반석盤石이라!
거울로써 곱고 미운 것이 저절로 나타나고,
북으로써 착하고 악한 것이 저절로 드러나며
검劍으로써 용감하고, 비겁한 것이 저절로 나타나니,
우리 삼신三神이 삼한三韓의 땅에 임하고,
사람은 도탑고, 산수는 청아淸雅하니,
열성列聖들이 끊이질 않는다.
커다랗다 업신여기지 않고, 작다하여 기죽지 않아
신명神明의 덕이 아니던가!
만년의 대통大統이 있어 자랑스럽고,
천세만세千歲萬歲를 이어가니,
밝은 신神은 두루 밝혀 버리지 않고,
성실한 믿음으로 단단한 기틀 흔들림이 없으니,
삼신三神 또한 두루 살펴 응답한다.

東 崖

13. 술법론 術法論

천하天下에 펼쳐지는 도道를 술術이라 하고, 도道가 마땅하게 흘러가는 바를 법法이라 한다. 술법術法의 대본大本은 최선最先에 있고, 술법術法의 요체要諦는 편안에 있어 먼저 온 것이 술術이 되고, 뒤에 가는 것이 법法이 되고, 천지天地의 술법術法이 생겨 삼재三才가 통하는 것을 안다. 성인聖人이 관천觀天하자 천지天地의 술법術法을 살피고, 만인을 가르치자 사람 또한 온전하게 되었다. 천지天地의 술법術法은 처음 없이 시작되고, 끝도 없는 종시終始이니, 세 개의 술법術法을 쪼개어도 근본은 다함이 없다. 하늘에는 하나의 술법術法이 있고, 땅에도 하나의 술법術法이 있고, 사람에게도 하나의 술법術法이 있어 하나의 술법術法으로 열개를 쌓아도 셋으로 화化하고, 허실虛實로 나누면 셋이 되고, 땅을 허실虛實로 나누면 셋이 되고, 사람을 허실虛實로 나누면 셋으로 될지니, 크게 합하여 여섯 개의 술법術法이 되어 비로소 일곱 개의 술법術法과 여덟 개의 술법術法과 아홉 개의 술법術法이 운행된다. 세 개의 술術과 네 개의 법이 서로 둥글게 뭉쳐 돌아 오행五行과 칠요七曜가 현묘玄妙하게 하나로 돌아와 만 번을 오고가도 근본根本은 변하지 않고, 태양을 우러르는 마음으로 밝게 닦는 자者에게 하나의 술법術法은 되돌아오고도 또한 끝이 없다.

성인聖人은 허虛에서 물物을 감추고, 실實에서 형形을 감추기에 만인이 이를 본本을 받는다. 법法이 위이면 술術이 아래고, 법法이 소수小數이면 술術이 다수多數고, 법이 고정되면 술術이 변화하고, 술術이 움직이면 법法이 따라간다. 법法이 수레면 술術은 말이 되고, 법法을 어기면서 술術을 행하면 제재制裁가 있고, 법만으로 술術을 실천하면 오래가지 않고, 법은 천하天下의 도량度量이면 술術은 잣대와 먹줄이 되고, 법法을 지키지 않는 자者는 법을 만들지 못하고, 술術이 바르지 않은 자者가 술術을 만들지 못한다. 만민은 법을 마땅함이 본本이고, 술術은 삶의 본本이고, 삶은 구제가 본本이고, 구제는 홍익弘益이 본本이고, 홍익弘益은 만민萬民에게 베푸는 본本이니, 천하天下에 실천하게 하여 올바른 법을 따르면 시비是非가 사라지고, 올바르게 행하면 폐해弊害가 없고, 사술邪術이 성해지면 끝없는 횡포가 되어 천하天下에는 악惡이 가득해진다.

법은 의義에서 생기고, 의義는 중론衆論에서 생기고, 중론衆論은 민심에서 생기고, 술術은 선善에서 생기고, 선善은 금하는 것에서 생기고, 금禁하는 것은 지키기 위해서 계戒가 생긴 것이다. 술법術法은 민심의 요체要諦로 법法은 천하의 도량度量이고, 술術은 수준기水準器와 먹줄이고, 법은 잣대가 되고, 술術은 민심의 몸통이 되고, 법을 베푸는 것은 민심의 허리가 된다. 이러한 연유로 법을 어기면 제재를 가해야 하고, 술術이 벗어나면 돌아오게 해야 하고, 상은 받을 만 한 자者에게 주고, 벌은 받을만한 자者에게 주고, 법이 올바르게 정해지면 핑계의 빌미를 줄이고, 술術이 바르게 행해지면 령令과 규規가 올바르게 행해진다. 고귀한 자者라도 어기면 형刑을 가볍게 해서는 안 되고, 비천해도 형刑을 무겁게 해서는 안 되고, 법을 크게 어기면 현인賢人이라도 반드시 죽이고, 술術에 맞는 자者라면 간인奸人이라도 벌을 주지 못하고, 술術이 고귀하더라도 크게 어긋나면 금하고, 바르면 천박해도 권해야 한다.

옛 법에 '사람을 해치는 자者는 형벌에 처하고, 사람을 죽이는 자者는 사형死刑한다'고 하였다. 이러한 법法이 있는 줄 알면서도 욕망慾望을 이기지 못하여 사람을 다치게 하고, 명命을 거슬러 죽임을 당하는 까닭은 욕망에 사로잡히기 때문이고, 사람을 다치게 하지 않는 것은 욕망의 끝을 알기 때문이다. 옛 법에 '물건을 훔치면 노비奴婢가 된다'고 하였다. 이러한 법이 있는 줄 알면서도 훔치기를 그치지 않는 까닭은 한 두 번의 도둑질이 들키지 않으면 이익이 크기 때문이고, 재리財利의 욕심으로 법술法術을 얻으려만 하여 그 공정公正의 근원을 잊었기 때문이다. 그래서 욕심이 많기 때문에 망하는 자者는 있어도 욕심이 없기 때문에 위태危殆로운 자者는 없고, 성공해도 내 것이 아니고, 실패해도 남의 것이 아니고, 들어오는 것을 막지 않고, 들어오면 몰아내지 않고, 나가는 것을 잡지 않고, 나아가서 주지 않는다.

주기만을 좋아하는 자者는 일정한 몫이 없고, 받기만 하는 자者는 몫이 줄어들지 모르고, 처음에 몫을 정하지 않으면 마지막에는 몫이 사라져 버리고, 마지막 몫을 정하면 처음의 몫이 정해지지 않는다. 금하는 것이 많으면 원성이 가득하고, 금하는 것이 없으면 기강 흐트러지고, 조세租稅를 많이 거두면 백성의 몫이 줄고, 부고府庫를 가득 채우면 원망이 가득차고, 적게 거두면 나라의 살림이 쪼그라들고, 거두어 나누는 것이 적절하게 하지 않으면 천하天下를 다스린 공功 또한 없게 된다. 시끄러운 나라에는 현자賢者가 없는 것도 아니요, 어지러운 나라에는 술법術法이 없는 것이 아니요, 망하는 나라에는 백성이 없는 것도 아니다. 법을 지키는 자者와 어기는 자者가 불분명하고, 아침에 법을 만들어 시행될 오후에 새 법을 내리고, 백성들이 패를 갈라 서로를 비난하고, 어제와 오늘의 시비是非를 다르게 하여 다투고, 기만하여 법의 취지마저 져버리고, 허탄한 법리法理로 술법術法을 어지럽히게 된다. 법을 만드는 자者가 스스로 지킬 힘이 없으면 법이 지켜질지 의문을 갖게 되고, 술법術法이 일정하지 않으면 오늘과 내일이 다르고, 교묘한 술법術法에 얽매여 빠져 나오지 못하고, 교활한 술법術法에 속아서 분개하고, 오로지 술術의 힘을 빌려 명리名利만을 노리게 되니, 그릇된 술법術法만이 정해지게 된다.

먹줄을 따라 그대로 깎으면 지나침이 없고, 바른 추로 달면 의심이 사라지고, 바른 이정표를 따라가면 헷갈리지 않는다. 그러나 세력에 의탁하면서 하는 일은 작으면서 크게 내세우고, 명리名利에 가탁假託하면서 책무는 적게 하려하고, 하는 일은 적으면서 크게 제어하고자 하고, 하는 일마다 넘치면서 적체되고, 하는 일은 없으면서 자리만 탓하고, 하는 일이 적으면서 대가가 작다고 여긴다. 자리에는 능력이 부족한 것이 아니라 때가 맞지 않는 것이고, 인격이 맞지 않는 것이 아니라 곳이 맞지 않는 것이니, 천간千間의 마당을 쓰는 자者가 큰 집을 소유하고, 천하天下를 호령하는 자者가 거처는 불분명하다. 커발한이 일개一介 왕자王子였다면 신시神市를 세우지 못했고, 유인씨有仁氏가 일개 무자巫者였다면 삼계三界의 선線을 긋지 못했고, 부루단제扶婁檀帝가 일개 사자使者였다면 황구黃寇를 물에서 건져내지 못했고, 왕검씨王儉氏가 일개 범부凡夫였다면 구한九桓을 통일하지 못했고, 치우씨蚩尤氏가 일개의 병사兵士였다면 도력道力을 쓰지 못했고, 자부씨紫府氏가 일개 술사術士였다면 책력冊曆을 만들지 못했고, 태호太晧氏씨가 일개 법사法士였다면 팔괘八卦를 긋지 못했다.

술수術數가 없으면 술수가 있는 자者에게 제압을 당하고, 지킬 바를 잃으면 몸도 위태로워지니, 고래도 뭍으로 나오면 개미에게 몸을 뺏기고, 원숭이도 나무에서 떨어지면 개에게 잡힌다. 임검이 신하들과 다투면 관리들은 일은 하지 않고, 신하가 제 목소리만 키우면 모르게 다투게 되고, 직책에만 연연하면 재주를 내지 않고, 호오好惡를 드러내면 싫어함을 피하고, 저울질을 즐겨하면 임검의 비위만 맞추고, 지식을 주머니에 감추면 좀처럼 내놓지 않고, 책임은 피하며 생색만 낸다. 천하에서 바른 술법術法이 사라지면 현인은 숨고, 의인義人들은 하늘에 하염없이 한숨을 내쉬고, 청렴한 자者들은 세상을 등지게 되고, 백성만 땅을 치며 천지를 원망한다.

임검 된 자者는 치술治術을 다해서는 안 되고, 법을 어겨서도 안 되고, 치졸稚拙한 술법術法에 의지해서는 안 되고, 국기國器를 함부로 보여서도 안 되고, 책무를 떠넘겨서도 안 되니, 오로지 술법術法이 바르게 이루어지도록 통찰해야 한다. 술법術法이 바르게 펼쳐지면 올바른 자者들이 언행이 공정해지고, 바르고 공정公正하면 상하가 모두 고개를 숙이고, 곧은 선線으로써 하나의 선善으로 따라가고, 가까워지고 친하다하여 기울지 않으면 일관되어 올바름을 귀히 여기게 되고, 충직忠直을 숭상崇尙하면 평탄平坦해져 현명한 자者를 세상에 나오게 하고, 의자義者가 필부匹夫라도 나라를 위하여 목숨을 버리게 되나, 그릇되면 간사奸邪한 자者는 뛰고, 간적奸賊은 날게 된다.

지금의 종단宗團은 옛날과 다르다 여긴다. 고등하다 여기면서도 간악奸惡하기가 이를 데 없고, 문명하다 여기면서도 근본을 넘질 못하고, 폐해弊害는 상상을 뛰어 넘게 뜯어댄다. 소술小術에 의탁依託하고, 선자善者와 우자愚者까지 선동하여 규합하고, 민심을 흔들면서 연명하고, 장생長生을 부르짖어 고질痼疾을 고친다 하고, 종말終末을 떠들어서 두려움을 유발하고, 망자亡者의 무소유를 강요하고, 권세權勢를 내세워 종파宗派를 만들고, 쥐들처럼 여러 구멍을 파고, 고집이 센 자者들을 굳게 믿게 하여 극에 달하게 하고, 신神을 팔아 화禍가 미친다고 하고, 재리財利만을 꾀해 바른 곳과 때를 놓치게 되고, 신神을 핑계대서 방종과 사치와 음란을 일삼고, 의혹이 경외敬畏를 넘지 못하게 신神을 가장하고, 경전經典을 음용陰用하여 종주宗主의 아름다운 뜻마저 흐린다.

사람의 목숨은 명命을 넘지 못하고, 명예를 얻어도 왕의 자리만 못하고, 천지天地의 권세를 움켜져도 소요함만 못하고, 억만금을 소유하고도 천부지리天負地履함만 못하다. 난세亂世를 헤쳐 바른대로 나가고, 선후先後를 펴서 상하가 차례대로 오르게 하고, 선善을 장려하면서 죄가 있는 자者를 반드시 벌 한다면 악惡은 능히 징계懲戒되고, 술법術法 또한 바른 길을 걷는다. 마구 터져 흐르는 인욕人慾에 사로잡히기를 끊고, 때때로 다가서는 난難을 헤쳐 나가고, 번잡을 끊어 삶을 바르게 된다. 공좌空坐하여 타두打頭하면서 제물祭物이 적다하고, 기복祈福만으로 치유하려 하고, 마음을 졸이면서도 바라는 것을 줄이지 않고, 나날이 공물貢物해도 영험靈驗은 없다하고, 하늘이 기이奇異한 복福이 내리지 않는다 하고, 신심愼心을 내세워 돈독敦篤하지 않다 하고, 전생前生을 팔아 악업惡業이라 내몰고, 제사祭祀를 게을리 하여 초재醮齋의 향香에만 매달리고, 풍수風水를 팔아 동토動土에 앉히고, 방술方術에 비유하여 어리석다고 비난하고, 미혹迷惑을 밟고 서서 본바탕을 찾았다고 떠벌린다.

옛날 신농씨神農氏가 공산共産할 때에는 스스로 사중四重[1]하여 다툼을 없애고, 재화를 풍족하게 하고, 형체를 수고롭지 않게 하고, 천지天地의 자질資質에 따라서 화동和同하였다. 잠자면서 백성들의 시름을 덜어 주려하고, 앉아서는 백성들의 수고를 덜어줄 걱정하고, 서서는 하늘의 천기天氣와 별들의 움직임을 관찰하고, 걸으면서 약초藥草의 효능을 살피고, 풍토와 토질과 종자를 연구하

---

1) 사중四重: 소박素朴, 단정端整, 중후重厚, 성실誠實.

여 이를 헤아려 먹어 보고, 몸소 마땅히 부지런하기를 일깨워 애오라지 먹고 노는 자者들이 없게 하여 백성을 두루 잘살게 하는 것이었다. 이를 한웅桓雄께서 불러보고 이르기를, '백성들을 어루만짐이 성인聖人과 같다'하면서 자편子鞭을 하사하자 이것으로 식물의 한서寒暑와 독성을 확인 할 수 있고, 독초와 약초를 구분하여 백성들의 의약醫藥에 이르러 이바지를 하였다.

술법術法으로 작란하면 천지天地의 벌이 쌓이고, 술법術法이 오래되면 반드시 폐단弊端이 생기고, 법의 허虛를 알게 되면 교묘해지고, 술術의 실實을 알게 되면 기묘奇妙해진다. 교묘하게 법을 우롱하고, 기묘奇妙하게 술術을 농락하고, 술법術法이 길을 잃게 되면 기강紀綱이 흩어지고, 뒤바뀌면 술법術法은 허망해진다. 술법術法의 말단末端이 되면 처음이 후회되고, 성스러운 첫 교화敎化는 끝에는 거칠어지고, 정설定說은 낭설浪說이 되고, 법은 억울해지고, 술術은 극으로 치닫는다. 술법術法이 자리를 바꾸면 접신接神은 혹세惑世하고, 초혼招魂은 두렵게 하고, 빙신憑神은 의심스럽고, 역술易術은 무민誣民하고, 복술卜術은 요사妖邪스럽고, 기도는 치우치고, 종전宗全은 독선獨善하고, 역자逆者가 뽐내고, 우자愚者를 속이기가 쉽게 된다.

서툰 술법術法을 구사하는 자者들은 사술詐術로 신이神異를 보이려 하고, 기이奇異한 능력으로 높은 경지를 보이려 하고, 널리 알리려고만 하지 선용善用하지 않고, 사사로이 천지天地의 운행을 엿보고서 스스로 독을 만들고, 사사로워 천지天地의 화액禍厄에서 벗어나지 못한다. 선악善惡과 곡직曲直도 구별하지 못하면서 술법術法에만 의존하면 반드시 술법術法은 이지러진다. 술사術士들이 술법術法을 곡절曲折하고, 학인學人들은 패역悖逆으로 예단豫斷하고, 지가地家는 혈穴을 찾고, 방사方士는 약을 찾고, 의자醫者는 침과 칼을 찾고, 율사律士는 법을 찾고, 복자卜者는 조兆를 찾고, 점자占者는 죽筮을 찾고, 무자巫者는 요령燿鈴을 찾고, 법사法士는 처방處方만을 찾게 된다.

바른 술법術法은 어지럽히지 않는 것부터 배워야 한다. 복卜으로 미망迷妄하지 않고, 점占으로 길을 잃지 않고, 병은 스스로가 명의名醫가 되는 것이니, 술법術法이 어긋나자 죽은 자者를 살린다하고, 생명을 연장한다하고, 신神을 부르고, 신神을 입고, 신神을 부리고, 이적異跡으로 구복자救福者에게 의혹을 심어 주고, 신심神心을 얻으려 돌을 갈아 마시게 하고, 손이 닳도록 빌면서 몸을 내던져도 신神이 이를 수용하지 않는다고 한다. 운명運命의 굴레는 처음과 끝이 정해져 굴러가고, 해와 달처럼 조금씩 변하는 것 같으면서 일정하기도 하고, 보이지 않는 손은 몰고 가서 되는 때를 가리키는 것 같고, 보이지 않는 발은 가는 바를 정해준다. 능히 술법術法을 이루려는 자者는 스스로 깨우쳐야만 이루고, 마땅하게 받아들이면서 거스르지 않게 해야 하니, 법은 술術에서 나오고, 술 또한 법에서 나와 법으로 되돌아가는 까닭이다.

삼한三韓의 현묘玄妙한 수련법이 있으니, 삼칠일三七日에 삼식三識[2]하여 하늘의 감각을 그치게 하고, 땅의 호흡을 골라 느낌이 서로 부딪치지 않게 하고, 뼈와 살과 피를 새롭게 하면 삼사三邪[3]는 필히 몸과 마음에 다다르지 않게 하여 오로지 바른 자者와 바른 정신을 가진 자者에게 바른 도道가 깃드는 까닭이 된다. 또 옛말에 '오직 한 뜻으로 행하면 망령妄靈도 참된 것으로 돌아가 신神의 기틀이 크게 일어나 신神이 준 공功을 이룬다'고 하였으니, 술법術法

---

2) 삼식三識: 지감止感, 조식調息, 금촉禁觸.

3) 삼사三邪: 사각邪覺, 사정邪情, 사행邪行.

을 바르게 행하려면 사람을 현혹眩惑하지 않게 하고, 그릇된 것에 빠지지 않게 하고, 스물다섯가지의 불행不行4)으로 술법術法의 정사正邪를 가려야만 한다. 옛말에 '죽은 자者는 욕되이 하지 말고, 산 자者는 고상하게 여겨라'고 하는 것은 산 자者를 귀하게 여겨 재능을 쓸 수 있도록 하고, 죽은 자者를 욕되지 않게 하여 비록 허물이 있어도 이를 천지지도天地之道로 덮어 마땅히 다음의 삶에는 좋은 일을 하게 도와주어야 하니, 고상한 척해도 귀하지 않고, 죽은 자者가 천해도 욕되게 해서는 안 되고, 죽은 자者의 술법術法을 제 것인 양 하지 않고, 산 자者의 훌륭한 술법術法을 받들어야 한다.

무릇 삼재三才에는 삼재三才의 법이 있고, 나라와 다스림에는 술법術法이 있다, 한가지의 재능은 하나의 일에만 써야 하고, 한가지의 물건은 한가지에만 운용하고, 한가지의 술법術法은 한가지에만 적용하여야 한다. 위로는 천시天時를 타고, 아래로는 지리地利를 얻고, 가운데로는 인술人術을 얻어야 하니, 하늘은 법이 클 때까지 기다리고, 땅은 술術이 이루어질 때 까지 키우고, 법은 하늘이 명命할 때까지 기다리고, 술術은 땅이 령令을 올릴 때까지 준비하고, 술법術法은 무르익으면 행해지는 것이니, 사람은 술법術法에 거스르지 않으면 쓸 수 있고, 화합된 뒤에야 천지天地의 술법術法을 따르게 된다.

사람의 병病은 사기邪氣에 있고, 질疾은 풍기風氣에 있고, 화禍는 스

---

4) 스물다섯가지의 불행不行: 신신神에게 명命을 묻지 말 것, 성실히 일하여 버는 만큼 쓸 것, 부정하게 남기지 말 것, 강하다고 것에 숙이지 말고 약弱다고 올라서지 말 것, 원망으로 원한을 갚지 말 것, 세인이 원하는 것만 쫓지 말 것, 심신을 괴롭히는 술법術法에만 의존하지 말 것, 편안하게 대길대복大吉大福을 기다리지 말 것, 음양택陰陽宅을 가리면서 터를 잡지 말 것, 허실虛實로 편 가르지 말 것, 귀신에게 신명神明을 얻지 말 것, 오행五行으로 사람의 형태를 보지 말 것, 사상四象으로 사람의 기질을 보지 말 것, 초혼招魂으로 길흉을 판단하지 말 것, 용신用神으로 성패를 보이지 말 것, 상수象數로 미래를 예단하지 말 것, 기도로 혹세惑世하지 말 것, 응답을 기다려 머리를 조아리지 말 것, 계파系派가 다르다고 질시하지 말 것, 종전宗全이 다르다고 반목하지 말 것, 돈만을 바라 점단占斷을 하지 말 것, 천간天干으로 하늘의 뜻을 묻지 말 것, 지지地支로 땅의 뜻을 묻지 말 것, 칠성七星에게 수壽를 묻지 말 것, 복수명리福壽名利를 벗어나 신장神將을 불러내지 말 것.

스로 짓는 바에 있고, 정신은 귀책鬼責에 있고, 횡액橫厄은 흉살凶煞에 있고, 장제葬制는 유대紐帶에 있고, 매장埋葬은 삼대三代에 있고, 정성은 칠대七代에 있고, 율력律曆은 사시四時에 있고, 음려音呂는 심상心相에 있고, 명리名利는 청정淸淨에 있고, 오행五行은 회전에 있고, 득실得失은 정사正邪에 있고, 이해利害는 선후에 있다. 법이 오래되면 폐단弊端이 생기고, 술術이 오래되면 괴습怪習이 생기고, 무작정 사모하면 숭상崇尙하기만 하고, 술術만을 좋아 하면 술에만 의존하고, 법만을 좋아 하면 법만 따지고, 습성習性에 편리하면 붙좇는 바가 생기고, 말하기만 좋아하면 말의 꼬리를 잡힌다. 천지天地의 크기는 도수度數로 알 수 있고, 큰 나무도 그림자로 높이를 알 수 있고, 일월성신日月星辰은 운행의 법으로써 알 수 있고, 천둥이나 번개도 광음光音으로 알 수 있고, 바람의 변화도 구름의 흐름으로 알 수 있고, 바람으로 구름의 형상形象을 보고, 알 수 있고, 사람의 체질은 사상四象으로 알 수 있고, 사람의 기질은 오행五行으로 알 수 있고, 섣부른 술법術法으로 예견 할 수 있는 것이다. 그러나 명리名利를 좇아 미혹迷惑하고, 의구심으로 옛 것을 들추고, 지금을 헤집어 일어나지 않은 것을 미리 들여다보려 하니, 술법術法마저 뒤틀리게 한다.

옛날 성제명왕聖帝明王 때에는 복잡한 법령法令이나 술법術法이 없어도 부끄러움을 알고, 스스로를 낮추어 반성하고, 얻는 것이 적어도 탐하는 바가 없었고, 만인을 위한다면 기름을 안고도 불에 뛰어들었다. 그러나 지금의 왕이 다스리자 다른 자者의 음율音律을 가져다가 맞추고, 간악奸惡하면서 그른 자者의 술법術法을 따르고, 바르지 않은 자者가 술術만을 따라 청탁淸濁을 어지럽게 하고, 각기 싫어하는 바를 모아 우매愚昧하다 여기고, 이로움만을 모아 얻으려 하고, 즐거운 것으로만 이해利害를 늘리려 하고, 옳지 않은 것으로 옳은 바의 논폐論弊를 구하려 한다.

성인聖人이 올바른 법을 세우자 만인이 이를 따르고, 현인賢人이 올바른 술術을 쓰자 만인이 이를 보고 배운다. 전적典籍은 바르기에 쓸 수 있고, 술법術法은 공정하기에 믿을만하나 법을 버리면서 이목耳目만을 따르면 치우치게 되고, 술術을 버리면서 수족手足만을 따르면 기지氣智가 충돌하고, 절법折法으로 혹세惑世하면서 요술妖術로 무민誣民하면 민심이 어긋나고, 좋아하는 것만을 가지면 현명하다 여기고, 알지 못하면서 안다고 하면 지혜롭게 여긴다. 난세亂世가 되자 법은 강해지고, 혼란해져 교묘히 벗어나려 하고, 법으로 죽음에 이르는 자者가 있고, 술術로 인해 법은 이지러진다.

하늘은 광명光明의 청진대淸眞大를 본本으로 삼는다. 하늘의 술법術法은 만물은 덮고도 크기와 호오好惡를 드러내지 않고, 일월日月을 움직여 대원일大圓一로 몸을 삼고, 칠백세계七百世界를 거느려도 분란紛亂이 없게 하고, 셀 수 없는 때를 돌고도 둥근 것을 잊지 않고, 법도法度를 넘지 않게 하고도 법으로 천지天地를 두루 살피고, 공정公正하여 도탑고, 크면서 넓다고 자랑하지 않고, 오늘 따사롭다 해도 내일 어둡지 않게 하고, 은혜를 주었다고 자랑하지 않고, 하나를 밝혀 주었다고 내일 거두지 않으니, 이것으로 술법術法의 본本으로 삼는다. 땅은 광대한 것으로 미능대美能大의 본本으로 삼는다. 평탄平坦하여 위험하지 않고, 셀 수 없는 생명을 화육化育하고도 그 법을 잊지 않고, 밝은 바로 키워내고 만인을 밝게 하고도 그 지혜를 잃지 않고, 골라서 치우치지 않고, 부드러워 강하지 않고, 흐르되 막히지 않고, 명리名利로 골고루 나누어주고, 능히 위험에서 감당하도록 하고, 낼 것은 내고, 감출 것은 감추고, 내 보일 것은 내보여 마땅함을 잃지 않으니, 이것으로 술법術法의 대본大本으로 삼는다.

옛날 치우천왕蚩尤天王[5]이 한웅桓雄이 되기 전에 헌원軒轅은 삼

5) 치우천왕蚩尤天王: 第 14代 자오지한웅慈烏支桓雄 (開天 1191-1300, 西紀前 2706-2598)

황내문三皇內文[6]을 얻고자 자부선인紫府仙人에게 뜻을 숨기고, 삼청궁三淸宮[7]에서 수련하였으나 오로지 천서天書[8]에만 눈독을 들이니, 광성자光成子[9]의 도움으로 자부선인紫府仙人을 설득하자 이에 천창天倉에서 음부경陰符經[10]을 주면서 이르기를, '장차 어이 할까! 너에게 전하면 인간세계에 대혼란을 가져 올 것이다. 그러나 사람의 잘잘못도 마침내 하늘의 뜻이니, 이것을 전하고서 나는 산으로 돌아가리라!'하면서 사람으로서 책무責務를 다할 것을 당부하고, 줘서 돌려보냈다. 책을 얻은 헌원軒轅은 무리를 모으고, 귀신을 부르고, 하늘의 기운과 땅의 기운을 불러서 구한九桓의 왕이 될 것을 도모하였다. 한편 치우蚩尤가 상서관천祥瑞觀天하고, 장차 세상이 어지러워질 것을 알고, 팔십일 명의 의형제들을 모아 하늘의 힘을 빌리고, 땅의 이로움을 얻어서 무기를 만들어 대비하였다. 한편 일을 벌이고자 한 헌원軒轅은 소녀素女[11], 현녀玄女[12], 한발旱魃[13], 이매魑魅[14], 망량魍魎[15], 공공公共[16], 마마媽媽[17]등과 죄과罪過로 떠도는 자者들과 맹수들을 모으며 세勢를 불렸다. 때에 이르자 병사

---

6) 삼황내문三皇內文: 천서天書, 옛 삼황三聖의 행적行蹟을 기록한 책.

7) 삼청궁三淸宮: 청구국靑丘國 대풍산大風山 아래에 위치位置함. 신시神市의 최대지혜의 보고.

8) 천서天書: 찬전계경參佺戒經을 이름, 을파소乙巴素가 삼신三神에게 기도祈禱한 후에 얻음, 팔훈전계八訓佺戒로 삼한三韓의 삼경三經 중 하나.

9) 광성자光成子: 第5代 태우의환웅太虞儀桓雄 때의 국선國仙, 자부선인紫府仙人의 별칭別稱.

10) 음부경陰符經: 천부天符는 양경陽經, 지부地符는 음부경陰符經.

11) 소녀素女: 헌원軒轅의 딸이라고도 함, 음양지술陰陽之術, 합방지술合方之術등 도술道術에 능한 도사道士.

12) 현녀玄女: 헌원軒轅의 딸이라고도 하나 서왕모西王母의 딸, 현묘지술玄妙之術, 천지지술天地之術등 도술道術에 능한 도사道士.

13) 한발旱魃: 헌원軒轅의 딸이라고도 함, 겨울의 가뭄을 가져오는 신神.

14) 이매魑魅: 물속에 사는 신神, 물 밖으로 끌고 나오는 신神.

15) 망량魍魎: 물속에 사는 신神, 물 안으로 끌고 들어가는 신神.

16) 공공公共: 고대古代 건축이나 치산치수治山治水를 담당하는 관직명.

17) 마마媽媽: 천연두天然痘를 관장하는 신神.

兵士들과 귀신과 맹수들을 동원하여 곡부谷阜[18]로 쳐들어갔다. 신농씨神農氏의 여덟 대를 이은 왕王인 유망楡罔[19]을 내몰고, 스스로 '천제天帝의 아들'라 하고, 사사로이 천인天印을 만들어 무도無道하게 황제黃帝[20]라 불렀다. 어느 날 자부선인紫府仙人이 동쪽 끝에 의인義人이 있다 들으시고 불러보니, 치우蚩尤가 형제들과 함께 삼청궁三淸宮에 도착하자 한눈에 인간세계를 구제 할 인물이라 하고, 삼황내문三聖內文을 전하면서 이르기를, '이 천서天書는 하등인下等人이 알아서는 안 되는 것이나 이제 천하를 놓고 다툴 일이 생길 것이니, 천기天氣와 지부地符와 인간과 만물에 두루 통하는 묘법妙法이 모두 들어있어서 잘못된 자者가 사사로이 사용해서는 안 된다'하며, 전하고는 산으로 돌아갔다. 치우蚩尤는 책으로 수련하여 천지天地의 술법術法과 만물을 통달하고, 지혜가 사물을 꿰뚫게 되고, 용력 또한 크게 되어 '천하天下의 용사勇士'가 되었다. 헌원軒轅이 군대를 일으켰다는 소식을 전해들은 치우蚩尤는 분연히 일어나며 외치기를, '저 헌원軒轅이 마침내 세상을 어지럽히기 위하여 무리를 모아 신시神市로 쳐들어오고 있다. 한웅桓雄의 심려가 크니, 이제 내가 준비한 바가 있어 모두 출정出征을 준비하라!'고 외치고서 사와라한웅斯瓦羅桓雄[21]에게 이를 아뢰자 '구벌법九伐法[22]으로 벌伐하라'라는 허락을 받은 뒤, 길목인 공상空桑으로 십만의 정예군을

---

18) 곡부谷阜: 신농국神農國의 서울.

19) 유망楡罔: 신농神農의 나라. 여덟 대代를 이은 왕.

20) 황제黃帝: 오제五帝로 가운데를 맡는 제왕帝王, 여기서는 헌원軒轅.

21) 사와라한웅斯瓦羅桓雄: 신시神市 제 13대 桓雄(桓紀 1124-1191, 西紀前 2773-2707)

22) 구벌법九伐法: 아홉 가지 죄를 물어 벌伐 하는 것. 책무責務를 소홀히 하여 거짓과 사기가 극에 달한 것, 잔악하게 세금을 거두어 들여 백성들이 산으로 도망하는 것, 토후세력이 무리를 모아 다투기를 그치지 않는 것, 나라의 기강紀綱이 흩어져 질서가 없고, 백성들이 구세주를 기다리는 것, 법을 급하게 하여 백성들이 사치와 허영이 만연하는 것, 나라의 국부國富를 빼돌려 백성들이 떠도는 것, 영신佞臣들이 날뛰고, 나라의 간적奸賊이 따르는 무리를 선동하는 것, 잔혹殘酷한 일들이 끊이질 않고, 생명을 소중히 하지 않는 것, 왕王이 공공연히 음험陰險하고, 포악하고, 신하가 왕王을 시해弑害하는 것.

출병出兵하였다. 헌원軒轅이 이끄는 수백만의 군사軍士와 마침내 들녘에 마주서게 되었으니, 헌원軒轅이 병사兵士들을 귀둔鬼遁[23]하자 치우蚩尤가 기둔奇遁[24]으로 맞서고, 헌원軒轅이 육무기문석진六戊奇門石陣[25]으로 가두자 치우蚩尤가 사륙팔인신장使六八人神將[26]으로 이를 깨버렸다. 이번에도 맹수猛獸를 모아 일제히 덤비자 이번에는 치우蚩尤가 화공火攻으로 역공하니, 마침내 물러서 도망쳤다. 이를 지켜본 현녀玄女가 헌원軒轅에게 간諫하기를 '탁록涿鹿[27]이 우리에게 유리하다'고 하니, 불리不利해진 헌원軒轅은 퇴각산천법退却山川法[28]으로 물러서기 시작하자 이번에는 치우蚩尤는 도해월령법渡海越嶺法[29]으로 추격하였다. 마침내 탁록涿鹿까지 도망가서 전열戰列을 정비한 뒤, 추격하는 치우蚩尤와 서로 맞붙게 되자 소녀素女가 뇌정백호연길법雷霆白虎涓吉法[30]으로 공세를 취取하자 이번에는 천지대신차력법天地大神借力法[31]으로 이를 잠재운 뒤, 용천검龍天劍에 호풍환우법呼風喚雨法[32]을 실어 마지막 일격을 가하자 수백만의 귀신들과 맹수들은 뿔뿔이 흩어져 어두운 곳으로 숨고, 현녀玄女와 소녀素女를 고향으로 쫓아 보내고, 한발은 서북쪽으로 달아나

---

23) 귀둔鬼遁: 천부天符의 유법遺法, 복숭아가지를 사용하여 인귀부人鬼符를 만들고, 신장神將을 불러 몸을 숨기는 술법術法.

24) 기둔奇遁: 천부天符의 유법遺法, 삼기三奇의 기둔부奇遁符로 귀문鬼門으로 나가고, 인문人門으로 들어가 도로귀道路鬼를 타고 다니고 몸을 숨기는 술법術法.

25) 육무기문석진六戊奇門石陣: 이십사절기二十四節氣에 맞추어 효수爻數에 따라 생기복덕生氣福德과 신명역효神明易爻로 적敵을 진내陣內로 불러 궤멸시키는 술법術法.

26) 사륙팔인신장四六八人神將: 육인六印으로 팔신장八神將을 불러내어 사용하는 술법術法.

27) 탁록涿鹿: 현재現在 산서성山西省 대동부大同府.

28) 퇴각산천법退却山川法: 천인天印과 천부天符를 사용하여 장단원근長短遠近의 이치로 역마驛馬와 천마天馬의 힘을 빌려 산과 강을 뒤로 물리면서 달리는 술법術法, 일명: 축지법縮地法.

29) 도해월령법渡海越嶺法: 바다를 건너고 산을 넘는 술법術法.

30) 뇌정백호연길법雷霆白虎涓吉法: 뇌공雷公과 풍백風伯의 힘을 빌고 백호白虎와 흑표黑豹를 불러내어 빠르고 힘을 쓰게 하는 술법術法.

31) 천지대신차력법天地大神借力法: 오방오신五方五神과 산왕대신山王大神의 힘을 빌리는 술법術法.

32) 호풍환우법呼風喚雨法: 천문天門으로 바람을 부르고 비를 부르는 술법術法.

버리고, 헌원軒轅을 붙잡아 사막에 유폐하자 살아남은 자者들 또한 목숨을 구걸하게 되었다. 천하天下의 무기와 술법術法이 나타나자 하늘이 놀라고, 땅이 흔들리고, 강산이 서로 자리를 바뀌었다. 얼마 뒤 천하가 안정을 되고, 민심은 제 자리를 찾아가니, 한동안 천하에는 삿된 술법術法이 나타나지 않았다.

만고萬古의 법은 말을 버리면서 실천하는 것을 귀히 여기고, 크게 말하면 들리는 곳에서는 움직여도 뜻이 있으면 들리지 않아도 만 리를 날아가고, 아득해도 바른 법이라면 불평 없이 행하고, 들어서 바르면 법으로 금해도 순순히 따르게 된다. 법이 번잡해지면 術術이 어지러워지고, 술이 올바르면 법이 제재하지 못한다. 법은 術術로써 현혹하기에 생기고, 術術은 법이 교묘하기에 생기는 것이니, 급하게 부르면 듣는 자者는 놀라고, 때맞추어 부르면 듣는 자者는 기뻐하고, 착하면 때에 따라 술법術法을 기꺼워하고, 불의不義하면 곳에 따라 술법術法을 따르지 않고, 생명이 오가는 전쟁터에서도 술법術法은 있고, 한가한 곳에서도 술법術法이 있어야 심신을 지킬 수 있고, 먼 사이라도 지킬 법은 있어야 화평和平하고, 함께 살아도 術術을 주지 않아야 분란紛亂이 없다.

술법術法이 오행五行을 잃으면 기이奇異를 쫓게 되고, 허실虛實이 사상四象을 잃으면 허망虛妄을 찾아 나서게 되니, 술법術法이 뒤틀리는 세상이 오자 괴물이 나타나고, 시市에 점집이 성행하고, 한 집 건너 점자占者들이 늘어서고, 무격巫覡이 방울을 요란하게 흔들고, 도사道士의 부적符籍이 온 몸을 휘감고, 승僧이 사주四柱를 운용하고, 법사法士들이 사사로이 술術을 끌어다 쓰고, 방사方士들이 약을 끓여서 명약名藥이라 속이고, 이적異蹟을 탐하여 종전宗全에 의탁하고, 명리名利에 가탁假託하여 술법術法을 농락한다. 경전經典을 시비是非하고, 종말終末을 협박하고, 의선義善을 배격하여 종시終始를

짓밟는다. 하늘에 묻고 땅에 빌어서 복福만을 말하고, 점占을 보는
자者는 미혹迷惑되어 스스로 의심하고, 점占을 치는 자者는 현혹眩
惑되어 의심하게 만들고, 믿음을 가진 자者는 세상을 한탄하고, 신
의信義가 있는 자者는 사라지게 되니, 간적奸賊은 입을 열면 거짓만
을 말하고, 호오만을 따르는 자者는 의심만 한다.

　기氣가 다르고, 지매智昧가 같지 않은 것처럼 청탁淸濁이 달라지
면 수리數理도 달라진다. 수數는 명命에 얽매이고, 기氣는 하늘에
매이고, 사람은 기수氣數에 매인다. 초신招神은 유인有仁이 맡고, 한
역桓易은 태호太皞가 맡고, 약초藥草는 신농神農이 맡고, 무법武法은
치우蚩尤가 맡고, 잠업蠶業은 백녀白女가 맡고, 의약醫藥은 나을那乙
이 맡고, 치수治水는 부루扶婁가 맡았다. 무법武法이 올 바르자 적敵
이 함부로 가까이 하지 못하고, 귀책鬼責을 대비하자 초혼招魂의 술
법術法이 생기고, 옷을 바르게 만들자 한사寒邪를 잊게 하고, 의약
醫藥이 올 바르자 아픔과 괴로움에서 벗어나고, 농법農法이 올 바르
자 배고픔을 잊게 하고, 치산치수治山治水가 올 바르자 수산水山에
의거하고, 업業이 바로서자 사는 것이 걱정을 덜게 되고, 만물의 이
치를 밝히자 근본을 잊지 않게 한다.

　눈을 밟으면 장차 겨울이 올 줄 알고, 쑥을 캐면 장차 봄이 올 줄
알고, 이슬을 밟으면 장차 여름이 올 줄 알고, 마늘을 캐면 장차 가
을이 올 줄 알고, 아침 안개에 젖으면 장차 해를 볼 줄 알고, 저녁
햇무리를 보면 장차 달을 볼 줄 알게 된다. 삼계三界에 걸치면 신神
을 불러 선택되고, 삼계三界에 걸친 선경仙境은 정성으로 보고, 지
혜를 꿰뚫으면 종전宗全은 바르게 되어 술법術法은 일치된다. 난세
亂世에는 술법術法이 어지러워 올바로 쓰지 못하고 섣불리 아는 자
者는 바르게 쓰기가 어렵고, 얕게 아는 자者는 어렴풋이 크게 말하
고, 만인을 위해서도 쓰기 어렵고, 사사로이 사용하면 끝이 좋지

않다. 토기土氣가 상상傷하면 지智가 흔들리고, 목기木氣가 상하면 성性이 뒤틀리고, 수기水氣가 상하면 정情이 마르고, 금기金氣가 상하면 정精이 상상傷하고, 화기火氣가 춤추면 신神이 흔들린다. 몸이 앞서 있으면서 정신이 뒤에 있으면 단요短夭하고, 정신이 앞서면서 몸이 뒤에 있으면 실명失命하고, 법만을 가득 메우면 법에만 매달리는 마음병이 생기고, 술術로 가득 차면 몸이 상한다.

　세상에는 사람을 죽였다는 술術은 있으나 살리는 술은 없고, 사람을 죽였다는 법은 있으나 살리는 법은 없고, 약藥을 먹여 죽은 자者를 살리는 법은 없고, 죽지 않으면서 사는 술術도 없다. 대개 사람은 약藥을 먹고, 호흡을 단련하여 정해진 수명을 늘릴 수는 없으니, 고통 없이 사는 것이 상사上士의 술법術法이고, 몸을 오래 지탱하는 하기 위해 정기精氣를 보호하고, 부지런히 심신을 수련하면 중사中士의 술법術法이 되고, 마음이 시키는 대로 나서서 정기精氣를 소모하고, 몸을 함부로 굴려 오관五官이 움직이는 대로 맡기고, 한 순간의 즐거움을 위해 몸을 내던지면 하사下士의 술법術法이라 한다. 구휼救恤하는 법이 있어도 백성이 어려운 것은 끊이질 않는 술법이 올바르지 않은 까닭에 있다. 권하기만 하는 술법術法은 대법大法이 아니요, 길기만하여 장구長久한 법이 아니요, 징벌懲罰의 법만으로 착하게 할 수 없다. 나눠주기만 잘하여 의로운 술術이 아니요, 따라 하기만 잘하여 술術이 풍부하게 하지 않고, 복잡하기만 하여 예의로운 술術이 아니요, 금禁하기만 하여 의로운 술術이 아니다. 법을 잘 지켜지는 나라는 허술해 보이고, 술術이 크게 일어나는 나라는 조용하고, 법만을 떠드는 나라는 번잡하기만 하고, 술術이 이지러지면 시끄럽기만 하고, 법술法術이 많다고 구제되질 않고, 술법術法이 바르다고 구석까지 밝히지는 못한다.

　술법術法의 뿌리는 최선最善에 있고, 술법術法의 요체要諦는 편안에 있으니, 전계詮戒의 뜻은 깊고도 현묘玄妙하여 훌륭한 술법術法을 만나기도 어렵고, 어긋나기 쉬워 혹 얻었다가도 잃기가 쉽고, 펼쳤다가도 거두어 가버린다. 허실虛實을 합하고, 사시四時에 충실充實하고, 오행五行에 머무름이 없고, 칠정七政에 어긋남이 없고, 팔극八極이 마땅한 자리를 얻게 하고, 구궁九星의 마땅한 할 일을 알고, 십간十干의 강건強健을 알고, 십이지十二支의 미능美能을 알고, 계해癸亥의 순서에 어긋남이 없으면 삼신三神이 마땅히 신명神明을 내린다. 올바른 법술法術은 분명하면서도 가혹하지 않고, 위엄이 있되 뒤쳐지지 않게 하고, 밖으로 두루 미치지 않은 곳이 없고, 한 번의 쓰임으로 헤아림이 커서 노엽다고 쓸모없는 일을 벌이지 않고, 즐겁다고 함부로 상賞을 풀지 않고, 법전法典을 사사로이 해석하지 않고, 술術이 있다고 사사로이 쓰지 않고, 하지 말아야 할 것은 하지 않고, 할 일은 반드시 해내면 반드시 삼신三神 또한 기뻐한다.

옛날 신계神界를 능히 오르내릴 수 있었으나 지금은 오르기가 어려운 까닭은 방탄放誕하게도 삼계三界를 어지럽히고, 어리석은 술사術士와 무자巫者들이 사사로이 불러내는 것을 막고자 배를 불태우고, 사다리를 자르고, 말을 잡아 가두고, 굴을 막자 비로소 어지럽히는 일이 없어졌다. 바라는 바와 꺼리는 바를 술법術法에 올바로 의존하면 만인이 우러르고, 의식衣食이 풍족하면 기예技藝와 기지機智가 다양해지고, 권세權勢와 권능權能이 특출하면 말솜씨와 꾀가 비워지지 않고, 부귀와 명성이 사해四海에 떨치고, 정직하면서 온화하면 명命 또한 길어지고, 자손이 많아 다복多福하면 재액災厄이 사라지고, 다투지 않아도 얻으면서 공功이 없어도 베푼다.

세상의 술법術法을 가진 자者들이 의혹하는 열 가지[33]가 있고, 바

---

33) 의혹하는 열 가지: 법을 잘 지키면 어리석다고 여기는 것, 공功을 이루면 의롭다고 하면서도 아쉬워하는 것, 난亂이 생기면 어리석다고 하면서도 명리名利를 셈하는 것, 베풀면 헤프다고 하면서도

른 술법術法을 바로 베푸는 열여섯 가지[34]가 있어서 원冤을 풀어준다. 법은 천하天下의 대기大器고, 술術은 천하天下의 공물供物로 한 번 법을 가벼이 하면 천하天下의 법이 가벼워지고, 술術이 올바르지 않으면 백성이 믿지 않고, 믿음이 없으면 천하天下가 다스려지지 않고, 법이 가혹하면 백성이 싫어하고, 술術이 흩어지면 믿음이 사라지고, 만물의 중추中樞를 마땅하게 얻으면 다투는 일이 줄어들고, 천하天下의 임검도 법을 사사로이 어기는 일이 없어야 하고, 천하天下의 걸인乞人도 술術을 버리지 않는 까닭이 된다.

옛날 술법術法을 펼치는 자者는 평계와 억울한 일이 없도록 하였으나 지금의 술법術法을 사용하는 자者는 명리공명名利公明만을 생각하여 사사로운 꾀만 낸다. 괴상한 술법術法을 즐기고, 하늘에 기도하면서 흥망성쇠만을 알고자 하고, 최선을 다하지 않고도 일의 성패만을 알려 하고, 답답한 마음을 못 이겨 술사術士를 찾는다. 조식호흡調息呼吸으로 보정保精한다 하고, 반본返本하여 원신元身한다 하고, 기도로 만 가지를 기원祈願한다 하고, 음양택陰陽宅으로 경계境界를 만들고, 오음五音으로 생로병사生老病死를 예측하고, 팔괘八卦로 길흉화복吉凶禍福을 만들고, 곡마약석穀疬藥石의 술법術法으로 만년을 산다고 하는 바는 모두 술법術法이 이지러졌기 때문이다.

부러워하는 것, 남으면 썩어 버리면서도 나눠주지 않는 것, 부유하면 의심의 눈초리로 바라보는 것, 횡재하면 시기하면서도 배 아파하는 것, 가까이는 소홀히 하면서 먼 곳에서 명리名利만을 구하려 하는 것, 시끄러워야 제 몫이 생긴다고 여기는 것, 편을 가르고 명리名利가 있으면 선線을 자주 바꾸는 것.

34) 베푸는 열여섯 가지: 즐김을 끊고 욕심慾心을 금하는 것, 누累를 없애 흉凶을 억제하는 것, 악惡을 버려 마음을 다 잡는 것, 술을 금禁하고, 색色을 막아 더러움을 없애는 것, 혐의嫌疑를 피하여 착각을 막는 것, 학문을 익혀 궁금한 것을 푸는 것, 행동을 높게 하여 말을 적게 하면서 몸을 닦는 것, 멀고 깊게 생각하여 흔들림을 막는 것, 검약하고 근면하여 궁핍하지 않는 것, 어질어서 엎어지고 넘어지는 것을 붙드는 것, 선善을 높이 사면서 사람을 쓰는 것, 사람의 재주에 맡겨서 물건을 건지는 것, 간사를 좇아내고 난難을 없애는 것, 옛 것을 쌓아 새 것을 알게 하면 마땅함을 얻는 것, 옛것을 새겨 앞을 내다보며 어지러워지지 않는 것, 변하는 것에 지혜를 모아 권세를 이루는 것.

신선음부神仙陰符의 길을 걷는 자者들이 연단鍊丹과 복식服息에 마땅함을 구하고, 술법術法의 끝자락에는 방술方術에 미쳐서 헤어나질 못하고, 생로병사는 하늘이 관장하는데도 애써 늘리려 하자 고통만 늘어나고, 길흉화복은 지신地神이 관장하는데도 제 것으로 돌리고, 희노애락喜怒哀樂은 사람이 관장하는데도 다스리지 못해 재앙을 피하지 못한다. 길吉하면 복福이 모여들고, 흉凶하면 화禍가 모여들고, 백화百禍는 한가지의 흉凶에서 나오고, 백복百福은 한가지의 길吉에서 모여들게 된다. 어지러운 나라를 바라는 군주는 없고, 도적을 바라는 백성은 없다.

　술법術法의 근본을 얻으면 막힘이 없어지고, 사람의 지혜에 에만 맡기면 다스리기가 어려워지고, 사람의 힘에만 의존하면 세상이 흉포해지고, 군인軍人으로 다스리면 세상 딱딱해지고, 학인學人에 게만 의존하면 세상은 말만 많아지고, 시끄러워져 변화의 법을 취하면 교묘한 자者들이 일어나고, 딱딱한 술術에만 의지하면 방탄放誕한 자者들이 날뛴다.

　삼신三神이 즐거워한다는 것은 길을 벗어나지 않고, 거스르지 않는 것에 있어서 나라가 융성하고, 가정이 화목하고, 사람이 제 뜻을 펼침에 술법術法이 사도邪道를 걷지 않는다. 삶을 숭상崇尚하고, 술법術法으로 올바르게 닦아 천하의 올바른 술법術法을 따르면 천지마저도 하나로 돌아온다. 물은 아래로 흐르게 되어 수신水神이 기뻐하고, 불은 위로 타올라 화신火神이 즐거워하고, 나무는 생식生殖하여 목신木神이 반가워하고, 쇠는 숙정肅整하여 금신金神이 마땅한 것을 보이고, 흙은 숨기고 내어놓아 목신木神이 즐거워하고, 산은 높아 신령神靈하고, 물은 깊어 명리名利가 크게 하고, 불은 모이게 하여 클 수 있고, 나무는 커져서 무성해지고, 쇠는 단단하여 무르지 않고, 흙은 두터워서 덮고 키운다.

무릇 천부天符의 법은 하늘의 이치를 명확히 하는 증리證理가 되고, 하늘이 준 명명命을 바르게 행하여 게으르지 않고, 신의信義가 있어 속이지 않고, 공경恭敬으로써 행하여 근면하고, 효도하면서 순종하게 되어 속이는 것이 없고, 부끄러워하는 가운데 서로 다투지 않고, 겸손하면서 화합하게 되면 바르게 지켜지고, 옛 것이 가면서 올 것을 미리 알고, 오직 한 빛을 한 뿌리로 하고, 소도蘇塗와 관경管境 안에서 하나로 뭉쳐 지혜와 밝은 삶을 법술法術로 삼아 온전함을 안다. 구한九桓이 바른 술법術法으로 수 천년동안 변하지 않았고, 이제 옛 법을 낡았다하더라도 버릴 것은 버리고, 멀다하여 선대先代가 슬기롭지 못한 것이 아니니, 스스로의 탓으로 돌리고, 환골換骨하고, 정신을 바꾸고, 인내하고, 금禁하는 것을 삼간다면 반드시 정성만으로도 술법術法을 알게 된다. 천지天地의 기운과 일월운행日月運行과 풍운風雲의 변화와 행력行歷의 술수術數에 정통해도 사람의 일을 알지 못하면 법은 가서 오지 않고, 술術은 얽혀서 애달프게 된다.

아름다운 풍습風習이 생겨난 뒤에 술術이 곧으면 천하天下에 버리지 못할 사물이 없고, 법술法術이 올바르면 만대萬代에 걸쳐 이를 본本을 받고, 사람을 제대로 키워서 재목으로 쓰이게 되니, 바른 씨가 바른 열매를 맺고, 좋은 밭에서는 좋은 씨가 나오게 되어 천하天下의 술법術法은 풍습風習에 녹아들게 된다. 천하를 소유하는 자者는 반드시 나라를 잃지 않고, 나라를 소유하는 자者는 집을 잃지 않고, 집을 잘 다스리는 자者는 몸을 잃지 않고, 몸을 다스리는 자者는 천성天性을 잃지 않고, 천성天性을 온전히 간수하는 자者는 현혹眩惑되지 않고서 스스로를 지킨다. 술법이 이처럼 바르게 이어진다면 성현聖賢의 언행에만 의탁依託하지 않고, 만년의 의언懿言을 억지로 끌어다 붙이지 않아도 끝 간 데 없이 이어지게 되니, 졸렬한 것은 그럴듯해 보이지만 멀리 보이지 않고, 원대한 것은 간단해 보이지만 나날이 새로워지니, 마침내 술법術法이 올바른 길을 벗어나지 않게 한다.

兵略歌

병兵은 나라의 대사大事고,
사생死生의 자루고, 존망存亡의 변變이니,
가히 한 순간이라도 소홀히 해서는 안 되고,
나라가 비록 커다라나
전쟁을 잊어버리면 반드시 망하고,
전쟁을 잊어버리면 반드시 위태로워
마땅히 장병將兵을 고련하여
불시의 급한 적敵을 예비하면
만전萬全의 책략策略이 된다.

新尤天 檀奇古史

14. 병략론 兵略論

천지 天地의 바른 도道를 지키는 사람을 병兵이라 하고, 바른 도道로 관경管境안의 사람을 지키는 큰 꾀를 략略이라 하고, 병兵의 대본大本은 전쟁戰爭이고, 략略의 대본大本은 전쟁을 막는 것이다. 병兵은 흉凶이고, 략略은 앙殃이고, 략略은 최초의 망루望樓고, 병兵은 마지막 보루堡壘고, 병兵은 나라의 대사大事이자 사생死生의 자루고, 존망存亡의 변變이고, 략略은 나라의 무위武威고, 장단長短의 지도리고, 안녕의 변變으로 병략兵略의 본本은 안위安危에 있고, 내일을 기약하면서 위세威勢를 구한다. 나라에는 안위의 열여덟 가지[1]가 있다. 훌륭한 군주君主는 나라 안을 시끄럽게 하지 않고, 훌륭한 장수는 적敵으로부터 나를 대비하고, 훌륭한 신하는 신산神算의 계책으로서 건의하고, 훌륭한 병사兵士는 충성과 용기를 가지고 달려 나가고, 훌륭한 백성은 현명하고 소박하다면 반드시 안위安危를 알게 된다.

---

1) 안위의 열여덟 가지: 장수將帥는 나아가 적敵을 무찌르는 것, 무위武威로 흉포한 적敵이 넘보지 않게 하는 것, 문文이 포용하는 덕德이 있는 것, 무武의 위세威勢가 있는 것, 병기는 날카로우면서도 두터운 것, 방패는 견고하면서도 우그러들지 않는 것, 성성城은 무너지지 않게 지키는 것, 말은 빠르면서도 지치지 않는 것, 병사兵士는 겁이 없으면서도 스스로의 목숨을 소중히 하는 것, 문관文官은 나라의 안위安危에 함부로 나서서 패를 가르지 않는 것, 무관武官은 나라의 대소사에 일일이 참견하지 않는 것, 부르지 않으면 나서지 않는 것, 나가서는 최선을 다하는 것, 고개는 스스로 낮추어 함부로 들지 않는 것, 위험한 일에는 스스로 일어나 두려워 물러나지 않는 것. 군대軍隊는 사기가 충만한 것, 국시國是가 늘 삐뚤어지지 않는 것, 군기軍紀는 솔선수범하는 것.

232 東崖子

좌는 하위下位에 속하고, 우는 상위上位에 속하고, 경중輕重은 선후先後에 속하고, 정둔精遁은 대소大小에 속하고, 용겁勇怯은 차고 비는 것에 속한다. 군대軍隊는 그 수장首將과 따르는 무리와 함께 생사生死의 갈림길이 교차하고, 앞날이 걸렸기에 명예가 딸린 사기士氣를 구하고 난 뒤에 백성의 안락安樂을 구하고, 전장戰場에서 서로 죽음을 걸고 공적功績을 다툴 수가 있는 것이다. 나라의 안위安危는 상벌과 인재가 본本이 되니, 상벌賞罰은 백성들에게 호오好惡를 알게 하고, 인재人材의 유무有無에 따라 나라의 흥망을 다툰다. 좋은 인재人才가 좋은 자리에 앉아 나라를 지키는 것은 당연當然이고, 큰 인재가 큰 나라를 만드는 것은 필연必然이고, 우수한 자者가 군대軍隊의 머리가 되면 나라의 복리福利고, 큰 장수將帥의 군대軍隊는 나라의 길경吉慶이고, 용감한 병사兵士는 군대軍隊의 상서祥瑞가 된다.

무릇 무武는 싸움을 그치게 하는 방법이고, 병兵은 전투戰鬪에 임하는 주체고, 전쟁戰爭은 정의正義의 수단이고, 전쟁戰爭은 승리勝利의 목적이고, 군대軍隊는 민심民心의 대기大器고, 군법軍法은 군대軍隊의 공물公物이고, 전략戰略은 정사政事의 연장鍊匠이고, 전술戰術은 전쟁戰爭의 소도구小道具고, 병략兵略은 전쟁戰爭의 대도구大道具고, 병기兵器는 백성의 수형數型이다. 병략兵略은 전쟁戰爭의 계획이고, 전전은 긴급할 때 사용하는 최후의 수단手段이다. 전략戰略은 크고 전술戰術은 작고, 전쟁은 크고 전투戰鬪는 작고, 병략兵略은 크고 병술兵術은 작은 것으로 전쟁은 피폐疲弊와 융성隆盛의 저울이고, 사생死生의 갈림길이고, 집산集散의 요체要諦이고, 남녀男女의 대칭對稱이고, 긴장緊張과 해이解弛의 술법術法이다. 병략兵略이 있으면 때에 대처對處이다. 무릇 병략兵略이 없으면 능멸凌蔑을 당하고, 전략戰略이 있으면 계획이 있고, 전략戰略이 없으면 대세大勢가 없고, 전술戰術이 있으면 패함이 없고, 전술戰術이 없으면 승리勝利

가 없고, 병법兵法이 있으면 분란紛亂이 없고, 병법兵法이 없으면 마구잡이로 싸우고, 병술兵術이 있으면 제어가 되고, 병술兵術이 없으면 군기軍紀가 없다.

무릇 병세兵勢를 제어制御하는 것이 있다. 겁이 많은 자者가 용감한 자者를 능히 부리고, 어리석은 자者가 지혜로운 자者를 제어하는 것은 권세權勢의 무게고, 목숨을 버리고 명예를 소중히 하는 것은 병세兵勢의 몸통이고, 패하는 척하는 무리를 좇는 것은 병세兵勢의 유혹誘惑이고, 무모하게 싸우려고 하는 것은 병세兵勢의 함정陷穽이고, 진로가 막혀 승리하지 못하는 것을 병세兵勢의 분탈奔奪이라 한다. 무릇 위태로운 것은 안일安逸에서 생기고, 스스로 지킬 수 없으면 미래가 불투명하고, 외세外勢에 의탁하면 외교外交가 적어지고, 적敵을 탓하면 준비가 온전하지 않고, 과거를 용서하지 않으면 탓만 하게 된다. 난亂은 평화에서 생기고, 마음이 안일安逸하면 변變이 생기고, 복福 속에 화禍가 있어 경계하면 고난이 덜하고, 준비가 없으면 간난이 심해진다.

일찍이 한인시대桓仁時代에는 싸우면서 다투는 일이 적더니, 한웅시대桓雄時代에는 반고盤古가 무리를 나누고, 이끌고 나아가서는 땅을 개척하지 않고, 굴을 파서 약탈로 연명하더니, 신시神市의 말기末期가 되자 다투어 무리를 지어서는 몰려다니며 말썽을 그치지 않으니, 마침내 신시神市에도 양병養兵하기에 이르렀다. 왕검시대王儉時代가 되자 전쟁을 일삼아 무리를 크게 지어 침범하고, 도둑질을 업業을 삼더니, 일산일수一山一水가 나라가 되고, 무리를 크게 모아 관경에서 도적질을 일삼고, 사사로이 사람을 빼앗고, 식량을 빼앗는 일이 빈번하였다. 마침내 군인軍人의 수數를 불리고, 무기를 용도에 맞게 바꾸었으니, 나무를 베던 도끼는 휘둘러 다치게 하는 도구가 되었고, 풀을 베던 낫은 적敵을 찍게 되었고, 베던 칼은 베기 위해 휘두르고, 날을 갈은 창創은 찌르게 되었다. 세월이 흘러 한명을 죽이던 것을 수십 명을 죽이기 위해 터지는 폭탄을 만들고, 적敵에게 병을 퍼트리고, 날카로운 칼날과 창을 막기 위해 몸에 두르는 갑옷을 만들고, 머리를 보호하기 위해 투구를 쓰고, 활을 만들고, 창을 날카롭게 하고, 칼을 갈아 간肝과 뇌腦를 땅에 쏟고, 이를 갈며 피를 휘날리고, 하루에 백리를 가도록 수레를 만들고, 속이기 위해 기만술을 쓰고, 병술兵術로 조련하고, 병법兵法으로 양성하기에 이르렀다.

  단제명왕檀帝明王의 때에는 금옥金玉을 얻으려고, 땅을 범하지 않았고, 천하天下의 이로움이 두루 없으면 벌하지 않았고, 삿된 자者들도 섣부르게 난亂을 일으키지 않았고, 만인에게 해가 제거되지 않으면 치되, 아직 희망이 있는 자者들은 대의大義로 타이르고, 조세租稅로 백성의 등을 휘게 하지 않고, 부역을 작게 하여 많이 거두지 않았고, 강자가 약자를 괴롭히지 못하게 하고, 용자勇者가 겁자怯者를 능멸凌蔑하게 하지 않았고, 지자知者가 어리석은 자者를 희롱하지 못하게 하였고, 사邪로 정正을 농락하지 못하게 하였고, 범자犯者가 준자遵者를 능욕凌辱하지 않게 하였고, 더러움으로 깨끗함을 물들지 않게 하였고, 말末이 본本을 이기지 않게 하였고, 궤詭가 의懿를 덮지 않게 하였다. 그러나 세월이 흘러 날카로운 발톱을 내어 할퀴고, 날카로운 이빨로 목덜미를 물고, 눈에서 숨겨 기만하는 생사여탈生死與奪의 병사兵事를 도모하였다. 뒤를 이은 단제조선檀帝朝鮮에는 옛 성왕聖王의 은혜를 입어 침략을 받지 않았으나 말기에 이르자 도둑이 사방四方에서 일어나 무력武力으로 감당하기 어려워졌다. 열성단제列聖檀帝이래로 토벌討伐만 하다가 부여夫餘에 들면서 작은 외침外侵이 끊이질 않고, 구려句麗의 시대에는 대규모 군대를 양성하여 천년동안 한 번도 싸워서 지지 않았고, 숭무崇武를 훌륭히 하여 부여夫餘의 정신을 져버리지 않아 영광스런 나라를 이루었다.

사람은 만물이나 일정한 양의 땅을 가지고는 그 뜻을 전부를 채우지는 못하니, 모자라면 다투고, 남으면 버리는 것이 습성이 되어 무리를 지어 살면서도 분배가 일정하지 않고, 강자가 약자를 위협하고, 몸집이 큰 자者가 약한 자者의 팔을 꺾어 낚아채고, 일을 하지 않고도 스스로 꾀를 내어 부리고, 힘을 들이지 않고도 제압하려 하니, 힘이 약한 자者는 약함을 없애려고 굳게 지키고, 제압당하지 않으려고 단단한 것을 꿰어 몸을 보호하고, 나무토막으로 방패를 만들어 활을 막고, 구리로 투구를 만들어 머리를 보호하고, 섬뜩한 칼을 갈아서 베고, 뾰족한 촉을 갈고 멀리 쏘아 맞추고, 날카로운 창을 만들어 찌르고, 성城을 단단하게 쌓아 넘지 못하게 하자 이번에는 무기를 더욱 날카롭게 갈고, 공격하는 도구를 다양하게 만들고, 살상하려는 방법만을 구하고, 땅을 점령하고서는 폭정을 그치지 않고, 백성들을 강탈하고, 인력을 징발徵發하고, 식량의 수탈收奪이 그치지 않게 되자 살아남기 위해 마지못해 일어나 따른다.

하늘의 드높은 때를 알고, 땅의 드넓은 곳을 알고서 군사軍事의 일은 늘 때와 곳을 조심해야 한다. 장수將帥는 충성스럽고, 사졸士卒은 죽음에 이르는 동료를 보고, 과감히 떨쳐 일어나 비록 몸이 산화散化하더라도 기꺼이 목숨을 내어 놓으니, 피가 내를 이루고 빗발치는 화살에도 과감히 앞장서는 것은 누가 시켜서가 아니라 마음에서 우러나는 까닭이 된다. 무릇 전차戰車는 견고하고, 병갑兵甲은 단단하고, 천지신명天地神明의 도움을 얻으니, 비로소 '천하天下의 용사勇士'라고 칭호를 들으며 강인한 의지를 단호히 앞세우고, 꾀로써 적敵을 넘어서고, 대오隊伍를 벼루삼아 마지막 보루堡壘의 요추要樞가 되니, 도로를 닦고, 적시에 물자를 수송하고, 군령軍令이 올바로 서서 필승의 의지를 불태운다. 장수將帥는 병사兵士를 내 몸처럼 여기고, 병사兵士들은 장수將帥를 내 마음처럼 여겨 정의正義의 마음으로 대의大義의 군대軍隊가 되고, 만인의 마음을 얻는 천하天下의 군대軍隊가 되어 능히 세상의 사악邪惡을 제거하고, 몸을 드러내지 않고도 세상에 이름을 드날린다.

군대軍隊를 거느리는 자者는 현명하고, 장수將帥는 용맹하고, 위세를 떨쳐 대적할 자者가 없고, 마땅한 예기銳氣가 번득이고, 사기士氣가 충만하여 행군하고, 사열查閱만 해도 적敵들이 칼을 내버리고 달아나 버린다. 천하天下의 용사勇士들은 죽음으로써 적敵의 삶을 공격하고, 성盛으로 적敵들의 쇠를 치고, 번개처럼 빠르게 적敵의 급소를 치고, 도도하게 흐르는 물처럼 적敵의 사기를 삼키고, 적막한 산처럼 적敵들의 마음을 두렵게 하고, 눈 덮인 강처럼 적敵들의 행동을 제약하고, 서슬처럼 퍼런 칼날처럼 적敵들의 오금을 저리게 하고, 두꺼운 얼음처럼 적敵들의 마음을 얼어붙게 하고, 천둥처럼 내달아 앞에 서 있는가 하면 뒤에서 나타나고, 북이 울리면서 나팔소리로 적敵들의 혼魂을 빼고, 앞에서 요동치면서 뒤에서 흔들어 적敵들의 백魄을 가라앉히고, 전장戰場에서 죽을 각오는 기세氣勢로도 그치질 못하고, 용기勇氣로서 적敵들의 간담肝膽을 식힌다.

나라의 모든 것을 동원하여 싸워 이기는 것은 병략兵略의 힘이고, 장수將帥가 군대軍隊를 출진하여 앞장에 서서 호령하는 것은 장수將帥의 권세고, 대적對敵하기 전에 적敵이 도망가는 것은 장군將軍의 위엄이고, 적은 군졸軍卒로 많은 군사軍士와 싸워 이기는 것은 장교將校의 지략智略이고, 군사軍士를 정렬하여 적敵을 싸워 이기는 것은 오장伍長의 선도先導고, 죽기를 각오하면서 싸워 이기는 것은 군사軍士의 용기다. 자주 싸우면 심신이 피폐疲弊해지고, 자주 이기면 교만해지고, 이기는 횟수가 많아지면 반드시 방심하고, 자주 싸우면 백성이 피폐해지고, 교만한 임검은 피폐한 백성들을 부려 망하는 빌미가 되고, 작은 싸움은 병兵을 즐기기에 비롯되고, 큰 싸움은 작은 명리名利를 다투기에 번거롭고, 먼 나라의 전쟁은 안타깝다 여겨도 제 나라의 싸움은 급해지고, 백번의 연습은 한 번의 실전을 넘지 못하고, 한 번의 승전은 백 번째 싸움의 빌미가 된다.

땅이 넓다고 이기는 것도 아니요, 사람이 많다고 승리하지는 않으니, 군인軍人이 많다고 적敵을 누르는 것도 아니라 훌륭한 자者가 반드시 이들을 이끌고 난 뒤 승리의 요건을 만들기 때문에 이길 수 있는 것이다. 외교外交하여 원조를 받고, 사대事大하여 안전을 도모하는 것은 한 나라를 결속하여 때를 다스림만 못하고, 폐백幣帛이나 겸손한 몸가짐을 낮추고, 보화로써 마음을 사로잡으려고 국부國富를 줄여 바치고, 옥백玉帛을 헌상獻上하고도 흡족하게 하지 못하고, 몸을 굽혀 말을 공손히 해도 기쁘게 하질 못하고, 교제가 이루어진다 해도 더 큰 것을 요구하게 되니, 굳은 약속은 명리名利에 따라 지속되지 않고, 작은 명리名利조차도 없으면서 섬기면 온전히 보존하지 못하게 된다. 비록 나라가 작더라도 외교外交를 공정公正하게 하고, 나라를 단단하게 결속하여 다스리고, 백성들이 모두 죽어도 좋다는 결사항전決死抗戰의 의욕을 불태우고, 상하가 한 마음으로 뜻을 같이 하고, 죽음을 본받아 백성들이 흩어지지 않는다면 함부로 죄罪를 물어 나라를 치고, 무기의 우월로 겁주면서 작은 나라를 업신여기지 못한다.

전쟁戰爭이 있으면 편안한 나라가 없고, 병략兵略이 없으면 승전勝戰하지 못하고, 적敵을 흠모欽慕만 하면 안정되지 못하고, 외교外交가 없으면 전쟁을 피 할 수 없고, 병兵이 없으면 지키기가 어렵고, 장수將帥가 없으면 승산이 없다. 나라에 명命이 많으면 우왕좌왕하고, 간흉姦凶이 많으면 어지러워지고, 적정賊情의 글이 많으면 해석이 분분해지고, 군내軍內에 말이 많으면 분란이 끊이지 않는다. 어지러우면 패배하고, 다투면 화禍가 미치고, 서로 질시하면 꾀만 내게 된다.

치우천왕蚩尤天王은 만고萬古의 무신武神이자 용감하고, 강한 자者의 비조鼻祖다. 큰 안개를 일으키고, 바람과 비와 구름의 삼권三權을 장악하여 모든 귀신을 두발로 밟아 마음대로 부려 천지간天地間 전쟁의 주主가 되었으니, 한 번의 위세는 적敵을 누르고, 두 번의 위세로는 적敵의 무리를 제압하고, 세 번의 위세는 천지天地를 바꾼다. 허실虛實이 서로 교차하고, 상생相生하고 상극相剋하는 전쟁터에서 죽음에 이르렀다가도 살고, 살았다가도 죽고, 손톱 밑의 작은 상처에도 죽고, 사지四肢를 절단하고도 산다. 포악하고 잔인한 자者들은 적敵이니, 적敵을 큰 파도처럼 능멸凌蔑하고, 나는 정의正義의 사신使臣으로 내가 곧 정의正義가 되어 정사正邪의 시비是非마저 사라지게 하고, 정의正義의 군대軍隊가 가는 곳에 백성을 해치지 않고, 귀중물은 빼앗지 않고, 나라의 현인賢人들을 우대하고, 백성들에게 오히려 먹을 것을 나누어 주고, 오곡五穀은 불태우지 않고, 가축은 사사로이 잡지 않고, 토지는 골고루 분배하고, 억울한 자者는 석방하고, 백성의 등짐을 벗겨준다. 현명한 왕王이 전쟁을 하면 이利를 새롭게 하고, 현명한 신하가 이로운 일을 하면 명命을 새롭게 하고, 현명한 자者가 왕王을 보필하면 이理를 새롭게 하고, 현명한 자者가 병사兵士를 부리면 의義를 새롭게 하고, 용감한 병사兵士가 적진으로 내달으면 용勇을 드러나게 한다.

군대軍隊가 유지되도록 하려면 십망十亡[2]을 버리게 하고, 십승十勝[3]으로 적敵을 이기게 하여 누구나 명령의 일신一身이 된다. 용병

---

2) 십망十亡: 군대軍隊 스스로 약해지는 것, 징집을 기피하는 것, 명예롭게 죽음을 맞이하지 못하는 것, 괴상한 소문이 나도는 것, 선무宣撫가 되지 않는 것, 나라에 괴물이 나타나서 민심이 흉凶해지는 것, 곡식은 이미 바닥나고 흉년凶年이 드는 것, 소문만으로도 도망하는 것, 군법軍法이 약한 것, 군인軍人들의 의지가 약한 것.

3) 십승十勝: 현명賢明한 재상宰相이 있는 것, 나라의 경세經世가 부강한 것, 임검된 자者가 군軍을 믿는 것, 병략兵略이 강한 것, 백성들 모두 승전勝戰을 돕는 것, 군대軍隊가 강한 것, 외교外交의 원조가 많은 것, 물자의 지원이 원활한 것, 백성 스스로 싸움에 자원하는 것, 장병將兵의 혼연일체渾然一體하는 것, 나라 안에 물자가 풍부하여 끊이질 않는 것.

用兵은 부리는 자者의 마음이 아니라 부려지는 자者들의 마음을 하나로 묶게 된다. 그것으로 하나를 얻으면 이기지 못함이 없고, 만병万兵의 혼魂을 묶어 백魄으로 적敵을 치면 승리의 지름길이 되고, 승패는 싸우기 전에 이미 결정되어 있어도 마지막까지 정사政事와 외교外交로 억제한다. 정사政事로써 백성의 뜻을 얻어 외교外交로써 적敵을 누르고, 최후의 수단으로 정병精兵을 사용하면 천하天下의 용사勇士가 여기에서 일어나고, 병졸兵卒은 강해지고, 외교外交의 수완과 승리의 일념으로 정사政事의 빛을 더한다.

망하는 나라의 병졸兵卒은 강건한 듯해도 쇠약하고, 장수將帥는 신념이 없고, 장교將校는 책무를 다하지 않고, 명命이 서도 할 일을 다 하지 않고, 령令이 서도 움직이지 않고, 무기는 창고에서 녹슬고, 군량은 빼돌려지고, 훈련이 되질 않아 경계가 소홀하다. 적은 병사兵士로 많은 병사兵士를 대적 할 수는 없고, 기奇로써 정正을 누르지는 못하고, 술법術法만으로는 대적할 수는 없고, 말末로써 본本을 누를 수는 없다. 그래서 어지러운 자者는 정의롭지 못한 전쟁을 하게 된다.

전쟁戰爭의 요체要諦는 강자가 약자를 수탈收奪하고, 간적奸賊이 말썽을 부리는 것을 막는 것이다. 무리를 지어 힘없는 자者들을 괴롭히고 간악奸惡이 선량善良을 억누르고, 수탈收奪하여 모욕하는 때에 이르렀을 때에 먼저 패하지 않도록 하면서 적敵을 이길 기회를 기다리다가 한 번에 쳐서 그 백성들 까지 해방한다. 장수將帥는 나라의 동량棟樑이고, 장교將校는 군대軍隊의 기간基幹이고, 병사兵士는 군대軍隊의 섬돌로 봄처럼 온화한 마음을 품고, 여름처럼 무수한 군사軍士를 거느리고, 풍성한 가을처럼 전과戰果를 올리고, 차가운 겨울처럼 격멸한다. 장수將帥가 명命을 내리면 삼군三軍이 일사분란하게 움직이고, 한 명의 용사勇士가 적敵의 삼군三軍의 앞에

서 소리를 지르는 기세氣勢로 덤비는 것처럼 백 명이라도 죽을 각
오로 싸운다면 능히 이길 수 있다.

위태로운 것은 안일安逸에서 생기고, 난亂은 평화에서 생기고, 다
가가는 마음에서 변變이 생기고, 평화만 생각하면 난亂이 깃들고,
편안한 것만 따르면 재災가 따라오고, 복福속에 화禍가 있고, 재속
에는 액厄이 도사려 준비하면 고난이 덜하고, 준비가 없으면 급한
것을 불러들인다. 팔괘八卦로써 진陣을 짜고, 사상四象으로써 유리
한 위치에 서고, 오관五觀으로 소리를 듣고, 오행五行으로써 적敵의
약점을 찾고, 거북이와 깃발로 길흉을 점占한다. 하늘의 진법陣法[4]
으로 징조徵兆를 감추고, 땅의 진법陣法[5]으로 명리命利을 감추고,
사람의 진법陣法[6]으로 지모智謀를 감춘다. 병가兵家에 삼권三權[7]과
오세五勢[8]는 무武를 소중히 여기고, 나라의 삼보三寶[9]와 군대軍隊
는 오군五軍[10]과 군대軍隊의 오가五加[11]로 장수將帥를 보좌해야 한

---

4) 천진天陣: 삼진三陣, 오행진五行陣, 육갑진六甲陣, 육무진六戊陣, 팔괘진八卦陣, 구궁진九宮陣, 십
간진十干陣, 십이지진十二支陣.

5) 지진地陣: 기문진奇遁陣, 정공진正攻陣, 변법진變功陣, 정변공진正變攻陣, 육화진六花陣, 오행
진五行陣, 구성진九星陣, 복진伏陣.

6) 인진人陣: 음양진陰陽陣, 사상진四象陣, 오환진五環陣, 육무진六戊陣, 칠견진七見陣, 팔궁진八宮
陣, 구완진九完陣, 십라진十羅陣.

7) 삼권三權: 선의善義를 세워 그 명목名目을 키우고 덕德을 베풀어서 그 은덕을 요체要諦로 삼는 것,
사도詐道가 함부로 끼지 못하도록 하여 백성들이 법법을 지키는 것을 자랑스럽게 하는 것, 정사政
事를 법에 두고 행하여 만리萬里 밖에서도 법을 따르게 하는 것.

8) 오세五勢: 천세天勢, 권세權勢, 인세人勢, 지세地勢, 기세氣勢.

9) 삼보三寶: 백성, 국부國富, 자원資源.

10) 오군五軍: 성인聖人의 군대軍隊, 패왕霸王의 군대軍隊, 패왕悖王의 군대軍隊, 신명神明의 군대軍
隊, 백성의 군대軍隊.

11) 군대軍隊의 오가五家: 복식服飾, 고기鼓旗, 사졸士卒을 선별하고, 유지 등을 담당하는 것, 강병의
육성과 강군에 대한 조언, 정보, 전쟁의 수행과 임무와 무기운용武器運用과 군대軍隊의 진퇴進
退와 적敵의 후방역습後方逆襲에 대비하는 것, 부대의 사기를 담당하는 것, 도로를 닦고 인원과
물자의 수송과 식수 및 취사 등을 담당하는 것, 군수軍需의 징발과 적절한 물자의 보급과 인원의
배분 등을 담당하는 것.

다. 삼전三戰[12)]과 삼도三道[13)]로 서로 도와 육략六略[14)]으로 승인勝因[15)]삼고, 승리의 요건[16)]을 궁리하여 전쟁에서 반드시 개선凱旋해야 한다. 이기는 싸움은 아래위에 명命이 원활하고, 령令이 바로 서서 한마음 한 뜻으로 적敵을 물리치고, 눈은 항상 적敵을 주시하고, 귀는 적敵이 움직이는 것을 관찰하고, 코는 적敵의 동태를 살피고, 눈동자만으로도 적敵을 부술 기세와 급박한 상황에도 침착하다가 명命이 서면 적敵을 궤멸시키고, 잠을 자다가도 달려 나갈 준비가 되어 있고, 군사軍士의 기氣가 뻗혀 오색영롱한 빛이 하늘로 일정하게 올라서고, 적敵이 약점을 노출하게 하고, 승산이 있는 적敵과 싸우고, 적敵의 힘을 분산케 하고, 적敵이 허점을 기다리며 예봉銳鋒은 피하고, 적敵은 보이지 않는 또 다른 적敵과 싸우도록 한다.

능히 병략兵略에 능한 자者는 적敵을 약하게 만든 뒤에 싸우고, 비용은 적게 들이면서 공功은 극대의 효과를 내고, 승인勝因의 열두 가지[17)]로 천리千里 밖에서 이미 싸움의 승패勝敗를 알고서 싸움

---

12) 삼전三戰: 천전天戰은 하늘의 징조徵兆를 따르고 하늘의 명命에 의하고, 일월日月의 명命과 성진星辰의 도움으로 장차 천병天兵의 군대軍隊인지를 가늠하여 천기天氣, 성기星氣, 일기日氣, 천조天兆로 싸움을 하는 것. 지전地戰은 명리名利와 상생相生, 상극相剋, 방향方向, 천둥, 비, 눈, 서리, 구름, 건한온열한습조乾寒溫熱濕燥로써 지리地理의 이점으로 싸우는 것, 인전人戰은 인화人和로써 정의正義를 위하여 분연히 일어나 문무文武, 장수將帥, 사졸士卒, 무기, 보급품, 장비, 상보相補, 상쇄相殺로써 싸움을 하는 것.

13) 삼도三道: 병사兵事를 은밀히 논하는 것을 인도人道, 지형地形과 지세地勢를 살펴 계획을 세우는 것을 지도地道, 천지지도天地之道를 거스르지 않게 행하는 것을 천지天地.

14) 육략六略: 수략水略, 화략火略, 토략土略, 금략金略, 목략木略, 병략兵略.

15) 승인勝因: 외교, 장수, 기세氣勢, 시기, 병사兵事, 무기, 사기士氣, 지세地勢, 정보, 전략, 전술, 훈련, 물자, 보급.

16) 승리의 요건: 든든한 국가재정, 풍부한 자원資源, 원활한 물자수송, 내부결속, 정보망, 군기軍紀, 사기士氣, 인적자원, 군대軍隊의 편제編制, 교육훈련, 강력한 화력火力, 효율적인 군수軍需, 첩보수집, 충분한 예비병력, 적재적소의 인적배치, 신속한 작전, 불굴의 집념, 병력兵力의 운용, 적절한 시기, 지리적조건, 굳건한 임전태세, 유리한 기후와 절기, 무기체계, 승리의 집념, 확고한 경계태세.

17) 승인勝因의 열두 가지: 적절한 계획, 정확한 전력분석, 전략戰略과 전술戰術의 계획, 훈련량, 힘의 축적, 정예양성, 치세治世, 천상天相, 무기의 활용, 보급, 인력배치, 전력戰力, 외교.

에 임한다. 우세하면 공격하고, 불리不利하면 수비하고, 이대일二對一이면 정면공격正面攻擊하고, 삼대일三對一이면 분산공격分散攻擊하고, 오대일五對一이면 포위하여 보급로를 차단하고, 십대일十對一이면 교대로 싸워도 이기고, 이대일二對一로 불리하면 기습을 하고, 삼대일三對一로 불리하면 산에 웅거雄據하고, 오대일五對一로 불리하면 성城에서 항전抗戰하고, 십대일十對一로 불리하면 퇴각한다. 병사兵士를 양성하는 데에는 임무를 맡길 것을 대비하여 그릇을 닦아 능력을 벗어나는 일이 없도록 하고, 전쟁의 씨알들을 모아서 승리勝利의 요추要樞가 되도록 한다.

연개소문淵蓋蘇文[18]은 태조太祚의 아들로 이미 아홉 살에 조의皂衣[19]에 뽑혔으니, 기상 또한 남달라서 열여섯에 대장군大將軍의 자리에 올랐다. 전장戰場에서 병사들과 장작으로 베개 삼고, 표주박으로 손수 물을 떠서 마시고, 무리 속에서 스스로 힘을 다하여 믿음과 정성으로 병사兵士들과 나란히 보호하여 한 마음을 이루어서 능히 천왕天王의 명命을 어기는 일이 없었고, 나아가면 반드시 승리하였다. 귀천을 따지지 않고, 능력을 우선하고, 상을 골고루 베풀어서 나누니, 생사生死를 가늠하는 곳에서도 그 완급緩急을 알고, 큰 난亂에서도 조금도 당황하지 않아 가히 치우천왕蚩尤天王의 분신分身이라 하였다. 소문蘇文이 드디어 상장上將에 올라 만법萬法을 이루자 만백성을 위하여 성기成己하고, 자유롭게 하고, 개물開物하여 평등을 이루었으니, 능히 병략兵略의 본보기가 되었다.

---

18) 연개소문淵蓋蘇文: 일명 개금蓋金, 연태조燕太祚의 아들, 고구려의 막리지莫離支로 지나支那에 붙으려는 영류왕營留王을 시해하고, 보장왕寶藏王을 세워 백제百濟와 신라新羅가 준동하려는 것을 막고, 수隋를 멸망시킴.
19) 조의皂衣: 검은 옷을 입고 선인仙人의 수련을 하는 자者, 선랑仙郎. 위의緯衣.

칠지七知[20]로서 한사람의 영웅英雄이 되면 만인이 힘을 얻고, 한 사람의 장수將帥로 만 명의 목숨을 구한다. 장수將帥와 병사兵士가 제 몸과 마음처럼 아껴 마음이 정성되어 반드시 적敵을 이기고, 몸이 강건하여 반드시 적敵을 쓰러뜨리고, 훌륭한 장수將帥가 앞장서면 용감한 병졸兵卒이 따르고, 적敵이 강해도 이를 피하지 않고, 적敵이 약하면 능히 이를 넘어서니, 태산泰山도 이를 가로막지 못하고, 대해大海도 가로막지 못하고, 수數가 적어도 능히 이기고, 세勢가 불리해도 이를 뒤집는다.

나라에 망조亡兆가 들면 스스로 난亂이 없다고 공언空言하고, 난亂이 일어나도 스스로 나라가 망하지 않는다고 장담하고, 항복하는 순간까지 재화를 탐한다. 무수한 부역과 세금은 허리를 휘게 만들고, 사치와 방종은 거머리들이 들끓게 하는 빌미가 되고, 허언虛言과 왜사歪辭는 재화災禍를 불러들이는 디딤돌이 되고, 충실한 자者들은 나라를 지키려고 하는데 변론辯論만 일삼던 자者들은 오히려 도망을 가려고 짐을 싼다. 전쟁은 일어나는 원인[21]이 있고, 내적內敵[22]도 일어나는 징조徵兆가 있고, 무력武力으로도 부딪히는

---

20) 칠지七知: 장교가 겉옷을 입지 않는 것은 추위와 더위를 아는 것, 죽음을 두려워하지 않고, 위험을 아는 것, 앞장서 궂은일을 하여 수고로움을 아는 것, 사졸士卒이 식사食事에 비로소 밥을 먹는 것은 배고픔을 헤아리는 것, 잠이 드는 것을 본 뒤에야 잠을 자고 일어나기 전에 일어나 피곤을 헤아리는 것, 기旗를 흔들며 앞장서서 나아가 명예를 소중히 하는 것, 쏟아지는 화살과 연기를 뚫고 장엄하게 먼저 달려 나가 병사兵士의 목숨을 소중히 하는 것.

21) 전쟁이 일어나는 원인: 보물을 얻기 위한 것, 땅을 넓히는 것, 원한과 적개심敵愾心, 정치적 문제, 기근과 전염병, 인구의 증가, 명리名利, 종전宗全, 이념, 사상, 명분, 잘못을 감추고 전가하기 위해 외국에서 전쟁을 하는 것, 이웃나라끼리의 전쟁에 끌려 들어가는 것.

22) 내적內敵: 내부의 적敵, 보이지 않는 적敵, 죽음을 각오하고, 적敵에게 충성을 맹세한 자者, 아군의 사정을 소상히 알아내 적에게 넘겨주는 자者, 경계를 게을리 하는 자者, 군기軍紀가 없으면서 경계를 게을리 하는 아군我軍, 직위를 이용하여 중요한 정보를 팔아 적敵에게 가져다주는 자者, 쓸모없이 무리를 지어서 국론國論을 분열하도록 선동하는 자者, 정사正邪를 흩뜨리도록 가르치는 자者, 백성들이 도탄에 빠져 허우적거리는데 혼자 도망할 생각만 하는 자者, 적敵에게 서약한 자者, 언제나 등을 돌릴 생각만 하는 자者, 전쟁을 혐오하는 척하며 뒤에서 명리名利만을 계산하는 자者, 죄를 크게 짓고 마땅함을 잃은 자者, 바른 것을 가르치지 않는 자者, 어린아이들을 볼모로 삿된 것을 가르치는 자者, 탈옥한 중죄인.

까닭이 있다. 목소리를 높여 무리를 지어 돌아다니는 자者들이 많아지고, 궤론詭論을 떠드는 자者들이 세勢를 얻어 설쳐대면 나라가 편안 할 리가 없다.

천하天下의 호사好事하는 자者들이 전쟁戰爭은 죄악罪惡이라 하고, 사람이 사람을 죽여서 벌할 수 없다고 떠들다가도 전쟁戰爭에 임하게 되면 달아난다. 무릇 정벌征伐과 침략侵略을 받으면 피폐疲斃해지고, 참람僭濫함은 이루 말할 수 없는데 간적奸賊들은 오히려 대비하지 못한 것을 비난한다. 전쟁戰爭에서 이기면 나라가 평안해지고, 나라의 세勢는 강해지고, 나라의 명리名利는 커지나, 지는 싸움은 경계를 게을리 하고, 전선戰線이 붕괴되기도 전에 후퇴하고, 왕王은 이미 도망가고, 진다는 낭설은 끝없이 이어지고, 전염병과 가뭄이 심해지고, 적敵의 병력兵力이 증원되고, 군량은 늘 모자라고, 적敵의 대규모 공세攻勢로 전환하고, 쓸모없이 병력兵力의 이동이 잦아진다.

허虛의 태態를 알면 실實의 참을 알고, 실實의 형形을 보면 허虛의 빔을 알고, 허虛를 보이지 않으면 틈이 보이고, 실實을 보려면 참을 보아 적敵의 실實을 피避하고, 적敵의 허虛를 추궁한다. 적敵의 실實로 수세守勢로 하고, 적敵의 허虛로 공세攻勢를 취取하고, 적敵이 움직이면 형상形象을 드러내고, 적敵이 시끄러우면 허虛를 보고, 조용하면 적敵을 고달프게 하고, 쉽게 움직이게 하여 위험을 안게 하고, 실實로써 적敵을 찔러 나누고, 허虛로써 강한 곳을 찌르지 않게 한다. 필패의 요건[23]으로 덤벼들면 반드시 패敗하고, 필승의 요건[24]

---

23) 필패의 요건: 땅이 넓고 사람이 많다면서 이긴다고 여기는 것, 단단한 병기兵器와 강력한 화력火力이 있다고 자만하는 것, 정밀한 정보와 강력한 법이 있다고 자랑하는 것, 군대와 군인의 수數가 많다고 상대를 얕잡아 보는 것, 병략兵略과 병술兵術이 뛰어나다고 교만한 것.

24) 필승의 요건: 병사兵事를 통솔하는 대장군이 있는 것, 유기적인 외교外交, 상대를 제어하는 병

으로 임하면 반드시 이기게 되니, 결정적인 승리는 바로 전쟁을 하기 전에 이미 승리를 이룬 뒤라야 이기게 된다. 군대軍隊는 곧 민심으로 평시에는 적敵의 동태를 살피고, 군대軍隊를 조련하여 유사시에 나아가면 이미 기세氣勢가 적敵을 이기고, 일능삼一能三하면 승리는 이미 정해진다. 겉으로는 어지러운 것 같으면 안으로 정렬되고, 정正을 숨겨 변變을 보이고, 예리銳利를 숨겨 우둔愚鈍해 보이고, 사기士氣가 충만充滿하면서도 조용하고, 기강紀綱이 없는 듯 하면서도 바로 서 있고, 군기軍紀가 흩어진 것 같은데도 결속이 있고, 상하上下가 친밀이 없어 보이면서 두텁고, 거짓 정보를 주어 함부로 움직이게 한다. 군법軍法을 균등하게 하여 일사분란하고, 제 뜻을 펴서 적敵을 능히 꿰뚫는 혜안으로 그 움직임으로 대비하게 하고, 보이지 않음을 보고, 들리지 않는 것을 듣고, 사지死地에서도 능히 살아남아 공功을 세우고, 몸을 온전히 보전하여 개선凱旋한다.

신묘神妙하게 움직여야 하고, 예측하지 못할 꾀를 내어 움직이고, 숨긴 것을 갑자기 내어보고, 감추어진 것을 깊이 숨겨 형태가 나타나기 전에 기미幾微를 살펴 이기는 방법으로 지는 것을 예비하고, 죽기를 각오하여 적敵의 약점을 파고들고, 강점으로 약점에 대비한다. 장수將帥는 능히 참모參謀들이 알지 못하는 것을 알고, 볼 수 없는 것을 보아 강유剛柔로 뜻을 알아 치우치지 않게 하고, 상하가 의심하지 않게 하여 분란紛亂이 없게 하고, 놓치는 것이 없이 치밀하고, 수족이 움직이는 것처럼 자유자재로 하여 능히 나라의 간성幹城이 된다. 위로는 기상氣象이 당당하여 병사兵士들과 장작개비에서 잠자고, 표주박의 물과 한줌의 밥으로써 병사兵士들과 동고동락同苦同樂하고, 무리 속에서 제일 먼저 앞장서고, 상은 모두 나누어 주고, 벌은 책무責務로 함께 받고, 서로를 위하는 마음으로

략兵略, 막강한 경제력, 많은 백성, 월등한 무기, 일사분란한 군기軍紀, 적敵을 능가하는 정보력, 철저한 교육훈련, 영민한 군주君主, 삼재三才를 통하는 정치력, 굳건한 국방력.

참고 견뎌내어 정성과 믿음으로써 대하고, 큰 죄를 지으면 반드시 죽여야 하고, 상은 작은 것으로도 주고, 벌은 큰 것부터 주고, 위로는 엄격하고, 아래로는 자상하고, 위에서는 스스로 엄하고, 위의 자者가 그르면 반드시 이를 추궁하고, 아래로는 이를 감싸 안는다.

문文이 강대하면 무武를 유린蹂躪하고, 무武가 강대하면 문文을 능멸凌蔑한다. 한쪽으로 쏠리면 무武가 광폭해지고, 문文은 간악奸惡해진다. 고금古今의 성쇠盛衰가 정사正邪의 기준이 없다 해도 그른 것이 옳은 것을 누를 수는 없고, 적은 것이 큰 것을 덮을 수는 없고, 민심民心이 들뜨면 서로 섞여 정사正邪의 구분이 없다 해도 말末이 본本을 이기지 못하고, 기奇가 정正을 넘지는 못하고, 순간이 장구長久를 넘어서지 못한다. 성인聖人된 자者는 뜻이 세상에 펴지는 것을 좋아하고, 지혜로운 자者는 공功이 이루어지는 것을 좋아하고, 군인軍人된 자者는 적敵을 능히 무찔러 개선凱旋하는 것을 좋아하고, 용감한 자者는 무공武功을 세우는 것을 좋아하고, 가난한 자者는 명리名利를 좋아하고, 재물이 있는 자者는 이름을 사려하고, 자리에 있는 자者는 오르기를 좋아한다.

적敵이 강하면 교만驕慢하게 하고, 견고하면 화평和平케 하고, 세勢가 크면 나누고, 사기士氣가 강하면 방관傍觀케 하고, 난폭하면 지칠 때까지 기다리고, 유린蹂躪하면 대의大義로써 타이르고, 화목하면 이간離間한다. 은폐된 곳에 병력兵力을 숨기고, 동남쪽으로 배치하여 병病을 피하고, 마른땅에 배치하여 수병水病에 걸리지 않게 하고, 험지險地에 수비하여 일시에 몰려듦을 방지하고, 수림樹林에 위장僞裝하여 적敵의 화력火力을 피하고자 하고, 참호塹壕를 깊게 파서 엄폐掩蔽하고, 경계를 철저히 하여 허虛를 찔리지 않게 하고, 훈련에 집중하여 적敵의 변화를 대비하고, 교육을 철저하게 하여 선무宣撫를 예비하고, 용기를 북돋우어 예기銳氣를 키우고, 대비책을 세워 적敵의 기습을 막고, 통제統制하여 흩어짐을 방지하고, 작은 것까지 치밀게 하여 허점을 없애고, 함정을 만들어 지연하고, 일념을 심어 임무를 완수하고, 일정한 임무를 주어 태만을 방지하고, 미리 약속하여 겹치기는 것을 방지한다.

천하天下의 난亂이 일어나지 않게 하는 제일의 요건[25]은 장수將帥가 승리勝利하게 하는 것이고, 나라를 부강하게 하는 것이 제이 요건[26]이고, 통수統帥하는 자者는 병략兵略을 이끌고, 장수를 믿음으로 도와주는 것이 제삼 요건[27]이다. 병가兵家의 명령은 신뢰를 바탕으로 목숨으로 지켜야 하고, 공정公正은 치우치지 않는 바탕으로 한 번의 명령命令은 천지天地가 갈라져도 행하여야 하고, 군법軍法은 공신정대公信正大하여 상하좌우上下左右가 없어야 하고, 병사兵士들은 민첩하고, 장교將校는 치밀하고, 장수將帥는 신묘神妙가 있어야 한다. 공격할 줄은 알아도 후퇴할 줄 모르고, 싸워 이기는 방법은 강구해도 싸우지 않고, 이기는 바는 모르면서 지는 것은 예비하지 않고, 적敵은 나의 꼬리를 노리면 나는 적敵의 옆구리 치고, 적敵은 꼬리를 물면 나는 뒤집어 승기勝氣를 잡고, 병략兵略의 허실虛實로 빈곳처럼 보이게 적敵이 노리게 하고, 가득 찬 것처럼 보여 적敵이 피하게 하고, 결정적인 착각하게 하면 반드시 이긴다.

---

25) 제일 요건: 정의正義와 오사五事를 행함에 부드럽게 하여 어기지 않는 것, 어진 자者를 널리 구하여 의견을 듣는 것, 나라 안에 영웅을 만들어 관심이 쏠리게 하는 것, 법을 바꾸어 불손한 자者들과 세상을 뒤엎으려는 자者들의 준동蠢動을 막는 것, 함부로 무리를 지어 말 같지도 않는 궤변詭辯만을 만들어 목소리를 높이는 자者들을 없애는 것, 군관민이 일치단결하여 사치와 허영이 없도록 하는 것, 기강紀綱이 흩어져 민심民心이 보이지 않고, 서로 좋은 것만 붙좇으면 훈령訓令을 내려 이를 경계하는 것, 억울한 자者들이 생기지 않도록 공정公正을 기하는 것, 적敵을 흠모하는 자者들을 추방하는 것, 원한이 있으면 반드시 이를 풀어 주는 것, 나라 안에 선정善政이 없으면 그 화기火氣를 외국으로 뿜어내는 것, 나라에 화화禍가 가득하면 반드시 기회를 틈타 준동하여 명리名利를 취하려 하는 자者들을 제거하는 것.

26) 제이 요건: 경세經世, 종전宗全, 화합和合, 정사政事, 교육敎育, 공검恭儉, 근청勤淸.

27) 제삼 요건: 병법兵法, 병술兵術, 전략戰略, 전술戰術, 외교外交, 국방國防.

무릇 병사兵事에는 스물여덟가지[28]가 있고, 오행五行으로 공격攻擊하고, 팔괘八卦로 방어하고, 서로 승리와 패배한 경우는 없으니, 십상十相[29]으로 군사軍事를 예단豫斷한다. 허虛한 곳을 정예精銳로 치고, 실實한 곳을 둔 한 것으로 놓아두면 반드시 적敵이 기만欺瞞되고, 마음을 흩뜨린 곳으로 몰아가고, 안이安易하게 하여 재앙災殃이 파고들게 하면 적敵은 스스로 무너지고, 준비 없이 모이기만 하면 복록福祿은 줄어들게 되고, 대비하지 못하게 하면 준비해둔 것이 쓸모가 없어진다. 결단決斷은 승리의 축복이고, 용기는 싸움의 첩경捷徑이고, 전장戰場에서 병법兵法은 참고일 뿐, 순간에 적敵의 심장心臟을 찌르면 승리의 요추要樞가 되고, 길방吉方과 지리地利와 기세氣勢의 싸움만이 있다. 전장戰場은 죽음이 오가는 관문으로 시체가 즐비하여 나뒹굴고, 함성과 절규가 쉴 새 없고, 신음과 고통과 두려움과 살기殺氣가 있고, 피가 개울을 이루어 흐르고, 죽음과 삶이 교차하는 곳이니, 죽기를 각오하면 당할 자者가 없고, 살기만을 생각하면 적敵의 빌미가 된다.

다수多數의 병력兵力은 넓은 곳을 좋아하고, 소수小數의 병력兵力은 좁은 곳을 좋아하고, 공자攻者는 두터운 곳을 좋아하고, 방자防者는 가는 곳을 좋아하고, 소수小數는 예리銳利한 것을 좋아하고, 다수多數는 평탄平坦한 것을 좋아하고, 소수小數는 가벼이 하고, 다수多數는 무겁게 하고, 배가 부르면 오래 싸우기를 좋아하고, 배고프면 빨리 끝내기를 좋아하고, 느긋한 자者는 멀리 끝내기를 좋아하고, 급한 자者는 서둘러 끝내기를 좋아하고, 수數가 많으면 전면

---

28) 병사兵事는 스물여덟가지: 공격攻擊, 방어防禦, 유인誘引, 매복埋伏, 단절斷絕, 연락連絡, 행군行軍, 휴식休息, 소통疏通, 태만怠慢, 교착交錯, 급습急襲, 전진前進, 후퇴後退, 경계警戒, 감시監視, 집중集中, 분산分散, 엄중嚴重, 유연柔軟, 대치對峙, 과감果敢, 추격追擊, 포위包圍, 예둔銳鈍, 주의注意, 방치放置, 식별識別, 기만欺瞞.

29) 십상十相: 강약強弱, 징후徵候, 예지豫知, 기만欺瞞, 교란攪亂, 은폐隱蔽, 엄폐掩蔽, 착란錯亂, 반격反擊, 진퇴進退.

全面을 좋아하고, 수數가 적으면 측면을 좋아하고, 기세氣勢가 강하면 승리를 예측하고, 기세가 약하면 요행을 바라고, 궁지窮地에 몰면 긴장하면서 결속하고, 한곳으로 몰면 한 곳에서 길을 터주고 물러 설 수 없으면 죽음까지도 두려워하지 않는다. 이전투구泥田鬪狗하면 병법兵法은 사그라지고, 한쪽이 공격하면 한쪽이 방어하고, 승리는 군대軍隊의 열쇠이자 평화의 자물쇠고, 한쪽이 전쟁을 시작하게 되면 계산이 서 있게 되고, 전쟁에 어쩔 수 없이 나서면 셈을 했기 때문이니, 접전接戰하면서도 전법戰法이 없는 것도 아니요, 혼란스럽게 싸운다고 술법術法이 없는 것도 아니요, 울분이나 노여움으로는 적敵을 이길 수는 없고, 억울함과 원한으로 적敵을 누를 수는 없다.

법을 바로 세우고, 뭇 백성을 이롭게 하려면, 무모한 전쟁을 일삼아 백성을 도륙屠戮하는 것을 막고, 폭정暴政을 금하고, 간적奸賊을 막고, 적군敵軍을 토벌討伐하여 불의不義를 꾸짖고, 한사람의 명리名利를 위하여 싸우는 것을 금하고, 고통 받는 백성을 위하여 적敵의 군주君主를 토벌討伐하면 이보다 귀한 것은 없게 된다. 천지天地에 가득한 재난災難의 기운을 순화順化하고, 불길한 징조徵兆를 두 발로 밟고, 우뚝 서서 이기는 데에는 운運에 맡기지 않고, 죽기로 마음먹고 돌진한다. 우연히 적장敵將의 목을 베는 것도 아니요, 수數가 많아서 적敵을 물러서게 할 수는 없으니, 생각이 다른 자者들과 생사를 같이 할 수는 없고, 말이 많은 자者와는 목숨을 함께 의지하기가 어렵고, 등을 보이는 자者와는 전쟁터에 함께 나아갈 수는 없다.

팔부루八夫婁[30]가 이르기를, '언제라도 싸움에 임하여 지키는 것

─────────────

30) 팔부루八夫婁: 第6代 달문단제達門檀帝 때 상장上將.

은 단단한 벽壁과 높은 성루城壘와 같이 하고, 공격攻擊은 물결처럼 하고, 맹장猛將과 정병精兵으로 신중히 방어하다가 적敵이 해이하고, 태만하면 급하게 분발하여 공격하여야 한다'고 하였다. 한번을 이기면 적敵을 두려워하지 않고, 두 번을 이기면 겸손하지 않고, 세 번을 이기면 반드시 깔보고, 한번을 지면 적敵을 원망하고, 두 번을 지면 겁을 내고, 세 번을 지면 절망하며 포기한다. 부패가 극에 달하면 난亂을 부르고, 부정不貞이 극에 달하면 전戰을 부르고, 주전主戰과 비전非戰이 대치하면 내란內亂이 일고, 혐전嫌戰과 항전抗戰이 서로 부딪히면 자멸自滅하고 되고, 좌우상하가 나누어져 다투면 적敵들이 바라는 바가 된다. 기근이나 홍수와 전염병과 지진이나 재해로 죽고 사는 것은 하늘의 뜻이지만 칼날에 사람이 다치고, 죽는 것은 사람의 일로 전쟁을 막기 위한 전쟁을 하면 위험해지고, 평화롭기 위해 평화를 염원만 하면 적敵을 키우고, 막연히 괜찮다고만 여기면 어지러움은 커진다.

승리勝利는 적敵의 항복을 받았기 때문이고, 적敵이 함부로 공격하지 못하는 것은 아직 승산勝算이 없는 까닭이다. 싸울 뜻이 없다고 자비慈悲를 바랄 수는 없고, 어지러우면서 명분名分이 없다고 하지는 못하고, 역습逆襲을 노리면서 막고만 있지는 않는다. 병사兵事는 조용하면서 견고하고, 힘을 모으면 위엄이 서고, 훈련하면 예리銳利해지고, 한 번의 싸움으로 가늠한다. 한 번의 싸움에서 지면 나라가 뒤집어지고, 전쟁戰爭이 없다고 힘을 기르지 않으면 후환이 있고, 전쟁을 대비해 힘을 쏟지 않으면 내란內亂이 생긴다. 전쟁지도戰爭地道를 터득한 자者가 승리의 열쇠를 쥐면 이기는 전쟁을 하고, 전쟁의 위태로움을 알면 장난삼아 하지 않고, 전쟁의 즐거움을 알면 사냥하듯 하지 않으니, 무릇 전쟁은 사람을 사랑해서도 아니고, 진실로 큰 전쟁은 자비를 베풀기 위해 하는 것도 아니다.

적敵 가운데 가장 무서운 적敵은 보이지 않는 내부內部의 적敵[31]이고, 적敵이 사라졌다고 모든 적敵이 사라진 것은 아니고, 방비되어 있지 않다고 적敵이 기다려주지 않는다. 나라를 구하겠다고 외치는 자者들은 말만 앞세우고, 전쟁 통이 되면 도망갈 궁리만 하고, 한 명의 장수將帥만을 앞세워 구국救國의 짐을 지우고, 왕에게 의탁하여 마지막까지 제 것만을 챙기고, 오갈 데 없는 자者들만이 남아 적敵이 도성都城에 들어올 때 까지 싸운다. 난亂을 겪은 큰 이유는 적정敵情의 대비가 없고, 당파黨派의 내분內紛으로 도성都城을 버리는 것인데 참람하게도 나라를 구한 것은 무지無知하다고 여겼던 백성들이었고, 기치旗幟를 높이 들어 사대事大의 원조만을 기다렸던 자者들이 아니라 곳곳에서 일어난 백성들의 힘이었으니, 무릇 막연히 기다리는 것이 가장 위험한 것이니, 내적內敵에게 오히려 난亂의 문을 열어 준 꼴이 되었다.

팔금八禁에 이르기를, '예의를 잃으면 군軍에 복무하게 하고, 근면을 잃으면 부역賦役에 나가게 한다'고 하였으니, 예의가 사라지면 순서가 없어지고, 근면을 잃으면 스스로 혼란이 생기는 까닭이 되고, 전쟁을 부르는 것은 오만과 사치고, 난亂은 내분內紛에서 생기고, 마음이 약해져 정벌征伐을 하지 않으면 후환을 부르고, 노여움으로 전쟁하면 의혹이 생기고, 분노와 원한으로 전쟁을 하면 원활하지 못하고, 얻을 것이 없는 전쟁을 하면 패퇴敗退하고, 전쟁을 길어지면 구적九賊[32]이 생긴다. 화살을 막는다고 갑옷을 입고서

---

31) 내부內部의 적敵: 무능한 왕王, 부패한 관리, 적敵의 앞잡이, 이중밀정二重密偵, 간첩間諜, 적敵에게 기밀機密을 파는 자者, 적敵의 왕王을 흠모欽慕하는 자者, 내부에서 가르치며 선동하는 자者, 뒤에서 선무宣撫하는 자者, 간악奸惡한 무리, 명리名利가 될 만한 모든 것을 파는 자者, 군대軍隊 내부의 적敵.

32) 구적九賊: 내적內敵이 되어 준동하는 자者, 적敵의 지령에 움직이는 자者, 지관地官이 지혈地穴에 말뚝을 박는 자者, 도굴꾼이 되어 무덤을 파헤치는 자者, 적敵에게 정보를 파는 것은 자者, 적敵에게 충성을 서약한 자者者, 이유만 꾸며대고 이편저편 가르는 자者, 유불리有不利로 색色과 형形을 바꾸는 자者, 공功을 외치면서 일을 하지 않는 자者, 나라의 공론公論을 분열시키는 간적奸賊.

물에 뛰어 들고, 물통을 안고서 물을 건너고, 기름을 지고서 불속으로 뛰어든다면 전쟁戰爭의 까닭을 모르는 것이고, 전쟁터에서 사람을 죽이는 일은 다반사茶飯事이지만 고향으로 돌아오면 한사람을 죽이는 것은 크나큰 죄가 된다. 절도節度가 없으면 전쟁터에서 생사生死의 터를 모르고, 칼날의 상상傷上은 노소老少를 가리지 않고, 경험의 있고 없이 화禍를 입게 되니, 문인文人들을 전쟁터에 내보내면 말만 많고, 관원官員들을 내몰면 물러서서 패하고, 여자들을 내보내면 뒤처지는 것은 전쟁에서 마땅함을 잃은 것이다.

싸움을 좋아하는 자者는 전쟁터에서 죽고, 지킬 힘이 없으면 능멸凌蔑을 당하고, 전쟁을 잊으면 치욕스런 일이 일어나고, 어린아이를 앞세워 선동을 일삼고, 치욕과 능멸凌蔑을 당한 뒤에는 원망할 것이 없게 된다. 계율戒律를 세워 약속으로 맹세하고, 피를 내어 의리義理를 다져 형제를 맺고, 외교外交로써 서로의 뜻을 묻고, 군대軍隊로써 상대의 크고 작은 것을 대어본다. 서로의 명리名利가 없으면 화친和親할 수 있고, 균형均衡이 깨지면 지경이 흩어지니, 크면 많이 부를 수 있고, 적으면 공평公平하지 않게 된다. 원대한 계획이 없으면 한 번의 싸움으로 결판이 나고, 심려深慮한 계산이 없으면 언젠가는 패하고, 나라의 큰 걱정은 백성의 마음이 없는데서 비롯되고, 사치에만 능하여 태만하면 언젠가는 후대後代를 보존하기 어렵다. 무치武治는 대의大義를 일으키고, 문치文治는 예악禮樂을 일으키고, 무말武末은 억압과 금지가 많아지고, 문말文末은 사치와 방종이 많아지고, 확실한 적敵이 없으면 군대軍隊가 의심스러워지고, 보이지 않는 적敵은 난亂을 일으키고, 기강紀綱이 흩어지면 삼가는 것이 사라지고, 백성의 기氣를 한데 모으지 못하면 어지러워지고, 부역賦役이 무거우면 책무責務는 사라진다.

군비軍備는 적敵에게 위시威示하고, 위세威勢는 적敵에게 경고驚告

하고, 군기軍紀로 분산分散을 막고, 화력火力으로 적敵을 물러서게 한다. 정예精銳는 적敵을 찌르고, 예기銳氣를 모았다가 적敵을 한 번에 치고, 적敵의 힘을 분산해서 약점을 치고, 약점에 강병强兵을 두어 감추고, 거짓 패한 척하면서 적敵을 떠보고, 도망하는 척하면서 유인하고, 소수小數로 적敵을 쳐서 시험하고, 장병將兵의 전투력을 일정하게 하고, 사기士氣를 높여 불시不時를 대응하고, 강한 훈련으로 잡념을 없애고, 공정公正한 군기로 흩어짐을 막고, 적敵에게 슬픈 노래를 들려주어 고향故鄕을 생각하게 한다. 용자勇者와 겁자怯者를 같게 만드는 것이 지휘指揮고, 명령을 다하여 거리낌 없이 돌진하는 것은 군기軍紀고, 공功을 세우기 위하여 함성을 지르며 내달리는 것은 사기士氣고, 위세威勢에 눌리지 않고, 죽음을 무릎서고 달려 나가는 것은 용세勇勢고, 멀리 떨어진 만 명의 병사兵士들이 한사람처럼 움직이게 하는 것은 기세氣勢고, 야음夜陰을 틈타 번갯불처럼 적敵의 약점弱點을 치는 것은 기기奇機고, 장교將校가 사졸士卒의 앞에 서는 것이 솔선率先이고, 죽음을 각오하고 앞장서는 것이 수범垂範이고, 수많은 자者들을 하나의 막대기처럼 휘두를 수 있는 것이 통솔이고, 좋은 병사兵士를 선발하는 것이 병세兵勢고, 지혜로운 자者에게 군수軍需를 맡기는 것이 역세力勢가 된다.

군대軍隊의 일에는 십칠불용十七不用[33]이 있고, 병사兵事의 이십

---

33) 십칠불용十七不用: 적敵의 정예부대精銳部隊를 정면으로 공격하지 말 것, 급한 비탈에서는 올려다보며 공격하지 말 것, 물을 등지고 싸우지 말 것, 적敵은 강한데 약한 군軍으로 부딪히지 말 것, 기병奇兵으로 정병精兵을 자주 치지 말 것, 기세氣勢가 강한 적敵을 치지 말 것, 늘 살펴서 적敵의 미끼를 물지 말 것, 패군敗軍지역의 골짜기에는 교두보를 확보하지 말 것, 싸워서는 안 되는 궁지窮地에 몰렸는데 퇴로를 막지 말 것, 쓸모없는 땅에서 격지隔地를 만들지 말 것, 아군我軍이 전멸하는 땅에서 싸우지 말 것, 천기天氣가 흐린 땅에서 싸우지 말 것, 지기地氣가 다한 곳에서 싸우지 말 것, 사방四方에 적敵이 많은 곳에서 싸우지 말 것, 감당하지 못할 땅을 위해 싸우지 말 것, 보급이나 병참兵站이 안 되는 곳에서 싸우지 말 것, 퇴로가 없는 곳에서 싸우지 말 것.

오사二十五事[34)가 있다. 적敵에게는 이십칠적정二十七敵情[35)이 있고, 적정敵情을 이용하려면 반간叛間[36)으로 혼란에 빠뜨리고, 나라

34) 병사兵事의 이십오사二十五事: 발이 빠른 자者는 연락을 담당하게 하는 것, 지구력이 강한 자者는 매복埋伏하게 하는 것, 날카로운 자者는 정보를 탐색하게 하는 것, 명석한 자者는 지휘하게 하는 것, 헤아리길 잘하는 자者는 경리經理를 하게 하는 것, 음식을 잘 만드는 자者는 요리料理를 만들게 하는 것, 기계를 담당하는 자者는 공작工作을 하게 하는 것, 계산을 잘하는 자者는 포砲를 쏘게 하는 것, 변설辨說을 잘하는 자者에게 위무慰撫를 하게 하는 것, 물건을 잘 만드는 자者에게 물품을 만들게 하것는 것, 용감한 자者는 정예부대精銳部隊에 배속하는 것, 집을 잘 짓는 자者는 막사를 짓게 하는 것, 수레를 잘 모는 자者는 전차戰車를 몰게 하는 것, 배분을 잘 하는 자者는 수급需給을 담당하게 하는 것, 지략智略이 있는 자者는 계획을 세우게 하는 것, 입이 무거운 자者는 비밀을 지키게 하는 것, 고치기를 잘하는 자者는 군기軍器를 다루게 하는 것, 약藥을 잘 아는 자者는 약초藥草를 다루게 하는 것, 병을 고치기를 잘하는 자者는 치료하게 하는 것, 발이 빠른 자者는 명령命令을 전하게 하는 것, 용감한 자者는 싸우게 하는 것, 글을 잘 쓰는 자者는 문서를 다루게 하는 것, 동물을 잘 돌보는 자者에게 키우게 하는 것, 말을 잘하는 자者에게 선무宣撫하게 하는 것.

35) 이십칠적정二十七敵情: 호를 깊게 파는 것은 몸을 감출 곳이 없는 것, 움직이지 않는 것은 무엇인가 얻고자 하는 것, 산에 웅거雄據하는 것은 구원병을 기다리는 것, 소수로써 적敵을 건드리는 것은 탐색하는 것, 장애물을 설치하는 것은 장기전을 준비하는 것, 덫을 많이 놓는 것은 속이기 위한 것, 밥 짓는 연기를 많이 내는 것은 추격이 두려운 것, 나무위에 올라가 있는 것은 피부병에 시달리는 것, 옷을 벗고 있는 것은 벌레들에게 시달리는 것, 무기를 들고 다니지 않는 것은 허기져 있는 것, 움직이지 않는 것은 기력氣力이 쇠한 것, 자주 눕는 것은 피로해 하는 것, 평지平地에 있는 것은 자신이 있는 것, 무질서하게 움직이는 것은 장수將帥가 피로하여 방관만 하는 것, 농담하면서 장난하는 것은 기강紀綱이 해이해진 것, 고개를 숙이고 있는 것은 마음속에 다른 생각만 하고, 있는 것, 명령命令을 해도 좀처럼 움직이지 않으면 공황恐惶이 생긴 것, 진지陣地를 자주 이동하는 것은 상하가 서로 뜻이 맞지 않는 것, 슬픈 노래를 부르는 것은 향수鄕愁가 생긴 것, 고함高喊이 들리고 서로 다투는 소리가 나는 것은 불안해하는 것, 강건強健해 보이나 절차가 없는 것은 교육이 부족한 것, 민첩해 보이나 우왕좌왕하는 것은 훈련이 부족한 것, 서둘러 더러운 물을 마시는 것은 수기水氣가 마른 것, 함부로 불을 피우는 것은 화기火氣가 없는 것, 함부로 나무를 꺾고 나무에 흠집을 내는 것은 목기木氣가 다한 것, 칼이나 창을 가지고 장난하는 것은 금기金氣가 닮은 것, 누워서 흙을 뿌리며 파는 것은 토기土氣가 마른 것.

36) 반간叛間: 적敵의 비전론非戰論 자者들을 선동하는 것, 적敵의 관경管境 안의 적대세력을 적극적으로 지원하는 것, 관경管境 안에 들어온 자者들에게 거짓 정보를 주어 돌려보내는 것, 민심을 교란하는 문서나 소문을 내고 적敵의 부패상을 낱낱이 파 해쳐 크게 알리는 것, 젊은이들에게 징집을 기피하게 하고, 피난간 자者들을 공개하게 하는 것, 질병이나 먹는 물과 식량과 전염병 등에 대한 악소문을 내는 것, 혐전嫌戰을 확산하게 하여 국시國是를 분열하게 하는 것, 간첩을 선용善用하여 적敵 내부에 내적內賊을 양성하는 것, 적敵의 간첩을 이용하여 거짓 정보情報를 흘리는 것, 은밀하게 코앞에 복기伏器를 설치하는 것, 복병伏兵을 숨겨 전후좌우, 곡직굴신曲直屈伸으로 위협하는 것, 적敵에게 방향을 착각하게 만드는 것, 흩트리고 단단한 적敵의 사기士氣를 꺾는 것, 혼란한 곳으로 유인하여 병사兵事에 혼동을 주는 것, 적敵의 주요시설의 위치를 알아내 파괴하는 것, 적敵의 주요 인사를 납치하는 것. 적장敵將을 살해하는 것.

안에는 십적十賊[37)]이 있고, 병사兵事에는 허虛로써 실實을 잡지 못하는 것[38)]과 실實로써 허虛를 잡지 못하는 것[39)]이 있다. 칼날이 격하면 베기가 어렵고, 화살이 격하면 과녁을 벗어나고, 용천검龍泉劍을 돌 위에만 놓으면 갈라지지 않고, 천리마千里馬도 주인이 없으면 천리를 가지 않고, 병법兵法도 주인이 없으면 술법術法에 지나지 않는다. 병략兵略도 쓰지 않으면 지식에 지나지 않고, 인재人才를 기르지 않으면 나라가 건재하지 못한다. 천하天下에 난難을 당한 백성은 교화教化하기 쉽고, 전쟁전戰爭前의 공론公論은 살아남은 자者들에게 선善이 되고, 전쟁후戰爭後에는 죽은 자者들의 공과功過를 다투고, 선자善者와 악자惡者가 섞이면 정사政事가 불분명해진다.

세상世上에는 억울하게 죽지 않은 자者가 없고, 용감하게 싸우다가 죽는 자者보다 자랑스러운 것은 없고, 싸워보지도 못하고 죽는 것처럼 억울한 것은 없고, 난亂속에 변變이 있으니, 적敵의 앞잡이가 고개를 들고, 포로들의 후손後孫들이 허론虛論을 만드는 것이다. 두려움은 스스로 연유한 것이 아니고, 물을 건너는 것은 산이

---

37) 십적十賊: 적敵에게 충성하면서 나라의 정보를 팔아 사익私益을 얻는 자者, 적군敵軍에 복무하다가 고향故鄕으로 돌아와 뉘우치지 않는 자者, 싸움터에서 두려움과 공포로 전장戰場을 이탈하거나 도망하는 자者, 사적인 감정으로 동지同 죽이는 자者, 나라의 은혜를 모르면서 감사할 줄 모르는 자者, 적敵을 흠모欽慕하여 충실한 자者까지 오염汚染케 만드는 자者, 착한 백성을 선동하고 뒤에서 명리名利를 탐하는 자者, 흉포한 자者가 혼란한 틈을 타서 백성을 괴롭히는 자者, 적敵의 위세만을 믿고 함부로 설치는 자者, 어린이를 부추겨 앞장세우는 자者, 후환을 만들어 백성을 허우적거리게 만드는 자者, 군주君主가 백성의 부역賦役에는 관심이 없고, 오로지 공물貢物만을 탐하는 자者.

38) 허虛로써 실實을 잡지 못하는 것: 장수將帥가 통제하지 못해 절제가 없는 것, 기강紀綱이 사라져 병졸兵卒이 제어되지 않는 것, 명命이 바르지 않아 공수攻守가 원활하지 않는 것, 령令이 바로 전달되지 않아 아군끼리 부딪히는 것, 기만으로 적敵을 속으리라고 기대하는 것, 우물쭈물하다가 때를 놓치는 것, 계책計策없이 수數만 믿고 밀어 붙이는 것, 허세虛勢로써 적敵을 제압하려는 것, 선봉先鋒으로 강병을 기습하는 것.

39) 실實로써 허虛를 잡지 못하는 것: 승산 없이 적敵을 시험 삼아 대규모 공격하지 말 것, 묘책妙策없이 병졸兵卒을 움직이지 말 것, 계책 없이 성성城 안에만 웅거雄據하지 말 것, 대비 없이 군사軍士를 움직이지 말 것, 민첩하고, 대담하지 않으면서 적敵을 추격하지 말 것, 의심하는 마음으로 기습하지 말 것, 용감하지 않은데 선봉先鋒에 세우지 말 것, 믿음 없이 적敵을 기만하지 말 것.

없기 때문이고, 돌아가는 것은 다리가 없기 때문이고, 산을 넘는 것은 물이 깊기 때문이니, 상하가 뜻을 달리하고, 좌우의 이간離間이 많고, 사용되지 않는 도구道具는 녹슬고, 사용되지 않는 군대軍隊는 가치가 없다. 이로써 대나무처럼 마디가 있어야 하고, 소나무처럼 불굴의 정신이 있어야 하고, 굳건한 바위처럼 믿음이 있어야 하고, 파도처럼 일정한 힘이 있어야 하고, 강물처럼 도도한 것이 있어야 하고, 산처럼 굳건한 것이 있어야 비로소 나라 안의 허물을 없앨 수 있다.

군대軍隊는 사람을 죽이는 흉기凶器로 잘 쓰면 나라를 존속하는 도구道具이나 잘못 쓰면 나라를 위태롭게 하고, 한사람의 영웅英雄으로 만 사람이 힘을 얻고, 한사람의 병사兵士가 만 명의 군대軍隊를 이루어 허실虛實을 능히 알고, 적敵의 허실虛實을 알아 능히 승리勝利의 요추要樞를 잡는다. 삼재三才의 스물 두 개의 술법術法[40]으로 능히 실實한 것으로 하나로 뭉치고, 유연하게 궁통窮通의 허실虛實을 잡아 물에 불을 던지는 것처럼 헛수고를 없애게 하고, 오행五行을 모르면 승패를 모르고, 팔상八相을 모르면 팔방八方과 서광瑞光이 없다.

---

40) 스물 두 개의 술법術法: 막힌 것이 없게 통하기에 성聖이라 하고, 보이지 않는 것을 보기에 신神이라 하고, 계산이 안 되는 것을 명리名利로 되돌리는 것을 지智라 하고, 주위周圍에서 돕기에 덕德이라 하고, 병사兵士들의 가장 앞장서기에 감敢이라 하고, 부하部下들이 목숨을 걸고 믿기에 신信이라 하고, 령令만으로도 철저히 경계하기에 엄嚴이라 하고, 부하들의 잘못을 자비로써 감싸기에 인仁이라 하고, 승리하여 적장敵將을 사로잡고 예우禮遇하기에 측惻이라 하고, 변하는 상황에도 이기도록 계산하기에 계計라 하고, 몸이 강건하여 거친 음식과 베기는 잠을 자도 능히 떨쳐 일어나기에 건健이라 하고, 스스로 마음을 내어 놓고 따르기에 곤坤이라 하고, 중추中樞를 바로 잡아 흔들리지 않기에 충充이라 하고, 적敵의 뜻을 능히 알기에 명明이라 하고, 아군我軍의 약점을 강점으로 전환하기에 경經이라 하고, 물 흐르듯이 이치에 따라 움직이기에 순順라 하고, 천둥과 번개처럼 적敵을 훑기에 강强이라 하고, 적의 기습을 받아도 맞받아치기에 기奇라 하고, 딱딱한 상황을 뒤집기에 유柔라 하고, 단 한 번의 이기겠다는 각오로 싸워 적敵을 이겨 내기에 용勇이라 하고, 일정한 마음으로 보살피는 것을 성誠이라 하고, 자상한 마음으로 보살피는 것을 연延이라 하고, 어려운 일에도 굽히지 않는 것을 직直이라 하고, 죽음에 이르러서도 두마음을 갖지 않기에 충忠이라 하고, 부대部隊의 긍지를 가슴에 품는 것을 예譽라 한다.

앞이 목숨 걸고 지켜주면 뒤가 안심하게 되고, 앞이 근골筋骨을 수고롭게 하면 뒤가 안락하게 된다. 나라의 명命을 받아 목숨이 간두竿頭가 되는데 일갑자一甲子만 지나 위험을 잊으면 문文이 무武를 농락籠絡하고, 두 세대 반만 지나면 전쟁의 경험이 없어지고, 다섯 세대가 지나면 군대軍隊의 존재마저도 의심하게 된다. 생각만으로 전쟁을 쉽게 생각하고, 파벌派閥과 지류支流로는 싸움을 할 수 없고, 나빠진 것을 스스로 난亂을 부르는 까닭인 줄 모르고, 한쪽으로만 굴신屈伸하여 역사歷史는 반복되어 장구원대長久遠大한 것은 사라지고 만다. 이를 아는 자者는 전쟁지도戰爭之道를 알게 된다.

大圓一歌

하늘은 크면서도 막힘없는 현묘玄妙한 도道이니,
참된 하나로 가득하고,
땅은 넓으면서 크게 품는 도道로
막힘없이 부지런한 것은 하나로 드러나고,
사람은 살펴 아는 도道이니, 막힘없이 골라
택하여 뭉쳐 이루기에 성性은 충실해져
광명光明으로 이어지는 세상의 이치로
온 누리를 이롭게 한다.

神誌發理 檀君世紀

15. 역론 易論

역易은 삼재三才의 도道가 펼쳐지는 길이다. 역易의 대본大本은 고종명考終命이고, 역법易法의 본本은 지성至誠이고, 역술易術의 본本은 지명知明으로 그 마땅함을 알게 된다. 무릇 지혜를 닦으면 명命을 다하게 되고, 밝음을 얻어 성誠을 알게 되면 장구해지고, 이름과 밝음을 알게 되면 삶은 도타워진다. 역易은 천상天象의 관문이고, 술법術法은 인사人事의 종시終始로 만법萬法이 두루 돌아 하나로 돌아간다. 처음 시작에 하나가 아니요, 셋으로 나누어도 하나로 나누어지지 않으니, 그 근본이 다하지 않는다. 하늘의 하나는 하나고, 땅의 하나는 둘이고, 사람의 하나는 셋이니, 이것이 삼신三神이 이룬 바로 대역大易의 이치로 열을 쌓아도 셋으로 화化하니, 하늘을 허실虛實로 나누면 셋이 되고, 땅도 허실虛實로 나누면 셋이 되고, 사람도 허실虛實로 나누면 셋이 되니, 크게 합하면 여섯으로 극極이 되고, 더하여 칠명七命과 팔운八運과 구제九齊가 나와 운행된다. 삼재三才와 사기四氣를 둥글게 모아보면 오색五色과 칠기七氣가 하나로 돌아들고, 만 번을 가고와도 주춧돌은 변함이 없어 해를 우러르는 자者가 천지天地의 가운데 있으니, 하나 마저도 하나로 끝나지 않는다.

한인씨桓仁氏가 삼재三才를 통합하여 삼신三神의 뜻을 바로 세웠고, 유인씨有仁氏가 삼계三界의 선선을 그어 삼재三才의 마땅함을

세웠고, 한웅씨桓雄氏가 허실虛實의 도道로써 태극太極의 이치를 세
웠고, 태호씨太昊氏가 괘도掛圖를 얻어 팔괘八卦를 그었고, 자부씨紫
府氏가 오행五行과 칠성七星의 도道를 얻어 칠회신력七回神曆을 만들
고, 구을단제丘乙檀帝[1]가 계해癸亥의 술術을 얻어 육십갑자六十甲子
를 얻었다. 복卜은 무위無爲고, 점占은 유위有爲고, 무巫는 초혼招魂
이고, 부符는 제흉除凶이고, 삼신三神이 강림降臨하니, 삼극三極에서
연절連絶의 공功이 이루어지고, 허실虛實의 공功을 이루니, 가감加減
의 공功을 이루고, 수사數辭가 서로 부딪히니, 상수象數가 승제乘除
의 공功을 이룬다.

한웅桓雄이 개천開天할 적에 묘연妙衍하게 하늘은 천기天氣가 온
전히 열려 있고, 땅은 삭방朔方에 등지기를 온전하게 하여 세 방향
으로 뻗어 있고, 심어나고 태어나 키우기에 알맞고, 산은 만물을
온전히 끌어안아 만물을 화육化育하기에 이를 데 없고, 물은 맑고
깨끗하여 만물을 윤택하게 하기에 충분하고, 호수湖水는 네 계절을
마르거나 넘치지 않게 하고, 바람은 온화하여 만물의 화기和氣가
적당하였다. 봄에는 만물이 이지러지지 않았고, 여름에 번성하고,
가을에 풍성하고, 겨울에 저장이 알맞고, 천지天地의 기氣가 온전히
보호되어 마땅히 살기에 편했다. 한웅桓雄이 밝달에 자리를 잡고
일러 신시神市라 하였으니, 삼사三師와 오가五加를 따르는 뭇 무리
들이 입을 모아 아뢰기를, '후천後天의 시대가 열렸으니, 천부天符의
땅이 이곳이다'고 하였다. 성인聖人이 처음 하늘의 상象을 보아 관
측觀測하고, 땅의 변變을 보아 사람의 이치를 마땅하게 깨달았다.
그러나 후천後天에 접어들자 사람이 간악奸惡해지고, 앞일을 알고
자 점법占法을 만들고, 신神을 부르고, 신神에게 빌고, 신의神意를 예
지豫知하고자 하였으니, 무릇 역易에 아첨하는 일까지 있게 되었다.

---

1) 구을단제丘乙檀帝: 第5代 檀帝 (檀紀 236-252 西紀前 2099-2083)

일십당주인一十堂主人[2]이 이른다. '한역桓易[3]은 태우의한웅太虞儀 桓雄에서 나왔으니, 한웅桓雄의 우사雨師[4]가 되어 육축六畜을 길렀 는데 신용神龍이 해를 좇아 열두 번 색色이 변하는 것을 살펴 비로 소 만들었다. 대저 한역桓易의 몸은 원圓이고, 쓰임은 방方으로 허 虛에서 실實을 알게 되고, 실實에서 허虛를 찾으니, 이것이 태역太易 이다'고 하였다. 상고대上古代에는 삼재三才의 이치를 깨달아 징조 徵兆를 알고, 이로움을 알게 되어 사람의 도리를 깨달아 만물의 척 도로 하여 만인이 이를 마땅하게 따라 세상이 소박素朴하였고, 중 고대中古代에 이르자 역易이 있다는 것을 깨달았으나 만족하지 못 하였고, 복卜을 만들게 되자 술術이 잇따르고, 팔괘八卦를 긋자 어 지러워져도 순박淳朴하였고, 하고대下古代에 이르자 역易이 바른 길을 가지 못하자 가짓수는 날마다 늘어나도 바른 길이 멀어졌다.

점복占卜의 술術이 늘어나 스스로 미혹迷惑되는 일이 많아졌고, 사람만을 위한 역술易術을 만들어 천지만물天地萬物의 이치가 그럴 싸하게 맞춰지는듯하게 되고, 스스로 표상表象을 만들어 무리 짓 는 까닭이 되고, 우상偶像으로 가슴을 뜨겁게 달구고, 오장五臟이 회오리쳐서 병인病因이 되고, 귀신鬼神 또한 길을 찾지 못하여 신神 과 사람의 믿음마저 사라져 버렸다. 그러나 역易은 과거를 확실히 보여주어 반성하게 만들고, 지금을 가리켜 바른 방향을 일러주고, 미래를 명확하게 보여주지 않아 노력하게 만든다. 점占을 치는 자 者가 사사로우면 보여주지 않고, 요행僥倖을 바라면 기다리게만 하 고, 미혹迷惑하는 마음은 흐트러뜨리고, 사사로운 복福을 구하면

---

2) 일십당주인一十堂主人: 이맥李貊, 연산군燕山君 때 찬수관撰修官, 태백일사太白逸史를 저작著作.

3) 한역桓易: 신시神市의 우사부雨師部에서 나온 역학易學, 태호씨太晧氏가 우사부雨師部의 관리가 되어 하루의 해를 좇아 신용神龍이 열두 번 변하는 것을 보고, 역易을 만듦.

4) 우사雨師: 진한辰韓의 수호자守護者, 입법立法을 담당하는 관직명官職名, 거울로 빛을 관장하고, 천부天符를 보위함.

될 것도 안 되게 하고, 삿된 마음은 더욱 삐뚤어지게 하고, 해치려는 마음은 벌을 쌓게 하고, 질시하면 스스로 죄를 키우게 하고, 반목하는 마음은 해害가 되게 하고, 크게 받으려 하면 액厄을 쌓게 하고, 신神을 애써 구하면 허물을 크게 한다.

수화水火는 천지天地의 손발이 되고, 산과 바람과 호수湖水와 번개는 천지天地의 쓰임이고, 삼일三一은 몸이 하나이고, 쓰임이 셋이고, 원圓은 몸이 하나고, 쓰임이 무극無極이고, 방方은 몸이 둘로 쓰임이 반극半極이고, 각角은 몸이 삼극三極이고, 쓰임이 각角이 된다. 신神이 강림降臨하여 연절連絶의 공功이 있고, 건乾은 성인聖人에게 일을 시키고, 땅에게 만물을 화육化育하게 하고, 사람에게 나누어 일을 하게 하여 하늘의 때로써 만물의 척도尺度로 삼고, 공空으로써 만물의 성쇠盛衰를 이루어 순서를 이루어 강순剛順하게 하고, 만물의 시작을 알려 굳세어서 뚫지 않는 것이 없고, 둥글어서 처음과 끝이 없게 하여 돌지 않는 것이 없다. 태兌는 호수湖水이고, 즐거움으로 만물의 활력活力을 주고 모이지 않는 때와 곳이 없다. 이離는 불이자 행운으로 붙지 않는 것이 없고, 만물에 덥히지 않는 것이 없고, 태워 깨끗하게 하지 않는 것이 없다. 진震은 번개이자 깨달음으로 때가 되면 만물에 때를 맞추어 일깨우면서 가지 않는 곳이 없고, 때와 곳을 넘나든다. 손巽은 바람이자 소식으로 만물을 일깨워 전하고, 통하지 않은 것이 없고, 새롭지 않은 것이 없다. 감坎은 물이자 재물로 만물을 윤택하게 하여 적시지 않는 것이 없고, 씻지 못하는 것이 없다. 간艮은 산이자 성인聖人이 나온 곳으로 만물을 계도하고, 화육化育하고는 돌아간다. 곤坤은 땅이자 흙으로 만물의 화육의 터전 삼아 순역順逆으로 삼아 감추지 못하는 것이 없다.

역易은 최선의 지도리고, 근본으로 돌아가고자 하는 지름길이다. 복福은 최선의 선택이고, 길한 것은 명命을 지켜 천부天符가 뜻을 펼치자 허실虛實이 뒤를 따르고, 허실虛實이 펼쳐지자 지부地符가 음양陰陽으로 나누어지고, 인부人符가 이치를 바르게 세우자 비로소 삼재三才가 펼쳐진다. 궁하면 통하면서 변하고, 상서祥瑞롭지 못하면 이로운 것이 없고, 바른 것이면 상서롭다. 가득 차면 비워지고, 시작하면 끝이 있고, 끝이 되면 처음으로 돌아가고, 선천先天이 못 다한 것을 후천後天에 이루고자 하고, 후천後天에서 완성하고서 다시 선천先天으로 돌아간다. 간절하게 구하고, 성실로써 기다리고, 바름으로 이롭게 하면 길吉하여 반드시 취하고, 흉凶하여 물러서면 구해도 주지 않는다. 행하여 바르지 못하면 얻지 못하고, 잃은 것이 많다 할 수 있다. 사욕私慾에 미혹迷惑되지 말고, 사리私利에 현혹되지 않고, 이욕利慾이 화禍를 부르고, 이색利色은 흉凶을 부른다. 생로병사生老病死는 천신天神이 맡고, 길흉화복吉凶禍福은 지신地神이 맡고, 희노애락喜怒哀樂은 인신人神이 맡으니, 삼신三神이 즐거워하면 하늘이 순해지고, 지신地神이 즐거워하면 물산物産이 풍족해지고, 인신人神이 즐거워하면 사도邪道를 걷지 않는다.

시초蓍草의 연기처럼 가물거리는 역易의 시작은 증명하기가 어렵고, 점사占辭는 한 번의 의혹에도 흔들리고, 역술易術은 다단多段하여 종種이 많아지고, 점술占術은 복잡複雜하여 류類만으로 비슷해지고, 부술符術은 나름 대로고, 점무부占巫符는 익히기는 쉬우나 말하기는 어렵고, 술사術辭는 제 각각이다. 사람의 목숨이 오래 산다 하나 명命을 넘지 못하고, 명예를 얻어도 왕王의 자리만 못하고, 천하天下의 권세를 움켜져도 땅을 밟아야 하고, 왕王의 자리에 올라도 천지天地와 호흡하고, 천하天下의 부富를 소유하고도 노신초사勞神焦思하면 유유히 천하天下를 노니는 것만 못하고, 천하天下를 호령하고도 하늘을 이고 있을 뿐이다.

바른 것은 장구하고, 곧은 것은 견고하고, 견실堅實한 것은 영구하다. 이적異積은 이세利勢를 품고, 치장治粧하여 눈길을 끌려 하고, 빛나게 하여 자랑하려 하고, 술법術法으로 어지럽히면서 경지에 이르렀다 한다. 구복자救卜者에게 의혹을 심어 주어 명리名利를 취하지 말고, 종전宗全을 팔아 무리를 짓지 말아야 하니, 꿈틀거리는 도마뱀의 꼬리는 잡을 수 없고, 달라지는 화복禍福의 문은 마음대로 드나들 수 없게 되니, 명命은 탐하지 말고, 운運은 멈추지 말고, 허명虛名에 매달리지 말고, 어리석은 이욕利慾에 매달리지 말고, 환심換心으로 스스로 괴롭지 말고, 말이 달리지 않는 것은 말의 잘못만은 아니고, 지긋지긋한 삶의 고리는 스스로의 잘못만은 아니기 때문이다.

신神의 이름을 팔아 예언豫言하지 말고, 맞추지 못한다고 어리석다고 하지 말고, 생기지 않으면 돌을 갈지 않게 하고, 기도로 길복吉福을 구하지 않는다. 손이 닳도록 빌면서 몸을 바쳐도 신神은 양量껏 채워주지 않고, 재물을 모두 바쳐도 신神은 받아주지 않고, 명命을 늘리려고 신神을 부르지 말고, 따라다녀도 골라주지 않고, 스스로 깨우치지 않으면 어지러운 것에서 벗어나지 못하게 한다. 하늘은 사람을 골라서 때를 베풀지 않고, 땅은 사람을 골라서 곳을 나누지 않고, 사람은 베풀고 나누지 않으면 천지天地의 때와 곳의 이로움을 제대로 쓰지 못한다. 이러한 까닭으로 사람만이 하늘의 때를 훔치고, 땅의 곳을 엿보아 사용할 줄 안다고 해도 하늘의 벌은 의심하지 못하고, 땅의 흉凶은 원망하지 못한다.

역법易法은 하늘의 징험徵驗을 본本으로 하고, 땅의 상지象地를 본本으로 이롭게 한다. 한역桓易으로 팔괘八卦를 배치하고, 사상四象의 형상形象을 바로잡고, 오행五行의 순환循環과 배당配當을 배열配列하고, 구궁九宮을 배치配置하고, 꿈의 징험徵驗을 세우고, 관상觀相의 성색性色을 보게 하고, 신수身數를 계산하고, 성명姓名의 납음納音을 읽고, 복卜의 뜻을 세우고, 신神의 뜻을 묻고, 마땅한 바를 읽고 말하게 한다. 역술易術은 하늘의 징조徵兆로써 세상을 예측하고, 땅의 변화로써 풍흉豊凶을 알고, 동물의 움직임으로 재해災害를 알고, 식물植物의 징조徵兆로 한해의 농산물農産物을 알고, 관상觀象으로 건강健康과 빈천貧賤과 장단長短을 알고, 오행五行으로 상생相生을 논하고, 사상四象으로 체질體質을 나누고, 괘상卦象으로 땅의 운세運勢를 논하고, 산통算筒을 흔들어 수數를 세고, 팔자八字로써 운명을 논하고, 궁합宮合으로 남녀男女의 허실虛實의 기운을 살피고, 이름으로 납음納音의 상극相剋을 잡고, 신神을 불러 글을 쓰고, 척전擲錢과 척미擲米로 혼魂에 묻고, 방울을 흔들어 백魄을 불러 신神의 뜻을 묻는다.

운명運命의 굴레는 처음과 끝이 정해져서 가기도 하고, 해와 달처럼 조금씩 변하면서도 항상恒常의 도道를 넘지 않고, 보이지 않는 신神이 움직여서 뜻을 이루어가고, 정성을 시험하고, 성실로 노력하게 하여 능히 이루게 한다. 배부르면 궁벽窮僻을 잊게 되고, 배고프면 여유를 잊으니, 세월이 흐르면 대역大易의 도道를 잊는 바는 허실虛實에 달려 있는 것이다. 옛날 유인씨有仁氏가 삼계三界의 선을 긋자 신神과 사람이 멀어지게 되고, 한웅桓雄이 오가五家로써 할 일을 나누자 오행五行을 만들고, 태호씨太昊氏가 팔괘八卦를 긋자 만물을 의심하게 되고, 여와씨女媧氏가 음양陰陽으로 천지天地를 나누자 서로 쫓는 바가 생기고, 부符를 처음 만들자 귀신鬼神과 사람이 서로 등을 돌리고, 자부씨紫府氏가 진단구변震檀九變하자 뒤에서 국운國運을 살피고, 왕검씨王儉氏가 구한九桓을 통일하자 정사政事를 흠모欽慕하게 되었고, 헌원軒轅이 귀신鬼神들을 모으자 사람을 해하려는 귀신들이 생기고, 부소씨扶蘇氏가 처음 불을 만들자 밝음을 피하는 자者들이 생기고, 혁덕씨赫德氏가 글을 만들자 귀신들이 슬피 울었다.

내일은 안개와 같고, 오늘은 샘물과 같고, 어제는 바다와 같다. 인욕人慾을 버리면 불순한 마음이 사라지고, 마땅한 것을 알게 되면 불행이 사라지고, 참고 나면 앞서지 않게 되고, 물러나면 때를 잊지 않게 되고, 심어서 움트게 하면 정성스레 키우게 되고, 좋은 결실을 거두게 되면 마땅히 저장을 알게 된다. 말은 삼가면서 행동은 절제해야 하니, 탐욕은 입으로 들어가 정신으로 파고들고, 화禍는 입에서 나와 몸으로 돌아들게 된다. 가슴에 자갈을 넣고, 입에 추를 달면 기르지 못할 것이 없고, 정직하면 막는 것이 사라져 거칠 것이 없게 된다. 숨기면서 뒤따르면 감추는 일만 많아지고, 화려하면 항상恒常이 드러나고, 소박素朴을 버리지 않으면 마땅함을 따라가고, 분分에 넘치지 않는다면 제어가 생기고, 세심한 것이 없으면 흉凶이 덮는다.

천시지리天時地理를 기다리면 사람의 마음까지 얻는다. 무릇 착한 것은 드러내지 말고, 바른 것이 아니면 나가지 말고, 들어서 이루지 못할 것 같으면 말을 하지 말고, 스스로의 생각만으로 따져서 말하지 말고, 모두를 위해 함께 행하면 빛나는 바가 있어 때로는 우매愚昧하고, 때로는 물러나 있고, 견백堅白의 노력으로 기둥을 튼튼하게 하면 나라를 건실健實하게 하고, 보이지 않는 곳에서도 나를 잊지 않게 되어 화禍가 몸에 이르는 것을 막는다. 정도正道의 삶을 지키지 못하면 반목하고, 질시하여 융화하지 못하면 굴레를 벗어나지 못하고, 좋지 않은 부탁은 거절해야 하고, 스스로의 성심을 다하면 의심은 반드시 사라진다. 일에 치우치면 도움을 받지 못하고, 나가기가 힘들면 초조해지고, 매듭을 짓지 않으면 일이 쌓이고, 간난艱難으로 비롯되어 조여들면 분수를 넘지 못하고, 스스로 반성하면 스스로 이지러지지는 않는다.

화禍는 길吉하다가도 징조徵兆로 나빠지고, 재災는 대소大小의 흉사凶事가 끊임이 없고, 액厄은 올 때 갑자기 오지만 갈 때는 소리 없이 가고, 흉凶은 길吉이 없지만 길吉은 사事가 없고, 흉화凶禍는 천지天地에서 길복吉福을 구하지 못한다. 비슷해보여도 차이는 커지는 것은 내 탓이고, 스스로 굴러 떨어지면 남의 탓은 아니요, 사사로운 욕망으로 과거의 잘못은 미래의 업業을 낳게 되고, 복福은 달가워하나 화禍는 피하고, 작은 복福은 스스럼없이 여겨도 큰 복福은 어찌 할 바를 모른다. 화禍를 피하여 점占을 치고, 해害를 피하려고 복卜을 살피고, 복福을 구하려고 기도하고, 길吉을 구하려고 머리를 조아리니, 근원을 알지 못하면서 빌고 빌어도 원하는 바를 이루지 못하나 시시각각 선善을 쌓고, 큰 지혜를 들어서 하나하나 삼가면서 행하면 반드시 흥하지 못할 것이 없고, 간악奸惡한 짓을 수 없이 하면서도 한 가지의 선행善行으로는 복福을 바라지는 못하게 되니, 원망을 들으면서 후손에게 이어지길 바라지 않아야 한다.

사악邪惡한 마음으로 역易을 팔아 일신一身이 편하기만을 바라지 말고, 죄를 지으면서 역易에 기대지 말고, 속이기를 일삼으면서 거짓된 입을 막지 못하고, 제 것이 없으면서 훔치기를 그치지 못한다고 말 할 수 없으니, 성현명철聖賢明哲의 이름을 팔아 대고도 바르다고 말하지 못한다. 한 세대가 지나면 다음 세대가 오고, 그림자가 지면 장차 다음 그림자가 나타나고, 성색聲色을 밝히면 장차 복록福祿이 다가오고, 백성의 주머니가 비면 장차 어지러워지고, 일자리가 없으면 장차 이지러지고, 장차 해가 뜨면 밝아지고, 해가 지면 장차 어두워지고, 달이 지면 장차 별이 뜰 것을 안다.

앞일을 계획해도 어제는 바꿀 수가 없고, 어제의 허물은 말 할 수는 있으나 내일의 결과는 예측하기가 어렵다. 역易의 결과로써 점단占斷하기는 어렵고, 언행의 허물은 후회를 부르고, 구설口舌에는 운신運身하기 어렵게 하고, 머릿속으로는 움직임이 어렵다. 천지天地의 크기는 알 수 없으나 미루어 짐작할 수는 있고, 천지天地의 운행은 일정하다 하나 운행에 맞추어 때를 알기가 어렵고, 역易이 마땅하게 일러주어도 읽기가 어렵다. 성급하기만한 자者는 점단占斷만 알려하고, 혼란스럽기만 한 자者는 여러 번 점占을 치고, 섣부르기만한 자者는 서죽筮竹만 흔들고, 미혹迷惑하기만한 자者는 점단占斷만 현란眩亂하기만 한 자者는 말만 요란搖亂하고, 탐하기만 하는 자者는 산통算筒만 흔들고, 불확실하기만한 자者는 말을 되풀이하고, 마음이 흔들리기만한 자者는 핑계만 대고, 교활하기만한 자者는 때마다 다르고, 약삭빠르기만한 자者는 명리名利가 아니면 피한다.

하늘의 명命을 알고, 땅의 이치를 알고, 사람의 삶을 마땅하게 증리證理하고자 하는 바는 신시개천神市開天의 뜻이다. 옛날 삼신三神의 뜻을 천부이치天符理致로 강講하는 것은 사라지고, 사람의 일이 복잡해지고, 하는 일마다 바빠졌다고 핑계대기 때문이다. 역易은 천지만물天地萬物의 이치로 내세워도 바라지는 않으나 사람만이 이치를 내세워 복리福利만을 구한다. 마땅히 갖지 않은 것이 없고, 벗어나지 못하는 바가 없어 복卜을 내세워 하늘의 벌을 쌓고, 점占을 내세워 땅의 화禍를 쌓는다. 세상에서 역易의 이치를 밝히는 까닭은 미혹迷惑에서 벗어나고자 하는 것과 무현誣眩해도 깊이 생각하여 살아 있는 자者들에게 바른 길을 이르게 하고, 허위虛僞의 욕망으로 스스로의 독단獨斷에 빠짐을 경계하고자 하는 것이다. 천지天地에는 천지지역天地之易이 있고, 사람에게는 인간지역人間之易이 있고, 동물에게는 동물지역動物之易이 있고, 물건에는 물건지역物件之易이 있는데 스스로의 이재理財에만 즐거워 수數를 어긋나게 하고, 사사로이 천리天理를 거스르면서 화복禍福의 문으로만 드나들려 하고, 스스로의 수리數理에 만족하는 것은 사기와 허망虛妄한 장난에 불과하다. 유호씨有戶氏5)가 이르기를, '알지 못하여 범하는 자者는 용서하고, 가르칠 수 있으나 잘못된 것을 알면서 교묘하게 모른 척하는 자者는 부모형제父母兄弟라도 용서하지 않는다'고 하였다. 바로 알고 난 뒤에 만인萬人에게 명리名利가 되면 최상最上이 되고, 아는 것이 적어서 재물만을 노리고 범하면 중간中間이고, 아는 것이 많기는 해도 행하는 바가 악하면 최하最下라고 하였으니, 글을 읽은 자者는 밤에 조심스레 범하고, 무지無知한 자者는 대낮에 범하게 되어 금하는 바는 제어하고자 하고, 권하는 바는 본本받기 위함이다.

옛날 한인桓仁의 시대에는 역易의 신성神性을 의심하는 자者가 없었다. 그래서 사람들이 한 번 묻기를, '내가 나이고, 나가 하늘이고, 하늘이 땅이고, 땅이 곧 나이다'고 하였다. 한웅桓雄의 시대에는 두 번 묻기를, '신神으로써 역易을 믿는다'고 하였고, 두 번째 물어 '역易이 곧 신神이다'고 하였고, 단제檀帝의 시대에는 세 번 묻기를, 첫 번째 묻기를, '하늘이 왜 바른 길을 일러 주지 않는가'고 하였고, 두 번째 묻기를, '하늘이 왜 우리를 어루만지질 않는가'고 하였고, 세 번째 묻기를, '역易이 바르다면 이렇게 던져도 역易이고, 저렇게 던져도 역易이다'고 하였다. 비록 의구疑懼하는 마음을 가졌어도 장차 흥할 나라에는 흥할 징조가 나타나고, 장차 망할 나라에는 망할 징조徵兆조차 없고, 흥할 자者는 복卜을 구하지 않아도 흥하고, 망할 자者는 복福을 얻고 나서도 망한다. 점자占者는 구점자救占者가 없으면 점占을 치지 않고, 복자卜者는 구복자救卜者가 없으면 복福을 구하지 않고, 무자巫者는 당골堂骨이 없으면 춤을 추지 않고, 기도자祈禱者는 구전口錢이 없으면 기도하지 않고, 신자神者는 신도信徒가 없으면 재齋를 지내지 않고, 명자明者는 밝은 것이 아니면 점

---

5) 유호씨有戶氏: 당요唐堯를 혁파혁파革破하고, 하우夏禹를 모산矛山에서 깨뜨리고, 지나족支那族이 희망이 없다고 판단하여 성생주星生州로 나감. 일명 고수노高叟老.

사占辭를 말하지 않는다.

신시神市의 우사雨師로 있던 태호씨太皞氏가 신시神市의 고서古書에서 팔상八相[6]으로 만 가지의 이치를 천하天河에서 얻고, 광성자선인光成子仙人[7]에게 묻자 '태호太皞야! 너는 쓸모없는 것을 나에게 가지고 왔다. 삼극三極이 서로 자리를 바꾸니, 더더욱 현묘玄妙해지고, 변화는 무궁무진無窮無盡하도다! 세 번 끊기고 세 번 이어져 이치를 품고, 천지만물天地萬物이 모두 이 속에 담겼으니, 이것으로 귀신鬼神들이 울고, 인세人世가 혼탁해지고, 잡술雜術과 의혹과 혼란이 있을까 두렵도다!'고 하였다. 변화는 회오리를 일으키고, 배당配當은 분수처럼 퍼져나가고, 진리를 깨달은 것은 대단한 일이지만 수많은 의혹은 진리를 가리고, 번민은 차고 빔을 엇갈리게 하는 것을 그칠 줄 모르고, 천지天地의 역易은 오묘奧妙하지만 닦는 자者들이 바르지 않으면 어수선해진다.

옛날 성인聖人이 역易을 만듦에는 사람의 근본을 알게 하고, 신神을 닦아 천명天命을 알고자 한다. 위로는 천지天地를 살피고, 아래로는 지도地道의 변화를 알고, 가운데로는 사람의 인도人道를 바로 알아 그 착함을 좇기 때문이다. 동서를 위緯라 하고, 남북을 경經이라 하고, 동서로는 문물文物이 통하고, 남북으로는 사상思想이 통하여 만물의 이치를 통찰通察하고, 삼절三絶과 삼연三連의 자리 바꿈으로 묘妙를 삼아 만화무궁萬化無窮하고, 조짐에는 하늘의 때가 있고, 만남에는 땅의 곳이 있어 허실虛實의 육의六宜[8]가 온전해

---

6) 팔상八相: 빔, 참, 기氣, 오행, 化, 불, 물, 흙, 나무, 쇠, 흙.

7) 광성자선인光成子仙人: 선인仙人의 시조始祖, 발귀리선인發貴理仙人의 별칭別稱.

8) 허실虛實의 육의六宜: 마땅한 차이는 따지지 말 것, 따라야 하는 이치가 있는 것, 피할 수 없는 이치가 있는 것, 잠깐 거슬러도 돌아올 이치가 있는 것, 당해낼 수 없는 힘이 있는 것, 알아도 모른 척 할수 있는 지혜가 있는 것.

진다. 명命이 비록 정해져 있다 해도 능히 뚫을 수 있고, 명命이 비록 변한다고 해도 스스로 알면 최선을 다하게 되고, 대역大易의 정해진 술법術法을 바꿀 수가 있고, 스스로 선택하여 정해진 길을 온전히 할 수 있으니, 이러한 까닭에 점사占辭를 위태롭게 여기는 것이다.

두려워하여 삼가 행하는 자者에게는 복福이 되지만 믿는다고 함부로 행하는 자者에게는 화禍가 내린다. 수시로 경계하지 않으면 액厄 또한 끊이질 않으니, 고통에서 벗어나려면 미혹迷惑을 정사正邪의 기준으로 살피고, 징조徵兆로 변화를 밝혀야 한다. 신神이라 하면 오묘奧妙한 작용이고, 형상形象은 보이지 않아도 만물의 안팎으로 이루어지고, 용처用處로 생성소멸生成消滅의 작용을 한다. 이러한 까닭으로 신神이라 하고, 만물의 때를 만드는 것은 하늘만 한 것이 없고, 만물을 기쁘게 하는 데는 호수湖水만 한 게 없고, 만물을 덥히는 데에는 불만한 것이 없고, 만물을 일깨우는 데에는 번개보다 빠른 것은 없고, 만물을 깨우고서 전하는 데에는 바람만 한 것이 없고, 만물을 적시는 데에는 물 만한 것이 없고, 만물이 드나듦에는 산만한 것이 없고, 만물을 키우는 것은 땅만 한 것이 없다. 불이 말리면 물이 적시고, 물이 적시면 불이 말리며, 산에 감추면 완성되고, 들에 심으면 생겨나 생육生育되고, 봄이 되어야 비로소 커지고, 가을이 되어야 거두고, 번개가 쳐야 때가 되었음을 알아보고, 천둥이 치면 곳을 밝힘을 알게 되고, 구름이 생겨야 비가 올 것을 알게 되고, 땅은 감싸 안으면서 평평平平해야 제 구실을 하고, 산은 색色이 영롱해야 제帝가 나올 때를 알게 되고, 나무가 빽빽이 들어서야 영귀靈貴가 깃들고, 번개와 천둥은 빠르면서 밝아야 사귀邪鬼를 내치게 된다.

한역桓易의 몸뚱이는 원圓이고, 쓰임은 방方으로 무형無形에서 실

實을 내고, 유형有形에서 허虛를 내 보이는 것이니, 희역羲易은 몸뚱이는 방方이고, 쓰임은 각角으로 실實에서 모양이 드러나 땅의 이치로 드러낸다. 지금의 역易은 원방각圓方角이 서로 구분이 되지 않아 모양이 드러나도 섞여 방方이 몸이 되고, 각角이 쓰임이 되는데 이를 보고 사람의 이치라 여긴다. 하늘은 스스로 하나의 때일 뿐이지만, 그 몸을 조금이나마 드러내면 이십팔수二十八宿가 된다. 한 자도 되지 않는 마음에서 천간天干의 이치가 전해지고, 넓고 넓은 하늘에서 땅에 전해져 지지地支로 알맞게 화육化育하고, 사람의 영혼靈魂과 경륜經綸이 길러져 쌓아진다. 실實의 기운만 가지면 너무 성겨 물러지고, 허虛의 기운만 가지면 딱딱해져 가치가 없어지고, 견堅이 없으면 형체를 이룰 수가 없고, 백白만 있으면 얽혀서 운행이 되질 않는다.

하늘은 삼신三神이 만든 바라 여든 한 개의 길이 있고, 땅은 육십네 개의 길이 뻗어 있고, 사람은 육십 개의 길이 있어 세상世上은 삼계三界에 속하고, 구재九材[9]또한 도道를 넘지 않는다. 삼재三才가 서로 통하면 천지반본天地返本이 이루어지고, 흉하다고 피하지 말고, 길吉하다 붙좇지 말아야 길흉吉凶의 그늘에서 벗어난다. 천지만물天地萬物의 도道는 하늘에서 생겨나지만 근원은 간단명료簡單明瞭하면서 언제나 일정하니, 오히려 의혹疑惑을 품고, 복잡한 지도地道를 따라가다 오히려 미혹迷惑된다.

뭇 사람의 장자長子인 우리 구한九桓이 역易을 만들어 세상의 이치를 밝혔으니, 영대靈臺가 크게 열려 하늘과 가장 가깝다. 그러나 구한九桓의 자손들로 키우기는 잘하나, 지키는 것이 약하고, 받아들이기는 잘하나 극으로 치닫기 쉽다. 하늘이 크다 하나 사람이 없

---

9) 구재九材: 허실虛實, 삼재三才, 사상四象, 오행五行, 육극六極, 칠성七星, 팔괘八卦, 구성九星, 갑자甲子.

으면 베풀 수가 없고, 땅이 기름지다 하나 화육化育하는 바가 없으면 귀한 것이 없으니, 사람을 하늘처럼 귀히 여기는 바는 천기天氣고, 사람이 땅처럼 편히 여기는 바는 지기地氣고, 사람이 사람을 소중히 여기는 바는 정신이다. 태호씨太皞氏가 처음 괘상卦象을 그린 까닭이 길흉화복吉凶禍福을 위하여 만든 것이 아니요, 자부씨紫府氏가 오행五行과 칠요七曜의 이치를 밝힌 까닭은 중토지도中土之道 때문이 아니다. 하늘을 머리에 이고 있다하나 사람의 길을 걷는 자者가 적고, 즐거움이 있다고 해도 만물의 종시終始가 다르고, 불기운이 있다하나 화육化育이 다르고, 번개의 빛이 있다 하나 깨우는 때가 다르고, 바람이 분다고 해도 전하는 바가 다르고, 물이 있다고 해도 쓰임이 다르고, 산이 있다 하나 의지하는 것이 다르고, 땅을 밟고 있다하나 거처가 다르다. 그래도 하늘은 끝이 보이질 않는다고 해도 관천지도觀天之道로 능히 알 수 있고, 호수湖水가 만물을 기쁘게 한다 해도 오상지도五常之道로 알 수 있고, 불이 꺼진다고 해도 화열지도火熱之道로 알 수 있고, 우레가 빠르다고 해도 시공지도時空之道로 알 수 있고, 바람이 보이질 않는다고 해도 풍광지도風光之道로 알 수 있고, 물이 만물을 적신다고 해도 수한지도水寒之道로 알 수 있고, 산이 높다고 해도 산세지도山勢之道로 알 수 있고, 땅이 넓다고 해도 물산지도物産之道로 그 이치를 미루어 알 수 있다.

삼재三才의 역易으로써 구제되는 바는 서로 다르고, 하늘이 천경신고天經神誥를 내리고, 땅이 삼황내문三皇內文을 올리니, 대역大易의 이치를 밝히고자 하는 바는 만세萬世의 자者들이 이를 보고 즐거워하는 바탕이 되고, 서로 권하여 실천하게 한다. 삼신三神이 동녘 땅을 능히 밝혀 천하의 뭇 사람이 즐거워하면서도 누군지 알지 못하게 하고, 모든 자者가 무병장수를 하게 내려 주고, 풍요로워 흥하지 않는 곳이 없고, 광명光明에 성품性稟을 다하도록 깨끗하게 낳았고, 신神에게 의지하도록 빌게 하고, 제 명命을 알아 삶이 편안하도록 하고, 수고로움을 헤아려 복福이 제 자리를 찾게 하고, 뭇 무리를 두루 이롭게 하여 화禍가 없이 살아가게 하였다. 정해진 이치로 마음속에 늘 의로움을 어기지 않게 하고, 죄가 훤히 드러나 죄가 없는 것을 자랑으로 여기게 하고, 직職을 지켜 업業으로 기한 기한飢寒에 시달리지 않게 하고, 항산恒産으로 항심恒心을 갖게 하고, 큰 덕德으로 업業을 낳아 나아가게 하고, 큰 지혜로 어려움이 없고, 큰 혜택으로 잇게 한다.

삼신三神은 신神들을 두루 보살피고, 신神들의 징표徵表[10]를 가지고, 천웅天雄이 계불禊祓하게 하고, 역易[11]으로서 하늘을 우러르게 하니, 삼재三宰[12]를 낳고, 삼재三才를 바로잡아 삼대三代에 걸쳐 올바로 세우고자 한 것이 허실虛實의 역易이 된다. 간지干支로써 오기五紀[13]로 삼고, 역수易數로써 오상五常[14]을 삼고, 천망天網[15]으로 천기天機를 잡고, 지궤地櫃[16]에 지기地氣를 능히 역상易象을 보게 된다. 구비口鼻에만 의지하면 가두어 품지 못하고, 이목耳目만으로는 역易의 기틀을 바로 잡지 못하고, 지능으로써 힘을 모아도 역易의 명리命理는 헤아릴 수 없으니, 오로지 천지지도天地之道를 따르고, 거스르지 못하는 역易을 만들 수 있다. 명협蓂莢과 구갑龜甲으로는 변화에 대처할 수 없고, 악용하여 역易의 정의正義를 흔들 수는 없고, 허명虛名으로 죄가 없는 술자術者를 죽일 수는 없고, 명분 없는 살생으로는 역易의 결단結斷을 끊을 수가 없고, 사익私益으로

---

10) 징표徵表: 신神: 무巫, 주呪, 징徵, 위位, 당當, 제祭, 운運, 환環, 혈穴, 맥脈, 단丹, 령靈, 약藥.

11) 역易: 역曆, 역歷, 사史, 술術, 행行, 법法, 연然, 도道, 물物, 용用, 계計.

12) 삼재三宰: 천天,지地,인人, 일日,월月,성星, 년年,월月,일日, 간干,지支,술術, 생生,법法,성成.

13) 오기五紀: 세歲, 월月, 일日, 시時, 성신星辰.

14) 오상五常: 충忠, 용勇, 인仁, 신信, 효孝.

15) 천망天網: 현묵玄默한 하늘의 그물처럼 한 코까지 걸리게 하여 삿된 것과 악한 것을 깨끗하게 걸러 낸다.

16) 지궤地櫃: 단단한 땅의 궤로 축장蓄藏에 부지런히 힘쓰지 않으면 갇히게 된다.

정법正法을 흔들 수는 없고, 일의 결과로는 역易의 단사象辭를 흔들지 못하고, 욕망으로는 역易의 의혹을 막질 못한다. 명분名分만을 얻기 위해 역易의 뜻을 거스를 수 없고, 부질없는 말을 하여 명리名利만을 얻을 수는 없고, 마음속에 징험徵驗을 없애면서 바르다고 할 수 없고, 속이면서 역易의 마땅함에서 벗어났다고 할 수 없으니, 고금古今에 귀하게 여기는 것에 역易의 시비是非로 감출 수는 없다.

역易에게 묻지 못하는 바는 신神이 그 답을 가리키는 때와 곳에 가까이 있기 때문이다. 위급하여 서두르는 것은 마음을 다 잡지 못하기 때문이고, 슬픔에 빠질 때에는 부모를 찾는 바는 천성天性이기 때문이고, 믿다가 다른 신神을 찾는 바는 신실愼實이 적기 때문이고, 포악을 따르는 바는 기질을 이기지 못하기 때문이고, 스스로 생각하여 움직이는 바는 명리名利를 따르기 때문이다. 사람의 역易은 스스로 술사術士의 길을 가게 하고, 운명運命은 스스로 개척해야 하니, 세상에 나고 자라는 바가 정해져 있다고 할 수 없고, 변화만 한다고 말 할 수도 없다. 혹세무민惑世誣民하는 역법易法[17]의 원인은 사사로움에 있으니, 상급上級은 천지天地에 가깝고, 저급低級은 속세俗世에 가깝고, 상사上士는 거스르지 않고, 하사下士는 거스르면서도 마땅함이 없게 된다.

하늘이 기氣를 움직이면 별이 제자리를 떠나게 되어 역수易數가 변하고, 땅이 기氣를 움직이면 산천山川이 변하고, 사람이 기틀을 흔들면 마침내 천지天地가 뒤집어진다. 하늘과 사람이 함께 움직이면 땅이 변하여 기틀이 정해지고, 땅과 사람이 움직이면 천하天下에 하지 못하는 것이 없고, 하늘과 땅이 움직이면 사람의 명命

---

17) 혹세무민惑世誣民의 역법易法: 생멸장단生滅長短, 현공음양懸空陰陽, 천문지수天文地水, 점복역장占卜易藏, 명암양상明暗兩象, 운주작괘運籌作卦, 비잠동식飛潛動植, 소장성쇄消壯盛殺, 은현생멸隱現生滅, 전화변이轉化變異, 대통의정大通宜正.

이 뒤바뀐다. 삼재三才가 서로 통하는 것[18]으로 마땅함을 보이게 되어 극極은 황皇이 되고, 건乾은 쓰임이 되고, 곤坤은 정井이 된다. 무릇 하늘과 친한 자者는 하늘의 역易과 친하고, 땅과 친한 자者는 땅의 역易과 친하고, 사람과 친한 자者는 사람의 역易과 친하게 되니, 종류대로 모이고, 종자種子끼리 친하여 하늘에 용龍이 오르면 구름이 일고, 호랑이가 뛰면 바람이 일고, 용호龍虎가 다투면 운사雲師와 풍백風伯이 자리를 놓고 다툰다. 서로 가까우면 뭉치고 멀면 다투니, 하늘이 만물의 역易을 낳아 기르고, 땅이 만물의 역易을 깨워 키운다.

천부경天符經을 삼천 번을 외우고, 역易을 삼천 번을 읽어도 바름을 알지 못하면서 언행이 그르면 옳다 하질 못하고, 경서經書를 묶은 줄이 세 번 끊어져도 이론에만 집착하기만 하면 오축五畜만도 못하고, 삼계三界를 두루 살펴도 사람의 길을 걷지 않으면 깨진 그릇만도 못하고, 대역大易의 도道를 알아도 하나의 바른 것이 없으면 역易이 아니다. 남을 묻지 말고 나에게 묻고, 내 덮개를 묻지 말고 덮지 않음을 묻고, 명리名利에게 묻지 말고, 나누지 못함을 아까워하고, 감정에 얽매이지 말고, 본성本性을 찾고, 이기利器를 묻지 말고, 오로지 연적然適에게 묻는다. 길이 보이지 않으면 마음을 읽고, 혼란스러우면 처음의 마음으로 돌아가지 못하고, 번잡하면 마음이 둘 곳을 찾게 되고, 고달프면 육신肉身에게 물어보고, 어리석다 여기면 지혜에게 묻고, 막힌 것 같으면 길을 물어보고, 잘 안 되는 것 같으면 정성에 물어야 한다.

---

18) 삼재三才가 서로 통하는 것: 길을 묻고 방方을 제시하는 것, 운명運命을 묻고 순응하는 것, 미래未來를 묻고 애증愛憎을 듣는 것, 안녕과 평안을 묻고 강녕康寧을 듣는 것, 신神의 답을 물으면서 신神의 목소리를 듣는 것, 예언豫言을 묻고 예지豫智를 듣는 것, 이름을 묻고 이로움을 듣는 것, 병화病禍를 묻고 길흉吉凶을 듣는 것, 재해災害를 묻고 마땅함을 듣는 것, 흥업興業을 묻고 복福과 액厄을 듣는 것.

천부인天符印을 세상에 전한 뒤에 오랜 세월이 지났다. 뜻은 비록 사람에게 있지만 지경이 불분명해지고, 속이고도 모자라 내 것이 썩어도 버릴지언정 나누어 갖질 않고, 내 것을 귀하게 여기지 못할지언정 업신여기고, 바르게 지키지 못할지언정 미혹迷惑을 바로 잡지 못하는 것은 부符를 바로 잡지 못하는 까닭이다. 하늘은 원圓으로써 본本을 삼고, 땅으로써 방方을 삼고, 사람으로서 각角을 본本을 삼게 되니, 이제 천지天地로써 역易을 삼아 청정한 가운데 역易이 있고, 바른 마음이 있기에 역易이 있어 신神의 뜻을 영대靈臺에 놓아두고, 영상靈爽으로써 키워서 영정靈精으로써 능히 알게 되어 하늘이 만든 바를 태역太易의 상서祥瑞[19]로 한 점의 바람처럼 실어 오고, 한 조각의 뼈로 땅으로 돌아가니, 한 방울의 물로 되돌려져 산에 구덩이를 파고서 누워 땅을 등지게 된다. 하늘을 향해 누우면 삼체三體는 흩어지게 되고, 뼈는 한줌의 흙으로 마땅히 쉴 곳으로 돌아가고, 살은 먼지가 되어 바람에 실려 밝은 땅으로 날아가고, 피는 한 방울의 물로 마땅히 깨끗한 곳으로 스며든다.

사람의 생사生死를 망령妄靈되게 단언斷言하지 못하고, 욕심에 숨겨진 뜻은 헛되이 추언推言하지 못하고, 한쪽으로 치우치면서 굳어있는 재주才主는 오래도록 가질 수는 없다. 무릇 바다는 작은 고기도 살 수 있게 하고, 진흙은 지렁이도 살게 하고, 낙엽은 지네도 살게 하고, 나무 가지는 참새도 살게 하고, 높은 벼랑은 수리도 살게 하니, 삶의 두텁고 엷음은 있어도 치우치지는 않고, 명命이 장단長短은 있어도 청탁淸濁은 없고, 고저건습高低乾濕는 있어도 그 삶을 스스로 훼방하지는 않는다. 점占을 쳐서 흉凶을 피하고, 복卜으로써 화화를 면하고, 부符로써 악惡을 막으며 무巫로써 조상祖上의 은덕을 받고, 양택陽宅으로써 집안이 화목해지고, 음택陰宅으로 자

손이 융성해지고, 수數로써 어긋남이 없게 하고, 상相으로써 사람을 기쁘게 한다면 만인이 흠만 있는 것은 아니어서 믿음으로 허물을 씌워 자랑삼지 않는다. 극極은 삼통三通으로 통하고, 구한九桓은 오가五家로 따르고, 하늘은 삼신三神이 주재하고, 못은 용신龍神이 주재하고, 바다는 용왕龍王이 주재하고, 강은 하백河伯이 주재하고, 불은 화신火神이 주재하고, 번개는 뇌공雷公이 주재하고, 바람은 풍백風伯이 주재하고, 물은 우사雨師가 주재하고, 산은 산신山神이 주재하고, 땅은 지신地神이 주재하고, 구름은 운사雲師가 주재하고, 오행五行은 오가五家가 주재한다.

이미 머릿속에 있는데 멀리 찾지 않고, 바르게 지키는 바가 있으면 스스로의 존재를 바로 알게 된다. 십과十過[20]로 욕심을 넘어서려 하고, 술수術數로써 단계段階를 만들지 말고, 권세權勢로써 무리 짓지 말고, 이적異積으로써 저급低級을 알리지 않고, 명命을 운運에만 맡기지 않고, 정통正統만을 외쳐 본원本源을 가려 마땅함을 버리고, 혼돈을 간결로 덮어쓰고, 화액禍厄으로써 상서祥瑞를 누르려하고, 고뇌로 자유를 궤櫃에 가두고, 열 가지를 하나로 나누지 않고, 아름다운 정신을 육체로만 덮어써서 천부天符를 가리려 한다. 한치 앞을 내다보면 상서祥瑞가 새로운데 한마디 던진 말이 피를 끓게 하고, 두 마디 던진 말이 뼈에 사무치고, 세 마디의 말은 정기精氣마저 끊는다. 역易은 사람에게 묻지 않고, 신神은 사람에게 의지하지 않고, 강건强健하면 사사로이 역易에 묻지 않고, 제 갈 길을 알려고 점사占辭에만 치우치지 않고, 기복祈福만 하려고 신神에게 길을 묻지 않으니, 스스로 최선을 다하는 자者는 잡소리를 내지 않고, 스스로의 분수를 아는 자者는 선線을 넘지 않고, 매복賣卜하여 명리名利만을 따르는 자者는 오히려 복리福利가 변하여 재액灾厄이 다가선다.

---

20) 십과十過: 선악善惡, 존비尊卑, 상하上下, 좌우左右, 선후先後, 진퇴進退, 명암明暗, 길흉吉凶, 종과種果, 몽매蒙昧, 영육靈肉.

죽을 때의 말은 착하고, 불꽃은 사그라질 때 아쉽고, 물은 바다로 모여들 때 아름답고, 꿈은 깰 때 기쁘고, 노래는 한 소절小節이 마음에 와 닿고, 화살은 과녁에 꽂힐 때 멋있다. 덕德이 없는 자者가 천하天下에 죄를 지으면 기도할 땅이 없게 되고, 악惡을 품는 자者가 죄가 쌓이면 피할 곳이 없어지나 덕德이 있는 자者는 복卜을 익히지 않아도 길吉하고, 덕德이 없는 자者가 복卜만 믿으면 흉凶하다. 점占을 잘 치는 자者는 점占을 치지 않고, 스스로 믿는 자者는 점사占辭를 구하지 않는다. 의자義者는 흉사凶事를 꾀하지 않고, 근면한 자者는 점占을 구하는 재물마저 아까워한다. 과격하면서 흉포한 자者는 흉사凶邪만을 즐겨하고, 어지러운 풍속風俗은 괴이怪異하고, 나라 안이 시끄러우면 역사易事마저도 길을 잃게 되어 마침내 샌님이 산통算筒을 흔들고, 승僧이 손마디로 갑자甲子를 세고, 도사道士가 나다니며 무축巫祝하고, 무녀巫女가 부적符籍을 그려 여기저기 흔들고, 기자祈子들이 공물貢物을 바치려고 나다니게 되는 것은 모두 음사淫祀의 빌미가 된다.

말류末流의 폐단弊端이 되면 바다의 섬에서 신선神仙이 노닌다 하고, 삼신산三神山에서 불로영초不老靈草를 캔다 하고, 금金과 수은水銀으로 불로장생不老長生한다 하고, 결태수기結胎受氣에 성수星宿의 정精을 받는다하고, 세력歲曆을 들고 갑자甲子를 세고, 패철佩鐵을 들고 방方을 돌고, 길 앞에 앉아 손님을 맞고, 찾아 올 손님을 기다리고, 구궁패九宮佩를 돌리고, 역술易術을 점무부占巫符라 비난하면서도 굴레에서 벗어나지 못한다. 세상에는 바른 역易으로 스물 두가지의 불축不逐[21]하는 것을 본本으로 하고, 어긋난 미혹迷惑과

---

21) 열아홉 가지의 불축不逐: 가난을 벗어나려고 역易에만 치우치는 것, 해치기 위해 역易에게 묻는 것, 시험 삼아 역신易神을 기만하는 것, 종사宗師가 종전宗全의 잣대로 역易의 능력을 평가하는 것, 역易에 기대어 요행을 바라는 것, 무리지어 역易을 이용해 공론公論을 삼는 것, 상相이 좋지 않다고 뜯어 고치는 것, 미신迷信으로 치부하여 꺼리는 것, 종전宗全으로 우상화하는 것, 종전宗全으로 신격화하는 것, 종전宗全으로 강요하여 하나의 억지를 부리는 것, 선지자라 떠드는 것, 역

의혹을 지도리로 삼으니, 공론空論을 만들어 빼앗지 말고, 무리지어 탐하지 말고, 본다고 꺼리지 말고, 안 보인다고 감추지 말고, 욕망欲望이 바로 미신迷信이 되고, 고등하다 우쭐대지 말고, 우상에게 머리만 조아릴 뿐, 역자易者의 신神도 그들만의 신神이 되고, 역자易者의 종전宗全을 강요하면 억지에 불과하고, 역자易者가 곧 선지자先知者라 떠드는 자者들도 사기꾼에 불과하다.

무릇 역易이 마땅함을 잃으면 신神의 이름을 팔아 미래를 예견豫見한다하고, 네 탓으로 돌리지 말고, 내 것이라 하지 말고, 광포하게 고통을 주지 말 것이니, 하나의 즐거움 때문에 수많은 자者가 수고롭고, 잡술雜術에는 마땅한 길을 잃게 되고, 술법術法에도 없는 짓을 서슴지 않고, 경전經典에도 없는 말을 지어내고, 종주宗主가 시키지도 않은 일을 꾀하고, 마음속으로 돈을 세어 급을 나누고, 계계階階를 나누는 짓을 허망하게 하지 않는다. 그러므로 역자易者가 삼가야 할 일이 있으니, 삼축三畜에도 끼지 못하면서 혼령魂靈을 함부로 부르지 말고, 기도를 핑계 삼아 믿음을 거두지 말고, 사람의 믿음을 재물로 이용하지 말고, 재물의 양量으로 신神께 빌지 말고, 세금이 적다하여 신神의 이름을 팔지 말고, 정성이 부족하다 하여 사람의 급수級數를 매기지 말고, 배당配當되었다고 집착하지 말아야 한다.

훌륭한 조상祖上들 한 사람 한 사람이 바르게 지켰던 것처럼 본연本然의 대역大易은 영구히 지켜 나가야하고, 장자長子인 우리 한

술역術易을 이용하여 쫓아가 해를 입히는 것, 역易의 이름을 팔아 미래未來를 예견한다고 하는 것, 수고를 두려워하게하여 갈취하는 것, 잡술雜術로 현혹하여 수많은 자者들이 갈 길을 잃게 하는 것, 술법術法에도 없는 짓을 서슴지 않는 것, 경전經典에도 없는 짓을 저지르는 것, 혼령魂靈을 함부로 부르는 것, 기도를 핑계 삼아 재물을 거두어 드리는 것, 재물로 사람의 믿음을 이용하는 것, 재물로써 신神에게 빌지 않는 것, 헌물獻物이 적다하여 신神의 이름을 파는 것, 정성이 부족하다고 하면서 사람의 급수級數를 매기는 것.

桓 또한 한역桓易의 바른 도道를 잊지 말아야 할지니, 어지러운 역易의 시대라고 단언斷言해도 만물의 질서 속에 역易이 있어 역易도 우주의 한 부분이고, 최선의 길이라고 때와 곳을 따지지 말고, 마땅한 것을 거스르지 말아야 하니, 이것이 역易이 가르치는 교훈이다.

祭天歌

하늘 산에 내리시어 하느님을 우러르고,
삼신산三神山에 천단天壇을 두고,
삼태백三太白에 지단地壇두니, 신시神市로써 풍속風俗두고,
제천祭天으로 보응報應하네.
만방萬邦의 자者들이 소리 듣고, 만 리길을 찾아오고,
귀한 소리 한마디에 천년동안 잊지 않네!
천명天命으로 스스로 깨우치고,
사두四斗에 지명地命을 실어 열린 넋이여!
지나간 길 되새겨 앞길 지켜가니, 근본을 잊지 않고,
작은 정성으로 큰 덕德에 감사하고,
정결하게 차린 공물供物만 갸륵하게 여긴다.
삼신三神으로 나라 복福을 기원하고,
근본으로 조상祖上에 감사하고,
성신애제誠信愛濟로써 선善을 닦고,
화복보응禍福報應으로 의義를 삼고,
백성은 복福으로써 기원祈願하고,
신神은 축祝으로 융성隆盛삼아
천신天神으로 만년수명萬年壽命
지신地神으로 천년축복千年祝福
인신人神으로 백년명리百年名利 받으니,
삼신三神이 두루 보우保佑하네.

東崖

16. 무론 巫 論

삼재三才에 두루 걸쳐 무巫라하고, 뭇 신神과 사람에 다리를 놓아 무巫라 한다. 무巫의 역사는 길면서 머니, 누가 감히 이를 헤아리겠는가! 무巫는 선택이고, 무사巫祀는 종전宗全이다. 무사巫事의 본본本本은 제천祭天에 있고, 무巫의 대본大本은 복본復本에 있다. 신神의 단골檀骨이 되어 영대靈臺가 크게 열려 하늘의 장자長子가 되어 마땅히 뭇 무리의 종사宗師이자 으뜸이다. 신神이 가까이 있던 시절에는 신神을 부르는 것이 일이 없었고, 허황한 것을 신神에게 요구하지 않았고, 신神의 길을 묻기 위해 신간神竿을 세우지 않았고, 사사로운 명리名利를 위해 신神을 부르지 않았고, 욕심을 채우기 위해 신神을 찾지 않았고, 작은 명리名利를 위해 애타게 부르지도 않았고, 작은 소망을 위해 공물貢物을 바치지 않았고, 치유하기 위해 신神에게 고쳐 달라고 하지 않았고, 소박素朴하여 신神을 급하게 몰지 않았고, 질박質朴하여 신神을 져버리지 않았고, 급級으로 신神의 번잡을 바라지 않았고, 신神 앞에서 겸허해져 정성을 다하여 신력神力을 시험하지도 않았다. 신역神域을 함부로 넘나들지 않았으나 유인씨有仁氏가 삼계三界를 긋자 애타게 신神을 부르고, 신神의 은총을 위해 아첨하는 일을 서슴지 않았다.

영혼靈魂의 노래를 부르자 신神이 비처럼 쏟아지고, 신神의 말을 하자 만신萬神이 모여들고, 기쁨으로 가무歌舞하자 기쁨의 신神

이 오고, 슬픔의 노래를 하자 슬픔의 신神이 모여든다. 큰 무巫는 큰 신神이 들고, 작은 무巫는 작은 신神이 들고, 삼계三界가 순환하고, 조화調和하여 거스르지 않으니, 신명神明으로 온전해진다. 옛날의 사람들은 신교神敎를 믿어 의심하지 않았고, 천지天地를 경외敬畏하고, 일월日月로써 신神의 본본本을 삼아 굳이 신神을 믿는다고 하지 않았고, 만물에 깃든 신神을 경배敬拜할뿐 까닭을 묻지 않고, 신神에 의탁依託하여 능히 그 명命을 거스르지 않고, 신神의 명命을 받아 예지豫智하는 자者 또한 많았다.

한웅천왕桓雄天王이 신시神市를 세우고, 나라에는 국선國仙을 두고, 읍邑마다 선인仙人을 두고, 마을마다 무巫를 두자 무巫 또한 신시神市에 그 뿌리를 두고 모두 이를 따랐다. 구한九桓의 비왕裨王인 왕검王儉이 스물여덟 개 나라를 두루 돎에 수많은 자者들이 뒤를 따랐는데 무巫들도 함께 구한九桓으로 따라 들어 왔다. 뒤에 단제왕검檀帝王儉이 나라를 삼한三韓으로 통합하자 신교神敎가 크게 일어나 나라마다 제 각각의 풍습風習[1]을 크게 일으켜 아사달을 중심中心으로 퍼져 나가게 되었으니, 뒤에 무축신사巫祝神事가 되고, 제천의식祭天儀式의 산물産物이 되었다.

무巫가 하늘을 섬김에는 신인神人을 본본本으로 삼고, 신교神敎의 풍습風習에 따라 신시神市의 법법法[2]을 충실하게 지켰으니, 신명神明을 다하여 삼신三神을 기쁘게 하고, 사람을 신계神界로 인도하고, 신神을 인세人世로 부르고, 신神을 무巫의 몸으로 데려와 대신하기도 하고, 신의神意를 전하고, 축사逐邪하고, 천재지이天災地異를 예

---

1) 각각의 풍습風習: 동 천군天君, 남서 계불稧祓, 동북 동맹東盟, 서 영고迎鼓, 동남 무천舞天, 남 소도蘇塗.

2) 옛 신시神市의 법법: 예濊 무천舞天, 고구려高句麗 동맹同盟, 부여扶餘 영고迎鼓, 백제 소도蘇塗, 가야伽倻 계락稧洛, 신라新羅의 천군天君.

견예見하고, 몸주를 달래어 치유하고, 귀책鬼責으로 병病을 치료하기도 하고, 영혼靈魂을 올바른 길로 인도하고, 사자死者를 피안彼岸으로 인도하고, 술법術法을 가르쳐 대代를 잇도록 하고, 때로는 비를 부르고, 때로는 비를 그치게 하고, 풍년과 풍어를 기원하고, 약석藥石을 다리고, 해원解寃하여 복본復本하게 하고, 제례祭禮를 행하기도 한다.

선택받은 자者의 근골筋骨은 부모에게서 온 것이지만 뼈는 신神의 것이고, 피는 이미 신神을 섬기고, 명命은 신神의 것이 된다. 가무歌舞가 이미 신神을 위하게 되고, 가망이 이미 신神을 기쁘게 하고, 몸주가 되려고 달려드니, 약석藥石이나 기도로는 고칠 수가 있는 정신병도 아니다. 무신巫神에서 온 것이라면 반드시 무巫가 되어야 하니, 그 병의 치료는 무신巫神 앞에서 춤을 추어야 하고, 무녀巫女의 신딸이 되어야 비로소 무巫가 되고, 두세대 반에 모계母系의 피를 받고, 무신巫神은 격년에 한 번씩 찾아오고, 업무業巫가 되려면 삼년이 되어야 하고, 무직巫職은 칠년이 되어야 하고, 이십 일년이면 대무大巫되어 업장業障이 없어지고 큰 신神을 섬기게 되고, 칠성신七星神이 다가온다.

일월세계日月世界는 삼신三神이 관장管掌하니, 한인씨桓仁氏는 천부天符 내고, 한웅씨桓雄氏는 지부地符 내고, 왕검씨王儉氏는 인부人符 내고, 치우씨蚩尤氏는 무력武力 내고, 신농씨神農氏는 의약醫藥 내고, 혁덕씨赫德氏는 글자 내고, 태호씨太皓氏는 역易을 내고, 유인씨有仁氏는 삼계三界 굿고, 자부씨紫府氏는 오행五行 내고, 을보륵씨乙普勒氏는 한글 내고, 고시례씨邢乙氏는 곡식 내고, 나을씨邢乙氏는 의업醫業 내고, 부루씨扶婁氏는 치수治水 내고, 하백녀씨河伯女氏는 잠업蠶業 내고, 바리씨는 무탁巫託 낸다. 자부紫府로 국사國師삼고, 바리로 공주公主삼고, 군웅軍雄으로 장군將軍삼고, 가망으로 터주삼고, 새신새神으로 신神을 달랜다.

만신萬神은 신神의 집에서 나오니, 삼신산三神山의 앞이다. 천신天神이 천단天壇에 내리자 삼천단三天壇[3]의 앞이고, 지신地神이 지단地壇에 내리자 삼지단三地壇[4]의 앞이고, 산신山神이 산신각山神閣[5]에 내리자 삼기단三碁壇[6]의 앞이다. 사방무四方巫[7]로 무사巫師삼고, 검劍은 산술算術이고, 거울은 천문지리天文地理이고, 고鼓는 심동心動하고, 북쪽은 저울이고, 서쪽은 곡척曲尺이고, 동쪽은 회전자回轉子고, 남쪽은 저울이고, 가운데는 먹물이고, 검은 우주의 공간이고, 거울은 우주의 시간이고, 곤을은 일월日月의 덕德이고, 북은 우주의 음율音律이고, 북으로는 흑제黑帝고, 남으로는 적제赤帝고, 동으로는 청제靑帝고, 서로는 백제白帝고, 가운데로는 황제黃帝다.

나라의 대사大事에는 국사무國師巫고, 산신山神을 모셔 산신무山神巫고, 공창空唱하여 명도무明圖巫고, 가무강신歌舞降神하여 박사무博士巫고, 신도神刀들어 단골무檀骨巫고, 선녀仙女모셔 선관무仙官巫고, 칠성七星모셔 칠성무七星巫고, 초혼招魂하여 바리무고, 신장神將모셔 신장무神將巫고, 장군將軍모셔 장군무將軍巫고, 용왕龍王모셔 용왕무龍王巫고, 아기 모셔 아기무巫고, 할머니 모셔 할미무巫고, 할아버지 모셔 할비무巫고, 군웅群雄모셔 군웅무群雄巫고, 대감大監모셔 전내무殿內巫고, 큰 굿하여 고을무巫고, 동네마다 동네무巫고, 병病을 고쳐 치유무治癒巫고, 복서卜筮하여 복술무卜術巫고, 흉내 내

---

3) 삼천단三天壇: 상천단上天壇, 지천단地天壇, 인천단人天壇.

4) 삼지단三地壇: 성지聖地, 신지神地, 명지命地.

5) 산신각山神閣: 산신山神을 모시는 사당祠堂.

6) 삼기단三碁壇: 농지農地, 업지業地, 명지明地.

7) 사방무四方巫: 북쪽 강신무降神巫, 남쪽 세습무世襲巫, 동쪽 교육무敎育巫, 서쪽 접신무接神巫.

어 흉내무巫고, 송경誦經하여 맹인무盲人巫고, 경문經文 읽어 경장經
匠이고, 글 가르쳐 훈장訓長이다.

간竿은 간干이고, 간干은 지킴이 되니, 애오라지 신神에게 의탁依
託한다. 신간神竿은 신神이 들어오는 방향이고, 영기간靈旗竿은 몸
주신의 길이고, 성조간成造竿은 집터신神이고, 맹인간盲人竿은 맹인
盲人의 신神이 들어오고, 성황간城隍竿은 서낭신이 마을을 지키고,
당간堂竿은 동신洞神이고, 석간石竿은 석신石神이 들어오고, 목간木
竿은 당목堂木에 신神이 들어오고, 신장간神將竿은 신장神將이 들어
오고, 수살간水殺竿은 방마防魔고, 화간禾竿은 곡신穀神이 들어온다.

삼신三神은 일대주신一大主神이고, 단골檀骨은 신단수神檀樹고, 산
골山骨은 신정神井이고, 장승은 축귀逐鬼고, 벅수는 축사逐邪고, 수
살水殺은 퇴수귀退水鬼고, 주저리는 지안신地安神이고, 화주化主는
신神으로 돌아가고, 사신史臣은 서향西向이고, 서낭은 마을을 지킴
이고, 전물奠物은 정성이고, 소지燒紙는 소형燒形이고, 제웅除雄은
전액傳厄이고, 금줄은 병화病禍를 막고, 새신賽神은 축원祝願이고,
척미擲米는 집상集像이고, 척전擲錢은 산상散像이고, 도당都堂은 신
의神意이고, 가망은 청배請拜고 만수萬壽는 받이 고, 산마누라는 신처
神妻고, 공수空手는 신탁神託이고, 제석帝釋은 승왕僧王이고, 호귀胡
鬼는 두귀痘鬼고, 말명末明은 가내원귀家內寃鬼고, 대감大監은 전내
신전內神이고, 창부倡夫는 색등色燈이고, 뒷전은 뒤풀이고, 부채는
일월日月이고, 명도明圖는 곤을이고, 방울은 신령神鈴이고, 작도斫刀
는 도천蹈天이고, 신도神刀는 신기神器고, 장구는 위장胃臟이고, 북
은 심장心臟이고, 징은 비장脾臟이고, 방울은 간장肝臟이고, 산통算
筒은 폐장肺臟이고, 무무巫舞는 신神의 기쁨이고, 신어神語는 신神의
당부當付이고, 무가巫歌는 신가神歌고, 무의巫衣는 신의神衣고, 무구巫
具는 신구神具고, 무巫의 신명神明은 신神과 몸주와의 합일合一이다.

무격巫覡을 통틀면 무당巫堂이고, 나누면 남무男巫[8]와 여무女巫[9]
가 되고, 종種[10]으로 으뜸을 삼고, 업業으로 선善을 삼고, 무업巫業
으로 무행巫行[11]한다. 굿은 신神이 내려오고, 푸닥은 부정不淨을 없
애고, 춤사위는 죽은 자者를 위로하는 몸짓이고, 노는 것은 신神과
사람이 하나로 합일合一하고, 만신萬神으로 부르고, 강림도령降臨
道令은 선후천先後天의 현세顯世이고, 어라만수는 신神을 축수祝壽
하고, 물림은 부정不淨을 떨쳐내고, 말명末明은 원구冤懼의 해신解
神이고, 헤침은 업장業障을 풀어 헤치고, 닦음은 길을 막는 것을 치
워주고, 티는 작은 탈이고, 판은 노는 곳이고, 마당은 모여 노는 곳
이고, 놀이는 신神처럼 사람이 노는 것이고, 씻김은 살煞을 씻어내
고, 공수空手는 신神의 말을 전하고, 공창空唱은 신神의 말을 칭송
하고, 신병神病은 신神의 선택이고, 신명神明은 신神의 밝은 부분으
로 혼백을 즐겁게 하고, 신들림은 영험靈驗을 자주 받고, 거리는 복
수福壽를 빌고, 지움은 부정不淨을 막고, 맞이는 신神을 즐거이 맞
이하고, 들림은 신神이 들어와 공수空手하고, 나비는 혼魂의 정체正
體고, 까마귀는 안내자고, 무꾸리는 신神의 계시啓示를 듣고, 진오
귀는 죽음에서 삶을 알리고, 도액渡厄은 액厄을 건너고, 성주城主는

---

8) 남무男巫: 박수, 격現, 남무男巫, 선관仙官, 사령師靈, 신사神士, 박사博士, 판수, 무당巫堂, 무자巫
者, 남무男巫, 살만薩滿, 복사卜士, 낭중郞中, 거사居士, 화랑花郞, 사무師巫, 가림嘉林, 시자市子, 신
자神子, 신무神巫, 어무御巫, 악사樂士 독경讀經, 재담才談, 묘기妙妓, 훈장訓狀, 광대廣大, 재인才
人, 다지多智, 화랑花郞, 창우倡優, 거사居士, 무부巫夫, 신방神房, 법사法師, 광대廣大, 창우唱優,
배우俳優, 재인才人, 거사居士, 독경쟁이, 화랭이, 무자巫子.

9) 여무女巫: 삼한三韓, 무녀巫女, 단골丹骨, 전내殿內, 무당巫堂, 말명萬明, 산이, 만신萬神, 보살菩薩,
회사回寺.

10) 종種: 천재지변天災地變을 예언하는 예언무豫言巫, 길흉화복吉凶禍福을 신神에게 의탁依託하는
기축무祈祝巫, 천신天神을 부르는 천군무天君巫, 조상신祖上神이나 유명한 자者를 부르는 강신
무降神巫, 질병疾病이나 전염병을 치유治癒하는 의술무醫術巫, 영혼靈魂의 길을 인도하는 천도
무遷度巫, 점단占斷의 단사象辭를 해석하는 점단무占斷巫, 주사朱沙로 부적符籍을 내는 주사
무朱沙巫, 죽은 당사자를 부르는 초혼무招魂巫, 춤과 노래에 능한 예능무藝能巫, 귀책鬼責하는
축사무逐邪巫.

11) 무행巫行: 신탁神託, 요병療病, 복서卜筮, 점단占斷, 천도遷途, 부주符呪, 강신降神, 접신接神, 척
미擲米, 괘경掛鏡, 부주符呪, 기축祈祝, 복명卜命, 명신明神.

큰 터 신을 모시고, 치움은 부정한 것을 없애고, 한恨은 두고서 아리령을 넘고, 푸념은 신神에게 숨긴 말을 내뱉고, 넋두리는 신神이 사람의 입을 빌린 것이고, 물림은 액화厄禍를 막고, 넋은 혼魂에 있고, 얼은 백魄에 있고, 걸립乞粒[12]은 자리가 없고, 말명末明은 만신萬神을 떠나보내고, 굿은 신神을 내고, 갓은 신神이 머리에 내려앉고, 푸닥은 업장業障[13]을 거둬내고, 들림은 몸주신이 들어오고, 쥬신은 선택하고, 무巫는 선택받고, 어아는 신神의 즐거움이고, 공수空手는 신어神語의 포함이고, 몸주가 무巫를 통하여 말을 한다.

삼신三神은 명命을 주고, 천부天符는 인印이고, 지부地符는 명당明堂이고, 인부人符는 성현聖賢이고, 칠성七星은 복福을 내리고, 고시레는 곡식穀食의 신神이고, 천하의 중심산中心山은 삼신산三神山이고, 천하天下의 기둥은 신단수神檀樹고, 천하天下의 본향本鄕은 삼신산三神山의 천궁天宮이고, 땅의 배꼽에서 혼백魂魄을 기르고, 땅의 자궁子宮에서 사람의 몸이 나오고, 땅의 정수리에서 하늘의 기氣가 깃든다. 푸리는 영혼靈魂을 자유롭게 하고, 씻김은 업장業障을 막고, 타령打靈은 영혼靈魂을 두들겨 일깨우고, 액막이는 액厄을 막고, 우보禹步는 무보巫步고, 쾌자快子는 전복戰服이고, 헤침은 드러나고, 넋전은 노잣돈이고, 금줄은 병액病厄을 막고, 주저리는 신神에게 고하고, 조산祖山은 산신山神을 계통이고, 배송拜送은 즐거이 떠나보내고, 폐백幣帛은 부귀다손富貴多孫을 바라고, 전물奠物은 공물供物이고, 희생은 제물祭物이고, 덕담德談은 복덕福德을 빌고, 탈남은 역신疫神을 받고, 계면은 걸립乞粒이고, 본本은 뿌리고, 군웅

---

12) 걸립乞粒: 사위삼당四位三堂, 가망, 당산당산堂山, 서낭, 용궁龍宮, 사신使臣, 매당왕신, 아기, 세자世子, 본향本鄕, 부군府君, 지신地神, 시주施主, 양위兩位몸주, 횡수橫數, 영산靈山, 귀책鬼責, 상문喪門, 동법動法.

13) 업장業障: 책무責務, 명극名極, 이산利散, 공완工頑, 교회敎禍, 치액治厄, 차서次序, 단요短夭, 작란作亂, 희재希災, 업난業難, 수명壽命.

軍雄은 수호신守護神이고, 화랭이는 굿거리의 악사樂士고, 명도明圖
는 아기씨고, 영산靈山은 산의 묘墓고, 고사告祀는 신神에게 알림이
고, 터주는 집터 신에게 빌고, 쥬신은 조선朝鮮이고, 포함은 신神의
첫소리고, 도령道令은 내려오고, 황천荒天은 저승이고, 궁가는 두렵
고, 동티는 자리가 탈나고, 칠성판七星板은 죽은 자者의 길잡이고,
노잣돈은 등짐이고, 새남賽南은 조령초혼祖靈招魂이고, 가망은 허
주虛柱고, 말미는 기도祈禱고, 가락은 신가神歌의 장단長短이고, 부
정不淨치기는 삿된 것을 없애고, 몸주는 신神이 주인신主人神이 되
고, 주당周堂물림은 생기복덕生氣福德이고, 공물供物은 신탁神託이
고, 살풀이는 살煞을 풀고, 오방五方돌기는 오방신五方神에게 고하
고, 검불 뛰기는 재액災厄을 털어 낸다.

　무술巫術은 방대하고, 복잡하여 능히 감당하지 못하니, 거짓으
로 무자巫者를 흉내 내기는 어렵고, 무경巫經을 수천 번을 읽고, 무
가巫歌를 구성지게 부르고, 부작符作으로 축사逐邪하고, 간지干支에
능통해도 천박한 지식으로는 알 수 없고, 선택되지 않고서는 알 수
없다. 삶과 죽음을 넘나들며 원인모를 무병巫病에 시달리다가 성
대한 무巫의 세습을 고하고, 천상天上의 언어를 사용한 뒤에야 비
로소 무巫가 된다. 무병巫病은 원인도 모르고, 대신 앓아 줄 수도
없고, 병세病勢를 추측하기가 어렵고, 죽었다가 깨어나기도 하고,
하는 일마다 되는 것이 없고, 고행으로도 얻기가 어렵고, 오로지
고통 속에 환골換骨해야만 단골檀骨이 생겨난다.

　삼신성제三神聖帝의 복福을 받아 사칠성수四七聖宿의 명命을 받
고, 가망의 신명神明을 받아 가난하고, 병자病者의 치유를 발원發願
하니, 급할 때 찾는다 하여 괄시하지 말고, 삼신자손三神子孫이 음
일淫佚하게 부화浮禍하게 하지 말고, 불쌍한 자者들의 손에 든 것을
보지 말고, 정성의 보따리를 풀어주고, 배고픈 자者에게 밥을 주고,

곤고困苦하면 잠을 재워주고, 빈한貧寒한 자者에게 재물을 쥐어주고, 돌아가면 다리를 놔주고, 길을 잃으면 가리키고, 계시啓示로 거만倨慢하지 않고, 열두 가지 삼가야 할 것[14]을 마땅하게 여겨야 한다.

신시神市의 교풍敎風이 천지天地에 가득해지자 수만 리 밖에서 이를 배우려 찾아왔다가 퍼져 나갔다. 사람이 태어남이 삼신三神에 기원祈願하고, 점지 받아 명命을 받고서 탯줄로써 태어나 세살에 령令을 받고, 열 살까지 보호받고, 선후천先後天 또한 삼신三神이 맡은 것이니, 죽음에 이를 때까지 명命에서 벗어나지 말고, 행한 것으로 자랑삼지 않는다. 영대靈臺가 크게 열려 신神을 모시는 것은 정성에 있지 교세敎勢에 있는 것은 아니다. 십이신폐十二信弊[15]로서 믿게 하면 폐해弊害가 크고, 신神을 모시는 마음이 고금古今에 다르고, 모시는 신神이 다르다 하여도 믿음의 심천深淺은 믿는 자者의 몫이 된다. 옛날에 비해 무술巫術이 순서가 다르고, 가망이 다르고, 공수空手가 다르고, 호국신護國神이든, 수호신守護神이든 터주신이든, 조상신祖上神이든 나를 지키고, 가정을 지키고, 마을을 지키고, 나라를 지키는 데에는 신神도 다른 마음이 없으니, 고금의 신神을 믿는데 정성의 차이가 있지 크기에 있는 것이 아니다.

---

14) 열두 가지 삼가야 할 것: 신神을 무조건 경외敬畏하는 것, 요사한 말로 현혹眩惑하는 것, 두려움으로 겁을 주어 믿게 하는 것, 믿는 자者들에게 경쟁하게 하여 재물을 거두는 것, 진심이 아닌 종전宗典으로 신神의 이름을 파는 것, 재산과 금품을 축나게 하여 파산破産케 하는 것, 화액禍厄을 핑계 삼아 덮어씌우는 것, 신神이 다르다 하여 배척하는 것, 신神의 이름을 희미하게 하는 것, 신神의 명命을 팔아 이적異蹟을 행하는 것, 종전宗全으로 만사를 희롱하는 것, 작은 신神으로 큰 신神을 능멸凌蔑하는 것, 순간 들린 신神으로 만신萬神을 부리려고 질시하는 것, 천부天符를 얻었다고 만물을 움직이는 것.

15) 십이신폐十二信弊: 모시는 신神이 다르다 하여 우열優劣을 다투는 것, 경전經典이 복잡다단하여 신神이 고급하다고 우기는 것, 큰 공물供物을 바쳐 신神이 응하리라 여기는 것, 믿음으로써 무리를 짓는 것, 같은 신神을 믿지 않는다고 배격하는 것, 스스로 착한 것이라고만 하는 것, 신神이 다르다고 반목反目하는 것, 신神의 축복을 받기 위해 이욕利慾으로 이목耳目을 가리는 것, 내가 믿는 바로 믿지 않음을 질타하는 것, 종사宗師들이 서로 패를 갈라 믿음의 크기만을 재는 것, 잡귀의 장난이라 가벼이 여기는 것, 신神의 이름을 팔아 교세敎勢로 삼는 것.

풍속風俗이 오래되면 반드시 피폐疲弊해지고, 종전宗全이 오래 되면 반드시 경국傾國시킨다. 좌도左道와 좌방左坊이라 비방하면서도 스스로의 허물은 벗질 못하고, 경전經典은 그럴듯하나 실천은 되지 못한다. 무巫는 미신迷信과 무함誣陷의 터울을 쓰고 있어도 단지 영靈을 받고, 초혼招魂하기에 무리를 짓는 것이 어렵고, 접신接神하기에 통해야만 만나게 되고, 세습世襲을 통해야만 가능하고, 선택되어야 하기에 길을 걷게 되고, 보이지 않는 곳이기에 여행하고, 삼계三界를 넘나들기에 경험하고, 강신降神하기에 참언讖言을 한다.

뭇 종전宗全의 원형이면서도 격식과 경전經典을 내세워 자랑스레 떠들지 않는다. 음사淫祀라 하면서 불결해 하고, 요사妖邪스럽게 여기면서도 뒷문으로 들어가고, 무지한 무리라 여기면서도 춤을 추고, 혼魂을 드러낸다하면서도 귀신鬼神을 부르고, 업장業障을 밝히지 못하면서 기도와 정성이 부족하다 하고, 신이神異의 뜻이 없는데도 재물이 부족하다 여기고, 방자放恣하면서도 간사奸邪를 따지고, 다복多福하면서도 액厄을 면하고자 하고, 다재多財하면서도 늘리려고만 하고, 욕심을 채우기 위해 바람만을 탐하고, 기도에만 열중하면서 복록福祿만을 구하게 되니, 많이 바치면 많이 모여들고, 덩어리가 크면 꼬이는 것이 많아지고, 맛있으면 들끓는다.

헌체獻替한 자者가 복福을 빌어도 탕탕蕩蕩한 하늘은 마땅히 돌아가는 것 외에는 따로 주지 않는다. 신神의 경계境界에 서 있다고 신인神人이 되지 않고, 신神을 대리한다고 신화神化가 되지 않고, 알에서 깨어났다고 신성神聖하다고 하지 못하고, 무상위無上位에 올랐다고 백성을 위한다 할 수는 없고, 신神을 경외敬畏만한다고 목마름을 채울 수는 없고, 신神에게 영육靈肉을 내놓는다고 받아주지 않고, 신상神像을 세운다고 신성神性에 가까워지지 않고, 이마에서 피가 나도록 머리를 조아린다고 복福은 온전하지 않고, 영생

永生 하려고 헌상獻上해도 명命을 넘지 못하고, 예견豫見한다고 명命을 넘지 못하고, 참언讖言한다고 운運을 거스를 수 없고, 귀에 솔깃한 언사言辭로 찬양한다고 신神은 때때로 내리지 않는다.

신神을 부르고, 신神이 내리는데 기교奇巧에만 있겠고, 산과 들을 뛰어 다니고도 옛 일을 밝힐 수가 있겠고, 죽은 뒤에 무고誣辜의 원怨을 푸는 바가 모두 사람의 힘이라 하겠는가! 예언豫言이라고 알 수 없는 말을 읊조려도 신의神意라 할 수 없고, 정신병으로 치부하여 신神의 불깃이라 할 수 없고, 환청幻聽이나 환시幻視가 격렬한 정성이라 할 수 없고, 육체肉體의 요동으로 죽음을 경험이라 할 수 없겠고, 구현九顯[16]을 초월하여 대작裁酌한다 할 수 없겠고, 눈으로 보이지 않는다 하여 신계神界에 다가선다 할 수 없겠고, 신어神語를 사용한고 다다랐다 할 수 없다. 신골神骨이 되어 몸이 부서지고, 피가 끓고, 살이 찢어지는 고통에서도 묵묵히 제 갈 길을 가야만 답을 받을 수가 있다.

혼백魂魄이 빈틈이 생겨나면 귀鬼가 몸에 침입하여 허虛해지고, 병약病弱하면 이겨내기가 어렵고, 명命을 따라 몰려든다. 실實에 따르면 혼魂이고, 허虛를 따르면 백魄이고, 허虛를 따르면 정情이 생기고, 실實을 따르면 혼魂이 되며 허실虛實에 의해 영靈이 생기니, 정성을 다한 뒤에야 신명神明이 생긴다. 나무가 오래되면 신주神主가 되고, 마을이 오래 되면 수호신이 보호하고, 물物이 오래 되면 물신物神이 생기고, 살 수 없는 곳에 살면 재액災厄을 면하기 어렵다. 사악邪惡한 자者는 죽어서도 마魔가 되고, 간흉姦凶은 살아서도 괴怪가 되니, 죄가 크면 골육骨肉에 넘나들고, 벌은 삼대三代에 걸쳐 넘나든다.

---

16) 구현九顯: 산, 굴, 나무, 새, 바위, 강, 바다, 불, 우물.

무巫가 인간계人間界와 신계神界를 연결하고, 신神이 처음 사람을 인도하는 바는 진실한 터전을 열고, 천신天神은 인간사에 간섭하지 않고, 지신地神은 천신天神이 하는 일에 관여하지 않으니, 천지신天地神은 천지天地의 일에만 치우치지 않게 하고, 사람은 천지天地의 신神이 하는 일에 참여하지 못한다. 땅이 크면 큰 신神이 살고, 바닥 깊으면 큰 용龍이 살고, 산이 깊으면 대선大仙이 살고, 나무가 크면 대령大靈이 깃들고, 사람이 오래되면 신神이 가까워지고, 물건도 오래되면 귀鬼가 살고, 동물도 오래되면 사람의 행동을 하고, 무巫가 오래 되면 대무大巫가 되고, 무병巫病이 깊을수록 큰 무巫가 되고, 고난이 없으면 큰 무격巫覡이 안 되고, 고통이 없으면 공수空手도 없게 된다. 사람을 처음 치유한 것도 무巫고, 사람을 죽음으로 인도하는 것도 무巫고, 처음 사람을 위해 노래 한 것도 무巫고, 처음 신神을 위해 춤을 춘 것도 무巫고, 처음 무巫가 나타나자 세상의 귀신들이 무巫를 통해 입을 열었고, 무巫가 공수空手하자 신탁神託이 되었다. 그래서 단골檀骨이 단단하려면 큰 병을 이겨내야 하고, 무업巫業을 피하면 다른 고통을 견뎌내야 하고, 무병巫病은 무신巫神을 섬겨야 하고, 신명神命을 지키려면 신골神骨이 돼야 하고, 무직巫職이 가까이 오면 탈태脫胎해야 한다.

무巫는 만신萬神[17]으로 대본大本삼고, 오방신장五方神將[18]으로 오위五衛하고, 무巫의 오행五行[19]으로 순환하고, 굿의 종種[20]으로

---

17) 만신萬神: 천신天神, 지신地神, 산신山神, 수신水神, 용왕신龍王神, 화신火神, 업신業神, 목신木神, 칠성신七星神, 토신土神, 조신竈神, 풍신風神, 명신命神, 친족신親族神, 사신死神.

18) 오방신장五方神將: 백白 칠성七星, 적赤 장군將軍과 행幸, 녹綠 신장神將, 황黃 조상祖上, 청青 대감大監과 액厄을 관장한다.

19) 무巫의 오행五行: 불은 무巫의 날개, 물은 무巫의 가슴, 나무는 무巫의 발, 흙은 무巫의 발, 쇠는 무巫의 손.

20) 굿의 종種: 나라, 신령기자神靈祈子, 천신薦神, 진오귀, 펑진오귀, 용신龍神, 우환憂患, 재수財數, 진오귀, 당, 별신, 성조成造, 군웅群雄, 산신山神, 터주, 손님, 천왕天王, 용왕龍王, 문門, 부정, 일월 맞이, 청좌請座, 당맞이, 조상청좌祖上請坐, 심청, 화래, 논우동, 대거리,

삼고, 기소祈所[21])로서 천지의 기운을 살핀다. 북두칠군北斗七君[22])으로 천운天運삼고, 팔기문八奇門[23])으로 지운地運하고, 구요성九曜星[24])으로 인운人運을 삼는다. 무술巫術은 최고最古의 술법術法[25])으로 열두거리[26])를 무행巫行[27])의 본本이고, 무법巫法[28])으로 신의神意[29])를 기리고, 무술巫術[30])로 십이대신十二大臣[31])과 열두 대감大監[32])을 본本

걸립乞粒, 산신山神, 지신地神, 장군將軍, 말명末明, 마마배송媽媽拜送, 토신土神, 나라신, 주당물림, 본향바래기, 퇴송대거리, 시왕, 일월日月, 수비, 발원發願, 망자亡者, 도당禱堂, 재수, 상산부군常山府君, 거리, 계면, 꽃맞이, 잎 마지, 단풍 마지, 회회, 세존世尊, 천왕天王, 가망, 대신, 조상祖上, 부인夫人, 황제皇帝, 안택, 호탈, 오방신장五方神將, 신 받이, 오귀, 시준, 뱃놀이, 절명, 중, 용왕, 바리떼기, 안, 밖, 경사, 지방地方, 마을, 개인個人, 가택家宅, 구진오귀.

21) 기소祈所: 신수神樹, 신목神木, 신구神龜, 성수聖樹, 서낭, 산신山神나무, 부군나무府君나무, 당나무, 본향本鄕나무, 산신山神나무, 용알터, 서낭당, 알터, 신주神主, 상像, 북두칠성北斗七星, 터주, 조상신주祖上神柱, 부모신주父母神柱, 칠성각七星閣, 산신각山神閣, 남녀근석男女根石, 나무, 돌, 산, 신단神壇.

22) 북두칠군北斗七君: 탐랑貪狼, 거문巨文, 무곡武曲, 녹존祿存, 염정廉貞, 문곡文曲, 파군破軍.

23) 팔기문八奇門: 일상생기一上生氣, 이중천의二中天宜, 삼하절체三下絶體, 사중유혼四中遊魂, 오상화해五上禍害, 육중복덕六中福德, 질하절명七下絶命, 팔중본궁八中本宮.

24) 구요성九曜星: 일日, 월月, 수水, 화火, 목木, 금金, 토土, 계도計都, 나후성羅睺星.

25) 무술巫術의 술법術法: 점복占卜, 기우祈雨, 구역驅疫, 사신祀神, 제사祭祀, 가무歌舞, 저주詛呪, 부술符術, 초혼招魂, 빙의憑依, 영매靈媒.

26) 열두거리: 주당물림, 부정不淨, 진작, 가망, 산마누라, 별성別星, 대감大監, 제석帝釋, 천왕天王, 호구戶口, 군웅軍雄, 창부倡夫, 말명, 뒷전.

27) 무행巫行: 제화除禍, 명벌冥罰, 치성致誠, 반성返誠, 약물藥物, 부주符呪, 부적符籍, 부정不淨. 액막이, 가망, 방퇴防退, 반혼返魂, 합력合力, 주저呪詛, 염승厭勝, 혐기嫌忌.

28) 무법巫法: 허실虛實, 금기禁忌, 경압驚壓, 구타毆打, 화기火氣, 공물貢物, 순응順應, 곡마악석穀磨藥石, 차력借力, 반혼返魂, 초혼招魂, 차단遮斷, 십간十干, 십이지十二支, 오행五行, 방혼方魂, 축귀逐鬼, 접촉接觸, 광명光明, 봉박封縛, 회피回避, 교차交叉, 매매賣買, 귀소鬼甦, 귀태鬼胎, 귀빙鬼憑, 귀몽歸夢, 귀교鬼交, 귀려鬼勵, 제웅除雄, 벽사辟邪.

29) 신의神意: 복서卜筮, 징험徵驗, 치성致誠, 오감五感, 빙의憑依, 방혼訪魂.

30) 무술巫術: 초혼招魂, 강신降神, 빙의憑依, 의술醫術, 방술方術, 공창空唱, 새신賽神, 복서卜筮, 신탁神託, 치병治病, 의주誼呪, 부주符呪, 세습世襲, 척미擲米, 척전擲錢, 교육敎育.

31) 십이대신十二大臣: 박사博士, 호귀胡鬼, 천하天下, 지하地下, 벽력霹靂, 천룡天隆, 창부倡夫, 군웅軍雄, 장군將軍, 별성別星, 명도明圖, 작도斫刀.

32) 열두 대감大監: 무고巫蠱, 제령除靈, 전내殿內, 터주, 수문守門, 부군府君, 군주君主, 걸립乞粒, 업왕業王, 용궁龍宮, 호구戶口, 성주城主, 별성別星, 벽력霹靂.

으로 삼고, 칠명七命은 칠성七星[33]을 본本으로 삼는다.

신단수神檀樹에 머리 숙여 삼신산三神山 맑은 물에 미련과 집착執着을 씻어내고, 사방나비[34]를 불러 모아 머리 숙여 기도하여 칠성당七星堂 성신聖神 덕德에 피를 맑게 하고, 삼족오三足烏에 신의神意를 실어 내고, 사람이 살고 죽는 바는 삼신三神께서 하는 일이니, 사람으로서는 알 수 없다. 무가巫歌에 이르기를, '두고가라! 두고가라! 가져가면 아리령 넘기 어렵다'라고 하는 것은 집착하면 욕심慾心이 생기고, 아쉬워하면 강을 건너기가 어려우니, 모두 씻어버리고, 저 멀리 갈 적에 슬퍼 할 자者가 많으면 끊지 못하리니, 무엇이 아깝고, 무슨 죄를 짓고, 굴레를 뒤집어썼는지는 알지 못하다가 헤어 나오지 못하니, 일월성신日月星辰에게 묻고, 신神의 지혜를 들으며, 전물奠物로써 보답하고, 어리석은 자者를 힘써 계도한다.

무릇 무자巫者는 불사약不死藥을 찾는 자者보다는 낫고, 금궐金闕과 진수眞髓를 갖은 자者들보다는 낫고, 헛된 경문經文에만 빠져 스스로 옭아드는 자者보다는 낫고, 신의神意에만 매달려 굴레를 벗지 못하는 자者보다는 낫고, 오랫동안 가탁假託하여 종사宗師가 되는 것보다는 낫고, 저주咀呪를 받아 악귀惡鬼가 되는 것보다 낫다. 사람이 죽어 귀신鬼神이 되는데 일곱 죽음[35]이 있으니, 옷이 철릭이 될 수는 없고, 모자帽子가 고깔이 될 수는 없고, 창創이 삼지창三指創이 될 수 없고, 겉옷이 날개옷이 될 수는 없다. 교敎가 오래되면 상서祥瑞가 사라진다 해도 일정한 하나의 도道는 사라지지 않으니,

---

33) 칠성七星: 용원, 광청, 마방, 사령, 기생, 파원, 궁가.

34) 사방나비: 청산靑山의 푸른 나비, 남산南山의 붉은 나비, 북산北山의 검은 나비, 서산西山의 흰나비.

35) 일곱 죽음: 다음 생生으로 돌아오지 않는 것, 끝없이 이어졌다가 흩어지는 것, 환속還俗하지 않는 것, 미물微物로 삶이 이어지는 것, 선업善業으로 덕德을 쌓는 것, 혼백魂魄이 흩어져 남는 것이 없는 것, 살아서 진 죄罪를 씻어 내어 새 삶을 얻는 것.

경거망동하지 말고, 음란하지 말고, 사치하지 말고, 근면하고, 검약하면 반드시 상서祥瑞롭게 된다.

신교神敎의 유래가 멀고, 단제檀帝의 옛 법이 희미해져 난무亂巫와 가무假巫가 스스로 얼굴을 숨기고, 잡술雜術로 어쭙잖은 일을 벌려 서로 색色을 드러내고, 사주沙朱로 부적符籍을 그려 우롱하고, 술법術法의 복전福錢에만 눈독들이고, 잡가雜家들의 속술俗術만 취하고, 붙좇다가 불리不利해지면 탓하고, 요망妖妄한 풍속風俗을 끊질 않고, 음탕淫蕩하면서도 부끄러운 줄을 모르고, 이것으로 나라를 망치는 빌미가 제 탓인 줄 모른다. 스스로 썩는 바를 알지 못하는 말류末流가 되자 만물에서의 신神을 탓하여 귀책鬼責이라 하고, 미련을 버리지 못해 난잡신亂雜神이 들고, 집착을 버리지 못해 사당祠堂과 성소聖所를 더럽히고, 귀신鬼神의 빌미가 아닌데도 모두 굿에 의존하고, 어느 곳에도 신神이 없다 하고, 귀신을 빌미를 삼는다.

신神의 세계世界를 오르내리는 것을 깔보면서 사폐속四弊俗[36]의 탓으로 씌우고, 믿는 신神에게는 해답을 듣지 못하면서 요망한 빌미라 여기고, 산으로 들어가 뒷문을 열고, 무격巫覡에 묻고자 뒷문을 두드리고, 현명한 척하면서도 복술卜術에 묻는다. 무풍巫風을 좌도左道라 하고, 외방外坊이라 멸시하고, 야제野祭와 음사淫祀라 하면서도 불안해하며, 명리名利에 따라 옮기고, 화액禍厄으로 기울면 급히 찾는다. 망국亡國의 병폐病弊는 풍습風習에 있는 것이 아니라 나라를 이끄는 자者들에 있고, 미리 방비하지 못하면서 국풍國風을 탓하고, 한 번 기울어지게 하고도 민습民習을 탓하고, 나서서 일으켜 세우지 못하면서 민풍民風을 탓한다.

---

36) 사폐속四弊俗: 무고巫蠱, 음사淫祀, 폐풍弊風, 선무당.

삼한三韓의 사람은 산에 의지하고 살아가야 하고, 성인聖人은 산에서 나오고, 사람도 죽으면 산으로 돌아가 신神을 대리하고, 신神의 뜻을 바르게 실천하여 선택된 자者들이 많고, 삼신三神의 후손으로 주신主神삼아 한데 뭉쳐 가무歌舞를 즐기는 풍속風俗과 널리 이롭게 하는 것으로 본本을 삼는다. 삼계三界가 있음을 알리는 것도 무巫고, 원한을 풀게 하는 것도 무巫고, 바른 길을 가도록 하는 것도 무巫고, 신神의 뜻을 알리는 것도 무巫고, 조상祖上의 은덕을 잊지 않게 하는 것도 무巫다. 반본회일返本回一로써 근본으로 돌아가 사람에게 길을 일러 따르게 하고, 하나를 말하여 벗어나지 않게 하고, 바른 것으로 거스르지 않게 하여 명리名利와 격식이 달라도 올바른 종전宗全의 뜻으로 옳은 것으로 돌아간다.

무가巫家에 만신萬神이라고 하는 말이 있다. 길 가의 작은 돌에도 사람의 몸에도 천상天上에도 지하地下에도 낳아 기르고, 관장하는 신이 있다. 그러니 미물일지라도 함부로 살생殺生을 하지 말고, 작은 죄라도 범하지 말고, 보이지 않는다 하여 스스로 속이지 말아야 한다. 내 심신心身은 삼신三神이 준 것이니, 내 몸과 마음의 신神을 함부로 대하지 말고, 씻지 못할 것을 물에 흘려보내지 말고, 사악肆惡한 것을 불에 태우지 말고, 겸허히 하여 방자하게 키우지 말고, 바른 것을 자르지 말고, 더러운 것과 바르지 못한 것을 가두지 말고, 신神을 욕하면서 부정하지 말고, 또한 나무나 풀에도 신명神命이 있으니 함부로 베거나 꺾지 말고, 가축家畜도 신神의 속물俗物이니, 함부로 때리거나 학대하지 말고, 비록 미물이라도 명命을 다하도록 해야 한다.

무자巫者는 점무부占巫符로 무행巫行하고, 점占으로써 점사占辭내고, 무巫³⁷⁾로 무습巫習내고, 무부巫符³⁸⁾로 잠부潛符내고, 종전宗全을
계파系派³⁹⁾삼아 신神을 봉양하는 전통⁴⁰⁾으로 삼는다. 신神은 무巫에
잇고, 무巫는 선仙에 잇고, 선仙은 도道에 잇고, 도道는 기氣에 잇는
다. 점占은 무巫의 예단豫斷과 징험徵驗이고, 부符는 천상天上의 화
문畵紋이고, 삼부三符는 적籍이 되고, 무악巫樂은 천율天律이고, 무
구巫具는 신神의 도구道具다. 무행巫行은 제례祭禮의 원형原形이고,
천도遷度의 길잡이고, 풍수風水의 디딤돌이고, 점복占卜의 예단豫端
이고, 제웅除雄의 금기禁忌고, 주술呪術의 벼리고, 또한 자연숭배自
然崇拜의 만신萬神이고, 부락신앙部落信仰의 위호衛護고, 무속의술
巫俗醫術의 본본本本이고, 저급제의低級祭儀의 기둥이고, 동신제洞神祭의
제주祭主다.

무격巫覡의 제의祭儀⁴¹⁾는 큰 바탕인데도 사사로이 속된 것으로
만 치부하는 것은 동향東向의 그릇된 속성이다. 외래의 종전宗全들
이 종단宗團을 만들면서 세력을 위하여 뭉치고 난 뒤, 오히려 무격
巫覡을 잡가雜家라 하면서도 알지 못하는 사이에 삼신三神의 종전宗
全을 배운다. 신통神統을 세우고, 주술呪術을 행하고, 음사淫事를 꾀
하고, 혹세무민惑世誣民하고, 신神을 궤함詭陷하고, 뭇 무리를 바른
길로 인도하지 못하면서 신神에게 아첨하라 한다.

---

37) 무巫: 초혼무招魂巫, 강신무降神巫, 치유무治癒巫, 신탁무神託巫, 예언무豫言巫, 공수무空手巫,
   공창무空唱巫, 제액무除厄巫, 제석무帝釋巫.

38) 무부巫符: 장군부將軍符, 태세부太歲符, 성조부城造符, 인왕부因王符, 동토부動土符, 목신부木神符
   符, 석신부石神符, 삼재부三災符, 팔난부八難符, 안택부安宅符.

39) 계파系派: 신선파神仙派, 무공파武功派, 기공파氣功派, 부주파符呪派, 현전파玄田派, 적선파積善
   派, 점험파占驗派.

40) 신神을 봉양하는 전통: 삼신풍三神風, 무풍巫風, 선풍仙風, 도풍道風, 불풍佛風, 경전經典, 오
   의奧義.

41) 무격巫覡의 제의祭儀: 산천제山川祭, 기우제祈雨祭, 조령제祖靈祭, 신주제神主祭, 토주제土主祭,
   업신제業神祭, 문신제門神祭, 노전제路奠祭, 안택제安宅祭, 인줄제, 삼우제三虞祭, 조왕제竈王
   祭, 사령제死靈祭, 답신제踏神祭, 동신제洞神祭, 용왕제龍王祭.

옛날부터 신책神責으로 억울한 죽음[42]이 많았으니, 무巫를 통해 남녀자손男女子孫 명命을 빌고, 정성으로 복福을 빌고, 오는 길에 복福을 주고, 가는 길에 명命을 달라고 하고, 십액十厄[43]과 삼흉三凶[44]와 칠앙七殃[45]에서 벗어나게 비는 일 이 잦았다. 천신天神을 모시는 무자巫者는 아홉 거리를 바탕으로 삼고, 지신地神을 기본으로 하는 무巫는 열두거리로 하고, 인신人神을 모시는 무자巫者는 수가 정해지지 않는다. 무자巫者의 삼신축원三神祝願에 '이 세상에 나온 것이 누구 덕德에 나왔는가! 아버님께 뼈를 어머님께 살을 타서 삼신三神께서 복福을 주고, 칠성七星께서 명命을 받아 세상에 나왔다' 고 하였으니, 구의九宜[46]하여 춤 잘 추고, 비단같이 고운 얼굴 때때로 변해가는 자태가 비할 바가 없다. 무巫의 삼장三狀[47]으로 부정不淨[48]

---

42) 억울한 죽음: 전쟁터에서 알 수 없는 죽음을 당하는 것, 치료治療를 제대로 받지 못하고, 죽는 것, 무고誣辜의 죄를 뒤집어쓰고 억울하게 죽는 것, 재물에 한恨을 두고 죽음을 당하는 것, 적당한 후사後嗣없이 죽임을 당하는 것, 위급함에 닥쳐서 스스로 죽는 것, 원한에 의해 살해당하는 것, 오행귀책五行鬼責으로 죽는 것, 때와 곳을 오르고 죽는 것, 액화厄禍가 끝을 모르고 죽는 것, 죽는 까닭도 모르고 죽는 것, 아이를 등에 업고 죽음을 당하는 것, 변사變死로 연고緣故를 알 수 없이 죽는 것.

43) 십액十厄: 다탁불청多濁不淸, 비광불명非光不明, 무환불기无環不氣, 혼산불충混散不充, 비익불비非翼不飛, 소광불열少光不烈, 미근불식未勤不植, 미력불기微力不起, 난항불류難向不流, 미지불명未智不命.

44) 삼흉三凶: 미명未命, 무수無壽, 비직非職.

45) 칠앙七殃: 단요短夭, 질병疾病, 흉악凶惡, 다우多憂, 극석極析, 열간烈奸, 빈약貧弱.

46) 구의九宜: 신도神道를 싫어한다고 미워하지 말 것, 피한다 하여 미워하지 않는 것, 손가락질 한다 해도 험담하지 않는 것, 귀鬼가 들어 비웃어도 화내지 않는 것, 웃음거리가 되도 죄과罪過를 불쌍히 여길 것, 단골櫝骨이 귀신鬼神의 놀음이라 하여도 그 영혼을 불쌍히 여기는 것, 단병櫝病에 걸려도 무섭다고 피하지 않는 것, 정신의 길을 잃어도 미래를 위해 기도해 줄 것, 놀림감으로 점占을 치러와도 그 혼백魂魄을 불쌍히 여겨 내치지 않는 것, 급해서 찾아와도 내좇지 않는 것.

47) 삼장三狀: 천신天神,지신地神,인신人神, 검檢,경鏡,령鈴, 공수空手,축원祝願, 본해本解, 혈血,육肉, 골골骨, 우사雨師,운사,雲師,풍백風伯, 성性:명命,정精, 정精,기氣,신神, 조부祖父,조모祖母,부모父母, 귀鬼,영靈,신神, 혼魂,정精,백魄, 청신請神,오신娛神,송신送神, 재복財福,수복壽福,안녕安寧, 골육骨肉,혈정血精,정신精神, 신복神服,신구神具,신가神歌, 신목神木,신당神堂,신천神泉, 신암神巖,신수神樹,신천神泉, 골골,육肉,령靈, 밥,죽,찬, 신봉神峯,신지神池,신소神所, 활,화살,과녁, 포태胞胎,출산出産,양육養育, 부정,가망,진작, 풍風,운雲,우雨, 천제당天帝堂,산신당山神堂,서낭당.

48) 부정: 상문喪門, 우마牛馬, 물, 불, 재난災難, 두엄, 미살微殺, 나비, 존물尊物, 가망, 오방五方, 오색五色, 오미五味.

을 없애고, 호구戶口49)로써 집집마다 섬기는 바가 있고, 가망50)으로 청배請拜51)하여 상문喪門52)에서 영산靈山53)에게 풀이54)한다. 죄를 지어 무병巫病을 앓는 바가 아니라 단골檀骨이 되는 것은 하늘이 선택한 것이고, 단혈檀血이 되는 바는 골업骨業으로 변하게 한다.

만물의 도道가 극極 달하면 폐해弊害가 생기게 된다. 예禮를 갖추고, 순서에 의해 신神을 부르는 바는 매 한가지인데, 신神의 이름을 팔고, 사직社稷을 재화로 환산하는 바는 예나 지금이나 다른 바가 없다. 도道를 궁구窮究하여 산에 들어가 수련하고, 술법術法을 숙련熟練하고, 심신心身을 단련鍛鍊하고, 고통을 내성耐性삼고, 경전經典을 보며 타두打頭하고, 종사宗師에 가탁假託하고, 이적異積의 술법術法만을 닦고, 도원道願55)의 명리名利만을 구하여 길흉화복吉凶禍福을 다투고, 공창空唱을 찾아 떠돌고, 귀신鬼神의 상상像으로 앞 다투고, 업장業障을 핑계 삼고, 귀신鬼神을 흉내 내고, 귀책鬼責으로 신神을 모독하고, 복福만을 기다리면서 사邪를 불러오고, 신神에게 아첨阿諂하기도 하고, 요사한 말을 그치지 않고, 허탄虛誕으로 신神을 의심스럽게 한다. 그러나 원죄原罪가 무격巫覡에 있는 것이 아니요,

---

49) 호구戶口: 상산上山, 말명末明, 본향本鄕, 성본姓本, 조상祖上, 각씨閣氏, 말명末明, 명도明圖, 상산上山, 부군부군府君, 아기, 산아가씨, 대전大殿, 세자世子, 도당都堂, 업위業位, 터주, 조왕竈王, 주신主神, 가신家神, 내당內堂, 용신龍神, 일월日月, 사신使臣, 시녀侍女, 불사佛事, 살릉殺隆.

50) 가망: 초가당, 이가망, 신주神酒, 전물奠物, 명도대신明圖大神, 사위삼당四位三堂, 대신大臣, 제당諸堂, 용궁龍宮, 선왕仙王, 부군府君, 불사佛事, 매당, 옹주翁主, 사직종묘社稷宗廟, 가주家主, 업위業位, 신위神位, 도액度厄.

51) 청배請拜: 가망, 제석帝釋, 호귀, 말명末明, 군웅群雄, 대감大監, 창부倡夫.

52) 상문喪門: 남男, 여女, 행랑行廊, 대곡大哭, 발發, 왕래往來, 부의賻儀, 부고訃告, 뜰, 청년靑年, 처녀處女, 아기.

53) 영산靈山: 신위神位, 산수山水, 수살水殺, 객사客死, 하탈下頉, 부리, 미명未命, 전몰戰歿, 압사壓死, 처형處刑, 군형軍刑, 이방인異邦人.

54) 풀이: 초공, 이공, 삼공, 명두, 서천꽃, 오리정五里程, 체사逮使, 칠성七星, 문장門將.

55) 도원道遠: 전쟁터, 화장터, 시장市場, 병원病院, 학교學校, 절, 굴, 산, 사寺, 원院, 물가.

무함誣陷은 무속巫俗에 있는 것이 아니요, 신神은 세력에 있는 것이 아니요, 탓하는 것은 남이 아니요, 굴레를 벗지 못하는 것은 무巫에 있는 것이 아니다.

한웅桓雄과 왕검王儉의 자손이면서도 제 것을 버리고, 남의 것만을 흠모欽慕하여 섬기는 춤을 추고, 복福을 빌어 기도하고, 신神을 핑계 삼아 내통內通하여 급급級[56]으로 나누고, 신神의 우월優越을 따지고, 세勢로 급급級을 논하고, 사대事大에 따라 명리名利로 돌아가니, 고귀한 옛 것을 젖혀두고, 되돌아온 것만을 붙좇아 그리워한다. 제 것은 지키지 못하면서 어찌 남의 것을 가져다가 제 것처럼 하겠으며, 삼체三體 속에 있는 편의로만 신神의 보답을 바랄 수만은 없으니, 절체절명絶體絶命의 순간에는 부모를 찾고, 나라에도 어려운 때가 오면 반드시 본원本源인 삼신三神을 찾는다. 오직 어렵더라도 옛 것을 잘 지키는 자者들이야 말로 후세에 빛이 있을진저!

---

56) 급급級: 급급級, 단段, 계階.

多勿興邦歌

지나간 것은 물처럼 흐르고,

뒤에 오는 것은 위가 되니,

법法은 낳는 것도 없고, 사라질 것도 없고,

위로는 귀貴한 것도 없고,

아래로는 천한 것도 없어

사람 속의 천지天地 또한 하나일 뿐, 마음 또한 신神과 더불어

하나의 근본에 닿아 하나이기에

차고 빈 것도 근본에 닿으면 신神이라 하는 것이니,

사물과 다른 것이다.

참된 것은 모든 착한 것의 끝이고, 신神은 그 하나를 주재하여

하늘 위와 하늘 아래 내가 있음이다.

다물多勿로써 나라를 일으켜 스스로 있기에

곳 없이 일을 할 수 있고,

나라를 일으켰으니, 말없이 가르침을 행한다.

참된 명命은 매우 커서 성性을 통하여 광명光明을 얻고,

여덟 가지 지킴은 들어서는 효孝를 행하고,

나서서는 충성하고, 광명光明으로

착한 모든 일을 행하지 않음이 없고,

충효忠孝로는 모든 악惡한 일을 짓지 않으니,

백성이 옳은 바는 나라를 소중히 하고,

나라 없는 나가 있을 수 없어 나라가 있기에
사물이 있어 복福을 누리고,
내가 있기에 나라가 혼魂이 있어 복福을 누린다.
혼魂은 삶을 낳고 삶은 깨달음을 낳고 깨달음은 넋을 낳고,
넋은 신神이 되니, 신神은 천궁天宮에 살게 된다.
우리 자손들은 착한 나라 이루니,
태백太白의 가르침은 우리 스승 되어
우리 자손들은 치우친 것 없이 새롭지 않은 것이 없다.
도道가 하늘에 있으면 삼신三神이 되고,
사물에는 삼진三眞이고, 근본根本으로 돌아가면 하나가 되어
오로지 하나로써 도道라 하고, 둘이 아닌 법이 되니,
크도다! 한웅桓雄은 우두머리의 서물庶物로 와서
도道를 천원天原에서 얻어 가르침을 태백太白에서 세웠으니,
신시개천神市開天의 뜻을 처음 세상에 밝혀
글로써 도道를 구하고, 갈고닦아 계戒를 얻는다.
나는 가르침을 높이는 바를 이루지 못했지만
듣는 바로는 백가지가 되어도 만나기가 어렵고,
나이 들어 백발白髮은 발치에 닿아 한恨스럽기 그지없도다.

乙密仙人 太白逸史

17. 세속론 世俗論

천지天地의 도道가 사람이 사는 세상 속으로 바르게 퍼져나가는 때를 세世라 하고, 그 때에 사람 사는 곳으로 바르게 펼쳐지는 것을 속俗이라 한다. 나라에 현묘玄妙한 도道가 있어 부모에게 효도하고, 나라에 충성하고, 말하지 않아도 마음으로 행하고, 정성을 받들어 책임을 다하여 온 누리를 이롭게 하라는 것은 옛 큰 어른들이 남기신 대업大業이자 대명大命이다. 옛날 풍속風俗은 광명光明을 숭상崇尙하여 해를 신神으로 삼고, 하늘로써 조상祖上을 삼아 만방萬邦은 이를 믿고 따라 서로 의심하지 않았고, 아침저녁으로 감사하며 살아가니, 사람들은 순후淳厚하고, 소박素朴하여 공인工人들은 견실堅實한 공구工具를 만들고, 상인商人들은 속이질 않고, 농인農人들은 부지런하고, 학인學人들은 부끄러운 것을 알고, 남자들은 순박淳朴하고, 여자들도 정숙靜肅하여 사람들을 교화敎化하기가 쉬웠다.

신시神市의 사람들은 산에서 함부로 행하는 바가 없고, 물을 더럽히지 않고, 길에 물건이 떨어져도 줍지 않고, 동물을 함부로 사냥하지 않았고, 조선朝鮮의 사람들은 공손히 앉아 서로 범하지 않았고, 근심이 있으면 죽기를 다하여 구해주고, 거짓이 없어 웃기를 잘하고, 칭찬하되 험담하지 않았다. 부여夫餘의 사람들은 조심스럽고, 온후하고, 피해가 있는지 늘 살피고, 고구려高句麗의 사람들은 기상氣象이 출중出衆하고, 항복을 죽기보다 싫어하고, 예濊의 사람들은 몸이 날쌔고 말을 잘 타고, 맥貊의 사람들은 용맹하고, 활을 잘 쏘고, 전쟁터에서 굴복하지 않고, 삼가 공손하고, 욕심이 적고, 숙신肅愼의 사람들은 겸손하고, 신실愼實하고, 마한馬韓의 사람들은 꾸미기를 좋아하고, 금은金銀을 깔보면서 청결을 좋아하고, 변한弁韓의 사람들은 정결하고, 믿음이 두텁고, 진한辰韓의 사람들은 순박淳朴하고, 부지런하여 예의를 알고, 옥저沃沮의 사람들은 조심스러우면서 온화하였다.

색불루단제索弗婁檀帝가 팔교조八敎條[1]로 사람 사는 세상에서 처음으로 법을 만들자 법에 구속되는 자者들이 많았다. 각 나라와 마을에서 각자의 풍습風習을 갖게 되어 다르면 범하여 다투게 되고, 이를 금하는 바가 생겼으니, 덕德은 점점 쇠해지고, 미속美俗은 쇠퇴하여 야박하기가 이를 데 없어 마치 미친개를 품는 것처럼 언제나 위태롭고, 격류처럼 담그기가 겁난다. 의롭게 여겼던 것이 지금은 천하게 여기고, 명예로웠던 것이 치욕스러워지고, 치졸한 것이 바른 것처럼 보이고, 상벌을 베풀어도 공功은 사라지고, 법이 없이는 제어하기가 어렵게 되고, 직업이 없으면 삶을 영위하지 못하고, 재물만으로 척도尺度를 삼게 되었다. 상인商人은 신용이 없어지면 팔 곳이 없게 되고, 공인工人은 수치數値를 자주 바꾸면 설 곳이 없고, 농인農人은 때에 게으르면 거둘 것이 없게 되고, 학인學人은 스스로를 속이면 반성마저 버리게 된다.

성인聖人이 늘 바로잡으려고 하고, 현인賢人이 늘 때와 곳을 살펴

---

1) 팔교조八敎條: 사람을 죽이면 죽음을 당하는 것, 남을 다치게 하면 곡식으로 배상賠償하는 것, 도둑질하면 그 집의 종이 되는 것, 소도蘇塗를 훼손毀損하면 가두는 것, 게으르면 부역賦役하는 것, 예의를 잃으면 군대軍隊에 복무服務시키는 것, 음란하면 때리는 것, 사기 치는 자者는 널리 그 잘못을 알리고 방면放免하되 죄책감罪責感을 갖도록 한다.

서 변하지 않도록 노력하는 바가 있었으니, 목인牧人은 가축의 먹이, 잠자리, 새끼를 낳고, 젖을 짜고, 털을 고르고, 고기와 우유를 얻는 이치와 농인農人은 봄에 밭갈이 하고, 여름에는 김매고, 가을에는 거두고, 겨울에는 저장하고, 쉬는 이 이치들은 만년동안 변하지 않게 하였다. 또한 공인工人은 부지런하여 험한 일을 두려워하지 않고, 세심하게 살피고, 상인商人은 부지런히 이익을 위하여 천 길을 마다하지 않고, 인적이 끊겨야 집으로 돌아가고, 학인學人은 부지런히 책을 보고, 세세한 부분까지 살피다가 혹시 언행을 늘 삼가 반성하고, 수레를 끄는 자者는 왕래의 때를 잊지 않게 하고, 집을 짓는 자者들은 술術을 잃지 않게 하고, 물고기를 잡는 자者는 물 길을 놓치지 않게 하였으니, 정도正道를 잃지 않았고, 험하다고 꾀를 내어 피하지 않았고, 노고가 많다하여 두려워하지 않았고, 더럽다 마다하지 않았고, 교묘하게 숨기지 못하고, 정직하여 분란紛亂하지 않고, 잔재주로 농락하지 않으니, 세상이 잠시 바른 길을 잃어도 길을 한꺼번에 잃는 일이 없도록 하였다.

그러나 세속世俗에서 간악奸惡한 자者들이 생겨나자 부끄러움을 자者들의 착취는 날로 간특奸慝해지고, 때마다 방법을 달리하여 간악奸惡해지고, 곳마다 탐욕이 심하고, 간사奸邪한 꾀와 간적奸賊이 나라 안팎으로 날뛰고, 위아래가 서로 원망하고, 형벌을 받지 않은 자者가 없어지지 않고, 나라의 령令은 서질 않아 공표公表를 해도 듣지를 않게 되어 마치 미친 자者를 몽둥이로 길들이고, 범에게 채소를 먹이는 꼴로 환란患亂만 더해진다. 약한 자者들은 고통의 시름이 날로 커지고, 속임수로 삶까지 침범하였다.

천지天地의 한서寒暑는 피하지만 사람의 마음속에 있는 한열寒熱은 피 할 곳이 없으니, 화기和氣를 품을 여유마저 사라진다. 백성은 번성하는 것으로 그 근본을 삼는데 소박素朴을 버려 마음을 심하게 쓰게 하고, 기운을 소모하여 피로에 허덕이고, 빈둥거리면서 먹고사는 것을 염려하게 되었다. 밭가는 자者들은 이랑을 다투고, 물고기를 잡는 자者는 그물을 다투고, 장사를 하는 자者는 눈금을 다투고도 궁핍을 이기지 못하고, 또한 다투지 않으면 핍박을 염려하게 되고, 마침내는 굶어 죽는 자者까지 생겼다. 세상에 도道를 잃게 되자 자식과 부모이 서로 원수처럼 대하고, 약한 자者를 골라 꾀로 속이면서 주머니를 털고, 알면서도 감추며 숨기면서 모자라다고 한다.

떨어지는 빗물로도 작은 술잔을 채울 수는 있고, 거대한 강물로 밑 빠진 독은 채울 수가 없으니, 간단한 음식과 추위를 가리는 옷과 비를 피할 집만 있다면 검약으로도 천하를 소유할 수 있고, 귀하게 남들이 받드는 것은 높은 관冠과 허리띠고, 내가 천하다고 업신여기는 것은 베옷과 짚신이다. 눈앞의 명리名利는 크게 보이지만 원대하지 않고, 명성을 높이면서 사악肆惡은 숨기려 한다. 작은 새가 구천九天의 높이를 몰라도 날다가 구천九天에 이르면 높은 것을 알게 되고, 작은 개울이 대해大海의 짠맛을 몰라도 흐르다가 동해東海의 바닷물과 접해야만 짠 맛을 알게 된다. 욕심을 부리는 병은 고칠 수가 있으나 이론에만 의거하는 병은 고칠 수가 없다. 게으르면서 배움이 짧으면 가르칠 수 있어도 바탕이 삐뚠 자者는 바로 잡을 수 없고, 편벽偏僻하여 허망虛妄하면 바로 잡기 어렵고, 삐뚠 나무에 거름을 듬뿍 주면 망치고, 쓸모없는 공론空論으로 힘을 분산하면 쇠퇴하고, 능력이 넘치도록 권세를 맡기면 망조亡兆의 까닭이 된다.

이유 없는 복福은 없고, 저절로 굴러들어오는 재물은 없고, 바라기만하는 요행僥倖은 화禍의 근원이 된다. 땀방울이 않으면 값어치가 떨어지고, 고통이 없으면 노고가 적고, 둥글게 굽은 나무는 펴지 못한다. 같은 비단도 한 쪽은 갓이 되고, 한 쪽은 도포가 되는 것은 쓰임에 따라 달라지는 것이고, 비단의 한 필과 한 조각의 비단의 쓰임은 명리名利가 다른 까닭이다. 관棺을 만드는 자者는 빠른 대로 죽기를 바라고, 곡식을 쌓는 자者는 흉년이 들기를 바라고, 쇠를 녹이는 자者는 녹슬기만을 바라고, 우산을 만드는 자者는 소나기만을 바라고, 붓을 만드는 자者는 글쓰기만을 바라고, 막다르게 몰린 자者는 어지럽기만을 바란다. 땔감이 떨어지면 대문을 뜯어 불을 놓고, 원한이 맺히면 죽기를 기다리고, 손으로 때리는 것은 분을 이기지 못하기 때문이고, 함정에 빠뜨려 나오지 못하게 하는 것은 질투 때문이고, 화살보다 백 명이 다치는 폭탄을 만드는 것은 공功 때문이고, 침략을 당하고도 방비하지 못하는 것은 잊었기 때문이다.

어제 힘들여 만든 것이 오늘 쓰지 않으면 내일 만들게 된다. 한 명의 암군暗君으로 고통을 당하는 것은 때를 잘못 만났기 때문이고, 적敵에게 충성하던 자者들이 편을 바꾸는 것은 명리名利 때문이고, 어제 붙어살다가 오늘 배가 불러 걷어차는 것은 이익利益 때문이고, 길이 아닌 곳에 길을 만들고, 사람이 살지 못하는 곳에 집을 짓고, 농토農土가 아닌 곳에 농사를 짓게 되는 것은 편하자고 하기 때문이다. 산천계곡마다 지경을 두어 백성들의 수로 나누고, 의복을 형편과 귀천의 징표徵表로 삼으며 탈것에 등급을 두어 질質을 혼란하게 하고, 올가미를 놓고, 뒤에서 모르게 달려들고, 비방誹謗으로 무고無辜하게 뒤집어씌우고, 죄가 귀천마다 달라지고, 재화를 나누는 몫이 늘지 않고, 작은 몫으로도 치열해지고, 혹사도 얼음이 적어져 다투고, 천성天性을 해치고 순박淳朴마저 잃어버리는 것은 세속世俗의 오랜 병폐病弊가 되었다.

세상世上의 인심을 흩트리는 자者는 삼축三畜[2]보다 못하니, 음란은 몸을 망치는 시초이고, 삼륜三倫을 흩트리고, 가족을 파괴하는 디딤돌이 된다. 돼지는 성품性稟은 음흉陰凶하고, 개는 성색性色이 음탕淫蕩하고, 양羊은 성기性氣가 음란하니, 세 가지를 하나라도 탐하면 손가락질 받고, 두 가지면 액화厄禍를 부르고, 세 가지면 반드시 망亡한다. 천륜天倫을 망치는 바는 다섯 가지[3]가 있고, 지륜地倫을 망치는 바는 여덟 가지[4]가 있고, 인륜人倫을 망치는 바는 열세 가지[5]가 있다.

신교神敎의 갈래 중에는 허탄한 자者들이 있다. 조식보정調息保精한다 하여 호흡과 단전丹田을 수련하여 장생長生한다 하고, 장생술長生術과 비승술飛昇術을 닦아 신선神仙에 이른다 하고, 장생불사長生不死의 도사道士라 하고, 금단金丹 속에 불사술不死術이 있다 하고, 무민誣民하여 유혹誘惑하는 자者가 있고, 삼신산三神山에 불노초不老草가 있다 하고, 선도선仙桃山의 복숭아를 운운云云하고, 삼재지신三才之神을 팔아 사사로이 신神이라 하고, 운運에 맡겨 재수財數라 하고, 말세末世라고 겁을 주어 명리名利를 취하고, 허탄한 주문呪文으로 섬뜩하게 한다. 무릇 사람의 명命은 정해져 있는데도 약藥을 먹어 장생한다 하고, 죽지 않는 자者가 있다 하고, 좋은 이름으로 입신양명立身揚名한다 하고, 좋은 터에서 좋은 기氣를 받는다 하

---

2) 삼축三畜: 돼지, 개, 양.

3) 천륜天倫을 망치는 바는 다섯 가지: 천부天符를 능멸凌蔑하는 것, 제천보본祭天報本하지 않는 것, 조상과 부모를 내치는 것, 천명天命을 시비是非하는 것. 신神의 이름을 팔아 징험徵驗을 만들어 내는 것.

4) 지륜地倫을 망치는 바는 여덟 가지: 지부地符를 능욕凌辱하는 것, 더러운 것을 땅에 묻는 것, 명리名利만을 위해 땅을 헤집는 것, 산과 강을 함부로 깎고 메워 산신山神과 하백河伯이 노여워하는 것, 지력地力을 소모하여 황폐荒弊하게 하는 것, 지기地氣를 없애 윤택潤澤하지 못하게 하는 것, 땅을 차지할 명命이 있다고 핑계 대며 사사로이 사람을 내좇는 것, 사사로이 땅을 빼앗아 떠돌게 하는 것.

5) 인륜人倫을 망치는 바는 열세 가지: 음란淫亂, 무고無辜, 간음奸淫, 원한, 모함謀陷, 살상殺傷, 이간離間, 위선僞善, 시기猜忌, 비방誹謗, 교만驕慢, 잔혹殘酷, 혐오嫌惡.

고, 좋은 묘 터에 묻혀 발복發福한다고 한다. 사사로움이 사교詐巧를 부르고, 스스로를 천사天使라 하고, 천명天命을 부르짖고, 천부天符라고 이름 짓고, 금단불사金丹不死를 외치고, 단사丹沙를 휘갈기고, 불노초不老草를 찾아 헤매면서도 사사로이 세상世上을 어지럽히는지 원인原因인지도 모른다.

세속世俗을 해치는 군주君主가 있다. 칠난七難[6]을 살피지 않고, 국기國器를 보여 욕심이 가득 차게 하고, 풍속風俗을 급격하게 다루어 퇴폐頹廢하고, 임검과 신하가 서로 속이게 하고, 부자父子가 서로 의심하게 하고, 백성이 편하자고 하는 대로 따라가고, 백성의 이름을 팔아 요행僥倖을 권권勸勸하고, 원망의 기氣를 천하에 가득 차게 하고, 힘을 쏟아 약한 자者를 농락하여 금법禁法으로 죄를 뒤집어 씌우고, 혹독한 세금으로 등가죽마저 베껴내니, 백성이 터전에서 쫓겨나 산이나 동굴에서 살고, 이유 없이 군사軍士를 일으켜 생명生命을 소진시키고, 귀중한 소와 말을 징집徵集하여 업業을 방해하고, 백성들의 근골筋骨의 피로 욕심을 채우게 되면 이보다 참담慘憺할 데가 없다.

남이 나를 편들면 좋다 하고, 나를 비난하면 미워하고, 싫어하는 까닭이 되면 명리名利가 부딪히게 된다. 서로 다투는 바는 남보다 앞서려는 마음이 있기 때문이고, 사물에 몸을 맡기고, 오행五行 속에 담아 마음을 한곳에 집중하고, 사물의 이로움을 따르는 것은 크게 다를 바는 없지만 범부凡夫와 성인聖人은 세 번의 식사와 한 번의 깊은 잠은 같아도 느끼는 바는 사뭇 다르다. 쇠퇴

---

6) 칠난七難: 농업과 어업에 부과하는 세금稅金이 가혹한 것, 관세와 시장세市場稅를 급히 매기고도 그물의 눈마다 세금을 매기는 것, 부역賦役과 군역軍役이 과하여 재물을 마르게 하는 것, 양곡이 없어 자식들에게 먹일 것이 없는 것, 노약자老弱者가 봉양 받을 양식이 없는 것, 백성이 하늘만 쳐다보며 원망하는 것, 죽은 자者가 들에서 나뒹구는 것, 장사지낼 힘조차 없고, 아내를 팔아 요구를 들어주어야 하는 것, 자식을 팔아 한해의 빚을 갚는 것.

한 세상이 되자 끊임없이 산을 뚫고, 흙을 헤집고, 강을 파서 금옥을 구하고, 존귀한 것을 파헤치고, 살아 있는 조개 속의 진주를 따고, 구리와 철鐵을 녹여 기물器物을 만들고, 짐승의 태胎를 열어 새끼를 꺼내고, 새의 둥지를 파헤치고, 숲을 태워 밭을 만들고, 바다를 메워 농토農土를 만들고, 땅을 파서 우물을 만들고, 짐승을 잡아 우리 안에 가두고, 연못과 강江을 막아 물을 가두고, 모양이 아름다운 짐승을 잡아다가 기르고, 기이奇異한 짐승을 잡아 가두고, 기교技巧에 의탁依託하여 치장治裝을 하고, 조석朝夕으로 바꾸는 것이 끝 간 데 없다.

하루를 힘들게 살아가면 지키기가 어렵고, 시키는 일에 충실하면 돌아보기가 어렵고, 먹을 것을 구하기가 어려우면 담을 넘고, 잠자리가 불편하면 파고들고, 얻는다고 하면 죽을 약도 마시고, 쓸모없다고 여기면 부모도 멀리 하고, 흔해지면 버리고 귀해지면 숨기고, 추우면 붙고 더우면 떨어지고, 어려우면 옛 일을 그리워한다. 오늘이 편안하면 내일을 기약하고, 내일이 불안하면 오늘 준비하기가 어렵고, 더러우면 피하고, 두려우면 움츠리고 자랑하면 우쭐하고, 신나면 들썩이고, 슬프면 고개를 떨어뜨리고, 명리名利가 되면 친해지려 하고, 손해되면 얼굴을 붉힌다. 말만 앞세우는 자者는 이루는 바가 적고, 행이 많은 자者는 말을 적게 하고, 남의 허물만을 들추어내어 떠드는 자者는 제 허물은 없다 하고, 흉보며 자랑하는 자者는 미련하다.

무릇 목이 마른 자者는 갈증만 풀면 되고, 배가 고픈 자者는 배만 채우면 되고, 산에 오르려 하는 자者는 정상에만 오르면 되고, 화살은 과녁에 꽂기만 하면 되고, 배만 부른 자者가 산 위에 오르는 기쁨을 알 필요는 없고, 과녁만을 노리는 자者가 배고픔을 알 필요가 없다. 가장 높이 오르려 하는 자者는 이름 때문이고, 앞서 누르려 하는 자者는 명분名分 때문이고, 많이 가지려고 하는 자者는 이욕利慾 때문이고, 장수將帥가 되려는 자者는 공훈功勳 때문이다. 흉포한 자者는 바른 말 한마디에 스스로의 악惡을 숨기고, 간악奸惡한 자者는 멋진 말을 구해다가 붙이고, 정직正直한 자者는 사악肆惡한 말 한마디에 경계하고, 어리석은 자者는 칭찬讚 한마디로 우쭐대고, 힘만 믿는 자者는 힘으로만 겨루려고만 한다. 무모無謀한 것은 경험이 짧고, 광폭한 것은 두려움이 없고, 조심스러운 것은 폐해弊害를 알기 때문이다. 간악奸惡은 악惡한 마음에 교활이 더해진 것이고, 선善은 착한 마음에 너그러움이 더해진 것이고, 악惡으로 세상이 어지러워지길 바라면 천지天地의 벌이 기다리고 있고, 선善은 세상이 편안해 지길 바라게 되어 천지天地의 복福이 다가선다.

허虛에 가까우면 실實이 줄어들고, 실實에 가까우면 허虛는 줄어들게 된다. 무릇 여자는 미련해서는 안 되고, 남자는 무식해서 안 되고, 여자는 머리에 이고, 남자는 등에 지고, 여자는 깨우치게 하고, 남자는 배우게 하고 남자는 앞장서고, 여자는 뒤를 따르게 한다. 화禍는 스스로 없애고, 복福은 서로 도와 부르는 것이고, 욕망을 따르는 것은 몸이고, 힘에 따르는 것은 마음이고, 해로움을 제거하는 것은 정의正義고, 따뜻함을 바라는 바는 상정常情이고, 종시終始의 오묘奧妙를 따르는 바는 성인聖人이고, 이해利害의 득실만을 따르는 바는 암인暗人이고, 그릇의 대소大小를 따르는 바는 대인大人이고, 형상形狀의 색色을 따르는 바는 소인小人이다.

사람이 사는 것의 대본大本은 편안에 있다. 재물이 풍부하면 하는 일이 적어져 다툼을 피하게 되고, 마음이 풍족하면 쓸모없는 생각이 적어져 미움이 적어지게 된다. 많이 아는 것이 능사가 아니요, 다사多事가 최선最善은 아니어서 천시天時와 지리地利가 온전해야 비로소 원하는 바를 얻을 수 있고, 공인工人은 속이는 것이 없어야 하고, 농인農人은 힘을 남기는 것이 없어야 하고, 사인士人은 몰래 행동해서는 안 되고, 관인官人은 법을 어기지 말고, 상인商人은 게으름이 없어야 한다. 목수木手는 곡척曲尺으로 헛된 수고를 줄이고, 공인工人은 기技로 찾는 것을 만들고, 상인商人은 형衡으로써 모자람이 없도록 하고, 학인學人은 직直으로써 시류時流에 굽히지 않고, 의자醫者는 인仁으로써 말을 끝까지 듣고, 농자農者는 근勤으로써 게으르지 않아야 한다. 욕심을 내어 망하지 않는 자者가 없으니, 분수를 알아 변變을 당하는 자者는 드물고, 급히 서두르는 자者는 뒷일을 감당하지 못하고, 일을 신중하게 처리하는 자者는 액厄을 면하게 되고, 변화의 꼬리를 잡지 못하는 자者는 재災를 벗어나지 못한다.

시시각각 다가오는 화복禍福은 세상의 인심이 달려 있는 것이 아니라 스스로에게 달려 있고, 바라는 바가 크면 기대는 것이 커지고, 베푸는 바가 크면 마음에 담아 두는 바가 커지고, 숨기는 바가 크면 참을 것이 많아지고, 누르는 바가 크면 참는 것이 적어지고, 모으는 바가 크면 버릴 것이 많아지고, 악행惡行하면 후환이 커지고, 힘써 때리면 맞을 때가 있고, 은행隱行이 많으면 드러나는 것이 많고, 착한 일을 하는 척하면 비웃음을 사고, 화禍가 코앞에 와도 닥치는 줄 모르고, 액厄이 몸을 감싸는데 비켜가기를 바라고, 병病이 입으로 들어와도 강건剛健하다 하고, 해로움이 있어도 믿어서 폐弊를 키우고, 이루지 못하면 없는 몫을 한탄하고, 더 얻을 수 없는 것을 아쉬워한다.

해가 서산西山에 기울어도 날이 길지 않다 하고, 해는 동쪽에서 떠올라도 밤이 짧다하지 않으니, 천하의 물은 흘러서 바다로 모여도 많다 자랑하지 않고, 낙엽이 땅에 떨어져도 나무는 슬퍼하지 않고, 바위가 서 있어도 산이 불평지 않고, 숲이 불에 타도 나무는 슬퍼하지 않고, 천지天地는 연적然寂하여 스스로 적敵으로 여기지 않고, 사람은 마음먹는 바로 천리의 길을 내닫게 된다. 백가지 행동에 하나라도 의로운 것이 있으면 따라야 하고, 백 마디의 말 중에서 하나의 착한 것이 있으면 거울삼아야 하고, 사심私心이 없는 현자賢者라도 의언懿言의 꾸짖음을 받고, 간적奸賊끼리는 악행惡行도 칭찬한다.

세상世上의 인심은 가진 것을 버릴 줄을 모르고, 돌아오는 것을 고마워 할 줄 모른다. 항아리 속의 황톳물과 같아서 놓아두면 맑아지고, 휘저으면 탁하져 어지러워지고, 문란해져 마르고, 끓어 넘치는 쇳물과 같고, 차디찬 얼음과 같고, 개구리처럼 뛰고, 기러기처럼 올 때를 기약하지 못한다. 민심이 탓하는 바를 군주君主가 알지 못하면 백성의 몫을 뺏게 되고, 군주君主의 이목耳目을 덮으면 민심을 교란하게 되고, 명리名利만을 취하려 하면 사사로이 경영하게 된다. 하늘의 일은 하늘만이 알고, 땅의 일은 땅만이 알고, 사람의 일은 사람만이 만들어내니, 백가지의 일이라도 커다란 기교技巧만은 못하고, 만 가지의 법술法術도 한가지의 대업大業만 못하다.

곧은 것처럼 보이는 것을 곧게 보지 않는 것은 성인聖人의 할 일이고, 굽혀서 숨긴 것을 굽혀보지 않고, 굽힌 것을 바로 펴게 하고, 곧지 않은 것을 곧게 펴는 것이 현철賢哲의 일이다. 하나의 큰 이치는 술법術法조차도 쓰지 않고, 올바른 술수術數는 뜻을 이룰 수 있다. 빛나는 바가 크면 작은 실수는 묻히고, 높은 곳에 뜻이 있으면 작은 계단은 건너뛰고, 넓히는 것이 크면 큰 강도 거뜬히 건너고, 큰 자者는 작은 선행善行에도 기뻐하고, 작은 자者는 큰 착한 일에 코웃음 치고, 능력이 큰 자者는 작은 일이 이루어짐에 기뻐하고, 그릇이 작은 자者는 큰일이 이루어지려는 것을 시기猜忌한다.

잔악殘惡한 자者들이 악惡을 감추고, 거미처럼 교묘하게 노리고, 썩은 고기에 파리처럼 꼬여들게 되면 풍습 또한 변하게 된다. 법을 어기고도 부끄러운 줄 모르게 되면 근본마저도 사라진 것이니, 형벌로도 다스리기 어려워진다. 한 번 넘어지면 일으켜 세우기 어렵고, 불에 탄 것은 벗겨내기 어렵고, 물에 빠진 것처럼 건지기가 어려워지는 것처럼 한번 기운 나라는 세우기가 어렵고, 한번 흐트러진 풍속風俗은 바르게 잡기가 어렵고, 한번 기운 배는 중심 잡기 어렵고, 한번 이름에 얽매이면 말릴 수가 없고, 한번 이利에 맛 들이면 벼랑이라도 뛰어내리고, 한번 편안해지면 수고롭게 하기 어렵고, 한번 굽힌 것은 펴기가 어렵고, 한번 죽은 것은 살리기가 어렵고, 한번 수렁에 빠지면 건져 올리지 못한다.

　다스리지 않으면 살피기 어려워지고, 흔하면 넘쳐나고, 고이면 썩고, 거세면 피하고, 사그라지면 모여들지 않고, 돋우면 커지고, 심지 않으면 나지 않고, 뒤집지 않으면 단단해지고, 거세게 휘몰아치면 잡기가 어렵고, 잠잠하면 움직이기가 어렵고, 식고 난 뒤에 데우기 어렵다. 눈에 덮이면 나무를 얼리고, 꽃이 피지 않으면 씨가 없고, 정성이 없으면 말라버리고, 돌보지 않으면 번성하지 않고, 녹이지 않으면 형상이 없고, 두들기지 않으면 무르고, 곧은 것이 없으면 마땅하지 않고, 돌아가지 않으면 맺히는 것이 없고, 나아가지 않으면 물러 설 것이 없고, 뒤가 따르지 않으면 잇지 못하고, 어렵지 않으면 멀리 바라보지 않고, 생각이 깊으면 가까워도 들리지 않는다.

　사람이 처음 살게 된 때에는 길도 없고, 집도 없었으나 때가 흐르자 사람의 숫자도 늘고, 부엌을 만들어 불을 피우고, 우물을 만들고, 길을 내고, 말을 하고, 글을 만들어 쓰고, 전하여 익히고, 차츰 경작耕作을 하자 사람의 잘살고 못사는 것이 시작되었다. 작은 것을 가지고 다투게 되고, 지자智者와 우자愚者가 제 할 일을 나누고, 현자賢者와 매자昧者가 재능才能에 따라 순서順序가 생기고, 일을 맡기고 감독하는 책무가 생기고, 가치에 따라 우열을 나누니, 욕심으로 우열을 가려 시기하고, 총명으로 서로 배척하고, 앎을 가지고 급級을 정하게 되었다. 명리名利를 가늠하여 다투고, 중재하는 바가 없으면 끝 간 데 없이 다투고, 산을 들어 옮기고, 강물의 물길을 거꾸로 돌리고도 싸우는 바를 그치게 할 수가 없다.

성인聖人이 하는 말은 같으나 오래되면 백가지로 나뉘고, 틈새로 언행이 달라져 지론支論만을 만든다. 일이 바르게 되면 뒤에서 긁어대고, 큰 일이 계획되면 아래에서 딴 짓을 하고, 이유 없이 받는 것을 바라고, 까닭 없이 탐내어 뽐내고, 웃으면서 다가서서 채우고, 불평을 감추면서 칭찬한다. 옷매무새가 같다고 어울리고, 재물이 비슷하다 어울리고, 서로 급級이 같다 모이고, 종파宗派가 같다고 어울리고, 목소리를 같다고 뭉치고, 파벌派閥로 나누면서 질시하고, 서로 색깔이 다르다고 앉질 않는다. 무릇 오는 것은 막지 못하고, 가는 것은 잡지 못하고, 흐르는 것은 돌리지 못하고, 스스로를 적敵이라 여기지 못하고, 허실虛實의 만일滿溢은 때를 알지 못하고, 허실虛實의 곳을 알지 못하고, 종시終始의 하나를 알지 못하고, 무지無智의 표리表裏는 가늠하지 못하고, 명리名利의 우열優劣은 선線을 긋질 못하고, 호오好惡의 시공時空은 가감加減하지 못하고, 성쇠盛衰의 진위眞僞는 승제乘除하지 못하고, 강약强弱의 선후先後는 대소大小를 가늠하지 못한다.

세상世上이 하나가 되기 어려운 까닭은 하나의 마땅함마저도 잃었기 때문이다. 해야 할 일을 하지 않고, 마땅히 하지 말아야 할 일을 하여 성인聖人의 말을 제멋대로 해석하고, 말을 바꾸어 지혜를 농락하고, 속내를 숨겨 선악善惡을 위장僞裝하고, 삿됨이 바름을 능

멸하고, 흉凶이 길吉에 부딪히고, 게으름이 부지런함을 비웃고, 가
난이 부유를 증오하고, 망이 흥興을 시기하고, 탁濁이 청淸을 능멸
하고, 원한이 은혜를 능욕凌辱하고, 소인이 대인의 죄를 묻고, 지식
이 지혜를 구속하고, 말末이 본本의 허물을 묻고, 화禍가 복福을 사
그라지게 하고, 어두움이 밝음을 가두는 까닭이 된다. 민심이 도타
워지면 훈훈해지고, 창고가 가득하면 돕는 눈을 뜨게 된다. 악행惡
行은 종種을 알 수 없고, 해가 뜨면 밝아지고, 달이 차면 기울게 되
고, 기운이 차면 힘이 모아지고, 힘이 생기면 이을 수 있고, 일정하
면 장구한 계획을 세울 수 있고, 장구하면 원대해지고, 나아가 화
합하여 삶이 즐거워진다. 젊어서 괴로우면 늙어도 후회가 없고, 편
안해지면 삐뚤어진 성정性情도 바르게 되고, 사람이 태어나면 죽음
으로 가고, 죽음이 가까워지면 태어남을 기약한다.

경세經世[7]는 군주君主가 할 일의 으뜸으로 늘 살펴야 한다. 인정
人情이 메마르고, 세상이 탁한 것을 한탄하는 까닭은 한사람만이
아니니, 능히 물꼬를 트고, 한 사람이 아닌 온 누리를 위하여 홍익
弘益한다면 믿음으로 화답하여 백성과 군주 사이에 이보다 큰 복
福은 없다. 옛날에는 먹을 것을 명命을 이어갈 정도로만 하고, 입
는 바는 몸을 가릴 정도로만 하고, 추워도 겹겹이 입지 않았고, 더
워도 벗고 다니지 않았고, 잠자리는 편안하고, 집집마다 문을 걸어
잠그지 않았고, 누워 발 뻗어 안락하면 되고, 이불은 발과 배만 덮
으면 족하고, 나아가 구하지 않았고, 구차하게 적절함을 벗어나지

---

7) 경세經世: 백성을 두루 먹고 살게끔 살피는 것, 민심을 늘 살펴서 항상 통하게 하는 것, 백성의 사
상思想과 물산物産을 늘 살펴 치우치지 않게 하는 것, 민심民心이 올바른 곳으로 가도록 인도 하는
것, 올바른 인재를 등용하고 군주君主보다 나은 자者들을 뽑는 것, 사치와 허영으로 문란해지나 방
종放縱하여 순서가 없어짐을 막는 것, 간악奸惡한 말에 현혹眩惑되지 않는 것, 궁宮을 화려하게 꾸
미려고 세금稅金을 무리하게 걷는 것, 본연지도本然之道를 잊지 않게 하여 음란淫亂과 괴습怪習에
물들지 않도록 하는 것, 법을 어기는 자者를 잡아가둬 자랑 삼지 않도록 하는 것, 근면과 성실과 검
약으로 백성으로 하여금 여분의 재물을 비축하게 하여 만약을 대비하는 것.

않고, 배가 불러도 주머니에 감추지 않았고, 배가 고파도 훔치거나 빼앗지 않았고, 근심하여 마음을 상하게 하지 않았고, 두려워 미치지 않았고, 마음을 들끓게 하여 정신을 산만하게 하지 않았고, 제 것만을 탐하여 눈을 상傷하게 하지 않았고, 서로 속이기 위해 손발에만 의지하여 수고롭게 하지 않았고, 더럽다고 외치면서 서로를 구속하지 않았고, 죽음으로 삶을 속박하지 않았고, 손발로 삶을 추궁하지 않았고, 명리名利를 다투기 위해 불의不義로써 양보하지 않았고, 그른 것으로 삿된 것을 끌어들이지 않았고, 마음을 바쁘게 하여 공사公私를 흩뜨리지 않았고, 하지 말아야 할 것을 하지 않고, 해야 할일을 미루지 않았고, 지켜야 할 것은 지키고, 어기지 말아야 할 것은 어기지 않고, 길에 재물이 있어도 줍지 않았고, 산에 불을 지르거나 나무를 함부로 베지 않아 산신山神을 노하게 하는 일이 없고, 물을 더럽혀 흘리지 않아 용신龍神을 더럽히지 않고, 강을 함부로 나누거나 합쳐 하신河神의 노여움을 사지 않고, 땅에 더러운 것을 묻고 함부로 파헤치지 않아 지신地神을 놀라지 않게 하고, 신神의 능력을 시험하지 않고, 번잡을 요구하지 않아 천신天神의 노여움마저도 없었다.

더러운 곳에서 천업賤業을 실천하면 업신業神이 지켜주고, 힘든 직職을 묵묵히 수행하면 직신職神이 지켜준다. 귀자貴者도 업業을 멸시할 수 없고, 시키는 자者라도 그 직職을 귀하게 여겨야 한다. 부유해도 직자職者를 멸시하지 않고, 공론公論이 바로서서 시류時流에 흔들리지 않고, 스스로를 꾸짖어 책을 잊지 않아 흉포하게 나타나도 그림자 속으로만 숨어들지 않고, 바르지 않은 큰 것이 나타나도 고개를 숙이지 않게 된다. 하는 말이 바른 것에서 벗어나지 않고, 스스로 부끄러움이 없다면 능히 업신業神이 지켜주고, 정결하기에 문신門神이 지켜주고, 당堂에도 거리낌이 없기에 당신堂神이 마땅히 지켜준다.

그러나 세속世俗의 사士라고 하는 자者들은 잡술雜術에 반하여 본本을 버리고, 말末을 취함에 시종始終을 잊고, 장長을 버리면서 단短을 취하고, 원대한 것을 버리고도 근소한 것만을 취하고, 사곡邪曲의 잣대로써 권세에 빌붙고, 혼란한 틈을 타 양명揚名의 기회로만 삼는다.

무릇 천지만물天地萬物에는 뜻은 없으나 척도尺度를 만드는 것도 사람이고, 역수易數와 천상天象을 만드는 것도 사람이고, 만물을 헤집고 그 순서를 어기게 하는 것도 사람이고, 음려音呂와 율력律曆을 정하는 것도 사람이고, 강제로 행하여 상하게 하는 것도 사람이고, 서로 믿게 하고 보답하는 것도 사람이고, 세몰이 하여 결사항전決死抗戰의 벼랑으로 몰고 가는 것도 사람이고, 올바르게 가르쳐 사람의 길을 걷게 하는 것도 사람이고, 삼계三界의 구분으로 편안한 세상을 만드는 것도 사람이고, 허실虛實과 갑자甲子의 굴레에서 벗어나지 못하는 것도 사람이고, 편을 갈라 명리名利만을 취하는 것도 사람이고, 개의 털을 묶고 원숭이에게 옷을 입히는 것도 사람이고, 자라를 잡고 새를 잡아 가두는 것도 사람이고, 개처럼 물면서 돼지처럼 먹을 것만 탐하는 것도 사람이고, 소나 말처럼 말을 듣지 못하는 것도 사람이고, 마땅함으로 제재를 하는 것도 사람이다.

여유가 있으면 양보하고, 급하면 다투고, 풍부하면 욕심이 줄어들고, 빈곤하면 필욕必欲이 많아진다. 존비尊卑의 뜻은 언행에 있는 것이지 의관衣冠에 있는 것이 아니요, 궁색窮塞은 그 마음에 있는 것이지 다소多少에 있는 것이 아니요, 의선懿善은 행동에 있는 것이지 언서言書에 있는 것이 아니요, 지혜는 그 과정에 있는 것이지 결과에 있는 것이 아니요, 복福은 하나에 있는 것이지 만 가지에 있는 것이 아니요, 천명天命이 내린 생사生死는 성명性命에 있는 것이지 화액禍厄에 있는 것이 아니요, 땅이 올린 복명福明은 의선義善에 있는 것이지 명리名利에 있는 것이 아니요, 상하上下는 최선에 있는 것이지 고하高下가 아니요, 풍속風俗은 때와 곳에 있는 것이지 법술法術에 있는 것이 아니요, 미속美俗은 사람의 마음속에 있는 것이지 제도制度와 법령法令에 있는 것이 아니요, 성인聖人과 영웅英雄은 때와 곳이 만드는 것이지 추대하는 것이 아니요, 시비是非는 정곡正曲에 있는 것이지 우열에 있는 것이 아니요, 직업職業은 상조相助에 있는 것이지 다소多少에 있는 것이 아니요, 쇠망衰亡은 상통相通에 있는 것이지 광협廣狹에 있는 것이 아니요, 진퇴進退는 기세氣勢에 있는 것이지 강약强弱에 있는 것이 아니요, 실망失望은 연절連絶에 있는 것이지 대소大小에 있는 것이 아니요, 행복幸福은 내외內外에 있는 것이지 낙요樂樂에 있는 것은 아니요, 전쟁戰爭은 방심에 있는 것이지 선악善惡에 있는 것이 아니요, 민심民心의 집산集散은 사교奢驕에 있는 것이지 명암明暗에 있는 것은 아니다.

세상世上을 혼탁하게 하는 원인[8]은 그치질 않고, 만세萬世의 풍속風俗이 어그러지는 원인[9]은 쓸모없는 것을 꾸미고, 바른 기초基

---

8) 세상世上을 혼탁하게 하는 원인: 남의 과실은 해처럼 커 보이는 것, 밥그릇을 놓고 개처럼 흰 이빨을 드러내는 것, 서로 비난하나 칭찬할 줄 모르는 것, 질투하면서 서로 거두지 못하게 하는 것, 욕망은 같으나 그림자를 서로 밟으려 하는 것, 스스로의 이론만을 좇으나 변화를 모르는 것, 조화를 이루려 하나 한곳에 머무르려 하지 않는 것, 부귀하나 허영만 좇는 것, 빈천하나 염치가 없는 것, 형편이 나아지면 옛일은 생각지 않는 것, 형편이 기울어도 옛 일에만 고집하는 것, 능력이 모자라나 높은 것만 좇는 것, 많이 가져도 적은 것을 빼앗으려 하는 것, 적게 가지나 많이 가지지 못해 아쉬워하는 것, 나누지 않으면서 말만 앞세우는 것, 뜻이 없으면서도 헛된 것을 좇는 것, 소유하면서도 애써 감추려 하는 것, 도둑질이라도 해서 많이 가지려는 것, 나누길 바라기만 하면서 제 것은 놓지 않는 것, 빈천하면서 애써 드러내는 것.

9) 풍속風俗이 어그러지는 원인: 음사陰事로만 쓸모없는 것을 꾸미는 것, 사대하는 것에만 의존하는 것, 지킬 것을 지키지 않는 것, 남녀男女가 서로 뒤섞이는 것, 순박淳朴한 것이 사라지는 것, 부자富者와 빈자貧者가 서로 비방하는 것, 오히려 옛날의 것을 질시하여 스스로 억압당하는 것, 의법義法은 간 곳 없고, 방자해지는 것, 욕하면서도 닮는 것, 스스로의 결점을 감추고 조잡스럽게 떠드는 것, 어린아이들을 앞세워 조종하는 것, 욕심은 날로 커져 물건을 감추기에 급급한 것, 기강紀綱은 흩어져 제 멋대로 행하는 것, 군주 된 자者가 백성들의 등을 후려쳐서 쥐어짜는 것, 어리석음을 농락하고, 즐거워하는 것, 음모를 일삼는 자者의 농간에 놀아나는 것, 나라는 갈 길을 잃어 국시國是가 사라지는 것, 현인賢人은 등을 돌리고 간악奸惡한 무리들이 파리 떼처럼 들끓는 것, 간적奸

礎가 없으면 화려해 보여도 커지질 않고, 얇은 땅에서 뿌리를 내리려고만 하고, 버티는 것이 없으면서 앞으로만 나아가려고만 하고, 미는 것이 없으면서 물러날 방도가 없고, 지탱하지 못하면서 골격骨格을 유지하질 못하고, 어려운 바가 없으면서 존중하지 않고, 바른 것이 없으면서 음일淫佚하면서 깨끗한 척만 하고, 부화浮華하면서 순조로운척 하고, 안은 썩으면서 시끄럽기만 하고, 새로운 것 같아도 굳어서 움직여지지 않는다.

흘달단제屹達檀帝[10)]가 이르기를, '평안 뒤에 위태로움이 오고, 즐거움 뒤에는 슬픔이 찾아오고, 예비가 없으면 곤핍困乏이 찾아오고, 한 그릇의 죽과 밥도 쉽게 오는 것이 아니요, 한 가닥의 실과 한 톨의 곡식이라도 모자람을 생각하여 남기는 것이 없어야 할 것이고, 근검과 절약이 나라를 부강하게 하는 크나큰 근본이 되니, 이를 굳게 믿고, 뭉쳐 행하라'고 하였으니, 대저 나라가 기우는 바는 내부에 있는 것이지 밖에 있는 것이 아니요, 민심이 기우는 바는 만인이 지키지 않는 것이 아니라 지켜지지 않는 것에서 말미암고, 한번 넘어지면 일어나기 힘들고, 한번 기울면 일으키기 어려우니, 기울어져 황폐荒弊해지는 것은 흥망興亡의 기틀에 있지 않고, 민심이 요동치는 것은 갈라지기 때문이다.

고수노高叟老[11)]가 이르기를, '항산恒産이 없으면 항심恒心이 없고, 항심恒心이 없으면 도둑질을 임의대로 한다'고 하였으니, 대개 먹을 것이 없으면 담을 넘게 되고, 추위가 심하여 떨면 부모도 이를 만져 주질 못하고, 나라가 부역賦役이 많아도 스스로 난亂이 없다

賊이 날뛰어 세물이 하는 것, 국세國勢가 기우는데도 그물질하는 것, 소수小數의 자者들만을 위하여 호기심만을 자극하는 것.

10) 흘달단제屹達檀帝: 第 13代 檀帝 (檀紀 553-614 西紀前 1782-1721)

11) 고수노高叟老: 第 2代 부루단제扶婁檀帝때 현인賢人이자 우순虞舜의 아비.

떠들면서도 화禍를 스스로 불러들이고, 중추中樞를 잃어 귀에 솔깃한 말만 듣고도 망사妄邪한 줄 모르고, 괴이怪異한 말을 듣고도 추려내지 못하고, 제멋대로 행하면서 잘못된 바를 탓하고, 이미 속인 것은 덮고자 한다. 하늘이 징조徵兆를 내자 땅이 뜻을 내고, 사람이 이를 행하자 마땅히 따르고, 위망危亡은 조석朝夕으로 알 수 없고, 흥망興亡은 백성의 민심에 따라 다르고, 장구한 것은 백성들의 계획에 따르고, 계획은 군주君主의 혜택이 생기고, 혜택에서 백성들의 여유가 생긴다.

오늘의 해는 오늘 지고, 내일의 해는 반드시 내일 뜬다. 만년 동안 성盛한 나라 없고, 만년 안에 망하지 않는 나라가 없고, 죽지 않는 것이 없고, 배우지 못할 것이 없고, 손해가 없는 것이 없고, 명리名利가 없는 것이 없고, 나누어지지 않는 것이 없고, 합쳐지지 않는 것이 없고, 공평公平하지 않은 것이 없고, 시비是非하여 다투지 않는 것이 없고, 명리名利의 기준이 없는 것이 없고, 힘들이지 않고 얻는 것은 없고, 낭비하면 남아나는 것이 없고, 졸렬하면 막히고, 용렬勇烈하면 뛰쳐나가기만 하고, 마음의 깊이를 재는 잣대는 없고, 욕심을 다는 저울은 없고, 치우쳐서 바르게 길을 갈 수는 없고, 편한 만큼 위험이 있고, 손쉬운 만큼 복잡한 것이 있다.

망할 나라에서는 성인聖人이 있어도 망하고, 흥할 나라에서는 우매愚昧한 왕일지라도 흥하고, 역易으로써 점사占辭가 흥할지라도 정성이 없으면 한낱 말장난에 불과하고, 올바른 역易일지라도 사사로운 명리名利에만 매달리면 무민미신誣民迷信의 틀에서 벗어나지 못하고, 바른 공론公論이 없으면 예상하지 못하는 일이 벌어진다. 선동하는 뒤에는 조종하는 자者가 있고, 시끄럽게 떠드는 뒤에는 명리名利를 숨기는 자者들이 있고, 깨끗한 척하는 하는 뒤에는 명리名利에 눈먼 자者들이 있고, 옳은 일을 하는 척하는 뒤에는 이름을 알리려는 자者들이 있다. 나이가 어려 험하게 행동하고, 나이가 들어 음흉陰凶한 욕심만을 부려도 언행이 같지 않으면 공박公迫을 받게 된다. 망국亡國의 민심은 비참悲慘하고, 부국富國의 민심은 교만하고, 망국亡國의 풍습風習은 치욕스럽다. 부국富國의 풍습風習은 사치스럽고, 망국亡國의 풍토風土는 시끄러우나 보잘것없고, 강국強國의 풍토風土는 여유로우면서 조용하다. 우국憂國의 마음으로 사생死生을 결의하고, 전쟁터를 내 집 삼고도 동족과 전쟁을 하고, 내적內賊들은 서로를 비난하고도 나라의 난亂에는 뒤로 물러선다.

  골이 깊으면 산이 높다. 이루려는 고통이 크면 보람도 크고, 슬픔이 크면 즐거움도 크게 되고, 참는 것이 없으면 돌아오는 것이 적고, 굴곡이 없으면 곧은 것을 알지 못하고, 끝이 없으면 시작하는 것을 잊고, 놓는 것이 없으면 잡을 것이 없고, 원한이 없으면 은혜가 없고, 잘못됨이 없으면 잘됨이 없고, 실망하는 것이 없으면 나아감이 없고, 악惡이 없으면 선善이 없고, 분分이 없으면 합合이 없고, 가르치지 않으면 배울 것이 없고, 가르치는 근본이 없으면 보답할 것이 없고, 뭉치지 않으면 교차할 수 없고, 안으로 닦지 않으면 겸손해 질 수 없고, 위가 겸양하지 않으면 아래가 방자해지고, 양보하는 것이 없으면 다툼이 사라지지 않고, 내 몫만을 챙기면 누군가 손해 보게 되고, 서로 돕는 바가 없으면 복福이 생기질 않고, 말만 앞세우면 신神도 도울 수가 없고, 남 탓만 하면 제 책무는 다 하질 않고, 군주 된 자者가 반성하지 않으면 백성이 동류同類로 삼고, 어려운 것을 돕지 않으면 불의不義를 다스릴 수가 없고, 교만하면 썩는 것을 알 수 없고, 말만 하는 자者는 다른 자者의 명리名利에는 아랑 곳 하지 않고, 신神의 이름을 파는 자者는 명부冥府에 적고, 속이는 자者는 속는 자者의 형편을 보지 않으며, 도둑은 잃는 자者의 재산을 가늠하지 않고, 업산業産이 없으면 스스로 지키는 힘이 없고, 글을 쓰는 자者가 편협偏狹하면 읽는 자者가 혼동하고, 음악이 바르지 않으면 듣는 자者가 귀를 의심하고, 그림이 바르지 않으면 보는 자者가 엇갈리고, 능력이 부족하면 옛일만 탓하고, 힘이 부치는 자者는 외적外敵과 내통하면서 끌어들이고, 지혜가 부족하면 편을 가른다.

책략策略의 기틀은 인구人口에 있는 것이 아니라 준비에 있다. 기습의 효과는 무기武器에 있는 것이 아니라 불시不時에 있고, 환란患亂은 문무文武가 약한 것이 아니라 어려움을 모르기 때문이고, 전쟁의 무서움은 생사生死의 두려움이 아니라 잊어버리는 것에 있는 것이다. 난亂을 겪지 않으면 고생이 덜하여 무서움을 모르는 것이고, 교일驕佚의 골이 깊어지면 다루기가 어지러워지고, 탁란濁亂의 평정平正을 잃으면 간하기가 어려워지고, 민심을 나누면 하면 말만 많아진다. 명백하지 않으면 공정公正이 사라지고, 행이 곧지 않으면 바름이 없어지고, 위가 탓을 하면 아래는 핑계를 찾고, 아래가 탁하면 령令이 서질 않고, 정사政事가 문란하면 백성의 기강紀綱이 흐트러지고, 군주가 욕심이 많으면 화禍를 불러 안팎으로 소란스러워 지고, 영기英器를 양성하지 않으면 지탱할 대들보가 없다.

민심은 길들이기 나름이고, 착한 자者들은 법이 필요 없고, 크나큰 재주는 나라를 다스리기 나름이다. 악한 자者들은 법을 피해가고, 어린 아이 말에도 취하는 것이 있어야 하고, 노인의 말에도 들어서 버릴 것이 있으니, 불산不散[12]하지 않으면 민심이 흩어지지 않는다. 세상의 풍폐風弊[13]는 그치지 않고, 처음의 아름다웠던 풍

---

12) 불산不散: 취하는 것과 버리는 것, 가볍게 하고, 두텁게 하는 것, 모으는 것과 흩트리는 것, 주고서 받는 것과 가득 채워서 비우고 비워서 채우는 것, 즐겁게 하면서 슬프게 하는 것, 믿게 하는 것과 믿게 한 뒤에 의심하지 않게 하는 것, 멀리 내다보고, 가까이 보여 주는 것, 하늘을 보고, 땅을 살피는 것, 괴로움과 즐거움을 함께 하는 것, 밝혀서 명확히 하는 것.

13) 세상의 풍폐風弊: 누구나 자유롭고 평등하게 살 수 있다고 하는 것, 누구나 잘 먹고 잘 살 수 있는 날이 온다고 현혹眩惑하는 것, 일확천금만을 노리며 일을 하지 않는 것, 부끄러움을 모르고 입만

속風俗은 변하고, 바른 제도를 만들어도 시간만 지나가게 되어 뒤틀리게 되고, 어제의 의언懿言이 오늘 어리석어지고, 옛날의 영광이 내일은 한낱 추억 될 뿐이고, 어제의 시비是非가 오늘의 종전宗全이니, 오늘의 진리가 내일에는 가물거리고, 어제 번성했던 것이 오늘은 황폐荒弊해지고, 이루는 때는 길지만 성취는 짧고, 난亂은 길지만 화평和平은 짧고, 빈한貧寒은 길지만 부富는 짧다.

대개 간악奸惡한 자者들은 작은 명리名利에도 등을 돌리면서도 스스로 영리하다고 여기고, 심성心性이 삐뚠 자者들은 옳은 것도 가벼이 여기고, 법法을 어기는 자者들은 죄罪를 적게 지은 것을 아쉬워하고, 잘못 배운 자者들은 정사正邪로 지키는 자者들을 핍박한다. 어깨 너머로 배운 자者는 변화를 모르고, 빈 수레를 탄 자者들이 빈 솥의 바닥만 긁고, 보잘것없다고 여기는 자者는 빈 접시에 숟가락만 달칵거리고, 없는 자者는 몸만 함부로 굴리고, 못된 자者가 헛된 것부터 배우고, 일하기 싫어하는 자者가 불평不評만 늘어놓고, 배부른 자者가 수족의 수고로움을 비웃고, 배고픈 자者는 여유로움을 증오하고, 일하는 자者는 나누기를 쉽게 보고, 일하기 싫은 자者는 하늘의 구름만 세고, 게으른 자者가 천장天障의 무늬만 세고, 부지런한 자者가 밤낮의 뒤바뀜을 모르고, 벌지 않는 자者는 일의 고통을 모르고, 배우기 싫어하는 자者는 총명만 믿는다.

화복禍福은 허실虛實의 꼬리를 무는 것이다. 복福이 화禍가 되는 것은 잘못하여 불을 냈는데 비가 와서 꺼지는 것이고, 화禍가 복福이 되는 것은 길에서 천금千金을 주웠는데 부자富者가 되었다고 떠

으로 떠드는 것, 못된 것만을 배워 스스로의 명리名利를 숨기는 것, 탐욕스럽고 잔인하여 오로지 약탈만을 일삼는 것, 작은 꾀만을 믿고 입만으로 떠드는 것, 간흉奸凶이 선량善良으로 위장하는 것, 스스로 악惡을 숨기고 선善의 말만 앞세우는 것, 바르고 옳은 것을 말은 해도 따르지 않는 것, 맑고 깨끗한 것은 오히려 해가 된다고 여기는 것, 힘들고 어려운 것을 피하면서 쉬운 것만 따르려 하는 것, 엉터리 논리를 내세워 아이들을 가르치는 것, 부끄러움을 모르고 함부로 날뛰는 것.

벌리다가 죽임을 당하는 것이다. 의언懿言[14]은 전해야 하고, 미풍
美風[15]은 권하여 지켜야 하고, 경세耕世[16]는 백성을 위하여야 하고,
위세緯世[17]는 다음 세대를 위해야 하고, 경세經世[18]는 나라를 위해
야 한다. 가진 것을 버리지 못하면 돌아오는 바가 막히고, 감사한
것이 없으면 가진 것에 집착하고, 소유하는 마음이 있어야 나눌 수
있고, 집착만하면 나누기가 어렵다. 그래서 하늘이 부자를 내면 만
인에게 골고루 나누어 주고자 하고, 땅이 빈자貧者를 내면 뭇 사람
들에게 근면검약하게 하고자 하고, 세속世俗으로 부자富者와 빈자
貧者가 같이 사는 까닭은 헛되이 내 앞에 오는 것이 쉽지 않음을 알
리고자하는 것이니, 서로 돕고 나누면서 살게 한다.

기대가 크면 실망이 크고, 바라는 것이 크면 욕도 크게 된다. 스
승이 아니면 꾸짖지 못하고, 어미가 아니면 때리지 못하고, 근본
이 없으면 생겨나지 않고, 어긋남이 없으면 그릇된 것이 없고, 틀
어지지 않으면 탓함이 없고, 섣불리 나아가지 않으면 물러날 일이

---

14) 의언懿言: 악한 자者라도 죽으면서 말 한마디 남기는 것, 참회의 눈물을 흘리는 것, 미물일지라도
새끼를 돌보는 것, 악惡한 자者라도 제 자식에게는 바른 말을 하는 것, 약속을 잊지 않는 것, 믿음
을 져버리지 않는 것, 은혜를 잊지 않는 말, 어른이 아이에게 당부하는 말.

15) 미풍美風: 공검恭儉하고 겸약謙約하는 것, 말을 적게 하고, 몸을 닦아 행동을 크게 하는 것, 세상
은 둥글기에 어느 한쪽만 치우치지 않게 하는 것, 물려주는 것을 적게 하는 것, 성실한 자者들을
경시하지 않게 하는 것, 배우는 것을 즐거이 하여 큰 지혜를 따르게 하는 것, 공평公平을 잊지 않
아 스스로 겸양을 배우게 하는 것, 소박하고, 질박하여 사치와 허영으로 들뜨지 않게 하는 것, 남
녀노소男女老少를 불문하고, 부지런하고, 스스로의 일에 최선最善을 가하는 것, 근면청검勤勉淸
儉하여 부당하게 명리名利를 취하지 않는 것, 젊은 자者들이 먹고 노는 자者들이 없어야 하는 것,
상하고저上下高低를 막론하고, 법을 어기는 일이 없도록 하는 것, 법을 크게 어기고도 떳떳하지 않
게 하는 것, 요절하지 않는 것, 제각각 분수를 지켜 욕심에 의해 스스로를 망치는 일이 없는 것.

16) 경세耕世: 식食, 화貨, 사祀, 통通, 경經, 교敎, 정正, 검儉, 약約, 본本, 의義, 명明, 생生, 사死,
법法.

17) 위세緯世: 허실虛實, 물산物産, 남북南北, 상하上下, 고저高低, 생사生死, 혼백魂魄, 수화水火, 사
상思想, 고현古現, 고저高低, 흑백黑白, 언어言語, 선악善惡, 정사正邪 곡직曲直.

18) 경세經世: 경중輕重, 형질形質, 명암明暗, 현우賢愚, 고락苦樂, 문무文武, 회활灰活, 굴직屈直, 예
둔銳鈍, 생사生死, 귀천貴賤, 목금木金, 좌우左右, 전후前後, 장단長短, 화수火水, 성쇠盛衰, 광
협廣狹, 대소大小, 진위眞僞, 적청赤靑.

없고, 약속이 없으면 힘들여 지킬 것이 없고, 믿음이 없으면 한 곳으로 모이질 않고, 알아주지 않으면 따르지 못하고, 원한이 없으면 청탁淸濁이 없고, 명리名利가 없으면 음모를 꾸미지 않고, 물이 없으면 물꼬를 트지 않고, 불이 없으면 불을 지피지 않고, 순리가 없으면 역행逆行하지 않고, 신神을 공경하는 마음이 없으면 모욕도 없고, 바라는 바가 채워지면 공격하지 않고, 크게 모자라면 수비하지 않는다.

본심本心을 속이는 자者와는 일의 결말을 말 할 수 없고, 속임수에 능한 자者와는 뿌리를 같이 할 수는 없고, 악행만을 일삼는 자者와는 친분親分을 맺을 수 없고, 현명하게 돕는 자者는 대가를 바라지 못하고, 의로움이 없는 공功을 세우기 위해 돕지 않고, 급하면 말로만 돕지 않는다. 그러나 본심本心을 속이지 못하는 자者는 위급하면 능력이 닿을 때까지 돕고, 어리석은 자者에게 교만하지 못한다. 많다고 방종하지 않고, 욕심이 많은 자者에게는 던져주고, 이름에 매달리면 명성을 높여주고, 두려워하면 과감히 떨쳐 일어나게 하고, 근심을 보고 즐거운 것을 그치고, 궁핍을 보고 넉넉한 것을 과시하지 않고, 피곤을 보고 거드름을 피우지 않고, 곤자困者가 찾아오면 서서 능히 돕고, 대인大人이 오면 능히 밥을 먹다가도 일어서서 맞이하니, 이것이 세상의 민심을 거스르지 않는 지름길이다.

허虛한 곳에 실實이 있으면 허虛가 보이지는 않고, 실實한 곳에 허虛한 것이 있으면 실實이 잡히지는 않는다. 악惡의 폐弊를 권하는 자者는 없고, 선善의 이利를 사양하는 자者는 없고, 해害의 실實을 말하는 자者는 없고, 형刑의 득得을 떠벌리는 자者는 없고, 명名의 실失을 안으려하는 자者는 없다. 약하다고 괴롭히지 않고, 강하다고 숙이지 않고, 입에 거친 말은 삼가고, 귀로 좋지 않은 말을 들고, 입에 쓰다고 뱉지 않고, 악惡을 보고도 따라하지 않으면 능히 허실虛實이 세속世俗에서 흩어지지 않게 하는 방법이다. 악惡의 씨는 바위로 덮어도 뚫고 나오고, 선善의 씨는 산도 감싸는 것처럼 악자惡者의 소행所行은 백정白丁의 말보다 천하고, 부끄러움을 모르는 자者들의 행동은 돼지의 꼬리만큼도 봐서는 안 된다.

성인聖人의 말이라도 모두 옳은 말이 아니요, 혼란한 틈을 타서 현혹眩惑하는 자者라도 한마디는 들을 만하고, 태평泰平에 현인賢人의 말 한마디도 버려야 할 때가 있다. 좋은 글을 쓴다고 선자善者가 아니요, 좋은 일을 한다고 의자義者는 아니니, 힘이 다하면 힘으로 복종시키기 어렵고, 마음이 흔들리면 승복承服시키기 어렵고, 재물이 다하면 위엄으로 따르게 할 수 없고, 말만 앞세우면 뒤에 믿지 않게 되고, 장차 다가 올 것을 모르면 대비를 잊게 되고, 입을 여는 자者를 올바르게 보는 벼리가 되고, 앞장서서 목소리를 키워 외치는 까닭을 알게 되고, 명리名利를 따르는 자者의 마땅하게 여김을 알게 되니, 깊게 감추어 교묘하게 전하게 되면 만인에게 죄를 짓게 되고, 생각하면서 언행하면 실수를 줄일 수 있고, 급격히 일을 벌이지 않으면 후회가 없게 된다.

작은 약속을 굳게 지키는 자者가 큰 약속을 지키며, 작은 일을 소중히 하는 자者가 큰일을 신중히 하게 되고, 작은 명리名利에 기뻐하는 자者가 큰 명리名利에 즐거워하고, 작은 고통을 참아야 큰 고난도 넘게 된다. 소망을 이루려면 신神이 축복해야 하고, 정성으로 기원하면 복리福利가 끊이질 않고, 민족이 대代를 이으려면 나라가 번영해야 하고, 의義를 구하려면 착함으로 보답해야 하고, 은혜를 입어 보응報應하려면 세상에 온 것을 감사하게 여겨야 한다. 구속에서 벗어나려면 평등平等에 권리가 골고루 돌아가게 하니 약約으로써 말을 삼가고, 행行을 신중히 하여 계戒로써 지킴을 분명히 하고, 미추美醜로써 부끄러움을 알게 한다.

　제祭로써 신神의 은덕恩德을 감사하게 여기고, 종전宗全으로써 아름답게 지키게 하고, 명리名利로 하나의 선善을 잡아 청검淸儉을 감사하게 여겨 하나를 잡아 지킨다. 작은 일에만 능能한 자者는 큰일을 하지 못하고, 스스로의 재주만을 믿으면 테두리를 벗어 날 수 없고, 작은 말에 능숙한 자者는 큰 말은 따르지 못하고, 심성이 삐뚠 자者는 모든 일을 거슬리게 하고, 생각 없이 저지르는 자者는 당혹當惑하게 하고, 철없는 자者는 늙은 자者들의 염려를 사고, 절도節度가 없는 자者는 의혹疑惑을 사고, 한 가지 생각만을 하는 자者는 정리할 줄 모르고, 의표儀表가 없는 자者는 기준이 없고, 성급하게 일을 하는 자者는 추스를 줄 모르고, 명리名利를 위해 저지르면 희생해야 하고, 말만 앞세우는 자者는 끝이 좋지 않고, 본분이 어긋난 자者는 깊게 되짚지 못하고, 배신을 잘하는 자者는 신뢰가 없고, 다급한 자者는 순서가 없고, 약은 체하는 자者는 절차節次로 참게 할 수 없고, 배반을 잘하는 자者는 언젠가는 등을 돌리고, 정당한 척하는 자者는 초조해지고, 말을 자주 바꾸는 자者는 오랜 친분이 없어지고, 잘못을 모르는 자者는 분란紛亂에 휩싸이고, 책무가 없는 자者는 명리名利를 함께 할 수 없다.

　군주가 제 멋 대로면 나라의 기강紀綱이 흩어지게 되고, 엄격한 가장이 없으면 자식들이 방자하고, 자상한 어미가 없으면 방종하여 편벽하고, 여자가 집안에 뜻이 없으면 창피를 모르고, 집안에 어른이 없으면 부끄러움이 없다. 제재制裁와 금령禁令이 많으면 속박을 당하는 자者들이 많아지고, 근본이 모자라면 그대로 따라 하고, 지혜가 모자라면 속이고, 지식이 모자라면 궁벽窮僻을 업신여기고, 곧음이 모자라면 굽음에 의탁하고, 재물이 모자라면 남에게 붙좇고, 부유하다 가난해지면 옛날의 일을 한스러워 하고, 빈천하다가 부유해지면 옛일을 어리석게 여긴다. 옛날 의로움이 지금은 웃음거리가 되는 것은 부끄러웠던 것이 자랑이 되고, 분주해지면 구하는 바가 많아지고, 여유로우면 구하는 바가 쉬어지고, 부귀하면 노고가 적어지고, 빈천하면 구하기가 쉽지 않게 되고, 단순해지면 여유롭게 사는 것의 본本이 되고, 복잡해지면 간단한 것이라도 애써 지켜지지 않는다.

나쁜 일에는 뒤에 조종하는 자者가 있고, 삿된 일에는 공모하는 자者가 있다. 따르기만 하는 자者는 정사正邪를 모르고, 믿고 따라 고원高遠하지 않으면 장구하지 않고, 도둑질하는 자者는 망보게 하고, 흉凶을 꾸미는 자者는 협조만을 구하고, 공론公論을 따르지 않는 자者는 편만 가르면 반목의 근원이 되고, 게으른 자者의 불평은 역행하고, 짧은 지혜로 거짓을 지어내면 때가 따라지 않고, 거짓으로 지혜를 감추면 곳이 그냥 두지 않고, 지키는 자者가 소홀하면 흩어지고, 공동이라고 외치는 뒤에는 스스로의 욕심을 숨기고, 큰 불에는 타지 않는 것이 없고, 큰 나무 밑에는 작은 나무가 자라지 않고, 큰 바람에는 쓰러지지 않는 것이 없고, 큰 병란兵亂 뒤에는 살아남는 것이 없고, 큰 비에는 남아나는 것이 없고, 큰 가뭄에는 여의지 않은 것이 없다.

산에 의존하는 자者는 산의 물산物産으로 살고, 강에 의존하는 자者는 강의 물산에 의존하며 살아간다. 모든 자者가 바라는 바는 하나인데도 하나에 만족하지 않아 숨기게 되고, 모든 자者가 꺼리는 바도 하나인데도 하나를 채우지 못해 아쉬워한다. 손해가 있는 바를 들으면 명리名利를 속셈하고, 눈에 명리名利가 되는 바가 있으면 달려가고, 코에 명리名利가 있다면 맡아서 셈하고, 입에 명리名利가 있다면 달려가 삼킨다. 내년에 굶지 않으려면 올해 최선을 다해야 하고, 내일에 쓸 것은 오늘 모으지 않으면 내일에야 바빠지고, 노년에 괴롭지 않으려면 초년에 준비를 해야 하고, 노년에 정신이 온전하려면 초년에 심신을 잘 관리해야 하고, 저녁에 밥을 먹으려면 아침부터 일을 해야 하고, 일을 완성하려면 돕는 자者가 있어야 하고, 열매가 튼실하려면 뿌리가 단단해야 하고, 지혜가 풍부해지려면 지식보다 닦아야 얻는 것이 많아야 한다.

빼앗는 자者는 빼앗기는 자者의 말을 들어주지 않고, 받는 자者는 주는 자者의 말을 귀담아 듣지 않고, 하기 싫은 일을 하면 후환이 생기고, 하기 좋아하는 일만 하면 뒤처리가 많아지고, 법을 지키지 않는 자者는 법으로 시비是非해야 하고, 힘으로 시비是非하는 자者는 구설口舌이 많아지고, 몸을 굴리는 자者는 나이 들어 병에 시달리고, 생각이 자주 바뀌는 자者는 놀랄 일이 생기고, 방심하는 자者는 허점을 보여 적敵에게 빌미를 주고, 요행僥倖을 바라는 자者는 안이 썩는 줄 모르고, 욕심慾心이 많은 자者는 채우기만 하려하고, 신神을 애타게 찾는 자者는 물으려고만 하고, 헤아림이 모자라는 자者는 끝에 다시 세고, 세심한 자者는 스스로에게 묻고도 의심하고, 다급한 자者는 발부터 움직이고, 생각이 모자라는 자者는 실實로써 허虛를 찔린다.

알아야 행하고, 배워야 가르치고, 삼가야 부딪히지 않는다. 경계해야 두 번의 잘못을 없애고, 닦아야 흔들리지 않고, 겸양해야 두 번의 부딪힘이 없고, 물러서야 다툼이 적어지고, 수양이 적으면 화禍를 부르고, 격해져 행하면 액厄이 쌓이고, 억제하지 않으면 이로움이 적어지고, 생각이 얕으면 일이 번잡해지고, 악惡이 커지면 곪아 터지고, 난전亂前에는 풍속風俗이 어지러워지고, 난 뒤에는 기근과 흉년과 질병이 반드시 찾아온다. 오래도록 안일安逸하면 풍속風俗은 해이해지고, 다툼이 오래되면 풍속風俗이 사나와지고, 물질이 부족하면 급해지고, 적敵이 수數를 늘리면 긴장하니, 일이 명확하지 않은 자者[19)]와는 함께 해서는 안 된다. 그런대도 나라 안에 내적內賊이 있으면 풍속風俗이 거꾸러지게 되니, 적敵이 코앞에 와도 난亂이 없다 떠들어 대고, 적敵이 유린蹂躪해도 싸우지 말라고 하고, 반전反戰을 충동하여 명리名利를 취하고, 적敵이 성안으로 들어오면 자취가 없이 사라진다. 풍속風俗이 변하는 원인[20)]을 읽어 잘못된 것은 바로잡고, 풍속風俗이 순박淳朴하면 법을 간단하게 하니, 도둑이 만연하면 법이 급해지고, 사기詐欺가 극성하면 민심이 각박해지고, 강자가 약자를 억압하면 뒤집어지고, 말류末流가 주류主流를 농락하면 척박해져 흉凶해진다.

한인桓仁이 왔을 때에는 사람들이 털만 무성하여 아직 모습이 갖춰지지 않았고, 한웅桓雄이 왔을 때에는 겨우 몸을 가렸고, 왕검王儉이 왔을 때에는 사람들이 다스림의 마땅함을 알지 못했고, 색불루단제索弗婁檀帝가 왔을 때에는 사람들이 무도無道하고, 영악獰惡

---

19) 일이 명확하지 않은 자者: 내용이 없는 자者는 설명이 길어지고, 깊게 감추려고만 하는 자者는 허虛로써 생각이 짧아지고, 말이 바르지 못한 자者는 책임을 가리지 못하고, 가는 길이 명확하지 않은 자者는 갈림길에서 망설이고, 명리名利가 바르지 않은 자者는 숨기는 바가 많아지고, 희망이 없는 자者는 바라는 것이 달라지고, 병인病因이 없는 자者는 치료하는 법이 달라지고, 잠이 깊지 않은 자者는 쓸모없는 꿈이 많아지고, 시작이 없는 자者는 마무리가 깔끔하지 않고, 생각이 명확하지 않은 자者는 실천이 달라지고, 목표가 분명하지 않은 자者는 힘이 분산되고, 심는 것이 바르지 않은 자者는 거두는 것이 적어지고, 가르치는 것이 올곧지 않은 자者는 재목을 키우지 못하고, 말이 분명하지 않은 자者는 분주하기만 하고, 마음이 분주한 자者는 헛된 일만 하고, 섣부르게 배우는 자者는 숨기고, 법을 지키지 않는 자者는 혼탁해지기 바라고, 힘만을 믿는 자者는 스스로를 이기지 못하고, 령슈을 지키지 않는 자者는 제 자식에게도 지키지 않게 한다.

20) 풍속風俗이 변하는 원인: 어딘가에 막혀 고여 있는 것, 마른 장작을 불에 넣지 않는 것, 흙을 때에 맞추어 갈지 않는 것, 씨를 심을 때에 흙을 살피지 않는 것, 쇠를 두드려 갈지 않고, 녹이 스는 것, 약삭빠른 자者들이 법부터 어기는 것, 기氣가 보이지 않는 힘으로 움직이는 것, 기준 없이 저울의 무게로 삼는 것, 령슈을 관원官員이 법을 제때 집행하지 못하는 것, 재주 있는 자者가 술術로 스스로에게 맡기는 것, 장사꾼들이 칭秤을 속이는 것, 음란한 음악音樂을 율律로 삼는 것, 때의 혼란을 럭曆으로 막지 못하는 것, 어기는 자者들에게 벌을 적용하지 못하는 것, 지키는 자者들에게 상을 집행하지 못하는 것, 옳은 것을 행하지 않으면서 간諫을 듣지 않는 것, 변하는 것을 따라가지 못하면서 본本을 찾는 것, 말하는 것을 행하지 않으면서 신信만을 탓하는 것, 지속하지 않으면서 장長을 논하는 것, 잊고 전하지 않으면서 기가 바르다고 하는 것, 더럽다고 외치면서 제가 더 더러운 것, 일을 하지 않으면서 업業을 자랑하는 것.

하여 팔금법八禁法으로 경계警戒하고자 하였기 때문이다. 색불루단제索弗婁檀帝가 만든 팔금법八禁法은 인간사회人間社會에서 처음의 법인데 팔금八禁을 만든 이유는 아름다운 것을 지키고자 하고, 존귀하게 보존하되 성실하게 공경과 청검淸儉을 장려하여 물산物産을 두루 통하게 하고, 깨끗하게 하여 오가주임五加主任[21]으로써 맡은 바 책무를 다하게 하는 것인데 지금에 이것으로도 다스리기가 어려운 까닭은 인륜人倫을 망치는 바가 팔금八禁 속에 모두 들어 있기 때문이고, 법이 있는 줄 알면서 어기는 까닭은 제 명리名利로만 시비是非의 본본本으로 삼기 때문이다.

우리 한단桓檀은 고구려高句麗가 흩어지고 난 뒤, 나라가 작아지고, 풍속風俗은 표류하고, 사대事大가 아니면 성에 차지 않고, 양보하는 바가 적어져 급한 풍속風俗으로 뒤바뀌어 화살과 같이 되었다. 작으면 작은 대로 크면 큰대로 풍습風習이 아름다우면 넘볼 수 없게 되고, 어제의 아름다운 것을 오늘 배워 내일 전하지 않으면 전할 자者가 없어 잊은 뒤에 전하려면 가물거리게 된다. 기회만을 노리는 빌미를 주어 스스로를 속이고, 귀로만 들은 바를 제 것인 양 떠들어 대는 까닭이 되어 바퀴살이 빠지면 짐이 무너져 내리고, 서두르기만 하면 무게만 더해져 실어 나를 수가 없게 된다. 더해진 겸양은 굴복이 아니요, 가져다가 흠모欽慕만 하면 수치가 일어나고, 제 것을 지키지 못하면서 다른 것을 가져다가 자랑삼고, 옳은 방향이 틀어지면 끝으로 달라지니, 적으면 적은대로 잘 지키다가 크게 되면 큰 것의 풍습風習을 갖게 되니, 좌로 굽으면 좌에 있는 자者들이 신나하고, 우로 굽으면 우에 있는 자者들이 기뻐한다.

흔들리는 세상은 예나 지금이나 같고, 스스로 세속에서 지켜 가

---

21) 오가주임五加主任: 우가牛加 :주곡主穀, 저가豬加: 주명主命, 마가馬加: 주형主刑, 양가羊加: 주선악主善惡, 구가狗加: 주병主病.

야하고, 나만이라도 지키지 못하면 후세에 바른 곳을 가리키는 자者가 없게 되어 천하의 대본大本으로 돌아가려 해도 어딘가에서 손가락으로 가리키는 자者가 있고, 나라의 어른만 안타까울 뿐이어서 애나 어른이나 같아져 한 구렁텅이에 모두 빠진다. 그나마 장래를 크게 생각하고, 어려워도 이를 잊지 않고, 시류時流에 섞이지 않게 하고, 간흉姦凶의 속내를 알고, 함부로 전하질 않으니, 이것이 옛 성현聖賢들이 감추어 전하여 빼앗기지 않고, 비장秘藏했던 깊은 뜻이었다, 세속에서 옳은 것이라고 해도 장구하지 못하면 보배라도 강물에 던져 버리고, 반드시 전할 것이라면 돌이라도 품어야 하니, 비록 세상이 변한다 해도 지킬 것은 반드시 지켜 내일에 이 땅에 오는 자者들에게 반드시 전해야 하는 것이 세속의 시비是非를 바르게 하는 본本이 되는 것이다.

三神五帝歌

신神은 보이지 않는 곳에서 보고,

보여 주지 않는 곳에서 신명神明을 이루니,

큰 신神은 큰 은혜가 있고, 작은 신神은 작은 명리名利가 있고,

큰 산에는 큰 신神이 살고,

작은 산에는 작은 신神으로 자리매김하여

오제五帝로써 행行을 서로 나누게 하고,

사명司命과 다스림으로 보좌하고,

하늘과 땅과 사람을 두루 감찰監察하고,

해는 열두 달로 나누고, 주週는 칠요七曜로 나누고,

천하대장군天下大將軍으로 하여금 땅 위를 수호하게 하고,

사방四方을 주관하여 지키게 하고,

지하여장군地下女將軍으로 땅 밑을 두루 지켜

생명生命을 낳아 기르고, 광열光熱을 주관하고,

성숙成熟하여 조화調和한다.

크게 윤택하게 하고, 녹이고, 익히며 지어 이루고,

재량裁量하여 자르고, 씨 뿌림으로 심어 나게 하고,

오제五帝에게 명命하여 직접 넓히면서 나타내고,

오령五靈에게 기르게 하면서 이루게 하니,

해가 떠 밝아지면 낮이라 하고,

해가 져 어두우면 밤이라 하고,

별을 측정하여 연대를 기록하게 하였으니,

우리 구한九桓들은 삼신오제三神五帝의 은덕으로

두루 모여 거스르지 않게 함께 살아간다.

東 崖

18. 지리론 地理論

무릇 천지天地 펼쳐지는 바를 지地라 하고, 바른 벼리를 이理라 한다. 땅의 대본大本은 명命에 있고, 지명地命의 본本은 명明에 있다. 방方으로써 각角을 생생生하고, 각角으로써 키워내고, 육育의 마땅함으로 화化를 드러내게 되어 땅에는 우뚝 선 삼신산三神山으로 만산萬山의 조종祖宗으로 삼고, 신神 또한 산에 내려 밝음으로 본本을 보이고, 밝음 또한 신神의 쓰임이 되어 기름으로 돌아가는 까닭이 된다. 삼신三神의 명命을 받아 칠성七星에 복福을 빌고, 엉덩이에 징표徵表로 삼고, 몸에는 삼전三田을 받아 성품性稟에 삼기三機를 받고, 삼기三機를 받아 삼한三韓이 먹고사는 터로써 본本을 삼게 된다. 산에 길을 내고, 땅의 길을 내고, 강과 바다에 길을 내고, 땅 또한 안팎으로 길을 내고, 지기地氣[1]는 형세形勢를 만들고, 형세形勢는 칠상七相[2]을 만들고, 칠산七山[3]은 칠복七福[4]을 만들고, 지세地勢에 골 만들고, 지형地形에 길 만들고, 지력地力으로 밭 만들고, 지복地福으로 의지하고, 지덕地德에 의탁依託한다.

삼신산三神山 맑은 물에 머리 감고, 신단수神檀樹의 밝은 땅에 몸

---

1) 지기地氣: 풍風, 수水, 상像, 세勢, 방方.

2) 칠상七相: 생生, 사死, 명命, 열熱, 교教, 명明, 휴休.

3) 칠산七山: 성性, 명命, 정精, 력力, 지智, 철哲, 본本.

4) 칠복七福: 장壯, 이利, 수壽, 길吉, 지智, 력力, 상祥.

을 실어 사당祠堂에 명命을 빌고, 산에 의지하여 살고, 밝은 명당明堂에 몸을 키워 이름에 맞추고, 제 역할을 다하다가 혼백魂魄을 실고, 이름을 달리하여 마땅히 삼신三神에게 돌아간다. 사해四海의 공도公都는 신시神市고, 밝달산은 천하天下의 조종祖宗이고, 한밝산은 허실虛實의 본향本鄕으로 사람이 죽으면 살은 썩어 땅으로 돌아가고, 피는 흙으로 돌아가고, 신神은 본향本鄕으로 돌아가고, 뼈는 남겨 돌본다. 대개 사람의 상相이 가장 가깝고, 땅의 상相이 멀고, 하늘의 상相이 가장 멀고, 하늘이 기氣를 내고, 땅이 형체形體를 드러내자 성인聖人이 방향을 열어 천지天地의 상방象方을 바라보고, 마침내 망자亡者가 혈穴에 눕는다. 하늘에 길성吉星이 보이고, 땅에 길지吉地가 있고, 사람에게는 운運이 있다. 사람의 운이 크다 하나 땅의 운에 미치지 못하고, 땅의 운이 크다 하나 하늘의 운에 미치지 못한다.

하늘에서 천수天數를 읽고, 땅에서 지수地數를 읽고, 사람에는 운수運數를 읽고, 해가 좋은 것은 달만 못하고, 달이 좋은 것은 날만 못하고, 날이 좋은 것은 때만 못하다. 득수得水는 머물렀다가 가는 물이고, 장풍藏風은 나가는 바람의 단속이고, 순하면 춤을 추고, 화합하면 감싸 안고, 역逆하면 돌아서고, 질시하면 불화하고, 놀라 달아나면 다시 오질 않고, 저지르고 달아나면 되돌아오고, 번성하면 모여들고 각박하면 어지러워지고, 기강紀綱이 흐트러지면 하나라도 지키기 어렵고, 뒤집히면 흩어지고 흐트러지면 문란해지고, 지켜 닫으면 귀해지는 것은 한순간의 차로 존폐存廢가 엇갈리고, 하늘의 별빛은 이미 지나간 것이고, 지금 땅의 복福은 옛것을 쌓아 올리고 지금의 산은 옛날에 이루어진 것이다. 천시지변天時地變은 지세地勢고, 대소장단大小長短은 지형地形이고, 천복지리天福地利는 지복地福이고, 작으면 큰 것이 특별하게 되고, 크면 작은 것을 고귀하게 여긴다. 같은시대에 머리에 하늘을 이고 같은 땅을 밟고 살아도 땅에서의 한 치의 오차는 천리를 다투고, 한 때의 오차는 별의 갈 길이 달라져 천명天命과 지덕地德의 차이는 때와 곳에 따라 다르게 되고, 사람의 명命의 차이는 천시天時와 지리地利의 사이에 있고, 술법術法은 의선宜善에 따라 달라진다.

삼계三界는 선線이 있고, 중천重天은 층層이 있다. 혼魂은 하늘로 오르고, 백魄은 땅으로 내리고, 사자死者의 혼백魂魄은 흩어지고, 뼈의 생기生氣는 무강無疆을 준다. 얻으려 하는 바는 명혈名穴이고, 피하려는 것은 흉지凶地가 된다. 세속世俗에 생자生者의 집을 양택陽宅이고, 사자死者의 집은 음택陰宅이라 하고, 길지吉地에 묻히려 하는 바는 후손을 번영하게 하고, 망자亡者를 땅에 묻으려 하는 바는 좋은 뼈를 얻으려 한다. 산 자者는 모여 살고, 죽은 자者는 흩어져 살고, 죽은 자者는 산 자者를 안타까워해서는 안 되고, 산 자者는 죽은 자者를 두려워해서는 안되고, 산 자者는 죽은 자者를 자주 만나서는 안 되고, 죽은 자는 산 자者를 그리워해서는 안 되고, 죽은 자者가 산 자者를 바라봐서는 안 되고, 산 자者가 죽은 자者를 보려 해서도 안 된다.

산가山家에는 술법術法이 있는데 허실虛實의 술법術法을 쉽게 얻을 수 없고, 사사로이 초혼招魂하여 불러 올 수 없고, 반혼返魂의 술법術法으로는 되돌릴 수는 없고, 매장하면 땅 위로 나올 수 없고, 렴殮을 하면 움직일 수가 없다. 불은 하늘로 타오르고, 물은 땅을 덮으며, 산은 하늘을 가리고, 우뢰는 때를 밝히고, 바람은 허실虛實을 실어 나르고, 하늘은 허虛한 것을 감추고, 물은 즐거움을 나누고, 비는 만물을 즐거이 크게 하고, 번개는 만물을 일깨우고, 구름은 해를 가려 실實한 것을 크게 한다. 해는 멀기 때문에 타는 것을 면할 수 있고, 달은 가깝기에 물을 당기고, 땅은 덮기 때문에 만년을 숨길 수 있고, 산은 높기에 세勢를 이룰 수 있고, 물길은 형形

을 이루기에 경사를 따라 흐르고, 지력地力이 있기에 모여듦이 있고, 모습을 거스를 수 없기에 방향을 잡을 수 있고, 물은 높낮이가 있기에 지력地力이 생긴다. 지리地理는 멀리 살펴야 가까이 할 수 있고, 지세地勢는 끊임이 없어야 흐를 수 있고, 지리地利는 심어 나는 것에 있고, 혈穴은 지리地利를 얻으려 상지相地하고, 상像은 피흉구복避凶救福을 하는데 지복地福을 구하게 되니, 사람은 택지宅地에 살아도 생기生氣가 없으면 살 수 없고, 죽어서 음기陰氣가 있어도 돌보지 않으면 흉지凶地가 되고, 천기天氣와 지기地機가 없으면 마땅하게 살 수 없다. 기기氣가 막히면 명命을 바르게 이을 수 없고, 지기地氣가 막히면 생자生者와 망자亡者가 함께 액厄을 당하고, 지기地氣가 끊기면 멸화滅禍를 피할 수 없고, 지기地氣는 바람을 타고, 날고, 땅속을 기어 다니고, 물은 기氣를 타고 오르고, 구름은 기氣를 맺혀 떨어지고, 하늘은 때와 곳에 걸쳐 가리는 것이 없고, 땅은 사람의 노고가 있어야 하고, 풍뢰風雷는 깨우는 것을 가리지 않는다.

바다가 변하여 육지陸地가 되고, 육지陸地가 변하여 바다가 되고, 땅 속의 불이 가운데 움직여 물이 가득해져 지축地軸이 흔들려 기울어지게 되어 비로소 지수地數가 생겼고, 지수地數가 생기자 계季를 낳고, 계季가 생겨 절節이 생기고, 절節이 생기자 역수曆數가 생겼다. 하원상방下圓上方 또는 상원하방上圓下方의 법은 규격에 맞추고, 혈穴에 의존하고, 산세山勢에 의거하고, 산맥山脈의 보호를 받고, 풍수風水에 의존하고, 지력地力에 키우고, 토질土質에 다소多少가 있고, 왼쪽에서 기旗를 들어 오른쪽에서 북을 울리고, 뒤에서 홀笏을 불어 앞에서 인印을 찍고, 위에서 귀하여 아래에서 부富하고, 안이 편안하여 밖이 밝아지고, 밖으로 뻗어가 안이 보살펴진다.

옛날 삼신고제三神古祭의 깊은 뜻은 삼한관경三韓管境의 백성을 기쁘게 하고자 하였으니, 계戒로써 표標를 삼고, 삼가는 것으로써 본本을 삼고, 돕는 것으로써 덕德을 삼았다. 하계下界의 주신主神은 교화敎化를 주관主管하고, 지선유일至善唯一로 성선대聖善大의 몸이 되고, 신시씨神市氏는 천일생수天一生水와 지이생화地二生火의 도道를 이어 개천開天하고, 신시神市를 세워 오로지 스승의 도道로써 천하天下를 인솔하니, 만민萬民이 마땅히 따른다. 삼신제단三神祭壇은 상원하방上圓下方의 도道로써 밝히고, 신령神靈한 것은 만대萬代에 받드는 지표指標가 되어 물은 재물財物이고, 불은 녹봉祿俸이고, 나무는 학문學文이고, 흙은 명리名利이고, 쇠는 법술法術이 된다. 개국開國하는 도정都定의 조건[5]으로 국조國祖의 뜻을 펴서 성城을 쌓아 백성을 보호하고, 지키는 까닭이 되고, 적敵의 성城을 무너뜨리는 것은 벌伐하고자 하는 까닭이고, 궁소穹巢의 뜻을 펴는 것은 습성에 맞추어 살아가게 하는 까닭이 된다.

천부경天符經에 이르기를, '천이삼지이삼인이삼대삼합육생칠팔구운天二三地二三人二三大三合六生七八九運'고 하였으니, 천지天地의 기氣는 세 개씩이고, 사람의 기氣 또한 셋이니 모두 아홉이고, 하늘에 허실虛實의 세 개의 기氣가 있고, 땅에도 허실虛實과 세 개의 기氣가 있고, 사람에게도 허실虛實과 세 개의 기氣가 있어 더하여 칠성七星과 팔괘八卦와 구성九星이 하늘과 땅과 사람에게 운행된다. 하늘은 허虛하고, 땅은 실實하고, 하늘은 명名이고, 땅은 이利고, 하늘은 계季고, 땅은 절節이고, 하늘은 음音이고, 땅은 색色이고, 하늘은 율律이고, 땅은 여呂고, 하늘은 풍우風雨고, 땅은 한서寒暑고, 하

---

5) 도정都定의 조건條件: 인人, 식食, 화貨, 경經, 통通, 교交, 시市, 좌坐, 향向, 명明, 물物, 화和, 안安, 택宅, 운運, 육育, 산産, 명命, 기氣, 길吉, 흉凶, 화禍, 복福, 나무, 쇠, 산, 기氣, 화火, 수水, 토土, 풍후風候.

늘은 육기六氣[6]고, 땅은 육합六合[7]이고, 하늘은 둥글고, 땅은 평편하고, 사람이 서서 하늘을 우러르고, 땅을 굽어 뜻을 삼가 받들고, 하늘은 높아서 측량하기 어렵고, 땅은 넓어서 헤아릴 수 없고, 하늘은 기氣를 내리고 땅은 형形을 싣는다.

하늘은 허虛하면서 탁기濁氣를 좋아하고, 땅은 실實이면서 청기淸氣를 좋아하고, 하늘은 둥글면서 공평公平을 좋아하고, 땅은 평편하면서 싣는 것을 좋아하고, 하늘은 낳는 것이 없으면서 정精을 낳고, 땅은 정精이 없으면서 낳아 기르고, 하늘은 형체가 없는 것으로 쓰이고, 땅은 있음으로 몸으로 쓰고, 하늘은 나아가면서 뒤집고, 땅은 지키면서 메우고, 하늘은 어김이 없어 남기지 않고, 땅은 변하면서 숨기지 않는다. 씨줄이 물건을 통하게 하고, 날줄이 생각을 낳게 하고, 동서東西로는 실實함이 통하고, 남북南北으로는 허虛가 통한다. 땅에도 허실虛實이 있으면서 수화水火와 목금木金이 있어 변화하는 때가 없고, 언제 바르게 될 곳을 알 수 없고, 천기天氣가 다하면 징조徵兆가 사라지고, 지기地氣가 다하면 만물이 땅속으로 몰려 들어간다.

천기天氣는 사람의 손가락 끝으로 들어오고, 지기地氣는 사람의 발끝으로 들어오고, 명命은 사람의 머리 꼭대기로 들어오고, 복리福利는 발끝에 있다. 천기天氣가 순順하면 악惡한 것이 없고, 지기地氣가 순하면 낳지 않는 것이 없고, 천기天氣가 역하면 오래가는 것이 없고, 지기地氣가 역逆하면 패역悖逆하지 않은 것이 없고, 허실虛實의 기氣가 요동하면 화육化育이 되지 않고, 천기天氣가 어지러워지면 지기地氣가 요동한다. 땅에 해가 뜨면 실기實氣가 차고, 달이

---

6) 육기六氣: 조燥, 열熱, 한寒, 뇌雷, 습濕, 풍風.

7) 육합六合: 천시합순리天時合順理, 지공합명방地空合明方, 인업합증산人業合證產, 명지합염정命智合廉貞, 허실합덕화虛實合德和, 삼신합강충三神合降充.

뜨면 허기虛氣가 채워지고, 오午가 되면 기氣가 흩어지고, 자子가 되면 기氣가 모이고, 허기虛氣가 땅에 가득해지면 남은 것이 없어지고, 실기實氣가 가득하면 만물이 없는 것에서 나타난다.

땅에 잘못 맺히는 바가 있으면 뒤틀리고, 흔들리는 바가 있으면 흉凶이 드러나고, 마땅한 바를 잃으면 재앙災殃이 가득해진다. 천수天數가 다하면 지수地數가 따라오고, 천명天命이 없으면 지명地命이 따르지 않고, 천기天機가 없으면 지덕地德이 따르지 않는다. 그러나 오기五紀가 바르면 오지五地가 편안해지고, 육기六氣가 바르면 육부六部가 편안해지고, 기운이 차면 실實해지고, 기운이 비면 허虛해지고, 바람이 심하면 기氣가 흩어진다. 천기天氣가 없으면 낳지 못하고, 지기地氣가 없으면 이을 수가 없고, 천기天氣가 없고 지기地氣만 있으면 사람이 번성할 수 없고, 천기天氣만 있고 지기地氣가 없으면 궁색해지고, 천기天氣와 지기地氣가 없으면 사람조차 없어지고, 천지지기天地之氣가 있으면서 바르면 사람이 살기가 편해진다.

하늘이 본本을 삼는 것은 공평무사公平無私고, 땅이 본本을 삼는 것은 만화용변萬化用變으로 천기天氣가 맑으면 지기地氣 또한 맑고, 천지지기天地之氣가 맑으면 사람 또한 맑아지고, 천지天地가 화합하면 살기 편 해 진다. 길이 날 곳에 길이 생기고, 물이 흐르는 곳에 물이 흐르고, 집을 지을 곳에 집이 생기고, 샘이 생기는 곳에 샘이 생기고, 나무가 번성하여 숲이 되고, 물산物産이 모이는 곳에 시장市場이 생기고, 금金이 모이는 곳에 금고金庫가 생기고, 나무가 많은 곳에 금수禽獸가 모이고, 수기水氣가 많은 곳에 즐거움이 생기고, 화기火氣가 많은 곳에 사람이 많이 모이고, 허기虛氣가 강한 곳에 당堂이 생기고, 실기實氣가 강한 곳에 마땅히 사祠가 생기니, 바르고 정직한 땅의 이치를 어기면 화禍를 불러 오고, 마땅하면 복福

을 불러 온다. 하늘이 둥글기에 땅이 평편平便할 수 있고, 땅은 평편하기에 하늘이 둥글고, 하늘에는 육기六氣가 어김없이 오고, 땅에도 육기六氣가 있고, 사람에게는 삼강이약三强二弱[8]과 이강삼약二强三弱[9]이 있고, 천기天氣가 밝으면 땅과 사람이 올바르고, 지기地氣가 올바르면 바른 명리名利가 천하에 밝혀지게 된다.

하늘이 귀한 것은 상광하평祥光下平이 본本이 되고, 땅이 귀한 것은 평탄안온平坦安溫이 본本이 되고, 흙이 귀한 것은 생성회귀生成回歸가 본本이 되고, 물이 귀한 것은 왕류윤택旺流潤澤이 본本이 되고, 불이 귀한 것은 온열상숙溫熱上熟이 본本이 되고, 바람이 귀한 것은 만물상통萬物相通이 본本이 되고, 기氣의 귀한 것은 생성순환生成循環이 본本이 된다. 산이 온전한 땅의 기틀을 받게 되면 우뚝 서고, 물이 휘감아 온전히 흐르고, 바람이 포근하여 사시四時에 알맞아 두텁고, 중추中樞를 바로 잡아 궁색窮塞한 것이 없고, 집착이 없어 편협하지 않고, 산이 힘차게 달려 나가고, 물이 생기生氣를 불어 넣는다. 천기天氣는 상서祥瑞로이 감싸고, 지기地氣가 끊임없이 공급되고, 풍기風氣가 흩어지지 않으면 지기地氣를 간직하게 하여 융통되면 혈맥穴脈이 온전하게 된다.

하늘이 징조徵兆를 내자 땅이 이를 내비치고, 땅이 기운을 올리자 하늘이 징험徵驗한다. 산에 형상形象을 드러내고, 산이 용수龍水로써 모양을 나타내어 기氣를 보호하고, 사람이 이룬 바는 백년이 가고, 땅이 이룬 바는 만년이 가고, 하늘이 이룬 바는 억년을 가게 되는 까닭이 된다. 사람은 천지天地의 기운이 없으면 태어나지 않고, 하늘의 기운이 온전하기에 땅은 화육化育하는 바가 온전해지

---

8) 삼강이약三强二弱: 삼생이극三生二剋, 삼보이쇄三輔二殺.

9) 이강삼약二强三弱: 이극삼생二剋三生, 이보삼쇄二輔三殺.

고, 하늘이 징험徵驗이 있기에 땅에 호오가 있고, 하늘이 기울기에 기복起伏이 있고, 하늘에 모양을 드러내기에 땅에 형태가 생겼고, 하늘이 공정公正하기에 땅이 길흉화복吉凶禍福과 기복起伏과 형태가 있기에 오행五行이 균형을 이룬다.

산은 삼현三顯[10]이고, 풍風은 팔풍八風[11]이고, 수水는 사수四水[12]고, 지세地勢는 사세四勢[13]고, 지기地氣는 팔방八方[14]이고, 지형地形은 육십사형六十四形[15]으로 흐르다가 그치게 되면 산세山勢고, 성쇠盛衰하면 산형山形이고, 크고 길면 산세山勢고, 작고 짧으면 형形이 된다. 하늘의 기운은 씨에 숨기고, 땅의 기운은 줄기에 보태지고, 허실虛實의 기운은 씨에 드러내고, 산의 기운은 길복지吉福地에 이르러 맺힌다. 지기地氣의 몸은 토土고, 흐름은 수水고, 통하는 것은 풍風이고, 크게 일어남은 화火고, 세勢는 목木이고, 응응凝은 금金이고, 산의 몸은 형체고, 움직임은 세勢고, 길흉吉凶은 향向이고, 결실은 혈穴이다. 흙이 몸이 되면 기氣가 쓰임이 되고, 산이 몸이 되면 수水가 쓰임이 되고, 풍수風水가 은융묘통隱隆妙通하면 길지吉地가 된다. 산수山水가 수려하면 악한 것이 나오지 않고, 험악險惡하면 준급峻急하면 거칠어지고, 지기地氣가 크면 사람이 많이 모이고, 순조로우면 큰 사람을 얻을 수 있고, 통하면 시市를 이루고, 크

---

10) 삼현三顯: 세勢, 방방, 형形.

11) 팔풍八風: 설레는 바람, 깨우는 바람, 상쾌한 바람, 무더운 바람, 선선한 바람, 차가운 바람, 파고드는 바람, 매서운 바람.

12) 사수四水: 천천泉, 천천川, 강江, 해海.

13) 사세四勢: 수세水勢, 화세火勢, 목세木勢, 금세金勢.

14) 팔방八方: 동북東北, 동동東, 동남東南, 남남南, 서남西南, 서서西, 서북西北, 북북北.

15) 육십사형六十四形: 성성誠, 순순順, 만만滿, 교교敎, 신신信, 쟁쟁爭, 영영營, 흉흉凶, 성성成, 제제祭, 실실實, 허허虛, 화화和, 희희喜, 림림林, 정정定, 희희希, 망망亡, 착착錯, 장장場, 고고孤, 번번煩, 색색塞, 보보報, 길길吉, 창창倉, 산산産, 분분紛, 명명命, 선선善, 결결結, 호호護, 은은隱, 행행幸, 명명明, 재재災, 내내耐, 반반返, 위위危, 공공工, 분분分, 름름廩, 통통通, 회회會, 집집集, 주주廚, 난난難, 의의議, 변변變, 식식食, 청청淸, 곡곡谷, 공공功, 애애愛, 활활活, 액액厄, 납납納, 제제濟, 역역驛, 검검儉, 추추樞, 귀귀貴, 완완完, 공공空.

면 심어 나는 것이 많아지고, 쌓이면 모여들고, 순후淳厚하면 화합하고, 품으면 화육化育하기가 좋고, 장차 허虛해지려면 허기虛氣가 생겨 깨끗해지고, 장차 실實해지려면 실기實氣가 커져 탁해지며, 험악하면 딱딱하기만 하고, 심어 나는 것이 적으면 참는 것이 많아진다. 척박한 땅에 사는 자者는 의롭고, 기름진 땅에 사는 자者는 예능藝能이 많고, 높은 곳에 사는 자者는 하늘을 섬기기를 잘하고, 낮은 곳에 사는 자者는 땅을 섬기기를 잘하고, 산에 웅거雄據하여 사는 자者는 산신山神을 모시고, 강에 의지하는 자者는 하백河伯을 섬기고, 바다에 접한 자者는 용왕龍王을 모신다.

혈穴을 찾고 맥脈에 의지하고, 지세地勢와 용혈龍穴과 입수入首를 바라보고, 좌향坐向을 바로잡는 자者도 사람이다. 산이 혈穴을 맺는 바는 사람을 위해서가 아니요, 맥脈과 단丹을 맺는 바도 사람을 위해서가 아니고, 하늘이 천기天氣를 내렸다 해도 사람이 빌릴 뿐이고, 땅이 감추면서 드러낸다고 해도 사람만이 헤매고 찾아다닌다. 하늘은 현묘玄妙한 것으로만 본本을 삼지 않고, 땅은 은현隱顯한 것으로만 본本을 삼지 않아 모든 씨에 감출 수 없고, 귀자貴子의 태胎를 열게 해도 모두 바른 자者는 아니니, 좋은 땅에서 나오면 착하고, 험악險惡한 땅에서 나쁜 것만 나오는 것은 아니고, 바른 때로써 바른 명리名利를 구한다고 할 수 없고, 빠른 곳으로써 변變의 명리名利를 모두 구할 수 없다. 지관地官이라 하면서 망자亡者의 터를 찾아 헤매는 바는 먼 옛날의 풍습風習이라고 할지라도 사사로움의 어긋남이 있어서 주인에게 돌려주지 않으면 다른 탓이 혈맥穴脈을 찾고, 명당明堂으로 지리地利를 찾고, 발복發福으로 인내하고, 상룡上龍을 찾는 바는 사람의 욕심에서 비롯된다.

옛날 커발한이 삼천 무리를 이끌고, 신단수神檀樹에 내리자 오방五方의 신神들이 이를 반기어 교화敎化의 틀을 열었고, 왕검王儉이 구한九桓을 통합하자 비로소 치화治化의 틀을 열었다. 만인萬人이 의심하지 않는 하나와 만 가지의 도道가 묶이는 하나로 만나서 한 밝산의 조종祖宗이 되고, 밝달에서 나와 웅상목雄常木[16]에 꽃이 피어 눈이 내린 것처럼 하얗게 변해서 신단수神檀樹가 되었으니, 비로소 구한九桓이 모여 하나로 돌아왔다. 대저 백두白頭는 간방艮方에 위치하여 만산萬山의 조종祖宗이 되었고, 사람은 영대靈臺가 많이 열려 하늘과 가까우니, 비록 궁벽窮僻하기는 해도 갖추어지지 않은 것이 없고, 나지 않는 것이 없고, 기氣가 영험靈驗하여 천하영물天下靈物이 때때로 생긴다. 하늘의 신神은 일체삼용一體三用하고, 땅의 신神은 만용일체萬用一體하고, 하늘의 중심은 해이고, 산의 중심은 삼신산三神山이고, 큰 밝은 땅에 삼태백三太白이 있으니, 삼계三界의 감화感化가 널리 이루어져 그 몸뚱이를 불생불멸不生不滅하게 하고, 쓰임을 무궁무진無窮無盡하게 하여 그 속에서 사는 자者는 은덕을 알지 못하게 받으니, 애오라지 눈에 어른거리기는 하나 보이지는 않고, 귀에 들리는 듯해도 들을 수는 없고, 머릿속에 떠오르지 않아도 만물을 비춤에 한 치의 어긋남이 없어 만세萬世의 후손들이 이를 받는다.

사람은 물에서 태어나 산을 의지하여 삶을 이어가고, 하늘이 기틀을 내자 땅이 모습을 보이게 하고, 고저高低의 기틀을 내자 땅의 테두리에서 벗어 날 수 없다. 신고神誥에 이르기를, '너희 땅이 비록 크다 하나의 둥근 세계고, 땅속의 불을 울리어서 바다가 변하고, 육지陸地가 되어 보이는 모양을 이루었도다'고 하였으니, 하늘은 원圓이고, 땅은 방方이고, 하늘이 몸통으로 땅에 쓰인다. 하늘은 물을 머금어 온전히 정精을 내리고, 땅은 불을 머금어 만물을 화육化育하고, 산은 물을 흐르게 하여 만물을 번성하게 하였으니, 지표

---

16) 웅상목雄常木: 신단수神檀樹, 우주목宇宙木.

地表가 없으면 구획할 수 없고, 우물이 없으면 구정區井할 수 없다.

지리地理로써 크게 일어나면 멀리 가고, 지리地利로써 작게 일어나면 가깝게 일어난다. 천기天氣가 올바르지 않으면 성인聖人일지라도 바로 잡을 수가 없고, 지기地氣가 다치는 것은 현인賢人일지라도 치유할 수 없고, 인기人氣가 사라지는 것은 명인明人일지라도 밝힐 수가 없다. 무릇 삼재三才의 기기氣가 흔들리면 철인哲人이라도 바로 세울 수가 없고, 사람의 기氣가 순환하지 않으면 천지天地도 어찌할 수가 없어 같은 밭고랑에서도 키우는 바가 다르고, 같은 산줄기에도 정사正邪가 다르고, 많이 얻으면 명리名利가 다르게 드러나고, 적게 얻으면 수고에 버금하여 억울해 한다. 바람이 강하면 뿌리를 내리기가 어렵고, 통하는 바람이 없으면 공평公平한 것이 다르고, 흐르는 물이 없으면 생기生氣를 얻기가 어렵고, 흐르는 물이 고이게 되면 썩고, 온기溫氣가 없으면 발아發芽하지 않고, 물이 탁濁면 물고기가 떠오르고, 기氣가 탁하면 온전히 받기가 어렵고, 물산物産이 없으면 시장市場이 서질 않고, 뛰노는 것이 통하지 않으면 굳어지고, 생기生氣가 없으면 번창하지 않고, 산이 조악阻惡하면 의거하지 못하고, 샘이 탁하면 더러우면 마시기 어렵고, 산세山勢가 흩어지면 번영하지 않고, 산기山氣가 바르지 않으면 흉포하다.

땅이 척박瘠薄하면 굳세면서 사납고, 온후溫厚하면 부드러우면서 순하다. 산세山勢가 준험峻險하면 수명이 적고, 산세山勢가 끊기면 참을성이 적고, 늪지가 많으면 수병水病이 많고, 바람이 많으면 자주 변하고, 풍수風水가 어긋나면 광인狂人이 많고, 건조하면 금병金病이 많고, 산에 의지하면 생각이 깊어지고 겸양해지고, 초지草地에 살면 생각이 짧고 민첩하고, 산이 낮으면 감싸는 것이 적고, 땅이 무르면 예민銳敏하고, 단단하면 둔한 자者가 많고, 맑은 물가에는 청결하고, 흐린 물가에는 번잡하기만 하고, 산에 살면 얻는 수고가 많다. 무릇 물가에는 얻는 바가 많고, 산에 살면 인자仁慈하고, 물에 사는 자者는 지혜롭고, 물살이 급하면 가볍고, 물살이 빠르면 어눌하고, 심곡深谷하면 순박淳朴하고, 시市에 사는 자者는 교활하고, 모래가 많으면 용맹하나 잔인하고, 풀이 많으면 순박淳朴하나 어리석고, 무더운 곳에서는 게으르고, 추운 곳에서는 수명이 짧고, 험하면 참을성이 많고, 평탄平坦하면 급하지 않다.

자력磁力이 있는 곳의 동물은 날고, 운모雲母가 있는 동물은 헤엄친다. 비룡飛龍은 하늘로 날고, 잠룡潛龍은 땅 속으로 기고, 해룡海龍은 바다 속으로 헤엄치고, 토룡土龍은 비를 내리고 갑룡甲龍은 비를 멈추게 한다. 흙을 먹는 동물은 쉼 없이 먹고, 물을 먹는 동물은 헤엄을 잘 쳐도 뭍에 오르지 못하고, 고기를 먹는 동물은 힘은 세나 성질이 포악하고, 풀을 먹는 동물은 유순해도 어리석고, 날개가 달린 동물은 멀리 날아도 건지를 못하고, 피를 먹는 동물은 뛰기는 잘해도 사납고, 곡식을 먹는 동물은 지혜는 있어도 거스르고, 흙을 먹고 사는 것은 의식은 없으나 견뎌내고, 물을 먹고 사는 것은 재빨라도 기억이 적고, 잎을 먹고 사는 것은 변태해야 날고, 잡식雜食을 하는 것은 태胎를 벗어야 하고, 즙汁을 먹고 사는 것은 가두어 녹일 줄 아나 구하질 못하고, 나무를 먹고 사는 것은 일의 공功이 적고, 잎을 먹고 사는 것은 수고가 많고, 이끼를 먹고 사는 것은 의식이 쌓이질 않는다.

무릇 지기地氣가 다하면 만년을 이어졌어도 한 순간에 흩어지고, 기름진 밭도 병이 들면 황폐荒弊해지고, 울창하던 숲도 화기火氣에 타서 사라져 버리고, 지력地力을 다하면 키울 것이 사라지고, 지세地勢가 다하면 보이지 않으면서 사라지고, 지형地形이 다하면 흩어져서 괴롭게 된다. 물이 요동하면 화禍가 미치고, 불이 모이면 화액火厄이 모이고, 편안한 것만 알면 액厄이 들어서고, 음습한 곳에는 귀신이 모이고, 물이 차면 집이 수액水厄을 당하고, 귀신鬼神이 모인 자리에 사람이 모여들면 귀신이 놀라고, 바람이 강하면 혼백이 날아가고, 사람이 모인 자리에 귀신이 보이면 놀라 달아난다. 살기 좋은 곳은 사람의 마음에 있는 것이지 천지天地가 만드는 것이 아니요, 사람이 살기 좋다하나 만년가지 않고, 품은 것을 캐내면 천년을 가지 않고, 땅에 애써 세워도 오백년 가지 못하고, 번성해도 백년가지 않고, 단단하게 만들어도 십년 가기 어렵다. 비록 관경이 있더라도 배고프면 넘게 되고, 배부르면 얕보고, 땅이 적으면 자리다툼이 많고, 물이 적으면 마르게 되고, 물산物産이 적으면 흩어지고, 통하지 않으면 시市가 서질 않고, 들어오는 바가 적으면 적게 만들고, 키움이 적으면 가르침이 적고, 밝기가 적으면 흩어진다.

세상의 길흉吉凶은 삼길칠흉三吉七凶[17]하니, 어제 길吉한 것이 오늘 길하다고 할 수 없고, 내일 부귀하다하여 오늘 아끼지 않으면 기약할 수 없고, 내일 발복한다 하여 오늘 법을 어겨가며 정성을 게을리 할 수 없다. 하늘이 살기殺氣를 띄면 땅과 사람이 뒤집어지고, 땅이 살기殺氣를 띄면 천인天人이 화합하질 않고, 사람이 살기殺氣를 띄면 천지天地가 놀란다. 한 곳에 영원히 머물 수는 없고, 한 시도 떠돌 수는 없어 이미 망자亡者와 생자生者의 정精을 거두면서 내리게 되어 하늘에는 죽은 자者의 집을 짓게 하고, 땅에 살 자者의 터를 이룬다. 지세地勢는 강하고, 급격하게 쏠리지 않아야 하고, 지형地形은 균형이 맞아야 하고, 지리地利는 고루 갖추어 두루 명리名利가 있어야 하고, 지명地名은 수려하고, 밝고 아름다워야 하고, 지

---

17) 삼길칠흉三吉七凶: 삼길三吉: 흉凶이 자주 오지 않는 것, 무사無事한 것, 서광瑞光이 자주 비치는 것. 칠흉七凶: 화액禍厄이 끊이질 않는 것, 간난艱難이 끝이 없는 것, 남녀노소가 구분이 없고, 패역悖逆한 것, 지위고하地位高下를 막론하고 도적질을 해대는 것, 기근이 끝이 없는 것, 기후氣候가 막혀 일기日氣가 불순한 것, 중추지시中樞之時가 극종극시極終極始한 것.

력地力은 뻗어나가 멈추질 않아야 하고, 지기地機는 두터워서 크게 감싸 안고, 지기地氣는 흘렀다가 모이고, 모였다가 흘러야 한다. 지형地形이 안온安穩하면 내란內亂에도 회복하기가 쉽고, 지기地氣가 편안하면 나라가 한 순간에 무너지지 않고, 지력地力이 강하면 못 키우는 것이 없고, 지세地勢가 거스르지 않으면 마땅함을 잃지 않는다. 하늘은 하나가 되어 원圓이 되고, 경經을 삼고, 땅은 둘이 되어 방方이 되어 위緯가 되고, 사람은 셋으로 각角이 되어 경위經緯가 되고, 하늘이 높다고 모두에게 공평公平하다고 할 수 없고, 땅이 넓다고 모두 안락하다고 할 수 없고, 높은 산과 넓은 땅이 있다고 혜택이 많다고 하지 못하고, 널리 퍼져 있어도 안락하면 천지天地가 기뻐하고, 작고 야트막한 땅일지라도 알차면 넘볼 수가 없다.

무릇 옛날 성왕聖王들이 강역疆域을 다스렸으니, 한인씨桓仁氏이 열 두 나라를 다스리니, 남북으로 이만 리 고, 동서로 삼만 리 고, 한웅씨桓雄氏는 아홉 나라를 다스렸으니, 남북으로 만 이천 리 고, 동서로 만 오천 리 고, 왕검씨王儉氏는 삼조선三朝鮮으로 나누니, 남북으로 만 오천 리 고, 동서로 만 이천 리 고, 부여扶餘는 남북으로 만 리 고, 동서東西로 만 오천 리 고, 고구려高句麗는 남북으로 만 이천 리 고, 동서로 만 이천 리 다. 삼신三神이 강림降臨한 산이 삼신산三神山으로 만산萬山의 조祖가 되고, 구한九桓의 영산靈山으로 남으로는 태백太白으로 뻗고, 남서로는 곤륜崑崙으로 뻗었으며, 북동으로는 북해北海에 이르고, 북으로는 극極에 이르며, 서북으로는 대황大荒으로 뻗었고, 남으로는 마한馬韓의 남해南海에 이른다.

하늘에 제祭를 지내는 곳을 천단天壇이라 하고, 땅에 제祭를 지내는 곳을 지단地壇이라 하고, 사람이 죽으면 제사祭祀를 지내는 곳이

지석支石[18]이고, 하늘의 천국天國을 땅에도 이루는 것을 밝달이고, 신향神鄕은 혼백魂魄의 고향이고, 아리령은 선후천先後天의 고개이다. 하늘이 귀한 바는 공탕公蕩하기에 믿고, 땅이 귀한 바는 밟기에 안전하고, 곡식을 잘 키우는 바는 안온한 바에 있고, 산세山勢가 온전한 바는 미려美麗에 있고, 지세地勢가 평안 바는 평탄平坦에 있고, 지형地形이 감싸 안는 바는 펼쳐지기에 안을 수 있고, 바다가 귀한 것은 심광深廣하여 크게 담기에 많이 살 수 있고, 지기地氣가 활발한 것은 생기生氣가 있기에 천지天地의 공공功이 있고, 지력地力이 뻗히는 것은 지기地機의 뻗침에 있다. 하늘이 정精을 키워 사람을 만들고, 땅이 사람을 낳고, 사람은 사람을 품어 이으니, 하늘은 하나가 되어 원圓이 되고, 위緯로 삼고, 땅은 둘이 되어 방方이 되어 경經을 삼고, 사람은 셋이 되어 각角이 되어 경위經緯의 교차가 된다. 대개 허실虛實은 좌선左旋[19]하고, 북쪽에서 근본根本을 살피고, 동쪽은 교육敎育하고, 남쪽에서 의를 세우고, 서쪽은 기강紀綱을 바로 잡는다. 봄에는 따뜻하고, 탁하기에 심을 수 있고, 여름에는 뜨겁기에 키울 수 있고, 가을에는 청정淸淨하기에 거둘 수 있고, 겨울에는 춥기에 저장할 수 있고, 해가 달보다 앞서기에 따뜻할 수 있고, 달이 해보다 앞서기에 심어 키울 수 있고, 달이 가득 차기에 바닷물이 높아지고, 달이 기울기에 갑각甲殼의 살이 오르니, 쑥은 사액邪厄을 좇고, 마늘은 재화災禍를 다스리고, 수수를 심을 땅에 수수를 심고, 벼를 심을 땅에 벼를 심고, 해가 있기에 생장할 수 있고, 달이 있기에 바다가 오르내린다.

대저 삼신三神이 사람을 창생蒼生하게 하는 아이를 낳을 때 명命

---

18) 지석支石: 천일지이天一地二의 이치로 하늘에는 하나로 땅을 덮고 둘로써 기둥을 덮는다.

19) 좌선左旋: 남북 허虛, 동서 실實, 남북 남자, 동서 여자, 남북 정신, 동서 육체, 남북 명분, 동서 명리, 남북 혼백, 동서 골육骨肉, 남북 실천, 동서 말, 남북 생사生死, 동서 업산業産, 남북 물, 동서 산, 남북 허장虛張, 동서 방유房㒼, 상하 기화氣化, 좌우 양질量質.

을 주고, 지신地神은 지덕地德내고, 업業을 가지면 업주가리業主嘉利
가 되고, 집안에 있으면 터주고, 집터에 내리면 성주城主고, 해마다
복福을 내리면 새신賽神이고, 소도蘇塗에 내리면 주신主神이고, 제
천祭天에 천신天神이고, 산에는 산신山神이고, 땅에는 지신地神이고,
바다에는 용왕龍王이고, 지상地上에는 천하대장군天下大將軍이고,
지하地下에는 지하여장군地下女將軍이고, 재齋에는 복신福神이다.
만물은 삼신三神이 지키고 나라에는 호국신護國神이 지키고, 농토
農土는 신간神竿이 지키고, 산은 산신山神이 지키고, 강은 하백河伯
이 맡고, 바람은 풍백風伯이 맡고, 비는 우사雨師가 맡고, 구름은 운
사雲師가 맡고, 우레는 뇌공雷公이 맡고, 부루扶婁는 백회百會의 백
아강白牙岡을 맡고, 부우扶虞는 부아악負兒岳을 맡고, 부소扶蘇는 부
소량扶蘇樑을 맡고, 부여扶餘는 탕지보蕩池堡를 맡는다. 마니산摩尼
山은 강과 바다가 만나고, 다섯 산이 둘러싸인 곳으로 땅이 조용하
고, 깊어서 하늘과 땅이 가깝게 만나는 곳으로 중단전中丹田이 만
나 땅의 허파와 같은 곳이라 드나듦이 용이하고, 오행五行의 밝은
빛이 회전하여 사상四象이 빛나고, 오행五行이 떠받쳐서 팔괘八卦가
균형을 잃지 않는 곳으로 만년길지萬年吉地가 된다. 옛말에 '하늘은
실實을 좋아하고, 땅은 허虛를 좋아하여 단壇을 물 한가운데 설치
하였고, 단壇의 위가 모나고 아래가 둥근 이유는 하늘과 땅의 이치
를 생각했기 때문이다'고 하였으니, 언덕은 허虛하고, 골짜기는 실
實하고, 높은 곳은 실實을 좇고, 낮은 곳은 허虛를 좇고, 밝은 곳은
허虛하고, 어두운 곳은 실實한 까닭이 된다.

치산치수治山治水의 도道는 부루태자扶婁太子가 황구黃寇들이 불
어난 물에 어려움을 겪는 것을 보고, 불쌍히 여겨 하우夏禹에게 이
를 가르쳐서 물에서 건져 내게 하였다. 오행치수五行治水의 요체要
諦는 물은 높은 곳에서 나오고, 불은 땅 속 깊은 곳에서 나오고, 씨
는 뚫고 일어나 위로 크고, 쇠는 흙 속에 묻혀 큰다. 물은 골을 따

라 흘러내리고, 산은 물을 만나 기복起伏하고, 물은 산을 둘러 흐르
니, 산에서 피해야 할 곳과 좋은 땅은 서로 같은 곳에 있어도 한 치
의 차이가 만 리의 거리가 생겨 허虛한 가운데 실實을 좇고, 실實한
가운데 허虛한 것을 좇아 하늘이 징조徵兆를 내리며, 땅이 화육化育
하고, 온전하게 천지天地를 이어 번영한다. 땅을 파서 금金을 캐고,
산에서 나무를 베고, 평지에서 말을 키우고, 강과 바다에서 물고기
를 잡는 것은 강해江海에서 업業을 구하는 이치가 되어 땅에서 심
어나는 것과 가꾸어 거두는 것과 길러 키워내는 것은 천지天地의
은덕은 여기에 있으니, 백성이 모여들면 살터와 먹을거리가 있어
야 하고, 농사를 지으려면 물을 댈만한 곳이 있어야 하고, 집을 지
으려면 의지할 만한 터가 있어야 한다. 땅이 온전히 전하고, 빛을
받아 밝아지고, 달이 떠서 어두운 밤을 비추고, 물을 머금고, 불을
감추고, 쇠를 덮으며 명命을 낸다. 땅의 형세形勢를 관찰하고, 산천
山川의 지세地勢를 둘러보고, 바람의 기운에 따르고, 흙은 부드럽
고, 음식은 풍족하고, 물산物産의 흐름이 원활하여 강해江海의 연
결이 순하여 수심水深은 깊으면서도 걸리지 않아 출입이 쉽고, 바
람이 순하여 곳마다 닿지 않는 곳이 없고, 기후는 따뜻하고, 시원
하여 때를 크게 벗어나지 않게 하고, 하늘이 사람을 내고, 땅이 사
람을 기르고, 산이 사람을 편안하게 품으며 산은 정결하고, 깨끗한
기운은 순조롭고, 맑은 날이 많고, 사시四時와 육기六氣가 조화調和
한다.

터는 삶의 원천이 되고, 살만한 터에 모이면 세력이 생기고, 세력
이 모이면 힘이 생기고, 힘이 생기면 주인이 생겨 비로소 터를 유
지하고, 자손까지 번성하게 한다. 업業이 생기면 의기義氣가 생기
고, 의기義氣가 있으면 선기善氣가 생기고, 선기善氣가 있으면 미기
美氣가 생기고, 미기美氣가 있으면 마침내 지智가 생긴다. 나라가
부유하면서 관경管境이 확실하여 지키는 바가 굳건해져 도적 떼가

약탈하지 못하고, 기름진 땅이 넓으면 사람이 많아져서 내적內賊이 생기지 않는다. 그러나 땅이 척박하면서 좁으면 사람이 모이는 바가 적고, 나라가 빈약해져 마침내 국시國是도 지키기도 어렵게 된다. 바다가 넓으면 쳐들어오기가 어렵고, 강이 막히면 넘기 힘들며 강을 등지면 생사生死를 가리기가 어려우며, 산이 험난하면 거두기가 어렵다. 대개 산과 강을 찾는 것은 편리를 얻고자하는 것인데 항港을 만듦은 원리遠異를 구하고자 하고, 큰 배를 만드는 것은 광과廣過하고자 하고, 땅이 넓다고 해도 어두운 모서리가 있고, 나라가 넉넉하다고 해도 모두 배불릴 수는 없고, 모든 것을 양육한다 해도 제대로 키워지지 않는 것이 있고, 모두 감추어도 숨기지 못하는 것이 있고, 온전하게 받아도 삐뚤어지는 것이 있고, 강역疆域이 넓어도 흩어지는 것이 있고, 땅이 좁아도 모으면 흐트러뜨리지 않는 것이 있다.

무릇 사람이 사는 곳은 편안한 것을 본本을 삼는데 넉넉하고도 두터우면 재리財利가 스스로 모여들어 안온하게 감싸고, 지기地氣 또한 도탑고, 지기地機가 편안하여 빛이 날카롭지 않는다면 시끄러운 소리에 성가시지 않고, 물은 달면서 시원하고, 땅이 요동하여 뒤집어지지 않고, 도둑과 사기꾼이 들끓지 않고, 삶들이 균형均衡이 잡혀 조석朝夕으로 변하지 않고, 풍속風俗이 의로우면서 아름답고, 선善을 권하게 되어 부끄러움을 알아 양보하는 바가 크다. 임검이 토지土地를 취하는 바는 백성을 바르게 기르고자 하는 것이니, 백성이 군주를 내는 것은 안온安穩하고자 하고, 하늘이 사람을 내는 바는 천지天地의 허실虛實을 사람이 실천하고자 하고, 땅이 사람을 키우는 바는 만물의 으뜸으로 착하고자 하고, 하늘과 땅 사이에 사람이 서는 까닭은 소통하고자 하고, 사람이 머리를 이면서 땅에 다리를 두는 것은 지기地氣로 키워 하늘을 닮게 하고자 하는 것이니, 마침내 하늘에 제천祭天하고, 땅에 보본報本은 사람에게 정성

精誠을 갖게 한다. 나라의 도읍都邑을 세우는 바는 만년의 사직社稷을 길게 세우고자 하고, 땅에 지단地壇을 세우는 바는 지신地神을 섬겨 천명天命을 알게 하고, 하늘에 천단天壇을 세우는 바는 지덕地德을 이루어 천명天命을 알게 하고자 한다.

성인聖人이 나오자 생로병사生老病死를 알았고, 현인賢人이 나오자 길흉화복吉凶禍福를 알게 되었고, 술자術者가 나오자 비잠주복飛潛走伏을 알게 되었다. 진실로 큰 하늘은 모든 땅을 허락하고, 진실로 큰 땅은 하늘이 상서祥瑞를 내리니, 낳아 기르는 오축五畜을 오가五家의 본本으로 삼고, 심으면 심은 대로 나오는 것을 본本으로 삼고, 곡식과 채소를 심어 잘 크고 자라게 하여 땅의 도道를 믿게 하고, 어김없이 때를 놓치지 않게 하여 하늘의 믿음을 본本으로 한다. 성인聖人은 산에서 나오고, 만물의 응산凝産은 물에서 나오고, 만물의 성숙成熟은 불에서 나오고, 만물의 식육植育은 나무에서 나오고, 만물의 숙살肅殺은 쇠에서 나오고, 만물의 바탕은 흙으로 하고, 바람으로 돌아들어 조화調和하여 한 곳으로 모이는 것은 중추中樞다. 관천觀天하여 상상象을 보고, 명지明地하여 상相을 보아 오늘 반성하고, 내일을 예단豫斷하니, 천기天氣로써 상천相天하고, 지기地氣로써 상지相地하고, 인기人氣로써 상복相福을 구하고자 하는 것은 형세形勢로 기氣를 모으고자 하는 것이다.

금대襟帶하여 비장秘藏하고, 남문북벽南門北壁하고, 동창서돌東窓西堗하여 오방五方[20]을 조심하고, 북풍北風이 수기水氣를 가져오고, 남풍南風이 화기火氣를 가져오고, 동풍東風이 목기木氣를 가져오고, 서풍西風이 금기金氣을 가져오고, 중풍中風에 토기土氣를 가져오고, 단旦에는 오기五氣를 가져오고, 오축五畜은 사시四時에 맞추어 움직

---

20) 오방五方 조심: 북방 물 조심, 남방 불조심, 동방 나무 조심, 서방 쇠 조심, 가운데 흙 조심.

이고, 봄에 만물을 심어 깨우고, 여름에 만물을 키우고, 가을에 만물을 자르고, 겨울에 만물을 저장하고, 때가 늦어지면 물러가려 하지 않고, 일찍 오면 아직 물러가지 않으며, 물러가지 않으면 들어갈 수 없고, 마지못하여 들어가면 짧아진다.

땅에는 이소삼궁지二巢三穹地가 있으니, 청궁지靑穹地는 온화하고, 물을 끼고 있고, 맑은 기氣가 잘 다스려지나 변화가 심하고, 거두는데 공功이 적고, 바람이 거칠고, 구불구불하나 지기地氣가 강하고, 푸른빛이 돌며 신맛이 나고, 마麻와 오얏과 개가 잘 크며 팔八이다. 백소지白巢地는 바람이 강하고, 차며 물과 땅이 모두 험하고, 지기地幾가 강하고, 보기에는 좋으나 나는 것이 적고, 지키는 것이 강하고, 잔인하고, 흰빛이 돌고, 맵고, 기장과 복숭아와 닭이 잘 크며 구九이다. 흑소지黑巢地는 차가워서 나는 것이 적고, 지세地勢가 강하여 인내를 잘하고, 검은 빛이 돌고 척박瘠薄하고, 심고 나는 것이 적으나 저장하기 쉽고, 콩과 밤과 돼지가 잘 크며 육六이다. 적소지赤巢地는 늘 안개가 걷히지 않고, 초목이 무성하고, 붉은 빛이 돌고 뜨거우며, 키우는 것은 잘하나 저장하지 못하고, 참는 것이 없으며, 지력地力이 강하고, 보리와 살구와 말이 잘 크고, 칠七이다. 황궁지黃穹地는 춥고 더운 것이 번갈아 나타나고, 숨기는 것이 많고, 드러내는 것이 적고, 지미地味는 달고, 누런색이 돌고 탁하고, 벼와 대추와 소가 잘 크며 오五다.

오지五地로는 첫째 흑지黑地로 신장腎臟을 맡고, 얼굴이 검고 코는 퍼지고, 기골奇骨이 장대長大하고, 힘을 쓸 줄 알고, 사람들은 어리석으면서도 장수한다. 둘째 적지赤地로 심心을 맡고, 이곳의 사람들은 얼굴이 검붉고, 코는 낮고, 고수머리에 눈동자는 크고, 눈이 크고, 힘이 강하고, 단순하고, 거칠고, 독립적이고, 지키는 힘이 강하다. 셋째 청지靑地로 해를 처음 맞이하는 곳이고, 간肝을 맡고,

일찍 지혜가 열리고, 마음이 깨끗하고, 남을 잘 믿고, 주위의 뜻을
잘 받아들이고, 얼굴이 노랗고, 둥글고, 코는 높지 않고, 눈은 크지
않고, 위로 약간 올라갔고, 몸은 날래고, 정情이 많다. 또한 정신이
뛰어나고, 기氣를 잘 다스려서 순종적이고, 어려운 상황을 잘 극복
하고, 부모를 잘 섬긴다. 넷째 백지白地로 폐肺를 맡고, 얼굴이 희
고, 코는 높고, 머리카락은 황금색이고, 키가 크고, 몸에 털이 많고,
이기적이고, 치밀하고, 계산적이다. 다섯째 황지黃地로 위胃를 맡
고, 얼굴이 누르고, 피부가 매끄럽고, 코가 낮고, 믿는 바가 크고,
어질고, 의롭고, 참는 것이 적고, 만인萬人의 장長이다.

넓도다! 땅의 화和여! 땅의 큰 덕德은 화육化育하게 하고, 팔성신
八星神[21]이 맡고, 팔풍八風[22]으로 서로 전하고, 오행육기五行六氣[23]가
서로 돕고, 믿어 천지天地의 도道가 이어진다. 하늘의 신神이 땅의
령靈으로 이루어지고, 역易을 엿보아도 순서가 있어 하늘의 뜻으로
징표徵標를 내자 땅이 형상을 키우고, 하늘이 정精을 내려 만인萬
人의 표標가 되고, 하늘이 오제五帝[24]를 내려 감독하고, 땅은 오령五
靈[25]으로 올리고, 양장군兩將軍을 두어 천하天下를 살피고, 생지生地
는 만물이 생기生氣로써 번성하게 하고, 오상무五相無[26]와 육불무六

---

21) 팔성신八星神: 한인桓仁, 한웅桓雄, 태호太昊, 유인有仁, 치우蚩尤, 신농神農, 왕검王儉, 부루扶婁.

22) 팔풍八風: 설레는 바람, 깨우는 바람, 상쾌한 바람, 무더운 바람, 신선한 바람, 차가운 바람, 파고
드는 바람, 매서운 바람.

23) 오행육기五行六氣: 오행五行: 수水, 화火, 목木, 금金, 토土, 육기六氣: 조燥, 열熱, 한寒, 뇌雷,
습濕, 풍風.

24) 오제五帝: 수제水帝, 화제火帝, 목제木帝, 금제金帝, 토제土帝.

25) 오령五靈: 태수太水, 태화太火, 태목太木, 태금太金, 태토太土.

26) 오상무五相無: 낳지 못하는 것, 키우지 못하는 것, 태우지 못하는 것, 자르지 못하는 것, 묻지 못하
는 것.

不無²⁷⁾와 오불지五不地²⁸⁾는 피해야 한다.

대개 지수地數는 인사人事를 맞추고자 하는 술법術法이다. 맞으면 복福이 되고, 어긋나면 화禍가 모여 억지로 수數를 가져다 붙이고, 고정固定되게 미혹迷惑하여 세대에 걸쳐 미치게 한다. 지도地道의 덕德은 미혹迷惑하기 위해 존재하지 않고, 사람을 혈穴에 묻는 바는 땅 때문이 아니요, 나라를 세우는 큰 뜻은 백성을 편안히 하고, 복福을 구하고, 대업大業을 이루고자 땅을 빌릴 뿐이고, 백성의 삶을 피폐疲弊하게 하여 약탈하려는 것이 아니요, 땅이 시켜서 하는 것도 아니요, 신神이 원해서 하는 것도 아니니, 풍광風光이 좋으면 모이게 되고, 땅을 달리하면 성품性稟이 달라지고, 풍속風俗 또한 달라져 마침내 그 호오好惡에 따라 극에 달한다.

무릇 지기地氣를 아는 자者는 모자라면 보태주고, 넘치면 나누어 주며 크면 나누고, 적으면 보태주며 실實하면 지형地形에 맞추고, 허虛하면 지명地名으로 밝게 해주며 사사로이 쓰임이 없게 해야 한다. 지삼계地三界²⁹⁾는 사방四方³⁰⁾의 사기四氣³¹⁾로써 맞추고, 사불사四不死³²⁾로써 사변四變³³⁾을 통하게 하고, 오형산五形山³⁴⁾에 오색지五色

---

27) 육불무六不無: 영원히 사는 것, 영원히 생기지 않는 것, 영원히 삼가는 것, 영원永遠히 끊기는 것, 영원永遠히 드러내지 않는 것, 영원히 숨기는 것.

28) 오불지五不地: 맹지盲地는 만물을 어둡게 하고, 난지亂地는 샘이 마르게 하고, 풍지風地는 소리 내어 울고, 사지死地는 만물을 숙살肅殺하고, 극지極地는 살고자 하는 것조차 죽게 한다.

29) 지삼계地三界: 수水, 산山, 야野.

30) 사방四方: 북北, 동東, 남南, 서西.

31) 사기四氣: 열熱, 한寒, 온溫, 난暖.

32) 사불사四不死: 초草, 목木, 약藥, 근根.

33) 사변四變: 풍風, 우雨, 운雲, 무霧.

34) 오형산五形山: 수형水形, 화형火形, 목형木形, 금형金形, 토형土形.

地35)로 빛을 맞추고, 오방五方36)의 지주신地主神37)의 육기六氣38)로 육형체六形體39)와 육수형六水形40)을 어울리게 하여 지미地味41)를 만들고, 칠명七命으로 마땅함을 세우고, 팔방八方42)에서 조화調和하고, 비로소 구명九命43)으로 구완九完44)하고, 십승十勝45)으로 십통十通46)한다.

지기地氣는 고저高低로 완급緩急하고, 지세地勢에는 대소大小로 밀고 당기는 것이 있고, 지형地形은 중추中樞로 명완明完이 있고, 지기地機는 상하上下로 강약이 있다. 산이 순順하면 물산物産도 순하고, 지기地氣가 역하면 사나워져 치우치게 되고, 어지러우면 음란하고, 흩어지면 외면하고, 달아나면 등을 지며 깨어지면 막히고 뚫리면 막힘이 없고, 기氣가 모이면 흩어지지 않고, 행하다가 잠시 멈추면 혈穴이 되고, 끊임없이 공급되면 맥脈이 되고, 과하거나 모자라

---

35) 오색지五色地: 흑색지黑色地, 적색지赤色地, 청색지靑色地, 황색지黃色地,백색지白色地.

36) 오방五方: 북北, 동東, 남南, 서西, 중中.

37) 지주신地主神: 흉신凶神, 악살惡煞, 횡액橫厄, 재앙災殃, 휴인休因, 사절死絕, 폐해廢害, 험란險亂, 요천夭塞, 업장業障, 오변五變은 광우열한풍光雨熱寒風.

38) 육기六氣: 한寒 서暑 조燥 습濕 풍風 우雨.

39) 육형체六形體: 산, 강江, 야野, 해海, 초草, 목木.

40) 육수형六水形: 우雨, 로露, 무霧, 운雲, 상霜, 설雪.

41) 지미地味: 목기木氣가 강한 곳은 신맛, 화기火氣가 강한 곳은 쓴 맛, 금기金氣가 강한 곳은 매운 맛, 토기土氣가 강한 곳은 단맛, 수기水氣가 강한 곳은 짠맛.

42) 팔방八方: 건방乾方 서북, 자북磁北 수정, 태방兌方 서, 이방離方 남, 진방震方 동, 손방巽方 동남, 감방坎方 북, 간방艮方 동북, 곤방坤方 서남.

43) 구명九命: 일신강충一神降充, 성통광명性通光明, 귀명지화歸命之化, 재세이화在世理化, 홍익인간弘益人間, 성기명지成己命知, 신성명화神性明化, 개물평등開物平等, 자유공검自由恭儉.

44) 구완九完: 유일唯一, 태극太極, 삼계三界, 방분方分, 순행順行, 의약醫藥, 의선宜善, 물상物象, 명완明完.

45) 십승十勝: 식신飾身, 계지啓智, 발능發能, 공검恭儉, 수학受學, 홍익弘益, 연업鍊業, 성기成己, 개물開物, 평등平等.

46) 십통十通: 안명眼明, 이보耳報, 비순鼻順, 구풍口豊, 심안心眼, 위소胃消, 성능性能, 족원足遠, 수재手才, 항진肛盡.

면 바람이 순역풍順逆風하고, 더우면 식히고 추우면 감싸 안는다. 천리마다 기질氣質이 다르고, 백리마다 풍속風俗이 다르고, 십리十里마다 산세山勢가 다르고, 집집마다 산형山形이 다르고, 방마다 혈穴이 다르니, 허실虛實의 기氣가 흩어지면 쓸모없는 것이 나타나고, 허실虛實의 기氣가 역逆하면 괴이怪異한 것이 나타나고, 얼음이 녹아야 땅을 팔 수 있고, 땅이 얼어야 저장할 수 있다.

지기地氣가 피워 올라야 구름이 되고, 안개가 내려야 이슬이 맺히고, 비가 내려야 샘이 솟고, 물이 내려가야 도랑이 되고, 도랑이 모여야 강江이 된다. 기氣가 좋으면 좋은 물산物産이 나고, 지형地形이 수려하면 준수한 것이 나오고, 지세地勢가 마땅하면 어그러지지 않고, 풍광風光이 좋으면 지세地勢와 지형地形이 그르게 베풀어지지 않고, 풍광風光이 새로워도 길지 않고, 기이奇異하면 멀지 않아 액厄을 피하지 못하고, 흉악하면 지세地勢는 바르게 기르지 않는다. 허虛한 것에서는 허虛한 것이 나고, 실實한 것에서 실實한 것이 나고, 허虛한 것이 극에 달하면 지기地氣가 이를 보완補完하고, 실實한 것이 극에 달하면 지기地氣가 보충하고, 실實한 것으로 때를 알고, 허虛한 것으로 곳을 알게 된다.

백회百會와 명문命門에서 바라보니, 팔방八方이 천지天地를 위해 돌아들어 나라에 천단天壇 세우고, 명지明地에 천주天柱 세우고, 지신地神에 지단地壇 세우고, 허지虛地에 토주土柱 세우고, 실지實地에 신주神柱 세우고, 집안에 부루扶婁 단지 놓고, 아기에게 명줄을 달고, 문 앞에 금줄 달고, 실지實地에 방아 걸고, 허지虛地에 우물 파고, 명당방明堂方에 사당祠堂 짓고, 생문방生門方에 문을 내고, 복덕방福德方에 곳간 내고, 현무방玄武方에 샘 파고, 주작방朱雀方에 부엌 내고, 청룡방靑龍方에 나무 심고, 백호방白虎方에 약초藥草 심는다. 삼신三神이 땅을 낳고, 땅이 힘을 낳고, 힘이 세勢를 낳고, 세勢

가 용龍을 낳고, 용龍이 기氣를 낳고, 기氣가 혈穴을 낳고, 혈穴이 이利를 낳고, 이利가 리理를 낳고, 리가 명明을 낳고, 명明이 터를 낳는다. 밤을 좋아하는 것은 실實한 것을 좋아하고, 낮을 좋아하는 것은 허虛한 것을 좋아하고, 추동秋冬을 좋아하는 것은 실實하려 하고, 춘하春夏를 좋아하는 것은 허虛하려 하고, 허기虛氣가 강한 것은 극極이고, 실기實氣가 강한 것은 극이고, 지기地氣가 강하면 화기火氣가 감추어지고 금기金氣가 상하고, 목기木氣가 갇히고, 수기水氣가 상쇄相殺하고, 사시풍四時風[47)]으로 사시기四時氣[48)]를 맡는다.

　하늘의 근본수根本數는 일一이고, 땅의 근본수根本數는 이二고, 사람의 근본수根本數는 삼三이다. 천수天數[49)]와 지수地數[50)]의 천지수天地數가 서로 응하면 화물化物하고, 하늘이 삼신三神하니 땅이 삼극三極하고, 하늘이 허실虛實하니 땅이 음양陰陽하고, 하늘이 주신主神이니 땅이 지신地神이고, 하늘이 하나이니 땅도 하나고, 하늘이 무극無極하여 땅이 반극伴極이고, 하늘이 천부天符하여 땅이 지부地府고, 하늘이 천부天父하여 땅이 지모地母고, 하늘이 영검靈驗하여 땅이 풍족하고, 하늘이 사계四季하여 땅이 사방이고, 하늘이 오행五行하여 땅도 오행五行이고, 하늘이 육기六氣하여 땅이 육합六合이고, 하늘이 칠성七星하여 땅이 칠중지七重地[51)]고, 하늘이 팔괘八卦하여 땅이 팔풍八風이고, 하늘이 구중천九重天[52)]하여 땅이 구궁지

---

47) 사시풍四時風: 봄 청풍靑風, 여름 열풍熱風, 가을 렴풍斂風, 겨울 장풍臧風.

48) 사시기四時氣: 봄 목기木氣, 여름 화기火氣, 가을 금기金氣, 겨울 수기水氣.

49) 천수天數: 일一, 삼三, 칠七, 구九, 십十, 십오十五, 삼십三十, 십일八十一.

50) 지수地數: 이二, 사四, 육六, 팔八, 십이十二, 십팔十八, 육십六十, 육십사六十四.

51) 칠중지七重地: 생산지生産地, 사상지死傷地, 명지지命智地, 열생지熱生地, 교명지敎命地, 명지지命知地, 휴림지休林地.

52) 구중천九重天: 뜨거운 하늘, 끝없는 하늘, 차가운 하늘, 공평한 하늘, 도는 하늘, 다투는 하늘, 품는 하늘, 무서운 하늘, 믿는 하늘.

九穹地[53]고, 하늘에 십간十干하여 땅에 십절十節이 있다. 하늘에 십이지十二支하여 땅에 십이지지十二支地고, 하늘에 이십사절二十四節하여 땅에 이십사절기二十四節氣이고, 하늘에 이십팔수二十八宿하여 땅에 이십팔지二十八地가 있고, 하늘에 육십도수六十度數하여 땅에 육십분六十分이고, 하늘에 삼백육십도수三百六十度數하여 땅에 삼백육십일三百六十日이 있다. 하늘에 십간十干이 있으면 땅에는 십이지十二支고, 사람에게는 육십간지六十干支고, 하늘에 십이기十二朞가 있고, 땅에 십이절十二節이 있으면 사람에게 십이경락十二經絡이고, 하늘에는 이십팔수二十八宿하여 땅에는 이십팔지二十八地로 와 함께 드러나는 천지지도天地之道는 곧 인간지본人間之本[54]이 된다.

부도지符都誌[55]에 이르기를, '하백씨河伯氏의 아들 왕검王儉이 부도符都를 건설할 약속을 지켜 마침내 건설하니, 이二와 육六이 교차하는 핵심核心의 지역이고, 사四와 팔八이 상생相生하는 결과의 땅이다'고 하였다. 옛 부도符都의 법법法은 거불단한웅居佛檀桓雄[56]의 비왕卑王인 왕검王儉이 사해四海의 이십팔주二十八州를 순방巡訪하고, 돌아와 천부天符를 건설할 것을 서약하였으니, 그 땅은 자삭磁朔의 정精이 모인 땅으로 정精이 모이고, 살煞을 떨치고 일어나면서 맑고 수려하고, 지력地力이 넘치면서 지기地氣가 모여 든다. 신

---

53) 구궁지九穹地: 종시지終始地, 허실지虛實地, 신계지神界地, 극성지極性地, 행전지幸轉地, 식화지食貨地, 성명지性命地, 상명지象明地, 무사지巫祀地.

54) 인간지본人間之本: 기력혈혈氣力穴血, 골수근육骨髓筋肉, 장부정정臟腑精情, 혼백의지魂魄意志, 신생화육神生化育, 화복보응禍福報應, 폐수인화閉囚因禍, 존귀비천尊貴卑賤, 수렴가색收斂稼穡, 신지절부神志節膚, 청탁명암淸濁明暗, 상원하방上圓下方, 성명정령性命精靈, 체질욕기體質慾氣.

55) 부도지符都誌: 신라新羅 눌지마립간訥祇痲立干 때의 현상賢相인 박제상朴堤上의 저서.

56) 거불단한웅居佛檀桓雄: 신시神市 第 18代 桓雄 (開天 4818-4866 西紀前 1517-1565)

지神誌[57) 발리發理[58)가 신지비사神誌秘詞[59)를 저술하자 세상世上의 호사하는 자者들이 앞 다퉈 혼동시키면서 수數를 추론推論하여 진단震檀이 아홉 번 변한다하면서 참언讖言하여 구결口訣의 본보기라 하였다. 이때부터 지상地相과 지복地福을 구하고, 크게는 나라의 도읍都邑을 구하고, 작게는 살아서는 양택陽宅이라 하고, 죽어서는 음택陰宅으로 정하게 되었다.

술자術者들이 땅을 음양陰陽으로 나눠 길흉吉凶을 점단占斷하는 바는 보이는 것에만 의탁依託하고, 삼계三界에 가탁假託하기까지 하였으니, 지리地理에 통달한 자者가 천하天下를 누벼서 용혈龍穴과 지맥地脈을 찾아 생기生氣가 모이는 곳에 좌방坐方하고, 산세山勢에 의거하여 도읍都邑을 정하고, 마을을 만들며 길을 만들고, 샘을 파서 사람이 살 곳을 정하고, 묘의 터를 정한다. 세속世俗에서 산가山家의 도道를 행하는 자者[60)들이 펼쳐지는 술법術法[61)은 복福된 땅과 산을 어미로 하여 회귀回歸를 따르니, 영혼靈魂을 밝혀 귀신鬼神이 작란하지 않게 하고, 땅의 곳으로 융성隆盛을 얻는 바는 무사無事로써 편안을 얻고자 한다. 땅의 변變을 취하는 바는 명리名利를 얻고자 하고, 하늘에서 때를 취하여 이름을 얻고자 한다. 하늘의 때를 알고, 땅에서 변화를 취하는 것은 하늘의 조짐을 따르고, 때에 이르러 두성斗星이 움직이는 것은 계절의 변화에 있고, 천둥이 치는 것은 만물을 소리로 일깨우고, 번개가 한 번 치는 것은 듣지 못하는 것을 일깨우고, 서리가 내리는 바는 때를 잃어 성장하는 것을

---

57) 신지神誌: 한웅시대桓雄時代 문서출납文書出納 담당관.

58) 발리發理: 제6대 달문단제達門檀帝때의 현인賢人, 서효사誓效詞 지음.

59) 신지비사神誌秘詞: 제 6대 달문단제達門檀帝 때의 신지神誌의 저서.

60) 산가山家의 도道를 행하는 자者: 지사地師, 지사地士, 풍수승風水僧, 지관地觀, 풍수사風水士, 명사明士, 지관地官, 풍수자風水者, 땅쟁이.

61) 펼쳐지는 술법術法: 상지법相地法, 지복술地卜術, 지기법地氣法, 손감법巽坎法, 점지술占地術.

제재하고, 이슬이 내리는 바는 만물을 화육化育하고, 계절이 한번 바뀌는 바는 만물에 주기를 일깨우고, 비가 내림은 장차 한열寒熱을 알게 한다.

삼신고제三神古祭의 깊은 뜻을 기리는 것은 큰 산 밑에 작은 방구方丘에서 시작되었으니, 천신天神과 지신地神과 인신人神의 깊고, 높은 덕德을 기린다. 하늘이 홍익弘益하고, 땅이 재세이화在世理化하고, 사람으로서 무고誣辜의 원怨을 푸는 것으로 거짓과 망녕妄靈 된 것은 마침내 사라지고, 욕심으로 간섭하고, 원한으로 침범하지 않아 산천山川의 귀貴를 능히 알면 땅의 덕德을 안다. 신고神誥에 이르기를, '너희 땅이 스스로 큰 듯해도 둥그런 하나의 세계이니, 땅속의 불이 크게 울려 바다를 끓게 하여 신神께서 기氣를 불어 넣고 햇볕을 밑까지 쪼여 두루 따뜻하게 하니 기고, 날고, 변하고, 심어 기르는 것이 번식한다'고 하였으니, 만물이 땅을 의지한다 하나 정精이 없으면 화육化育할 수 없고, 덕혜德惠의 공功을 빌리지 않으면 번성하게 하지 못하고, 순응順應의 뜻을 어기면서 신의神意마저 저버릴 수는 없다.

관경管境을 바로 세우면 적敵이 범접하지 못하고, 지계地界를 지킬 힘이 없으면 적敵이 유린하고, 바른 것을 전하지 않으면 훗날 감당하기 어렵고, 땅이 흩어지는 것은 지키는 자者의 지혜가 부족한 것이다. 귀지貴地에 살면서 삶이 편안해지지 않는 원인은 재를 깎아 길을 뚫고, 산의 허리를 자르고, 혈穴을 메워 집을 짓고, 습지濕地를 메워 종당宗黨을 이루고, 산신山神의 거처에 사祠를 세우고, 지신地神의 터에 사寺를 짓고, 휴지休地에 역사驛舍를 만들고, 음지淫地에 숙지宿地를 만들고, 암지暗地에 묘지墓地를 만들고, 명지明地에 교당敎堂을 세워 편안에만 의존하려 한다. 신神의 노여움을 사는 까닭은 신神의 터를 침범하고, 신神이 모이는 곳에 눕는 까닭이니, 곡마약석穀麻藥石도 제 땅에서 나와야 심신을 기르기에 적합하고, 허실견백虛實堅白도 제 풍광風光에서 나오고 들어가야 단단하고, 물산物産도 제 풍수산지風水山地에 돌고 돌아야 마땅해지니, 이로써 세상의 모든 것이 천지지본天地之本으로 돌아간다.

무릇 생기生氣라는 것이 눈에 보이지도 않고, 천지지기天地之氣는 한 후손後孫에게만 전해지지 않으며, 산신山神과 선인仙人의 이름을 팔고, 땅에서 행하는 도술道術만을 즐기고, 도참圖讖하고, 파자破字한다. 그러나 선지先志의 현자賢者들은 애써 감추는 유희遊戲보다 사람의 정신에 새기고, 뼈에 남겨 장차 다가올 것에 대비하였다. 구한九桓은 땅에 의지하고, 산에 의탁依託하고, 바닷가에 모여들고, 냇물에 흩어져 살아가는 바가 궁소穹巢의 법에서 시작되었고, 땅의 위대한 법은 편안한 것인데도 사사로이 차지만하고, 본성本性을 회복하지 못하여 함부로 생맥生脈을 끊고, 혈맥血脈을 잘라 말뚝을 박고, 화재지火灾地에 높은 집을 지어 앙화殃禍를 부른다. 소위 명당明堂이라는 것을 찾아 떠돌며 술법術法을 펴는 자者가 지관地官이고, 혈맥血脈을 끊고 쇠말뚝을 박는 바도 풍수風水고, 겹장하는 것도 지사地師가 하는 일이고, 자좌오방子坐午方하면서 굴레를 벗어나지 못하고, 집과 터를 가지고서 사설괴담邪說怪談의 계책計策이라고 하고, 괴이기담怪異奇談을 스스로의 자랑으로 여기고, 같은 땅을 두고도 둔갑遁甲시켜 패역무도悖逆無道하다고 한다.

옛날 큰 어른들이 장차 어려워짐을 내다보고, 천부天符를 봉수奉受하고, 천지본음天地本音을 들어서 천지지도天地之道를 바르게 잇고자 하는 것은 옛 한인桓仁의 천부天符를 받들어 모시자는 것이고, 구한九桓을 흠모欽慕하여 다물多勿하자는 것이니, 관경管境을 회복하여 천지天地의 은덕을 함께 누리자는 것이고, 천지天地의 본음本音을 함께 함께 듣자는 것이다. 그러나 지금 어른이 없으니, 편벽偏

僻한 땅에서 기회를 놓치고도 그 때를 얻고자 하고, 관천觀天하지 않으면서 예측한다 하고, 지리地理를 살펴 장차 다가 올 것을 대비하지 못하고, 신수身數나 살피면서 사사로운 명리名利만 헤아릴 뿐이다. 천지天地가 태어난 것은 헤아리기 어려우나 사람이 태어난 것을 추론推論하는 것은 어렵지 않고, 비록 하나의 뿌리에서 갈라져 나갈지라도 세월이 흐르면 남남으로 남겠지만, 하급下級의 자者들은 명리名利의 테두리를 넘지 못하고, 중급中級의 자者들은 스스로 굴레를 벗어나지 못하고, 상급上級의 자者들은 이름만을 알릴뿐이니, 삼한三韓의 땅에서 지기地機와 지세地勢와 지리地理에 굳어져 얽매일 뿐이다. 하늘이 하나가 되어 원圓이 되어 경經을 삼고, 땅은 둘로 나누어져 방方이 되어 위緯를 삼아 신령神靈함이 만세의 지표指標가 되면 만물이 제 갈 길을 지켜가게 된다. 그러나 사람만이 제자리를 넘어서 천지天地의 공功을 가로채고, 천지天地의 때를 엿보아 하늘의 시공時空을 누설漏泄하고, 땅의 물리物利만을 누리는데 마침내 사람이 천지天地를 넘어 천지합발天地合發하여 만인에게 살기煞氣가 미치지 않도록 경계해야하니, 이제 천지天地의 기운이 지평地平에서 나누어지지 않게 만살万煞을 누르고, 넘나드는 역경逆境을 살피면서 바로잡아 늘 마땅한 때와 곳으로 순환하여 마땅한 지도地道로 돌아가게 한다.

太皓

태우의한웅太虞義桓雄의 아들로 태어나 용사龍師 되고,
삼신산三神山에 기도하여 천하天河에서 용마龍馬로
삼련삼절三連三絶의 도道를 세우고,
괘상卦象을 잡아 밝은 바로 깨우쳤네.
신부神符로써 밝은 비추고, 주양朱陽으로 뜻을 이루었고,
여와女蝸로써 칠십 번 변함을 보고, 깨닫는 도道를 서방에 전하고,
소호少昊 또한 거문고와 오조五鳥로써 도道를 이루었다.

東 崖

19. 종시론 終始論

삼신 지도三神之道가 삼재三才에 마땅하게 펼쳐지는 것을 시始라 하고, 펼쳐진 것이 다시 하나로 돌아가는 것을 종終이라 하고, 처음 시작됨을 시始라 하고, 마지막 끝남을 종終이라 한다. 처음은 예단豫斷할 수 없고, 끝은 명철明哲할 수 없고, 나라를 일으켜 세움도 처음이라 하지 못하고, 나라가 망하는 바도 끝이라 하지 못하니, 종시終始의 연절連絶은 흥망존폐興亡存廢에 있지 않다. 시작은 허실虛實의 문이고, 끝은 허실虛實의 다리이니, 굳은 맹세는 만년의 약속을 지켜나가는 것을 본本으로 하는 처음이고, 삼감은 만년의 의선義善을 본本으로 하는 폐해弊害의 끝이 되니, 금하는 바는 행行의 끝이고, 법을 세우는 바는 의義의 지도리이다.

삼신三神은 드러나는 것을 본本을 다하고, 일신一神은 운運을 이루어 칠지七地[1]에 펼쳐졌다가 하나로 돌아간다. 천일天一은 하나에서 열로 쌓아가도 뭉쳐졌다가 세 개로 갈라지고, 지이地二는 현묘玄妙한 열여덟 명의 성현聖賢[2]들에 의해 삼재三才와 칠성七星과

---

1) 칠지七地: 생生, 사死, 명明, 극極, 교教, 명命, 휴休.

2) 열여덟 명의 성현聖賢: 한인桓仁, 한웅桓雄, 태호太昊, 치우蚩尤, 왕검王儉, 부루扶婁, 고추모高雛牟, 색불루索弗婁, 해모수解慕漱, 유인有仁, 발귀리發貴理, 혁덕赫德, 신농神農, 고시高矢, 자부紫府, 유위자有爲子, 석자장石子杖, 을파소乙巴素.

오행五行을 낳고, 땅은 여섯으로 둘러싸여 셋으로 합한다. 나라에
는 삼사지본三師之本[3]을 삼고, 풍백風伯으로 관冠을 구하는 아비로
삼고, 우사雨師로 먹거리를 구하는 어미로 삼고, 운사雲師로 효孝를
다하는 자식으로 삼는 것이니, 곧 백성은 식食을 삼재三才로 삼는
다. 지도리는 생각에 있고, 착함은 어짊에 있고, 아름다움은 화합
에 있어 삼국三局[4]은 삼원三元[5]을 돌아 삼재三在[6]에 있게 된다. 태
어남을 나온다 하고, 죽으면 돌아간다고 하는 것도 삼신三神의 세
계로 돌아드는 종시終始의 본본本本을 삼게 되는 것이니, 종시終始의 연
절連絶은 태일太一이 본본本本이 되고, 본말本末의 허실虛實은 태극太極
이 되는 바, 무한無限한 종시終始로 마땅함을 삼게 하니, 마침내 한
번의 약속은 만년이 되도 굳건하고, 구서九誓는 한데 뭉치게 한다.

   뭇 한웅桓雄들은 오훈五訓의 도道를 이어 오행순환五行循環으로
가르치고, 칠요七曜로써 칠정七政삼고, 용사龍師로서 팔괘八卦를 긋
고, 책력冊曆과 계해癸亥가 삼청궁三淸宮에게서 나오게 하고, 삼황
내문三皇內文으로 삼수三數[7]로써 이수理數의 본본을 세웠다. 단제
왕검檀帝王儉은 또한 선천先天에 태어나 비왕卑王으로 사해四海에
걸쳐 이십팔주二十八州를 두루 돌고, 삼한오가三韓五家로 관경管境
을 삼자 구한九桓의 육십사민六十四民이 한데 어울리고 화백和白하
게 하고, 뭇 단제檀帝 또한 제천보본祭天報本과 구서九誓와 팔금八禁
으로 종시終始의 지도리를 삼았다. 한웅桓雄의 나라에는 사해四海
에서 조공朝貢하지 않는 자者가 없더니, 법술法術이 낡고, 종전宗全
이 혼탁해지고, 방비하는 바가 적고, 맹세는 미약해지고, 유신하는

---

3) 삼사지본三師之本: 생물지본生物之本, 시화지본施化之本, 입국지본立國之本.

4) 삼국三局: 서징瑞徵, 신통神通, 명교名敎.

5) 삼원三元: 원신元神, 원기元氣, 원정元精.

6) 삼재三在: 두뇌頭腦, 장부臟腑, 단혈丹穴.

7) 삼수三數: 성성性性, 법법法法, 체체體體.

바가 적더니, 드디어 사방四方에서 도적떼가 그치질 않고, 황실皇室 또한 독단으로 흘러 구한九桓 또한 서로 다투기를 그치지 않고, 한 웅桓雄에게 보필輔弼하는 것을 소홀히 하여 다스림을 어지럽히고, 내외세內外勢의 바람을 타고, 명리名利만을 제 일로 삼아 마침내 구한九桓을 지키지 못하면서 나눠졌다.

단제檀帝 때에는 사방四方의 자者들이 소문만 듣고, 모여들었는데 날이 오래되자 덕德이 쇠해지고, 경계警戒는 불분명해져 어지럽히는 방사方士들은 끊이질 않으며, 술법術法과 이적異蹟은 날이 갈수록 험악해지고, 저잣거리에는 자리를 틀고 앉는 자者들이 많아지고, 불사약不死藥을 좇는 자者들까지 생겨났다. 착한 자者들은 물들고, 어리석은 자者는 능욕凌辱을 당하고, 폐해弊害까지 흠모欽慕하게 되어 깨끗한 것은 사라지고, 잡다한 일들이 많아지고, 논하는 바로써 불편해지고, 마음 쓸 일이 많아졌다. 단제檀帝가 이를 걱정하여 삼사三師에게 묻기를, '국조國祖가 신시神市에 여신 이래로 이처럼 어지러워진 것은 처음인데 답을 듣고 싶소'고 하자 삼사三師가 입을 모아 '옛날 국조國祖께서 나라를 여실 적에 백성들은 소박素朴하여 숨기거나 속이질 않았고, 부끄럽게 꾸미지 않았고, 말이 행동을 앞서지 않았고, 옷은 추위만 견디고 더위는 몸을 내비치지 않았고, 밥은 배부르지 않았고, 보기 좋다하여 따라하지 않았고, 모자라다고 해도 탐내지 않았고, 원망하여 원한을 갖지 않고, 싫어도 옳은 것이면 따랐습니다. 그러나 지금은 귀해 보이는 것만을 옳다하고, 소박素朴을 천하게 여기며 착한 것은 칭찬하지 않고, 시비是非는 악한 자者들의 갈고리가 되고, 종전宗全은 제 갈 길을 잃고, 명리名利는 그저 흘러 갈뿐 되돌리지 못하고, 목축인牧畜人은 수에만 급급하고, 농인農人은 때를 놓치고, 공인工人은 기교奇巧에만 매달리고, 학인學人은 뒤로 돌아 올 것만 세고, 예인藝人은 소리에만 매달리니, 아름다운 것은 가고, 풍습風習은 물러서게 되었습니다.

허물은 흩어지는 자者에게서 생기고, 좀먹는 것은 게으른 자者에게서 생기고, 어지럽게 하려고 충동하는 자者가 있기 때문입니다. 신시神市의 법에는 공사公私가 분명하고, 서로 돕되 맡은 바를 다하고, 스스로 수련하기를 게을리 하지 않고, 죽음에 이르더라고 바른 것을 따르며 가르쳐서 옳은 일을 행해야 합니다'고 하였다. 단제檀帝가 이를 듣고, 스스로 몸과 정신을 닦고 제도는 정비하고, 정사政事는 밝게 하여 숨기는 것이 없게 하고, 어두운 것이 없도록 하였다.

화수火水의 이치는 불에서 태어난 물의 마땅함을 얻어 이루어지지 않음을 끝으로 하고, 수화水火는 물에서 태어난 불이 물로 들어가면서 또 다른 시작이 되니, 단예端倪의 허실虛實은 예단豫斷하기 어렵고, 중추中樞의 허실虛實은 잇기 어렵다. 사람을 키우고 크게 해서 그 은덕에 대한 보답을 잊지 않는 것은 천하天下의 대본大本이니, 속이는 바가 없게 하여 급함에 대비하고, 멀어서 서먹해짐을 경계하고, 느슨해서 삿된 것이 파고드는 것을 삼가야 하니, 흥융興隆은 화목에 있고, 어짊은 용서에 있고, 호오好惡는 목택目擇에 있다. 믿음은 의義에 있고, 의義는 정법正法에 있으니, 서로 의지하여 바른 계戒와 지키는 율律에는 게으르지 말아야 한다. 나라의 보물은 적敵의 속셈이 되고, 호화스런 분묘는 도적을 불러들이고, 생자生者와 망자亡者의 경계선警戒線이 명확하지 않고, 힘을 내지 않는 꾀는 슬기롭지 못하고, 눈을 속이는 명리名利는 멀리 내다보지 못한다.

만물은 하나에서 시작되고, 열로 끝난다 해도 처음의 시작되는 바를 밝히지 못하고, 끝나면서 없어지지 않는 바를 예단豫斷하지 못하는 것은 마음을 거스르기 때문이다. 큰 덕德은 믿음에서 나오고, 큰 힘은 뭉치면서 나오고, 큰 지혜는 정성에서 나오니, 눈에 보

이지 않는다하여 천부天符를 종시終始의 지도리로 삼지 않고, 지부
地符를 종시終始의 힘으로 삼지 않고, 인부人符를 종시終始의 변變으
로 삼지 않는다면 사사로움에만 사로잡히게 된다. 천부天符의 법
이 땅에서 어긋나자 백성이 흩어지고, 지부地符가 사람에게서 어긋
나자 독단하는 자者가 생겨나고, 인부人符가 사람에게서 어긋나자
신神이 숨어버린다. 삼부三符의 종시終始가 어긋나자 끝 간 데 없이
가다가 벼랑에 몰리게 되고, 명리名利만을 위하다가 헛된 다툼을
마다하지 않고, 작은 재주로 큰 지혜를 제압하려 하고, 궤변詭辯으
로 의론議論을 구석으로 내몰고, 사사로움으로 공적功績을 버리게
하고, 성실을 사악邪惡이 농락한다. 천부天符의 말류末流[8]가 되자
상象을 잡지 못하고, 지부地符의 말류末流[9]가 되자 상相을 잡지 못
하고, 인부人符의 말류[10]가 되자 근본을 흐리게 되고, 근본과 상象
을 잡지 못하자 궤이詭異만을 만들고, 괴이怪異가 세勢를 잡아 어지
러워진다.

천상天象은 지리地理에 비추고, 세歲는 한 바퀴 돌아 제자리가 되
고, 절節은 생기生氣로 넘어가고, 기期는 날의 수數가 되고, 계季는
기기氣가 바뀌고, 기朞는 사계四季고, 기기紀는 때의 기강紀綱이고, 기기機
는 땅의 벼리이고, 도도度는 땅의 차이고, 약초藥草는 땅의 결명結命
이고, 약석藥石은 땅의 기화氣化고, 지술地術은 땅의 명운命運이고,
지리地理는 땅의 구복求福이고, 장술葬術은 땅의 이치고, 분도分度
는 천지天地의 운행이고, 지수地數는 땅이 움직이는 숫자고, 지덕地
德은 땅이 화합이고, 음음音은 천음天音의 화답和答이고, 위緯는 지부

---

8) 천부天符의 말류末流: 천상술天象術, 칠성술七星術, 구궁술九宮術.

9) 지부地符의 말류末流: 팔상술八相術, 부작술符作術, 작괘술作卦術, 지상술地相術.

10) 인부人符의 말류末流: 음양술陰陽術, 황백술黃白術, 방중술房中術, 금단술金丹術, 사주술四柱術,
　　　인상술人相術, 명협蓂莢, 사효술四爻術, 육효술六爻術, 간지술干支術, 납음술納音術, 복서卜筮, 오
　　　행술五行術.

地符로써 천부天符를 밝히고자 하고, 경經은 천부天符로써 지부地府를 밝히고, 신神은 삼신三神으로써 섬기는 바를 알고자 하고, 땅은 삼극三極으로 바라는 바를 이룬다.

정正을 따라가면 변變을 취하게 되고, 시始를 만들면 종終의 꼬리를 잡는다. 말류末流가 되면 예지豫智가 사라져서 방술方術만 남게 되고, 상서祥瑞가 사라져서 연원淵源은 알지 못하게 된다. 풍속風俗의 성정性情은 불쌍한 것을 보면 가슴이 미어지고, 위험한 것을 보면 다급해지고, 서 있으면 앉고 싶고, 앉으면 눕고 싶고, 누워있으면 자고 싶어 하고, 나뭇잎을 머리에 얹고도 꽃을 찾고, 절벽에서 뛰어내려도 함께 뛰는 까닭을 모른다. 높이 올라도 때를 몰라 내려갈 줄 모르고, 가져도 곳을 잃어 나눌 줄 모르고, 힘과 수고가 이루 말할 수 없는데도 협잡하여 넘어뜨려 빼앗으려는 꾀만 낸다.

권세權勢를 공론公論라고 할 수 없고, 민심을 의론懿論이라 할 수 없고, 꼬투리로 중론衆論이라 할 수 없고, 억울하다고 국시國是라 할 수는 없으니, 작은 선행善行으로 의義를 다한다 할 수 없고, 작은 의로움이라고 착한 일을 다 한다고 할 수는 없고, 죽음으로 삶을 다했다고 할 수 없고, 산다하여 죽음에서 벗어났다고 할 수 없고, 해가 떴다고 온 누리가 밝지는 않고, 북두北斗로 뭇 무리가 길을 찾지는 못하고, 넘나든다고 이겼다고 할 수 없고, 휩쓸리면서 바르게 지킨다고 할 수 없으니, 이를 종시終始로 연절連切의 공功이 없다고 하는 것이다. 시작은 잘하나 맺는 자者가 드물고, 더러운 강물에 흩어지는 모래알 같고, 가르쳐도 스스로의 길을 버리고, 무리를 지어 변고變故도 마다하지 않고, 기강紀綱을 술법術法으로 무너뜨리고, 사술邪術로 보물만 탐하고, 명리名利에 치우쳐 끝 간 데 없고, 단맛만 탐닉하여 쓴맛을 피하고, 때와 곳마다 변통便通을 하지 못하고, 의義가 없으면서 말썽을 그치지 않고, 사나운 핑계로 물려고만 하고, 사사로이 문명文明을 가죽삼아 쪼아대기만 하는 것은 종시終始를 핑계로 사사로움만 찾기 때문이다.

하나를 얻으면 신명神明해지고, 땅이 하나를 얻으면 삼재三才가 마땅해지고, 사람이 하나를 얻어 마땅하면 반드시 편안해진다. 이로써 종시終始의 뜻을 얻게 되면 높은 것은 좌를 귀히 여기고, 낮은 것은 우를 귀히 여기고, 장차 죽을 자者는 말이 착해지고, 명命을 숨기는 자者가 없고, 큰일을 할 자者는 말이 의로워지고, 큰 생각을 품은 자者는 말이 흔들리지 않게 된다. 종시終始가 사람에게 펼쳐지는 덕이 치우치더라도 항상 있게 되니, 하늘의 일은 원망할 수 없고, 땅의 일은 거스를 수 없고, 천지天地의 일은 사람의 힘으로는 어쩔 수 없고, 나라가 흥망은 예측 할 수 없고, 사람의 사생死生은 명命으로도 어쩔 수가 없다.

종시終始의 술법術法은 하나에서 시작하여 둘이 되고, 둘이 셋이 되면 만변萬變의 본本이 되고, 만 갈래가 하나로 돌아오는 까닭이 된다. 삼재三才 또한 허실虛實에서 변화하여 오직 일신一神만이 충실하게 내려야만 그 본本은 변하지 않는다. 둘로써 땅은 하나의 본本이 되고, 팔괘八卦와 육률六律이 크나큰 것을 밝히고, 두 대본大本이 일육수一六水의 커다란 대본大本을 밝히고, 큰 바탕은 땅의 육정六政과 일신一神과 허실虛實과 팔상八相을 함께 밝힌다. 선천先天의 삼팔三八의 명命으로 본本을 삼고, 하나가 화化하여 북두北斗의 운運을 이루면 땅에서 하나가 끝나고, 사람이 칠지七地에서 끝나고, 다섯이 다섯으로 모이고, 하나의 셋으로 돌아가면 마침내 하나의 운運으로 돌아들어 가니, 열넷의 땅에서 오행五行이 갖추어지면 하나로 현묘玄妙하게 돌아간다.

三 聖 歌

삼신三神이 화化하여 삼성三聖이 되고,
크게 빈 것과 크게 찬 것은 한 몸이고,
하나 또한 만물되니, 온 누리가 한 이치가 되고,
기세氣勢가 치우치지 않으니 귀히 여기고,
멀리 오래도록 평안하니 삼성三聖의 가르침이 아닌가!
산천山川에 의거하여 삶을 누리고,
올바름의 가르침으로 분별하고,
믿음으로 옳고 그름의 관경管境을 살피니 두루 미침에
덕德을 숭상崇尚하여 어질고, 바람에 어긋남이 없어 의지한다.
삼성三聖이 세상에 나오니 현자賢者가 나오고,
한汗들과 백성이 의심이 없으니,
한 마음으로 돌아가 제 할 일을 다 하고,
깨우치고 금禁하는 이유를 스스로 알게 하고,
사사로움을 없애 나눔을 기쁨으로 여기게 하고,
백성들이 스스로 하나로 돌아오게 하였다.
법法을 만들어 관경管境을 가르쳐서 명命을 알게 하여
착한 것을 넓히고, 왕王을 세워 법을 만들고 가르쳐서
화禍를 나누어 책임지게 하고,
사람이 산에서 낳는 바를 알려 덕德으로 하나로 뭉치게 하였으니,
스스로 근본으로 여기는 바에 따라 정신을 지키고,
아름다운 것을 이루면 마땅히 삼성三聖의 근본을 안다.

東 崖

20. 삼재론 三才論

삼신 三神이 세 개의 권능權能으로 도道를 펼쳐나가는 것이 삼三이고, 하늘과 땅과 사람의 근본根本이 되는 바를 재才라 한다. 삼신三神은 하늘로 삼극三極[1]삼고, 삼일三一[2]로 삼계三界[3]를 나누고, 삼대三大[4]로 삼형三形[5]을 드러내고, 삼신三神의 끝없는 은덕은 삼재三才로 드러나고, 마땅히 그 경계境界를 벗어나지 않게 하여 우뚝 선 사람으로 이치를 밝히니, 하늘로 드높음을 알게 하고, 땅으로 드넓음을 택하게 하고, 사람으로 이치를 궁구窮究하게 한다. 한국桓國에는 열두 개의 나라가 사해四海에 두루 퍼져 있고, 신시神市에는 구한九桓이 널리 퍼져 살았고, 구한九桓에서 조선朝鮮과 삼한三韓으로 갈라져 나왔다. 삼재三才와 사상四象이 둥글게 모여들고, 오가五加와 칠신七臣이 굳게 지키고, 능히 그 뜻을 펴서 사칠성장四七星將과 팔괘신장八卦神將과 구성색장九星色將의 위位와 생生을 지켜 가면 더할 나위가 없다. 삼신三神을 기쁘게 함으로써 만물이 일체되고, 마땅한 희생으로써 신神을 기쁘게 하고, 삼신일체三神一體의 도道를 어긋나지 않게 하면 역법易法 또한 밝아

---

1) 삼극三極: 원圓, 방方, 각角.

2) 삼일三一: 천일天一, 지일地一, 인일人一.

3) 삼계三界: 천계天界, 지계地界, 인계人界.

4) 삼대三大: 대선大先, 대중大中, 대웅大雄.

5) 삼형三形: 무극無極, 반극半極, 태극太極.

진다. 역술易術이 바르면 점占을 구하는 자者가 없어지고, 역易에게 구하는 자者가 없으면 역술易術이 없으니, 허무맹랑虛無孟浪하고, 괴이怪異한 말들은 모두 역易의 이로움만을 따르는 자者들의 입에서 나왔고, 쉽게 구하기에 서로 패를 가르고, 서로 질시와 반목하는 것도 믿는 바가 있기 때문이다.

한웅씨桓雄氏가 전한 신시개천神市開天의 뜻을 져버리는 바는 구변진단九變震檀의 참언讖言에 의탁依託하기 때문이고, 열세가지 역란易亂[6]이 있어 역易을 어지럽히는 빌미가 된다. 천지天地의 도道가 합해지고, 네 때와 신명神明이 순합順合해져 밝고, 맑게 하여 어긋남이 없고, 거스름이 없고, 천지天地는 낳아 담을 뿐, 귀천고저貴賤高低를 따지지 않고, 만물에 주었지만 순합順合을 빼앗아 가지 않고, 명命을 주었더라도 줄이지는 않는다. 한인씨桓仁氏는 깊게 조음調音하여 사람을 바르게 하였고, 한웅씨桓雄氏는 밝은 빛으로 사람의 심성心性을 바르게 하였고, 왕검씨王儉氏는 올곧은 성정性情으로 사람을 기르고 다스린다. 애로라지 삼신三神이 직접 열 살까지 보살펴서 선천先天의 기氣를 보호하고자 하나 삼신三神은 천지天地를 위해 애쓰지 않으니, 이로움을 얻으려고 달려가도 얻을게 없고, 모여서 찾으려 해도 이름이 없기에 하늘은 없다고 한다. 삼신오제三神五帝는 하늘과 땅을 만들고도 공덕功德을 삼지 않고, 삼성오제三聖五帝는 하늘을 닮아 이름을 남기려 하지 않고, 삼한구려三韓句麗는 그 공덕功德과 큰 명리名利를 전하였으니, 후손들이 그 덕으로 살아간다.

---

6) 역란易亂: 불로진단不老震檀, 의수관변依數觀變, 오신산五神山, 구주팔신九州八神, 오미불청五味不淸, 봉래방장蓬萊方丈, 진단요결震檀要訣, 신선불사神仙不死, 오행불전五行不轉, 오행불선五行不旋, 신선대약神仙大藥, 하락이수河洛易數, 금단대약金丹大藥, 상수역학象數易學, 용장호결龍欌虎訣.

하늘에 있으면 천부天符고, 땅에 있으면 지부地符고, 사람에 있으면 인부人符고, 천부天符는 피워 오르는 향기로운 안개와 같고, 지부地符는 떨어지는 시원한 비와 같고, 인부人符는 흐르는 맑은 시냇물과 같다. 하늘에서 맥脈을 드러내고, 땅에서 혈穴을 파고, 사람에게서 경락經絡이 생기고, 실實한 것에서 뼈가 생기고, 허虛한 것에서 살이 생기고, 허실虛實에서 피가 생긴다. 원圓은 각角의 일을 관여하지 않고, 원圓은 방方의 어두운 곳을 모두 밝히지 못하고, 방方은 원圓의 밝음을 이기려하지 않고, 원圓은 각角의 굽은 바를 탓하지 않고, 방方은 각角의 맞지 않음을 싫어하지 않고, 각角은 원圓의 둥근 바를 두려워하고, 각角은 방方보다 넓을 수는 없다.

실實이 크면 허虛로 되돌리고, 허虛가 크면 실實은 남겨두고, 하나에서 생겨나 점 사이를 연결하여 위로 솟구치고, 옆으로 뻗어나 좌우사선左右斜線으로 교차하여 돌고, 원圓을 만들고 빛나다가 커지다가 작아져 한번으로 돌아간다. 때에 이르러 계절이 바뀌고, 곳에 이르러 날씨가 바뀌고, 사람에 이르러 기질氣質이 바뀐다. 천둥은 소리로써 알리고, 번개는 빛으로써 일깨우고, 서리는 제재의 때를 알리고, 이슬은 만물을 적셔 곳을 알리고, 계절이 있는 바는 주기의 매듭으로 알려주고, 기후氣候는 넘어가는 절도節度를 알린다. 명命을 잇는데 마땅함을 모르고, 이름의 마땅함을 몰라 살아가는 까닭을 모르고, 업業의 마땅한 까닭을 모르고, 길을 가도 길을 가는 연유를 알지 못하고, 죽으면서도 죽는 연유를 모른다. 아기가 태어나면 축원祝願하지만 얼마를 살지를 점占을 치지는 않고, 업業을 행하면서 책무責務를 점占치지는 않고, 곧 죽을 자者에게 축수祝壽를 하지는 않으니, 미물微物도 명命에 충실하고, 한해의 식물도 마침내 씨앗으로 돌아간다. 답답하면 바라는 것이 많고, 원망스러우면 모자람을 더하고, 슬프면 가진 것을 덜고, 의지가 약하면 점사占辭에 기대고, 성품性禀이 졸렬하면 복서卜筮에 기대고, 스스로를 믿지 않으면 의심하고, 신神을 간절히 찾으면 정성이 모인다.

도해단제道奚檀帝[7]가 이르기를, '하늘은 깊고 고요한 것에 큰 뜻이 있어 온 누리에 막힘없이 가득하여 모든 일은 오로지 참된 것에서 비롯되고, 땅은 가득 품고 큰 뜻이 있어 어느 곳이나 막힘없이 드러나 모든 일은 오로지 부지런히 힘쓰는 것에서 비롯되고, 사람은 살펴 앎에 큰 뜻이 있어 막힘없이 가득하고, 드러나 모든 일은 돕고 모으는 바이니 일신一神이 내려와 성性을 통하고, 밝음으로 세상을 비추어 온 누리의 사람을 이롭게 한다'고 하였으니, 삼재三才의 도道는 멀기만 하고, 홍익弘益의 도道는 높기만 하다. 하늘의 도道는 저울과 같아 기울어지지 않고, 땅의 도道는 칼 집속의 칼과 같아 한 번 나오면 흉기凶器가 되며 사람의 도道는 바다 위의 배와 같아 수평선 위를 떠다닌다.

기미機微를 살피고, 청정淸靜으로써 허실虛實의 때를 안다. 명암明暗의 방각方刻으로 미묘微妙를 하늘에서 알고, 지기地氣가 뭉치면 풀어주고, 남으면 덜어주어 상도常道로써 땅의 후박厚博을 알고, 천기天機가 상서祥瑞를 드러내면 그 때와 곳을 살펴 천지天地의 은덕을 알게 된다. 하늘에서 때를 알아 편안해지고, 땅에서 곳을 얻어 안락安樂하고, 마땅히 사람에게서 마음 편한 삶이 되고, 하늘에서 서징庶徵을 알고, 때를 놓치지 않으면 땅에서 후박厚薄을 알고, 사람에서 때와 곳으로 삼재三才가 있음을 안다. 온 누리를 이롭게 하는 것보다 더 큰 것은 없고, 땅에서 오행五行의 순환을 놓치지 않으면 이보다 더 큰 것이 없고, 사람에게서 바르게 배워 곧게 살며 거스르지 않으면 이보다 더 큰 삶은 없다.

---

7) 도해단제道奚檀帝: 第 11代 檀帝 (檀紀 444-501, 西紀前 1891-1834)

하늘은 성신星辰을 흩뜨려서 만인萬人을 볼 수 있게 하고, 밤에 북두北斗를 나타내어 길잡이가 되게 하고, 사두四斗를 두어 일 년 만에 제 자리에 오게 하여 길을 잃지 않게 하고, 칠성七星을 두루 모아 명수화복命壽禍福을 단장象墙하고, 일월日月을 운행하여 때를 놓치지 않게 하고, 산을 높게 하여 본향本鄕을 잊지 않게 하고, 바른 길을 가게 하여 물산物産의 심광深廣을 알리고, 하늘은 현묘玄妙가 있어 앞서도 멀리하지 않고, 땅은 항상恒常이 있어서 뒤쳐져도 어긋나지 않게 하고, 성현聖賢에게 이를 보여 사람에게 베풀고, 삼재三才로 듣지 못하는 것이 없고, 적신다 하나 젖어 있지 않고, 말린다 하여 마르지 않게 한다. 무심無心하여 기울지 않고, 가깝다하여 더 주지 않으며 재주로도 바꾸지 못하고, 힘으로도 상대하지 못하고, 받들어도 공功을 바라지 못하고, 어려워도 제어 받지 못하고, 삼가도 머무르지 않고, 바쳐도 얻을 것이 없고, 빌어도 얻는 것이 없고, 기미幾微로도 쉽게 하지 않고, 징험徵驗으로도 뚜렷하지 않고, 잠겨도 불어 내지 않고, 술법術法으로도 뒤집지 못하고, 종전宗全으로도 덮지 못하고, 명리名利로도 표현하지 못한다.

하늘의 도道는 돌고 돌아 멈추지 않고, 어디론가 좇아가는 것 같기도 하고, 머물러 있는 것 같기도 하고, 땅의 도道는 멈춰 있는 것 같으면서도 어디론가 움직이며 좇아가는 것 같기도 하고, 사람의 도道는 돌고 돌다가도 멈춰서고, 멀리 떠나가는 것 같으면서도 돌아오면서도 떠나가고, 멀리가도 하늘을 머리에 이고 있으니, 죄를 지은 자者는 갈 곳이 없고, 복福이 있는 자者만이 두 다리를 편다. 하늘의 도道는 거스르지 않아 치우치지 않고, 믿음으로 어긋나지 않게 하고, 치우치지 않으며 온전함이 있어 구제하고, 하늘은 그리려 해도 그릴 수 없고, 보려 해도 볼 수 없고, 들으려 해도 들을 수 없으니 형태가 없기에 담을 수 있고, 보이지 않기에 그릴 수 있고, 들을 수 없기에 음音을 들을 수 없고, 마땅히 천지지도天地之道는 내리는 안개와 같고, 오르는 아지랑이와 같으니, 변화의 끝은 알수 없어 넘을 수가 없고, 열을 넘지 않아 강건剛健하고, 바로잡아 사상四象[8]이 드러나게 하니, 삼재三才는 위대하면서도 사사로움이 없고, 늘 있는 것으로 이름 삼는다.

땅의 도道는 드넓어 정성이 없으면 알아 볼 수 없고, 성실로 어긋나지 않게 하여 징조徵兆를 드러내고, 육상六相[9]으로 뜻을 나타내며 기운은 쉬지 않고, 움직였다가 모이고, 성겼다가 흩어지고 오성五星에서 퍼왔다가 되돌아가고, 쉬지 않고 오르내리며 낳았다가 돌아가고, 반복하여 크나큰 각角을 이뤘다가 근원의 하나로 돌아간다. 땅에서 삼지三地[10]를 골라 삼한三韓을 세우고, 높은 것은 깎고 낮은 것은 돋우며, 남으면 덜고 모자라면 모이게 하고, 솟으면 깎고 패이면 메우고, 봉사하면서도 스스로 묻지 않고, 숨기면서도 드러내지 않고, 키우면서 자랑스러워하지 않으며 키웠어도 현명하지 않다 하고, 크게 키우고도 스스로의 공功을 삼지 않고, 부드러우면서도 큰 덕을 품어 하늘에 응하면서도 한 치의 오차가 없고, 사람의 욕심도 비난하지 않고, 품어 키움의 덕을 잃지 않는다. 땅의 도道는 드넓어 밝은 곳에 있고, 품는 것이 있고, 심는 것이 있고, 키우는 것이 있고, 성숙하는 것이 있고, 저장하는 것이 있으니, 차서次序로써 다름을 대신하고, 키워도 이름의 공功을 돌린다. 스스로 열둘을 넘지 않고, 하늘과 합하여 육십을 넘지 않고, 무심無心하여 편애偏愛가 없고, 바라는 만큼 주기도 하고, 돌려 줄 것을 기약하고, 방정方正을 잃지 않고, 원망과 원한을 사는 일은 없으니, 스스로 실은 만큼 실고, 현명하여 스스로를 위해 힘쓰지 않고, 밝음을 잃어도 편할 리 없고, 버릴 것이 없어도 취한다.

---

8) 사상四象: 성誠, 신信, 애愛, 제濟.

9) 육상六相: 허虛, 실實, 수水, 화火, 풍風, 뇌雷.

10) 삼지三地: 상지上地, 중지中地, 하지下地.

아한단제阿漢檀帝[11]를 이은 흘달단제屹達檀帝[12])께서 유위자有爲
子仙人[13])에게 물었다. '도道란 무엇이요?'고 묻자 이에 답하여 아뢰
길, '도道라는 것은 상대도 없는 것인데 억지로 도道라 이름 붙인
것입니다. 그러므로 도道를 도道라 하면 정상적인 도道라 할 수가
없고, 이름을 이름이라 하면 그것은 정상적인 것이라 할 수는 없는
것입니다. 천지天地의 큰 것에서부터 아주 작은 티끌에 이르기까지
전부 그 도道를 포함하지 않은 것이 없는 것입니다. 무릇 천지天地
는 천지天地의 도道가 있고, 사람의 삶에도 그 도道가 있는 것이고,
만물에도 만물의 도道가 있는 것입니다. 또한 우주에도 우주의 도
道가 있어서 우주 또한 존재할 수가 있는 것입니다. 형체 없이 실
체적인 것을 이룬 사람을 신神이라 하는 고로 보아도 볼 수도 없
고, 감히 물어서 그 답에 귀를 기울여도 들을 수도 없고, 사물처럼
존재하는 것도 아닙니다. 천지天地가 비록 크다 하나 그 안을 떠나
지 못하고, 짐승의 털이 비록 가볍고 작다하나 그 안에 도道를 담
을 수 있습니다. 무릇 형태가 있는 것은 없는 것에서 생겨나듯 정
신은 도道에서 생기고, 형체形體는 정精에서 생겨나는 것입니다. 그
리하여 만물의 형상形象이 생겨나는 것으로 아홉 개의 구멍이 있는
것은 태胎로 낳고, 여덟 개의 구멍이 있는 것은 난卵으로 낳고, 일
곱 개의 구멍이 있는 것은 부孵로 화化하는 것이고, 세포細胞의 숨
쉼이 많은 것은 심어 나는 것입니다. 그리하여 그 생명生命이 있기
는 하지만 온 자취는 없고, 그것이 갈 때에는 없어져 가는 형질形質
이라도 남아 있지만 정해진 곳이 없어 들고남에 출입문조차 없는
것입니다. 그러나 우주宇宙에는 하나의 참된 기機가 가득 차 있어
서 무한한 공간과 시간의 보편운동普遍運動으로 영구히 돌도 돎을

---

11) 아한단제阿漢檀帝: 第 12代 檀帝 (檀紀 501-553, 西紀前 1834-1782)

12) 흘달단제屹達檀帝: 第 13代 檀帝 (檀紀 553-614, 西紀前 1782-1721)

13) 유위자有爲子仙人: 조선최대朝鮮最大의 대현인大賢人, 제11대 도해단제道奚檀帝부터 제13대 흘
    달단제屹達檀帝까지 태부太傅및 국태사國太師.

만들어 내는 것입니다. 돌고 도는 가운데 진화하는 과정을 밟아 나가기도 하는데 그 참된 기氣의 밀도로 말미암아 진화가 생기게 되고, 그 밀도는 가늠할 수 있는 것과 없는 것이 서로 구별되어 작디작은 물질들을 만들어 냅니다. 이 작은 물질들은 서로 뭉치기도 하고, 떨어지기도 하면서 실체를 이루어서 서로가 모여 화化하는 작용과 치우쳐서 향하여 실체를 이루어 모여 큰 것을 이루게 되는 것입니다. 각각의 요소들은 뭉치고, 모이고, 밀쳐내는 반복을 계속하여 우주의 성운星雲들과 별들을 만듭니다. 이는 항성恒星과 행성行星으로 불리는데 개중에 하나가 태양太陽입니다. 우리가 밟고 사는 곳은 태양太陽에서 떨어져 나온 것 중에 하나입니다. 또한 달이나 오성五星[14]들도 모두 태양太陽에서 떨어져 나온 것으로 인간사人間事에 적절한 영향을 미칩니다. 이러한 연관관계聯關關係로 사람이 죽고 살고, 고통과 즐거움과 숨을 내쉬고 들이마시는 생장작용生長作用등이 모두 영향을 주는 것입니다. 도道라는 것은 근본根本은 하나인데 나눔은 셋으로 서로 이어지고, 서로 쓰이게 되고, 근본根本은 하나인데 서로 얽히고 얽혀 서로가 의혹疑惑을 만듦의 세월은 길게 되는 것입니다. 또한 도道의 근원적인 것은 삼신三神에게서 나오는 것으로 하늘에는 기틀이 있고, 땅에는 모양이 있고, 사물에는 주관이 있어서 생성소멸生成消滅의 네 기氣의 주관을 능히 알 수가 있는 것으로 하느님께서 내려오셔서 사물을 다스리는 것이 천일天一의 물의 이치고 성품性品이 빛과 밝음으로 삶을 다스리는 것이 지이地二의 불의 이치고, 세상에 가르치고, 배우고 몸과 마음으로 늘 세상을 위해 살아가는 것이 인삼人三인 나무의 이치로 물은 하늘의 모양을 닮았고, 불은 땅의 모양을 닮았으며, 사람은 나무의 모양을 닮았습니다. 무릇 나무는 땅에 뿌리를 두고 하늘을 머리에 이고 있으니 역시 사람도 이와 같이 땅에 두 다리로 밟고 서서 머

---

14) 오성五星: 수성水星, 화성火星, 목성木星, 금성金星, 토성土星.

리를 하늘로 향하여 하늘을 대신하여 도道를 이루어야 하는 것입
니다'고 하자 단제檀帝도 '옳도다! 그 말씀이여!'고 하였다.

주몽朱蒙은 홀본산忽本山 밑에서 옛 고리국高離國의 뒤를 이어 고
구려高句麗라 하였다. 고추모高雛牟[15]는 나라 안의 기틀을 세우고,
조서詔書를 내려 이르기를, '삼신三神께서 만인을 만들 때에 하나의
상상像으로서 균등均等하게 삼진三眞을 주었으니, 이에 사람은 저 하
늘을 대신하여 능히 세상에 서게 되었다. 우리 선조先祖들은 북부
여北夫餘에서 나와 천제天帝의 아들이 되었다. 밝은이의 마음이 비
어 고요함은 계율戒律에 뿌리를 두는 것이니, 오래도록 사특邪慝한
기운을 눌러 그 마음이 안락安樂하고, 태평太平하다. 이에 뭇 사람
과 함께 일하면 항상 잘되는 것이고, 병력兵力을 쓰는 까닭은 침범
을 느슨하게 하려하고, 형형刑을 집행함은 죄악을 없앨 것을 일어나
기 때문이다. 그러므로 허虛가 지극하면 정靜이 생기고, 정精이 지
극해지면 지혜가 가득해지고, 지혜가 지극하면 덕德이 융성隆盛하
기 때문에 마음을 비워 가르침을 듣고, 고요한 가운데 헤아리고,
지혜로써 사물의 이치를 거스르지 않으면 덕으로써 마땅하게 사
람을 다스릴 수 있다. 이것이 곧 신시神市의 개물교화開物敎化로 천
신天神을 위해서는 성품性稟을 열고, 중생衆生을 위해서는 법法을
세우고, 선왕先王을 위해서는 공功을 다하고, 천하만세天下萬世를
위해서는 지智와 생生을 나란히 닦는 교화敎化를 이룸이라'고 하고
는 나라를 다스림에 전력을 다하였다.

삼재三才가 하나로 바르게 나아가면 하늘이 좋은 땅에는 상서祥
瑞를 내리고, 착한 자者로써 근원根源을 알게 하고, 좋은 자者를 올
바르게 수련하게 하면 광명光明과 선과善果로 이를 보답한다. 비록

---

15) 고추모高雛牟: 일명 주몽朱蒙, 동명성제東明聖帝 (檀紀 553-614, 西紀前58-西紀後19)

좁은 땅에는 여유가 없다 해도 사람이 많아지면 어두운 부분이 없어지고, 땅이 넓어 여유가 있어도 사람이 없으면 미래를 기약할 수 없게 되니, 땅의 본本은 광협廣狹에 있는 것이 아니라 명암明暗에 있고, 통함에는 무리에 있는 것이 아니라 나누는 것에 있고, 도道는 물산物産에 있는 것이 아니라 성통性通에 있고, 깨닫는 것은 깨우치는 자者가 아니라 그 마음에 있고, 신성神性에 있고, 터는 다산多産에 있는 것이 아니라 재육才育에 있고, 질은 값어치에 있는 것이 아니라 진위眞僞에 있고, 본本은 생사生死에 있는 것이 아니라 선악善惡에 있고, 화和는 역제逆制에 있는 것이 아니라 순합順合에 있고, 표標는 강유剛柔에 있는 것이 아니라 동정動靜에 있고, 향向은 가색稼穡에 있는 것이 아니라 장구에 있고, 표標는 흥망興亡에 있는 것이 아니라 교화敎化에 있다.

사람은 능히 삼수三數[16])를 삼도三途로 이어지게 하고, 삼제三帝가 삼정三政[17])으로 다스리고, 삼대三大[18])로써 삼사三師[19])삼고, 삼성三聖[20])으로 삼화三化[21])가 되고, 삼현三賢[22])으로 삼철三哲[23])을 깨우치고, 삼광三光[24])으로 삼력三曆[25])으로 놓치지 않게 하고, 삼체三

---

16) 삼수三數: 생수生數, 법수法數, 성수成數.

17) 삼정三政: 입법立法, 사법司法, 행정行政.

18) 삼대三大: 청진대淸眞大, 성선대聖善大, 미능대美能大.

19) 삼사三師: 운사雲師, 우사雨師, 풍백風伯.

20) 삼성三聖: 한인桓仁, 한웅桓雄, 왕검王儉.

21) 삼화三化: 조화造化, 교화敎化, 치화治化.

22) 삼현三賢: 혁덕赫德, 자부紫府, 고시高矢.

23) 삼철三哲: 상철上哲, 중철中哲, 하철下哲.

24) 삼광三光: 일日, 월月, 성신星辰.

25) 삼력三曆: 해, 달, 날.

體²⁶⁾로 삼도三途로 삼고, 삼경三經²⁷⁾으로 삼신三神을 기리고, 삼문三文²⁸⁾으로 삼술三術²⁹⁾을 바로 알게 하고, 삼정三正으로 삼재三才하고, 삼진三眞으로 삼수三受³⁰⁾하고, 삼변三變³¹⁾으로 삼식三識³²⁾한다. 삼색三色이 모이면 백白이 되고, 삼재三才가 모이면 명明이 되고, 삼체三體가 모이면 화和가 되고, 삼진三眞을 바르게 하면 삶 또한 바르게 되고, 성性으로써 삶이 된다.

삶이 바르고자 하면 신神을 경외敬畏하게 되니, 신神은 늘 머릿속에 있어 혼魂이 되고, 혼심魂心을 움직여 참됨으로 삼고, 천지天地는 만물생성萬物生成의 본本을 바람으로 삼아 풍백風伯으로 관冠을 삼는다. 기氣는 곧 명命으로 잇게 하고, 장부臟腑에 있어 먹을 것을 어미 삼아 호흡呼吸으로 고르게 하여 명命을 알게 하여 우사雨師로써 베풀어 선善을 얻는다. 신身에 정精이 있어 수고로움과 즐거움을 알게 하고, 단혈丹穴에 있어 형形을 갖추어 드러나게 하여 삶을 움직이고, 그 또한 키워져 운사雲師로써 나를 세우고, 우사雨師로써 나를 이어 가고, 풍백風伯으로 나를 아름답게 아우르게 하여, 이름을 받아 능히 조상祖上이 있어 나를 잇게 하고, 몸을 받아 부모가 준 까닭을 알아야 하고, 내가 있어 능히 후손에게 바르게 잇고 전해 주어야 한다.

---

26) 삼체三體: 머리, 몸통, 다리.

27) 삼경三經: 천부경天符經, 삼일신고三一神誥, 참전계경參佺戒經.

28) 삼문三文: 성통광명性通光明, 장생구시長生久視, 조식보정調息保精.

29) 삼술三術: 지감止感, 조식調息, 보정保精.

30) 삼수三受: 심心, 기氣, 신神.

31) 삼변三變: 정正, 변變, 화化.

32) 삼식三識: 형形, 지智, 의意.

於 阿 歌

어아어아! 우리 조상 크신 은덕공덕恩德功德
배달나라 우리들 억년동안 잊지 마세.
어아어아! 착한 마음 큰활 되고, 나쁜 마음 과녁이니,
우리들 누구라도 큰 활의 활줄처럼 올곧으며
옳은 마음 곧은 마음 한 마음으로 똑같으니,
어아어아! 우리 누구라도 사람마다
큰 활 되어 과녁 뚫고 지고,
눈 덮은 괴물 끓는 마음으로 녹여지고,
어아어아! 우리 누구라도 사람마다 큰 활이니,
견고한 마음 배달나라 영광으로
천년만년千年萬年 크나큰 은덕
삼신三神이여! 삼신三神이여!

李嵒 檀君世紀

21. 천부론 天符論

삼신三神을 대신 하여 도道가 하늘에 펼쳐지는 것을 천天이라 하고, 나타나는 표상表象이 부符가 되고, 크게 드러나는 것이 천天이고, 상서祥瑞로운 기운이 펼쳐지는 것이 부符다. 삼신三神의 삼부三符로 이어지고, 하늘의 상象을 잡아 끝없이 펼쳐지는 천부天符는 어김이 없고, 지부地符는 거스르지 않고, 인부人符는 올곧게 따르면서 이룬다. 성인聖人이 세상世上에 나와 허실虛實과 삼신三神의 권능權能을 알게 하고, 천지天地가 만들어진 근원根源을 밝혀 사람으로 명命과 마땅함을 밝혔으니, 천부天符는 하늘의 일을 제때에 행해지고, 지부地符의 일은 올바르게 행해지고, 인부人符로써 천지天地의 때와 곳에 어김이 없다.

하늘의 기氣가 바르게 내려 징조徵兆를 드러내고, 땅의 기氣가 바르게 올라 상서祥瑞를 드러내고, 해는 하나에서 시작하여 열에서 끝나고, 달은 하나에서 시작하여 열둘에서 끝나고, 사람은 하나에서 시작하여 열에 태어나 육십六十에 거듭난다. 하늘에서 태어나 땅에서 키워지고, 천지天地의 기운氣運이 합하여 사람이 되니, 허실虛實의 기운이 순하면 통하고, 역하면 막힌다. 천부天符를 아는 자者는 징험徵驗을 알고, 지부地符를 아는 자者는 합익合益을 알고, 인부人符를 아는 자者는 명지明智를 알게 되고, 천부天符에는 어긋남이 없고, 지부地符에는 게으름이 없고, 인부人符에는 거스르지 못하여 삼화三化로써 본本을 삼아 열 가지의 복福보다는 한가지의 사기邪氣를 제거하고, 열 가지의 명리名利보다는 한가지의 해를 없애고, 열 가지의 행幸보다는 한가지의 앙殃을 없애면 이 또한 백성에게 주어진 명命을 없애지 않게 되고, 해악害惡으로부터 고통을 줄여 풍요로운 삶을 이어가게 하는 것도 종시終始를 잇는 까닭이다.

보일 듯 보이지 않으면 천부天符가 보이고, 내리는 것이 그치고 오르면 지부地符가 보이니, 번갈아 보였다가 보이지 않고 오르내리는 가운데 인부人符가 보인다. 변하면서 부딪히면 상충相衝하고, 조화調和하여 고정되고, 왕래하면 쓰임이 바뀌고, 침범하면 진퇴進退를 멈추지 않고, 천부지도天符之道가 인印으로써 드러나면 천부天符를 봉수奉受하게 하여 조선제朝鮮祭에는 공진貢進하고, 신시神市에 천제天祭하고, 삼한제三韓祭에 명선明鮮하고, 인신人神에 기복祈福하여 마침내 삼신三神에 돌아가 정성精誠들여 천단天壇을 쌓고, 신명神命을 받아 지부地符의 이치로 지단地壇을 쌓고, 진실로 공경하게 되니, 삼신三神의 축수祝壽로 만민이 한데 모여 즐거워한다.

삼신三神의 축복은 덕德으로써 쌓고, 만년의 삶은 만년의 지혜로써 살아가게 하는 삶을 풍요롭게 한다. 지혜가 없는 것은 쉽게 흩어지고, 바르지 않은 것은 오래가지 않고, 모르면 전하기를 꺼려하고, 어렵고, 곧은 것이 없으면 세울 수가 없고, 깊은 것이 없으면 스스로 서지 않는다. 천시天時를 타지 않으면 크게 지나치고, 지리地利를 얻지 못하면 크게 못 미치고, 명리名利가 아니면 움직이지 않고, 이름이 없으면 사람을 얻지 못하고, 가버린 것은 뒤쫓지 않고, 온 것은 내치지 않고, 성한 것은 막지 않고, 쇠한 것은 권하지 않고, 죽은 것은 키우지 않고, 크는 것은 자르지 않고, 때가 되면 누르지 않고, 기약이 없으면 올리지 않고, 가득 차면 쏟게 하고, 비워지면 채우지 못한다. 천부天符는 돌고 돌아 머지않아 회복되는 지도리는 결코 끝나지 않고, 지부地符는 번성한 뒤에 반드시 하나로 돌아가기를 멈추지 않고, 사람이 이를 본本을 받아 마땅한 것에 힘쓰고, 법술法術에 어긋나지 않으면 꿰뚫는 바가 있고, 마땅한 곳에서 빈 곳을 찾아내고, 어두운 곳에서 밝게 보고, 위태로운 곳에서 순서를 바꾸지 않고, 어지러워도 중추中樞를 잃지 않는다.

한국桓國은 일칠一七인 선천先天의 불과 후천後天의 이육二六인 물로 미기未旣로써 천일天一의 본本을 잡고, 애오라지 일신一神으로 하여금 온전히 내린 권능權能으로 만물을 만들어 나가고, 지일地一은 천지天地로써 둘로 나누어 교화敎化로써 선善의 도道를 바로세우고, 덕德으로 만인萬人의 표상表象을 삼는다. 신시神市는 제천祭天을 본本으로 삼아 화백和白으로 뜻을 모으고, 조화造化를 잇는 까닭이 되니, 삼칠지도三七之道로 종전宗全삼고, 구한九桓을 바탕삼고, 왕검王儉은 삼한분조三韓分朝하고, 대통大統을 이어받아 제천보본祭天報本으로 본本을 삼고, 경경經徑으로써 일주一周삼고, 오가五家로써 치화治化의 기틀을 삼고, 색불루索弗婁는 삼조선三朝鮮으로 분권分權으로 구서팔금九誓八禁로써 본本을 삼고, 부여夫餘로써 삼한三韓을 뭉치게 하였다. 삼한三韓 또한 단제檀帝를 중심中心으로 나라를 다스리고, 진한辰韓은 천명天命을 지키고, 원圓으로 이십팔수二十八宿를 몸으로 삼고, 천天으로 본本을 삼고, 변한弁韓은 지명地命으로 방方을 삼고, 어두운 곳을 밝히고, 땅을 본本으로 삼고, 산으로 체體를 삼고, 마한馬韓은 인명人命으로 각角을 삼고, 마땅히 천지天地의 도道를 강해江海로 삼아 체體로 하고, 힘으로 본本을 삼고, 부여夫餘는 순수純粹를 잃지 않았으며 삼재三才를 본本으로 하고, 청아淸雅하고, 의義를 숭상崇尚하고, 고구려高句麗는 천부天符의 유법遺法을 잊지 않고, 용勇을 본本으로 삼아 숭무崇武하여 땅을 크게 넓혀 용맹勇猛한 백성을 길러냈다.

한인桓仁은 천일天一로써 생수生水의 이치로 삼고, 사상四象으로 사위四圍하고, 칠성七星으로 만물의 성性을 조화造化하였고, 한웅桓雄은 지이地二의 이치로 법화法化하여 오행五行의 순환을 밝히고, 팔극八極으로 만물의 명命으로 마땅함을 교화敎化하였고, 왕검王儉은 인삼人三으로 성목成木의 도道를 세워 삼재三才의 이치로 삼고, 육정六政하여 삼부三符로 치화治化의 이치를 밝혔다. 한국桓國에는 오훈五訓이 있고, 신시神市에는 오사五事가 있고, 삼한三韓에는 오계五戒가 있고, 조선朝鮮에는 오행육정五行六政이 있고, 부여夫餘에는 구서九誓가 있다. 천부天符는 징조徵兆를 제 때 내리고, 지부地符는 합익合益을 내려 제 곳에 열리게 하고, 인부人符는 번갈아 오르내려 명지明智를 얻는다. 해가 뜨면 허虛가 열려 천부天符가 보이게 되고, 달이 뜨면 실實이 열려 지부地符가 드러나고, 허실虛實이 번갈아 열려 조석朝夕으로 천지부天地符가 열려 있으니, 마땅히 깨우치고 떨쳐 일어나 바르게 나아가야 한다.

하늘로 육원六元[1]을 삼고, 땅은 오제五制[2]로 삼으며, 천지天地는 삼십三十으로 위를 삼고, 삼십三十으로 아래를 삼고, 육십六十으로 일원一圓하고, 이십사절二十四節로 기紀를 삼고, 일천사백사십一千四百四十으로 일주一周를 삼는다. 신명神明을 변화의 중추中樞로 삼아 교차交叉의 순역順逆으로 가늠하여 천부天符의 무궁無窮에 실어 팔정八正[3]을 바로잡아 팔풍八風[4]으로 본本을 삼으니, 삼사三師가 마땅히 거울로 연추姸醜를 보이고, 검劍으로 연절連絶하고, 북은 동정動靜하니, 삼신고제三神古祭의 서원誓願은 백성을 기쁘게 하고,

---

1) 육원六元: 시時, 공空, 천天, 지地, 수水, 화火.

2) 오제五制: 부富, 명命, 정貞, 실實, 광廣.

3) 팔정八正: 때, 곳, 전前, 뒤, 좌左, 우右, 상上, 하下.

4) 팔풍八風: 동은 명풍明風, 동남은 교풍敎風 남은 신풍神風, 남서는 황풍黃風, 서는 악풍藥風, 서북은 천풍天風, 북은 귀풍鬼風 북동은 삭풍朔風.

천부天符로써 하늘의 상서祥瑞를 따르고, 지부地符로써 땅의 명리名
利를 살피고, 인부人符로써 인사人事의 마땅함을 삼게 되어 천부경
天符經은 만결萬訣의 본本으로 삼고, 신고神誥는 만전萬典의 본本으
로 삼고, 계경戒經은 만훈萬訓의 본本이 삼는다.

천부天符는 간干이고, 신고神誥는 지支고, 계경戒經은 간지干支로
하나로 잡아 둘로 키워 셋으로 돌아가 전계全戒의 깊은 뜻으로 지
물地物을 덮어 공功을 이룬다. 일적一積하고 십거十鉅하니 천부天符
가 되고, 무궤無櫃에 화삼化三하니 지부地符가 되고, 태양太陽을 앙
명昂明하니 인부人符가 되고, 대선大先의 천天이 천부天符고, 대중大
中의 지地가 지부地符고, 대웅大雄의 인人이 인부人符니, 대조신大造
神인 삼신三神의 근본根本에 감사하고, 대모신大母神인 지신地神의
산혜産惠에 감사하고, 인신人神의 통력通力에 보답해야 하고, 하늘
에는 신시별에 뭇별이 모여들고, 땅에는 신시神市가 생겨 사람들이
모여들고, 사람에게는 성현聖賢의 마땅함에 모여든다.

옛날 삼신고제三神古祭의 깊은 뜻은 삼한관경三韓管境의 백성을
기쁘게 하고자 하고, 계戒로써 표標를 삼고, 삼가는 것으로써 본本
을 삼고, 돕는 것으로써 덕德을 삼는다. 삼신제단三神祭壇은 상원하
방上圓下方의 도道로써 밝히고, 신령神靈은 만대에 걸쳐 받드는 지
표指標가 된다. 물은 명리名利고, 불은 녹봉祿俸이고, 나무는 학문學
文이고, 무쇠는 법술法術이고, 흙은 재물이 된다. 도정都定⁵⁾은 국조
國祖의 뜻을 펴서 백성을 편안히 하여 지키기는 까닭이 되고, 성성城
을 쌓는 바는 흉포凶暴로부터 백성을 지키고자 하는 것이고, 적敵
의 성城을 무너뜨리는 것은 벌伐하고자 하는 것이니, 궁소穹巢의 뜻
을 펴서 습성習性에 맞추어 살아가게 한다.

---

5) 도정都定: 인人, 식食食, 화貨, 경經, 통通, 교交, 시市, 택宅, 물, 불, 나무, 쇠, 산, 기氣, 화火, 수水,
   토土, 후風, 풍候.

왕검王儉이 구한九桓을 통일하고, 나라의 사람을 불러 모아 이르기를, '장차 백성의 뜻을 물어 공법公法을 천부天符라 할 것이니, 만세萬世의 강전綱典으로 지극至極히 존귀하여 이를 어기지 말라'고 하였으니, 천하天下의 백성들 마음이 곧 천부天符다. 풍백風伯이 경鏡으로 천부天符의 징표徵表 삼고, 운사雲師가 지부地符의 고고鼓로써 거종鉅宗을 삼고, 우사雨師가 인부人符의 검검劍으로써 관경管境을 삼아 비로소 삼보三寶로 삼는다. 부루태자扶婁太子가 금간옥첩金簡玉牒6)과 신침神針7)과 식양息壤8)으로 치수治水하였고, 삼신산三神山 밑의 맑은 물에 천부天符를 띄워 두고, 삼태신三台神의 이름을 적어 금줄을 두르고, 천지天地의 형색形色으로 견백堅白을 잡는다.

일一은 무시無時하고, 이二는 무종無終하니, 일허一虛에서 이실二實이 생기고, 이실二實에서 일허一虛를 바탕으로 셋에서 마땅하게 생겨나는 이치로 어긋남이 없게 하고, 허실虛實의 차이差異는 티끌에서 시작되고, 허실虛實의 열매는 합合하여 끝을 이루니 바른 것은 머리에 삼고, 이로움은 몸에 심었으니, 비로소 올바른 삼재三才의 마땅함으로 살아간다. 하계下界의 주신主神은 교화敎化를 맡게 하고, 지선유일至善唯一로 성선대聖善大의 몸을 맡게 하고, 신시씨神市氏는 천일생수天一生水와 지이생화地二生火의 도道를 이어 개천開天를 맡게 하고, 신시神市를 세워 오로지 스승의 도道로써 천하天下를 인솔하니, 만민萬民이 마땅하게 이를 따른다. 천부天符는 두성斗星의 신명神明으로 칠성七星9)이 나라에 있으면 신단수神檀樹고, 주州에 있으면 소도蘇塗고, 마을에 있으면 장승이고, 업장業場에 있으

---

6) 금간옥척金簡玉牒: 도산塗山에서 우순虞舜과 하우夏禹를 모아 놓고 강강講講하면서 전한 책책冊으로 홍범구주洪範九疇라고 함.

7) 신침神針: 재지 못하는 것이 없는 자.

8) 식양息壤: 숨 쉬는 흙. 적은 양으로 제방堤防을 쌓아 큰물을 막는 것.

9) 칠성七星: 동원, 광청, 마방, 궁가, 사명, 기생, 파원.

면 솟대고, 집에 있으면 업주가리業主嘉利고, 나무에 있으면 신목神木이고, 산의 입구에 있으면 신탑神塔이니, 무릇 하나는 하늘의 본 모습이고, 둘은 땅의 나눔이 본 모습이고, 셋은 진리가 본 모습이고, 넷은 흩어짐이 본 모습이고, 다섯은 중추中樞가 본 모습이고, 여섯은 만듦이 본 모습이고, 일곱은 명命이 생김이 본 모습이고, 여덟은 펼침이 본 모습이고, 아홉은 이루어지는 것이 본 모습이고, 열에 비로소 하나로 돌아감이 본 모습이다.

둥글게 원圓으로써 돌고 돌아 팔십일八十一을 본本으로 잡고, 칠팔구七八九로 운運을 잡으니, 애오라지 움직여도 이치는 사라지지 않고, 또한 신시神市에서 서울을 아사달로 옮기고, 제족諸族들이 모여서 시월 초순初旬에 하늘에 제祭를 지내게 하고, 삼한三韓이 하나 되어 왕검王儉을 하늘의 아들이라 하자 모두 엎드려 단제檀帝라 하면서 경배敬拜하였다. 삼사오가三師五加들에게 명命하여 각 부들은 팔백 명씩을 모아서 나라의 위엄을 사해四海에 알리도록 하고, 신시神市의 정통을 이어받은 뒤에 백성들을 두루 평안토록 하였다. 무릇 삼한三韓은 천부天符의 이치에 따라서 구한九桓을 모아서 하나의 조선朝鮮으로 하고, 조선朝鮮을 세 개의 한韓으로 나누어 진한辰韓은 가운데에서 하늘의 명命을 받들고, 마한馬韓은 남쪽과 서쪽에서 황구黃寇를 맡아 굳건히 하고, 번한番韓은 동쪽과 북쪽을 지켜서 반석盤石과 같이하고, 숙신肅愼과 예맥濊貊과 옥저沃沮 또한 오가五家이니 마땅히 삼한三韓을 돕고, 해외海外의 열두 나라는 또한 같은 겨레이니, 형제의 나라라고 한다.

한인씨桓仁氏는 처음 만물을 밝혀서 지도리로 삼게 했고, 한웅桓雄은 사람을 깨우치게 하여 밝음으로 본本을 삼고, 왕검王儉은 천지天地의 도道를 밝혀 마땅히 다스리며 단제檀帝는 밝은 땅에서 곧고 바른 것으로써 백성을 한데 모이게 하고, 감군監君은 뭇 무리를 바르게 이끌게 하고, 천황天皇은 땅과 사람에게 바른 도道를 펼치고, 천군天君은 만방萬邦을 거느려 하늘을 대신하여 호령한다. 삼신단三神壇[10]에 머리 풀고, 삼성당三聖堂[11]에 둘러앉아 삼성오제三聖五帝의 행적行蹟을 기리니, 한인씨桓仁氏는 말이 없어도 스스로 믿고 따르는 까닭이 되고, 곡직曲直을 내세우지 않아도 중추中樞가 바로 서고, 사위四位를 능히 나누지 않아도 삼극三極으로 돌아오고, 커발한씨氏는 신시神市를 개척開拓하여 하나로 돌아오게 하고, 왕검씨王儉氏는 구한九桓을 통일하여 삼한三韓으로 돌아오게 하고, 태호씨太皓氏는 짐승과 물고기로 엽사獵事와 어업漁業을 장려獎勵하고, 시장을 크게 열어 땅의 이로움을 나누게 하고, 역易으로써 증리證理를 밝혔고, 신농씨神農氏는 약업藥業으로 병을 이겨내게 하고, 부루씨扶婁氏는 치수治水하여 농업農業을 크게 일으켜 업신業神되고, 부소씨扶蘇氏는 목화木火의 이치를 크게 살펴 화덕火德을 알게 하였고, 치우씨蚩尤氏는 병과兵戈와 도술道術을 크게 살펴 삿된 것을 없애고, 천하天下의 의義를 크게 살펴 삿된 것을 몰아냈고, 자부씨紫府氏는 책력冊曆과 오행수리五行數理를 살펴 백성을 편안히 하였고, 혁덕씨赫德氏는 녹도鹿圖로써 글을 살폈고, 을보륵씨乙普勒氏는 정음正音으로 서른여덟 자를 살펴 한글을 만들었다.

천부경天符經은 만경萬經의 본本으로 옛 성현聖賢들은 천부天符는 대원일大圓一의 이치로 사흘을 삼가고, 이레를 강론講論하였으니, 바람도 잠잠하여 귀를 기울이고, 하늘은 아늑하여 오묘奧妙하게 하고, 큰 것으로 보원普圓하고, 진실 된 하나의 쓰임을 알게 되었고, 쌓아 간직하여 키워 효원效圓하고, 쓰임은 부지런하게 한 것이고, 사람은 지혜와 능력이 있어 크게 택원擇圓하여 서로 돕게 하는 삼명三明[12]으로 신神이 내려옴을 기린다. 사람의 본심本心은 무한한 광명光明으로 실實을 삼아 해를 숭앙崇仰하고, 달을 허虛로 삼아 숭앙崇仰하여 청아淸雅하고, 은은하게 따른다. 천부天符는 하늘을 본本으로 하고, 지부地符는 땅을 본本으로 하고, 인부人符는 사람을 본本으로 하니, 하늘은 때맞추어 어김없고, 땅은 충실充實하게 키워 자라나게 하고, 사람은 마땅히 따르면서 이룬다. 하늘에 있으면 천부天符고, 땅에 있으면 지부地符고, 사람에 있으면 인부人符고, 피워 오르는 안개와 같고, 떨어지는 비와 같고, 묻힌 불덩이와 같으니, 하늘에 있으면 성진星辰이 되고, 뭇 별에 있으면 삼태三台고, 몸에 있으면 기氣의 순환이고, 산에 있으면 명혈名穴이고, 글에는 천부경天符經이고, 허실虛實에 있으면 양축兩軸이고, 삼신三神에 있으면 대조大造고 태백太白에 있으면 천단天壇이고, 도상圖象에 원방각圓方角이고, 천지天地에 삼재三才고, 만물에 금척金尺이고, 음音에 오금鳥金이고, 나라에 도록圖錄이고, 왕위王位에 부록符籙이고, 현철賢哲에 부명符命이다.

천하天下의 천부天符는 말로 표현할 수 없고, 현묘玄妙하여 종시終始의 틀을 알 수 없으나 유법遺法에 이르기를, 윷놀이와 같다 하였으니, 추론推論해본다면 천추天樞에 네 번 교차하고, 칠성七星이 두 번 교차하여 크게 돌아 스물 하나고, 작게 돌아 열둘이고, 오성五星을 두 번 돌아 칠성七星을 한번 지나고, 오성五星을 한번 지나 삼재三才를 두 번 지나고, 오성五星을 두 번 지나고, 칠성七星을 한번 지나고, 크게 돌면 오성五星이 네 번이 된다. 무릇 사두四斗가 하나고, 삼재三才가 넷이고, 허虛가 넷이고 실實이 넷이니, 신神은 하나고, 방方이 하나고, 각角이 여덟이다. 태일太一에서 십지十地가 나오고, 하나에서 셋이 나오고, 그 가운데 여섯이 있고, 아홉의 가운

12) 삼명三明: 성통광명性通光明, 재세이화在世理化, 홍익인간弘益人間.

데에는 하나가 없고, 하나에서 하나가 갈려 나와도 셋과 여섯과 아홉의 가운데에는 하나이다.

　무릇 하나는 없는 것에서 시작하여 세 개의 극極으로 나누어도 근본을 다 할 수 없어 하늘에는 하나의 도道가 있고, 땅에는 허실虛實의 도道가 있고, 사람에는 삼극三極이 있으니, 합하여 발發하면 육극六極과 칠성七星과 팔상八相과 구천九天까지 운행된다. 삼신三神이 사상四象을 이루어 둥글게 두면 오행五行와 칠요七曜가 하나로 돌아가고, 현묘玄妙한 가운데 돌아가 만 번을 가고와도 본本은 움직이지 않아 사람이 해를 바라보는 마음같이 착한 마음은 온전해져 하나로 돌아가 끝도 알 수 없다.

　한인桓仁을 천존天尊으로 천일天一이 되고, 한웅桓雄을 지존地尊으로 지일地一이 되고, 왕검王儉을 인존人尊의 인일人一로 삼는다. 천부天符로 펼쳐짐을 시왕十王[13]삼아 자손을 만들고, 지부地符로 드러내어 십이신장十二神將[14]으로 자손子孫을 보호하면서 키우고, 인부人符로 자손을 번영하게 한다. 천부天符는 한 촌寸을 본本으로 삼고, 지부地符는 한 치로 본本으로 삼고, 인부人符는 촌치를 명命으로 본本을 삼는다. 석자장石子丈[15]이 이르기를, '하늘이 만물을 만듦에 형형색색形形色色하나 그 시작의 가운데는 하나의 영靈이 있어 하나가 무시無始에서 시작하니, 태초의 무시無始에서 처음 이수理數가 생기면서 일허一虛가 생기고, 일실一實이 좇아 생겨나 이것이 물질의 도道가 되고, 태극太極의 위로 오르면 이理가 기氣를 초

---

13) 십왕十王: 정부精付, 복덕福德, 진태陳胎, 태상太上, 박덕博德, 변석變席, 유자遊子, 가다嘉多, 건명乾命, 삼신제왕三神帝王.

14) 십이신장十二神將: 작도斫刀, 천하天下, 지하地下, 벽력霹靂, 호귀胡鬼, 천룡天隆, 창부倡夫, 군웅軍雄, 장군將軍, 별성別星, 명도明圖.

15) 석자장石子丈: 第2代 부루단제扶婁檀帝의 대현인大賢人.

월하여 현묘玄妙하게 됨은 증명하기 어려우나 만물이 도道에서 나와 도道로 돌아가니, 대원大原은 하늘에서 나오고, 하늘과 신조神祖는 시간이 밀접하여 하늘이 곧 신조神祖가 된다'고 하였으니, 신神의 이치로 화육化育하고, 현묘玄妙한 깊은 뜻은 깨달으려는 자者들에게 문을 열고, 아직 알지 못한 자者들을 믿게 하고, 바른 길을 벗어나는 자者들을 따르게 하여 농사를 짓고, 사냥하여 제 할 일의 마땅함을 벗어나지 않게 하고, 베를 짜서 옷을 해 입고, 새끼로 신발을 삼아 신고, 집집마다 가축을 두어 어려움을 다스리게 하고, 풀과 이엉으로써 집을 지어 온열한습溫熱寒濕에서 벗어난다.

삼신三神을 크게 기뻐함은 나라의 평안과 한 겨레의 삶이 되어 신조神祖 또한 성조聖祖가 되어 높은 은덕으로 착한 마음은 굳센 활이 되어 악한 마음을 과녁 삼아 꿰뚫어서 삼신三神의 영광으로 이어간다. 대조신大祖神이 사물을 만듦에는 뭇 생명生命을 창생蒼生하게 하여 종전宗全은 온전하게 하고, 명리名利는 삼신三神의 팔다리가 되게 하니, 흔들리는 마음속에서도 저 마다 한 줄기 빛이 되어 만인을 따르게 하고, 믿음으로 밝혀서 삶을 숭상崇尙하게 한다. 신神은 흩어진 무리를 모아 두루 편안히 살게 하고, 종宗은 위에서 아래로 흘러 신神의 보살핌이 있고, 전全은 아래에서 위로 정성을 다하니, 신神이 응하여 온전함을 이루게 하여 전全으로 계系를 세우고, 통統으로써 하나로 뭉치게 하고, 신神으로 교敎를 세우고 사람으로 신信을 이룬다. 원랑遠郎을 세우는 바는 멀리 있는 자者들이 천부天符 잊지 않게 하고, 화랑花郎을 뽑는 바는 계율戒律을 온전히 하게하고, 화백和白하는 바는 만인의 뜻을 이루게 하고, 천부天符는 온전히 내리고, 지부地符는 온전히 감싸 안아 광명光明으로 하나 되어 어두움을 없애 인부人符는 삶을 숭상崇尙하여 삿된 것을 바로 잡으니, 능히 북으로써 천신天神과 소통하여 근본을 잊지 않게 하고, 거울로써 지상地上을 밝게 비추어 근본으로 돌아가게 하고, 검劍으로써 인세人世를 바로 잡아 근본을 올곧게 하는 벼리가 된다.

만물은 삼신三神에게서 나와 오행五行으로 돌고, 삼사三師는 사상四象을 맡고, 오성五星은 칠성七星을 맡고, 둥글게 좌선左旋하고, 삼사三師는 사상四象을 맡고, 각角이 지면서 우선右旋하고, 저가豬加가 앞장서고, 양가羊家가 뒤를 따르고, 마가馬家가 왼쪽을 보좌하고, 우가牛家가 오른쪽을 보좌하고, 삼사三師와 함께 구가狗家가 가운데를 호위하며 나아간다. 마가馬加는 명命을 받들어 삿된 것이 없도록 보좌하고, 우가牛加는 관천觀天하여 곡식穀食을 맡고, 구가狗加가 기운氣運을 살피면서 형법刑法을 맡아 벗어나는 일이 없도록 하고, 저가豬加가 치병治病과 교육을 맡아 몸과 마음이 병들지 않게 하고, 양가羊家는 나라의 제사祭祀를 맡고, 선악善惡과 사람의 심신을 살핀다. 더러운 땅에는 천부天符가 덮지 않고, 더러운 사람에는 지부地符가 감싸지 않고, 더럽혀진 하늘에는 지인地人이 온전하지 못하다. 천지부天地符는 더러운 곳에 내리지 않고, 일신一神 또한 더러운 제물祭物에는 내리지 않고, 더러운 자者의 소원所願은 이루어지지 않고, 청검淸儉이 아니면 즐거워하지 않고, 삿된 것에 기뻐하지 않는다.

종宗은 하늘에서 내고, 전全은 땅에서 오르고, 비로소 선仙이 온전해진다. 신계神係를 이어 하늘에서 삼신三神이고, 땅에서 오가五家고 명命에 있으면 사두四斗고, 사람에게 있으면 삼백예순여섯날이니, 상원갑자上元甲子에 한인桓仁이 내리고, 중원갑자中元甲子에 한웅桓雄이 땅에 내리고, 하원갑자下元甲子에 왕검王儉이 내리고, 일육지도一六之道는 상원上元에 나타나고, 이칠지도二七之道는 중원中元에 나타나고, 삼팔지도三八之道는 하원下元에 나타난다. 사구四九의 갑자甲子에 선천先天으로 돌아가 오십갑자五十甲子에 이루고, 비로소 일백갑자一百甲子에 완성되어 돌아간다. 부풀어 융성隆盛하여 크나큰 영광되는 이치가 되니, 삼신三神은 사상四象으로 만물의 기틀을 보이고, 오제五帝가 칠성七星과 더불어 생멸지도生滅之道를 만들어 삼신일체三神一體로써 구성九星으로 돌아 하나가 되고, 만물을 키워 생성윤숙生成潤熟하게 하여 만년의 지혜는 변함이 없고, 만년의 사람 또한 마땅하게 이어간다.

성聖은 하늘에서 내리고, 현賢은 땅에서 올리고, 인仁은 산에서 내리고, 선善은 마음에서 나온다. 하늘에 있으면 천황天皇이고, 땅에 있으면 지황地皇이고, 사람에게 있으면 인황人皇이니, 바다에 있으면 용왕龍王이고, 산에 있으면 산신山神이 되고, 집에 있으면 성주城主고, 터에 있으면 터주대감大監이고, 마을 땅위에 있으면 천하대장군天下大將軍이고, 마을의 땅 밑에 있으면 지하여장군地下女將軍이고, 논밭에 있으면 신간神竿이고, 가호家戶 있으면 신주神柱고, 업業에 있으면 업주業主고, 장場에 있으면 직주職柱고, 천지간天地間을 이으면 사람이 되고, 온전하게 이으면 선善이 되고, 사람에게서 온전하면 인신人神이 되니, 큰 덕과 큰 힘과 큰 지혜로써 뭇 무리가 거스름 없이 따른다.

신神과 소통하여 계係를 이어 칠정七政[16]하고, 칠보七寶[17]로서 표表를 삼고, 신神을 세워 천天을 이어 칠부七符[18]로써 부符의 본本을 삼는다. 성聖은 칠성七星을 낳고, 성成은 구완九完[19]을 낳고, 변變은

---

16) 칠정七政: 일日, 월月, 수水, 화火, 목木, 금金, 토土.

17) 칠보七寶: 동원, 광청, 마방, 궁가, 사명, 기생, 파원.

18) 칠부七符: 천부天符, 지부地符, 인부人符, 명부命符, 호부護符, 신부神符, 장부將符.

19) 구완九完: 일신강충一神降充, 성통광명性通光明, 귀명지화歸命之化, 재세이화在世理化, 홍익인간弘益人間, 신성명화神性明化, 개물공완開物功完, 성기명지成己命知, 자유공검自由恭儉.

십통十通[20]으로 돌아가고, 생生은 팔생八生[21]하고, 술術은 육화六化[22]하고, 회回는 오전五轉[23]이고, 상相은 사상四象으로 나뉘지고, 신神은 삼극三極하고, 허실虛實은 이단二斷하고, 종시終始는 일체一體다. 허실虛實의 차고 빔으로 만물이 만들어지고, 허실의 차이에서 성쇠盛衰가 엇갈리고, 돌고 돌아 집산集散이 이루어져 때에 순응하면 엇갈리지 않고, 화和에 순응順應하면 뒤집히는 것이 없으니, 이루지 못하면 정신을 탓하고, 집착하는 바가 있으면 육체를 탓하고, 어리석으면 세勢를 탓하고, 간악奸惡하면 도움을 탓한다. 시작은 하나에서 시작되고, 끝은 열로 끝난다 하나 처음부터 생生하는 바를 밝히지 못하고, 끝나면서 없어지지 않아 큰 덕은 믿음에서 나오고, 큰 힘은 뭉치면서 나오고, 큰 지혜는 정성에서 나오니, 보이지 않는다하여 천부天符에만 맡기지 않고, 어지럽다하여 지부地符의 변하는 것에만 의지하지 않고, 가물거린다고 인부人符의 힘에만 따르지 않아야 한다.

천부天符의 법이 땅에서 어긋나자 백성이 흩어지고, 나라의 혼魂이 숨어버리고, 땅에서 어긋나자 독단獨壇하는 자者가 생겨나고, 남을 시켜 뒤에서 몰래 치고, 명리名利가 아니면 부끄러운 것을 모르고, 이름을 위하여 헛된 다툼을 마다하지 않고, 작은 재주才主로 큰 지혜를 제압하려 하고, 궤변詭辯으로 의론議論을 구석으로 내몰고, 사사로움으로 공적功績을 버리게 하고, 성실을 사악邪惡이 농락한다. 천부天符의 말류末流가 되자 상象을 잡지 못하고, 지부地符의 말류末流가 되자 상相을 잡지 못하고, 인부人符의 말류末流가 되자

---

20) 십통十通: 안명眼明, 이보耳報, 비순鼻順, 구풍口豊, 심안心眼, 위소胃消, 성능性能, 족원足遠, 수재手才, 항진肛盡.

21) 팔생八生: 발능發能, 수신修身, 계지啓智, 검약儉約, 연업鍊業, 책직責職, 홍익弘益, 명정明精.

22) 육화六化: 천天, 지地, 수水, 화火, 허虛, 실實.

23) 오전五轉: 예락豫樂, 희리喜利, 길상吉祥, 광명光明, 안정安定.

근본根本을 흐리게 되고, 근본과 상상象을 잡지 못하자 어지러운 자者들이 나와 변설變說을 만들고, 공의公義를 잊게 되자 궤이詭異가 나타나고, 해괴駭怪가 세勢를 잡아 어지러워진다. 무릇 상상象이 흩어지자 새로운 모양이 나타나고, 색色이 흩어지자 새로운 무늬가 나타나고, 파波가 부서지자 새로운 결이 나타나니, 상상象이 흩어지고, 색色이 섞이고, 파波가 간섭한다. 천부天符의 법法은 고금古今에 걸쳐 그대로인데 사람이 변형되어 이지러지고, 천부天符는 돌고 돌아 제자리에 오고, 지부地符는 펼쳐졌다가 하나로 돌아오고, 인부人符는 어김없이 삼현三顯[24]으로 바로 돌아가 마침내 삼부三符가 마땅히 삼신三神에게 돌아갈 날이 머지않다.

---

24) 삼현三顯: 상상象, 색色, 파波.

八條歌

성誠으로 충실充實로 가득 차게 하여 정성으로 섬기고,

신信으로 천리天理를 받들어서 사람의 일은 믿음이고,

애愛로 사랑하는 마음으로 작은 것을 크게 하여 이루고,

제濟로 덕德의 겸손하고, 착한 마음으로 구제하고,

화禍로 악惡이 드나들면 어김없이 다가오고,

복福은 창문窓門에 와 있으니, 여닫는 때와 곳에 있고,

보報하여 천신天神의 일로 착한 일은 내리고 벌은 올리고,

응應으로 큰 화禍는 스스로 열리고, 큰 액厄은 때마다 내린다.

李陌 太白逸史

22. 칠성론 七星論

뭇 별은 사두칠성四斗七星이 본本이고, 북방사명北方司命은 뭇 별의 본本이 된다. 북방사명北方司命은 명命을 주고, 동방사명東方司命은 양양養을 주고, 남방사명南方司命은 수수壽를 주고, 서방사명西方司命은 복福을 주고, 이십팔수二十八宿는 한 해에 제자리로 돌아가고, 뭇별은 북두성北斗星을 중추中樞로 한다. 낮에는 해가 본本이 되고, 북두北斗는 성진星辰의 본本이 되고, 숙명宿命은 곰과 범이 본本이 된다. 하늘에서 칠극七極[1]은 칠정七正[2]이 되고, 칠기七氣는 화化하여 칠성七星이 되고, 칠신七神[3]은 화化하여 칠제七帝[4]가 된다. 하늘에는 칠성七星이고, 땅에는 칠지七地[5]고, 사람에게는 칠명七命[6]으로 천신天神은 보위保衛하고, 지신地神은 성숙成熟을 맡고, 임검은 칠정七政을 축軸으로 다스리고, 사람은 명命으로써 삶을 다하고, 운運으로써 생명복덕生命福德하고, 길吉을 좇고 흉凶은 피한다. 크게는 하늘의 벼리가 되고, 작게는 명복命福으로 칠명七命을 운행하니, 북두北斗는 주야晝夜를 가리지 않고, 사두四斗는 영검靈儉

---

1) 칠극七極: 때, 곳, 하늘, 땅, 물, 불, 사람.

2) 칠정七正: 일日, 월月, 수水, 화火, 목木, 금金, 토土.

3) 칠신七神: 일신日神, 월신月神, 수신水神, 화신火神, 목신木神, 금신金神, 토신土神.

4) 칠제七帝: 한인桓仁, 한웅桓雄, 태호太晧, 신농神農, 치우蚩尤, 왕검王儉, 부루扶婁.

5) 칠지七地: 생생生生, 사死, 명命, 열열熱, 교교敎, 명명明, 휴휴休.

6) 칠명七命: 신身, 지명智命, 지력知力, 지명知名, 혜혜慧, 철철哲, 정精.

으로 감싸 지키게 되니, 재액災厄은 사람이 짓는 바고, 원복願福은 사람이 바라는 바고, 앙화殃禍는 스스로 부르고, 도수禱壽로 신神에게 바라는 바가 된다.

  삼신三神이 사두四斗에게 숙명宿命을 맡기니, 첫째별에게 명命하기를, 염천炎天으로 북방사숙北方四宿[7]을 이끌고, 북쪽을 맡게 하고, 북명일숙北命一宿인 자년子年에 태어난 자者들에게 동원으로 본本을 삼게 하고, 지도리로 전轉을 삼아 사람에게 만 가지의 밝은 덕德을 쌓고 가르치고, 참된 뜻으로 낳고, 길러 증리證理의 통하는 것으로 삼아 넓게 퍼트려 궁하지 않게 하고, 널리 거두어 핍박받지 않게 하니, 그 복福으로써 웅호熊虎의 차별이 있게 하였다. 둘째별에 명命하기를, 변천變天으로 움직이는 하늘의 도道를 보이고, 서북방사숙西北方四宿[8]을 이끌면서 서북방을 맡게 하고, 동명이숙東命二宿인 축丑과 해亥에 태어난 자者들에게 광청으로 본本을 삼고, 손잡이로 힘을 삼아 빛과 소리를 밝게 하고, 더욱 넓은 큰 도道가 지나가게 걸림돌과 어지러움을 멀리하게 하고, 스스로 주인 되어 삿된 것을 멀리 좇게 하였다. 셋째별에 명命하기를, 호천昊天으로 끝없는 하늘의 도道를 보이며 서방사숙西方四宿[9]을 이끌기를, 서쪽을 맡으라고 명命하고, 서명이숙西命二宿인 인寅과 술戌에 태어난 자者들에게 마방으로 본本을 삼고, 하나의 원圓으로써 지智를 삼으니, 녹祿으로써 복록福祿을 삼고, 업業으로써 책임삼아 걸림돌을 없애고, 보報를 상대하여 응應의 업業을 다하게 하였다. 기틀로써 이로움을 얻고, 삶을 이어 가게 하니, 세상에 태어나 마땅히 일에 응하고, 직책으로 만들어 가게 하였다. 넷째별에 명命하기를, 유천幽天

---

7) 북방사숙北方四宿: 실室, 귀鬼, 벽壁, 루婁.

8) 서북방사숙西北方四宿: 위胃, 묘昴, 필畢, 자觜.

9) 서방사숙西方四宿: 삼參, 정井, 귀鬼, 류柳.

으로 현묘玄妙한 하늘의 도道를 보이며 서남사숙西南四宿[10]을 이끌고 서남쪽을 맡으라고 명命하고, 서북명이숙西北命二宿인 묘卯와 유酉에 태어난 자者들을 궁가를 삼아 바라는 바와 창고에 오곡五穀이 가득 채우게 하였다. 구하는 바는 명命을 잇고자 하는 것이고, 권세權勢를 얻는 바는 삶을 편하게 하고자 하니, 인생증리人生證理의 교학敎學이고, 가르치면서 배울 권리가 있게 하여 만인을 일깨움이니, 발아發芽의 공功과 곡직曲直의 이치로 높이 오르되 낮은 곳부터 오르고, 멀리 가되 가까운 곳에서 걸어가니, 신神이 시킨 일과 사람으로서 마땅히 할 일을 하게 하였다. 다섯째별에 명命하기를, 균천鈞天으로 태평太平한 하늘의 도道를 보이고, 동방사숙東方四宿[11]을 이끌고 가운데를 맡으라고 명命하고, 동명이숙東命二宿인 진辰과 신申에 태어난 자者들을 사명司命삼고, 염정廉貞삼아 인생증명人生證明의 본보기로 드러내도 액厄이 없고, 애써 감추려 해도 감출 것이 없으니, 의로움으로 용勇을 삼고, 혜慧로써 인仁을 삼으며, 저울과 잣대가 분명分明하게 하여 평편한 하늘과 같고, 스스로 다스리니 여기餘氣가 없다. 여섯째별에 명命하기를, 양천陽天으로 밝은 하늘의 도道를 보이고, 동남방사숙東南方四宿[12]을 이끌고, 동남東南을 맡으라고 명命하고, 동남명이숙東南命二宿인 사巳와 미未에 태어난 자者를 기생 삼고, 문양門陽삼아 무형無形으로 유형有形으로 업산業産을 이루고, 복덕福德을 스스로 이루게 하여 두드려 조밀稠密하게 하니, 지난 간 것을 밑거름 삼아 올 것을 대비하여 환란을 복福으로 바꾸며 핑계를 없앰으로 적敵을 이길 수 있고, 스스로 닦아 극복하게 하였다. 일곱째별에 명命하기를, 창천蒼天으로 푸른 하늘의 도道를 보이고, 동북사숙東北四宿[13]을 이끌고, 동쪽을 맡으라고 명

---

10) 서남사숙西南四宿: 성星, 장張, 익翼, 진軫.

11) 동방사숙東方四宿: 각角, 항亢, 저氐, 방旁.

12) 동남방사숙東南方四宿: 심心, 미尾, 기箕, 두斗.

13) 동북사숙東北四宿: 우牛, 녀女, 허虛, 위危.

命하고, 동명일숙東命一宿인 오午에 태어난 자者를 파원삼고, 요광搖光삼아 두려움을 담아 끌고 간다. 장수長壽로써 노인老人의 축수祝壽하게 하고, 오래 살게 하여 봉양奉養하게 하고, 거스르지 않으니 언행이 벗어나지 않고, 어제의 강건剛健이 내일에 유연하면 만인의 즐거움이 되니, 천지天地의 명命을 거슬러 부딪치지 않게 하였다. 여덟째별에 명命하기를, 해를 우보右輔하게 하고, 아홉째별에 명命하기를, 달을 좌필左弼하게 하였다.

한인桓仁에게 뼈를 타고, 한웅桓雄에게 살을 타고, 왕검王儉에게 피를 탔으니, 명줄을 목에 걸고, 산신山神에 기도하고, 신단神檀에 머리 숙여 천지天地의 명命을 받아 칼로써 사악肆惡한 것을 제거除去하고, 거울로써 스스로 헤아리고, 북으로써 신명神明을 받아 명도明圖로써 모습을 잊지 않고, 칠성판七星板을 등에 지고 돌아간다. 삼신三神이 명命을 주었으니, 은덕을 잊지 말고, 칠성七星이 명命을 알려주니 거스르지 말고, 조상祖上이 이름을 주었으니 이름값하고, 부모님 몸을 주었으니 함부로 내돌리지 말고, 나라님 먹을거리 주었으니 충성忠誠하게 된다. 마땅히 삼칠지도三七之道로써 어긋나지 않게 하고, 칠기七氣[14]를 온화溫和하게 하여 칠정七政으로 나라가 다스려지고, 셋으로 복福을 구하고, 일곱으로 명命을 구하려고, 화禍에 묻혀 복福을 억지로 구하지 않게 한다. 셋으로써 복리福利[15]을 빌고, 일곱으로 재앙災殃[16]을 물리치고, 쑥으로써 냉기冷氣를 치료하고, 마늘로써 열기熱氣를 치유하고, 춘추春秋에 삼칠지도三七之道를 바로 잡는다. 명命은 천지天地의 소유고, 명命의 운용은 사람의 몫이고, 성진星辰에 빗대고, 명암明暗에 비추어 운행에 게으름이 없고, 사물에 명命을 재어 주면서 운運 없이 돌아가진 않으니, 내

---

14) 칠기七氣: 낮, 밤, 겨울, 봄, 여름, 가을, 무더움.

15) 삼복리三福利: 명命, 위位, 재財.

16) 칠재앙七災殃: 단요短夭, 질병疾病, 흉악凶惡, 다우多憂, 극석極析, 열간烈奸, 빈약貧弱.

명命을 스스로 깍지 말고, 남의 복福을 빼앗지 않아야 비로소 천성天性의 도道를 구하게 되고, 재는 바를 지극하게 하여 기울어지지 않아야 한다.

　주명主命으로 증리證理의 본本으로 삼고, 주곡主穀으로 증진證進의 복福으로 삼고, 주선악主善惡으로 증명證命의 의義로 하고, 주형主刑으로 증명證明의 선善으로 하고, 주병主病으로 증수證壽의 보保로 삼는다. 천지天地가 세상의 중심이라 해도 사람이 없으면 펼 칠 수 없고, 사람이 만물의 영장靈長이라 해도 명命이 없으면 잇지 못하고, 천지天地가 명命이 있다 해도 할 사람이 없으면 마땅히 할 때와 곳이 없어지고, 비록 사람이 중추中樞의 기틀이라 하지만 사람도 천지지명天地之命에 마땅히 의지해야 한다. 삼악三惡[17]과 칠액七厄[18]이 있어 삼신三神과 칠천七天[19]의 믿음으로 본本을 삼는다. 하는 일이 혼란하면 안녕하지 못하고, 병혁兵革에 도적떼가 모이고, 병과兵戈는 참살慘殺로 공功을 삼게 되어 공선空善에도 녹祿이 생기고, 창름倉廩에 오곡五穀으로 문이 생긴다. 죄인罪人에게 덕德을 베풀자 간적奸賊의 죄罪를 닫게 하고, 상벌을 단속하자 바른 것이 생기고, 무武가 강성하자 문文은 바로세우고, 문文이 앙화殃禍를 호령號令하자 무武가 융성하게 된다.

　삼신三神은 오제五帝에게 명命하여 천지天地의 기운氣運을 운행하게 하고, 오기五氣는 오성五星을 만들고, 오성五星은 오행五行을 만들고, 오행五行은 오가五家를 만들고, 오가五家는 오훈五訓을 만들

---

17) 삼악三惡: 천악天惡, 지악地惡, 인악人惡.

18) 칠액七厄 : 낳아서 기르지 못함, 자라서 낳지 못함, 키워서 역할役割을 못함, 가르쳐서 순조順調롭지 못함, 배워서 바르지 못함, 간악奸惡하여 쓸모가 없음, 거슬러서 오래가지 못함.

19) 칠천七天: 염천炎天 뜨거운 하늘, 변천變天 회색하늘, 균천鈞天 아득한 하늘, 호천昊天 밝은 하늘, 현천玄天 검은 하늘, 양천陽天 흰 하늘, 창천蒼天 푸른 하늘.

고, 오훈五訓은 오상五常을 만들었다. 천지天地의 가운데 신단수神檀樹가 있어 조공朝貢하고, 환부還付하여 돌아가는 것이 천하天下의 도道가 되어 그 전하는 바에 따라 사람이 모이게 되고, 삼황내문三聖內文으로 비급秘笈받고, 신서神書로써 비전秘典 받아 본성회귀本性回歸로 천부天符의 뜻이 바로 서게 되고, 그 묘적妙跡으로 현묘玄妙한 도道를 기틀로 삼게 된다. 대조신大祖神을 삼신三神이라 하니, 삼신三神을 기원祈願하여 족함을 알고, 삼신三神의 풍습風習에서 의義를 받아 마침내 삼한三韓은 삼三의 복福을 기원하고, 한韓은 크게 보위保衛하고, 칠부七符는 칠七의 운運을 맡으니, 애오라지 진한辰韓은 천제天帝의 아들이 다스리고, 마한馬韓은 먼 곳까지 내달리고, 번한番韓은 반석盤石과 같이 받게 되고, 진한辰韓은 천제天帝의 아들이 다스리는 곳으로 오년에 한 번씩 사해四海와 관경管境을 순방巡訪한다.

천지天地의 주재자는 삼신三神이고, 그 지도리가 되는 것이 하늘이다. 하늘 또한 보이는 것이 전부가 아니요, 푸른색이 하늘의 색色이 아니어서 첫 머리가 없으면서도 몸을 삼고, 시작하는 때가 없으면서도 쓰임이 있고, 가늘면서도 굵기를 알지 못하게 하고, 두터우면서도 감싸 안으니, 오행五行을 낳고도 칠성七星의 운행을 잡고, 크면서도 셀 수 없는 크나큰 은덕으로 뭇별의 주재자가 된다. 앞서 간다 해도 뒤에 오는 바를 막지 않고, 다투어도 해치지 않고, 여기餘氣로도 모자람이 없으니, 그르쳐도 거스르지 않고, 탕탕蕩蕩하면서도 곳에 따라 다르지 않고, 바라봐도 바탕을 따를 수 없고, 셈하여도 그 운행運行을 다 잡을 수 없고, 움직이는 것에서 숨은 바를 들추어내지 못하고, 숨어 나와도 낳는 바를 알지 못하여 기氣가 될 것으로 실實을 삼고, 될 것을 보이는 형形을 허虛로 삼는다.

태수太水로써 하늘의 하나로 삼고, 땅으로써 여섯을 삼아 먹을거리로 삶의 본本을 삼고, 대길상大吉祥으로 소류素留의 하늘에 흑제黑帝로써 세歲를 삼으니, 현묘玄妙로 으뜸삼아 거스르지 않는 삶으로써 수壽를 다한다. 한인桓仁 또한 한汗으로써 북쪽에서 모貌를 온전히 갖추도록 하고, 백魄으로 기氣를 삼아 듣는 바로 삶이 머물게 하여 정성과 믿음으로 삿됨을 떨쳐버려 바른 삶으로써 병病을 다스리며 저가豬加로써 나아가 믿음을 다하게 한다. 태화太火로써 하늘의 둘을 삼고, 땅의 일곱으로 명命을 삼고, 원정元精의 하늘에 적제赤帝로 하여금 밝은 빛으로 골고루 비추게 하여 대안정大安定으로 복福을 구하고, 태호씨太皡氏 또한 제帝로써 남쪽의 선善으로 신神의 명命을 거스르지 않게 하고, 가르치고, 배우게 한 뒤 게으르지 않게 하고, 보는 바로 의義로 용勇을 구하고, 양가羊加로써 믿음을 잃지 않게 하고, 성급함을 줄여 기다림으로 섬기고 삼감을 게을리 하지 않게 한다. 태목太木으로 하늘로 셋을 내고, 땅으로 여덟 하니, 곡식으로 심어나게 하고, 키우고 거두어 저장하고, 서로의 어짊으로 함께 살아가고, 한웅桓雄 또한 왕으로써 동쪽의 곡穀으로 가색稼穡을 삼고, 강녕康寧으로 효孝를 다하게 하여 속이는 자者가 없도록 하고, 태평太平의 하늘에 삼백예순여섯의 일을 바람처럼 썩지 않게 하여 우가牛加를 희생으로 낳아 기름으로 본本으로 하고, 섬기고 삼감을 게을리 하지 않으며, 혼魂으로써 책임을 다하게 하여 의義가 세상에 있음을 알게 한다. 태금太金은 하늘에 넷을 내고, 땅이 아홉 하니, 낫으로 베어 대희리大喜利를 삼아 구화鉤和의 하늘에 청정淸淨의 허실虛實을 알게 되고, 서로의 덕德이 있어 항상恒常이 있고, 겸양하여 착한 것이 있으니, 정언正言과 의행懿行이 있어 결실이 순조롭다. 치우蚩尤 또한 황皇이라 하니, 병兵으로써 사邪를 형刑으로 삼아 서西쪽의 싸움에 나아가서는 물러섬이 없고, 별의 명命으로 형形이 있게 하고, 태態가 있어 매듭이 있고, 단속이 있으니 벌이 있고, 책무責務가 있으니, 업業을 잇게 한다. 마가馬加로써 성진星辰의 본本을 삼고, 뭇 생명生命이 이롭게 되고, 정리가 있으니, 다음으로 넘어 갈 수 있게 된다. 태토太土는 하늘에 다섯을 내고 땅에 열熱을 내리니, 안덕安德의 하늘에 대예락大豫樂으로 다툼이 없다. 명命을 바로 잇게 하여 바른 죽음을 알게 하고, 겸양하여 물러나면서도 나아감이 있고, 역수曆數를 모아 되짚게 되고, 사생死生의 선택이 있어 마땅함과 충성忠誠하는 것이 있고, 죽이는 것은 바로 죽이고, 살리는 것은 반드시 살리게 된다. 단제왕검檀帝王儉 또한 군君으로 치治로써 병病을 치유하고, 해원解寃하여 복본復本하는 가운데에서 중추中樞의 도道로써 뭇 생명이 사는 바를 바로 알게 하여 온 누리를 이롭게 한다. 구가狗加는 세상에 있으면서 되는 바를 거스르지 않게 하고, 모으는 바를 바로 알게 하여 뭇 생명生命이 살아가는데 즐거움을 준다.

만물은 끝없이 뻗었다가 뿌리로 돌아가며 돌고 도는 이치를 본本으로 삼는다. 칠성七星은 돌고 돌아 제자리로 돌아오는 벼리가 되고, 가지가 무성해도 열매를 벗어나지 않고, 수 없는 때와 알 수 없는 곳이라도 그 도道를 벗어나지 않으며 되는 바가 비켜가지 않고, 이루는 바가 벗어나지 않으면 북두성北斗星이 중추中樞가 되고, 일월日月로써 허실虛實삼고, 오성五星으로 오행五行을 삼고, 칠성七星으로 명命을 삼고, 칠성七星으로 단예端倪를 삼으니, 삼신三神이 온 누리를 만들고, 바르게 이루어지게 주재하는 보람이 있다. 올 것은 어김없이 다가오고, 갈 것은 어김없이 가게 되니, 길복吉福은 멀리 있지 않고, 재액災厄은 때와 곳을 벗어나지 않으니, 바라는 바가 하나로 돌아가기를 원하고, 뜻하는 바는 끝없이 펼쳐지려 해도 넘어가지 못하게 된다. 지기地氣는 항시 흐르는 것이 아니라 흘렀다가 모이고, 모였다가 흘러 허실虛實의 논법論法에 따라 수리數理를 추연推硏하여 구애받지 말아야 하고, 믿는 바의 모태母胎가 되는 칠성七成 또한 생로병사生老病死와 자손번창子孫繁昌의 길은 늘 변한다.

쑥으로써 삼三을 삼고, 마늘로써 칠七을 삼으니, 삼三은 봄이고, 칠七은 가을이 되고, 쑥으로써 냉기冷氣를 다스리고, 마늘로써 열기熱氣를 다스리며 쑥으로써 춘사春邪의 액厄을 막고, 마늘로써 추사秋邪의 재災를 다스린다. 쑥은 봄에 태어나 가을로써 그 기氣를 다하고, 마늘은 가을에 태어나 봄에 그 기氣를 다하여 삼칠지도三七之道로 다스리니, 마침내 이십일二十一에서 삼칠지도三七之道를 이룬다. 삼신三神은 삼사三師에게 명命을 다하게 하고, 칠성七星으로 칠정七政의 도道를 다하게 하여 서로 간섭이 없게 하고, 기른 달라도 숙명宿命에 만나게 되고, 땅이 움직여도 북두北斗 또한 그 길을 잊지 않으니, 항업恒業과 항산恒産이 어긋나지 않는다.

무릇 무종無終은 무종無終을 낳고, 칠정七政은 칠신七神[20]이 되고, 칠신七神은 칠제七帝가 되고, 칠제七帝는 차次가 되고, 차次는 순順이 되니, 곧 정政이 된다. 천지天地의 기운은 거스르지 않게 하고, 돌아오는 기운은 나누어야 하니, 나누어진 정精은 곧 스물여덟이 되어 하늘에는 이십팔수二十八宿의 숙명宿命이 있고, 숙명宿命은 곧 운명이 된다. 운명運命 또한 이십팔지二十八地[21]의 길을 가게 되고, 길은 갈림길이 되고, 갈림길 또한 선택이니, 잇고 이어가는 무종無終이 되고, 완급緩急의 묘妙가 되어 마침내 무시無始로써 돌아간다. 검은 셋이고, 불은 일곱이니, 명命으로써 삶을 알게 하고, 거슬러서 삶을 그르치게 되어 명命을 알고, 삶을 갈고 닦으며, 북두北斗로써 신神이 늘 지켜보는 것을 알고, 사두四斗로써 명복수리命福壽利를 양성하여 근본根本에 보답한다.

---

20) 칠신七神: 일신日神, 월신月神, 수신水神, 화신火神, 목신木神, 금신金神, 토신土神.

21) 이십팔지二十八地: 병사兵事, 희생犧牲, 조화造化, 제사祭祀, 창름倉廩, 궁실宮室, 병고命庫, 생산生産, 송사訟事, 유기遺棄, 명당明堂, 교화敎化, 곡물穀物, 허실虛實, 정수井水, 사망死亡, 병창兵倉, 감옥監獄, 치유治癒, 정법政法, 금고金庫, 문고文庫, 주방廚房, 식화食貨, 치화治化, 희락喜樂, 관문關門, 신묘神廟.

사람은 명命이 아니면 단예端倪를 헤아릴 수 없고, 복福이 아니면 공과功過를 짚을 수 없고, 수壽가 아니면 노소老少를 닮으려 하지 않고, 이利가 아니면 선악을 가릴 수 없다. 칠합七合[22]으로 천지만물天地萬物의 합合을 알고, 북두칠성北斗七星에 다달이 기도祈禱[23]하여 별들에게 소원所願을 구하면서 부정을 타는 것을 삼가고, 칠정七政 또한 인생증명人生證命의 본本이 되니, 동원은 하늘의 대들보로 복덕내고, 광청은 하늘의 손잡이로 어지러운 것이 돌아오지 않게 하고, 마방은 하늘의 틀로 업業을 세워 멀리 보내고, 궁가는 하늘의 권세로 구하는 바를 크고 쉽게 하고, 사령은 하늘의 복福으로 업장業障을 없애고, 기생은 하늘의 즐거움과 궁窮하게 하지 않고, 파군은 하늘의 빛으로 삿된 것을 몰아낸다.

숙신宿神으로 신장神將삼고, 숙명宿命으로 신지神誌를 삼고, 스스로 살煞의 권세를 쥐고, 반석盤石같은 공功의 뒷받침으로 바른 때와 곳에서 문門을 여닫아 복리福利와 증수證壽로써 업業을 일으켜 끝없는 증산證産의 본本으로 삼아 업장業障을 멀리 내보내 작란을 돌아오지 못하게 하고, 바라는 바를 가득 차게 하고, 끝없는 대를 잇게 한다. 북두성北斗星으로 증리證理의 길잡이로 삼고, 어두운 곳에서 제자리를 지키는 항상恒常의 본本으로 삼으니, 사두四斗의 합지合至로써 변화變化의 증리證理로 삼고, 역할을 분담하여 편리를 감당하게 한다. 북두北斗로써 인생증리人生證理의 산産이 되고, 인생

---

22) 칠합七合: 천지합덕목天地合德睦, 일월합명암日月合明暗, 사시합차서四時合次序, 귀신합길흉鬼神合吉凶, 허실합형능虛實合形能, 남녀합자손男女合子孫, 삼신합생명三神合生命.

23) 기도祈禱: 정월正月에는 삶을 이어가고, 다시 태어나는 자者를 위한 것, 이월二月에는 재난災難을 소멸消滅하고, 복福을 비는 것, 삼월三月에는 옥란獄亂에서 구원救援받기 위한 것, 사월四月에는 원하는 바를 비는 것, 오월五月에는 병病을 없애는 것, 장수長壽하려고 육월六月에는 구하는 바를 쉽게 하기위해 비는 것, 칠월七月에는 부귀富貴하게 해달라고 비는 것, 팔월八月에는 걱정과 근심謹心을 없애는 것, 구월九月에는 송사訟事를 없애는 것, 십월十月에는 금은옥백金銀玉帛을 얻으려는 것, 십일월十一月에는 물건物件을 얻고자 하는 것, 십이월十二月에는 다복多福하려고 기도祈禱하는 것.

증업人生證業의 명命이 되니, 천리天理의 복福이 되고, 바가지로 명命을 달고, 천리天理로써 건더기가 되고, 양생養生의 터가 되고, 머리에 시時를 실고 자루에 방方으로 바퀴 삼는다.

무릇 삼신三神이 성性을 내렸으니, 기리는 바를 게을리 하겠으며, 칠성七星이 명命을 지켜주니 소홀히 하는 바가 있겠으며, 조상이 명名을 지었으니, 제祭를 끊어지게 하겠으며, 부모가 몸을 만들었으니 섬김을 소홀하겠으며, 나라님이 물物을 줬으니, 업장業障에 물러섬이 있겠는가!

兄 弟 歌

형은 반드시 동생을 사랑하고,
동생은 마땅히 형을 공경하고,
항상 작은 일에도 골육骨肉의 정精을 상하지 않으니,
말도 여물통에서 함께 먹고 기러기도 한 줄로 날아가니,
집안에서 즐거움이 있다 해도 작은 말일랑 삼가소서!

番韓 婁斯

23. 나라 論

뭇 무리가 바른 것을 듣고 모여 사는 바를 나라라고 하고, 나라를 이르면 국호國號라 한다. 나라를 일으킴에 물을 바탕을 삼고, 불에 백성이 모여들고, 나무로써 백성을 깨우치고, 쇠로써 백성을 지켜내고, 흙으로써 백성의 터전을 삼고, 종전宗全에 바탕삼고, 밝은 자者가 나라의 북극성北極星이 되고, 삼사오가三師五家가 바탕이 되고, 군주된 자者가 나라의 머리가 된다. 한국桓國은 밝달을 낳아 조화造化의 도道를 이루고, 신시神市 또한 구한九桓을 낳아 교화지도敎化之道를 잇고, 구한九桓 또한 조선朝鮮을 낳아 신神의 뜻을 올바르게 있게 하고, 조선朝鮮 또한 삼한三韓을 낳아 천부天符를 크게 보위保衛하고, 치화지도治化之道로써 뭇 무리가 편안을 즐긴다. 진한辰韓은 천제天帝의 아들이 거하는 곳으로 명의지화命宜之化하고, 변한弁韓은 좌선左旋하여 명개지화命開之化하고, 마한馬韓은 우선右旋하여 귀명지화歸命之化하여 구극九極이 본本이 되어 벗어나지 않게 하였다.

삼재三才로 일육수一六水하여 마침내 삼신三神을 기쁘게 한다. 부루扶婁는 순수하여 푸른 것이고, 밝은 해가 비추는 것이고, 달은 해가 처음 비추는 땅이고, 한桓은 환하게 밝게 비춰 굳세게 일어나는 것이고, 한국桓國은 아침 해 고운 빛 비추는 굳센 하느님의 나라고, 신시神市는 밝음을 믿어 만인이 모여드는 밝은 땅이고, 밝달은 광명光明으로 지부地符를 밝혀내고, 한韓은 천부天符를 보위保衛하고, 부여夫餘는 순수純粹한 사람들이 모여 사는 해의 나라고, 구려句麗는 아홉 족속族屬들이 만든 수려한 나라고, 조선朝鮮은 근본을 잊지 않는 밝은 나라고, 라羅는 태양太陽이 늘 비추는 나라고, 고려高麗는 구려句麗를 잇는 수려한 나라고, 대진大震은 크게 떨쳐 일어난 나라고, 숙신肅愼은 주신主神의 후손後孫이고, 가락駕洛은 진한辰韓의 별종이고, 은殷은 구려句麗의 별종이고, 왜倭는 일근日根으로 부여夫餘의 별종이고, 몽골은 삼한三韓의 별종이고, 요遙는 구려句麗의 별종이고, 숙신肅愼은 부여夫餘의 별종이고, 금金은 부여夫餘의 별종이고, 청淸은 선비鮮卑의 별종이다.

무릇 백성이 모여드는 까닭은 먹을거리를 제일로 하여 삶을 편안하는 바를 본本으로 삼으니, 뭇 무리가 바라는 융성의 지도리가 된다. 밝은 자者는 나라를 지키는 북두北斗가 되고, 무인武人은 나라를 지탱하는 주춧돌이 되고, 가르치는 자者는 나라의 계책을 지탱하는 실이 되고, 종사宗師는 나라의 선善을 바르게 하는 골무가 되고, 공인公人은 나라의 법술法術을 바르게 하는 바늘이 되고, 의자義者는 나라의 국시國是를 바르게 하는 벼리가 되고, 문인文人은 나라를 화합하게 하는 지도리가 되고, 뭇 무리는 나라를 이어가는 중추中樞가 된다. 셋을 잡아 한결 같으면 사라지지 않고, 하나로 되돌리기가 한결 같으면 갈라질 것이 없고, 몸을 소중히 하면 명命을 줄지 않게 하고, 말은 뜻의 통로가 되고, 책무는 마음가짐의 다스림이고, 환란은 다스림의 갈래이니, 흥망興亡은 집산集散에 있지 귀천貴賤에 있는 것이 아니요, 어지러움은 대소大小에 있는 것이 아니라 편안에 있다. 엉킨 실타래는 끊지 못하고, 묶인 살은 꺾지 못해 세勢를 이루는 것이니, 나라에 모이는 것은 교사巧詐에 있지 않고, 세勢를 부풀려 도구로 삼지 않고, 욕심을 숨기면서 속여 채우는 것이 아니니, 나라 안에 칠망七亡[1]이 있으면 창성해지기 어렵고, 나라 안에 십패十悖[2]가 있으면 반드시 국시國是가 흔들리게 되고, 나라 안에 십이간十二奸[3]이 있으면 반드시 망한다.

조선朝鮮은 삼사三師로써 세 가지 바탕에 힘쓰고, 오가五家로써 정사政事를 살펴 수천 년이 되도 벗어나는 일이 없고, 편안한 것이 지극하니, 나가서는 충성하여 적敵과 싸워 물러섬이 없고, 들어와서는 화목하여 편안하고, 말이 아름다우면 듣는 자者가 기뻐하고, 말이 착하면 듣는 자者가 기뻐한다. 말이 올곧으면 들어서 천금千金이라도 아끼지 않고, 말은 들어서 마땅하면 천하를 맡길 수 있고, 말이 한결같으면 세상이 밝아지고, 말이 바르면 온전하게 끄떡인다. 신시神市의 법에는 천지天地를 거스르는 일이 없고, 단제檀帝의 법에는 백성을 밟는 일이 없고, 삼한三韓의 법에는 거짓을 부끄럽게 여기고, 부여夫餘의 법에는 전쟁터에서 물러서기를 부끄럽게 여긴다.

씩씩하고, 굳건하게 나라를 지키면서 하나라도 보태면 반드시 나라는 크게 융성隆盛해지고, 작은 힘이라도 보태면 나라가 반드시

---

1) 칠망七亡: 무리를 모아 세勢를 이뤄 공론空論으로 대항하는 것, 간악奸惡한 자者가 뒤에서 세勢를 모아 조종하는 것, 종전宗全으로써 신神의 이름을 파는 것, 간악奸惡한 자者들이 폐론廢論으로 우롱하는 것, 힘센 자者들이 약한 자者들을 짓밟고 노략질하는 것, 어린아이를 앞세우는 것, 음흉한 자者들이 일을 하지 않는 것.

2) 십패十悖: 임검을 세세우면서 무리를 짓는 것, 간흉姦凶이 무리를 조종하는 것, 시비是非를 도구로 삼는 것, 국고國庫와 자리만을 탐닉하는 것, 사사로이 명리名利만 탐하는 것, 스스로 청결한 척하고, 무리를 짓고서 교만하여 세勢를 믿는 것. 억울함만 호소하는 것, 나라의 국시國是를 거스르는 것, 임검이 포악하면서 잔인한 것, 스스로 약해져 포기하는 것.

3) 십이간十二奸: 나라에 간적奸賊이 도사리며 흉사만 일삼는 것, 적적敵賊과 내통하는 것, 도둑질을 드러내놓는 것, 구실을 끌어다 붙이는 것, 아이들을 앞세우는 것, 발전하지 못하게 하는 것, 포악한 자者들을 모아 길에 내모는 것, 어지러워 부딪히는 것, 법술法術이 불안하여 백성이 떠도는 것, 병략兵略이 흔들려 기간基幹이 흔들리는 것, 인재人材가 양성되지 않는 것, 사신과 외교外交가 불안한 것.

일어선다. 나라가 오랜 역사가 있다 해도 강성한 것만도 아니요, 힘이 강하다고 전쟁만 일삼으면 자주 이기질 못하고, 나라의 역사가 길다 해서 융성하지 않고, 나라에 계율戒律이 사라지면 기강紀綱이 흩어지고, 지키는 자者가 없으면 나라가 흩어지고, 끊임없이 간적奸賊이 나타나면 나라 안이 어지러워지고, 나라가 물에만 치우치면 썩는 바가 되고, 불에만 치우치면 재만 남게 되고, 나무에만 치우치면 무성하기만 하고, 쇠에만 치우치면 경직硬直되어 움직이지 않고, 흙에만 치우치면 덮여서 남아나는 것이 없다.

백성들은 편안해지면 임검이 훌륭한 것만 알 뿐, 굳이 알려고도 하지 않고, 백성이 어지러워지면 흉적凶賊의 궤변詭辯도 솔깃해지고, 백성이 괴로워지면 간적奸賊일지라도 칭찬하게 된다. 천하가 태평하다면 스스로 묻는 일조차 하지 않고도 책임을 다하고, 말로 떠벌리지 않아도 지혜와 슬기로 이겨내고, 어질고도 의로우며, 예의롭고, 믿음이 있으면 얽히고설킨 듯해도 그 가운데 하나의 도道가 있고, 땅의 지경을 나누지 않아도 다투는 일이 없고, 간난은 어려운 가운데 극복되고, 부유富裕한 가운데 남는 기운이 모이고, 허실虛實의 극을 넘지 않아 거스르지 않게 되고, 오행五行의 숙살肅殺이 없이도 모자라지 않게 되고, 사상四象의 이로움이 있고, 모여들어 나라를 이루게 되니, 이를 소박素朴한 백성이라 하는 것이다. 나라는 백성의 것이고, 관경管境은 나라의 지경으로 지켜가고, 믿음으로 지켜야 하는데 나라에 임검이 없으면 밖에서 업신여기고, 나라에 백성이 없으면 지킬 것이 없고, 나라가 이어지는 것은 만들어가야 하고, 나라에 국시國是가 없으면 길을 잃게 되는 것이니, 융성해지는 것을 소중하게 여겨야 잇게 된다.

나라 안에 시비是非가 끊이질 않는 것은 간적奸賊이 세勢를 놓치려 하지 않고, 나라가 망해도 번잡을 꾸며대고, 갈라지는 끈을 놓지 않으려고 애쓰고, 사사로운 원한으로 바른 국시國是를 나누려 하고, 나라 안에 없어져야할 열 가지의 무리[4])들이 제 목소리만 키 우고, 어지러운 자者들이 줄지 않아 난亂을 피하지 못하고, 기강紀 綱이 무너져서 의義가 뒤로 숨게 되고, 부역賦役이 많아져서 피하는 자者들이 많고, 사치가 많아 민심이 뒤집어지고, 낭비가 많아 아끼 려는 마음이 줄어들고, 절제하지 않아 고초가 가까워지고, 게을러 기약하기 어려워지고, 키워내지 않아 멀리 내다보질 못하고, 어른 이 입을 다물어 아이들의 버릇이 없어지고, 현자賢者들이 귀를 닫 아 역할이 없어진다. 괴물이 나타나면 망하는 징조徵兆가 되고, 내 구內寇들이 설치면 불안해지고, 제 멋대로 하면 한 곳으로 가지 않 고, 지나간 길이 아니면 부딪히기 쉽고, 머리가 삐뚤면 꼬리가 갈 곳이 없고, 닻이 일정하지 않으면 떠다니고, 작은 것을 지키지 않 으면 큰 것이 이루어지지 않고, 소중한 것을 잊으면 길을 잃고, 서 로 다투면서도 적대감을 풀지 못하고, 서로 적敵이라 하면서 뜻을 굽히지 않고, 적敵에게 안방을 내주고도 부끄러워하지 않는 습성習 性을 버리지 못한다.

무릇 백성은 좋아하는 것만 따르려고 하는 것은 변하지 않는다. 군주君主된 자者가 백성만 위한다면 부고府庫가 바닥나고, 큰 스승 이 어긋나면 만 명이 헤매게 되고, 임검은 백성이 제 뜻을 따르지 않으면 어리석다고 여기고, 백성은 제 뜻에 맞지 않으면 군주君主 를 흉포하다고 여기고, 간악奸惡한 백성은 군주君主를 돼지로 보고, 간적奸賊은 백성을 이용하려는 도구로만 삼고, 간악奸惡한 군주는 백성을 세금稅金의 머리로만 보고, 졸렬拙劣한 군주는 백성을 개로

---

4) 열 가지의 무리: 법을 지키지 않으면서 억울한 것만 호소하고, 명리名利를 얻으려는 무리, 꼬투리로 공론空論을 만드는 무리, 잘못 가르치는 선생先生의 무리, 편들면서 제 명리名利만 챙기려는 무리, 바른 일을 하지 않는 공인公人의 무리, 약자弱者를 내세워 제 명리名利를 챙기는 무리, 적敵을 이 롭게 하는 무리, 먹을 것과 어린아이들을 방패삼는 무리, 장로長老들과 노약자老弱者를 협박하는 무리, 적敵을 흠모欽慕하면서 내통內通하는 무리,

보니, 이쯤 되면 패역悖逆한 군주는 돼지만도 못하고, 암울暗鬱한 군주는 없느니만 못하고, 간악奸惡한 신하는 개만도 못하고, 졸렬한 공인公人은 쥐만도 못하고, 부끄러움이 없는 신하는 사라지는 것이 낫고, 술법術法을 지키지 않는 술사術士는 노는 것이 낫고, 치수가 바르지 않은 공인工人은 없어지는 것이 낫고, 게으른 농인農人은 잠자는 것이 낫고, 명리名利만을 노리는 학인學人은 없는 것만 못하다.

커발한한웅桓雄은 신시神市를 영산靈山의 아래에 세웠고, 삼신지교三神之敎는 한웅천왕桓雄天王이 밝달에 나라를 세웠고, 세상을 일깨우는 근본根本이 되었으니, 구한九桓이 무리들이 모두 이를 따르는데 현묘玄妙한 이치는 다함이 없고, 전체는 말하기는 어려우나 그 갈래의 가르침을 보면 나라에 충성하고, 부모에게 효도하고, 무위無爲하여 말없이 행하고, 가르침은 간단히 하면서도 착한 일을 하게하고, 속물俗物을 버려서 서물瑞物을 취게 하고, 악한 것을 활로 쏘아 적중하게 하고, 기도로써 정성을 다하게 하였으니, 그 뒤를 잇는 만법萬法 또한 삼신三神의 도道를 따른다.

작은 나라에는 작은 나라의 법도法道가 있고, 큰 나라에는 큰 나라대로 밝은 바가 있고, 조선朝鮮과 삼한三韓과 부여夫餘에도 법도가 있으니, 스스로의 법도를 스스로 버리지 않는다면 능히 어떠한 어려움에서도 지켜 낼 수 있게 된다. 오치五治5)의 다스림은 치우치지 않게 하고, 작은 나라의 백성이 큰 나라만 흠모欽慕하면 제 나라를 우습게보고, 작은 나라의 백성이 큰 나라를 깔보면 스스로 자멸自滅의 길이 보이고, 큰 나라의 백성이 작은 나라를 좋아하면 제 나

---

5) 오치五治: 물처럼 평탄平坦하게 하는 것, 불처럼 모아서 크게 일으키는 것, 나무처럼 심어 정성精誠들여 키우는 것, 쇠로 잔가지를 쳐서 열매를 단단히 하는 것, 좋은 종자種子로 다음을 잇게 하는 것.

라를 얕보게 되니, 스스로 길을 버리지 않는다면 능히 그 나라는 오래도록 잇게 된다. 나라가 크다 하나 청검淸儉이 사라지면 나누지 못하게 되고, 백성이 나누어져 있다하나 합쳐지지 않으면 힘이 적어지고, 백성이 나라가 없으면 기댈 데가 없고, 임검이 백성이 없으면 베풀 데가 없다. 그래서 나라에는 직언直言이 있어서 의로움이 있게 하고, 책망責望으로 국론國論의 분기점分岐點으로 삼고, 사치를 없애 망국의 지름길을 경계警戒하고, 난국難局은 헤쳐 망사妄邪가 되지 않게 하고, 상벌로 나라의 권세權勢를 드높이고, 부역賦役을 줄여 백성의 힘이 되게 한다.

제위帝位에 오른 단제檀帝 왕검王儉이 신하들을 불러 일을 나누어 주며 이르기를, '팽오彭吳에게 땅을 개간開墾하고, 산업産業에 힘쓰고, 성조成造에게는 궁宮을 짓게 하였고, 신지神誌에게는 글을 만들어서 장려하게 하고, 고시高矢에게는 농사일을 맡게 하고, 기성祁星에게는 의약醫藥을 일으켜 백성들의 보건保健을 맡게 하고, 나을那乙에게는 인구를 조사하여 호적戶籍을 맡게 하고, 희羲에게는 점占치는 것과 제사祭祀를 맡게 하고, 우尤에게는 군사軍事를 맡게 하고, 운목雲牧에게 하늘의 기운과 절후節侯를 맡게 하고, 하백녀河伯女에게는 누에를 치고, 실을 만드는 잠업蠶業을 맡게 하라'고 하였다. 또한 네 명의 왕자들에게도 각각의 일을 나누어 주었으니, 이로써 풍습風習 또한 새로워져 애오라지 놀면서 밥을 축내는 자者가 없게 하고, 나라 안에는 게으르거나 도둑이 어지게 되고, 길에 물건이 떨어져서 줍는 자者가 없어지고, 산속에서 도적질하는 자者들과 직업에 충실하지 않은 자者들이 없어졌고, 간적奸賊의 준동을 막아버리자 어지러운 것이 사라졌다. 단제檀帝가 나라의 기틀이 잡혀가는 것과 백성이 두루 평안한 것을 기쁘게 생각하고, 상달

삼짇날에 삼신제三神祭를 지내고 난뒤, 조서詔書[6]를 내려 이를 받들어 행하게 하게하여 나라 안의 직업職業[7]과 직분職分[8]을 밝히고, 사람으로 때와 곳에 따라 나누었다. 죄를 지은 자者는 스스로 죗값을 치르고, 떳떳하게 살아가길 원하는 자者들이 많아졌으니, 마침내 나라 안의 음탕淫蕩이 사라지고, 사람을 상상傷하지 않게 하고, 소도蘇塗에서의 배움을 귀히 여기고, 부지런히 스스로의 일에 전념하고, 사기를 업業으로 삼는 일이 없어지고, 서로 양보하고, 억울한 일이 없어져 서로를 위하는 마음으로 살게 되었으니, 이를 일러 '단제檀帝의 나라'라고 하는 것이다.

신고神誥에 이르기를, '삼신三神께서 뭇 세계를 만드시고, 해의 사자使者들에게 칠백세계七百世界를 만드시니, 비록 너희 땅이 크다 하나 하나의 둥그런 세계이다'고 하였으니, 나라를 다스림에 저 우

---

6) 조서詔書: 무진원년戊辰元年 (檀紀元年, 西紀前 2333년)　'하늘의 법은 오직 하나뿐이고, 문門 또한 둘이 아니다. 너희는 오직 순수한 정성으로 마음을 하나로 하면 하늘에 이르나니 하늘의 법은 오직 하나인 고로 사람의 마음도 이와 같다. 몸을 바로 다스리고, 마음을 다잡아야 사람의 마음도 진실에 이르게 되고, 사람의 마음이 이와 같이 깨우친다면 하늘의 이치와 하나 됨이니 나아가 세계 만방世界萬邦도 하나가 될 수 있다. 너희가 오직 어버이로 낳고 어버이는 하늘에서 왔음이니 너희가 어버이를 하늘처럼 공경함이 곧 하늘을 공경하는 것이니, 이 또한 나라에 미치는 것이다. 이것을 잘 안다면 하늘이 무너져도 화禍를 면할 수가 있음이라. 새나 짐승도 짝이 있고, 신발도 짝이 있음이니 서로 화합하여 사랑하고, 원망하지 말고, 음란하지 말아야 한다. 열손가락을 깨물어 보아라! 그 차이가 없음이니, 서로 헐뜯지 말고, 서로 도와 싸우지 말아야 가정과 나라가 흥할 것이다. 저 소와 말을 보아라! 풀을 서로 나누어 먹고, 서로 양보하고, 빼앗는 일이 없어야 하고, 함께 일하여 도둑질을 하지 말아야 가정과 나라가 번영할 것이다. 저 호랑이를 보아라! 사납고 신령神靈하지 못하여 요사妖邪스런 해를 입히니, 타고난 성품을 해치지 않으려면 사나우면서 교만하지 말고, 사람을 상하지 말아야 하고, 기울어지는 것을 붙들어주고, 악하다 밑으로 보지 말고, 건져주어 불쌍히 여기고, 천하다고 업신여기지 말지니, 이것을 어긴다면 신神의 도움을 얻지 못하여 몸과 가정마저 사라져 버리고 말 것이다. 너희가 만약 논과 밭에 불을 지른다면 그 곡식이 다 타면 신神의 노여움을 받게 되니, 아무리 두꺼운 것을 감싼다 하여도 그 냄새는 반드시 새어 나올 것이다. 떳떳한 성품性品을 경건히 하여 간사奸邪한 마음을 가지지 말 것이고, 악한 일을 숨기지 말아야 할 것이고, 화禍가 되는 마음을 간직하지 말 것이고, 정성으로 하늘을 공경하고, 이웃과 친하면 그 복록福祿은 끝이 없을 것이다'

7) 직업職業: 오가五家의 직업職業, 정사政事, 수행修行, 목축牧畜, 농사, 잠업蠶業, 엽사獵事, 어업漁業, 명교明敎, 서업書業.

8) 직분職分: 의약醫藥, 공장工匠, 양수養獸, 작농作農, 측후測候, 예절, 문자文字, 법술法術.

주에 벌려진 별들에도 그 정사政事를 하는 곳이 있어 하나로 모아 한곳으로 나아가고, 우주에도 백성을 이루는 나라가 있다. 낳아서는 부족한 것이 없도록 하고, 어려서는 기회를 살려야 하고, 살아서는 모자란 것이 없도록 하고, 죽어서는 버리는 것이 없어야 하고, 가난하면 부족한 부분을 구하도록 해야 하고, 부유하면 남아서 버리는 것이 없어야 한다. 나라가 혼란해지면 충신이 드러나고, 나라가 흥하려면 간적奸賊이 사라져야 하고, 위기가 드러나면 영웅이 나타난다. 그래서 일의 시작은 착하나 끝이 착하게 끝나는 자者가 적고, 다투지 않고 끝나는 자者가 드물고, 처음 사랑하는 바는 많으나 마지막 사랑하는 자者가 적고, 철저하게 일을 하려는 자者는 많으나 마지막 매듭을 짓는 자者가 적으니, 나라의 허실虛實은 깊고 깊어서 근본이 차면 비워지고 비워지면 차게 되는 것을 지도리 삼고, 돌고 도는 바는 천지지도天地之道가 아니면 이룰 수가 없다.

군주君主를 내세우는 바는 모든 자者의 마음을 한 곳으로 모으고자 하고, 현자賢者는 이치를 거스르지 않게 하는 자者이니, 근본根本의 하나로 돌아가고자 하는 것인데도 한 나라를 다스림은 배가 바다를 따라 나아가는 것과 같아 물결과 바람에 이리저리 흔들리기도 하고, 뱃머리가 일정하지 않으면 곧바로 나갈 수 가 없고, 암초暗礁를 만나면 배가 깨지는 것과 같다. 임검을 원수로 여기고, 백성을 살육殺戮의 숫자로 여기고, 신하만이 틈을 노려 치부의 수단으로 삼게 되고, 큰 궁궐은 백성의 피를 짜내야 하고, 수많은 나인內人들은 백성의 명命을 줄이고, 높다란 누각樓閣은 백성의 살을 저미고, 수많은 토목공사土木工事는 백성의 삶을 버겁게 한다. 나라의 국시國是가 바르지 않으면 제 땅을 잃게 되고, 역사를 온전하지 않으면 제 글과 음악을 잃게 되고, 시조始祖를 잊게 되면 근본을 버리게 되고, 종전宗全을 잃게 되면 유랑流浪의 길을 걸어야 하고, 병략兵略을 잃게 되면 나라가 기울고, 정사政事의 마땅함을 잃으면 나라가 약해지고, 간두奸頭가 있으면 반드시 흉사凶事를 꾸미는 배후가 되고, 임검된 자者가 좋아하는 바를 드러내면 아래는 시끄러워지고, 스승들의 길을 잃어버리면 나라의 근간根幹마저 흔들린다.

나라가 커다랗다 하나 전쟁을 일삼으면 나라가 온전하지 않고, 물건이 흔하다고 사치하면 피폐해지고, 힘이 강하다고 시비是非를 일삼으면 나라가 성하지 않는다. 나라에 밝은 자者의 책무責務는 성현聖賢의 흥취興趣와 행적을 기리고, 열 가지의 재복財福9)보다는 한 가지의 해악害惡을 제거하고, 아직 몰랐던 바른 것을 알게 하고, 먼저 행하여 변설辨說을 꿰뚫어야 하고, 어두운 구석까지 밝히고, 모난 것을 둥글게 하고, 삿된 것을 이利로 바꿔 넓히고, 더러운 부분은 깨끗하게 걸러 주고, 세속에만 치우치지 않도록 길라잡이 하고, 작은 꾀를 숨어 장구한 일언일행一言一行으로 바꿔주고, 명리名利에만 치우친 바를 곧고 넓게 펴고, 뒤에 오는 자者에게 바른 길을 벗어나지 않게 하고, 신명神名을 팔아 전적典籍을 교묘하게 숨기는 것을 막고, 길을 택하는 것보다 길을 잃지 않게 돕고, 무거운 짐을 진 자者들에게 거들어 주기보다는 걸림돌을 치워주고, 멀리 가는 자者에게 한 병의 술보다는 가는 까닭을 밝혀준다.

십갑자十甲子도 못가는 나라를 세우면서도 다투기를 그치지 않고, 사생死生을 반복하면서도 인의仁義를 부르짖고, 더러운 습성習性에 뒹굴면서도 예악禮樂만을 부르짖고, 문명하다 자랑스러워하면서도 부끄러운 줄 모르고, 목숨을 하루살이로 여기면서도 선의善懿라 하고, 욕심을 숨기면서 학대虐待하고, 부역賦役을 그치지 않으면서 베푼다고 하고, 사사로움을 경영經營하면서 정의正義라 하고, 실實을 제압하지 못하면서 실實을 가늠하고, 허虛를 따르면서

---

9) 열 가지의 재복財福: 고위高位, 다재多財, 귀명貴名, 건신健身, 성업盛業, 비책非嘖, 무사無事, 장명長命, 상광祥光, 길운吉運, 직재職才.

도 비우지 못하고, 변을 구하면서도 정한 바를 지키지 못하고, 가르치기만 하면서 허실虛實이 교차하는 점點을 알지 못한다. 나라가 평안하려면 십무十无10)가 없어야 하고, 공론公論이 밝으려면 십승十勝11)이 있어야 하고, 사론邪論이 많으면 십패十敗12)하고, 백성이 괴로우면 십패十悖13)가 있고, 바른 것이 모자라면 삼불종三不從14)하고, 국시國是가 올바르지 않으면 십논폐十論弊15)하여 나라가 망해도 그칠 줄 모르고 흥하는 까닭을 모른다.

천지지명天地之命은 임검된 자者에게 대신 다스리게 하였는데 흉포한 임검이 되면 백성을 능멸凌蔑하여 재앙을 피하질 못하게 하

---

10) 십무十无: 괴이한 언행을 하는 자者가 없는 것, 싸움을 부추기는 자者가 없는 것, 붕당朋黨을 만들어 세력만을 키우는 자者가 없는 것, 학인學人이 배우고 가르침을 벗어나지 않는 것, 농인農人이 때를 놓치지 않아 심어 거둘 것이 있는 것, 공무公務를 하는 자者들이 법을 철저히 지키는 것, 상인商人이 부지런한 것을 잃지 않는 것, 공인工人이 지혜를 잃지 않는 것, 군주된 자者가 나라를 스스로 어지럽히지 않는 것, 나라의 안팎으로 사치와 태만이 만연되지 않는 것.

11) 십승十勝: 한마음으로 일치단결하는 것, 전쟁을 이끌어 가는 장수들이 뛰어난 것, 반드시 이기겠다는 신념과 결의하는 것, 영재英才를 길러 나라를 바르게 이어가는 것, 경제력이 우월한 것, 막힘 없는 외교력이 있는 것, 평시에 경계警戒와 군사훈련軍事訓練이 잘되어 있는 것, 물자와 재원이 풍부한 것, 정보력으로 적정을 파악하고, 있는 것, 인적자원人的資源이 풍부한 것.

12) 십패十敗: 빼앗기 위해 해치려는 것, 의로움이 없는 것, 흉포하여 싸우려고만 하는 것, 예의가 없어 제 멋대로 하는 것, 세평世評을 듣지 않는 것, 희망이 없는 것, 고마움이 없는 것, 교만하고, 사치한 것, 부지런하지 않는 것, 함부로 깔보는 것.

13) 십패十悖: 남의 불행을 나의 가치로 삼는 것, 죽은 자者의 명리名利를 것을 쟁탈爭奪하는 것, 막무가내로 시비是非하는 것, 흉포하여 수족을 휘둘러대는 것, 잘못된 언행으로 잘된 언행처럼 덮으려는 것, 종전宗全으로 신神을 파는 것, 술법術法으로 예단豫斷과 참언讖言을 일삼는 것, 큰 죄를 진 자者가 작은 죄를 묻는 것, 사당私黨과 붕당朋黨을 만들어 세勢를 이루는 것, 스스로 배운 것 만에만 집착하는 것.

14) 삼불종三不從: 의언懿言을 가져다가 제 것으로 해석하는 것, 의선義善을 가져다가 가장하여 제 혼魂을 놓는 것, 제 것을 부정하면서 남의 것을 가져다가 유추類推하여 뽐내는 것.

15) 십논폐十論弊: 아무 관계없는 것을 끌어다 제 이름에 붙이는 것, 지류支流로 본류本流를 바꾸는 것, 사사로운 명리名利로 교란하는 것, 남의 신神을 끌어다가 스스로의 신神에 빗대는 것, 제 것을 부정하면서 남의 것만을 흠모하는 것, 제 법은 지키지 않으면서 다른 풍속風俗에만 빗대는 것, 폐단이 생길 줄 알면서도 모른 체 하는 것, 한 가지만 알고도 전부를 알 수 있다는 것, 본 적도 들은 적도 없으면서 있다고 하는 것, 법을 희롱戲弄하면서 뇌물을 받는 것, 폐단弊端이 있는 줄 알면서 고치지 못하는 것.

고, 본本이 없어서 백성을 탈나게 하고, 불편부당不偏不黨하지 않아 말썽을 그치지 않고, 명리名利의 세勢에 따라 농락을 당하고, 피할 수 없는 것도 구차하게 막아서고, 작은 꾀로 마땅히 지켜야 할 것을 버리고, 술법術法의 궁리만을 찾고, 좋은 이름만을 찾아 핑계대고, 명리名利가 아니면 나서지 않게 되고, 신神에게 머리를 조아리고도 신의信義를 져버리고, 천년千年의 맹세를 하고서도 따르지 않는다. 인자仁者를 어리석게 하고, 지자智者를 숨게 하고, 선자善者를 능멸凌蔑하고, 간악奸惡한 자者와 사악肆惡한 자者들을 써서 도세渡世의 길로 삼는 것은 마치 스스로 보살피는 바를 게을리 하고, 어리석은 것을 두려워하지 않는 것과 같다.

한인桓仁이 조화造化하자 천하天下의 만민의 모습이 사람으로 달라졌고, 커발한이 천하天下를 교화敎化하자 뭇 사람이 신시神市로 모여들었고, 한웅桓雄들이 다섯 번 묻는 것[16]으로 세상의 어지러움이 사라졌고, 유인씨有仁氏가 삼계三界를 나누자 천하天下의 뭇 사람이 신神과 사람이 즐거워하였고, 태호씨太皓氏가 팔괘八卦를 긋자 천하의 뭇 사람이 괘상卦象으로 진리를 삼았고, 치우씨蚩尤氏가 세 번 화를 내자 산천山川이 바뀌어 삿된 것은 두려움에 떨었고, 왕검王儉이 치화治化를 하자 천하天下의 뭇 사람이 신단수神檀樹 아래에서 천부天符를 알게 되었고, 대련大連과 소련小連이 삼년상三年喪을 치르자 뭇 사람이 상제常制를 마땅하게 여겼고, 예羿가 요堯의 열 명의 아들을 쏘자 천하天下의 뭇 사람이 의로움을 알게 되었고, 부루扶婁가 대효大孝의 도道를 세우자 효孝의 기운이 천하에 가득 차게 되었으니, 이들이 천하에서 일을 하게 되자 뭇 사람이 편안해졌다.

16) 다섯 번 묻는 것: 먹을 수가 있는가, 명命이 있는가, 착함이 있는가, 죄가 되는가, 병이 있는가.

천하의 바른 길을 잃어버리자 황망荒亡하면서 허탄虛誕한 자者들이 줄을 잇게 되어 어깨 너머로 흉내만 냈지 베풀지 못하고, 듣기만 했지 행하지는 못하면서 갈취喝取하는 수단을 그치지 않았으니, 단주丹朱와 상균商均도 제 아비들의 사사로움을 깨달아 따르지 않았다. 부끄러움을 버리면서, 녹祿만을 탐하고, 지혜가 없으면서 길 위에 누워있고, 지위地位만을 사모하면서 헐뜯고, 공도公道를 뚫자 개가 지나가고, 술수術數를 가지지 않으면서 현혹眩惑하고, 작은 꾀로도 큰 재주를 비아냥거리고, 큰 법을 없애면서 작은 법으로 핑계만을 삼고, 계율戒律을 가리지 않으면서 명리名利만을 구하고, 간악奸惡을 숨기면서 명리名利만을 구하고, 한 줌의 옳은 바도 없으면서 세리勢利에만 집착하는 것은 물을 빼내어 버둥거리는 자라를 드러내고, 샘에 독毒을 풀어 물고기를 뜨게 하고, 산에 불을 질러 새와 짐승의 난태卵胎를 끄집어내는 것과 같다,

비서갑非西甲에 사는 하백녀河伯女[17]의 아들인 왕검王儉은 나면서 신성神性이 있어 많은 사람들이 신인神人을 찾아와 '미래의 커발한 한웅桓雄'이라 하였다. 후사後嗣가 없던 단웅檀雄에게 우사雨師가 나서서 아뢰기를, '흑수黑水에 하백河伯의 아들인 검儉이라는 아이가 있는데 장차 구한九桓을 이끌만한 재목이 있는데 불러 보심이 어떠한가요'하고, 아뢰자 한웅桓雄이 검儉을 불러보니, 나이가 여덟 밖에 되지 않았으나 눈빛은 쟁반을 닦아 놓은 듯 하고, 말은 없으나 굳게 다문 입은 의지意志가 강해 보이고, 코끝은 우뚝 서고, 귀는 두텁고, 풍모風貌가 사뭇 달랐으니, 단웅檀雄은 인물됨을 한 눈에 보고, 비왕卑王을 삼았다. 왕검王儉이 열 살이 되자 장차 대업大業을 이으려면 많은 나라를 순방巡訪하기를 간청하면서 '옛날 우리 한이 흩어지고, 오랜 세월이 흘러 같은 바를 잊고, 풍습風習이 서로

---

17) 하백녀河伯女: 하백河伯의 딸, 하천河川을 지키는 관직명, 하河는 강, 백伯은 지킴이, 베키.

달라짐은 근본을 잊고 다투는 일이 있기 때문이니, 뿌리가 하나라는 것을 알리고 돌아오겠습니다'고 하였다. 허락을 얻고서 스물여덟 나라와 열두 나라를 두루 돌며 천부天符의 이치를 강의하면서 이치에 어긋나면 바로잡고, 병든 자者는 고쳐주고, 억울한 자者는 들어서 바로잡고, 삐뚠 자者는 바른 길을 걷도록 하고, 잘못된 제단祭壇은 바로 세우고, 능히 천부天符의 도道를 바로 세우고, 삼신지도三神之道로 다듬이니, 사해四海의 나라들이 서로 다투지 않고, 침범하는 버릇이 없어졌다. 무려 십팔 년을 돌아다니다가 신시神市로 돌아 올 즈음에는 병자病者와 억울한 자者와 고통을 받는 자者들 수천의 무리들이 뒤를 따랐다. 몸도 장성하여 키는 육척六尺이고, 얼굴은 붉고, 몸은 푸르고, 팔다리는 검고, 활과 검술劍術 또한 능하여 따를 자者가 없었다. 순행巡行을 마치고 돌아올 즈음 신시神市에는 크고 작은 족속들이 난亂을 일으키고, 도적盜賊들의 약탈이 심하여 신시神市는 하루도 편할 날이 없었는데 그때마다 단웅檀雄[18]은 분연히 일어나 군사를 수십 차례 동원하였으나 나라의 힘은 나날이 줄어만 갔다. 나라가 세워진지 천 오백년이 지났건만 번잡하게 갈래로 나눠지고, 가르침마다 가짓수가 많아지고, 요구하는 말이 끊임이 없고, 복잡하기가 이를 데 없었다. 단웅檀雄이 북쪽의 도적 떼를 토멸討滅한 뒤, 말에 오르려는데 화살이 어깨를 스쳤는데 별것 아니라고 생각하였으나 상처로 인하여 며칠 뒤에 돌아갔다. 삼사三師와 오가五家는 앞 다퉈 왕검王儉을 한웅桓雄으로 추대하여 마침내 왕검王儉이 천단天壇에 우뚝 서서 이르기를, '앞으로는 백성에게 본本을 두고, 그 뜻으로 법을 만들고 천부天符라 하겠노라! 우리 한桓들이 지켜야 할 만세 근본의 법으로 지극히 존중하고, 누구도 어기지 못하노라!'고 하였다. 이로써 구한九桓은 하나로 뭉쳐져 천하에 우뚝 서고, 둘의 허실虛實로써 같은 민족임을 자

---

18) 단웅檀雄: 第18代 거불단한웅居弗檀桓雄의 별칭別稱 (開天 1517-1565 西紀前 2380-2333)

랑삼고, 셋으로써 구한九桓이 하나로 돌아가기에 비로소 삼한三韓
의 사람으로 거듭났다. 높고 큰 은혜는 사해四海밖까지 퍼져 나가
고, 알맞게 끼워 넣고 모자라면 채우고, 넘치면 흐르게 하여 삼한三
韓을 삼조선三朝鮮으로 나누고, 착한 것을 장려하고, 부지런함을 미
덕으로 삼아 창성으로 큰 복福을 삼았다. 창수태자蒼水太子를 보내
물에 빠진 황구黃寇들을 물에서 건져내고, 신시神市의 유법遺法을
이어서 삼신三神의 도道에서 벗어나지 않게 하고, 하늘 트임의 깨
달음으로 이치를 삼아 이지러짐이 없게 하고, 밝달에 한데 모이게
하여 제祭를 게을리 하지 않게 하고, 명命을 알게 하여 세상에 살면
서 서로 기울어짐이 없게 하고, 다툼을 없게 하였다. 흩어진 구한
九桓을 삼한三韓으로 통합하고, 천부天符를 건설할 땅을 고르다가
마침내 땅을 찾았으니, 불과 물이 번갈아 선후천先後天을 넘나드는
핵심의 땅이자 나무와 쇠의 기운이 어우러져 산으로 에워싸고 서
로 살리고, 돕는 약속約束의 땅을 선택하여 이를 아사달이라 하고,
이르기를, '북으로는 호흡을 맑게 하고, 남으로는 물이 마르지 않
고, 물산의 흐름이 머물다 가니, 동으로는 곧고 크게 하고, 서로는
바르게 나뉘지 않게 하니, 가히 천부天符를 펴기에 이롭다'고 하였
다.

  오가五加를 불러 아사달의 주변을 다섯 등분하여 나누어주고,
먼저 저가豬加에게 명命하기를, '저가豬加야! 너는 북쪽을 맡아 물
을 맡고, 콩으로 작물을 삼고, 나라의 뼈대 역할을 하여라. 또한 나
라에서 필요한 수기水氣를 공급하고, 마땅히 죽을 자者들은 죽이
며 쫓아버릴 자者는 쫓아내고, 백성들의 소리를 귀담아 들어 나에
게 직접 바른 말을 하여라. 또한 신神과 통하는 길목에 있으니, 그
길을 늘 깨어 있으면서 지켜라. 청탁淸濁을 들어 맑은 것은 유지하
되, 탁한 것은 정화하여 늘 맑게 유지하여라. 그리하면 나라가 늘
곧게 서 있게 된다'고 하였다. 양가羊加에게 명命하기를, '양가羊加

야! 너는 남쪽을 맡되 불을 맡고, 화기火氣를 공급하고, 기장을 작물로 심고, 나라와 백성에게 기氣를 공급하여라. 나라의 장場을 열고, 장마다 물류가 막힘없이 흐르게 하고, 또한 백성들에게 기쁨을 주는 일을 하여라. 또한 만들고, 다듬어서 백성들이 헐벗는 일이 없도록 하여라. 그리하면 나라에 늘 활기차게 하라'하였다. 우가牛加를 불러 명命하기를, '우가牛加야! 너는 동쪽을 맡되 나무나 농작물을 관리하고, 보리를 작물로 심고, 나라와 백성의 눈이 되어 악한 것의 독毒을 없애고, 그 독성으로 하여금 폐해弊害가 생기지 않도록 살펴라. 또한 제단祭壇은 신神에게 제사를 지내는 곳이니, 너는 그곳을 늘 청결히 하고, 정숙하게 하고, 정성을 다 함에 부족이 없도록 하여라. 또한 백성들이 노여워하거나 난폭해지는 것을 없애도록 하여라. 그리하면 나라와 백성들이 급해지는 것이 없게 된다'고 하였다. 마가馬加에게 명命하기를, '마가馬加야! 너는 서쪽을 맡되 쇠와 무기武器를 관리하고, 나라에 금기金氣를 공급하여라. 땅에서 나는 벼로 작물로 하고, 나라와 백성들이 들고나는 것을 살펴라. 또한 잘된 것인지 잘못된 것인지를 구분하여 선악善惡을 판단하여라. 백성들이 슬퍼하거나 억울한 일이 없도록 늘 경계하되, 만약 뉘우치지 못하는 자者와 잘못을 넘기는 자者는 내쫓아라. 그리하면 억울한 백성이 사라지고, 원한이 없어지게 된다'고 하였다. 구가狗加를 불러 명命하기를, '구가狗加야! 너는 가운데를 맡아 흙을 관리하되, 나라에 토기土氣를 공급하여라. 땅에 심는 것을 작물로 하여 모든 사람들과 물산物産이 모두 이곳으로 들고나니 절도로써 통제하고, 분류하여 한 치의 어긋남이 없도록 하여라. 또한 백성들의 생각을 너무 깊어짐을 억제하고, 생각이 짧으면 경솔하니 잘 조절하여라. 그리하면 물건이나 사물이 적어지지도 남아서 버리는 것이 없어질 것이니, 사치와 방일함이 없어진다'하고 다시 오가五家에게 이르기를, '무릇 오가五家들아! 서로 싸우지 말고, 다르다 멀리하지 말고, 서로 뭉치면 곧 너희의 후손에게 번영과 안녕을 가지다 줄 것이다'고 명命하였다. 오가五家들은 삼가 받들며 외치기를 '존귀한 그 말씀 자자손손 이어 나가겠습니다. 또한 어떠한 일이 있어도 서로 다투거나 싸우는 일이 없도록 하겠습니다'하고 맹세하였다.

나라에는 길吉한 것이 있으면 십징十徵[19]이 나타나고, 나라가 태평하려면 십사길十四吉[20]이 드러나고, 나라가 편안하려면 십패十悖[21]가 없어야 하고, 나라가 망하지 않으려면 십폐十廢[22]가 없애야 한다. 암울한 군주는 없느니만 못하고, 흉포한 군주君主는 범보다 못하고, 약기만한 신하는 쥐만도 못하고, 지혜가 없는 공인公人은 돼지만도 못하다. 백성은 공론公論을 저울질하고, 편한 것만 원하여 좋아하는 것만 옳다고 여긴다. 그래서 어리석은 공인公人은 영혼靈魂이 없는 것이 아니라 생각이 없고, 꾀만 내는 신하는 책무가 없으면서 제 공功만을 따지고, 헛된 군주는 약속도 어기면서 제 편

---

19) 십징十徵: 날씨와 기후가 순후淳厚한 것, 사람마다 제 명命을 다하는 것, 상서祥瑞의 기운氣運이 가득한 것, 천지지기天地之氣가 역하지 않는 것, 도타운 민심이 가득한 것, 상서祥瑞가 비추는 것, 오상五常과 사상四象과 칠요七曜가 어긋나지 않는 것, 병략兵略이 안팎으로 잘 지켜지는 것, 질액疾厄이 없으면서 화기和氣가 가득한 것, 오곡이 풍성한 것.

20) 십사길十四吉: 백성 스스로 정사政事를 잊는 것, 종전宗全이 치우치지 않는 것, 법술法術이 현혹되지 않는 것, 문무文武가 균형을 이루는 것, 도적과 사기꾼이 없는 것, 사람을 상傷하거나 죽이는 일이 없는 것, 헛된 것을 좇지 않고, 땀 흘려 얻는 것, 세리稅吏가 공정公正한 것, 사치와 교만이 없는 것, 근면하면서 겸손한 것, 나라살림이 넉넉하고, 백성이 여유가 있는 것, 재목들을 잘 키워 미래가 밝은 것, 현자賢者들이 나라의 중책을 맡는 것, 기강紀綱이 잘 서 있으면서 조용한 가운데 움직이는 것.

21) 십패十悖: 구년 동안 흉년 드는 것, 천지天地의 기운을 거스르는 것, 교학敎學이 서로 믿지 않는 것, 자리 없이 떠돌며 제 명리名利만 탐하는 것, 적敵을 흠모欽慕하여 감추고 나라를 휘두르는 것, 패악悖惡하면서 잔혹한 것, 언행이 다르면서 사사로이 떠드는 것, 나라를 어지럽히는 것, 나라 안에 간흉奸凶이 날 뛰는 것, 간적奸賊이 흉모凶謀를 그치지 않는 것.

22) 십폐十廢: 군주 된 자者가 사사로이 국고國庫를 탕진하는 것, 문무文武가 서로 다투어 하루도 편한 날 없이 다투는 것, 공론公論이 없으면서 시비是非만 떠드는 것, 경세經世가 없이 도적질을 서슴지 않는 것, 패역悖逆한 자者들이 자리에 앉는 것, 나라의 이기利器를 자주 보이는 것, 좋은 자者와 좋지 않은 자者가 섞이는 것, 허탄虛誕한 무리들이 세勢를 이루는 것, 멸사봉공滅私奉公하지 않는 것, 사행奢倖이 끊이질 않는 것.

을 따르고, 간악奸惡한 백성은 허탄虛誕해도 사사로이 제 이름만 높인다. 경세經世는 십년을 내다보아야 하고, 교육은 백년의 준비이고, 공론公論은 천년을 지켜야 하고, 좋은 씨앗으로 밭을 채울 수는 없고, 좋지 않은 밭에서 좋은 씨를 구할 수 없고, 좋지 않는 농부는 날씨 탓만 한다.

나라의 흥망興亡은 성인聖人도 어쩔 수 없고, 풍습風習의 변전變轉은 현자賢者도 막을 수 없고, 때와 곳에 따라 변하는 바는 임검도 예측 할 수는 없다. 중추中樞를 넘어서 모자라면 모자란 만큼 고스란히 백성에게 돌아가고, 어린아이를 볼모로 앞장세우면 교육이 흔들리고, 젊은 자者에게 공론公論을 맡기면 걷잡을 수 없게 되고, 바르지 않은 자者들에게 나랏돈을 쥐어주면 간악奸惡한 풍속風習만을 만들어 낸다. 마땅함을 버리면 착하다 할 수 없고, 충성을 서약하면서도 반란을 일으키면 의롭다 할 수 없고, 허물이 있으면서 이利만으로 시비是非하면 깨끗하다고 하지 못한다. 세勢를 모는 자者와는 무리를 나눠야 하고, 입만 열면 거짓말을 하는 자者와는 정사正邪를 논하지 말고, 말만 앞세우는 자者와는 큰일을 도모해서는 안 되고, 천명天命을 거스르는 자者와는 명命을 논해서는 안 되고, 지명地命이 뒤덮인 자者와는 피폐疲斃를 논해서는 안 되고, 사람이 마땅함을 잊은 자者와는 설자리를 논해서는 안 된다.

천하天下의 왕이 되면 천하의 짐을 짊어져야 하고, 나라의 군주가 되려면 백성을 위하는 마음이 있어야만 하니, 한사람의 대현大賢이 크게 천하를 바르게 인도하고, 왕王의 신하가 되면 맡은 부분으로 천하를 대신해야 하고, 작은 일일지라도 공인公人은 백성의 수고로움을 헤아려야 하고, 위로 알리고 아래를 살피게 되면 흥하는 나라에 의지하려고 몰려드는 백성이 있게 된다. 쇠퇴하는 것을 살피다가 덕혜德惠로 일으켜야 하고, 남는 아홉을 버리고 필요한 하나를 취하여 공평公平하게 써야하고, '어떤'을 버리고, '어떻게'를 취하면 능히 이루게 되고, 사사로움을 버리면서 스스로에게 물어 따르면 거스르지 않게 되고, 마땅함으로 명리名利를 버리고서 성찰省察하고, 성쇠盛衰를 버리고서 정사正邪를 구한다. 의지하면서 오래도록 지키지 못하고, 어긋남으로 갈라져서 그 근본을 잊을 수가 없으니, 말은 입이 본本이 되고, 글은 손이 본本이고, 행동은 성신誠信이 본本이고, 오행五行은 수水가 본本이고, 명리名利는 흘러가는 묶음이 본本이 되고, 종주宗主는 종지宗指의 본本이 되니, 머나먼 나라의 사신使臣이 이웃 나라의 왕보다 낫고, 혼령魂靈의 계시보다는 산 자者의 언행이 낫고, 현자賢者의 단점보다는 범인凡人의 장점이 쓸 만하다.

기울어진 나라는 바로세우기 어렵고, 무주공산無主空山의 땅은 취하기가 어렵고, 흩어진 민심은 모으기가 어렵고, 조각난 강령綱領은 맞추기가 어렵고, 전란이 없으면 언제 사라질지 모르고, 내분이 있으면 언제 이지러질지 모른다. 부고府庫가 비면 거두기가 많아지고, 산으로 도망하는 것은 짊어질 짐이 많은 것이다. 잔악殘惡한 임검이 백성을 위한 흥취興趣가 있을 리 없고, 사사로운 임검이 눈이 어두울 리가 없고, 어두운 임검이 귀가 밝을 리 없고, 백성이 잘되도록 기다리는 신하는 없고, 백성을 걱정하는 벼슬아치는 없고, 다함께 잘살게 하려고 하는 공인公人은 없고, 귀에 거슬리는 말을 즐기는 임검은 없고, 국시國是가 흔들리는데 편안한 나라가 없고, 현명한 신하가 코가 막힐 리가 없다.

가륵단제嘉勒檀帝[23]가 삼랑三郎인 을보륵乙普勒[24]을 불러 신왕종

---

23) 가륵단제嘉勒檀帝: 제 3代 檀帝 (檀紀 153-198, 西紀前 2240-2182)

24) 을보륵乙普勒: 第 3代 가륵단제嘉勒檀帝 때의 삼랑三郎, 정음正音 38자를 만들어 가림토문자加臨土文字라 이름, 한글의 원형.

전神王宗全[25)]의 뜻을 물으니, '신神은 능히 만물에서 생겨 각자 제 성품性稟을 다하게 하니, 신神의 깊은 뜻이 있어 백성들은 모두 의지하여 빕니다. 왕王은 덕과 의로움으로 백성의 삶을 편안하게 하고, 바른 것으로 다스리니 모두 따르게 됩니다. 바른 다스림은 나라가 선택하고, 온전한 것은 백성이 바라는 것이니, 모든 자者가 이레를 기한期限으로 삼신三神에게 나아가고, 세 번을 빌어 온전하기를 빌어 온전하기를 다짐하면 마땅히 구한九桓이 다스려지게 됩니다. 아비가 되고자 하는 자者는 아비답게 되고, 임검답고자 하는 자者는 임검답게 되고, 스승답게 되고자 하는 자者는 스승답게 되니, 아들과 신하와 스승답게 되는 것입니다. 그러므로 신시개천神市開天의 도道는 역시 신神으로써 가르침이 되는 것이니, 나를 알고, 홀로 있게 하고, 나를 비우게 하여 능히 복福이 온 누리에 비추게 함이니, 천신天神을 대신하여 세상에서 왕王이 되어 도리를 넓혀 뭇 무리를 이롭게 하고, 한 사람이라도 본성本性을 잃는 일이 없도록 하여 만왕萬王을 대신하여 사람의 병을 제거하고, 원한을 풀어 사람들로 하여금 망령妄靈을 풀며, 생겨난 바를 해치는 일이 없도록 하고, 나라 안의 사람들로 하여금 망령妄靈 됨을 고쳐 참다운 것에 이르게 하는 것입니다'고 하였으니, 나라를 대신하고도 이바지가 없으면 천하天下의 죄를 쌓게 된다. 나라를 서로 통하게 하려면 적敵을 이겨야 하고, 백성들이 먹고 살만한 터가 많아야 하고, 군문軍門에서는 먹을 식량이 충분해야 하고, 군주君主가 계획이 철저해야 하고, 백성을 키울 학교學校를 많이 세워야 하고, 종전宗全의 교화敎化가 되어야 하고, 흉포를 막고 서서히 통해야 한다.

경인원년庚寅元年[26)]에 유위자有爲子[27)]가 치국평천하治國平天下의

---

25) 신왕종전神王宗全: 역대歷代 제왕제帝王들의 행적行蹟과 종지宗指를 온전히 실천하는 것.

26) 경인원庚寅元年: 檀紀 443年, 第 11代 도해단제道奚檀帝 (檀紀 443-500, 西紀前 1891-1834).

27) 유위자有爲子: 3代에 걸쳐 태자태부太子太傅및 국태사國太師, 대현인大賢人.

도道를 아뢰기를, '우리 신시神市는 실로 한웅천왕桓雄天王께서 우리를 거두심에 온전하게 가르침을 세워 백성을 교화敎化하였습니다. 천경신고天經神誥는 위에서 조술祖述하고, 의관衣冠은 밑으로부터 본本을 보이시는데 백성은 범하는 일이 없고, 함께 다스려져 들에는 도적떼가 없이 스스로 평안하였습니다. 온 누리의 사람들이 병 없이 장수하고, 주리는 자者가 없고, 풍요로워 산과 들에는 노래를 부르며 달을 맞이하여 먼 곳일지라도 흥하지 않는 것이 없고, 덕이 넘치는 가르침에는 만백성萬百姓에 미치지 않는 것이 없으니, 칭송하는 소리는 사해四海에 넘칩니다'고 하였으니, 무릇 나라 안에서 권모權謀의 술수術數를 닫으면 다툼을 멈추고, 세력의 명리名利를 닫으면 시비是非가 멈추고, 종전宗全의 전적典籍을 닫으면 명리名利로도 공론公論이 바로 일어나고, 변폐辯弊의 무궤誣詭를 닫으면 국시國是가 창업創業의 뜻으로 돌아가고, 창검槍劍의 예둔銳鈍을 닫으면 허실虛實이 드러난다.

나라에 충성하는 것은 이때가 아니면 따르지 못하고, 나라의 의로움은 이곳이 아니면 풀 데가 없고, 이곳의 물산物産이 아니면 후손을 건재하게 하지 못하고, 이때의 사람이 아니면 가르치지 못하고, 이 나라의 터가 아니면 지킬 곳이 없다. 국권國權은 주창主唱되어야 하고, 국세國勢는 반석盤石과 같이 단단해야 하니, 역사에 길이 남아 빛내고자 하는 것은 곧 나라의 책무이자 임검의 책무이기도 하다. 기개氣凱와 의로움은 나라를 지키는 본本이 되고, 경거망동輕擧妄動으로 나라의 좀되지 않게 하고, 뭇 무리는 삼신三神의 후손이 되니, 세 가지 참됨과 세 가지 망령妄靈을 구분하여 마땅히 따라야 할 것은 따르고, 제 몫의 일은 반드시 해내야 하고, 주어진 일에 최선을 다해야 하고, 지키는 바와 사액詐厄을 삼가고, 맹세한 것은 반드시 지켜져야 한다. 위가 겸손하지 않으면 아래가 떨어져 나가고, 앞이 양보하지 않으면 뒤가 움직이지 않고, 오른쪽이 보우

保佑하지 않으면 왼쪽도 보필輔弼하지 않고, 뒤가 온전하지 못하면 앞이 서먹해지고, 앞이 웃지 못하면 뒤가 편안하지 못하니, 세상을 편안히 하는 바는 겸손하고, 양보하고, 존중하면 화합되고, 뭉쳐져서 외부의 모욕이 없어져 스스로 잘 다스려지게 되어 나라의 힘이 여기에서 생기는 이유가 된다.

정사政事가 바르다는 것은 어지러움을 다스려 바른 약속과 밝은 지혜와 보는 눈을 밝게 하여 뜻을 높이고, 말의 길을 크게 열어 기예技藝와 바른 공론公論을 통하게 하여 잘 갈고 닦아 사물과 현상을 살펴서 눈에 드러남과 변함은 물론 숨어 꿈틀대는 것과 변하는 추이를 보아 생사生死의 요추要樞를 비로소 안다. 올곧게 지키지 않는데 직권職權이 바를 리 없고, 흩어짐이 어지러운데 모여듦이 바를 리 없고, 기울어진 나라를 세우기는 어려운데 엎어진 세력이 바를 리 없고, 도적떼로 일으킨 나라가 오래 갈 리 없고, 먼 길의 형제는 돕기가 쉬울 리 없고, 받들어서 따르지 않는데 믿을 리 없고, 들어서 마음을 거스르면 뒤집어질 리 없다.

아한단제阿漢檀帝[28]가 국선國仙인 유위자선인有爲子仙人에게 물었다. '나의 후예後裔들의 성쇠를 듣기를 원하노라'고 묻자 유위자有爲子가 아뢰기를, '나라의 성쇠는 하늘이 정하는 것이지, 사람의 힘으로 정하는 것은 아니옵니다. 선제先帝께서 이룩한 위업偉業은 가히 세계만방世界萬邦을 덮고도 남습니다. 그러나 세월이 흐르고, 평화가 오래되면 서로가 한 조상祖上이라는 것을 잊을 것입니다. 또한 오랫동안 우리 한桓의 속박에서 벗어나려고 하던 지나支那가 다음 왕조王朝부터는 예악禮樂이 구비가 되고, 각종 경전經典이 생기게 되면서부터는 문화文化의 향상이 눈에 띄게 될 것입니다. 우

---

28) 아한단제阿漢檀帝: 第12代 단제檀帝 (檀紀 501-553, 西紀前 1834-1782).

리 한桓은 이에 반反하여 기운이 쇠하게 되어 북방으로 또는 동방으로 도읍都邑을 옮기게 되고, 때로는 크고 작게 서로가 다투고, 싸우고 또는 합치는 것을 반복하고, 서로가 같은 민족이라는 것도 잊으면서 문화는 퇴보를 걷고 맙니다. 외부에서 들어오는 것을 보면 내 것은 없애고, 그것을 미친 듯이 좇고, 침략을 받으면 내 것을 잃어버리고, 받들고, 받아들입니다. 또한 옛 법이 훌륭하고, 기상氣象 또한 무한한 것이 하늘 민족이거늘 마침내 기상 또한 사라지고, 큰 것에 붙어 숭배하려는 생각이 많아집니다. 본시本是 그것들은 우리에게서 나간 것이 온데 돌아오면서 내 것이 아닌 것처럼 돌아오니, 마침내는 제 조상의 것마저도 잊어버리게 될 것입니다. 참으로 원통하지 않을 수가 없으니, 오직 앞날을 대비하여 뒷일을 준비하옵소서. 지금 태백太白 아래에 작은 땅이 있는데 이 민족과 천부天符를 유지하려면 그곳에 땅을 두십시오. 그곳은 없는 것이 없고, 비록 궁벽窮僻해도 나지 않는 것이 없고, 땅의 기운 또한 맑고 세 곳에 물이 휩싸여서 배의 출입은 용이하지만 육로는 침입하기가 어렵습니다. 가히 지리地理의 이점이 큰 곳입니다. 그러나 인세人世의 세월은 길고도 험난하여 천부天符의 사상思想과 문물文物이 돌고 돌아 다시 돌아오고, 삼신三神이나 역易을 팔아 잘 살려는 자者들이 선한 마음의 하늘의 백성들을 괴롭힐 것인즉, 스스로 미혹迷惑이 두렵습니다. 이제 선천先天으로 돌아가려면 오천 년의 세월이 있어야 합니다. 또한 우리 한桓의 보물들을 그곳으로 옮기고 숨겨서 장차 다가올 환란을 대비하셔야 합니다. 뒤에 후손들의 세상이 다시 올 때까지 적당한 곳을 골라 숨겨야 합니다'고 아뢰니, 이를 들은 단제檀帝가 이르기를, '과연 성인聖人이로다. 어찌 우리 후손들의 어려움이 없겠소. 그 말을 가슴 깊이 새기도록 하지요. 내가 선제先帝에게 들으니, 남태백南太白의 밑으로는 땅이 튼실하고, 또한 삼면三面이 바다여서 다소 먹는 데에 부족함이 적고, 또한 하단전下丹田의 기운이 충분하여 기氣가 돌아오는데 충분하고, 신수神獸들이 수호하고, 늘 삼신三神의 보호를 받아 외침을 받아도 쉽사리 뺏기지 않고, 오행五行이 두루 잘 갖추어지고, 또한 팔괘八卦의 중심이 되고, 태극太極이 숨어 있다고 합니다. 그 땅은 없는 것이 없고, 나지 않는 것이 없으니, 참으로 천부天符가 그 곳에서 보호되는 곳일 것입니다. 과연 국선國仙님은 최고의 성인聖人입니다'하고, 단제壇帝는 사람들을 선발하여 남태백南太白으로 사람들을 보내어 샅샅이 조사하고, 보고하도록 하였다. 그리하여 삼전三田 가운데 하전下田에 문서를 숨길 암실暗室을 만들고, 중전中田에 천부天符를 천연굴天然窟에 다듬어 숨기고 난 뒤에 덮어버리고, 상전上田에 천부경天符經을 감추었다. 이 삼전三田은 비록 멀리 떨어져 있으나 능히 서로 통하고, 어느 한 곳이 열리면 다른 두 곳이 저절로 닫히게 예비하여 도적들이 함부로 이곳을 열지 못하도록 하였다.

나라의 대명大命은 대통大統이 본本이 되고, 백성은 쓰임이 되고, 바른 공론公論은 대명大明이 되고, 옳은 법술法術은 나라의 종宗이 된다. 나라는 백성이 본本이 되고, 백성은 그 땅으로써 바탕 삼으며 바탕으로 그 삶을 이어나가고, 삶으로써 지탱하는 본本이자 나라의 몸이 되어 나라가 크려면 반드시 큰 밝음이 있어야 한다. 임검이 된 자者가 스스로를 속이면 나라 안이 진실을 모르고, 중추中樞가 없으면 우왕좌왕하고, 사람이 모자라면 섣부른 판단만을 하고, 현자賢者를 얻지 못하면 도적이 몰려들고, 어두우면 우매愚昧한 자者들만 우글거리고, 경계하는 것이 없으면 어지러워지고, 교만하면 모든 것을 업신여기고, 사치하면 물건마저 우습게보게 되고, 적은 것만을 좋아하면 큰 것을 받힐 수가 없고, 큰 것만을 작은 것을 덮어 버리게 되어 악만을 따르면 선善이 사라져 버리고 만다.

조명성趙明星[29)]이 이른다. '땅이 얇으면 큰 물건이 나타나지 않고, 물이 얕으면 큰 고기가 놀지 않으며, 나무가 크지 않으면 새가 모이질 않고, 숲이 드물면 짐승이 살지 않으며, 산이 뾰족하면 무너지고, 연못에 물이 가득하면 흘러넘치니, 달아날 때 땅이 보이지 않으면 엎어지고, 일어설 때 벽壁을 잡지 않으면 휘청거리고, 옥玉을 버리고 돌을 취하는 자者는 소경이고, 좋은 말에 귀 기울지 않으면 화禍가 몸에 미치고, 기둥이 없어지면 집이 무너지고, 발이 차가우면 마음이 상하고, 백성이 나라를 원망하면 나라가 상하고, 뿌리가 마르면 가지가 수척해지고, 백성이 피곤하면 나라가 쇠잔衰殘해지고, 빠른 수레를 걸음으로 따라가면 다리가 상하고, 망국亡國의 일을 따라하면 반드시 그 나라를 망한다'고 하였으니, 부국강병富國强兵의 책策은 따로 있는 것이 아니요, 망국의 병은 부유하다고 오지 않는 것은 아니어서 망사妄邪는 무사無事에서 생기고, 충현忠賢은 나라의 대비에서 드러난다.

나라가 흔들리면 피폐疲弊해지고, 피폐疲弊하면 직업을 버리게 되고, 직업이 없으면 스스로를 버리고, 스스로를 놓으면 하늘을 우러러 사는 것을 괴로워하고, 땅을 치면서 울부짖고, 울부짖게 되면 세상을 원망하게 된다. 임검이 십이액十二厄[30)]을 불러 모으면 아래위가 뒤집어지고, 좌우가 서로 질타叱咤하고, 허실虛實로써 간섭하고, 권력들이 모여 암투하고, 세력을 모아 세인世人을 희롱하고, 현명한 자者가 뒤로 숨고, 간악奸惡한 자者들이 정의正義를 거스르고,

---

29) 조명성趙明星: 第 29代 마휴단제麻休檀帝 때의 국태사國太師.

30) 십이액十二厄: 스스로를 속여 진실 된 것을 모르는 것, 중추가 없어 우왕좌왕하는 것, 재질才質이 모자라 섣부른 판단만을 하는 것, 현자賢者를 얻지 못하여 도적盜賊이 모여드는 것, 어리석어 우매愚昧한 자者들이 모여드는 것, 삼가는 것이 없어 어지러운 것, 교만하여 모든 것을 업신여기는 것, 사치하여 사물을 우습게 보는 것, 큰 것만을 가져다가 작은 것을 덮어 버리는 것, 악한 것인지 모르면서 착한 것에 뒤집어쓰는 것, 흉포하여 나라 안을 분탕糞蕩하는 것, 잔인하여 생명生命을 가벼이 보는 것.

작은 일에 놀라고, 다급한 일에 정신을 놓고, 문란한 것에 섞여 산란해지고, 탐욕이 세상에 그득해져 세상의 공론마저 사라져버려 사본四本[31])마저 뒤바뀌게 된다.

나라를 지탱하는 열네 가지[32])가 있고, 나라 안의 술법術法을 바로잡으려면 대가代價가 있어야 하고, 나라를 바로 세우려면 공정公正해야 하고, 그릇된 자者들을 바로 잡으려면 희생이 필요하다. 나라에 외적外敵과 전쟁하는데도 내적內賊이 준동하고, 궁핍한데도 제 먹을거리만 챙기고, 적敵의 수괴首魁에게 충성을 맹세하고, 밤고양이처럼 은밀하게 뒤를 노리고, 궁벽窮僻한 나라를 잘살게 해주겠다고 떠들고, 스스로 도적질을 그치지 않고, 구국救國에는 관심이 없고, 오로지 제 세력만을 유지하려고만 하고, 바른 것이 없으면서 백성만을 현혹眩惑하여 한다. 작은 나라의 병폐病弊를 버리지 못하면 큰 나라가 되지 않고, 큰 나라의 여유를 작은 나라가 따라하면 그르치고, 큰 나라의 법술法術을 작은 나라에 가져오면 벅차게 되고, 작은 나라의 섣부른 군주君主는 큰 나라를 업신여긴다고 자랑삼고, 큰 나라의 백성은 작은 나라의 군주를 하찮게 여기고, 작은 나라의 오기로는 큰 나라의 사치를 따라가기 어렵다. 작은 나라의 군주는 큰 나라의 군주를 가벼이 보지 못하고, 큰 나라의 군주는 작은 나라의 정사政事에 관여하지 못하고, 큰 나라의 병략兵略은 작은 나라의 우환이 되고, 작은 나라의 병략兵略은 큰 나라의 그늘을 피하지 못하고, 큰 나라의 종전宗全은 세력에 의탁하고, 작은 나라의 종전宗全은 법술法術도 지키기가 어렵다.

나라가 기울어지기 바라는 자者는 어지러워지기 바라고, 적敵을

---

31) 사본四本: 본말本末, 정사正邪, 상하上下, 좌우左右.

32) 나라를 지탱하는 열네 가지: 종宗, 병兵, 세勢, 력歷, 경經, 법法, 략略, 사史, 교敎, 정政, 술術, 명命, 운運, 민民.

이롭게 하는 자者는 적敵의 이로움에 빌붙고, 간자姦者가 도둑질하면 숨어서 하고, 흉포凶暴한 자者는 드러내어 도적이 되고, 뒤에서 흉사凶事만을 꾀하는 자者는 수괴首怪가 되고, 배후에서 조종하는 자者가 원흉元兇이 된다. 전쟁戰爭을 치른 뒤에는 대기근大饑饉과 대병大病이 잇따르고, 나라 안의 위협하는 것[33]을 제거하지 않으면 어지러움을 피하질 못한다. 나라에 주권主權이 없는데 편안한 백성이 있을 리 없고, 나라에 현자賢者가 없는데 바른 선택이 있을 리 없고, 나라에 현군賢君이 없는데 바를 리 없고, 나라에 현상賢相이 없는데 대업大業을 이룰 수 없고, 바른 국시國是가 없는데 중추中樞가 있을 리 없고, 나라에 국법國法이 바르지 않은데 간적奸賊이 사라질리 없다.

무릇 나라의 기세氣勢를 크게 세우려면 백성이 부지런해야 하고, 한번 이지러지면 일으키기가 힘드니, 나라를 세운 정신의 마땅함을 늘 잃지 말아야 한다. 나라의 국보國寶는 지켜져야 하고, 나라의 바른 국시國是가 있어야 하고, 나라의 정통正統은 반드시 이어가야 하고, 나라의 바른 스승은 게으르지 않아야 하고, 나라의 바른 역사歷史는 반드시 자랑스럽게 해야 한다.

---

33) 나라 안에서 위협하는 것: 병病, 악惡, 적賊, 흉凶, 기饑, 사치奢侈, 교만驕慢, 빈곤貧困, 전戰, 형刑, 내적內賊.

神教歌

우리 천제국天帝國은 첫 종전宗全을 만들고,
나라의 가르침을 삼으니,
백성이 모두 거룩하게 여기었으나
세월이 많이 흐르고 경전經典이 허물어져
가르침이 해이해지고,
신교神敎의 진정한 이치를 알지 못하더니,
형식에만 치우치게 되어 음란하고, 게을려져
미신迷信까지 여기게 되었다.
그 해로움이 나라의 다스림에 까지 미치게 되어
대종교大倧敎를 혁신하여 본뜻으로 돌아가게 하여
진실 된 믿음으로 어지러이 떠돌지 않게 하소서!

有爲子 檀奇古史

24. 신통론 神統論

삼계三界를 통하는 것을 신神이라 하고, 삼계三界를 바르게 하는 벼리를 통統이라 하고, 뭇 신神들의 계係를 바로세우는 것을 신통神統이라고 한다. 신神을 이어감을 계係라 하고, 실마리를 정正이라 하니, 믿고 따르게 되는 정통正統으로 삼체三體를 온전히 받아 신神이 있음을 알게 되니, 무릇 대조신大造神으로의 주신主神은 한 몸으로 세 가지의 쓰임으로 삼신三神을 본本이라 하고, 받들어지는 신神과 현세顯世하는 신神들 또한 삼신三神의 계통系統이 된다.

크도다! 삼신三神이여! 삼신일체三神一體로 계통系統을 세워 만전萬典으로 만대萬代에 걸쳐 내린다. 종宗은 깊이 생각하여 내리고, 전全은 화백和白하여 뽑아 올리니, 현묘玄妙한 것을 얻어 서로 도와 때가 가까우면 멀리 찾지 않고, 작은 것을 이루어 크게 하고, 빈틈없어 넘어지지 않는다. 귀하지 않은 것이 없고, 막지 못하는 것이 없고, 화禍를 누르고, 밀려드는 것으로 부터 지켜내고, 간사奸邪를 막고, 복福을 누리며 잠시 멈춰 뒤를 돌아보고, 괴로울 때 참고 견디고, 병화兵禍에도 굴하지 않고, 즐거이 수명을 다한다. 삼신三神

은 만신萬神의 신神이 되고, 현자賢者는 이정표里程標가 되고, 오가
五家는 오공덕五功德[1]이 마땅하게 온 누리에 베풀어지게 하니, 명
자明者는 주춧돌이 되고, 무자巫者는 신神의 대리자代理者이고, 의
자義者는 신神의 지도리가 되어 부풀어서 본本이 되고, 펼쳐서 잎이
되고, 뻗어서 뿌리가 되고, 열고 맺어 돌아갈 것은 돌아가고, 거둘
것은 거두니, 만세 창업이 여기에서 비롯된다.

   삼신오제三神五帝[2]로 천신天神을 삼고, 삼성오제三聖五帝[3]로 지
신地神을 삼고, 삼사오가三師五家[4]로 인신人神을 삼고, 군웅軍雄[5]으
로 호국신護國神을 삼고, 산으로 산신山神을 삼고, 강으로 하백河伯
을 삼고, 바다로 용왕龍王을 삼고, 집터로 터주 신으로 삼고, 부엌
에 조왕신竈王神을 삼고, 마을에 백伯을 삼고, 밭에는 신간神竿을 삼
고, 나무에는 신목神木을 삼고, 집에는 성조成造를 삼고, 집안에서
는 조상祖上으로 신주神柱를 삼는다. 신神은 무한한 광명光明의 뒤
로 공로를 숨기고, 통하여 만 갈래로 나뉘어도 드러내지 않아 신
神을 흉내를 내도 통솔하지 못하는 바가 있고, 신神을 믿지 않아도
반드시 찾을 때가 있고, 신神의 덕德에 의지하게 되어 신神의 혜택
으로 세상에 나왔으니, 신神의 힘을 빌려 바르게 세운다. 허虛의 바
탕에 심어서 키우고, 부풀어서 살이 되고, 굳어서 뼈가 되고, 명命
이 되어 피가 되니, 실實이 모여 하나 되어 되돌아가도 삼신三神의
본本은 움직이질 않게 되어 하늘의 이치로 피어오르고, 땅의 이치

---

1) 오공덕五功德: 구제救濟, 적선積善, 치유治癒, 명교明敎, 활인活人.

2) 삼신오제三神五帝: 삼신三神: 천일天一, 지일地一, 태일太一. 오제五帝: 흑제黑帝, 적제赤帝, 청제靑
帝, 백제百帝, 황제黃帝.

3) 삼성오제三聖五帝: 삼황三聖: 한인桓仁, 한웅桓雄, 왕검王儉, 오제五帝: 태호太昊, 유인有仁, 신
농神農, 치우蚩尤, 부루扶婁.

4) 삼사오가三師五家: 삼사三師: 운사雲師, 우사雨師, 풍백風伯, 오가五家: 저가豬加, 양가羊加, 우
가牛加, 마가馬加, 구가狗加.

5) 군웅軍雄: 장군將軍으로 큰 산과 바다를 지킴, 죽어서도 호국신이 됨.

로 굳게 하고, 사람의 이치로 피워 올라 하늘의 해처럼 우러르고, 땅처럼 굳게 밝고, 천지간天地間에 우뚝 서서 마침내 하나로 돌아가 삼신일체三神一體가 된다.

삼성오제三聖五帝 또한 뭇 나라의 신神이 되니, 그 행적을 상고上考해보면 한인씨桓仁氏는 머리를 풀어 헤치고, 버드나무아래 정자에서 천하天下의 정사政事를 말없이 돌보고, 한웅씨桓雄氏는 띠풀을 이어 제의帝衣하고, 신시神市에서 교화敎化의 이치를 말없이 실천하면서 밝혔고, 유인씨有仁氏는 삼계三界를 나누어 만인萬人의 영령을 밝게 하였고, 왕검씨王儉氏는 삼한三韓으로 천부天符를 바로 세워 사람의 이치로써 어두운 자者까지 밝혔고, 청구씨靑丘氏는 선仙으로써 법을 만들어 관경管境을 지키게 하였고, 고시씨高矢氏는 농법農法과 전답田畓으로 항산恒産의 법을 세웠고, 치우씨蚩尤氏는 천하天下의 병기兵器와 병법兵法으로 사악邪惡을 제거하였고, 태호씨太皞氏는 팔괘八卦로써 천하天下의 이치를 밝혔고, 자부씨紫府氏는 천하天下의 이치로써 오행五行과 책력冊曆으로 밝혔고, 부루씨扶婁氏는 농법農法과 치산치수治山治水의 법으로써 업業을 키웠고, 불은 부소씨扶蘇氏가 맡고, 삼계三界는 유인씨有仁氏가 맡고, 의약醫藥은 신농씨神農氏가 맡고, 전쟁戰爭과 술법術法은 치우씨蚩尤氏가 맡고, 글은 혁덕씨赫德氏가 맡았다.

옛날 성왕聖王들을 부르기를 단제檀帝를 동쪽에 두어 동명천제東明天帝라 하고, 그 아래 신지선인神智仙人을 두었고, 서쪽에 치우병제蚩尤兵帝라 하고, 그 아래 팽우선인彭祐仙人을 두었고, 북쪽에는 한인명제桓因命帝라 하고, 그 아래에 지제선인祗提仙人을 두었고, 남쪽에는 태호법제太皞法帝를 두었고, 그 아래 조의선인皂衣仙人을 두었다. 수련修鍊에는 서쪽에는 땅굴을 파서 정진하고, 동쪽에 책을 두고 외우고, 북쪽에 남면南面하여 신神을 부르고 남쪽으로 북면北面하여 제물祭物을 둔다. 동원은 하늘의 대들보로 복덕福德내고, 광청光淸은 하늘의 지도리로 어지러운 것을 돌아오지 않게 하고, 만방은 하늘의 틀로 업業을 세워 멀리 보내고, 궁가는 하늘의 권세權勢로 구하는 바를 쉽게 하고, 사령은 하늘의 복福으로 업장業障을 없애고, 기생은 하늘의 안락으로 구하는 바를 궁하지 않게 하고, 파원은 하늘의 빛으로 수명壽命을 다하게 한다. 신궁神宮은 신神의 거처居處고, 종전宗全은 신神의 고금古今이고, 명리名利는 신神의 언적言跡이고, 신의神意는 현신顯身이고, 지방紙方은 신神의 신표信標고 제祭는 신神의 현물顯物이고, 초혼招魂은 신神의 강림降臨이고, 기원祈願은 신神의 바람이고, 예언豫言은 신神의 응답應答이고, 영대靈臺는 신神의 발판이고, 충효忠孝는 신神의 현顯이고, 제단祭壇은 신神의 강림 터고, 마당은 신神의 놀이터다. 의자義者는 튼실한 기둥을 짊어진 자者고, 근자勤者는 귀貴한 것을 가진 자者고, 복자福者는 굶지 않는 자者고, 선자善者는 씨앗을 가진 자者고, 정자貞者는 튼실한 열매를 가진 자者고, 정자正者는 삿된 것을 누르는 자者고, 복福 받은 자者는 뿌리가 튼실한 자者다.

깊이 생각하기에 애써 실천하고, 옛것을 곧게 쌓기에 새것으로 나누고, 삼가 공경하여 착한 바를 좇고, 옳은 말로써 명리名利를 실천하고, 의로움으로 맺힌 것을 풀고, 바른 것을 갖추어 흔들리는 것을 막고, 옳은 것을 맞추어 어지러운 것을 정리하고, 치유하여 모이면 상처를 아물게 한다. 천신天神이 정신精神을 낳았다하나 하늘에서 떨어지면 정신을 잃고, 지신地神이 몸을 길렀다하나 땅에 묻히면 몸이 성할 리가 없으니, 신神의 정수精髓는 천지지기天地之氣로 펼쳐나간다. 신神은 사람의 정신을 의심하지 않으나 사람은 신神을 의혹疑惑하고, 신神은 사람의 몸을 만들었으나 기르지는 않고, 신神은 보이지 않기에 기원하고, 신神은 기특奇特하게 여겨 갸륵한 정성을 기리니, 가혹하면 놓아버리고, 감당하지 못하면 끊어

버리고, 틈이 생기면 파고들고, 긴밀하면 떨어지지 않는다.

　삼신三神의 뜻을 이어 천부天符로써 제어하면 영역領域을 넘어와 약탈하는 바가 없게 하고, 하나의 희생으로 만萬이 근본으로 돌아갈 수 있다면 스스로를 태울 수 있고, 만萬을 버리고도 하나를 얻지 못하면 아까워하지 않고, 함부로 죽이는 것을 금禁하고, 강제로 빼앗는 바를 없게 한다. 삼륜구서三倫九誓[6]와 오훈팔금五訓八禁[7]은 옛 어른들이 남기신 신책神策이고, 칠요계해七曜癸亥[8]와 허실견백虛實堅白[9]은 옛 성현聖賢이 밝힌 명관明觀이고, 단제팔금檀帝八禁은 단제檀帝의 상제詳制이니, 끝없는 삼신三神의 광명光明은 사람의 의로운 바와 착한 바를 주고, 이를 데 없는 삼신三神의 은덕은 헤아릴 수 없는 은혜와 덕력德力으로써 희생犧牲과 믿음을 키운다. 삼신三神의 집은 머나먼 곳에 있다하나 끝없이 명命을 주고, 삼사三師는 삼극三極으로써 서로 돕게 하여 깨닫게 하고, 오가五家는 서로 회전한다 해도 한 자리로 모이게 하고, 크나 큰 영광은 사람의 명命을 이어 삼신三神이 원하는 바를 이룬다.

　오제五帝로 보좌補佐하여 드러냄은 오가五家가 하고, 명命을 맡는 것은 칠성七星이고, 오기五氣[10]를 바르게 하여 선악善惡으로 크게

---

6) 삼륜구서三倫九誓: 삼륜三倫: 의선義善, 예의禮儀, 도리道理, 구서九誓: 효자순례孝慈順禮, 우목인서友睦仁恕, 신실성근信實誠勤, 충의기절忠義氣節, 손양공근遜讓恭謹, 명지달견明知達見, 용담무협勇膽武俠, 염직결청廉直潔淸, 정의공리正義公理.

7) 오훈팔금五訓八禁: 오훈五訓: 성신불위誠信不僞, 경근불태敬謹不怠, 효순불위孝順不違, 염의불음廉義不淫, 겸화불투謙和不鬪. 팔금八禁: 살인보사殺人報死, 상인속곡傷人贖穀, 도절노비盜竊奴婢, 소도훼수蘇塗毀囚, 무례복군无禮服軍, 미근부역微勤賦役, 요음태치妖淫笞治, 사계자숙詐戒自肅.

8) 칠요계해七曜癸亥: 칠요七曜: 일日, 월月, 수水, 화火, 목木, 토土, 계해癸亥: 갑자甲子가운데 하나.

9) 허실견백虛實堅白: 허실虛實: 허虛와 실實, 견백堅白: 기氣가 뭉쳐 조밀稠密한 것과 기氣가 흩어진 것.

10) 오기五氣: 북방北方 태수太水, 동방東方 태목太木, 남방南方 태화太火, 서방西方 태금太金, 중방中方 태토太土.

길吉하고, 상서祥瑞를 드러나게 하고, 크나큰 광명光明으로 명命을 밝히고, 크게 안정되는 바를 식생食生으로 비롯하고, 형벌이 되는 바를 경계하고, 힘을 키워 이로움을 얻게 하고, 병病을 다스려 즐거움을 얻는다. 때의 이로움을 얻으면 승평升平해질 수 있고, 곳의 이로움을 얻어 광복廣福해질 수 있고, 화합和合의 이로움을 얻으면 광명光明해질 수 있다. 신神은 천지天地에 골고루 복福을 내리고, 땅이 명암明暗이 있어 싣는 덕德이 다르고, 신神은 공평公平만으로도 만년萬年의 추앙을 받을 수 있고, 땅은 그 덕만으로도 안을 수 있고, 만년의 천지天地는 조화調和하기에 만인萬人이 바르게 될 때까지 기다리고, 알아주지 않는다하여 서운해 하지 않고, 모른다하여 서글퍼하지 않으니, 그 싣는 바는 명리名利가 있는 것도 아니어서 대가를 바라지 않는 하나의 이것으로 무한無限의 광명光明으로 삼게 된다.

조화造化로써 씨를 뿌리고, 교화敎化로써 이를 키우고, 치화治化로써 거두어 저장한다. 풍백風伯은 거울을 매고 나아가고, 우사雨師는 북을 치며 돌아가며 춤추고, 운사雲師는 검劍을 들고 호위하여 삼신고제三神古祭에서 서원誓願하니, 그 은덕과 포용을 감사하게 여기게 되고, 조상祖上으로 말미암아 이 땅에 온 것을 감사를 올린다. 성인聖人이 나오는 바는 한사람으로 하여금 만인을 깨우치게 하고, 천군天君인 한사람을 세워 천신天神에게 제祭를 지내게 하고, 왕검王儉인 한사람으로 단제檀帝를 내세워서 삼신三神을 수호하고, 한인桓仁인 한사람으로 천신天神의 의로운 바를 세우고, 한웅桓雄인 한사람으로 지신地神을 땅에서 일깨우고, 감군監君인 한사람으로 백성으로 하여금 그릇된 길을 가지 않게 하고, 천웅天雄인 한사람으로 관경管境을 바르게 세우고, 명군明君인 한사람으로 땅을 지켜내면 삼신三神의 나라는 올바로 선다. 명인明人이 나오는 바는 십인十人으로 하여금 만인萬人을 밝은 길로 인도하고, 현자賢者가 나오는 바는 백인百人으로 하여금 만인이 어지러워지는 것을 막고,

의인義人이 나오는 바는 천인이 의로운 바를 수호하게 하고, 한 사람의 큰 부자가 나오는 바는 한 사람으로 하여금 만인이 골고루 먹고 살게 한다.

안파견安巴堅은 하늘을 이었으니, 아버지가 되어 하늘과 땅이 굳게 올곧게 지켜내고, 한인桓仁들로 하여금 하늘을 계승하게 하여 만물의 근원을 밝히고, 커발한은 땅을 계승하여 참됨을 세워 한웅桓雄들로 하여금 천부天符를 봉수奉受하게 하였다. 치우蚩尤는 사람의 정사正邪를 구분하게 하여 구한九桓들로 하여금 의義를 계승하게 하여 바로 세우고, 왕검王儉은 천지天地를 계승하여 단제檀帝들로 하여금 사물을 밝게 일깨워 가르치자 이로써 삼한三韓이 한데 모인다. 일신一神은 천부天符를 어긋나지 않도록 부지런하게 하고, 지신地神은 지부地符에 게으름이 없어야 드러나게 하고, 인신人神은 인부人符에 때와 곳이 어긋나지 않게 부지런하게 하니, 무릇 큰 서원誓願으로 복福을 빌고, 금禁하여 흉凶하게 물들지 않게 하고, 큰 기도로 신神에게 원복피흉願福避凶을 빌도록 모이게 하고, 모이도록 하여 답을 기다리게 한다.

홍망興亡은 내분內紛으로 갈라지는 지도리가 되니, 흉凶은 힘을 합쳐야 넘을 수 있고, 서두르다 쓰러지면 떨쳐 일어나야 하고, 지키고도 덕이 없으면 이룰 수 없고, 끝까지 믿지 않으면 공功을 이룰 수 없고, 착한 것이 없으면 부끄러운 것이 없어지고 정성이 없으면 이루려는 마음이 적어지고, 갈 길을 잃으면 두리번거리고, 바른 것이 없으면 신神이 돕지 않고, 곧은 것이 없으면 신神이 뒤틀리게 하고, 게으른 것이 있으면 신神은 모으는 바를 줄인다. 본기本紀[11]에 이르기를, '삼신三神은 생명生命이 다함을 주관하고, 빛과 열熱로써

---

11) 본기本紀 : 삼신오제본기三神五帝本紀: 이맥李貊이 저술한 태백일사太白逸史의 한 편.

생겨나게 하고, 낳아 기르고, 숙성하여 잘라내고, 조화調和하여 거둔다'고 하였으니, 삶은 늘 윤택하도록 해야 하는 것이다. 무릇 스스로의 길을 버리면 즐거움이 적어지고, 속임이 많으면 더 크게 속여야 하고, 묻기가 많으면 의심이 많아지고, 밝히기가 어려우면 어두운 것이 많아지고, 깨우치기 어려우면 올곧음이 줄어들고, 보살피지 않으면 가지만 무성할 뿐이고, 천지天地가 돕지 않으면 결실이 줄어들고, 뿌리가 튼실하지 않으면 열매는 알차지 않고, 빨리 피는 꽃은 빨리 진다.

삼가 삼신三神을 섬기는 바는 한잔의 정화수井華水면 족하고, 작은 공물供物로도 신神은 기뻐하고, 간절하게 그리워하면 신神 또한 기뻐한다. 더 큰 복福과 소망이 이루어짐은 가르침과는 사뭇 달라 종전宗全으로 신神과 같다고 여길 수는 없고, 명리名利로 천하다고 하질 못하니, 희생으로 조화造化하는 것에 보답하게 하고, 바르게 배움과 올바른 가르침은 교화敎化하게 하여 보답하고, 사람으로서 믿고 따르는 바는 치화治化로써 보답하게 하니, 세상에 나온 것만으로도 즐거이 여긴다. 품어서 가르치니, 작게는 스스로의 명命을 알게 되고, 크게는 천하天下에 화기和氣를 가득 품게 되어 문무文武가 서로 융합融合하고, 내적內賊을 없애 머리끝부터 발끝까지 서로 등지지 않고, 반목하지 않게 하여 분열하지 않게 되고, 도적이 숨어서 활을 쏘지 못하게 하고, 흉포한 무리들이 약자를 능멸凌蔑하지 않고, 부자富者가 빈자貧者에게 마땅히 베풀고, 빈자貧者가 부자富者를 위해 헌신하면 신神은 반드시 이를 돕게 된다.

꽁무니를 따라가는 자者는 달린 핑계를 대고, 지탱하지 못하면서 까닭마저도 쇠약해진다. 선동하는 자者가 사욕私慾을 감추고, 민심을 사는 척하다가 백성의 뜻이라 우겨대고, 무리를 모아 게으른 것을 방치하고, 검약이 없으면 부끄러움을 모르게 하고, 경계하지 않으면 헛된 것만 안다. 무릇 풍속風俗을 넘치게 하는 자者는 신神을 우습게 여기고, 신神을 팔아 사익私益을 얻으려 하고, 허명虛名을 얻으려하면 하늘의 징벌이 기다리고, 먹을거리로 명리名利만을 노리면 땅의 죄를 짓게 되고, 명리名利를 얻으려고 어린아이를 앞세우면 하늘의 벌을 쌓아 키우게 된다. 신神은 재주를 주었다하나 한 가지는 모자라게 주고, 불행하다고 해도 한가지의 행운은 빠뜨리지 않았으니, 지표地標는 땅의 가늠쇠가 되고, 표의標宜는 하늘의 가늠자로 길吉한 것은 상서祥瑞가 따르고, 흉액凶하면 징험徵驗마저 없고, 검약하면 적산積産이 드러나고, 음일淫佚하면 괴이怪物이 나타나고, 괴이怪異한 것으로 의심을 사려하고, 이적異蹟만을 믿게 하려고만 한다.

성聖스러운 교화敎化는 만인의 명리名利가 되고, 당당한 성속聖俗은 만대萬代에 걸쳐 끊이질 않고, 신神에게 정성을 다하면 큰 복福이 이루어지고, 보이지 않아도 큰 덕을 외면外面할 수 없고, 들리지 않아도 큰 힘이 이끌고, 애써 등을 돌려도 품으로 돌아오고, 때리려는 힘과 뽐내는 재주는 오래 가지 않음을 안다. 아이에게 칼을 쥐어주고 마음을 놓을 수 없는 것은 착한것이 있기 때문이고, 물가의 어린아이를 지나 칠 수가 없음은 의義가 있기 때문이니, 장차 의혹이 있으면 예비하는 것이 있고, 지키지 못하면 쥐어주지 못하고, 쓸 줄 모르면 물려주지 못하고, 바른 것이 없으면 곧게 안겨주지 못하고, 착하지 않으면 손을 뿌리친다. 숭배崇拜가 지나치면 신神이 등을 돌리고, 교敎가 해이해지면 재물로 척도尺度를 삼고, 형식에만 치우치면 미신迷信으로 돌아가고, 종전宗全으로 흩날리면 갈곳이 없고, 경經이 지나치면 말만 많아지고, 전典이 나부끼면 닦는 것이 어수선해지고, 기강紀綱이 흐트러지면 버릇이 나빠지고, 대비가 적으면 환란이 많아지고, 게으르면 궁핍窮乏이 늘어나고, 평안이 오래되면 위태로움을 모르고, 즐겁기만 하면 슬픔을 잊는다.

검약하면 삼신三神이 복福을 내리고, 한 가닥의 실과 한 톨의 쌀알도 나에게 돌아오는 것이 어렵다는 것을 알면 큰 은덕으로 감사하게 여기게 되어 신神의 명命을 받은 생명生命의 귀중한 것을 알게 한다. 신神을 바르게 따르는 자者는 길을 벗어나지 않고, 신神이 마땅한 길을 버리지 않고, 사람 또한 마땅한 길을 버리지 않는다면 신神이 바른 길을 인도하고, 사람 또한 가리키는 바를 의심하지 않게 되니, 신神의 우월을 좇게 되면 핍박하게 된다. 신神이 없으면 주인이 없고, 몸체가 없으면 그릇이 없어지고, 마음에 없으면 집착하게 되고, 몸에 없으면 받아들이지 않고, 불초不肖하면 황망荒亡해지고, 영대靈臺에 중추中樞가 없으면 희미해지고, 정신에 하나 됨이 없으면 갈라지고, 본本을 받는 바가 적으면 오래가지 못하고, 이치를 따라 가지 않으면 받을 것이 없고, 심신心身이 들뜨면 행幸이 적어진다.

기질氣質이 삐뚤면 신神이 돕지 않고, 성정性情이 어긋나면 신神이 완악頑惡하게 하고, 음란淫亂하면 신神이 품성稟性을 어지럽히지 않고, 속이기 좋아하면 신神이 거짓의 죄를 키우고, 간악奸惡하면 신神은 한꺼번에 무너뜨리고, 유혹이 많으면 신神이 지켜주지 못하고, 경계하는 바가 적으면 신액神厄이 갑자기 몰려들고, 허실虛實이 불분명하면 신神이 현묘玄妙를 드러내지 않고, 가감加減이 어려우면 신神이 공평公平을 주지 않고, 사치奢侈하면 신神은 곤궁困窮을 잊지 않게 하고, 영재英才를 키우지 않으면 신神이 재목을 키워주지 않고, 전쟁이 잊히면 신神이 적敵을 돕고, 전쟁을 좋아하면 신神이 지도록 하고, 문무文武가 서로 다투면 신神이 칼자루와 붓을 부러뜨리고, 배우지 않으면 신神이 참는 것을 거두어들이고, 깨닫지 못하는 자者에게는 신神이 고난을 주고, 기다리지 않는 자者에게는 신神이 때를 주지 않고, 올바르게 따라가지 않는 자者에게는 신神이 곳을 주지 않는다.

천신天神은 하늘의 해로 천추天樞로 삼고, 지신地神은 땅을 달로 지표地標를 삼고, 인신人神은 밝음으로 추표樞標를 삼는다. 천기天氣가 역逆하면 그 백성은 외로우면서도 다툼이 심해지고, 지기地氣가 역하면 시비是非가 많아 화합和合하지 않고, 인기人氣가 역하면 잔인하면서 스스로 얽맨다. 신神의 기氣가 천지天地에 가득해지면 연적然跡의 이치에 따라 흐르게 되니, 거스르면 급해지고, 해이하면 겁을 먹고, 경계하지 않으면 허둥댄다. 잘못이 적어지면 절차가 순조로워지고, 넘어져도 일어나는 것은 스스로 믿기 때문이고, 찾는 것이 적어지면 곤란이 적어지는 까닭이니, 세력이 있으면 위용威容이 생기고, 순서가 있으면 잊는 것이 적어진다.

고시씨高矢氏의 은덕은 먹을거리로 으뜸 삼는다. 무릇 삼신오제三神五帝로써 조화造化의 도道를 세우고, 삼성오제三聖五帝로써 교화教化의 도道를 세우고, 삼사오가三師五家로써 치화治化의 도道를 세우니, 성聖이 있어서 훈訓이 있고, 현賢이 있어서 계戒가 있고, 명明이 있어서 금禁하는 바가 있고, 지智가 있어서 삼가는 것에서 생기고, 책무責務가 무거우면 두려움이 있고, 두려움은 지키는 바가 있어서 즐거움이 따르고, 즐거움은 테두리가 있어 관경管境으로 이어져 신神이 돕는 바가 생겨 검약儉約의 여분餘分으로 나눠주고, 섬김에는 청결하게 기리고, 십익十益[12]으로 즐거움을 삼고, 십손十損[13]

---

12) 십익十益: 신神의 몫과 사람의 몫을 구분하는 것, 모든 잘못된 바를 신神에게 귀속歸屬시키지 않는 것, 공물供物로 가산을 탕진하지 않는 것, 신神의 언적言跡이라고 핑계대어 구속하지 않는 것, 삼재三才를 구분하지 않는 것, 신神을 경외敬畏하는 만큼 사람도 존중하는 것, 근면하면서 청결한 것, 정성스러우면서 소박素朴한 것, 종론宗論이 다르다고 다투지 않는 것, 신神의 이름을 팔아 사사로움을 채우지 않는 것.

13) 십손十損: 장사꾼의 논리로 풍습風習을 바꾸려는 것, 공적功績만을 위하여 어린아이를 앞세우는 것, 귀책鬼責삼아 사사로이 공파를 세우는 것, 빈궁하고 고통 받는 자者를 내몰아 세우는 것, 스스로 신神과 같다고 여기는 것, 사사로움을 숨겨 명리名利에만 치우치는 것, 치유를 이적異蹟으로 현혹하는 것, 경험이 부족한 자者를 선동하는 것, 종전宗典과 신령神靈으로 두려움을 주는 것, 스스로만 착하면서 의로운 체하여 현혹眩惑하는 것.

으로 거울삼는다. 신神은 종사宗師로써 본本을 삼지 않고, 헌물獻物로써 믿음을 삼지 않고, 종전宗全으로 행幸을 삼지 않고, 선악善惡으로 장단長短을 가늠하지 않고, 궤사詭辭로 법을 삼지 않고, 술법術法으로 세인世人을 욕되지 않게 하고, 명리名利로써 세勢를 삼지 않는다.

　존망存亡은 신神의 가호加護고, 의식衣食은 신神의 상정常情이고, 무사無事는 신神의 베풂이니, 허虛는 실實을 늘이지 않고, 실實은 허虛를 줄이지 않는다. 명리名利는 신神을 기쁘게 하기 위한 말이 아니요, 종전宗全은 신神이 만들지 않았다. 세상에 태어나 삼신三神을 잊지 않아도 책무責務를 다하면 삼신三神이 즐거워하고, 하는 일에 의로움과 착함이 있으면 삼신三神이 지켜 주고, 죽으면서 부끄러움과 아쉬움이 없으면 삼신三神 또한 능히 받아들인다. 산을 깎고, 길을 닦으며, 다리를 놓는 바는 사람을 위한 것이지 천지天地를 위한 것이 아니요, 하늘이 비와 바람과 눈을 퍼붓는 바는 만물을 위한 것이지 사람만을 위한 것이 아니요, 구슬을 깎고, 수레를 치장하고, 쇠를 녹이고, 집을 크게 짓는 바는 사람의 즐거움을 위한 것이지 천지天地의 일이 아니요, 글을 쓰고, 그림을 그리며, 생각을 깊게 하는 바는 마음을 위한 것이지 몸을 위한 것이 아니다.

　허실虛實로써 무리 짓지 않으며, 지혜로써 덕德을 삼지 않으며, 재물로써 복福을 삼지 않는다. 뼈대가 없는 산은 쉽게 무너지고, 짜지 않은 물은 쉽게 마르고, 뿌리가 얕은 나무는 쉽게 넘어지고, 단단하지 않은 쇠는 쉽게 닳고, 뜨겁지 않은 불은 쉬이 꺼지게 되니, 지혜가 없는 자者는 쉽게 드러난다. 흙탕물에 섞인듯해도 진위眞僞가 있으면 구제가 되고, 끝을 흐리지 않으면 정사正邪가 가려지고, 무한한 밝음이 있으면 어두워지지 않게 하고, 무진無盡의 따뜻함이 있으면 만물의 명命을 유지하고, 신神을 온전히 의지하면 나라의 근간根幹이 흔들리지 않고, 지켜주는 것이 있게 되어 기울어 지기가 어려우니, 천리天理에 순응하면 신神이 바라는 대로 가고, 영대靈臺를 크게 열면 신神의 가호加護가 있게 되고, 신神의 허실虛實로 생사生死를 경계警戒하면 헛되이 하지 않고, 명命이 있는데도 끊지 않는다.

무릇 조선朝鮮의 법에는 흩어져 살되, 모이면 큰 뜻을 함께 열고, 어지러운 일에는 힘을 모아 정결하게 하고, 백성들의 삶을 피폐疲弊하지 않게 하고, 쓸모없는 부역賦役으로 괴롭히는 일이 없었고, 산을 더럽히거나 바를 함부로 베지 않고 하늘의 일을 원망하거나, 땅의 일을 저주詛呪하지 않고, 미물이라도 함부로 죽이지 않고, 군사軍事를 일으켜 살상殺傷하지 않고, 스스로를 바로 세워 욕되지 않게 하고, 땅을 침범하여 빼앗지 않는다. 삼신三神을 수호守護하는 자者를 삼랑三郎이라 하고, 멀리 전하는 자者를 원랑遠郎이라 하고, 업業을 지키는 자者를 업랑業郎이라 하고, 무리를 모아 공功을 이루는 자者를 백백伯이라 한다. 신시神市는 모여듦으로 시市를 삼고, 나라 안의 뭉친 것을 풀게 하였으니, 천부天符는 삼신三神의 현신顯身이고, 지부地符는 삼신三神의 생육生育이고, 인부人符는 삼신三神의 명찰明察로 부모를 온전히 공경하면 신神이 즐거워하고, 처자를 잘 보호하면서 양육하면 신神이 길을 열어주고, 형제를 사랑하면 신神이 다툼을 없애주고, 장로長老를 존중하면 신神이 화평和平하게 하고, 약자에게 베풀면 신神이 화액禍厄을 제거해주고, 뭇 백성이 온전히 믿으면 신神이 벗어나지 않게 한다.

삼신三神은 온 누리를 주관하고도 마땅한 뭇 신神으로써 만물을 맡게 하였고, 삼신三神이 현신顯身하여 밝힌 바가 오제五帝가 되고, 오가五家는 오제五帝의 오령五靈이 된다. 하늘은 천신天神이 맡고 땅은 지신地神이 맡고, 사람은 인신人神이 맡고, 사람의 행동에는

간지干支의 신神이 맡고, 죽을 때는 사자使者가 맡고, 산은 산신山神
이 맡고, 바다는 용왕龍王이 맡고, 땅위는 천하대장군天下大將軍이
맡고, 땅 속은 지하여장군地下女將軍이 맡고, 삼사三師는 나라의 안
을 다스림을 맡고, 오가五家는 나라의 오방五方[14)]을 지킴을 맡고,
북두신北斗神은 명命을 맡고, 팔성신八聖神[15)]은 삼한三韓의 땅을 지
키고, 바다에는 용왕龍王이 있고, 강은 하백河伯이 맡고, 하백녀河伯
女는 잠업蠶業을 맡고, 터주신은 터를 지키고, 성주城主는 대들보를
지킴을 맡는다.

한웅桓雄은 천군天君이고, 단군檀君은 감군監君이니, 관경管境의
우두머리가 되고, 뭇 무리의 앞으로 나서서 만인을 이롭게 하였으
니, 천신天神은 이로써 하늘을 열고, 지신地神으로써 밝은 땅에 펼
쳐 구한九桓을 널리 퍼져 살게 하여 밝은 곳은 단檀이 되고, 삼한三
韓은 관경管境으로써 터전 삼아 제 역할을 다하게 하고, 한桓은 굳
세고 한韓은 크게 보위保衛한다. 허실虛實로써 그 뜻을 잡아 다스리
고, 스스로 온전히 하여 참되게 이루게 되니, 명命을 알면 착한 것
이 보이고, 수壽를 알면 흐르는 것을 볼 수 있고, 밝음을 알면 지키
게 되고, 미美를 알면 꾸밀 수 있고, 정正을 알면 바로 세울 수 있고,
삼가는 것을 알면 실천할 수 있는 것을 알고, 부끄러운 것을 알면
금禁하는 것을 알고, 의義를 알면 허물을 알 수 있고, 인仁을 알면
산을 두려워하고, 지智를 알면 파도를 찾고, 근본을 알면 삶을 숭
상崇尚하고, 신神을 바로 알면 이치에 다다르고, 간절하면 마땅하
게 이룰 수 있다.

---

14) 오방五方: 북두신北斗神 명命, 남두南斗神은 수壽, 서두신西斗神 복福, 동두신東斗神 귀貴, 중앙
   신中央神 화和.

15) 팔성신八聖神: 한인桓仁, 유인有仁, 한웅桓雄, 태호太昊, 신농神農, 치우蚩尤, 왕검王儉, 부루扶
   婁.

신神의 힘을 받들면 신의神意를 듣게 되고, 일육지도一六之道를 알면 종시終始를 알게 되고, 삼칠지도三七之道를 알면 천업天業을 이룰 수 있고, 이팔지도二八之道를 알면 지업地業을 알 수 있고, 삼구지도三九之道를 알면 인업人業을 이룰 수 있다. 삼신三神은 현묘玄妙한 곳에 있으면서 되는 것으로 만물을 창생蒼生하게 하고, 하늘은 높은 곳에 있으면서 마땅한 것으로 삼계三界를 아우르고, 땅은 낮은 곳에 있으면서 되는 것으로 밝은 곳을 드러내고, 사람은 가운데 있으면서 되는 것으로 자손만대子孫萬代에 귀貴를 얻게 되고, 신묘神妙한 것은 성聖스러운 것으로 이어지고, 신神에게서 본本을 찾으면 상서祥瑞가 끊이질 않고, 신인神人으로 하여금 할 일을 대신하게 한다.

신神은 사람이 이루고자 하는 일에 관여하지 않으나 간절하면 돕는 바가 있고, 이루고난 뒤에는 때를 알고, 지난 뒤에야 기회가 있었음을 알게 되고, 바람의 안타까움이 있어야 풍백風伯의 삼감을 알게 되고, 비의 두려운 것이 있어야 우사雨師의 번복飜覆을 알게 되고, 구름의 징조徵兆를 알아야 운사雲師가 다가올 것을 예비하게 되고, 벌레의 번성을 알면 해를 알게 되고, 종자種子의 충실을 알아야 뿌리를 알게 되고, 뿌리의 깊이를 알아야 재목材木의 쓰임을 알게 되고, 잎이 무성하면 가을이 다가올 것을 알게 되고, 해가 뜨거우면 그늘의 유용한 것을 알게 된다. 신神이 치유의 능력을 주었다 해도 치부致富의 수단이 아니요, 재주를 주었다 해도 골고루 준 것은 아니요, 음악의 능력을 주었다 해도 온전한 소리를 주지는 않고, 예지豫知의 능력을 주었다 해도 사사로움을 준 것은 아니요, 글을 쓴다 해도 부유하게 해주지는 않고, 믿음을 주었다 해도 종사宗師에게 주지 않았고, 농부에게 부지런함을 주었다 해도 모든 일에 능하지는 않다.

우주에는 삼신三神이 본本이고, 오방五方에는 오제五帝가 본本이고, 낮에는 해가 본本이고, 밤에는 북두北斗가 본本이고, 사두四斗에는 북두칠성北斗七星이 본本이고, 사람에게는 몸과 마음이 본本이고, 신시神市에는 신단수神檀樹가 본本이고, 소도蘇塗는 웅상雄常이 본本이고, 서낭에는 돌무덤이 본本이고, 마을에는 솟대가 본本이고, 어귀에는 서낭이 본本이다. 신神이 무한한 광명을 뒤에 숨긴 뜻은 천신天神을 길이 지켜 나가는 밝은 정성이 아니면 섬기질 못하고, 단단한 것이 아니면 처하지 않고, 밝은 땅이 아니면 있지 않고, 정성이 아니면 깃들지 않고, 길을 닦고 다리를 놓는 공덕이 아니면 건너가지 못하고, 먹이는 반명飯命이 아니면 먼 길을 가지 못하고, 안락한 집이 아니면 잠을 이루지 못하게 하고, 맞는 옷이 아니면 서한暑寒에 맞지 않고, 편안한 신발이 아니면 먼 길을 가질 못하니, 나부끼는 덕은 깃대에 깃들게 하고, 책력冊曆으로 사람의 때를 잊지 않게 하고, 원한을 풀어 마음의 병을 낳게 하고, 부정과 미움으로 도려내어 세 번 빌어 온전해지기를 바라고, 일곱 번 삼가게 하여 바른 길을 바란다.

무릇 신神은 신神의 길을 걷고, 사람은 사람의 길을 걸어야 하니, 바른 삶은 살아가는 까닭을 알게 하고, 곧바른 생각은 다다른 바를 알게 하니 허실虛實[16]은 시작은 없으면서 하나에서 시작되고, 끝없는 만萬까지 갈라졌다가 다시 하나로 돌아가고, 선천先天은 시작이 없고, 후천後天은 끝이 없다. 신神의 뜻을 알려 영대靈臺를 놓아두고, 영상靈爽으로써 키워 영정靈精으로 만 가지를 안다. 부지런하게 하여 모으지 않는 것이 없게 하고, 희생으로 자라나지 않는 것이 없고, 청아淸雅하여 더러운 것을 싫어하고, 변화하여 움직이지 않는 것이 없고, 가지 않아도 지혜가 있게 하고, 발이 튼튼하여

---

16) 허실虛實: 허虛: 길吉, 복福, 복卜, 실實: 화禍, 재災, 점占.

가지 않는 곳이 없고, 뿔이 내세우지 못할 것이 없고, 재주로 만들지 못하는 것이 없고, 많다고 업신여기는 것이 없게 하고, 의로워 돕지 못하는 것이 없게 하고, 두터워서 받아들이지 않는 것이 없게 한다.

천신天神을 위해 널리 이롭게 하여 높이고, 스스로를 거스르지 않게 하여 천신天神을 거스르지 않는다. 산천山川은 극히 존중하고, 거짓과 망녕妄靈이 사라지게 하여 서로 기쁘게 돕고, 믿음으로써 뭉치게 하고, 서로 도와 책임을 나눈다. 무릇 복리福利를 함께 누리는 바는 천신天神으로 하여금 성통광명性通光明하게 하고, 지신地神으로 하여금 홍익인간弘益人間을 하게하고, 인신人神으로 하여금 재세이화在世理化의 덕이 아니겠는가! 삼극三極하기에 일신一神하고, 하나로써 열로 벌려도 셋으로 돌아가 천궁天宮으로 집을 삼고, 자손子孫으로 씨알을 삼고, 계係를 두어 바르게 잇게 하고, 통統으로 옳은 바를 구하게 하여 광명光明으로 온전해지고, 복리福利로써 신神에게 정성을 다하고, 길명吉命으로 기원祈願하면 만인萬人이 천지天地의 이치를 벼리 삼아 하나로 돌아든다.

國泰民安

평안할 때 위태로움을 잊지 말고,
즐거울 때 슬픈 것을 잊지 말며,
사람이 먼 훗날의 예비 된 것이 없으면
반드시 가까운 시일 안에 근심이 있으리니,
예비가 없으면 곤핍困乏이 있다.
한 그릇의 죽과 한 그릇의 밥도
마땅히 오는 것이 쉽지 않음을 생각하고,
한 가닥의 실과 한 톨의 곡식이라도 물력物力의 가난을 생각하여
근검과 절약은 나라가 부유해지는 대본大本이니,
나와 군신君臣과 백성이 일치하여 힘써 실천하라.

屹達檀帝　檀奇古史

25. 변폐론 辯幣論

스스로 옳은 바를 말하면 변辯이 되고, 사사로이 옳다는 평계를 대면 폐幣가 된다. 변辯은 정사正邪의 의절義節이 본本이 되고, 폐幣는 언행言行의 동이同異가 본本이 되고, 변폐辯幣는 장단長短의 저울이 된다. 삼신오제三神五帝는 사사로움이 없고, 삼성오제三聖五帝는 보답報答을 바라지 않고, 삼사오가三師五家는 책무責務에 게으르지 않았다. 구성지九聖地[1]는 천지天地의 뜻을 거스르지 않고, 칠현七賢[2]은 사사로이 문명文明하다 하지 않는다. 옛날 삼화三化[3]로 삼순三純[4]의 본本을 삼았으니, 삼성오제三聖五帝가 남긴 바는 집밖에서는 의리가 있고, 나라에 충성하고, 안으로는 부모를 공경하고, 형제兄弟를 사랑하고, 장로長老를 공경하고, 노약자에게 베푼다.

뭇 백성들이 서로 믿는 것은 우리 한단桓檀의 진리가 되었다. 때와 곳에 따라 사해四海의 자者들이 몰려들어 배우고 난 뒤에 의론懿論을 만들고, 변설辯說을 만들어 스스로를 밝게 한다. 삼신三神이

---

1) 구성지九聖地: 청진지淸眞地, 미능지美能地, 귀일지歸一地, 화식지貨食地, 전의지轉宜地, 치유지治癒地, 신명지神明地, 은현지隱顯地, 공완지功完地.

2) 칠현七賢: 자부紫府, 유호有戶, 유위자有爲子, 발리發理, 을밀乙密, 석자장石子杖, 을파소乙巴素.

3) 삼화三化: 조화造化, 교화敎化, 치화治化.

4) 삼순三順: 순수純粹, 순정純情, 순박淳朴.

처음 우주宇宙를 만들고, 오제五帝에게 명命을 내려 오방五方을 맡겨 사람을 온전히 하고자 하는 마음으로 드높은 하늘은 높디높아 조화造化하기 끝이 없고, 드넓은 땅은 넓디넓어 교화敎化하지 못하고 드높고 드넓은 사람을 치화治化하려해도 몸은 드높고, 넋은 끝이 없다. 삼신三神을 수호守護하고, 멀리 전하는 바로 한인桓仁이 오훈五訓을 만들어 조화造化로 삼고, 한웅桓雄이 오사五事로써 인간사人間事를 삼백육십三百六十의 이치로 교화敎化하고, 조선朝鮮은 오행육정五行六政5)으로 치화治化하고, 부여夫餘는 구서팔금九誓八禁으로써 만인을 이끌고 삼한三韓은 오계五戒로써 옛 조선朝鮮의 법도法道를 이었다. 이로써 만물을 만들어 이름하고, 사람으로 하여금 거스르지 않게 하고, 이치에 맞추어 편안히 살도록 하고, 삼성오제三聖五帝가 차례로 나와 삼신오제三神五帝의 종손宗孫으로 선택되어 밝은 땅에 살게 하였고, 하늘의 이치를 크게 밝히고, 밝은 땅으로써 사람이 살아가는 법도法道를 세워 사해四海의 모든 자者들이 몰려들어 기꺼이 따르고 배워 먼 곳일지라도 애쓰는 수고를 마다하지 않았으니, 큰 벼리는 큰 바탕이 되고, 말이 없으면서도 마음이 전해지고, 바른 법이 되어 깨끗해지고, 밝은 행동은 만년이 지나도 변하지 않아 더러워도 누그러지지 않고, 꺾여도 줄어들지 않고, 잠겨도 우그러지지 않는다.

한인씨桓仁氏가 조음調音으로 조화造化할 때에 사람은 형상形象이 다 갖춰져 있지 않았고, 유인씨有仁氏가 경계境界를 나눌 때 신神과 사람이 마구 섞여 있었고, 한웅씨桓雄氏가 교화敎化할 때에는 사람의 마음이 배움이 없어 밝지 않았고, 태호씨太昊氏가 역易을 만들 때에 사람이 아직 명命을 몰랐고, 치우씨蚩尤氏가 헌원軒轅을 벌伐할 때 의로운 마음과 삿된 마음이 섞여 있었고, 왕검씨王儉氏가 치

5) 오행육정五行六政: 오행五行: 수水, 화火, 목木, 금金, 토土. 육정六政: 오훈五訓, 오사五事, 삼륜三倫, 오계五戒, 오행五行, 구서九誓.

화治化할 때 일정한 마음이 없었고, 부루씨扶婁氏가 치수治水할 때 산수山水를 다스릴 줄 몰랐고, 색불루단제索弗婁檀帝가 팔금八禁할 때 천하天下는 법을 몰랐다. 신神은 무한한 밝음으로 만인을 밝게 하고, 성인聖人은 그 밝음으로 만인을 깨우치게 하고, 사람은 밝음으로 깨우쳐 만물과 함께 명命을 잇게 하고, 바른 말을 들어 실천하게 되어 내일의 일이 곧아진다. 한인桓仁께서 하는 일이 없어도 조화造化를 이루었고, 한웅桓雄께서는 말이 없어도 저잘로 교화敎化를 이루어 냈고, 단제檀帝는 조화造化와 교화敎化만으로 치화治化하여 둥근 세상을 만들었다.

세월이 흘러 사람들이 순박淳朴해도 말이 없으면 만들지 못하게 되고, 글이 아니면 전하지 못하게 되었으니, 말과 글이 아니면 가르치고, 배우지 않게 되어 일언일구一言一句와 일인일구一人一口와 일산일읍一山一邑과 일천일국一川一國으로 바탕삼아 복잡다단複雜多端한 말과 서로 다른 글과 풍습風習이 여기에서 비롯되었다. 성제聖帝의 유훈遺訓에는 사사로이 다투지 말고, 함부로 죽이거나 상傷하게 하지 말고, 훔치지 말고, 간음奸淫하지 말고, 빼앗지 말고, 나가서는 충성忠誠하고, 집에서는 효도孝道하고, 어른과 어린아이를 보호하고, 맡은 전쟁터에서는 용맹하여 물러섬이 없고, 서로 공경하여 믿으며 겸손하고, 부끄러움을 알아 음란하지 않으며, 일을 충실히 하여 책임을 다함에 게으르지 않아야 하니, 이 큰 바탕에 세상의 일을 모두 담는다.

하늘이 드높다 해도 모두 싣지는 않고, 땅은 드넓다 해도 모두 덮지는 않으니, 허실虛實이 위대하다 해도 나누어 기르지 않고, 더하여 차별差別하지 않아 온전함을 이루게 되니, 옛 성인聖人이 스스로 밝힌 뒤로는 백성은 밝아졌고 말을 하지 않으나 순수純粹한 마음을 전하여 스스로 교화敎化되어 짐승의 흉포와 잔인함이 사라졌으니, 사소한 문제라도 다른 탓으로 돌리지 못한다. 흙탕물이 섞이 듯 구제된다 해도 탁濁해진 끝은 가려지지 않아도 되니, 엄연한 것 마저도 다르게 해석하면 시작부터 어긋나서 전해지지 않게 된다.

허실虛實은 만물의 나눔의 근본이고, 뭇 생명을 함부로 죽이지 않는 바는 삶의 근본이고, 법을 지키는 바는 편히 사는 기둥이고, 이름으로써 지키는 바는 만물의 근본이고, 나라에 충성하는 바는 나라가 유지되는 근본이 된다. 한인桓仁의 조화造化는 어진 것의 근본이 되고, 한웅桓雄의 교화敎化는 지혜의 근본이고, 단제檀帝의 치화治化는 온 누리를 이롭게 하는 근본이고, 치우蚩尤의 의화義化 는 삿된 것을 제거하여 만백성萬百姓의 해를 없애는 근본이고, 소 련小連과 대련大連은 효孝의 근본이고, 부루扶婁의 명화命化는 끝없 는 목숨을 복福이 되게 하는 근본이 되었으니, 치우치지 않으면서 더해주지 않아 하나만을 위하지 않고, 골고루 나누어 주면서 사사 로이 쓰지 않는다.

의지意志와 기질氣質이 조화調和를 이루지 못하고, 가지기와 버리 기가 날로 바뀌고, 말하는 바가 날마다 다르고, 스스로 허물은 없 다하고도 죄를 키우고, 같은 마음이 없으면서 따르는 척 하고, 이 름에만 매달려 되뇌고, 명리名利에만 매달려 핑계만 댄다. 하지 못 한다고 수치스러운 것이 아니요, 알지 못한다고 어리석은 것이 아 니요, 가난해도 부끄러운 것은 아니요, 어리석어도 천박하지 않고, 신분이 낮다고 해도 기틀이 나쁘지는 않다. 그러나 험난해도 성실 하지 않고, 좋은 옷으로도 바탕이 훌륭하지는 않는 것은 간악奸惡 한 자者는 법을 어기는 교묘한 바늘을 들고 있고, 포악한 자者는 세 상을 어지럽히는 가위를 들고 있고, 무능한 자者는 가진 나침반도 버리고, 허명虛名한 자者는 이름만을 두드리며 북을 치고, 허탄한 자者는 패거리를 모으는 나팔을 들고, 잡스런 자者는 뒤로만 숨기는 바퀴를 달고, 무도無道한 자者는 목소리만 돋우는 꽹가리를 치고, 완악頑惡한 자者는 뒤에서 피리를 불고, 게으른 자者는 무거운 돌을 등에 달았다.

만인을 조화하면 성인聖人이 되고, 만 명의 적敵을 죽이면 장수가 되고, 만인을 가르치면 스승이 되고, 만인을 고치면 의자醫者가 되고, 만인을 밝게 하면 현자賢者가 되고, 만인이 쓸 기물器物을 만들면 장인匠人이 된다. 천릿길을 가는 자者는 다툼을 조심해야하고, 물건을 만드는 자者는 헛수고를 두려워하고, 키우는 자者는 자라지 않는 바를 싫어하여 만년의 지혜가 있다고 해도 한순간 어리석을 때가 있고, 만년의 진리도 한순간은 틀려 보일 때가 있고, 한순간의 말이라도 스쳐지나가는 밝을 때가 있고, 한순간의 행동도 흘러 지나가는 바른 곳이 있다.

바른 자者를 죽여 나라가 평안해지려면 반드시 죽여야 하고, 흉악凶惡한 자者를 살려 천하가 평안하려면 반드시 살려야 한다. 나라의 이로움만 따지면 소란하게 되고, 흉악한 자를 감싸면 시끄러워진다. 나라의 이기利器를 살짝이라도 비추면 사치로 접어들게 되고, 이름에만 매달리면 허영이 생기고, 공론公論이 사라지면 거리에서 호소하는 자者들이 많아지고, 번잡하게 만들면 백성은 피폐疲弊하게 되고, 어지러워지기만 하면 백성만 고달파진다. 이론에만 집착하면 의로운 바를 알지 못하고, 논설論說에만 따르면 일정한 것이 없어지고, 베끼기만 하면 만들어 내지 못하고, 밟고 지나 간 자리에는 먹을 것이 적어지고, 어질지 못하면 가벼이 보고, 의롭지 못하면 간악奸惡해지고, 예禮가 없으면 흉포해지고, 지혜가 없으면 어리석어지고, 믿음이 없으면 도움이 없어지고, 위에서 마땅하지 않으면 아래에서 따르지 않고, 우에서 좋다하면 좌에서 트집 잡고, 좌가 썩으면 우는 더럽다고 한다.

백성을 그물질하면서도 수고롭게 하고, 사방四方을 가로막아 사냥질하고, 세勢를 모아 사사로운 치욕을 숨기고, 과거의 부끄러움을 예쁘게 꾸미고, 현인賢人들의 입을 막는 일로 천지天地로 핑계 삼고, 패거리를 모아 시끄럽게 떠들고, 무리지어 스스로 옳다하고, 목소리를 키워 돈아 크게 얻으려하고, 실천하는 것을 무거운 것처럼 보이게 하고, 강자에게는 빌붙으면서 약자는 짓밟고, 천하天下의 시비是非를 점단占斷한다 하고, 말 꼬리를 물다가 분별에 휩싸이고, 아름다운 것을 지나치지 않고 발을 걸어 넘어뜨리고, 명리名利를 따르다가 헛된 것만 밝히고, 겉치장만 할뿐 바탕은 닦지 않고, 지름길만 구하다가 바른 길은 버리고, 예禮만을 탐닉하다가 순서를 거스르고, 썩은 것을 피하다가 되레 올가미에 걸리고, 저장하는 생육生育의 공功을 능멸凌蔑하고, 작은 꾀는 내도 큰 재주는 얻지 못하고, 능력은 적으면서도 넘어서는 바를 알지 못한다.

백성이 궁窮해도 땅을 버리지 못함은 하늘의 때를 기다리기 때문이고, 백성이 벽僻해도 하늘을 원망하지 않음은 땅의 곳을 믿기 때문이고, 백성이 간적奸賊에게 시달려도 참는 바는 천지天地의 덕德을 기다리기 때문이고, 백성이 굶주려도 임검을 원망하지 않고 기다리는 까닭은 천의天宜가 있기 때문이고, 백성이 기아飢餓에 허덕여도 명命을 이어가는 바는 후손의 복福을 빌기 때문이니, 무릇 변설辨說하는 자者의 혀는 행동을 따라가지 못하고, 높은 자리의 책무責務는 고스란히 백성에게 지워지고, 강자에게는 비비는 척하고 뒤에서 흘기고, 법을 어기면서도 작은 꾀로 홀치고, 벌罰을 피하여 분별마저 하지 못한다. 오상五常[6]을 보면 외면外面하고, 장구하지 않으면서 꺼리는 척하고, 다투면서 현명해졌다고 하고, 쓸모없는 일에 매달리고, 비슷하게 사귀면서 늘어난다하고, 옳은 것으로 그

---

6) 오상五常: 충忠, 효孝, 용勇, 신信, 인仁.

른 것을 시비是非하고, 그른 것으로 옳은 것을 토평討評하고, 유사類似로 능멸凌蔑하려 하고, 까닭 없는 동이同異로 능욕凌辱하고, 풍자諷刺하면서도 선후先後가 다르다.

발귀리선인發貴理仙人은 자부紫府를 가르쳤고, 광성자선인光成子仙人은 태호씨太皓氏를 가르쳤고, 자부선인紫府仙人은 헌원軒轅과 칭힐蒼詰을 가르쳤고, 유위자有爲子는 발리發理와 이윤伊尹을 가르쳤다. 스승이 올바르면 제자가 바른 말을 하고, 스승이 위대하면 제자가 큰일을 하고, 언행이 같으면 안정되고, 좋은 씨는 더디게 자라고, 피는 비슷하면서 빨리 자라고, 뒤틀린 씨는 좋은 비료肥料로도 바르게 키우질 못하고, 공功이 크면 작은 잘못은 덮어두고, 말이 많으면 실천이 적어지고, 실천이 말이 적어지니, 말만 잘하는 자者가 많으면 국법國法마저 시비是非한다. 성인聖人의 말일지라도 들어서 버려야 할 것이 있고, 한낱 범부凡夫의 일이라도 살펴서 써야 할 것이 있으니, 법제法制의 까닭은 강자의 억압을 방지하고자 하고, 약자弱者의 권익權益을 흉포凶暴로 부터 보호하고자 하니, 의롭다하여 무모한 죽음에는 무릎서지 못하고, 지혜롭다고 하여 모든 일을 겪었다 할 수 없고, 어질다하여 모든 일을 다 수용受容할 수는 없고, 예의롭다하여 모든 예禮를 지킬 수는 없고, 믿음이 있다 하여 모든 사물을 믿을 수는 없다.

삼성오제三聖五帝의 때에도 전쟁은 있었으며 전쟁을 없애지 못하는 까닭은 적敵을 의심하기 때문이다. 사람과 나라의 다툼은 선악에 있는 것이 아니라 작은 시비是非에 있고, 작은 이랑과 그물코는 거두는 씨알의 시비是非가 되고, 화살촉과 칼날은 적敵을 물리치려는 술법術法이 되고, 굳센 의지와 싸워 이겨보겠다는 마음은 살상의 빌미라 여기기 때문이다. 작게는 마음속에서 다투다가 크게 번지면 천하를 두고 싸우게 되고, 전쟁은 멀다하나 다툼은 가까이 있고,

모자라면 다투고 남으면 얕본다. 전쟁은 흉사凶事이나 최후의 수단이고, 군대軍隊는 마지막 보루堡壘가 되고, 전쟁은 약도 되지만 병도 되고, 군대軍隊는 흉凶도 되지만 힘도 되고, 무기武器는 파괴되지만 기교技巧도 늘고, 물자物資는 소모되지만 쉽게 구할 수 있다.

적敵의 밀자密者들은 스스로 적敵을 막는다고 하고, 나라를 위한다고는 하나 뒤로는 봇짐을 싼다. 안 그런 척하면서 눈 뒤로는 명리名利를 셈하고, 흰 이를 드러내어 뒷덜미를 물고, 지나간 부끄러운 것을 덮기에 급해지고, 앞으로는 양羊의 얼굴을 하나 뒤로는 승냥이처럼 게걸스럽고, 현명을 버리면서 간악奸惡을 일삼고, 오랑캐의 습성習性은 버리지 못하여 황구黃寇처럼 시끄럽고 포악하고, 왜구倭寇처럼 간악奸惡하고, 적구狄寇처럼 노략질을 서슴지 않으니, 포악하면서 순화되지 않고, 사심私心이 많아 장구하지 못하고, 잔꾀가 많아 널리 펴지 못한다.

바른 것은 바르다고 하고, 그른 것은 그르다 하면 까닭 없이 얻는 것은 없어지고, 금하는 법을 능히 지키지 못하면 다른 법을 만들어야 하고, 죄만을 묻기만 하면 그물질하게 되고, 저울에 달고도 근수斤數가 다르고, 자로 재고도 치수가 다르고, 지도리를 두고도 여닫는 바가 달라지니, 지혜가 밝아도 천할 수 있고, 어리석고 어두운 자者라도 부한 것은 나무랄 수 없고, 용감하다하여 바르다고 할 수 없고, 부富하고 높다하여 바른 것도 아니다. 중추中樞가 있어 제어해도 모든 일을 감당할 수는 없고, 머리에 호화로운 관冠을 쓴다하여 격이 높은 것도 아니요, 가슴에 마땅하게 이름표를 달았다고 값어치를 하는 것도 아니요, 꽃신을 신었다고 먼 길이 편한 것도 아니다.

무릇 혀에 가시를 심지 않고, 눈에 멍석을 깔지 않고, 코에 향香

을 사르지 않고, 손에 귀중한 것을 들지 않고, 발에 갓끈을 매지 않고, 등에 멍에를 지지 않는다. 코끼리는 코가 길기에 높은 잎을 먹고, 호랑이는 고기를 먹기에 발자국 소리를 내지 않고, 토끼는 풀을 먹기에 귀를 세우고, 수달은 제사祭祀를 지내기에 물속에 집을 짓고, 너구리는 잘 먹기에 얼굴이 두껍고, 원숭이는 교만하기에 나뭇가지를 던지고, 여우는 꾀가 많기에 머리를 북쪽으로 둔다. 법을 어기는 바는 벌이 그 몸에 이르지 않았기 때문이고, 테두리로 꼬투리를 잡아도 옥사獄事를 벗어나질 못하고, 구규九竅의 잣대로 사사로이 관용寬容하고, 간적奸賊들이 빠져 나간 뒤에 그물을 만들고, 사악邪惡한 자者들이 법法을 능멸凌蔑하고도 시비是非하고, 간흉奸凶은 죄를 물어도 나갈 구멍을 만들어 벌을 피하고도 폐해를 두려워하지 않고, 법이 오래되자 인정人情에만 호소한다.

진실 된 바를 끝까지 지키는 자者가 드물고, 시작은 잘하나 끝내는 자者는 드물고, 말로 시작하여 행동으로 끝나는 자者가 드물고, 첫 마음을 바꾸지 않는 자者가 드물고, 첫 계획을 수정하지 않는 자者가 드물고, 마음을 바꾸어 화를 내지 않는 자者가 드물고, 나쁜 일을 고쳐서 좋은 일로 끝내는 자者가 드물고, 삼가지 않으면서 몸을 지키는 자者가 드물고, 부지런하지 않으면서 부유富裕한 자者가 드물고, 오르내리면서 정신을 올바르게 지키는 자者가 드물고, 흉년凶年에 집에서 죽는 자者가 드물고, 살기 어려워지면 모여 사는 자者가 드물다. 가는 것은 잡지 말고, 오는 것은 막지 말며, 헛된 것은 드러내지 말고, 옳은 것으로 그른 것을 논하지 말고 그른 것으로 옳은 것을 재지 말고, 깨끗한 것으로 더러운 것을 덮지 말고, 청렴淸廉은 선線을 긋지 말고, 더러운 이름은 자주 말하지 말고, 깨끗한 명리名利는 떠벌리지 말고, 받은 만큼 일하고, 말한 만큼 행行하고, 준만큼 잊고 받은 만큼 갚는다.

좋지 않은 이론으로는 신의信義를 얻을 수 없고, 명리名利에만 집착하면 불쌍해 보이고, 무능하면 백사百事만을 모의하기만 하고, 놀고먹으면 염치가 없어지고, 갈 길은 먼데 손부터 벌리면 가는 까닭이 사라지고, 나라에 빌붙는 자者가 많으면 백성의 고통은 쉴 새 없고, 스스로 반성反省하지 않으면 스스로의 법도法道에만 매달리면 변화에 순응하지 못하고, 조금 낫다고 깔보면 스스로 오랑캐가 되고, 스스로 지키지 못하면 개화開化하지 못한다. 백년도 가지 않으면서 주인행세만 하고, 끝없는 말을 하면서도 명리名利만을 따지고, 몸을 닦으면서 어제와 내일이 없고, 정신을 닦으면서 여기저기가 없고, 스스로 적敵을 만들고도 네 편 내편 가르고, 덕이 있다하면서도 길을 막고서 한푼 두푼 따지고, 사치하고 방종하면서도 책망을 그치지 않는다. 간악奸惡한 자者는 법을 어기는 교묘妙한 가위를 들고, 포악暴惡한 자者는 어지러워지는 실타래만 들고, 무능無能한 자者는 지키는 바가 적어 무딘 바늘만 들고, 허명虛名한 자者는 이름에만 매달리면서도 무늬만 세고, 허탄한 자者는 말에만 매달려 헤진 천만 든다.

옛 것을 보고서 얻은 바를 가지고 지켜나가면 오늘의 지혜가 는다. 귀를 따르면 천한 것을 바로 볼 수는 있고, 산에 감추는 바는 전해주고자 하고, 궤에 감추는 바는 가르치고자 하고, 품에 감추는 바는 귀하게 하고, 시장市場에 내놓는 바는 재물을 구하게 하고, 벼슬을 감추는 바는 스스로 교묘하다고 여기기 때문이다. 듣지 않으면 헛된 행동을 하고, 사사로이 움직이면 가르칠 수 없고, 그릇이 맞지 않으면 담기가 어렵고, 애쓰지 않으면 무늬만 세고, 눈을 바로 보지 않으면 허튼 글자만 적고, 말하면서 다른 생각을 하면 기억이 사라지고, 모닥불을 쬐면서 깊이 얘기하면 따르게 할 수 없다. 드러냄을 자랑으로만 삼고, 숨기다가 내놓기를 싫어하고, 좋아하는 것으로 의로움으로 삼고, 스스로의 죄는 먼 산을 바라보듯 하

고, 죄를 짓는 바를 자로 잰듯하고, 나올 때부터 죄를 뒤집어썼다
고 하고, 죽을 때의 죄를 벗는다고 여긴다.

한번 들어 몰랐던 것을 알아도 지혜는 늘어나지 않고, 한번 행동
하여 몰랐던 것을 익히는 것은 술법術法이 커진 것이 아니요, 말 한
마디를 안다는 것은 몰랐던 하나를 안 것이고, 처음 하나를 시작한
것은 이제야 손이 움직인 것이다. 시비是非를 잘하는 자者는 늘 살
피고, 용감한 자者는 걱정스러운 것을 찾아다니고, 의로운 자者는
모이는 곳을 찾고, 지혜로운 자者는 섞이는 변화를 바라보고, 어진
자者는 높은 곳을 오르내리고, 믿는 자者는 흩어지는 곳을 따라가
고, 잘 지키는 자者는 술법을 여기지 못하고, 잘 기르는 자者는 이
랑을 좇고, 잘 파는 자者는 손해를 좇지 않고, 잡스런 자者는 할일
을 찾아다니고, 잘 만드는 자者는 망가지길 바라고, 탐욕스런 자者
는 쌓이는 바를 따라가고, 교만한 자者는 기운을 속이고, 사치하는
자者는 기이奇異를 찾고, 현명한 자者는 나누는 것을 따르고, 의로
운 자者는 보이는 바를 찾고, 착한 자者는 나누는 것을 따른다. 말
하는 것에 힘을 쏟는 자者는 배를 채우고, 실천에 힘을 쏟는 자者는
마음을 채우고, 잘 쓰는 자者는 허전함을 채우고, 이름에 힘을 쏟
는 자者는 불러주길 원하고, 명리名利에 힘을 쏟는 자者는 남기기를
원하고, 욕망에 머무르는 자者는 즐거움을 따라다니고, 감정에 힘
을 쏟는 자者는 눈과 귀를 즐겁게 하고, 말을 교묘하게 하는 자者는
글을 아름답게 꾸미려하고, 벼슬을 자랑스럽게 여기는 자者는 휘
둘러 엮고, 어지러운 말은 하는 자者는 심성에 그늘이 있다.

사공이 흐르는 물을 두려워하지 않음은 배 샀 때문이고, 어부漁
夫가 풍랑을 무릅 섬은 물고기 때문이고, 농인農人이 폭풍우를 두
려워하지 않음은 곡식 때문이고, 상인商人이 천릿길을 마다하지 않
음은 명리名利 때문이고, 공인工人이 차이를 두려워하지 않음은 기

술 때문이고, 학인學人이 천릿길을 두려워하지 않음은 배움 때문이다. 음식을 잘 만드는 자者는 도마를 탓하지 않고, 길을 잘 가는 자者는 거리를 탓하지 않고, 잘 먹는 자者는 밥상의 크기를 탓하지 않고, 잠을 잘 자者는 꿈을 탓하지 않고, 고기를 잘 잡는 자者는 그물코를 탓하지 않고, 잘 모으는 자者는 금고의 크기를 탓하지 않고, 잘 기르는 자者는 달의 크기를 재지 않고, 짐승을 잘 키우는 자者는 풀을 탓하지 않고, 밝은 자者는 해를 탓하지 않고, 바느질을 잘하는 자者는 바늘귀를 탓하지 않고, 싸움을 잘하는 자者는 창의 길이를 탓하지 않고, 잘 가르치는 자者는 배우려는 곳을 탓하지 않고, 말을 잘하는 자者는 때를 탓하지 않고, 잘 믿는 자者는 신神을 탓하지 않고, 바치기를 잘하는 자者는 문턱을 탓하지 않고, 교만한 자者는 게으름을 탓하지 않고, 사치하는 자者는 남아나는 것을 탓하지 않고, 부지런한 자者는 모으기를 탓하지 않고, 의로운 자者는 확실確實한 것을 탓하지 않고, 지혜로운 자者는 변화를 탓하지 않고, 잘 믿는 자者는 이적異蹟을 탓하지 않는다.

만년에 한 번 성인聖人이 나오고, 천년에 한번 현인賢人이 나오며 백년에 한번 명군明君이 나오고, 십년에 한번 명자明者가 나온다. 한 나라에 명군明君이 나오면 그 나라의 흥취興趣는 분명해지고, 한 나라에 현자賢者가 나오면 학문學文 또한 크게 일어나며 성인聖人이 나오면 그 세상世上은 반드시 밝아진다. 성인聖人의 거취는 뭐라고 할 수 없으나 현자賢者의 책무責務는 반드시 세상을 밝혀야 하고, 명군明君의 책무는 세상을 편안하도록 해야 하고, 명자明者의 의무는 어두웠던 부분을 조금이나마 밝힌다. 사람으로 태어남은 죄벌에 있는 것이 아니라 천지天地의 명命에 있고, 자라는 바는 배움에만 있는 것이 아니라 선악에 있고, 자손을 낳는 바는 입신양명立身揚名에 있는 것이 아니라 천지天地의 명命을 대신하는 까닭이 된다. 천지天地의 명命을 다하여 마침내 삼신三神에게 돌아가는데 그 성패成敗는 명리名利에 있는 것이 아니고 명완命完에 있으니, 살아 있는 동안에는 천폐天弊7)와 지폐地弊8)와 인폐人弊9)가 생기지 않게 하여 마땅히 돌아갈 것을 예비하고, 죽을 때까지 그 명命에 충실을 다하여야 한다.

---

7) 천폐天弊: 하늘을 핑계 삼아 사사로이 천명天命이 있다고 하는 것. 하늘을 속이는 것, 천신天神을 욕하는 것, 하늘이 하는 일에 술법術法으로 간섭하는 것, 하늘을 욕되게 하기 위해 거짓 제祭를 지내는 것, 하늘의 신神들을 함부로 불러내는 것, 스스로 천신天神이라 하는 것, 신의神意라 하면서 징조徵兆를 만들어 내는 것, 신神을 섬긴다는 명목으로 재물을 부정하게 모으는 것, 삼재三才의 신神을 혼용混用하는 것.

8) 지폐地弊: 땅을 차지할 명命이 있다고 핑계 대는 것, 지신地神을 속이는 것, 터주 신神을 놀라게 하는 것, 산신山神을 놀라게 하는 것, 땅의 이로움을 훔쳐 떠드는 것, 사사로이 사람을 내모는 것, 세상의 중심이라 하는 것, 땅을 파헤쳐 쓸모없는 것을 짓는 것, 때에 맞지 않는 토목공사土木工事를 일키는 것, 지력地力을 이용하여 허탄虛誕한 것을 가르치는 것. 지신地神을 팔아 부富를 삼는 것, 더러운 것을 땅에 묻는 것, 땅을 사사로이 하여 백성을 떠돌게 하는 것.

9) 인폐人弊: 때와 곳이 맞지 않는 말과 행동을 하는 것, 법을 어기면서 지나치거나 모자라는 것, 성현聖賢의 말과 글을 더럽히는 것, 공론公論을 무시하여 사론私論으로 세勢를 삼는 것, 파당派黨을 만들어 몰려다니며 말썽을 일으키는 것, 기생하며 뜯어 먹는 것, 어두운 것으로 밝히려는 것, 전쟁으로 나라가 피폐疲弊한데 홀로 살고자 하는 것, 적敵의 수장首長을 흠모欽慕하고, 숭배崇拜하는 것, 문文이 무武를 능멸凌蔑하는 것, 무武가 문文을 억압抑壓하는 것, 사대하여 큰 것만 갈망渴望하는 것, 말과 행동이 사뭇 다른 것, 시비是非로써 시비是非를 구하는 것, 아침저녁으로 말을 바꾸는 것, 억울한 것을 핑계 삼아 가르치려 하는 것, 전쟁으로 무고誣辜한 생명을 해치는 것, 죽이거나 다치게 하는 것을 일삼는 것, 강간이나 간통으로 애기 집을 빼앗는 것, 간악奸惡한 자者가 착한 자者를 능멸凌蔑하는 것, 목을 지키고 있다가 공功을 가로 채는 것, 의선義善을 사사로이 의심疑心하는 것, 사사로운 명리名利를 위해 어린아이나 먹을 것으로 장난하는 것, 천지天地의 공功을 우롱愚弄하는 것, 굽은 것으로 곧은 것을 펴려는 것, 책임이 없이 핑계되는 것, 작은 권세權勢를 얻기 위해 학문學文을 굽히는 것, 게으르면서 먹을 것만 밝히는 것, 궤론詭論으로 얽매이는 것, 과거의 잘못을 덮어씌우는 것, 제 논리에 맞추려고 거짓을 꾸며대고 책임을 덮고 회피하는 것, 종전宗全으로 종전宗全을 비난非難하는 것, 스스로 아는 것만으로 깨우치게 하려는 것, 종사宗師가 스스로 신神이라 하는 것, 작은 꾀로 큰 지혜를 우롱愚弄하는 것, 집과 묘를 호화롭게 꾸미는 것, 잘못된 것으로 잘된 것을 비난하는 것, 사사로이 신神의 이름을 파는 것, 자리를 보존하기 위해 뇌물을 받는 것, 꿈을 실제로 삼는 것, 역易으로 미혹迷惑하는 것, 점占으로 만사의 표表를 삼는 것, 나중의 잘못된 것으로 먼저의 훌륭한 것을 뒤 엎는 것, 술법術法으로 명命을 재는 것, 의자醫者가 명命을 늘린다고 하는 것, 금지된 것으로 미혹迷惑하는 것, 있는 법을 지키지 않으면서 새 법을 만드는 것, 불행을 나의 행복으로 삼는 것, 흉포함을 사사로이 말로 삼는 것, 더럽혀진 땅에 사는 것, 삼가는 것이 없는 것, 맞지 않는 선행善行을 끌어다가 악행에 덧붙이는 것, 어리석은 것으로 현명한 것을 능욕凌辱하는 것, 예의禮儀만을 고집하여 비루鄙陋해지는 것, 엉뚱한 일을 벌여 희망을 없애는 것, 제 것을 버리고 못된 것만 배우는 것, 치장治粧이 과한 것, 허탄虛誕한 논리로 마음을 들뜨게 하는 것, 할 수 없는 것을 알면서도 전해들은 말로만 떠드는 것, 삼가고, 경계를 게을리 하는 것, 간적奸賊이 만사를 공功으로 삼는 것, 술사術士들이 천기天氣를 훔쳐 파는 것, 훔치거나 해치려고 꾀를 내는 것.

나라의 흥망興亡 또한 사람의 힘으로는 어쩔 수 없으니, 다스리다가 침탈侵奪당하면 온전한 나라가 없고, 기강紀綱이 무너지면 기약할 나라가 없고, 국시國是가 짓눌려지면 공평公平할 나라가 없고, 교묘한 술수術數가 많으면 올바른 나라가 없고, 적敵과 내통內通하는 자者가 있으면 뭉쳐지는 백성은 없으며 작은 일에 몰두하면 큰 정사政事가 없다. 열두 가지 변폐辯弊[10]는 스스로 얽매이게 하고, 같다 하면 칭찬하고, 다르면 욕을 하고, 같은데 실수하면 용납하고, 다른데 실수하면 크게 화를 내고, 같다고 생각하면 좋아하고, 다르게 생각하면 싫어하고, 세勢를 보아 머리를 숙이는 척만 하고, 약해보이면 짓밟고 강해보이면 꼬리를 내리고, 어지러워지면 틈을 노리고, 명리名利로 신의信義를 드러내고, 얻을 바가 있으면 귀貴하게 여기는 척하고, 아리송하면 교묘히 조롱嘲弄하고, 책임은 없으면서 세몰이하고, 말에 급급하여 거짓으로 핑계되며 구분하여 차서次序로 신분을 나누며 헐뜯고, 폐해弊害는 돌아보지 않고, 그럴듯해도 맞지 않으면서도 다툼을 그치지 않고, 탐하기를 살짝 가려두고 그릇에 차지 않으면서 헐뜯고, 넘치면 썩어야 버리고, 가득차도 구하기를 멈추지 않는다.

한인씨桓仁氏는 만물을 제정制定하여 사람이 더불어 살아가도록 하였고, 커발한씨氏는 개천開天하여 만인萬人을 가르쳐서 변화에 적응하게 하였고, 태호씨太晧氏는 의혹疑惑을 역易으로 풀었고, 유인씨有仁氏는 삼재三才의 경계境界를 바로 세워 미혹迷惑을 없애고, 삼사三師는 천하天下에 사람이 할 바를 정하고, 오가五家는 한 집을 확대하여 나라살림을 맡고, 구가九家는 나라의 살림을 천하天下

---

10) 열두 가지 변폐辯弊: 쥐는 스스로 영리하다, 소는 스스로 일을 많이 한다, 호랑이는 스스로 용맹하다, 토끼는 스스로 빠르다, 용龍은 스스로 변화를 잘한다, 뱀은 스스로 지혜롭다, 양羊은 스스로 착하다, 원숭이는 스스로 재주가 많다, 닭은 스스로 높은 자리에 있다, 개는 스스로 충성스럽다, 돼지는 스스로 능력이 있다고 여기는 것.

에 퍼나갔다. 왕검씨王儉氏는 사해四海 이십팔주二十八州를 살펴보고, 돌아와 삼한三韓으로 치화治化하였고, 수정자水晶子는 황구黃寇의 백성이 불쌍하여 회계산會稽山으로 모이게 하였고, 유호씨有戶氏는 하우夏禹가 불의不義하여 벌하였고, 오가五家가 돌아가며 단제檀帝에 올라 존귀한 자者라도 잘못이 크면 바꾸었고, 외척外戚을 두지 않아 배반보다 신용을 가장한 권세權勢의 폐해弊害가 더 큰 것을 경계하였다.

세상世上에는 변폐辯弊를 업業으로 삼는 자者들이 있다. 왕王을 폐廢하면서 삼족三族을 멸滅하고, 종묘사직宗廟社稷이 사라지나 입을 밑천으로 하고, 잘되면 봉록俸祿이나 바라고, 안 되면 떠나버리면서 칭병稱病한다. 왕王이 아니면 이론을 펼 칠 수 없다하고, 나라의 녹祿이 아니면 잘 살수 없다하고, 스스로 선비라 하면서도 벼슬이 아니면 먹을 것이 없다하고, 고결한 척한 것에 의탁依託하고, 의론懿論에 가탁假託하면서 스스로 왕王이 되지 못함을 부끄럽게 여기지 않는다. 사람 사는 세상에는 난세亂世가 아닌 때가 없었고, 과도기가 아닌 때가 없었고, 한 해라도 편안한 적이 없었고, 한번이라도 적敵이 노리지 않은 곳이 없었고, 잠시라도 마음을 편안하게 할 때가 없었고, 먹을 것과 입을 것이 풍족한 적이 없었고, 살기 좋은 세상世上은 만들어가는 것이지 물려주는 것이 아니요, 삶의 근원은 종시終始에 있는 것이지 대소大小에 있는 것은 아니요, 백성이 편히 사는 바는 의식衣食에 있지 공인公人에 있는 것이 아니요, 백성이 열심히 일하는 것은 삶의 명분名分이지 복록福祿에 있는 것이 아니요, 백성이 부지런한 것은 삼가는 것이지 나아가기만 할뿐은 아니다.

때와 곳을 맞게 하지 못하면 반드시 변폐辯弊가 생기는 까닭이 있다. 논과 밭을 가는 자者는 게으르면 거둘 수는 없고, 양羊과 소를 놓아기르는 자者는 때와 곳에 따라 옮겨 다녀야 하고, 물고기와 자라를 잡는 자者는 비바람을 피할 수 없으며 약초藥草와 풀을 뜯는 자者는 눈과 서리를 밟아야만 하고, 관대冠帶를 둘렀다고 칼날은 목을 빗나가지 않고, 인의仁義를 외쳐대도 적敵의 화살은 빗나가지 않고, 바쁜 일에 한가한 노래를 부르면 기운을 떨어뜨리고, 소를 몰면서 마음을 다른 곳에 두면 소를 잃는다. 이름에만 매달리고, 명리名利에만 집착하고, 혼란한 틈에는 숨고, 틈을 타면서 어슬렁거리고, 고결한 척하다가 번개처럼 낚아채고, 함께 먹으면서 몫을 세고, 검은 것은 검다하고, 하얀 것은 하얗다하면서도 먹고 난 뒤에는 회색이라 한다.

스스로의 법도法道가 있고, 주창主唱하는 바가 있어서 시비是非를 삼아도 몇 년을 지탱하기 어렵고, 가지 못하면서 가지 못하게는 할 수 있고, 근본根本이 모자라는 줄 알면서도 폐단弊端은 고치기 못하고, 성인聖人을 욕하면서도 넘지 못하고, 현자賢者를 헐뜯으면서도 독단獨壇하고, 의인義人을 조롱하면서도 스스로 의롭다하고, 예법禮法이 다르다고 오랑캐라 하고, 정한 법이 아니면 천하다 여기고, 삼 년이면 이룰 수 있다 하면서도 지혜가 짧아 이루지 못하고, 세 번 주창主唱하고 받아들이지 않으면 떠나고, 인자한 척 하는 뒤에는 속셈을 하고, 어리석은 척하면서 지혜로운 척하고, 명리名利만을 궁리하고, 져주는 척하면서 죽일 바를 궁리하고, 예의로운 척하면서 번잡하게 하고, 착한 척하면서 뒤에서 노리고, 근신하는 척하면서 능멸凌蔑하고, 바쁜척하면서 방해하고, 점잖은 척하면서 빠져 나갈 궁리만 하고, 위하는 척하면서 짓밟아댄다. 신분이 낮다하여 품성稟性이 낮지 않고, 험난한 일을 한다하여 도道가 낮지 않고, 관대冠帶가 높다하여 급이 높지 않고, 어려운 말을 한다하여 학식이 높은 것은 아니고, 교묘한 말솜씨가 있다하여 일을 잘하는 것은 아니다.

스스로의 명命을 다하지 않으면서 큰일을 시작할 수 없고, 천지
신명天地神明의 대도大道를 실천하지 않으면서 작은 일도 버거워하
고, 나라를 기울게 하면서도 사사로운 명리名利에만 치우치고, 공
허空虛한 말은 온데간데없는 명리名利를 누리려 하고, 때와 곳을 헛
갈리게 하여 숨기고, 복卜과 복서卜筮를 끌어다 붙여 길흉吉凶에 마
음 쓰게 하고, 귀신鬼神을 숭배崇拜하면서 굿에만 의존하고, 기도
를 핑계 삼아 수시로 주머니를 노리고, 그릇에 맞지 않으면서 높은
자리만 차지하고, 교자敎者가 제 발등을 찧고, 의자義者가 바른 마
음을 버리고, 무거운 세금은 흉년에는 창칼이 되고, 가혹한 형벌은
백성을 옭아매고, 군주君主가 독선獨善하면 백성들은 시비是非를
즐겨하게 되고, 포악한 무리들은 빌미삼아 법을 지키지 않고, 거지
의 버릇을 가진 자者들은 떼거리로 몰려다니고, 간악奸惡한 자者들
의 일만을 처리하고, 인재를 두루 기용하지 않아 바른 권능權能이
파묻히고, 자그마한 꾀로 뛰어난다고 나라는 어지러운데 여기 스
스로 이웃나라를 가벼이 여기고, 견고하지 않으면서 기강紀綱은 무
너져 있고, 나라 안의 신하들이 교만하고, 사치하여 백성을 가벼이
여기고, 큰 스승이 없어 어지럽기만 하고, 명자明者들이 없어 길을
찾지 못한다.

현자賢者가 숨는 바는 군주의 방탄하기 때문이니, 군주의 뒤에
숨어 민심을 흔들고, 적敵의 군주君主를 흠모欽慕하여 내통內通하
고, 성인聖人을 비난하고, 꼭두각시 군주를 세워서 부고府庫만 축내
고, 간적奸賊들이 설치면서 날뛰고, 괴이怪異한 음악音樂과 몸의 가
죽에 신부神符를 새기고, 말은 번드레하나 잡배雜輩의 말만 하고,
법을 지키지 않으면서 꼬투리를 잡아 물고 늘어지고, 창고에는 도
적이 끊이질 않고, 사치한 것을 막지 않아 너나 할 것 없이 들떠있
다. 난세亂世에 백성이 들판에서 죽어 나뒹굴고, 혼세渾世에 백성들
이 산으로 도망하여 도적떼가 되었는데 난군亂君은 밝은 것은 따

르지 않고, 사사로운 공인公人들은 탐으로써 부역賦役을 자랑삼고, 진부陳腐한 자者들은 패망의 구렁텅이로 끝 간 데 없이 몰아가고, 굶주리게 하고서도 남 탓만 하고, 불언不言으로 종론宗論을 삼고, 이루는 바를 그치지 않으면서도 시비是非만 일삼으니, 이렇다면 이 미 세상의 말단末端이 되었다고 하는 것이다.

삼신三神의 힘을 받아 삼칠지도三七之道를 얻어 신묘神妙를 성聖 으로 이어지게 하고, 정성으로 상서祥瑞로운 것을 받들어 신인神人 으로 할 일을 이루게 한다. 신神은 사람이 이루고자 하는 일에 관 여하지 않고, 성인聖人으로 하여금 간절한 바를 돕고, 이루고 난 뒤 에는 이미 때가 지났음을 알게 하고, 지난 뒤에야 기회를 알게 하 고, 지나친 뒤에야 명命을 알며 다 산 뒤에야 비로소 삶을 안다. 노 력을 한 뒤에 결실이 맺는 것을 알고, 풍우風雨의 안타까움이 있어 야 온전함을 알고, 종자種子의 충실해야 번성을 알고, 뿌리가 깊음 이 있어야만 줄기와 가지와 잎이 무성을 알고, 신명神明을 다한 뒤 에야 사람이 이룰 수 있다. 신명神明의 일을 엄숙하게 다스리고, 정 성어린 충심衷心으로 바르게 말을 하고, 의혹을 없애 삶을 능히 살 펴 의롭게 하고, 총명聰로 빛나게 하여 널리 본本을 받게 하고, 신神 의 뜻을 물어 벗어나는 일이 없게 하고, 신神을 불러 미혹迷惑이 없 게 하고, 어지러운 자者로써 거울로 삼아 바른 길로 가게하고, 아 픈 자者를 북을 쳐서 병인病因을 내몰면서 귀책鬼責을 삼고, 삼감으 로써 사기邪氣를 창검槍劍으로 찔러 멀리가게 한다.

삼신三神은 오제五帝로써 삼계三界를 두루 살피게 하고, 감군監君 으로써 삼신三神의 덕을 쌓게 하고, 임검은 삼사三師로써 력力을 펴 고, 오가五家로써 임검을 대신하여 혜惠를 편다. 하늘을 대신하고, 땅을 밝게 하고, 뭇 무리를 선善으로 인도하고, 명命을 밝혀 보위保 衛하여 한단桓檀의 자손子孫들이 삿된 구렁텅이에 빠지지 않게 하니, 무릇 삼사三師는 임검의 분신分身이 되고, 오가五家는 임검의 오령五靈은 허실虛實로써 크게 나눠 팔상八象과 구성九星으로 개천開天하고, 바르게 가르쳐서 품성品性을 밝혀 곧게 키워서 스스로 온전히 하여 참됨을 이룬다. 무릇 명命을 알면 착한 것이 보이고, 밝음을 알면 지키는 바가 아름답게 되어 삼가면서 부끄러운 것이 있으면 삶이 도타워지니, 마땅한 근본根本으로 돌아가고, 천지天地를 거스르지 않으면 천지지신天地之神이 즐거워한다.

세상世上에는 도道를 닦는다고 하는 자者들이 있는데 마음을 엄격히 하고, 세상에 대한 마음을 굳게 닫아 세상世上의 모든 일을 원망하고도 이름만을 높이려 하고, 깊은 산속이나 그림자가 깊은 곳에서 그 도道를 수행하려는 자者를 능히 그 음험陰險으로 원망과 형벌이 무서워 나오지 못하는 자者들을 심곡深谷의 사士라 한다. 도덕道德과 인의仁義를 일삼아 스스로 공손을 자랑하고, 여러 곳을 떠돌며, 스스로의 진리만을 가지고, 세상의 사람들을 교화敎化하려는 자者들이 있는데 사사로이 제 이론에만 치우쳐 새로운 것은 받아들이지 않고, 또한 도道를 평가하고, 언행이 서로 다른 자者들을 위선僞善의 사士라 한다. 세상世上에 공적을 뽐내고, 큰 업적業績만을 흠모欽慕하고, 스스로에게 기회만을 엿보아 수행을 끌어 모아 뜻에 맞춰 안간힘을 쓰고 쓸데없이 일을 만들고 번거롭게 하여 명리名利만을 취하는 자者들을 세중世中의 사士라 한다. 아는 것은 많으나 이루는 것이 적고, 실천하는 것은 적으면서 이루려고 하는 바는 많으며 사사로운 말은 많으나 들어 쓸 것이 없고, 무리는 잘 지으나 부끄러운 것을 모르고, 바른 말을 하는 것 같으나 설쳐대기만 하고, 가르치는 것 같으나 삐뚤게 가르치고, 사심私心이 없는 것 같으나 명리名利만을 노리는 자者를 세하世下의 사士라 한다. 스스로 사士라고 자랑을 삼으면서도 보이는 곳에서는 입을 다물다가 속으로는 들어올 것을 세고, 돕는 일에는 나서지 않으면서 뒤로는 가르침을 빗대고, 성인聖人의 언행에만 빌붙으면서도 손해다 싶으면 죽일 듯이 덤벼들고, 대도大道를 떠들면서도 조잡스럽기 이를 데 없고, 큰 자者에게는 숙이면서 작은 자者에게는 밟아대고, 허탄虛誕한 것만 따라다니면서 희생의 일에는 등을 돌리는 자者들을 간악奸惡의 사士라 한다.

흉악凶惡은 행위에 있는 것이지 가증스런 사람이 있는 것은 아니어서 말은 할 수는 있으나 모든 말을 다 할 수는 없고, 손으로 물건을 만들 수는 있으나 모든 쓸모가 있다고 할 수는 없고, 발로 걸을 수는 있으나 모든 곳을 갈 수는 없고, 행동은 할 수는 있으나 모든 짓을 할 수는 없고, 죄는 지을 수는 있으나 모든 벌은 다 받을 수는 없고, 재주가 있으나 모든 기예技藝는 다 가질 수는 없다. 그래서 말재주를 자랑하자 공론空論만을 탐하게 되고, 자리를 만들자 붕당朋黨이 생기고, 명리名利에만 치우쳐 원한이 생기고, 꾀를 모으자 욕심이 생기고, 구속하자 세력이 생기고, 법술法術을 만들자 교묘한 것이 생기고, 큰 고기가 빠져 나가자 그물코가 작아지고, 굶주리자 영신佞臣이 나서서 욕을 해댄다. 시비是非를 잘하는 자者는 제 잘못은 바로잡지 못하고, 불언不言만 내세우면 말썽은 끊이질 않고, 말만 만드는 자者는 요구를 그치지 않고, 싸우기 위해 비방하고, 사사로운 명리名利만 꾀를 내고도 삼기三忌[11]로만 시비是非를 그치지 않아 스스로 망하는 줄 모른다. 신神의 이름을 팔고서도 그 이름으로 가로막히고, 착한 것을 속여 사사로움만 찾고, 재물로만 믿는 자者의 눈을 멀게 하고, 멀리 내다보는 척하면서도 한 치 앞도 대답지 못하니, 이는 뭇 사람의 마음을 닫게 하는 까닭이다.

법을 만들자 비웃는 자者가 나타내고, 술術을 만들자 어긋나는

---

11) 삼기三忌: 막무가내로 꺼리는 것, 말을 끝까지 듣지 않는 것, 마음을 열지 않는 것.

물건이 나온다. 제어하자 몰래 하는 일이 많아지고, 바쁘게 되자 안일安逸이 드러나고, 꾸미자 사치가 생겨나고, 애를 쓰는 것이 있자 아쉬움이 생기고, 친한 것이 생겨나자 파당派黨이 만들어지고, 평안이 오래되자 썩는 것이 생겨나고, 다스림이 어긋나자 훑는 것이 나오고, 전쟁이 없게 되자 장수將帥가 문약文弱해지고, 평안이 오래되자 용맹한 샌님이 나오고, 삼가는 바가 없자 수만 불어나고, 현자賢者가 사라지자 간자奸者가 날뛰면서 독단獨壇하자 폐언弊言이 커진다.

시비是非를 내세우자 종시終始가 불분명해지고, 호오好惡가 분명分明해지자 갈리는 바가 있고, 형벌을 내세우자 본보기가 생겨난다. 오행五行을 만들자 생살보쇄生煞補殺를 논論하는 자者가 나오고, 팔괘八卦를 긋자 비잠주복飛潛走伏을 말하는 자者가 나오고, 허실음양虛實陰陽으로 나누자 견허흑백堅虛黑白을 애써 가린다. 탐욕을 뒤집어 쓴 왕이 있고, 선악이 불분명한 백성이 있고, 형벌로 협박하는 율자律者가 있고, 때와 곳을 핑계 대는 농인農人이 있고, 질병을 명리名利로 삼는 의자醫者가 있고, 명리命理를 내세워 파는 술자術者가 있고, 신명神明에 주름잡는 종사宗師가 있고, 호가狐假하는 공인公人이 있고, 호위虎威하는 신하가 있고, 협객俠客을 가장한 도둑이 있고, 선비를 가장한 장사치가 있고, 도적보다 못한 종전宗全이 있고, 양심을 도둑질하는 선인善人이 있다. 잘못된 글자 없는 책은 없고, 실수는 말끝은 없고, 문약文弱만 모이면 말만 많고, 용맹만 믿으면 더 큰 적敵을 부르고, 쓸모없는 공론空論으로는 가르칠 수 없고, 새롭지 않은 역사歷史는 나아가질 않고, 사사로운 공적功績은 크게 쌓이질 않고, 부끄러운 것이 없는 종전宗全은 어지러움만 더한다. 쉽게 쌓아 크게 이루는 바가 없고, 크게 벌려 융성은 없고, 도둑질하여 부자富者가 되질 않고, 끌어내려 짓밟기만 할 수 없고, 악자惡者는 스스로의 선善을 가탁假託하고, 사악邪惡한 자者는 스스로의 명리名利에만 의탁依託하고, 더러움을 땅에 묻고, 파렴치破廉恥로 스스로를 변론辯論하고, 섣부른 지혜로 선자善者를 능멸凌蔑하고, 굴욕을 달래서 떳떳하게 치장하고, 이룰 수 없는 바를 실천하면서 스스로를 시비是非하고, 법술法術을 논하면서 다리를 걸어 넘어뜨린다.

비결秘訣에 춤을 추고, 비전秘傳에 노래 부르며, 종전宗全에 조아리고, 떠내려가는 명리名利를 낚지 못하고, 손을 모아 자손만덕子孫萬德만 빌고, 옛 성인聖人의 말만을 빌려 입을 떼고, 옛 현자賢者들의 글을 빌려 귀를 즐겁게만 하고, 말은 하였으나 맞아 떨어지지 않는 것은 오래된 폐습弊習이다. 학인學人들을 모아두면 큰 다리가 생기고, 농부를 모아두면 십년 풍년이 들고, 목자牧者만을 모아두면 곰만 한 이리가 있고, 도적盜賊을 모아두면 창고倉庫가 생기고, 언자言者만 모아두면 시비是非만을 가리고, 지혜를 다하면 나이를 다투고, 말의 끝이 없으면 꼬리를 잡고, 굶주리면 먹을 것만 말하고, 배부르면 헛된 말만 되풀이 하게 된다.

부정한 말이 이름을 빌려 입에서 나오면 뿌리까지 간 것이고, 간악奸惡한 행동이 명리名利를 빌려 죄를 지으면 골수骨髓까지 간 것이고, 작은 것까지 이르렀는데 단속하지 않으면 큰 화禍에 다다른 것이다. 설說이 크다 해도 백년가지 않고, 논이 크다 하나 천년가지 않으며 이름이 크다 하나 백년가지 않고, 명리名利가 크다 해도 십년가지 않고, 기이奇異는 마음을 한 순간 뺏겨도 일 년 가지 않고, 말이 크다 해도 하루를 가지 않으며 삼가는 것이 크다 해도 일각一刻을 넘지 않고, 사람의 마음이 넓다 해도 한 순간을 넘지 않으니, 작은 꾀만을 내면 큰 재주가 괴롭고, 이말 저말 하면 사사로운 명리名利만이 남고, 이론저론하자 사사로운 이름만 남고, 이설저설하자 빌미만 남고, 이곳저곳하자 때를 탓하게 되고, 이때저때하자 종시

終始종시가 불분명하게 되고, 수시로 옛일을 들추고, 성인聖人의 언행을 들어 가장하고, 교묘히 감추고 속이기를 업業으로 삼고, 흉포한 일을 장난삼아 꾀를 낸다.

군주君主를 세우는 바는 삿된 것을 제거하고자 하고, 군주를 세워 다스리는 바는 올바름을 세우고자 하고, 군주를 보좌하는 바는 세금稅金을 거두어 꼭 필요한 곳에 나누어 쓰고자 하는 것인데 군주에게 기대어 법을 크게 어기고, 어지럽히고도 스스로 척신戚臣이라 하고, 스스로 현신賢臣이라 떠벌리고, 의로움도 없으면서 스스로 의인義人이라 여긴다. 하늘에서 때를 잃고, 땅에서 곳을 잃으면 사람은 설 곳이 없고, 각角이 지면 어두운 부분도 밝혀 내지 못하고, 군주에게 맡겨둔 천하의 백성이 괴롭게 되면 천하에 이보다 더 큰 죄가 없고, 사람으로 천지天地가 명命을 주었는데 거스르면 이보다 더 큰 죄는 없으니, 어두운 것을 밝히고, 밝은 것을 곧게 하여 둥근 것을 펴고, 천지지도天地之道를 바르게 펴고, 허실虛實에 몸을 맡기면서 거스르지 않는다면 백성 또한 군주君主를 믿게 된다.

교묘한 말에 뒤집어쓰고, 쓸모없는 논리에 사사로움을 숨기고, 전쟁을 핑계를 삼아 위협하고, 민란民亂을 유도하여 공功을 취하려 하고, 제 앞의 명리名利만 속셈하고, 말만 그럴싸하나 이루어지는 것이 없다. 상벌이 흔들리자 공功이 바로 서질 않고, 순차順次가 뒤바뀌자 같은 잘못을 하게 되고, 인의仁義가 불분명하자 어지러움이 생기고, 명리名利가 다투자 능욕凌辱이 앞서고, 현우賢愚가 자리를 바꾸자 궤론詭論이 많아지고, 법술法術이 설자리가 없으니, 흉포만 더해간다. 이利가 아니면 사양하고, 의義에 어긋나면 받지 말며, 예禮에 어긋나면 대하지 말고, 지혜롭지 못하면 길게 가지 말고, 명예가 떨어지면 책무責務의 말을 삼가고, 어질지 못하면 따라가지 말고, 언행言行이 다르면 어울리지 말아야 하니, 성업盛業에는 신명神

命이 두루 있지 않고, 직책職責의 정명正命은 때와 곳에 있지 않고, 이루어진 일이 사람의 공功을 벗어나면 천지天地에 돌려지게 되고, 책무責務가 마땅하면 허물이 적게 되어 뒷감당이 적어진다.

흥망興亡은 고금古今을 핑계대지 않고, 도둑은 은혜를 따라가며 간흉奸凶은 더러운 재물도 마다하지 않고, 적敵을 흠모欽慕하면서도 모자라다 하고, 능욕凌辱은 기강紀綱을 흐트러뜨리고, 전횡專橫은 능멸凌蔑로 달려간다. 더러운 돼지가 되어 마다하지 않고, 달려드는 쥐가 되어 갉아 먹고, 희생이 없는 게으른 소가 되고, 잔인하기만한 범이 되고, 구르면서 허둥대는 토끼가 되고, 간사奸邪하게 변하는 용龍이 되고, 간특姦慝하게 삼키기만 하는 뱀이 되고, 별안간 엎어지는 말이 되고, 항시恒時 두마음을 가진 부정한 양이 되고, 작은 꾀로 훑어 대는 원숭이가 되고, 작은 벼슬에 머리를 세우는 닭이 되고, 달리면서 물어뜯기만 하는 개가 된다. 보이지 않는 곳에서 길목을 노려 덮치고, 아침저녁으로 얼굴과 몸짓을 바꾸고, 숨어 있다가 틈을 엿보아 뒤통수를 치고, 착한 척하면서 독을 품고, 작은 재주를 앞세워 제멋대로 뽐내며, 작은 벼슬을 얻고도 제 권한權限을 넘겨 탐하기만 한다.

다스려지지 않는다하여 남의 탓만 하고, 따르지 않는다 하여 비난하고, 스스로의 울분을 본보기로 보이고, 말을 교묘히 하면서도 졸렬에서 벗어나지 못하고, 화려한 언사言辭를 늘여 놓아도 탓할 뿐 핑계만 댄다. 권세를 뽐내면서 지모智謀만을 숭상崇尙하여 마음에는 늘 거짓과 사기邪氣를 품어 도덕道德과 정의正義라 하면서도 사악한 것은 게으르지 않게 하고, 입으로만 모두의 것이라고 떠들어대고, 사사로움에만 부지런하니, 폐해弊害를 알면서도 명리名利가 있으면 모른 체하고, 모략謀略과 술수術數를 재주로 삼는 것을 그치지 않고, 부끄러움이 없이 말단만 따르면서 모르는 척하고, 찌르는 창으로 삼고, 흉포하면서도 착한 척하는 방패로 삼아 앞뒤가 맞지 않으면서 분명한 일만 바라고, 간단하다고 하면서 복잡한 일만 벌리고, 인의仁義라 하면서 명리名利를 벗어나지 못하고, 예법禮法이라 하면서 옷으로 차별하고, 성사成事에도 마무리가 없고, 뜻이 얕으면서 깊은 곳만 노리고, 대충하면서도 정수精髓만을 노린다.

바른 변辯은 만나기 어려우면서 헤어지기는 쉽고, 얻기가 어려우면서 놓치기가 쉽고, 삼가기가 어렵고, 달達하기는 어려우면서 향向하기는 쉽다. 그래서 간악한奸惡한 자者라도 문文은 쉬워해도 무武는 어려워하고, 언言은 쉽게 하나 행行은 못하는 것이다. 문文을 가졌다 해도 바르다 할 수 없고, 무武를 가졌다고 해도 법을 지킨다고 할 수 없고, 청렴淸廉하다 해도 옳다 할 수 없다. 얻기를 잘하는 자者는 남에게서 얻고, 행동이 변함이 없으면 때를 놓치지 않고, 합당한 것을 곳에 따라 다르게 하자 곤경困境과 미혹迷惑이 다가오니, 흔들리는 배에서는 노랫소리가 없고, 쫓겨 가면 콧노래가 없고, 괴로움이 가득한데 한숨을 그치기 어렵고, 고치기는 어려운데 망가지기는 쉬우며, 그래서 시작은 쉬워도 끝맺음은 어려운 것이다.

천지天地를 들어 올렸다고 자랑하고, 오수五數의 제왕帝王이라 하니, 괴수怪獸를 따르는 자者도 제 주인은 옳다 하고, 절개節槪를 어기고도 허명虛名만을 안고, 천박한 꾸밈으로도 수많은 죄과를 쌓고, 작은 약속으로도 천년千年을 지킨다 하고, 스스로 재능만을 자랑하고, 작은 선행을 하고서도 크나큰 자랑으로 여기고, 하찮은 이름에 목숨을 걸고, 세勢를 부풀려 물들이고, 창칼을 숨겨 도둑이 되고, 실패하여 두려워 달아나면서도 탓을 그치지 않고, 세금稅金에 기생하면서도 학정虐政으로 백성의 등을 휘게 하고, 흉년이 들어도 구제의 지혜는 없고, 도둑을 욕하면서도 제가 더 큰 도둑인 줄 모르고, 높은 자리만 바라면서 제몫을 버리지 못한다.

변폐辯弊로써 시비是非를 못하는 까닭은 손에 가득 든 자者는 물건을 잡을 수 없고, 입에 가득 물고 있는 자者는 맛을 느낄 수 없고, 생각이 복잡한 자者는 두 번 생각할 수 없고, 두 발이 묶인 자者는 멀리 갈 수 없고, 치장이 현란한 자者는 몸가짐이 불편하고, 말이 많은 자者는 움직임이 둔하고, 번잡하기만 자者는 말할 틈이 없고, 급히 일어나는 자者는 쉽게 넘어지고, 급하게 멈추는 자者는 발을 끌리고, 쉽게 말하는 자者는 어기기 쉽고, 쉽게 행동하는 자者는 실수가 많다. 감추지 않으면 숨기는 것이 없고, 의심이 없으면 미혹迷惑이 없어지고, 다투지 않으면 법이 없어지고, 답은 있으면서 문제를 풀지 못하고, 상傷하지 않으면 담이 없어지고, 더 갖고자 하는 마음이 없으면 질투가 사라지고, 지킬 것이 없으면 다투는 것이 없다.

허탄한 자者들이 군주君主에게 기생하여 어짊에 가탁假託하고, 무리 짓고 나라의 세금에 치장하고, 화기火氣를 다스리지 못하면 사치하는 바가 생기고, 종전宗全에 이름을 붙여 잡신雜神들을 불러 모으고, 입만 열면 거짓만을 말하는 사기를 업業으로 삼고, 의론懿論에 빌붙자 혐오嫌惡를 하게하고, 기만하면서 선악善惡을 가리고, 의롭다는 하자 추연妍醜이 생기고, 언행이 시비是非하자 사유四維가 생기고, 서화書畵를 탐하자 의혹하는 바가 생기고, 편리만 따르자 위험한 것이 생겨났으니, 이해는 저울로 달려 하고, 명리名利를 곡척曲尺으로 재고, 화복禍福을 자로 재려 한다.

상賞이 없으면 벌罰이 없고, 부富가 없으면 천賤이 없고, 번거로움이 없으면 엎을 것이 없고, 바른 것이 없으면 긴 것이 없고, 곧은 것이 없으면 오래 가는 것이 없고, 착한 것이 없으면 넓은 것이 없고, 다투는 것이 없으면 덧붙이는 바가 없고, 굽은 것이 없으면 속이는 것이 없다. 의자義者는 남이 하기 어려운 바를 하도록 돕는 자者고, 의자醫者는 남이 병病을 고치도록 돕는 자者고, 학자學者는 남이 올바르게 공부하도록 돕는 자者고, 철자哲者는 남이 어두운 생각을 밝히도록 돕는 자者고, 용자勇者는 뭇 사람이 용기勇氣가 모자랄 때 앞장서서 돕는 자者고, 지자智者는 아직 알지 못한 것을 알도록 돕는 자者고, 명자明者는 남이 어두운 것을 이제 밝도록 돕는 자者고, 공자功者는 남이 망설일 때 본보기를 보이는 자者이니, 나무는 심어서 키울 수 없는 것이 없고, 사람은 가르쳐 자라나게 하지 못하는 것이 없으니, 쌓이는 버릇은 깊어지고, 흐트러지는 정신은 일정하지 않다. 강을 건너면 배가 필요가 없고, 산을 오르고 나면 등짐을 벗어 던지고, 낚시가 끝나면 미끼를 던지고, 헤엄이 끝나면 옷을 입고, 밥을 먹고 나면 숟갈을 놓는다.

잘 싸우는 자者는 강자와 싸워 이기고, 흉포한 자者는 약자와 싸워 이기고, 잘 먹는 자者는 배고픈 때를 알고, 잘 달리는 자者는 그칠 줄 알고, 잠을 잘 자者는 깨는 때를 알고, 잘 사는 자者는 사는 때를 알고, 잘 죽는 자者는 죽는 곳을 알고, 점占을 잘 치는 자者는 점占을 보지 않고, 말을 잘하는 자者는 제 마음에 맞는 말을 구하고, 공부工夫를 잘하는 자者는 제 명리名利를 알고, 어리석은 자者는 제 편을 드는 자者를 따르고 미혹迷惑하는 자者는 제 명리名利를 끌어다가 보여주는 척하고, 명리名利만을 따르는 자者는 천리의 길을 마다하지 않고, 지자智者는 변화에 슬기를 다하고, 명예를 따르는 자者는 이름을 높여 주면 백리 길을 달려가고, 무자武者는 의명義命으로 사지死地를 마다하지 않는다.

유세遊說만 잘 하는 자者는 세勢를 오래 유지하지 못하고, 언로言路에만 기대는 자者는 머물지 못해 떠나가며, 비평批評만 잘하는 자

者는 쓸 줄 모르고, 세력에만 의지하는 자者는 기氣가 없으면 서질
못하고, 설명만 잘하는 자者는 제대로 만들지 못하고, 한 가지만
잘하는 자者는 변화를 모르고, 바라기만 하는 자者는 오래 간직하
지 못하고, 치장治粧하기만 하는 자者는 질투가 많고, 재주만 큰 자
者는 전하질 못하고, 한 가지만 고집하는 자者는 딱딱하기만 하고,
시장市場에 밝은 자者는 시장市場에서 속고, 재리財利에 밝은 자者
는 쌀 떨어진 줄 모르고, 용병用兵에 밝은 자者는 창칼을 손에 들지
않고, 언재言才가 좋은 자者는 들어주지 않으면 떠나가고, 사리事理
가 밝은 자者는 핑계가 줄을 잇는다.

들어서 전해야만 하는 말이 있고, 애써 실천해봐야 하는 말이 있
고, 힘써 가르쳐야 할 가르침이 있으니, 하늘이 높다하여 천신天神
이 못 본다고 하지 말고, 땅이 넓다하여 지신地神이 살피지 못한다
고 하지 말고, 인신人神이 보이지 않는다고 신명神明이 없다고 하지
말며, 귀한 물건으로 귀하다고 하진 못한다. 만나기는 어렵지만 헤
어지는 것은 쉽고, 얻기는 어렵지만 놓치기는 쉽고, 삼가기는 어렵
지만 놓기는 쉽고, 만들기는 어렵지만 깨기는 쉽다. 무릇 물러서기
는 어려운데 나아가기는 쉬울 리가 없고, 배우기는 어려운데 남에
게 너그러울 리 없고, 멀리 내다보지 않는데 가까이 볼 리 없고, 잊
기 쉬운데 깨우침이 편할 리가 없고, 가르치기 어려운데 실천하기
가 쉬울 리가 없고, 핑계는 쉬운데 이루어지기 쉬울 리가 없고, 향
하기는 쉬운데 함께 가기가 쉬울 리가 없고, 강이 흐르는 데 근원
이 없을 리가 없고, 산이 높은데 바다가 얕을 리가 없고, 더러운데 피
하기 쉬울 리 없고, 깨끗한 척 해도 어지럽지 않을 리 없다.

조화造化하는 방법으로 이름하고, 교화敎化하는 방법으로 사물
과 사람을 가르치고, 치화治化하는 방법으로 온 누리를 이롭게 하
였으니, 차고 비며 끝없이 돌고 돌아 차례로 오고, 어긋남이 없이

삼신三神에게 돌아와 끝없는 길이 되고, 보이지 않는 바탕이 되었다. 신神도 들어 줄 수 없는 바를 사람이 전부 들어 줄 수는 없고, 말만 맞다 하여 실천이 바르다고 할 수는 없고, 행동이 맞다하여 땅이 전부 받아들여 줄 수는 없고, 교묘히 속인다고 모두 맞아 떨어지지 않고, 삿된 것이 모인다하여 모두 벌할 수는 없고, 독단을 세웠다하여 옳기만 한 것은 아니요, 거스른다고 하여 모두 죄가 있다고 할 수는 없으니, 왕王을 시해弑害하고도 왕위王位에 오르는 자者가 있고, 천심天心을 속여 하늘의 징벌을 피하려 하는 자者가 있고, 땅을 속여 부지런함을 덮으려는 자者가 있고, 사람을 괴롭혀 사욕私慾만을 채우려 하는 자者가 있지만 마침내 삼벌三罰[12]을 피할 수가 없다.

역년歷年이 오래되어 추존追尊하기 어렵다하고, 기년紀年이 아물거린다 해도 먼 옛날의 일로 잊어버려도 삼성오제三聖五帝의 성인聖人들이 나와 흩어지지 않게 하고, 고비마다 사직社稷이 끊이지 않고, 난역亂逆해도 백성이 끊이질 않고, 이어온 것은 우리 한단桓檀의 자랑이 아닐 수 없다. 한시라도 백성의 수고를 헤아리지 않은 적이 없고, 한때라도 고달픔을 잊은 적이 없었으며, 잠시라도 백성을 버린 예가 없었으니, 적어지는 국세國勢에도 조선朝鮮의 법도法道가 깨진 적이 없었다. 말이 착하면 마땅함을 버리지 못하고, 글이 착하면 의명宜命을 버리지 못하고, 행동이 착하면 의로움을 버리지 못한다. 그래서 하나의 원인原因은 복잡한 결실이 되고, 복잡한 결과는 하나의 원인이 되고, 한마디의 변은 만언萬言을 낳고, 만언萬言의 폐弊는 하나에서 끝을 맺는다.

---

12) 삼벌三罰: 천벌天罰, 지벌地罰, 인벌人罰.

八 訓 歌

너희는 지극하고, 거룩한 하느님의 자손이니,
영원토록 계승繼承하여 터럭만큼 다치지 말고,
이지러짐 없이 한겨레로 모여 살고 의좋고 정답게
서로 손을 붙잡으며 싸우지 말고,
내 땀방울과 피가 스민 땅이니, 더러운 것을 묻질 말고,
너희가 할 일은 너희가 하고,
직분으로 책무를 다하고,
가진 것을 뺏기지 말고, 내가 할 일은 남에게 시키지 말며,
한 기슭 한 군데도 빠짐없는 땅의 명리名利를 받았으니,
힘껏 아껴 생활을 여유롭게 하고,
내가 내린 이 알림은 천하만민天下萬民에게 골고루 알려 주고,
자손만대子孫萬代에 잊지 마라.

王儉 檀奇古事

26. 역사론 歷史論

천지天地의 법法을 담는 것을 역歷이라 하고, 술術을 이어가는 것을 사史라 하고, 힘껏 지나온 것을 역歷이라 하고, 되새겨 쓴 것을 사史라 한다. 우리 한단桓檀의 역사歷史는 사해四海의 장자長子로 천하天下에서 가장 장구長久하다. 열성列聖들이 나라를 열고, 대통大統을 이어가 널리 퍼진 교화敎化는 만년이 지나도 모자람이 없고, 오랜 세월에도 삼성오제三聖五帝의 의론懿論은 가시지 않고, 지워지지 않는 행적은 빛이 바래지도 않으니, 곰과 여우가 머리를 산에 두듯 절명絶命의 순간에도 지켜내어 반드시 대명大命으로 일어서서 자손을 보살피고, 융성隆盛하게 된다.

무릇 한단桓檀의 역사歷史를 살피면 한국桓國은 7世를 전하고, 신시神市는 18世를 전하고, 조선朝鮮은 47世를 전하고, 부여夫餘는 6世를 전하고, 고구려高句麗는 28世를 전하고, 대진大震이 15世를 전하였으니, 사직社稷은 바르지 않은 것을 전한 때가 없었고, 국시國是는 곧은 것을 전하지 않은 곳이 없었으니, 백성을 늘 살펴 편하게 사는 것을 본本으로 하였다. 제왕帝王의 행적行蹟을 살펴보면 한인桓仁은 멀어 살피기가 어렵고, 단인檀仁[1]의 아들 커발한이 신계神界에서 늘 하계下界를 동경하여 삼천단부三千團部를 이끌고, 아리령

---

1) 단인檀仁: 第 18代 거불단한웅居弗檀桓雄의 별칭 (桓紀 1517-1575, 西紀前 2280-2333)

을 넘어 백산白山²⁾의 신단수神檀樹에 도착하여 우매愚昧한 자者들을 일깨워 계도하자 인간세상人間世上의 첫 군장君長이 되었다. 삼칠일三七日의 기도로 사람의 길을 알리고, 생사生死의 일을 알려 천하의 일을 두루 관장하고, 삼사三師로써 이를 돕게 하고, 오가五家로써 적절한 지역을 나누고, 사람의 일을 삼백예순여섯 가지로 나누어서 부끄러움과 하지 말아야 할 일을 나누어 가르쳤다.

역법曆法으로 책력冊曆을 만들고, 일년一年³⁾을 나누었고, 납폐納幣로써 혼례를 밝히고, 시市⁴⁾를 크게 열어 시월상달 사흘에 천제天祭를 지내고 난 뒤, 서로 한 겨레임을 잊지 않게 하고, 가져온 물건을 바꾸어 돌아가게 하였고, 육규六規⁵⁾를 정하고, 산목算木으로 수를 세고, 공수貢壽로써 삼신三神을 찬양하였다. 다섯 대代를 전한 뒤에 태우의한웅太虞儀桓雄때에 막내아들인 태호太皓가 신용神龍이 열두 번 변하는 것으로 한역桓易을 만들자 이 공功을 기려 서쪽 땅에 왕王으로 봉하자 여동생 여와女媧⁶⁾와 소호少昊가 함께 나가 도道를 전하였다. 안부련한웅安夫連桓雄이 강수姜水일대에 도적떼가 출몰하여 소전少典으로 하여금 감독하게 하니, 비로소 안정되었는데 그의 후손 가운데 신농神農⁷⁾이 농업農業과 의약醫藥에 크게 기여寄與한다 하여 한웅桓雄께서 이를 불러보시고 이르기를, '과연 신인神人이로다. 누워서는 하늘의 천지지기天地之氣를 걱정하고, 앉아서는 백성의 고통을 헤아리고, 서서는 백성의 먹을거리를 걱정한

---

2) 백산白山: 밝산, 밝은 산.

3) 일년一年: 365일 5시간 48분 46초.

4) 시市: 신시神市, 육시陸市, 해시海市, 제시祭市.

5) 육규六規: 도량度量, 율력律曆, 의복衣服, 묘장墓葬, 음식飲食, 공물供物.

6) 여와女媧: 태호씨太皓氏의 여동생으로 서쪽으로 나가 나라를 세움. 삼신승三神繩으로 진흙을 묻혀 뿌려 창조하였다고 함.

7) 신농神農: 소전小典의 손자로 약초藥草와 농법農法을 개선함.

다'고 하고 자편紫鞭[8]을 하사하였다.

　자오지환웅慈烏支桓雄[9]이 제위帝位에 오르기 전에 신농神農의 팔대손八代孫 유망楡罔이 유약柔弱하고, 신하臣下들이 백성을 급하게 몰자 운사雲師인 헌원軒轅[10]이 때를 틈타 유망楡罔을 내몰고서 강수姜水일대를 점령占領하고, 천하를 넘보면서 웅거하였다. 이에 천하가 어지러워 질 것을 예비하여 야금冶金을 캐내고, 창과 방패와 투구를 만들고, 의형제를 맺은 팔십일 명의 형제들과 함께 전쟁을 준비하였다. 잡스런 귀신들과 맹수들을 끌어 모으고, 현녀玄女와 소녀素女와 한발旱魃등 장수將帥들을 거느리고 공상空桑으로 진격하였다. 이 소식을 전해 듣고, 대노大怒하여 사와라한웅斯瓦羅桓雄에게 이 사실을 아뢰고, 형제들과 정예군精銳軍을 이끌고 출정하였다. 마침내 공상空桑의 들녘에서 맞붙어 화공火攻으로 불태우자, 헌원군軒轅軍은 허겁지겁 도망치다가 탁록涿鹿에서 전열戰列을 정비하고, 일전을 준비하였다. 뒤쫓아 간 치우군蚩尤軍은 바람을 부르고, 빗줄기를 뒤집으며 강산을 뒤엎으니, 귀신은 도망하여 어두운 곳으로 숨고, 현녀玄女와 소녀素女는 서쪽으로 한발旱魃은 북쪽으로 도망하고, 마침내 헌원軒轅을 붙잡았다가 놓아주었다. 그러나 스스로의 잘못을 뉘우칠 줄 모르고, 싸울 것을 고집하여 놓아주면서 싸우기를 칠십삼 회를 싸워 이기자 마침내 헌원軒轅은 사막으로 도망쳐 숨어버렸다.

　단웅檀雄[11]을 이어 왕검王儉은 신성神性한 덕과 어질어 나이 열넷

---

8) 자편紫鞭: 온열한습溫熱旱濕과 독을 알 수 있는 채찍.

9) 자오지환웅慈烏支桓雄: 第 14代 한웅桓雄, 일명一名 치우천왕蚩尤天王, 일명 지위智偉.

10) 헌원軒轅: 반고盤固의 후손.

11) 단웅檀雄: 第 18代 한웅桓雄, 거불단한웅居弗檀桓雄.

에 비왕卑王이 되더니, 스스로 원랑遠郎이 되어 스물여덟 나라[12]를 돌고, 신시神市로 돌아와 전쟁터에서 쉴 줄 모르던 단웅檀雄이 전사戰死하여 돌아가자 마침내 단제檀帝로 추대되었다. 무진년戊辰年[13]의 상달에 구한九桓을 한데 모아 조선朝鮮이라 하고, 천지天地의 명命을 계승하여 삼신고제三神古祭의 덕을 이어 아사달에 도읍都邑을 정하였다. 부루단제扶婁檀帝는 왕검王儉의 장자로 어질면서 복福이 많으니, 업業을 크게 하고, 직職을 바르게 세워 푸른 옷을 입게 하고, 머리를 땋게 했다. 구정邱井[14]으로 농업을 크게 일으키고, 마리산摩璃山에 참성단塹星壇을 세우고, 칠회력七回曆[15]으로 역법曆法을 만들었다. 가륵단제嘉勒檀帝는 문재文才가 출중하고, 배달유기倍達遺記와 삼륜구서三倫九誓[16]로 기틀을 세우고, 박사博士인 을보륵乙普勒이 가림토加臨土[17]로서 나라의 글자를 새롭게 하였고, 중신重臣인 소련小連과 대련大連[18]으로 효孝의 본本을 세웠다. 가륵단제嘉勒檀帝의 손자孫子인 구을단제邱乙檀帝는 역법曆法[19]을 새롭게 하였다. 달문단제達門檀帝는 화백和白으로 즉위하고, 모든 한汗[20]을 상춘常春에 모이게 하여 서효사誓效詞로 하나로 뭉치게 하였고, 중추中樞를 바로잡아 죄인에게서 거울삼고, 천리마千里馬와 미주美酒로

---

12) 스물여덟 나라: 나라의 밖인 사해四海에 위치位置한 이십팔주二十八州.

13) 무진년戊辰年: 개천開天 1565년, 단기원년檀紀元年, 서기전西紀前 2333년.

14) 구정邱井: 구분정九分井으로 정전제井田制.

15) 칠회력七回曆: 일주일을 칠일七日로 하여 일요일은 일신日神, 월요일은 월신月神, 수요일은 수신水神, 화요일은 화신火神, 목요일은 목신木神, 금요일은 금신金神, 토요일은 토신土神에게 제제祭祭를 지낸다.

16) 삼륜구서三倫九誓: 삼륜三倫: 애愛, 예禮, 도道, 구서九誓: 효孝, 우友, 신信, 충忠, 겸謙, 염廉, 의義, 지智, 용勇.

17) 가림토加臨土: 한글의 효시嚆矢.

18) 소련小連과 대련大連: 부모가 돌아가자 사흘을 게으르지 않고, 석 달을 느슨하지 않고, 삼 년을 슬퍼함. 삼년상三年喪의 효시嚆矢.

19) 역법曆法: 계해癸亥에서 갑자甲子로 개정함.

20) 한汗: 우두머리이자 영웅英雄의 호칭呼稱, 간艮, 왕王, 칸, 간干, 한汗, 가한可汗, 한韓 등으로 불림.

사사로움을 경계하고, 만인萬人의 즐거움을 곧 임검 스스로의 괴로움으로 본本을 삼았다. 우서한단제于西翰檀帝는 이십분의 일의 세금제도稅金制度를 두었다. 노을단제魯乙檀帝 때에는 신구神龜가 윷판과 같은 그림을 등에 지고 뭍에 올랐다. 뒤에 이를 가지고 하도河圖, 낙서洛書라 하면서 본本을 삼았다. 도해단제道奚檀帝는 삼신三神과 삼성三聖을 잘 모시고, 명산名山에 국선國仙의 소도蘇塗를 두고, 대조신大祖神의 대시전大始殿을 세우고, 한웅지상桓雄之像으로 웅상雄常을 세웠다. 아한단제阿漢檀帝는 일족수一足獸를 보고서 이르기를, '장차 나라가 변이 생기고, 크게 어지러워지면 미물도 때를 알아 피신한다'하고는 나라 경영經營의 거울21)을 삼았다. 흘달단제屹達檀帝는 주현州縣의 행정구역을 나누고, 직책職責의 한계限界22)를 두고, 은탕殷湯이 무도無道하여 벌伐하였다. 국태민안國泰民安하여 태평성세太平盛世가 계속되자 조칙詔勅으로 이르기를, '나라가 평안할 때 위급을 잊지 말고 나라가 부강할 때 어려움을 잊지 말라'고 하였다. 고불단제古弗檀帝는 자모전子母錢과 인구조사를 해보니, 일억 팔천만 명이었다. 대음단제代音檀帝는 은殷의 조공朝貢을 받고, 태수정사太守政事를 하였다. 위나단제尉那檀帝는 정법政法을 쇄신하였다. 여을단제余乙檀帝는 고수노高叟老의 민본부강民本富强의 정사政事를 국시國是로 삼았다. 종년단제縱年檀帝는 국문서당國文書堂과 구엽전具葉錢을 만들었다. 고홀단제固忽檀帝는 천지지도天地地圖를 제작하였다. 소태단제蘇台檀帝는 은殷이 조공朝貢하였다. 아홀단제阿忽檀帝는 정전법井田法을 시행하였다.

색불루단제索弗婁檀帝는 영고탑寧古塔에 성성城을 쌓고, 인세人世에

---

21) 경영經營의 거울: 유위자有爲子가 일족수一足獸를 보고, 이르기를 '나라가 흥하는 것은 상서祥瑞가 있고, 나라가 망하는 것에는 요괴妖怪가 생기니, 화복禍福의 앞으로 나아가면 일의 몸뚱이가 착한지 그른지를 알게 되니, 이것이 천지조화天地造化의 징조徵兆이다'하였다.

22) 직책職責의 한계限界: 지방자치地方自治와 삼권분립三權分立.

서 처음으로 팔금법八禁法을 만들었고, 삼한三韓을 한데 모아 구서
九誓하여 나라를 새롭게 하였다. 솔나단제率那檀帝는 무용명철武勇
明哲하고, 인정무민仁政撫民하고, 민심을 본본本本으로 정사政事를 살폈
다. 추로단제鄒魯檀帝는 음악을 선용善用하고, 인재人才를 두루 뽑
아 기용하였다. 두밀단제豆蜜檀帝는 상서上書의 제도制度를 두어 기
강紀綱을 바르게 하였다. 해모단제奚牟檀帝는 현상賢相 황노명黃老
明으로 덕화정기德和正己의 정법政法을 세웠다. 마휴단제摩休檀帝는
은소불사恩詔弗事하고, 국상國相인 신운선申雲善으로 하여금 나라
가 승평升平하게 하였다. 나휴단제奈休檀帝는 역법易法이 어지러워
져 혹세무민惑世誣民을 걱정하여 이를 금禁하였다. 감물단제甘勿檀
帝는 삼성사三聖詞를 세우고, 주周가 조공朝貢하고, 고삼도高參道가
삼신일체三神一體의 정법政法을 세웠다. 오루문단제奧婁門檀帝는 구
년풍년九年豊年으로 도리가兜理歌로 태평을 노래하였다. 사벌단제
沙伐檀帝는 연제燕齊를 벌伐하였다. 매륵단제買勒檀帝는 관평송덕寬
平頌德하고, '언약없는 헌물獻物'이라고 물리쳤다. 마물단제麻勿檀帝
는 방공전方孔錢을 만들었다. 구물단제丘勿檀帝는 나라이름을 대부
여大夫餘로 고치고, 삼한三韓을 삼조선三朝鮮으로 바꾸고, 삼한분권
三韓分權을 하였다. 여루단제余婁檀帝는 연제燕齊를 벌伐하였다. 고
열가단제古列加檀帝는 오가대위五家代位를 육년 동안 하였고, 해모
수解慕漱가 대통大統을 이어 받았다.

해모수단제解慕┌檀帝는 연호지법烟戶之法[23]과 공양모태법公養母胎
法[24]을 제정制定하고, 시행하고, 백악산白岳山에 천안궁天安宮을 지
었다. 모수리단제慕┌離檀帝는 경향분수京鄉分守[25]의 법을 세웠다.

---

23) 연호지법烟戶之法: 밥 짓는 연기로 가구수家口數와 민생民生을 파악.

24) 공양모태법公養母胎法: 낳기만 하면 공동共同으로 양육養育하는 법法.

25) 경향분수京鄕分守: 윷놀이의 용도법龍圖法, 서울은 천왕天王이 직접 수비하고, 지방은 네 갈래로
각각 나누어 지킴.

고해사단제高奚斯檀帝는 서북의 도적盜賊 위만衛滿[26])을 정벌征伐하였다. 고우루단제高于婁檀帝는 가섭원迦葉原으로 이도移都하였다. 고두막단제高豆莫檀帝는 한구漢寇를 벌伐하고, 북부여北夫餘에 속屬하게 하였다.

한인桓仁이 천지天地의 명命을 받아 천하天下에 열어 오훈五訓의 법을 세웠고, 한웅桓雄이 종전宗全의 법을 살펴 하늘과 땅을 열고, 왕검王儉이 사람을 크게 열어 천지지법天地之法의 본本을 받았다. 단제왕검檀帝王儉의 덕이 쇠해지자 사방四方의 도둑이 일어나고, 관경이 허술해지자 시끄럽기만 하고, 매듭이 적어서 어지럽기가 끊임이 없으니, 잔악하면서 간악한 말이 뜻을 취하여 밟고 일어서는 바가 나를 살리는 길이라 여기게 되었고, 바르지도 않은 법이 백성을 옭아매는 수단이 되고, 수탈의 세금을 앞세워 백성을 떠돌게 하는 목표가 되고, 적敵을 불러들이고, 안으로 분열하여 스스로 도적이 되었다.

종전宗全의 역사歷史가 가르치는 바는 멀기만 하고, 치우친 사가史家가 공평公平한 척하고, 구서九誓와 오상五常을 떠들어 대면서도 편벽되고, 때를 잊어 기억을 흩트리고, 때와 곳의 지도리마저도 파묻는다. 한인씨桓仁氏의 시대에는 반고盤古가 난亂을 일으켰고, 한웅씨桓雄氏의 시대에는 헌원軒轅이 난亂을 일으켰고, 왕검씨王儉氏의 시대에는 요堯가 독단獨斷을 세웠고, 부루씨扶婁氏의 시대에는 순舜이 불효不孝하였고, 우禹가 난亂을 일으켰다. 헌원軒轅은 삼황문三聖文을 훔치고 당요唐堯는 삼묘三苗를 내몰고, 사사로이 개를 길렀고, 예羿는 믿었던 봉몽逢蒙에게 뒤통수를 맞았고, 하우夏禹는 치수治水를 하고도 유호씨有戶氏에게 패했고, 기준箕準은 사냥꾼 위

---

26) 위만衛滿: 연燕의 사냥꾼, 번한番韓의 단군檀君인 기준箕準을 속여 시해弑害하고, 번한番韓을 가로챔.

만위滿에게 두 번 속아 번한番韓을 뺏기고, 양광陽光은 을지문덕乙支文德에게 쫓겨 수隋를 망하게 했고, 남생男生은 향도向徒가 되어 고구려高句麗를 망하게 하였다.

　우리 삼한三韓은 관경管境은 지키되, 경계境界를 애써 나누지 않았고, 이민족異民族을 인의仁義로 다스렸고, 서로 다투지 않는 바를 큰 틀로 여기고, 함부로 내치지 않아 때를 잃거나 갈 곳이 없게 하지는 않았고, 무도無道하다하여 함부로 군사를 일으켜 벌伐하지 않았고, 그 백성의 삶을 숭상하고, 비록 나라가 작아졌더라도 업신여기지 않고, 비록 커졌어도 다툼을 일으키지 않았다. 큰 날을 기다려 혼자만 닦지 않으면서 널리 전하고, 사사로운 자者는 개명開明하게 하고, 간악奸惡한 자者에게 종시終始의 법을 깨우치고, 흉포한 자者에게는 하늘의 벌罰을 알게 하였고, 순박淳朴한 자者에게는 하늘의 복福을 쌓게 하였고, 착한 자者에게는 보여 비로소 참된 도道를 이루어지게 하였다.

　역사歷史의 본本은 치우치지 않으면서 돌고 도는 데에 있고, 전쟁의 본本은 개선凱旋하는데 있고, 군대軍隊의 본本은 무위武威하는 데에 있고, 병략兵略의 본本은 위용威容에 있다. 붓이 바르면 글이 바르고, 엄숙한 글을 쓰면 자랑스러워지고, 중추中樞가 바르면 역사는 치우치지 않고, 자세하지 않으면 백번을 생각하기가 어렵고, 의義가 없으면서 한 글자라도 빠뜨리면 의혹이 생긴다. 나라가 부강한 뒤에 군대軍隊가 강해지고, 나라가 존속한 뒤에 역사가 있게 된다. 적敵이 넘본 뒤에 군비軍備가 갖춰지고, 내란內亂이 없어진 뒤에 융성해지고, 외적外敵이 없어진 뒤에 활발해지게 되니, 도의道義가 시끄러우면 안위安危를 논 할 수 없고, 칼로 술법術法을 억누르면 선악善惡을 논할 수 없고, 붓으로 술법術法을 희롱하면 폐단弊端을 논 할 수 없다.

역사歷史를 예측하기 어려운 이유[27)]는 작은 사사로움에서 시작되어 크게 번져나가는데 있고, 천하가 흔들리는 하나의 까닭이 된다. 비평하는 자者가 중추中樞를 잃으면 공정公正을 빼앗기고, 거스르는 자者가 기술記述하면 어긋나게 되고, 적敵의 망아지가 된 자者가 기술하면 날뛰게 되고, 억울해 하는 자者가 기술하면 삐뚤어지게 되고, 난잡한 자者가 기술하면 마음에 담아두고, 숨기는 자者가 기술하면 곡절曲折을 만들고, 일정하지 않는 자者가 기술하면 허물로 표表를 삼고, 무고誣辜의 원怨을 풀지 못한 자者가 기술하면 탓만 하게 되고, 바르지 않은 자者가 기술하면 현란眩亂한 짓만 골라하고, 목소리만 키우려는 자者가 기술하면 세勢를 잡으려 하고, 간적奸賊의 자식들이 기술하면 허물만 벗으려 하고, 도적의 무리들이 기술하면 잊어버리는 빌미를 만든다.

큰 것에 붙어 작은 명리名利를 보장받고, 제 것을 버려 작은 것을 따라하고, 착한 것을 버리고 악을 쌓고, 의로운 것을 버리게 하고, 남의 것을 가져다가 덮어 쓰기만 하고, 싸워서 이기면 역사에 기록된다 하고, 이름만을 얻기 위해 싸우면 능멸을 당하고, 명리名利만을 얻기 위해 싸우면 심신心身을 상하고, 사사로움을 버리지 못하면 일신도 편안하게 하지 못한다. 성인聖人이 왕이 되면 평천하平天下의 치적治積이 되고, 삼년이 풍년이면 나라가 안정이 되고, 칠년이 풍년이면 성왕聖王의 칭송을 듣고, 현자賢者가 바른 자리를 얻으면 나라가 평안해지고, 기회만을 노리는 자者가 득세得勢를 하면 나라가 길을 잃고, 음흉陰凶한 자者가 득세하면 국부國富가 줄고, 간악奸惡한 자者가 득세하면 편만 가르고, 길흉吉凶이 득세하면 바

---

27) 역사歷史를 예측하기 어려운 이유: 어리석은 사관史官, 궤론詭論의 세력으로 바른 것을 잃은 것, 패역悖逆하여 질서가 없는 것, 장사치의 이론, 헛된 공론空論, 만인을 만족하게 하지 못하는 것, 어지러운 풍습風習, 나라의 기강紀綱이 무너지는 것, 말만 앞서 겉만 치장治裝하는 것, 적敵들이 곳곳에 숨어들어 갉아 대는 것, 적敵의 지령指令에 충성을 다하면서 국시國是를 어지럽히는 것, 간악奸惡한 군주의 언행.

른 것이 없는 세상이 된다.

역사歷史는 공론公論에 있는 것이 아니라 정사正邪에 있고, 존망存亡은 과소過少에 있는 것이 아니라 실정失政에 있고, 적침敵侵은 강약에 있는 것이 아니라 방심에 있고, 승리勝利는 대소大小에 있는 것이 아니라 일념一念에 있고, 상벌賞罰은 애증愛憎에 있는 것이 아니라 공과功過에 있고, 법술法術은 이해利害에 있는 것이 아니라 의선義善에 있고, 종전宗全은 명리名利에 있는 것이 아니라 상통相通에 있고, 치적治積은 예악禮樂에 있는 것이 아니라 민생民生에 있다. 근본이 없으면 전하는 바가 적어지고, 흔들리면 듣는 바가 의심스럽게 되고, 줄기가 가늘어지면 잎이 마르고, 나무가 곧지 않으면 재목으로 쓸 수 없고, 철석같은 마음도 흔들리면 쉽게 바뀌게 되고, 교훈이 없으면 역사는 반복되어 돌아오게 되고, 용서가 없는 역사는 스스로 떨쳐내지 못하고, 반성이 없는 역사는 반목만 하여 제자리고, 공론公論이 없는 역사는 제 각각이고, 말만 앞세우는 역사는 입으로만 떠들고, 지켜지지 않는 역사는 제 혼魂이 없다.

군주 된 자者는 마땅히 의선義善을 밟지 않아야 하고, 신하된 자者는 사리私利에 집착하지 않아야 하고, 공인公人 된 자者는 법법法을 어기지 않아야 하고, 업業이 주어진 일에 태만하지 말아야 한다. 직職에 충실하여 주어진 일에 경솔하지 않아야 하고, 백성을 사치하면서 게으르지 않게 해야 한다. 전쟁터에서는 용맹을 쓰고, 평시에는 재덕才德을 쓰고, 어지러우면 재주를 쓰고, 궁窮한 곳에는 재물을 쓰고, 난세亂世에는 강자를 쓰고, 승세昇世에는 대부를 쓰고, 평세平世에는 정자貞者를 쓰고, 격세激世에는 완자頑者를 쓰고, 암세暗世에는 학자學者를 쓰고, 간세間世에는 용자勇者를 쓰고, 역세逆世에는 명자明者를 쓴다.

사나운 도적떼와 간악奸惡한 관리는 같은 굴뚝이고, 분서망사焚書忘史[28]와 참람僭濫한 난리는 같은 아궁이고, 간적奸賊과 우매愚昧한 선생先生은 같은 솥이고, 소년병少年兵과 화자火者는 같은 장작이고, 어리석은 백성과 간악奸惡한 자者는 같은 문이고, 궤론詭論과 남을 탓하는 자者는 같은 지붕이고, 적敵과 내통內通하는 자者와 적敵을 흠모欽慕하는 자者는 같은 서까래이고, 신神을 파는 자者와 종전宗全으로 세勢를 불리려 하는 자者는 같은 벽壁이고, 동족同族을 죽이는 자者와 명리名利의 전쟁을 일삼는 자者는 같은 배이고, 희망이 없는 자者와 바르지 않은 선생은 같은 씨이고, 잔인한 자者와 난폭한 자者는 같은 통이고, 시비是非가 불분명 자者와 약삭빠른 장사치는 같은 명命이다.

옛것을 쌓으면서 새것을 받아들이면 믿음을 강하게 하고, 직언直言으로 귀를 밝게 하면 책망을 벗게 해주고, 간사奸邪를 멀리하여 속임수를 간파하여 삿된 것을 멀리 해야 한다. 선善은 높이고 악惡은 낮추고, 시비是非를 줄이고 화액禍厄을 풀게 하고, 재액災厄을 미치지 않게 하고 나라의 그릇을 닦아야 한다. 무릇 역사의 그릇에 금이 가면 음식을 쏟게 되고, 삐뚤어진 그릇에는 더러운 것을 담게 되고, 질박質朴한 그릇에 귀한 장식만 하면 값어치가 떨어지게 된다. 말만 앞세우고도 실천하는 바가 적고, 옳다하면서도 뒤로 다른 일을 꾀하고, 적은 재주로도 큰 진리를 덮으려하고, 지혜를 흉내만을 내면서도 공적功績이 없고, 법술法術에는 능能하면서도 폐단弊端은 고치지 않고, 극해極害가 심한데도 대책을 세우지 못하고, 패를 갈라 시비是非를 다투고, 지키지 않으면서도 스스로 어기고, 풍습風習이 썩는데도 이를 막지 못한다.

---

28) 분서망사焚書忘史: 제 것을 버리고 남의 것에 빌붙어 스스로 책冊을 태우고 제 역사歷史를 부끄럽게 여기는 것.

지켜내지 못하는 역사歷史는 민족을 보호하지 못하고, 어리석은 역사는 민족을 같은 길을 걷게 하고, 흉내만 내는 역사는 오래가지 않고, 제 탓을 하지 못하는 역사는 융성하지 못하고, 수탈을 잊어버리는 역사는 지배를 받게 되고, 수용만 하는 역사는 민족을 흩어지게 하고, 용서하지 못하는 역사는 궁지에 다시 내몰리고, 곧지 않은 역사는 적敵을 불러들이고, 내적內賊이 많은 역사는 뒤로 돌아간다. 역사의 의로움이 없으면 약탈만을 기록하고, 역사의 아름다운 것이 없으면 거친 일을 자랑삼고, 역사의 믿음이 없으면 허망하기만 하고, 역사의 염치가 없으면 도둑에 가깝고, 역사의 지혜가 없으면 비교만 하여 기록하고, 역사의 명리名利가 없으면 세勢가 흩어지고, 역사의 부끄럼이 없으면 오래가지 않고, 역사의 힘이 부족하면 조상만을 탓하고, 역사의 어리석음이 있으면 가진 것을 탓하고, 역사의 배움이 부족하면 나라를 힐난하고, 역사의 생각이 부족하면 제 억울함만 탓하고, 역사의 힘이 없으면 지켜내지 못하고, 역사의 교훈이 없으면 있으나 마나하고, 역사를 잘못 배우면 호오를 숨기고, 역사歷史를 잘못 가르치면 폐해弊害가 따르고, 역사를 졸렬하게 보면 운運을 탓한다.

삼성오제三聖五帝의 가르침이 전해지지 않으면 신분으로 막히고, 종전지도宗全之道를 바르게 가르치지 않으면 죄를 짓게 된다. 포용하는 척하면서도 배척하고, 위해주는 척하면서도 거덜 내고, 전하여 잇지 못하고, 쥐어줘도 지키지 못하고, 풍습風習에 있어도 배우고, 가르치지 못하여 적절하게 살피지 못하고, 명령命令이 서도 작은 꾀와 핑계만 댄다. 현군賢君이 다스리는 시절에는 그릇에 맞지 않으면 쓰지 못하였고, 민생民生에 해害가 되면 과감히 버렸고, 보필하는 자者들도 정도正道를 핑계 삼아 사도邪道를 숨기지 못하였다. 의인義人은 나라를 위하면서도 몸을 돌보지 않았고, 고통을 헤아려 즐거움만을 따르지 않고, 고산심천高山深川처럼 마땅함을 버

리지 않았고, 넓은 강과 깊은 바다처럼 평이平易하였고, 명리名利만
으로 옳은 바를 구하지 않았다.

지금의 천하天下에는 간흉奸凶도 벌罰을 받지 않아 어지러워지
고, 궤사詭詐가 많아 바르게 일하는 자者가 드물어진다. 옛날의 일
을 끌어다가 지금에 빗대어 말하면서도 지금의 옳은 일을 방해하
고, 역사役事의 일에 드러누워 밟고 지나가라고 큰 소리를 쳐대고,
제 밥그릇이 줄어들까 눈을 흘기고, 옳은 것처럼 보이려고 언사言
辭를 꾸미고, 제 명리名利만을 위해 죽음을 얻으려 하고, 불쌍한 자
者들을 앞세워 명리名利만을 챙기고, 명분名分을 버리는 척하면서
도둑 떼를 불러 모으고, 간흉姦凶의 뜻을 거스를까 두려워하고, 불
쌍한 자者들을 선동하여 훼방하고, 몸뚱이를 앞세워 이름을 미끼
삼고, 거지 떼를 모아 세勢를 부풀려 협박한다.

무릇 역사歷史에는 빠지지 않는 것이 있다. 쌀에는 쌀벌레가 생
기고, 썩은 고기에 구더기가 모이고, 쉬파리처럼 먹이를 놓치지 않
고, 피 냄새를 맡고서 거머리처럼 달려들고, 땀 냄새를 맡고 모여
드는 모기떼처럼 먼 곳을 마다하지 않고, 걸려들기만을 노리는 거
미처럼 역사의 뒤를 흐리게 한다. 떨어지는 새는 날개가 소용이 없
고, 암초에 부딪히면 노가 필요가 없고, 멀리 나는 새는 돌아올 기
약이 없고, 돛이 없는 배는 갈 곳이 없고, 농부가 때를 잃으면 거두
질 못하고, 어부가 운運을 잃으면 풍랑을 만나고, 스승이 곳을 잃
으면 가르칠 것이 없고, 제자가 때를 잃으면 얻을 것이 없으니, 전
하기가 바르지 않으면 듣는 자者가 의혹하게 되고, 듣는 자者가 바
르지 않으면 전하는 것이 우스워지고, 가르치는 자者가 바르지 않
으면 배우는 자者가 의심하게 되고, 역사가 바르지 않으면 삐뚠 자
者들이 악용하고, 어긋난 자者가 말을 하면 되는 일이 없다.

학문學文에만 의존하면 말만 많아지고, 학인學人에게만 의존하면 시끄럽기만 하고, 무인武人에게만 의존하면 딱딱해져 부드러움이 없고, 술법術法에만 의존하면 역사와 멀리 떨어지고, 바로 세운다고 떠들어도 사사로운 구실을 끌어다가 붙여대고, 마음먹은 대로 쓰이질 않으면 비난만 해대고, 욕만 해대면서 대안代案은 없고, 큰일을 자랑을 삼으면서 기록을 하질 못하고, 역사의 근거를 둔다면서 옛글에만 가존假存하고, 전典에만 의존하면 의혹되는 바가 많아진다. 흘러가는 강물에는 표表가 서질 않고, 떠나가는 구름에는 걸릴 것이 없다. 잡스런 폐해는 역사를 뒤집고도 남고, 십손十損[29]하면 나라의 맥脈마저 끊긴다. 군신君臣이 사치하면 오래가는 나라가 없고, 백성이 궁핍하면 고난을 피할 수 없고, 역사歷史가 바로 서질 않으면 풍습風習이 흩어지고, 방비가 허술하면 근심이 떠나질 않고, 잊지 않고 용서하면 교훈이 생긴다.

무릇 역사歷史는 되돌릴 수도 없고, 부끄러움도 역사이니, 감추지 않으면 내일 숨길 것이 없고, 떳떳하다면 내일 반성할 것이 없고, 배우지 않으면 내일에는 같은 일을 반복하고, 오늘 힘을 쏟지 않으면 내일에는 주인主人 노릇하지 못하게 된다. 행적行蹟이 비록 멀다하나 연대年代가 명확하고, 그 오고 가는 것에 거스름이 없으니, 연대를 바르게 세워 성제聖帝의 덕을 잊지 않게 해야 한다. 토석土石으로 쌓고, 때때로 보수하여 늘 서로 삼신三神이 한 뿌리임을 잊지 않게 하고, 역사를 바로 세워 허튼 자者들이 날뛰지 않게 하고, 지키는 바에 힘써 후손으로 도리를 다하게 하고, 전하는 방법

---

29) 십손十損: 쉽게 잊어버리고 용서하지 않는 것, 교훈을 잊어서 병폐病廢를 반복하는 것, 탓함을 그치지 않으면서 제 조상의 것을 부정하는 것, 스스로 유적遺蹟과 사서史書를 불태우는 것, 분묘墳墓를 파헤치고 유물遺物을 도굴하는 것, 이론에만 얽매어 남의 것을 가져다 제 것으로 삼는 것, 사사로이 역사歷史를 왜곡歪曲하는 것, 역사歷史를 얻으려 하지 않으면서 제 명리名利에만 끌어다 붙이는 것, 제 것은 믿지 않으면서 남의 것을 믿기만 하는 것, 종전宗佺과 학문學文이 다르다고 배척하면서 방해하는 것.

을 올바르게 하여 잊지 않는다.

역사歷史가 흥하는 바는 백성들을 일깨워 흉凶을 없애고, 바른 자者들이 득세하고, 훌륭한 신하들이 보좌하고, 의론懿論과 오상五常이 가득하고, 의로움과 공론公論이 국시國是로써 마땅함을 다하게 되니, 도적은 부끄러워 숨고, 길에는 물건이 있어도 줍지 않고, 산을 더럽히고 물을 오염시키지 않는다. 역사가 망하는 바는 하늘이 돌아서고, 땅이 뒤집어지고, 희망이 없고, 요물이 나타나고, 신하된 자者들의 도둑질이 만연하고, 종전宗全이 어그러지고, 술사術士들이 길거리에 나서고, 예인藝人들이 부끄러운 줄 모르고, 가르치는 자者들이 제멋대로 하면서도 잘못된 탓만 하고, 도둑들이 들끓어 공인公人은 때를 놓치지 않고 제 배만 불린다. 도적떼가 풍속風俗을 바꾸어 이지러지고, 허망하게 역사를 들먹이면서 제 명분名分만을 찾고, 시끄럽기만 하고서 역사를 썼다고 자랑하고, 제 명리名利만 구해 모략만을 그치지 않는다.

어제 숨겼던 일을 오늘 내비치면 의혹하고, 오늘 벌였던 일을 내일에는 입을 닫으면 미혹迷惑하게 된다. 수모를 잊으면 내일 넘보는 자者가 있게 되고, 용서하지 않으면 내일에는 잊어버리고, 오늘 잊으면 내일에는 용서를 구할 곳이 없어 천파天波를 당하고도 천인天刃을 뒤집어쓰게 되고, 천역天驛으로 천고天孤를 당하고도 천액天厄하여 원죄原罪가 있게 된다. 나라가 망하는 바는 극極을 잊어버린 것이니, 백성을 짓밟으면 원한은 자라나고, 어리석은 민심이 섣부른 사가史家보다는 현명하고, 명리名利에만 치우친 학인學人보다는 어린아이가 우매愚昧하지 않고, 혼탁한 자者들 보다는 흘러가는 명리名利가 청정하다.

기이奇異한 것은 한 달 가지 않고, 화합和合이 커도 일년 가지 않고, 이름이 길어도 백년가지 않고, 나라가 커도 천년가지 않고, 땅이 만들어도 만년가지 않는다. 비전秘典에 의탁依託하고, 비참秘讖에 가탁假託하여 척전擲錢의 수에 얽매이고, 명命을 속이려고만 하면 테두리를 벗어나지 못한다. 종전宗全은 바르게 전하지 않으면 바뀌는 자者들이 생겨나고, 명리名利를 잡아 새기지 않으면 흘러가기만 하고, 바르고 곧은 것이 없으면 뒤집어지고, 권하는 바가 어긋나면 화액禍厄을 예측할 수 없고, 경계하는 바를 소홀히 하면 존망存亡을 예단豫斷할 수 없고, 공론空論을 만들면 퇴보가 생겨나고, 교만을 방치하면 강적을 불러들이고, 편안한 것만 바라면 폐단弊端을 부르고, 문약文弱에만 치우치면 해충害蟲이 생기고, 용맹만 믿으면 대적大敵을 부른다.

훌륭한 나라에는 명상名相이 있어야 하고, 훌륭한 역사歷史에는 바른 사관史官이 있어야 하고, 훌륭한 언행에는 현자賢者가 있어야 하고, 바른 역사는 전하는 자者가 있어야 하고, 어리석은 교자敎者는 키우지 못하고, 혁신이 없으면 나아가지 않고, 사사로운 공덕功德은 적산積算할 수 없고, 영험靈驗이 없는 종전宗全은 제물祭物만 바란다. 훌륭한 교육에는 스승이 있어야 하고, 훌륭한 나라에는 명군明君이 있어야 하고, 훌륭한 책에는 주석자註釋者가 있어야 하고, 훌륭한 말에는 전달자가 있어야 하고, 훌륭한 일에는 조력자助力者가 있어야 하니, 그래서 보옥寶玉으로 곡세曲世하는 것을 두려워하고, 부명符命은 그릇에 맞지 않는 자者가 받는 것을 두려워하고, 비서秘書는 삐뚠 자者가 보는 것을 두려워한다.

백성의 수數가 적으면 산물産物이 부족하게 되고, 백성이 융화融和하지 않으면 서로 질시하고, 백성이 마땅하게 여기는 것이 없으면 본바탕을 지키지 못하고, 백성이 단점을 드러내면 적敵과 내통內通하게 되고, 백성이 뜻을 받들지 못하면 벌리기만 하고, 백성이 경험이 없으면 외롭고, 백성이 약하면 도움만 바라고, 백성이 거스르면 받아들이는 척만 하고, 백성이 우환이 많으면 염려하는 바가 적고, 백성이 강성하지 못하면 큰 소리만 치고, 백성이 화합和合하지 못하면 치욕을 당하고, 백성이 대계大計가 없으면 작은 꾀로 바꾸는 척만 하고, 백성이 능함이 없으면 현명한 척만 하고, 백성이 위태로우면 지키는 척만 하고, 백성이 힘이 없으면 외적外敵을 끌어들인다.

바로 적지 않으면 후대後代에 미혹迷惑하는 자者가 있고, 외적外賊을 근거하면 비추어 볼 수 없고, 적敵과 내통內通하는 자者와는 나라의 안위를 걱정할 수 없고, 음흉陰凶한 자者와는 역사의 신풍神風을 읽을 수 없고, 간악奸惡한 자者와는 역사歷史를 멀리 볼 수 없고, 명리名利에 눈 먼 자者는 역사의 자랑됨이 없고, 밝은 것이 없는 자者는 역사의 밝기를 볼 수 없고, 곧은 것이 없는 자者와는 왜곡된 것을 말 할 수 없고, 이름에 치우친 자者는 장실藏室이 털려도 온전하게 말 할 수 없고, 수탈收奪의 그림자가 지나간 자리는 보물이 없다. 잘못 기록된 역사만큼 폐해弊害가 큰 것은 없고, 잘못된 사관史官만큼 나쁜 자者가 없고, 도적 떼의 노족露足에는 착한 것은 볼 수 없고, 멀리 바라보지 않으면 바르게 된 기록이 없고, 바른 사가史家가 없으면 바른 기록이 뒤틀리게 된다.

역사歷史는 현상顯象으로 주해註解하고, 선악善惡으로 피아彼我를 삼고, 혼란混亂은 치평治平을 삼고, 항상恒常 있어 끝나는 법도 없고, 사람이 사라지면 역사 또한 사라진다. 기술하는 자者가 치우치지 않으면 낮출 수가 없고, 기록하는 자者가 분명하면 역사를 높일 수 있고, 현상賢相이 보좌하면 역사가 풍부해지고, 성주聖主가 다스리면 역사가 나날이 새로워지고, 군주 된 자者가 역사에 기록되는 것을 걱정하지 않으면 기강紀綱이 바로서고, 역사를 이지러지지 않게 하면 나라의 기틀이 나날이 새로워지고, 올바르게 써지면 나라의 국시國是가 바로 서고, 바른 자者가 풍속風俗을 바꾸면 곧은 역사가 되고, 밝은 자者가 역사를 바로 세우면 나라가 융성隆盛해진다.

나라가 망하는 바는 예측豫測을 할 수 없고, 흥폐興廢는 덕으로 덮을 수는 없고, 나라가 나약하면 의지할 백성이 없고, 나라에 망조亡兆가 들면 망나니가 만인을 구렁텅이로 몰아넣고, 나라의 힘이 약해지면 스스로 낮추어 조공朝貢하게 되고, 나라의 자랑스러움이 없어지면 향도向徒를 자청自請하고, 나라의 밝은 바가 사라지면 주구走狗가 되고, 은밀히 내통內通하는 간적奸賊이 많아지면 적敵을 끌어들여 의탁依託한다. 누워 배를 드러내면서 스스로의 길을 버리고, 남의 옷을 빌려 입고도 버거워하고, 사사로이 빌붙어 소중한 것을 업신여기고, 문에 줄을 긋듯 살생을 그치지 않는다. 전란戰亂은 늘 비참한데도 삼가지 못하고, 밝은 바를 구하질 못하고, 늘 적敵의 지령指令에만 매달리고, 적敵의 발톱을 문앞서 맞이하고, 분서 망사焚書亡史하면서도 제 것을 버리고, 남의 것으로 치장하면서도 죄가 없다고 하고, 가까이 보지 못하면서 먼 곳만을 바라보고, 스스로 업혀가면서 자랑삼는다.

을파소乙巴素[30]는 고구려高句麗의 압록곡鴨綠谷사람이다. 고국천제故國川帝[31]에 이르러 외척外戚들은 권세權勢로써 물러 설줄 모르고, 나라 안의 명리名利만을 독차지하면서 불의를 일삼으니, 백성은 원망하고, 원성이 하늘에 이르렀다. 이에 고국천제故國川帝가 국정國政을 쇄신하고자 령令을 내리면서 이르기를, '관청官廳에는 은

---

30) 을파소乙巴素: 고국천제故國川帝의 대현상大賢相, 참전계경參佺戒經을 저술著述.
31) 고국천왕故國川王: 고구려高句麗 제 9대 제왕帝王 (檀紀 2513-2531, 西紀　179-197)

총恩寵으로 들어오고, 지위地位에는 덕德이 없어도 승진하여 그 폐해弊害는 백성에 깊게 이르고, 왕가王家의 뿌리마저 흔들리니, 나라 안에 근본을 굳게 지킬 인재를 천거하라!'고 하니, 신하들이 입을 모아 안류晏留를 천거하였다. 안류晏留가 이르기를, '본인本人은 큰 정사政事에는 부족한 것이 많으니, 좌물촌左勿村의 을파소乙巴素라는 자者가 있으니, 을소씨乙素氏의 손자로 성품이 강직하고, 지혜가 많고, 생각이 깊으나 써주지 않아 농사에만 힘을 쓰고 있으니, 널리 사람을 구하면 이 사람이 적당합니다'고 아뢰니, 이에 제帝가 사람을 보내 정중히 청請하고, 작위를 중외대부中畏大夫에 앉히자 다시 아뢰기를, '신은 도둔瞉鈍하여 제帝의 엄명을 감당하기 어려우니, 나라 안의 대현을 찾아 큰 뜻을 이루십시오!'하니, 이를 듣고, 제帝가 국상國相에 제수하고, 이르기를 '귀천을 막론하고, 국상國相을 따르지 않는 자者는 족族을 멸하리라!'고 하였다. 물러나서 을파소乙巴素가 말하기를, '때를 못 만나면 물러나 앉고, 때를 만나면 나아가 펼치는 것이 선비의 일로 일단 막중한 직책을 맡았으니, 지난날의 은거는 잊겠다'고 하고는 지성으로 나라를 받들고, 정교政敎의 일을 밝히고, 상벌을 공정公正하게 백성의 노고를 잊지 않으니, 직책을 벗어나는 자者가 없었다. 나이어린 아이들을 뽑아 선인도랑仙人道郎이라 하고, 선택된 무리를 조의皁衣[32]라 하고, 바른 행동을 거듭하도록 규율을 만들고 모두를 위하여 스스로를 아끼지 않으니 조의皁衣로써 한 몸을 희생하고, 선인仙人의 도道로써 몸과 마음을 닦으니 제 한 몸을 위하여 다른 것을 배우며 제 것을 버리고 남의 것을 덮어 입는 일이 없었다.

무릇 하늘에 부끄러운 것은 우리 육국六國[33]이 능히 원대한 기상

---

32) 조의皁衣: 고구려高句麗 때 도道를 닦는 선인仙人들의 옷, 선인仙人의 도道를 닦고, 무예武藝와 오상五常을 실천한다. 위의瑋衣라고도 함.

33) 육국六國: 한국桓國, 신시神市, 삼한三韓, 조선朝鮮, 부여夫餘, 고구려高句麗.

氣像을 가졌으나 훗날 스스로 형제兄弟들을 뒤로 하고, 세력을 규합만 하려고, 작은 꾀를 내어 부끄러운 것을 키우고, 스스로 혁신하지 않고, 부강의 계책計策없이 하늘의 뜻만을 원망하였다. 관경觀境을 버리고서 군주 된 자者가 도망하고, 스스로 혼魂을 팔고, 형제끼리 간肝과 뇌腦를 뿌리고도 다툼은 그치지 않았고, 영토領土가 줄어들고도 원한을 내세워 내적內賊을 키우고, 명리名利는 내세우나 미움만 살 뿐, 오로지 외세外勢에 매달려 침략을 두려워하다가 오히려 옛 형제들을 경계하여 관경管境을 긋고, 성城을 쌓아 국경을 세웠던 바는 참으로 어리석은 일이니, 사해四海의 위업은 간데 없고, 공업功業은 잊히고 강역疆域은 빼앗겨 더 이상 남지 않고, 작은 땅에 처박히더니, 기상氣象마저 사그라졌는데 다행히 내다보는 혜안이 있어 더러운 손과 발에서 숨겨 두어 침탈을 막았다.

단제왕검檀帝王儉이 부루扶婁에게 전한 고서古書와 경전經典과 보물寶物들을 아한단제阿漢檀帝에 이르러서 감추었다. 뒤에 아사달은 물론 백악산白岳山까지 침탈당한 뒤에 부여夫餘가 일어나 그 계통系統을 잇더니, 한참 동안 공백空白으로 경서經書와 보물寶物들이 갈 곳이 없다가 다행多幸히 고구려高句麗가 분연憤然히 일어나 옛 조선朝鮮의 법도法道 일부一部를 이었다. 이미 현인賢人들이 옛 대조선大朝鮮의 영화榮華를 재현하기 어렵다는 생각으로 천하天下의 보물들을 태백太白과 청구靑丘와 숙신肅愼의 땅으로 이전하여 숨겼다. 얼마 뒤에 신라新羅가 당唐과 내통內通하더니, 고구려高句麗를 멸하고, 서울에 침입하여 옛 서고書庫와 국창을 뒤졌으나 보물들은 이미 사라져 버리고, 빈 껍질만 남아 있자 서고는 불태우고도 모자라 민간으로 흩어진 것까지 모조리 끌어 모아 불태웠다. 이에 격분한 옛 고구려高句麗의 유민들이 억울함으로 새로운 나라를 만들고서 후고구려後高句麗라 하고, 옛 영화를 회복하고자 하였다. 이때 부여夫餘에서 간직했던 것들이 하나 둘 모이기 시작하여 비로소 나

라를 건국하니, 대진大震이라 국호國號를 정하고, 대통大統을 이어
받았다.

  역사歷史의 한 장이라도 바로 쓰이지 않으면 훗날 제 명리名利 삼
는 자者가 반드시 나오고, 국보國寶 또한 도적떼의 먹잇감이 되고,
흘러가는 역사를 바르게 지켜내지 못하면 다른 자者가 지켜주지
않으니, 분연히 일어서지 못하면 위기에서 벗어나질 못하고, 제 힘
이 약하면 침탈을 막을 수 가 없게 되고, 스스로 지키지 못하면 존
속存續을 보장 받지 못하게 된다.

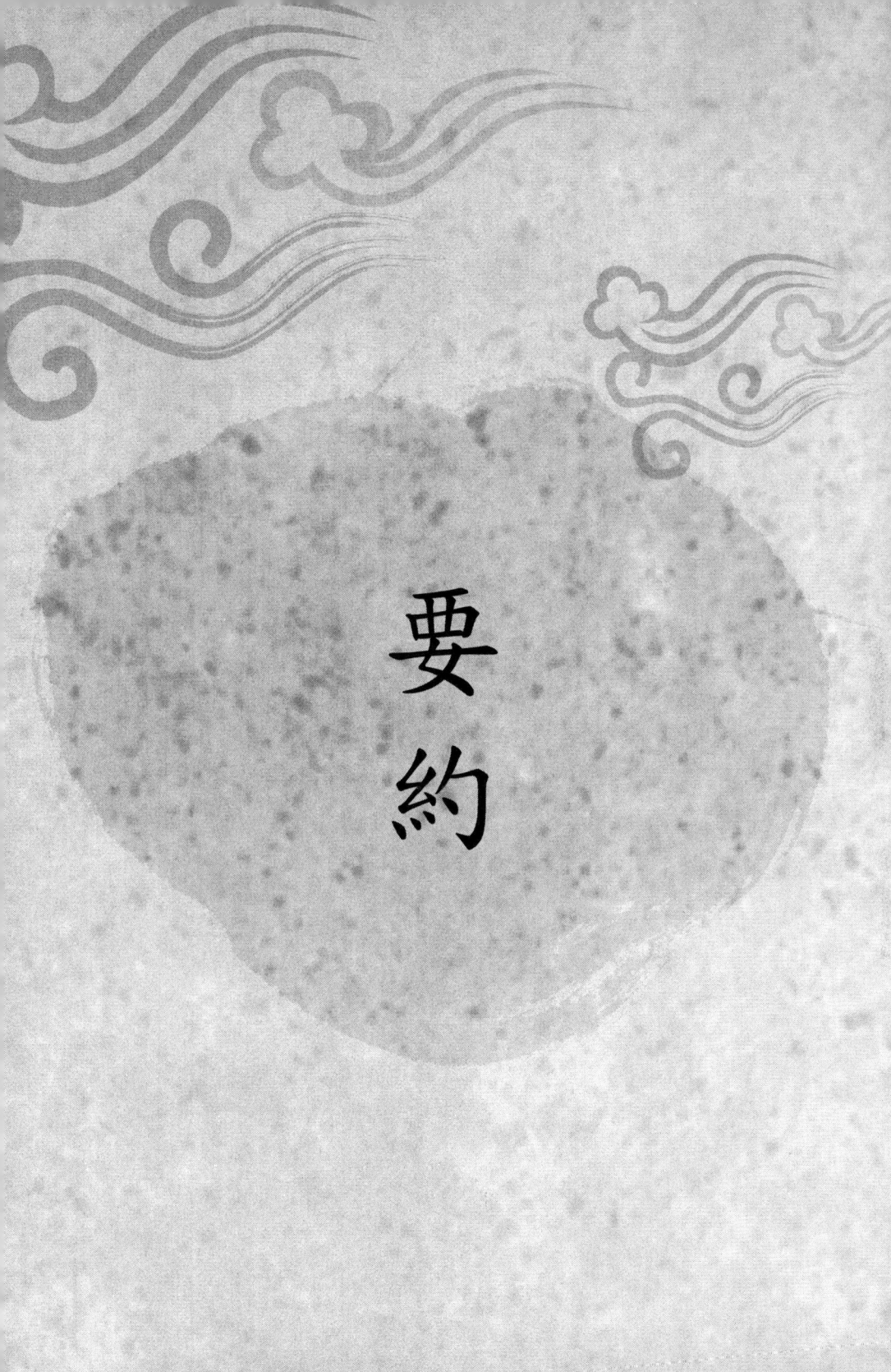

要約

要約

1. **天地論**　하늘의 커다란 도道가 천하天下에서 고귀한 태일太一이 되니, 원리를 살펴서 오묘한 이치를 깨닫게 하고, 만물이 하나에서 시작됨은 물론 둘로 이어져 셋으로 돌아 다시 하나로 돌아가는 또 하나의 시작이 된다. 운명적인 계시로 현묘玄妙한 만물의 일체가 되고, 크나큰 은덕으로 삼재三才로 삼화三化되고, 마땅함이 바탕이 되어 거스름이 없게 하는 바를 설명하였다.

2. **天相論**　천상天象은 허실虛實로써 일월日月, 오성五星, 칠성七星, 구성九星, 이십팔수二十八宿의 운행은 어긋남이 없으면서도 더하거나 빼지 않으며 기운을 온전히 하고, 생로병사生老病死의 이치에서 벗어나지 않는다. 삼신三神께서 총총히 벌린 별들을 운행하는데 그 무리 중에도 하나의 별 또한 제각각의 명命을 이어가고, 또한 무리를 짓고도 알지 못하는 사이 질서가 있고, 보이지 않는 근원이 되어 마땅히 하나의 점까지 비교해 보면 다른 것 같으면서도 서로 연결되고, 서로 영향을 주는 바를 설명하였다.

3. **時則論**　봄, 여름, 가을, 겨울이 한 치의 오차도 없이 다가오고, 떠나가며 여기餘氣로써 부딪히고 흘러가면서도 거스름이 없고, 변화하면서도 끊임없이 움직이며 바로잡는다. 천지天地의 움직임은 변불변變不變의 때를 미리 추연推然하여 마땅함의 본本으로 삼는 바와 시간과 법칙의 상관관계를 설명하였다.

4. **三神論** 　천지天地의 주재자主宰者인 삼신三神으로써 구한九桓을 널리 펴져 살게 하고, 그 삶의 씨 속에 축적하고, 심고 가꾸고 거두어 저장하는 본원이 되고, 대주신大主神의 은덕은 만물을 조화造化하면서도 그 덕을 드러내지 않고, 그 공功을 자랑하지 않으면서 무한의 사랑으로 삼신자손三神子孫을 애써 어여삐 여기고, 열 살까지 손수 감싸 안는다. 천손天孫의 으뜸 된 신神으로의 삼신三神이 천부天符를 펼쳐지는 바를 설명하였다.

5. **虛實論** 　천지天地가 갈라진 틈새로 본원인 허실虛實을 엿보아 삼화三化로써 태일太一을 잡고, 순간의 도道로써 좌선左旋의 하늘과 우선右旋의 땅으로써 천지天地의 기운이 가득 차서 만들어진 사람은 알게 모르게 이치를 따르게 된다. 태극太極을 본원으로 삼고, 비면서도 차나가고, 차면서도 비워나가는 바를 설명하였다.

6. **五行論** 　하늘이 내린 오행五行을 자부紫府가 잡아 순환하는 것과 상생相生, 상극相剋하는 이치를 밝혀 천지지도天地之道로 삼고, 오행五行의 궁극적인 곳에 머물러 있지도 않으면서 치우치지 않고, 멈추지 않고, 둥글게 굴러가는 오행五行의 근원적인 합일合一을 설명하였다.

7. **是非論** 　천하天下의 다툼은 그치지 않는데 부딪히고 다치며 깨지고도 시비是非를 당위當爲로 삼고, 명리名利를 감추고도 훔치고, 꾀를 내고, 속이면 벗어나지 못하게 되니, 사사로운 명리名利의 욕심은 싸움의 빌미가 되는 이치가 된다. 천하에서 사람까지 능히 시비是非의 근원이 되는 기준을 설명하였다.

8. **聖人論** 　천지天地를 대신하여 세상에 나타난 성인聖人이 온 누리를 널리 이롭게 하는 이치를 깨닫게 하고, 백성을 구휼救恤하

고, 사물과 현상顯象을 꿰뚫는 진리로 본本을 삼게 하는 질서를
어긋나지 않게 하면서 대代를 잇게 하여 때와 곳을 가리지 않고,
뭇 무리를 구제하는 까닭을 설명하였다.

9. **人間論**　사람으로서 형체에만 매달리면 온전하길 바라도 넋과
얼이 바르게 되지 않게 되니, 작지만 큰 도道를 이루고, 삼진三眞
이 올바르게 되면 마땅히 해야 할 일과 하지 말아야 할 일을 뒤
바꾸지 않게 되고, 종전宗全과 직업에만 매달리지 않고, 책무責務
를 다하면서 삶을 소중히 여기게 된다. 사람으로 태어나 조상祖
上의 은덕과 부모의 수고를 마땅히 알고, 신神과 나라님으로 하
여금 마땅히 내 앞에 사물이 쉽게 오지 않음을 깨닫게 되고, 마침
내 천지天地가 사람을 기리게 되는 바를 설명하였다.

10. **名利論**　뭇 사람이 알게 모르게 좇는 바가 명리名利이다. 한줌
의 의언懿言은 삶의 근원이 되고, 한 톨의 착한 마음씨는 지혜의
지도리가 되고, 작은 것을 모아 묶고, 흘러 지나치는 순간 잡아
채 명리名利라 하였으니, 사람 사는 세상에서 명리名利로써 이루
면서 되는 바를 설명하였다.

11. **宗全論**　하늘에서 내리는 바는 종宗이 되고, 땅에서 올리는 바
는 전全이 된다. 신神의 보호가 없으면 덕德을 기를 수 없고, 합
일合一이 없으면 뜻을 받들기가 어려워 하나로 돌아갈 수 없으
니, 삼신三神으로 종宗을 삼고, 삼재三才로써 전全을 삼고, 선仙
을 본本을 받아 선善을 닦아간다. 신神을 마땅히 따르면 하나에
서 갈라져 나가도 마침내 하나로 마땅하게 돌아가는 바를 설명
하였다.

12. **政事論**　한국桓國의 정사政事는 멀어서 상고上考하기가 어렵

고, 신시神市의 천오백년 된 정사政事와 단제조선檀帝朝鮮의 이천년 된 정사政事를 백성에게 바르게 잇게 하고, 국권國權을 지키고, 관경管境의 안을 편안하게 다스린 비결秘訣과 구한九桓과 삼한三韓과 부여夫餘 또한 교화敎化와 치화治化의 도道를 잘 받들었으니, 오가육정五家六政과 팔금구서八禁九誓와 오훈오계五訓五戒가 나라를 온전하게 하는 디딤돌이 되어 정사政事가 올바르게 펼쳐지는 바를 설명하였다.

13. **術法論** 술術은 널리 펴면서 이롭게 하고, 법은 베풀면서 바르게 한다. 법法은 술術에 근거하고, 술術 또한 법에 의존하게 되니, 법法만으로 백성을 제어하지 못하고, 술術만으로 옳으려고만 하는 것은 아니니, 법이 지도리가 되고, 술術이 부챗살처럼 퍼져 나가는 바를 설명하였다.

14. **兵略論** 병兵은 서로 죽고 죽이는 흉사凶事이고, 략略은 미리 그치게 하는 꾀다. 내외적內外敵을 살피고, 도사린 위험에서 구해내어 편안을 본本으로 삼게 하고, 인의仁義와 예절만을 외쳐대고, 목숨을 가벼이 여기는 자者들을 제어하고, 마지막 한 번의 도道로써 적敵을 물리치며 좇아내어 관경내외管境內外를 흉포에서 막아낸다. 병兵으로써 위세를 잡고, 략略으로써 적敵의 기미幾微를 살피고, 외교外交로 화친和親하는 바를 설명하였다.

15. **易論** 역易의 근원이 되는 허실虛實과 오행五行과 태호씨太昊氏가 팔괘八卦를 긋는 이치가 변하고, 변하지 않고, 평이平易한 이치를 본本을 삼고, 역부易符로써 그 상象을 잡고, 삼재三才로 지도리 삼고, 허실虛實로 척도尺度를 삼아 만물에 술법術法을 편다. 삼역三易 또한 한역桓易의 한 분파分派가 되고, 천지만물天地萬物의 이치 또한 인생중리人生證理가 되어 하나로 되돌아가는

바를 설명하였다.

16. **巫論**　종사宗師의 으뜸이자 종전宗全의 지도리로 무巫는 신神에게 선택選擇되어 신神을 입어 능히 입이 되고, 신神에 몸을 싣고, 혼백魂魄에 적籍을 두고 영대靈臺가 크게 열려 무격巫覡이 되어 신神을 불러 웅어리를 풀게 하고, 마땅함으로 신의神意를 삼게 되고, 삼한三韓의 신명神明이 하나 되게 하는 바를 설명하였다.

17. **世俗論**　세상世上에 태어나 살아가면서 세진世塵의 때가 묻지 않게 하고, 스스로를 지켜 나가면서 세속世俗의 사사로움에서 벗어나 지켜보면 길을 잃지 않게 되고, 허실虛實의 이치로 중추中樞를 굳게 세우게 되면 세상에서 정사正邪가 분명해지고, 남을 탓하지 않으면 스스로의 책무責務가 바르게 되어 깨끗해지니, 몸은 비록 시장에 있어도 언행은 성현聖賢을 벼리를 삼고, 화기和氣를 가득 품어 화禍를 사라지게 하면 복福으로 온 누리를 이롭게 하는 바를 설명하였다.

18. **地理論**　심고, 키우고, 거두며, 묻고, 품는 땅의 이치를 표標로 삼고, 변하지 않으면서 변하는 땅의 이치를 상象으로 삼아 구한九桓이 마땅히 산에 의거하고, 땅 위로는 마땅하게 펼쳐지는 바를 본本으로 삼고, 땅속으로는 지세地勢까지 꿰뚫게 되면 사람이 편안하게 사는 바를 알게 된다. 오행五行의 천기天氣를 살피고 지기地氣를 품으며 인기人氣로써 살게 되는 이치는 삼한三韓의 지세地勢와 지형地形의 지력地力으로 본本을 삼아 지기地氣로써 만화萬化하여 삼신三神 자손의 터로써 번영하게 하는 이치를 설명하였다.

19. **終始論** 하나에서 만萬으로 갈라졌다가 다시 하나로 돌아들어 시작은 곧 끝이 되고, 끝 또한 시작이 되니, 일시무시일一始無始一과 일종무종일一終無終一의 이치 또한 하나로 돌아들고, 하나의 기氣는 만 갈래의 기氣로 펼쳐지고, 만 가지의 기氣 또한 하나의 기氣로 돌아간다. 시작은 잘하나 끝을 잘 맺는 자者가 드물고 끝은 잘 알게 되도 시작의 준비를 잘하는 자者 또한 드물어서 심으면 거둘 것만 셈만 하고, 애써 키우고도 저장할 줄 아나 심을 줄 모르게 되니, 이에 종시終始의 마땅한 바를 설명하였다.

20. **三才論** 삼신三神은 삼재三才의 도道로 드러나고 하늘이 낳아 땅이 기르고 사람은 맺게 한다. 하늘이 물을 낳고 땅이 불을 품어 사람을 화육化育하니, 사람 또한 하늘의 물과 땅의 불의 이치로 마땅히 나무처럼 올바로 길러 낸다. 삼재三才의 이치로써 삼계三界를 바로 세우고, 삼한三韓은 천신天神을 바로 섬기고, 삼사三師는 하늘과 땅과 사람의 할일을 대신하고, 삼신三神에게 마땅히 돌아가는 바를 설명하였다.

21. **天符論** 천부삼인天符三印이 한단桓檀에 내린 까닭이 있어 천부天符로써 정통正統으로 잇게 하고, 지부地符와 인부人符 또한 끝없이 따른다. 하나의 길이 천부天符라면 수백의 갈래의 길이 지부地符가 되고, 만 갈래로 퍼져 나가 인부人符가 된다고 해도 다시 하나로 돌아들어 하늘과 땅 사이에 우뚝 선 사람으로 그 도道를 잇게 하니, 마침내 하늘에서 내린 때와 땅에서 올린 곳을 부상화符象化하여 사람에게도 때와 곳에 따라 움직임의 바탕이 되는 상象을 잡아 세상에 펼쳐지고 열렸다가 닫히는 바를 설명하였다.

22. **七星論** 삼칠지도三七之道로써 삼신三神이 칠성七星에게 명命하여 대명大命을 온전하게 받아 역할과 책무責務를 나누어 천지지도天地之道가 명命에 펼쳐지고, 만인萬人으로 하여금 명命의 마땅함을 알게 하고, 칠명七命으로 칠앙七殃에 피하지 않고, 맞서고 칠의七宜로 명철明哲에 있는 지혜의 끝을 잡는 바를 설명하였다.

23. **나라論** 나라 또한 민족과 함께 살아가는 터전이 되고, 술법術法이 바르게 펼쳐져 백성을 온전히 하고, 삼신광명三神光明으로 성性이 통하고, 강충降充으로 공완功完하고, 일신一神으로 온 누리를 이롭게 해야 나라가 바로 선다. 허실虛實의 기치旗幟를 세우고 술법術法을 바르게 펴는데 비록 집산集散은 있어도 존망存亡에는 까닭이 없으니, 내외적內外敵에게 흔들리는 사세邪勢에도 만년창업萬年創業의 나라를 지켜나가는 바를 설명하였다.

24. **神統論** 삼신三神에서 사람에 이르기까지 신神의 은덕은 믿는 자者들에게 통하게 하니, 신神으로 하여금 하늘과 땅과 사람이 서로 잊지 않고, 소통하게 하고, 신神의 계통系統을 바로 세워 제 몫을 다하고, 그 몫으로 신神과 닮게 하니, 혼백魂魄으로 천지天地로 돌아가게 하는 삼체三體에 새겨진 징표徵標로 이 땅에 온 까닭을 설명하였다.

25. **辯弊論** 성인聖人의 의언懿言은 악한 자者의 변辯이 되고, 현자賢者의 선행善行은 선자善者의 폐弊로 삼고, 사물을 끌어다가 제 뜻이나 제 일에 비유한다. 오계오상五戒五常은 커다란 약속이고, 오훈구서五訓九誓는 굳은 약속으로 삼가 받듦이 멀고, 논論은 바르게 하기가 어렵고, 폐弊는 알기가 어렵다. 말을 아끼고 사사로움을 삼가면 변辯이 줄어들고, 폐弊의 해로움을 알아 마

땅함을 버리지 않게 되면 온 누리가 논폐論弊의 시비是非를 바르게 하여 간난을 이겨내는 까닭을 설명하였다.

26. **歷史論** 나라가 길을 잃지 않으려면 기둥을 바로 세워야하고, 전傳하기를 바르게 하면 듣는 자者가 의혹하지 않게 되고, 알리는 자者가 올바르면 듣는 자者가 바르게 알게 되고, 결실이 풍부하려면 씨줄과 날줄이 정확해야 하니, 잘된 것은 잘됐다 하고, 잘못됨은 잘못됐다하면 반드시 역사歷史 또한 교훈을 발판을 삼아야 반복되지 않는다. 옛것은 아득하고, 지금은 가깝고, 눈에 보이면 가깝고 멀어지면 친하지 않다 하고, 제 몫에 빗대어 잘못되었다고 하니, 선인先人이 보였던 것은 멀고 잘했다고 하면 본보기로 삼게 되어 어제를 듣고, 오늘 쓰고, 내일 펼쳐나가는 바를 설명하였다.

| 나가는 말 |

  글을 써서 남긴다는 말은 위로는 하늘을 觀察하고, 아래로는 땅을 살피고, 두 다리를 굳게 뻗어 바로 서서 人事의 核心으로 萬物의 變化를 把握하여 道德을 紀綱으로 삼고, 人事를 밝게 하여 마땅히 해야 할 일을 빠뜨림 없이 오래도록 남기는 것이다. 先世의 큰 어르신들이 남기신 言跡은 千年이 가도 잊히지 않고, 萬年이 지나도 어긋나지 않으니, 道理와 法度가 사뭇 天符에 符應하고, 地符에 걸맞으며 人符에 한 치의 誤差도 없게 하게 하여 三符를 온전히 하면 온 누리를 이롭게 하라는 大命題가 우리 桓檀의 자랑이자 責務가 된다. 옛 聖人들이 中樞를 바로 잡아 만물의 變化에서 나를 빼내어 멀리서 바라보아 命을 바로 알게 하여 天下를 가벼이 보고, 事物의 쓰임을 바로하여 몸의 안팎으로 滿足을 누린다. 바른 五觀과 肉體로 精神을 混亂하게 하지 않고, 世上을 마음속에서 떠나보낸다면 精神이 高貴해지고, 執着을 벗어던지면 몸 또한 便安해진다. 많이 배우고도 眩惑되고, 많이 알면서도 終始를 모르고, 뭇 是非에서 벗어나지 못한다. 내일은 옳지만 오늘은 그르다 하는 흔들리는 世上에서 나를 지키고, 뒤집어지는 世俗에서 나를 잇게 하니, 三神子孫으로 조금이나마 보탬이 되었으면 한다. 올바르게 전하려 해도 才主가 微賤하고, 뜻은 크나 智慧는 모자라고, 和氣를 품지 못해 늘 안타깝게 여기니, 귀 밑에 서리가 내려앉고서야 이름의 마땅함을 알았고, 마음에 거리낌이 있고서야 命의 마땅함을 알게 되었으니, 삶의 無始無終을 알게 된다면 하나의 즐거움이 아니겠는가!

마지막으로 삼신三神의 신탁神託이 있으니, 너희는 같은 자손이니 다투지 말고, 서로 도와가며 도탑게 하고, 서로 질시하지 말고, 너희 신神이 이를 기쁘게 할지니, 애달프다 하지 말고, 어느 때나 세상에 내려오지 못하고, 어느 곳에나 떨어진 것이 아니요, 근본이 없는데 너희가 있겠으며, 아름다운 것이 없는데 삼체三體가 온전하겠는가! 조상들이 뼈와 정신을 주었고, 부모가 너희에게 이름과 삶을 주었으니, 주어진 삶을 소중히 다루고, 몸을 함부로 굴려 떨어진 낙엽처럼 뒹굴지 않게 하고, 구르는 돌처럼 정신을 산만하게 해서도 안 된다. 앞길을 굳센 마음으로 헤쳐 나가고, 살아가며 아름답게 가꾸어야 하는 것이 소명昭命이다. 크게 모아 한데 뭉치고, 가난한 자者는 머리에 이고, 부유한 자者는 나귀에 실어 시市에 모여 물건을 바꾸고 난 뒤, 술과 음식과 노래로 삼신三神의 자손임을 확인하고, 시월상달에 길일吉日에 사나흘 춤추고, 놀면서 뭉친 것을 풀고, 하나의 뿌리인 것을 알고, 즐거이 논 뒤, 제 관경管境 안으로 돌아가라. 끝으로 우리 桓檀朝鮮은 삼가 늘 警戒해야 할 것이 있으니, 첫째가 國防이고, 둘째가 敎育이고, 셋째가 紀綱이고, 넷째가 文武의 均衡이고, 다섯째가 奢侈와 放漫의 警戒로 어느 하나 치우치지 않고, 게으르지 않게 하는 것이 管境을 바르게 하는 것이고, 英才를 기르는 데는 아끼지 말아야 하고, 밖으로는 警戒를 소홀히 하지 말아야 하고, 文武가 서로 다투지 말아야 하고, 奢侈와 放漫을 늘 거울삼는다면 이제 三神의 큰 뜻이 마침내 돌아 올 것이다.

| 색 인 |

ㅊ